Tania Blixen
Briefe aus Afrik
1914–1931

Tania Blixen

Briefe aus Afrika
1914–1931

herausgegeben
und eingeleitet von
Frans Lasson

Aus dem Dänischen übertragen
von Sigrid Daub

Deutsche Verlags-Anstalt
Stuttgart

Die Briefe erschienen 1978 in zwei Bänden unter dem Titel »Breve fra Afrika 1914 – 24« und »Breve fra Afrika 1925 – 31« bei Gyldendal, Kopenhagen.

CIP-Titelaufnahme der Deutschen Bibliothek

Blixen, Tania:
Briefe aus Afrika: 1914–1931/Tania Blixen
(gekürzte Fassung).
Herausgegeben und eingeleitet von Frans Lasson.
Aus dem Dänischen übertragen von Sigrid Daub.
Stuttgart: Deutsche Verlags-Anstalt, 1988
Orig.-Ausg. u.d.T.: Blixen, Karen: Breve fra Afrika
ISBN 3-421-06388-5
NE : Blixen, Tania : [Sammlung ⟨dt.⟩]
Vw: Blixen-Finecke, Karen [wirkl. Name] → Blixen, Tania

Lektorat: Ursula Locke-Groß
Typographische Gestaltung: Marion Winter
Satz: Uhl + Massopust GmbH, Aalen
Druck und Bindearbeit: May + Co, Darmstadt
Printed in Germany

»Ich habe das Gefühl, daß ich in Zukunft,
wo immer in der Welt ich bin, daran denken werde,
ob es wohl in Ngong regnet.«

*Aus einem Brief Tania Blixens an ihre Mutter
vom 26. Februar 1919.*

Regen über Ngong

Eine Einleitung zu Tania* Blixens Briefen

Tania Blixens Name als Autorin war bei einem großen dänischen und noch größeren ausländischen Publikum bereits durchgesetzt, als sie im Jahre 1939 in einem Brief an einen nahen Verwandten, der Sorge um ihre persönliche Situation nach dem Tode ihrer Mutter im Januar des gleichen Jahres geäußert hatte, schrieb:

»Ich will Dir gleich zu Anfang sagen, wenn Du meinst, meine Lage hier auf Rungsted in diesem Sommer sei schwer für mich – ungefähr diesen Eindruck habe ich gewonnen, als Tante Bess mir Deinen Brief vorgelesen hat –, dann liegt ein Mißverständnis vor, das ich gern berichtigen will. Ich finde, es geht mir hier *ausgezeichnet*; ich betrachte es als ein großes Glück, daß ich in der völlig unveränderten Umgebung habe bleiben können, und ich meine, daß ich es dadurch viel besser habe als zum Beispiel Elle, die sich gleich in die rauhe Wirklichkeit des Lebens stürzen mußte. Die Angestellten sind unsagbar nett, und das ganze geliebte alte Heim umgibt mich wie ein Schutzmantel; ich habe so täglich das Gefühl, Mutter wäre hier und bei allem, was geschieht, dabei. Jetzt, zu Beginn des Frühjahrs, wird es hier ja besonders schön, die Stare singen morgens vor meinem Fenster, die Blumen sprießen im Garten wie in all den anderen Jahren, und alles ist noch ganz erfüllt von Mutters Frieden und Segen. Ich kann gar nicht dankbar genug sein, diese Frist bekommen zu

* Karen Blixen ist im deutschen Sprachraum unter dem Namen Tania Blixen bekannt, deshalb wurde der Name »Tania«, von einigen Ausnahmen abgesehen, beibehalten.

haben, um mich selbst zu sammeln und zu versuchen, Klarheit zu erlangen, was ich hier im Leben tun will. In gewisser Weise trifft es sich gut, daß ich jetzt hier lebe: Die unsicheren Verhältnisse ringsum in der Welt beunruhigen mich nicht so wie die bedauernswerten anderen Menschen, die so vieles bewahren und sich deshalb ängstigen müssen; ich weiß ja, daß ich in etwas lebe, was der Vergangenheit angehört und was bald dahin sein wird; ich brauche nicht, wie die anderen, mit den die Welt bewegenden Kräften zu streiten, und ich finde, daß die eigenartige Harmonie, die Mutter umgab, wo immer sie war, mir gewissermaßen auf diesem Strom folgt – ich denke an Nietzsches Wort: ›Ich bin ein Ja-Sager.‹

In Wirklichkeit ist nicht der Verlust von Mutter oder der anderen, die gestorben sind, das Schwere für mich, sondern mein Verhältnis zum Leben und den Lebenden und der Zweifel, den ich hege, ob ich imstande bin, wirklich noch einmal zu ihnen zu gehören. Als ich aus Afrika nach Hause kam, sagte ich zu Mutter, sie dürfe nicht viel von mir erwarten, denn eine Hälfte von mir liege in den Ngong-Bergen – und nun habe ich das Gefühl, daß wiederum die Hälfte von dem, was übrig war, ja, nicht auf dem Friedhof, aber in gewisser Weise in der Vergangenheit liegt, oder im eigentlichen Universum, ohne Verbindung zum Alltag und seinen Anforderungen. Ich glaube auch, daß es, ganz objektiv gesehen, ein schwieriges Unterfangen ist, zum zweiten Mal in seinem Leben, zumal wenn man über das Jugendalter hinaus ist, vor die Aufgabe gestellt zu werden, sich eine Existenz schaffen zu müssen. Ich denke da nicht an das rein Ökonomische oder an Details wie, wo man wohnen, wie man sich einrichten soll, sondern viel tiefer: Wie soll man leben? Aber auch um dieses für mich zu klären, habe ich ja die Zeit hier; ich brauche mich nicht zu beeilen, sondern kann die Klärung auf mich zukommen lassen …«

Der Neuanfang in menschlicher Hinsicht und die eigenartige Windstille inmitten eines Sturms, der sonst alles mit sich riß – das waren Erlebnisse, die Tania Blixen nicht mehr ängstigen konnten, denn sie waren ja, wie so vieles andere, nur Wiederholungen dessen, was sie früher in Afrika durchgemacht hatte. Daß sie acht Jahre nach ihrem Abschied von der Farm und vielleicht den Rest ihrer Tage das Gefühl hatte, sie habe keinen rechten Platz unter den Lebenden, in der Gegenwart und der Wirklichkeit, die den Lebenden gehörte, kann einen sorgfältigen Leser von *Afrika – dunkel lockende Welt* kaum verwundern. Die große Herausforderung, von der sie seit ihrer frühesten Jugend geträumt und die sie später in ihrem Leben auf der Farm gefunden hatte, war ihr unwiderruflich genommen, und sie hatte jetzt nur die Wahl, entweder, wie sie das in bitteren Stunden nannte, »eine Drucksache« zu werden oder ganz zugrunde zu gehen. Bei ihrer Heimkehr nach Dänemark sagte sie zu einer guten Freundin, sie gebe sich selber ein halbes Jahr, um herauszufinden, ob sie überhaupt imstande sei, das Leben zu leben, das ihr nun beschieden war – und wenn sie feststelle, daß es unmöglich sei, wolle sie ganz still aus dem Dasein verschwinden. Schon 1931, mitten in den Ruinen ihres äußeren Lebens, war sie in der Lage, mit der eigentümlichen Gelassenheit, die sie in Katastrophensituationen an den Tag legen konnte, ihr persönliches Fazit zu ziehen und zu einem Resultat zu gelangen, das einer positiven Bilanz glich. Sie schreibt an ihren Bruder Thomas Dinesen am 10. April:

»Für mich sieht es zum Beispiel so aus, daß es keineswegs schlimm oder traurig wäre, wenn ich, nachdem ich in vieler Hinsicht hier glücklicher gewesen bin als es den meisten Menschen beschieden ist – und es gibt nicht einen Menschen, mit dem ich tauschen möchte –, mich in aller Ruhe und Ordnung aus dem Dasein zurückzöge samt all dem, was ich hier draußen geliebt habe... Aus meiner Sicht wäre es das einzig *Natürliche*, mit meiner Welt hier zu verschwinden, denn sie scheint mir in ebenso hohem Maße wie meine Augen oder irgendein Talent, das ich möglicherweise habe, ein vitales Element meines Ichs zu sein, und ich weiß nicht, was von mir bleibt, wenn ich diesen Verlust überleben werde. Überhaupt: Das bloße Weiterleben wird im allgemeinen ziemlich überschätzt, denn wieviel von einem selbst bleibt denn am Leben? Wieviel ist denn, unter den gegebenen Umständen, übrig von den Menschen, die wir, ich oder Du, vor fünfzehn Jahren gewesen sind?«

Tania Blixen konnte zu Zeiten über ihre augenblicklichen Verhältnisse verzweifeln und gegen das Schicksal rasen, aber ihre Natur gebot ihr, ein Ja-Sager zu sein, gleichgültig, was das Dasein ihr auferlegte. Sie sah ihr Leben mit den Augen eines Malers und wußte sehr wohl, daß die tiefen Schatten im Bilde ebenso notwendig waren wie das Licht und die starken Farben. Sorgen und Mißgeschick gehörten in das gleiche Muster wie die seltenen, aber nie vergessenen Stunden des Glücks, die sie erlebte; vielleicht hatte sie sogar ein zum Teil unbewußtes Bedürfnis nach Leiden, weil sie spürte, daß es mehr als alles andere den Künstler in ihr zur Reife brachte. In dieser Hinsicht war sie, um Arndts Wort gegenüber Malli aus der Erzählung »Stürme«* zu zitieren, sich »selbst ein Rätsel, und für die Welt ... ein Freudenbote.« Auch dem Schmerz und der Entbehrung in ihrem Leben konnte sie zurufen, was Jakob beim Kampf mit Gott gerufen hat: »Ich lasse dich nicht, du segnest mich denn!«

Dieser Wechsel zwischen Licht und Dunkel, zwischen ergebener Annahme und totaler Ablehnung der Bedingungen des Lebens war sicher ein Grundzug in Tania Blixens Natur. Das geht mit aller Deutlichkeit aus den unterschiedlichsten Beiträgen des Gedenkbuches hervor, wurde aber zum ersten Mal rein biographisch untermauert in Thomas Dinesens *Tanne*, dessen Zitate aus Tania Blixens Briefen an den Bruder ein vollständig neues Licht auf ihre mythenumsponnene Persönlichkeit warf. Nichts in *Tanne* widerspricht ihrer eigenen Schilderung der Jahre auf der Farm; aber durch die privaten Briefe kam der Leser auf einmal Tania Blixen so nah, daß er ihr wahres Gesicht unter der Maske sah und entdeckte, daß hinter der stilsicheren, bewußt distanzierten Darstellung im Buch der Erinnerungen an Afrika eine Wirklichkeit voller schmerzhafter menschlicher Erfahrungen steckte, die noch einmal zu durchleben und in das Muster des Buches einzupassen, Tania Blixen zu der Zeit, als sie *Afrika – dunkel lockende Welt* schrieb, kaum die Kräfte gehabt haben wird. Vielleicht wollte sie gar nicht, daß der Leser etwas über die tiefste Niederlage ihres persönlichen Lebens erfuhr, so

* In: *Schicksalsanekdoten*, Stuttgart (DVA) 1982.

lange sie lebte. Aber mündlich vertraute sie sich nahen wie fernen Bekannten an und erzählte von den Schlägen, die das Schicksal ihr zugefügt hatte, und in den letzten Jahren informierte sie zukünftige Biographen über entscheidende Details ihres Lebens. Was sie am härtesten getroffen hatte, das zu erwähnen, konnte sie nicht übers Herz bringen.

Als Redakteur des geplanten Gedenkwerkes über Tania Blixen, das schließlich im Jahre 1974 drei selbständige Bücher umfaßte, die von Thomas Dinesen, Clara Svendsen (jetzt Clara Selborn) und Thorkild Bjørnvig geschrieben worden sind, bekam ich die Gelegenheit, einen Teil der Briefe durchzulesen, die Tania Blixen an ihren Bruder geschrieben hat, während sie in Afrika lebte. Kürzere und längere Auszüge aus diesen Briefen wurden, wie schon erwähnt, in *Tanne* veröffentlicht. Im Jahr nach dem Erscheinen der drei Bücher erhielt ich die Erlaubnis, die sonst unzugängliche Sammlung von mehreren hundert Briefen von Tania Blixen an ihre Mutter, Ingeborg Dinesen, zu lesen, die kurz nach Tania Blixens Tod zusammen mit unveröffentlichten Manuskripten und persönlichen Papieren in der Handschriftenabteilung der Königlichen Bibliothek in Kopenhagen deponiert worden waren. Es wurde mir sehr bald klar, was die Veröffentlichung einer großen Briefauswahl für das Verständnis der Eigenart und der menschlichen Entwicklung Tania Blixens bedeuten konnte, wenn man sie als Hintergrund ihres künstlerischen Schaffens betrachtete. Ich setzte mir das Ziel – zunächst ein fernes, offensichtlich unerreichbares –, all das zu veröffentlichen, was in den Briefen, die Tania Blixen an ihre nächsten Verwandten geschrieben hatte, wesentlich war; die Aufgabe war groß, aber in sich klar umrissen, und der größte Teil der Briefe schien vorhanden.

Nachdem ich meine Pläne der Verwalterin des literarischen Nachlasses, Clara Selborn (frühere Clara Svendsen), vorgelegt hatte, fuhr ich hinüber auf das Gut Leerbæk in Jütland und sprach mit Thomas Dinesen über die in Erwägung gezogene Edition. Eine erfreuliche Zusammenarbeit verband uns seit 1968, als ich ihn zum ersten Mal besucht hatte auf der Suche nach Photographien für die große Bildbiographie über Tania Blixen, die ein Jahr später auf Dänisch bei Gyldendal, 1970 in den USA und in England und 1987 in Deutschland bei der DVA herauskam. Es war eine Freude, das Vertrauen zu spüren, das meinem neuen Vorschlag entgegengebracht wurde, und ich konnte gleich mit seiner vollen Unterstützung meine Vorbereitungen fortsetzen. Er machte mir allerdings von Anfang an klar, daß er nicht bereit sei, noch mehr Briefe von Tania Blixen an ihn veröffentlichen zu lassen. Ich entschloß mich, dieses Problem eine Zeitlang ruhen zu lassen, ich hatte ohnehin mehrere Monate lang genug damit zu tun, die Briefe an Ingeborg Dinesen gründlich durchzulesen, und auszuwählen, was meines Erachtens in das Buch aufgenommen werden mußte, und für sorgfältige Abschriften der vielen handgeschriebenen Briefe aus der Sammlung zu sorgen.

Im Sommer 1976 war ich wieder auf Leerbæk, um festzustellen, welche Familienbriefe sich noch in Thomas Dinesens Privatarchiv befanden. Die Nachforschungen brachten weitere Briefe von Tania Blixen an ihre Mutter und an ihre beiden Schwestern, Ea de Neergaard und Ellen Dahl, sowie an die Schwester der Mutter, Mary Bess Westenholz, ans Tageslicht.

Bei der Gelegenheit wurde die Frage der unveröffentlichten Briefe an Thomas Dinesen und der Passagen in den zitierten Briefen, die aus verschiedenen Gründen nicht in *Tanne* aufgenommen worden waren, von neuem aufgeworfen. Es gelang, Thomas Dinesen zu bewegen, mir die ganze Sammlung zu überlassen, zunächst zum neuerlichen Durchlesen und dann zur chronologischen Einordnung in das Manuskript der Briefe an die übrigen Familienmitglieder – nicht vollständig, aber in einer weit größeren Auswahl als in *Tanne*.

Dank dieses Entgegenkommens ist es gelungen, eine Briefausgabe vorzulegen, die die ganze Periode von 1914–1931 umfaßt, die siebzehn Jahre, in denen Tania Blixen in Afrika beheimatet war. Einige Zeitabschnitte fehlen in der Sammlung, das liegt daran, daß sie innerhalb des ganzen Zeitraumes mehr als dreieinhalb Jahre lang zu Besuch bei ihrer Familie in Dänemark oder auf Reisen von oder nach Kenia war. In Wirklichkeit dauerte ihr Aufenthalt in Afrika nur gut vierzehn Jahre, wenn man sie alle zusammenzählt, aber es wird sicher nicht viele Leser von *Afrika – dunkel lockende Welt* geben, die sich dieser Tatsache bewußt sind. Die Schriftstellerin Tania Blixen hat ganz bewußt die Möglichkeit für die zeitliche Festlegung der einzelnen in dem Buch erwähnten Ereignisse verschleiert, indem sie Jahreszahlen ausließ; damit erreicht sie eine episch fortschreitende Homogenität, die *Afrika – dunkel lockende Welt* grundlegend von den meisten anderen großen Erinnerungswerken unterscheidet. Aber es wird nicht ausbleiben, daß der Leser, der immer wieder zu ihrem Buch zurückkehrt, sich gelegentlich überlegt, wann dieses oder jenes Ereignis wohl stattgefunden haben mag. Zu den Fragen, die die hier vorliegenden Briefe weitgehend beantworten können, gehört die nach der Datierung der Erlebnisse und Alltagsbegebenheiten, die in *Afrika – dunkel lockende Welt* Eingang fanden. Unzählige Einzelzüge, Beobachtungen und Reflexionen aus den Briefen kehren in dem Erinnerungsbuch wieder; man braucht nicht sehr lange in der Sammlung zu lesen, um festzustellen, daß Tania Blixen während der Arbeit an *Afrika – dunkel lockende Welt* ihre eigenen Briefe an ihre Mutter als Gedächtnishilfe benutzt hat. Aber bei der dichterischen Umschmelzung des Rohstoffes Wirklichkeit sind viele der Wertungen in den Briefen unmerklich abgeändert und die kurze Perspektive des Spontan-Erlebnisses ist vertieft worden, und während dieses Prozesses haben zahlreiche Einzelheiten erst Farbenspiel und keramischen Hochglanz erhalten, damit sie der Bedeutung des Augenblicks in Tania Blixens Empfinden genau entsprachen.

Der Anstoß aus der Wirklichkeit für ihre afrikanische Saga vom »Barua a Soldani«* – der gut erhaltene, völlig fleckenfreie Brief des dänischen Königs Christian X., der, wie in meiner Nachschrift zu Thorkild Bjørnvigs *Pagten* dargelegt ist, 1969 auf Rungstedlund gefunden wurde – ist nicht der einzige Beweis für Tania Blixens künstlerische Handlungsfreiheit gegenüber den sogenannten Realitäten des Alltags. Es wimmelt nur so von parallelen Beispielen, wenn man die Briefe und das Buch über die Farm nacheinander liest. Ein Beispiel: Die bescheidene Flasche

* In: *Schatten wandern übers Gras,* Stuttgart (DVA) 1986.

Bier, die sie laut Mitteilung an die Mutter vom 12. Februar 1928 dem Schweden Casparson mit auf den Weg nach Tanganyika gibt, wird in dem Erinnerungsbuch bei der Schilderung des Flüchtlings Emmanuelson zu einer edlen Flasche Chambertin 1906. Wie Tania Blixen schreibt – »Ich dachte, daß es ja vielleicht sein letzter Schluck im Leben sein mochte.«

Selbst innerhalb der Briefe, die ohne jeden Gedanken an Veröffentlichung geschrieben wurden, kann der Bericht über das gleiche Ereignis, am selben Tag an zwei verschiedene Adressaten geschrieben, durch anscheinend unwesentliche Detailänderungen diesen Hochglanz erreichen. In einem Abschnitt, der einem Brief an Thomas Dinesen vom 12. August 1918 entnommen ist, erzählt Tania Blixen, wie sie es auf der Kikuyustation, einige Tage vor dem traurigen Ende von Dusk, mit knapper Not schaffte, ihren geliebten Hund von den Eisenbahnschienen zu reißen, ehe eine große Lokomotive vorbeisauste. Tania Blixen fährt fort: »Ich dachte in dem Augenblick wirklich nicht im mindesten daran, daß das für mich selbst gefährlich war – hinterher sagte Berkeley Cole, der an einem Abteilfenster stand: »It was the bravest thing I have seen in my life.«

Die Begebenheit wird am gleichen Tag ausführlicher in dem Brief an die Mutter geschildert, der hier im Buch abgedruckt ist: »Ich dachte in dem Augenblick nicht daran, daß es auch nur im mindesten gefährlich für mich sein könnte, aber hinterher sagte Lord Delamere, der an einem Abteilfenster stand: ›It was the pluckiest thing I have seen in my life!‹« Tania Blixen hat selbstverständlich keinen Gedanken daran verschwendet, daß die Aussagen in den beiden Briefen, von denen der eine an die Front nach Frankreich und der andere an das ereignisärmere Rungsted gesandt wurde, jemals einander gegenübergestellt werden könnten. Nichtsdestoweniger sagt die plötzliche Verwandlung des Farmers Berkeley Cole in Lord Delamere, den großen Mann in Britisch Ostafrika, etwas sehr Entscheidendes über Tania Blixens Instinkt für Publikumswirksamkeit. Der Brief an den Bruder teilt zweifellos die ursprüngliche Version der Geschichte mit, den Augenblickseindruck, ohne den Versuch, die Farben des Bildes zu verändern oder der Situation mehr

Gewicht zu verleihen, als sie ohnehin hatte. Aber mit unfehlbar sicherem Instinkt für die Bedeutung des Environs läßt Tania Blixen im Bericht an die Mutter ihren guten Bekannten Lord Delamere als Zuschauer und Kommentator auftreten, sie weiß, daß ihr Brief anderen nahen Verwandten in Dänemark gezeigt werden wird, und denen und der Mutter gegenüber verspricht der Ausspruch des Gründers der Kolonie größeren Effekt als eine Bemerkung ihres guten Freundes Berkeley Cole.

Dieses ist nur ein Beispiel von vielen. Die Auffassung, daß *Afrika – dunkel lockende Welt* eine Dichtung über die Wirklichkeit ist, findet, wenn man die Briefe liest, reichlich Begründung; jeder kann seine eigenen Beobachtungen machen, je nachdem, wie gut man das Erinnerungsbuch kennt. Wie sehr allerdings Tania Blixen selber meinte, eine wahre, fast dokumentarische Schilderung ihres Daseins in Kenia zu geben, läßt sich aus dem ersehen, was Thomas Dinesen mir vor einigen Jahren erzählte. Er hatte sie im Winter 1936/37 in Skagen besucht, als sie dabei war, *Afrika – dunkel lockende Welt* zu schreiben, und sie hatte ihn über viele Dinge um Rat gefragt. Ich zitiere Thomas Dinesen: »Wenn sie zum Beispiel dabei war, über eine Safari zu berichten, und mir vorlas, was sie geschrieben hatte, konnte es sein, daß ich vorschlug: ›Du solltest das, was Finch Hatton erzählt hat, dort einfügen!‹ oder ähnliches. ›Ja, das ist doch aber nichts, was ich erlebt habe‹, antwortete Tanne, ›das ist nichts, auf das ich mich verlassen kann, das ist doch nur eine Geschichte. Alles, worüber ich schreibe, muß stimmen. Ich muß für jedes Wort geradestehen können!‹« Und Thomas Dinesen fügte hinzu: »Ich finde, daß *Afrika – dunkel lockende Welt* in jeder Hinsicht ein korrektes Bild der Zeit, der Afrikaner und der Freunde dort wiedergibt – aber das Ganze ist wie durch ein gefärbtes Glas gesehen. Tanne hat den Lichtern und den Schatten kräftigere Akzente gegeben, die der Wirklichkeit, die sie schildert, einen eigenartigen Glanz verleihen. Ich habe während meines langen Aufenthaltes in Kenia einen bestimmten Eindruck von Afrika und der Welt, in der Tanne lebte, gewonnen. Als ich später ihr Buch las, konnte ich keinen Punkt ausmachen, der nicht korrekt wiedergegeben hätte, was ich selbst in Erinnerung behalten und gekannt hatte.

Bei allem, was auch ich erlebt habe, hat sie sich die größte Mühe gegeben, es genau zu schildern, aber eben so, wie sie es sah.«

Dieses ist eine grundsätzliche Wertung, an die man sich halten sollte. Aber sie ändert nichts an der Tatsache, daß die Schriftstellerin, die Saga-Erzählerin in Tania Blixen immer wieder über die objektive Erzählerin von Erinnerungen gesiegt hat. Was Tania Blixen in einem späten Radio-Interview zu Birger Wamberg über die Inspiration sagte, gilt ganz besonders für ihre Arbeit an *Afrika – dunkel lockende Welt*: »Für mich war es Inspiration, wenn die Sache als Ganzes auf einmal sichtbar wurde; eine Sache, an die man sich sonst erst langsam herantasten muß, steht plötzlich als ein Ganzes da, als ob sie einem als Geschenk gegeben worden sei...«. Der unumgängliche Vergleich zwischen den Aussagen der Briefe über die Erlebnisse und Erfahrungen in Kenia wird jedoch in keinem wesentlichen Punkte das Vertrauen zerstören, das der Leser notwendigerweise der Verfasserin eines Buches wie *Afrika – dunkel lockende Welt* entgegenbringt, wenn man sich nur von vornherein klarmacht, daß Tania Blixens berühmtestes Werk ein Stück »Dichtung und Wahrheit« ist – Wahrheit in einem höheren Sinne als sie die gängigen Memoiren enthalten, deren Wirklichkeitstreue in den Details ihre künstlerische Phantasielosigkeit nicht aufwiegen kann. Die Qualität des Afrikabuches beruht gerade auf seiner straffen Komposition und sorgfältigen Auswahl des Stoffes, alles, was Tania Blixen für überflüssig gehalten hat, ist ausgesiebt worden, alle Fäden sind in einer so raffiniert einfachen Technik miteinander verwoben, die in ihren übrigen Dichtungen kein Gegenstück hat. Es wäre verfehlt, selbst unter Hinweis auf den dokumentarischen Wahrheitsgehalt der Briefe, völlige Übereinstimmung zu fordern zwischen der Situationsauffassung und den Wirklichkeitsbezügen in den privaten Mitteilungen, die eben nicht im Hinblick auf eine spätere Veröffentlichung geschrieben worden sind, und in dem fertigen Kunstwerk, dessen Ziel es ist, eine Synthese aus den vielfältigen Eindrücken des Daseins und den Hauptpunkten einer Lebensanschauung herzustellen.

Die hochbegabte und geliebte Tante Bess, die Tania Blixen mit großer Liebe umsorgte, obwohl sie in vieler Hinsicht ihrem

Wesen und ihren ganzen Gedankengängen fremd gegenüberstand, schlug im Jahre 1928 ihrer Nichte vor, die Briefe, die sie im Laufe der Jahre aus Afrika nach Folehave in Nordseeland geschickt hatte, herauszugeben. Tania Blixens Antwort vom 30. März 1928 ist bezeichnend für die Unsicherheit, die sie zu jener Zeit noch empfand, was ihre Fähigkeiten und Möglichkeiten als Autorin anbelangt:

»Das ist ein schrecklicher Einfall, den Du da gehabt hast, meine Briefe herausgeben zu wollen; wenn ich wüßte, daß das geschähe, würde es mir, glaube ich, unmöglich sein zu schreiben. Ich bin Dir wirklich sehr dankbar, daß Du am Lesen meiner Briefe Freude hast, und ich habe auch ebensoviel Interesse daran, Dir zu schreiben, wie früher, mündlich mit Dir die Probleme des Lebens zu diskutieren – aber ich habe nicht genug Selbstvertrauen zu glauben, meine Betrachtungen könnten für andere von Belang sein als für die, die wie Du ein wohlwollendes Interesse an mir selber haben.«

Jetzt, ein halbes Jahrhundert später, ist der Kreis derer, die sich für Tania Blixen interessieren, zweifellos größer geworden, und die Zeit ist reif für die Edition einer umfangreichen Briefauswahl. Der Wert eines solchen Unternehmens wird natürlich immer davon abhängen, wieviel neues Licht es auf die Persönlichkeit und menschliche Entwicklung des Briefschreibers wirft; unter diesem Aspekt muß die vorliegende Sammlung zu den wichtigsten in der neueren dänischen Literatur gerechnet werden. Eine Parallele zur Situation nach H. C. Andersens Tod im Jahre 1875 zu ziehen, dürfte nicht ganz unberechtigt sein. Wie der Literatur-Professor Paul V. Rubow in seinem Vorwort zu einer Neuausgabe von Edvard Collins Buch über den Märchendichter schreibt: »Es ist für das Studium von H. C. Andersen als Mensch und Dichter, aber nicht um seines persönlichen Ansehens willen, ein Gewinn gewesen, daß er kinderlos gestorben ist. Menschen, die Kinder haben, können sicher sein, daß ihr Nachruhm etwas schonender behandelt wird als es bei denen der Fall ist, die ohne Nachkommen sterben.« Oder wie ein dänischer Kritiker, Professor Carl Roos, in einem anderen Zusammenhang gesagt hat: »Die Wahrheit über einen bedeutenden Menschen kann nur seine Bedeutung erhöhen. Das Leben ist besser als die Legende.« Was das große dreibändige Werk mit Briefen von und an H. C. Andersen, das im Jahre 1877/78 veröffentlicht wurde, und die kommentierende Auswahl Edvard Collins von Briefen des Dichters an das Collinsche Haus (1882) für das allgemeine Verständnis des merkwürdigsten Einhorns der dänischen Literatur bedeutet hat, kann kaum überbewertet werden. Diese vier Bücher markieren den Beginn der fundamentalen H. C. Andersen-Forschung dieses Jahrhunderts.

Die Blixen-Studien sind in Dänemark und den USA längst aufgenommen worden, aber die Arbeit ist auf viele Felder verteilt, und es scheint ihr der gemeinsame Punkt zu fehlen, von dem die literarischen, psychologischen und biographischen Untersuchungen ausgehen könnten. Deshalb ist die Edition von Tania Blixens Briefen an ihre nächsten Verwandten, wenige Jahre nach ihrem Tod, ein entscheidender Schritt auf dem Wege zu einem besseren Verständnis ihrer von Geburt an mitgegebenen seelischen Veranlagungen und psychischen Eigenart. Der Leser wird bald entdecken, daß Tania Blixen in ihren Briefen noch stärker, noch ergreifender ihren Gefühlen Ausdruck verleiht, wenn sie in ihrem Dasein ganz oben oder ganz unten war, als es selbst in *Afrika – dunkel lockende Welt* der Fall ist. Die schonungslose Leidenschaft, mit der sie Fehler und Versäumnisse der Vergangenheit in einem nie enden wollenden Kampf um Klärung und Selbstfindung aufdeckt, hat in der neueren skandinavischen Literatur nicht ihresgleichen, jedenfalls nichts, das sich auf *ihrem* künstlerischen Niveau bewegte. Die Briefe der Sammlung, die Tania Blixens persönliches Leben und dessen Problematik aus nächster Nähe schildern, bieten Überlebensstrategien und Hilfen für Menschen in vielerlei Schwierigkeiten, auch ganz anderen als denen, mit denen Tania Blixen kämpfen mußte.

Sollte die moralische Berechtigung zur Veröffentlichung solcher ganz privaten Selbstbekenntnisse in Zweifel gezogen werden, müßte man Tania Blixens eigene Worte in dem großen Brief an Thomas Dinesen vom 5. September 1926 über eine ihrer schwersten Lebenskrisen zitieren:

»Ich habe oft gedacht, es wäre zu wünschen, daß ein Mensch ganz ehrlich zu einem spräche oder einem schriebe; selbst wenn man an ihm selbst kein Interesse hat, so dient sein Schicksal immer der eigenen Aufklärung. Wenn man ein Buch liest, denkt man oft: Naja, es ist ja ganz schön, daß es so oder so weitergeht und es dann auf diese Art endet; aber es stimmt einfach nicht. Und im Leben denkt man ja oft: Wenn doch Menschen, die etwas Ähnliches, wie ich jetzt, durchgemacht haben, mir wirklich ehrlich sagen würden, wie es endete...«

Sollte es nach dieser Aussage Tania Blixens immer noch Leser geben, die meinen, daß man mit einer Briefausgabe wie dieser sich auf ein Gebiet begebe, auf dem niemand außer dem Absender und dem Empfänger etwas zu suchen habe, kann man mit gutem Recht anführen, was Tania Blixen – laut *Pagten* – zu Thorkild Bjørnvig gesagt hat, als sie einmal im Laufe einer Unterhaltung das Versprechen erwähnte, das er ihr gegeben hatte, erst über sie zu schreiben, wenn sie nicht mehr am Leben sei:

»Sie sollen erst nach meinem Tod über mich schreiben. Aber dann sollen Sie es auch tun. Dann werden Sie völlig freie Hand haben und brauchen sich nicht darum zu kümmern, was ich darüber denken würde. Wenn ich noch lebte, könnte ich es nicht lassen, mich einzumischen, und das möchte ich mir selber ersparen. Vielleicht könnte ich es nicht ertragen zu lesen, was über mich geschrieben wird, vielleicht würde ich es wunderbar finden, aber schreiben Sie nur, wie Ihnen ums Herz ist, schreiben Sie, wie Sie über Nietzsche geschrieben haben, das würde ich mir wünschen.«

Hier, in diesem Buch, ist es nun Tania Blixen, die über sich selbst schreibt. Vielleicht hätte sie es nicht ertragen können, ihre Briefe gedruckt zu sehen; vielleicht hätte sie es wunderbar gefunden. Entscheidend aber ist, daß sie selbst sich nicht hat entschließen können, sie zu vernichten, obwohl sie mit dem Gedanken gespielt hat; die Briefe waren immerhin Dokumente des Lebens, das sie gelebt hatte, und unersetzliche, direkt von der Seele geschriebene Zeugnisse dessen, was sie zu den entscheidenden Zeitpunkten ihres afrikanischen Daseins gedacht und gefühlt hatte. Darin liegt der große Unterschied zwischen der

Briefsammlung und dem Erinnerungsbuch. Erstere enthält alle Zwischenrechnungen und die vorläufigen Bilanzen auf dem Wege zum Endresultat, die Summe all der Aktiva und Passiva des Lebens aber ist in *Afrika – dunkel lockende Welt* enthalten.

Vor allem die Briefe an Thomas Dinesen vermitteln dem Leser einen Eindruck davon, welche Kräfte Tania Blixen investierte in ihrem Kampf, die Persönlichkeit, die Frau zu werden, zu der sie sich ihrem Gefühl nach entwickeln mußte. Durch die Krisen, die sie im Laufe der Jahre durchlebte, reifte ihre Lebensanschauung zu einer wirklich effektiven Abwehr gegenüber äußeren Widrigkeiten und privaten Sorgen; je mehr ihre äußeren Entfaltungsmöglichkeiten eingeschränkt wurden durch die ständigen ökonomischen Schwierigkeiten, in denen sich die Farm befand, desto mehr versuchte sie ganz bewußt, den Rahmen ihrer inneren Welt zu erweitern. Gestärkt durch ihren Willen, die unumgängliche Niederlage an mehreren Fronten zu überleben, griff Tania Blixen in den letzten Jahren in Afrika auf seelische Reserven zurück, die offensichtlich nur ihre aussichtslose Situation mobilisieren konnte; und diese Ressourcen sind es, die sie am Schluß, als ihr ganzes bis dahin gelebtes Dasein in Trümmern lag, stark genug machten, das auszuführen, was bis dahin nur bis zu verstreuten Fragmenten und halbherzigen Versuchen gediehen war. Ohne den totalen Bankrott in Afrika hätten zweifellos die *Sieben phantastischen Geschichten* nie das Licht der Welt erblickt.

Die Briefe erzählen nur wenig von der künstlerischen Arbeit, mit der sich Tania Blixen auf der Farm beschäftigte, sie bieten stattdessen einzigartige Nahaufnahmen von der Entwicklungsgeschichte eines Menschen bis hin zu dem Punkt, an dem der Boden gründlich vorbereitet und alle notwendigen Bedingungen erfüllt sind zur Entfaltung der ihr gegebenen schöpferischen Kräfte. Sie belegen zugleich, was Tania Blixen in ihrem späteren Leben immer behauptet hat, daß sie in den siebzehn Jahren auf der Farm nicht in erster Linie davon geträumt hat, Künstlerin zu werden, sondern vor allem anderen danach gestrebt hat, ihre Existenz in Kenia als ein natürliches Zentrum in dem Sonnensystem von englischen Freunden und Bekannten zu konsolidieren, die sie um sich gesammelt hatte, als ihre Ehe mit Bror Blixen in die Brüche ging.

Einzelne Briefe der Sammlung sind besonders wichtige Zeugnisse für die wechselnden Lebenssituationen und Stimmungen, in denen sie sich befand. Man braucht den Leser nur auf die Briefe vom Herbst 1921 hinzuweisen oder auf die beiden langen Briefe an Thomas Dinesen vom 1. April und 5. September 1926, in denen sie mit glühender Indignation und gnadenloser Selbstanklage versucht, sich durch die entstandene Krise zu kämpfen, indem sie bis tief an die Wurzeln gräbt, um die Ursachen ihrer Schwierigkeiten freizulegen.

Drei entscheidende Punkte in Tania Blixens persönlichem Leben, die bisher nur wenig beleuchtet oder sogar verdunkelt worden sind, können mit Hilfe der Briefe oder der ihnen beigegebenen Kommentare aufgeklärt und dokumentiert werden. Gemeint sind die Geschichte ihrer Krankheit, ihre Freundschaft mit dem Engländer Denys Finch Hatton und ihre Reaktion auf den Bruch dieser Freundschaft, der nach absolut zuverlässigen Berichten schon etliche Monate vor Denys Finch Hattons plötzlichem Tod im Mai 1931 stattfand.

Sowohl Thorkild Bjørnvigs *Pagten* als auch Thomas Dinesens *Tanne* enthalten Aussagen über Tania Blixens Krankheit und die Freundschaft mit Denys Finch Hatton, die – weil man sie für Wissen aus erster Hand hielt –, dazu beitrugen, den Mythos zu nähren, Tania Blixen habe seit ihrer Jugend nicht mehr das normale Leben einer Frau führen können und sei auch von Natur nicht sonderlich daran interessiert gewesen. In dem Buch *Pagten* heißt es: »... Sie kehrte zurück zu der Krankheit, die sie schon als junge Frau vom Leben, vor allem und definitiv vom erotischen Leben, getrennt hatte.«

Im dritten Jahrbuch der Blixen-Gesellschaft, BLIXENIANA 1978, hat Professor Mogens Fog mit großer Sorgfalt über die Krankengeschichte Tania Blixens berichtet; er selber hat sie viele Jahre hindurch als Neurologe behandelt und konnte auf Krankenpapiere aus beinahe fünfzig Jahren zurückgreifen. Aus dieser Darlegung geht eindeutig hervor, daß die Krankheit 1915/16 so weit unter Kontrolle war, daß keine Ansteckungsgefahr mehr bestand. Der syphilitische Rückenmarksschwund, der später einsetzte, hatte begrenzten Umfang und hinderte sie nicht, körperliche Beziehungen zu haben. Daß sie selbst in dem Brief an Thomas Dinesen vom 5. September 1926 den Namen der Krankheit erwähnt, muß – zusammen mit der unwiderlegbaren Dokumentation Mogens Fogs über die Art und den Verlauf der Krankheit – jeder wildwachsenden Mythenbildung um diesen mehr tragischen als »pikanten« Teil von Tania Blixens Lebensschicksal ein Ende setzen. Charakteristisch für ihre eigene Beurteilung ihrer Lebensumstände ist es, daß sie selbst in den Briefen von ihrer Krankheit als einem geringeren Unglück spricht, gemessen an den wirklichen Prüfungen, denen sie ausgesetzt worden sei: dem Scheitern der Ehe, der zerstobenen Hoffnung, etwas zu erreichen und etwas zu werden, und dem Bewußtsein, daß der dauernde Geldmangel auf der Farm sie zwinge, gegen ihre wahre Natur zu handeln.

Mehrere Briefe bekräftigen, daß die Freundschaft mit Denys Finch Hatton ein echtes Liebesverhältnis war, das in erster Linie auf seelischem Zusammengehörigkeitsgefühl beruhte. Tania Blixen hat sich von der Zeit an, als Bror Blixen nicht mehr auf der Farm wohnte, bewußt über enge bürgerliche Moralnormen hinweggesetzt, die sicher in ihrer Heimat, dem kleinen Dänemark, eine größere Rolle spielten als in Britisch Ostafrika mit seinen vielen Einwanderern. Im Jahre 1922 hatte sie geglaubt, ein Kind von Denys Finch Hatton zu erwarten, und war völlig verzweifelt, als sich herausstellte, daß es falscher Alarm war. Der Gedanke, von ihm ein Kind zu bekommen, muß ihr eine Zeitlang ganz natürlich vorgekommen sein, obwohl sie nicht damit rechnen konnte, daß er die Bindung einer Ehe auf sich nehmen würde. Als sie im Frühjahr 1926, 41 Jahre alt und an einem kritischen Punkt ihres Lebens angekommen, wieder meinte, schwanger zu sein – was aus dem schon erwähnten Brief vom 5. September und einem von Thomas Dinesen erbetenen Kommentar dazu hervorgeht –, wollte sie selbst das Kind, das sie möglicherweise erwartete, *nicht* austragen, aber aus ganz anderen Gründen als man vermuten könnte, wenn man ihr Alter und ihre bedrohte Gesundheit in Betracht zieht. Dieser Entschluß kann mit Fug und Recht als entscheidende Wende in ihrem Leben angesehen werden. Wie sie es selbst in dem Brief an den Bruder formuliert:

»Ich bin immer der Ansicht gewesen, seine Rettung darin zu sehen, daß man ›in seinen Kindern weiterlebt‹, nachdem man selbst im Leben versagt hat, und so den Kindern keinen Glauben und keinen Inhalt weitergeben kann, sei einer der jämmerlichsten Auswege ...«

Und die natürliche Fortsetzung dieses Gedankenganges steht in dem unvollendeten Brief an Thomas Dinesen vom 1. April 1926:

»... Nein, siehst Du, ich muß *ich selber sein*, in mir selbst etwas sein, etwas haben und besitzen, das wirklich mein Eigentum ist, etwas schaffen, was von mir kommt und mein Ich darstellt, um überhaupt leben zu können und das unbeschreibliche Glück meines Lebens, meine Liebe zu Denys, fassen und weiter halten zu können. Und hier und jetzt habe und bin ich gar nichts; ich habe meinen Engel Luzifer verraten und meine Seele an die Engel im Paradies verkauft und werde dort doch nicht eingelassen; ich gehöre nirgends dazu, kann nirgends auf der Welt bleiben und muß doch in ihr leben; ich hasse jede Minute und zittere vor jeder Minute, und sie kommen doch, eine nach der anderen; es ist, kurz gesagt, das reine Elend, und ich würde, wenn ich so etwas hörte, nicht glauben, daß jemand lange so leben könnte.

Du mußt nicht denken, ich sei ein solcher Feigling, daß ich nicht einmal darüber nachgedacht hätte, ob es nicht das Beste sei, sich das Leben zu nehmen. Ich wäre bereit, das zu tun, wenn ich zu der Überzeugung gelangen könnte, das sei eine Lösung. Auch der größte Feigling der Welt würde dazu bereit sein, um von einem solchen Leben befreit zu werden. Aber ich meine, das hilft nichts. Wonach ich mich sehne, ist ja: Leben, und was ich fürchte und wovor ich flüchte, ist Leere und Zugrundegehen – und was sonst kann man vom Sterben erhoffen? Ich will furchtbar gerne leben, ich will furchtbar ungern sterben ...»

Mit dem Entschluß, kein Kind haben zu wollen, verzichtete Tania Blixen endgültig auf eine Möglichkeit, glücklich zu werden, die sie bis zu diesem Zeitpunkt nie aus den Augen verloren hatte. Ihre Entscheidung war vielleicht ein erzwungener Verzicht, wahrscheinlich aber auch eine persönliche Wahl, die sie aus der quälenden Abhängigkeit von äußeren Umständen befreite. Der drohende Konkurs der Farm und die Tatsache, daß Denys Finch Hatton sein eigener Herr bleiben wollte, zwangen sie, ihrem Leben die entscheidende Wende zu geben mit dem Versuch, ihr Inneres in einem schriftstellerischen Werk zu verwirklichen, das einen bleibenden Ausdruck ihres Wesens, ihres Selbst, darstellte.

Die englische Autorin Errol Trzebinski erzählt in ihrer großen Biographie Denys Finch Hattons, daß die Liebesbeziehung zwischen ihm und Tania Blixen im letzten Jahr auf der afrikanischen Farm zerbrach. Das Zerwürfnis wird von mehreren Seiten bezeugt, und es gibt keinen Grund, an der Glaubwürdigkeit der Quellen zu zweifeln. Den Briefen ist nicht zu entnehmen, was Tania Blixen selbst anläßlich dieses Ereignisses empfand. Wahrscheinlich war es der härteste Schlag, der sie je getroffen hat, eine nie verwundene Niederlage, die sie der Familie gegenüber nicht eingestehen mochte. Es sind keine Briefe an den Bruder erhalten aus der Zeit zwischen November 1928 und April 1931; ob das bedeutet, daß keine abgesandt wurden, kann man nach mehr als fünfzig Jahren nicht sagen. 1929 lebte Tania Blixen über ein halbes Jahr bei ihrer Mutter in Rungstedlund und hatte dort reichlich Gelegenheit, ihre Probleme mit Thomas Dinesen zu erörtern.

Sämtliche Briefe an Ingeborg Dinesen aus den letzten Jahren auf der Farm scheinen erhalten, aber der Bruch mit Finch Hatton wird nirgends erwähnt. Es gibt allerdings Hinweise aus erster Hand, daß Tania Blixens Verzweiflung darüber, einmal mehr sehen zu müssen, daß sie ihre Fähigkeit, Menschen an sich zu binden, im Stich gelassen hatte, zu dem Entschluß führte, ihrer in ihren Augen völlig mißglückten Existenz ein Ende zu setzen. Zum Äußersten getrieben, versuchte sie, sich das Leben zu nehmen. Ein handgeschriebener Zettel an die Menschen, in deren Haus der Selbstmordversuch stattgefunden hatte, mit der Bitte um Entschuldigung, ist mehr als dreißig Jahre später unter ihren nachgelassenen Papieren gefunden worden. Dieses möglicherweise mit Datum versehene Dokument ist in der Zwischenzeit verschwunden, aber Thomas Dinesen hat auf Anfrage des Herausgebers dieser Briefe mitgeteilt, daß seine Schwester einmal »mit völliger Gelassenheit« von ihrer Tat erzählt habe; sie habe sich selbst eine Wunde beigebracht, »aber ehe zu viel von ihrem Blut geflossen war, hat sie innegehalten«. Er konnte sich nicht erinnern, wann der Vorfall stattgefunden hat, aber man muß ihn wohl in die Zeit kurz nach dem Ende der Liebesbeziehung zu Denys Finch Hatton datieren, damals ist der Verlust der Farm in ihren Augen nicht mehr als ein äußeres Zeichen gewesen, daß ihr Leben vorbei war, und nicht die wirkliche Ursache für ihre Verzweiflungstat. Den ergreifenden Brief an den Bruder vom 10. April 1931, einen Monat vor dem Tode Finch Hattons, *kann* man als einen verhaltenen Hilferuf ansehen, den Versuch nie wiederholen zu müssen. Sogar mitten in der schwersten menschlichen Krise kämpfte Tania Blixen darum, ein Ja-Sager zu sein. »Ich will furchtbar gerne leben, ich will furchtbar ungern sterben ...«

Thomas Dinesen erzählte bei der Beerdigung Tania Blixens im Jahre 1962, daß sich seine Schwester, kurz bevor sie die Farm verlassen mußte, bei einem Unfall eine große Wunde am Arm zugezogen habe und beinahe verblutet wäre. Er habe sie später gefragt: »Was hast Du damals gefühlt, woran hast Du gedacht?« – »Kannst Du Dich an Björnsons Gedicht über Arnljot Gelline erinnern?« sagte sie, »über die Schlacht bei Stiklestad? König Olav ist gefallen, und seine Skalden um ihn herum fallen einer nach dem anderen. Da fiel auch Gissur, der Skalde ..., Torfine an seiner Seite, er sang: ›Jetzt habe ich Dir, mein König, mein bestes Lied geschenkt, rot rinnt es über Deinen Namen.‹ Genauso empfand ich das damals.«

Einiges deutet darauf hin, daß Thomas Dinesen seinerzeit in Wirklichkeit nicht auf den vermeintlichen Unfall, sondern auf den Selbstmordversuch angespielt hat.

Die Punkte in Tania Blixens Biographie, die hier mit Hilfe der Briefe und Kommentare hervorgehoben sind, könnten natürlich ergänzt werden durch viele, ebenso wichtige Äußerungen über andere menschliche Erfahrungen, die ihre Anschauung vom Leben und von ihren eigenen Möglichkeiten bestimmt haben. Es sei hier nur ihr tragisches Beharren auf der Vorstellung erwähnt, sie habe eine entscheidende Schlacht verloren, als Bror Blixen im Jahre 1921 die Scheidung durchsetzte, obwohl sie alles eingesetzt hatte, diese Schlacht zu gewinnen. Brors Beschluß, ein neues Leben in Afrika ohne sie zu beginnen, und die Enttäuschung, kein Kind von Denys Finch Hatton zu bekommen, erzeugten in ihr eine traumatische Angst davor, noch einmal das ganze Dasein auf einen einzigen Menschen zu gründen. Sie unterminierte in den folgenden Jahren unmerklich Tania Blixens Verhältnis zu Denys Finch Hatton. Gerade weil ihre Gefühle für *ihn* so viel tiefer waren als die, die sie mit Bror Blixen verbunden hatten. Vielleicht hat diese Furcht sie schließlich dazu getrieben, von Denys Finch Hatton mehr zu verlangen, als er auf Grund seiner jeder Bindung abgeneigten Natur imstande war, ihr zu geben. Daß er sich aus der Abhängigkeit von ihr befreite, auch wenn er ihr weiterhin mit Rat und Tat half, und sie immer noch besuchte, muß sie als endgültige Besiegelung ihres Schicksals als Frau gesehen haben: außerstande zu sein, einen anderen Menschen festzuhalten. All ihre späteren Versuche in dieser Hinsicht brachten nur mehr oder minder extreme Wiederholungen ihrer Erfahrungen aus den Jahren in Afrika.

Für die Erforschung der menschlichen Entwicklung Tania Blixens ist es von Vorteil, daß dieses Buch eine so große Auswahl sämtlicher existierenden Briefe an die nächsten Familienangehörigen umfaßt. Dem hier vorliegenden Material kann man Informationen über alle Bereiche ihres Daseins entnehmen. Wir hören von der Zusammenarbeit mit Schwarzen und Weißen auf der Farm, von ihren Beziehungen zu der englischen Kolonie in Kenia, von den siebzehn Jahren Kampf, die Farm wirtschaftlich am Leben zu erhalten, von dem nie unterbrochenen Kontakt zur Familie in Dänemark, von ihrer Ehe und dem Verhältnis zu den Männern, die seelisch und erotisch Einfluß auf ihr Leben genommen haben, von dem, was in ästhetischen und religiösen Fragen ihre Anschauungen geprägt hat. Darüber hinaus sind die Briefe auch von historischem Interesse, das weit über die Person

Tania Blixens hinausgeht. Sie kam gleichzeitig mit der letzten Welle von vorwiegend englischen Kolonisatoren nach Afrika, engagierte sich aber von Anfang an mit großer Sympathie für ein gutes Verhältnis zur eingeborenen Bevölkerung, womit sie ihrer Zeit weit voraus war. Ein Menschenalter nach dem Erscheinen des Buches über die Farm ist das dort beschriebene Afrika längst Geschichte.

Die Briefe geben, oft von Woche zu Woche, Nahaufnahmen von Tania Blixens afrikanischem Leben, die von nun an das Erlebnis ihres Erinnerungsbuches begleiten und vertiefen werden. Gerade die Wechselwirkung zwischen den privaten Briefen und dem streng komponierten *Afrika – dunkel lockende Welt* wird für den interessierten Leser von besonderem Reiz sein. Was in dem einen Buch nicht steht, findet man in dem anderen. Bei der Auswahl der Briefe oder bei der Beschneidung des umfangreichen Materials wurden keine Aussagen oder wesentlichen Informationen weggelassen, die das Gesamtbild von Tania Blixen, das das Buch hinterläßt, verändert hätten. Die vorliegende Auswahl vermittelt nur wenig Eindrücke von der erstaunlich extrovertierten Geselligkeit, die Tania Blixen über lange Zeiten ihres Farmerlebens pflegte. Sie liebte es, Menschen um sich zu haben, und erwarb im Laufe der Jahre in Kenia einen großen Kreis von Bekannten, von denen in den Briefen an die Mutter meist nur kurz die Rede ist. Die Personengalerie ist also deutlich reduziert, um anderen, nach Ansicht des Herausgebers wichtigeren Stoff innerhalb des festgelegten Rahmens bringen zu können. Das könnte den nicht orientierten Leser zu der Annahme verleiten, Tania Blixen habe die meiste Zeit in Afrika ein von den übrigen Europäern der Kolonie abgesondertes Leben geführt.

Von der Beschneidung des Stoffes ist auch die wirtschaftliche Geschichte der Farm betroffen. Das ist zum Teil auf die Absicht zurückzuführen, unnötige Wiederholungen von ellenlangen Rapporten über Ernteaussichten und Kreditmöglichkeiten zu vermeiden, teils auf die Erkenntnis, daß Tania Blixen in ihren Briefen nach Dänemark kein objektiver Zeuge hinsichtlich der finanziellen Opfer war, die die Familie im Laufe der Jahre für die

Farm gebracht hat. Sie selbst hat es mündlich zum Ausdruck gebracht:

»Die anderen haben ja nur Geld gegeben. Ich habe meine Gesundheit und mein ganzes Leben gegeben!« Es gibt keinen Grund, Tania Blixens Klagen über die Haltung der Aktionäre gegenüber der höchst unrentablen Karen Coffee Company zu veröffentlichen, jedenfalls nicht, ehe ein seriöser Forscher Zugang zu den privaten Archiven erhalten hat und dokumentieren kann, wie weit die Familie sich tatsächlich bemüht hat, Tania Blixen bei dem zu unterstützen, was sie selber für eine europäische Kulturmission in Afrika hielt.

Die deutsche Ausgabe stellt nur eine Auswahl der in der dänischen und englischen Edition veröffentlichten Briefe dar. Auslassungen im Text der einzelnen Briefe sind durch Punkte markiert (...). Der Leser wird auf das Namens- und Sachregister am Schluß des Buches hingewiesen; Anmerkungen zu den einzelnen Briefen findet er ebenfalls dort (Markierung im Text durch *), es wird immer auf die Seitenzahl, nicht auf das Datum des Briefes verwiesen. Die Anmerkungen stellen eine Auswahl von Informationen dar, die für den Leser von Interesse sein könnten, sie erheben keinen Anspruch auf Vollständigkeit. Nachforschungen in Archiven zur wirtschaftlichen Geschichte der Farm waren nicht möglich; Einzelheiten zu diesem Thema sind deshalb in den Anmerkungen unberücksichtigt geblieben.

In der ersten Reihe derer, denen anläßlich der Veröffentlichung der Briefe im Jahre 1978 zu danken war, stand Thomas Dinesen, Tania Blixens inzwischen verstorbener Bruder, dessen Entgegenkommen während der Arbeit ganz entscheidend zum vorliegenden Resultat beigetragen hat. Ebenso bin ich dem Schriftsteller Ole Wivel zu Dank verpflichtet für Anleitung, guten Rat und praktische Unterstützung während der Arbeit an dieser Publikation.

Die meisten Briefe sind von Tania Blixen selbst mit der Maschine geschrieben worden (auf der kleinen »CORONA«, die sie bis zu ihrem Tode benutzte; sie hat sich nie an eine andere gewöhnen können), aber alle Briefe vor 1918 sind mit der Hand in ihrer hübschen, plastischen, aber nicht immer leicht lesbaren

Schrift verfaßt. Die Abschrift für die Verwendung als Manuskript erforderte große Übung im Deuten von Tania Blixens Schrift. Ich wußte, daß Clara Selborn und Ulla Rask über entsprechende Erfahrung verfügten. Letztere kam schon 1934 nach Rungstedlund, um Tania Blixens eigene Übersetzung der *Sieben phantastischen Geschichten* ins Dänische nach ihrem Diktat zu stenographieren. Später war sie ebenso an der Niederschrift von (unter anderem) *Afrika – dunkel lockende Welt, Wintergeschichten* und *Die Rache der Engel* beteiligt. Schließlich habe ich selber etliche Abschriften vorgenommen, in Zusammenarbeit mit der Sekretärin der Blixen-Gesellschaft, Frau Aase Vahl, für deren wertvolle Unterstützung ich danke.

Als Letztem, aber nicht Geringstem, danke ich noch einmal Herrn René Herring, dem Konservator an der Königlichen Bibliothek Kopenhagen, der mir bei der Ausarbeitung der Anmerkungen und des Registers geholfen hat. Was es bedeutete, einen unermüdlichen, sorgfältigen Leser zur Seite zu haben, als der Ablieferungstermin immer näher rückte, versteht nur derjenige, der wie ich gelegentlich von Alpträumen heimgesucht wurde angesichts der noch zu erledigenden Arbeit.

Vierzig Jahre nach dem Erscheinen von *Afrika – dunkel lockende Welt* wird mit diesen Briefen erneut eine Tür zu Tania Blixens Welt geöffnet. Was sie einmal in Afrika erlebt hatte, vergaß sie nie, und mit ihrem Buch über die Farm sorgte sie dafür, daß es nicht vergessen wird, solange es Leser ihres Werkes gibt. In den Briefen aber begegnen wir einem Menschen, den das Erinnerungsbuch mit keinem Wort erwähnt: der jungen, unerfahrenen Tania Blixen, und wir erleben mit, wie sich ihre Persönlichkeit entwickelt. Daß die Jahre auf der Farm entscheidend für ihr Leben waren, wußte sie von Anfang an. In einem Brief an die Mutter, am 26. Februar 1919, schrieb sie: »Ich habe das Gefühl, daß ich in Zukunft, wo immer in der Welt ich bin, daran denken werde, ob es wohl in Ngong regnet.«

Um diese Frage kreisten ihre Gedanken noch immer, als sie als berühmte Schriftstellerin auf Rungstedlund lebte. Jeden Abend, ehe sie zum Schlafen nach oben ging, öffnete sie die Tür zum Hof und blieb dort einen Augenblick stehen. Dort unten im Süden,

Tausende von Kilometern weit entfernt, lag Denys Finch Hatton in seinem Grab unter dem Obelisken in den Ngong Hills, und für Tania Blixen war es, als sei das einzige Leben, das sie wirklich gerne gelebt hatte, mit in dieses Grab gelegt worden. Seit ihrer Heimkehr nach Dänemark war sie nur Zuschauer im Leben, ja, schon vor der Abreise aus Afrika fühlte sie sich wie eine Verstorbene, die die Welt ihren Lauf ohne ihr Zutun fortsetzen sieht. Im März 1931 schreibt sie an die Mutter:

»Es ist eine Ironie des Schicksals, daß wir so ergiebige, frühe Regenfälle gehabt haben. Wenn ich daran denke, wie oft ich um diese Jahreszeit vor das Haus getreten bin und nach dem Regen Ausschau gehalten habe, der nicht kommen wollte, ist es eigenartig, hier zu liegen und den strömenden Regen rauschen zu hören und zu wissen, er ändert nun gar nichts mehr.«

Jetzt, wo auch Tania Blixen ihre Ruhe gefunden hat unter dem großen Stein an der Ewalds Höhe, muß man dafür sorgen, daß die Tür nach Süden aufgehalten wird. Deshalb werden diese Briefe herausgegeben. In ihnen rauscht noch immer der Regen über Ngong, und das Brüllen der Löwen hört man des Nachts ganz nahe am Haus. Es sind nicht die Löwen, die auf Denys Finch Hattons Grab lagen, sondern die Löwen in Tania Blixens Leben – die Herausforderung, für die sie alles gegeben hätte, um sich ihr weiter stellen zu können.

»Niemand ist blutiger in die Literatur hineingekommen als ich«, sagte Tania Blixen einmal. Die Briefe in diesem Buch bestätigen ihre Worte.

Frans Lasson

Briefe

Am 23. Dezember 1912 verlobte sich die 27jährige Karen Dinesen mit ihrem schwedischen Vetter zweiten Grades, dem Baron Bror Blixen-Finecke von dem Gut Näsbyholm in Schonen. Unter dem Eindruck der Berichte ihres gemeinsamen Onkels, des Lehnsgrafen Mogens Frijs, über die großen ökonomischen Zukunftsaussichten in Ostafrika beschlossen die Neuverlobten, in die spätere Kronkolonie Kenia auszuwandern. 1913 fuhr Bror Blixen dorthin, um die Verhältnisse zu sondieren. Er hatte eine größere Summe Geldes bei sich, die Frau Ingeborg Dinesen und ihr Bruder, Aage Westenholz, dem jungen Paar zur Verfügung gestellt hatten, und er nahm bald Verbindung zu den schwedischen Einwanderern auf. Es vergingen nur wenige Monate, da hatte Bror Blixen die »Swedo-African Coffee Co.« von seinem Landsmann, dem Ingenieur Åke Sjögren, erworben.

Am 2. Dezember 1913 verließ Karen Dinesen Dänemark und reiste in Begleitung ihrer Mutter und ihrer jüngsten Schwester Ellen quer durch Europa nach Neapel, von wo das Schiff ADMIRAL *der deutschen Ostafrika-Linie vierzehn Tage später ablegte. In Neapel hat sie sich von ihrer Familie verabschiedet, und der erste erhaltene Brief der Sammlung an die Mutter ist an Bord des Schiffes geschrieben, fünf Tage, bevor sie von ihrem Verlobten in Mombasa in Empfang genommen wurde. Am Tage ihrer Ankunft, am 14. Januar 1914, fand die Trauung statt.*

Meine innig geliebte Mutter.–
Ich schicke diesen Brief an Dich ab, sobald ich in Mombasa ankomme, denn ich weiß nicht genau, wie lange ich dort bleiben werde und ob ich Zeit finde, an Dich zu schreiben, deshalb wird hier nun nichts über Deinen geliebten Bror stehen und überhaupt nichts von größerem Interesse. – In meiner Dienerschaft hat es inzwischen Veränderungen gegeben, und das wird Dich wohl interessieren. Ich habe jetzt einen indischen Diener, er erwartete mich in Aden, als ich an Land ging, und hatte einen Brief von Bror bei sich. Der Ärmste war nach Tabora geschickt worden und hatte infolgedessen vierzehn Tage in Aden zubringen müssen und war nun ganz beglückt, mich gefunden zu haben. Er war lieb und nett, lächelte und verbeugte sich mit der Hand auf der Stirn, äußerst manierlich angezogen, aber er sprach ein schlimmes Englisch und stotterte obendrein noch so entsetzlich, daß man jedesmal, wenn er sprechen mußte, das Gefühl hatte, er würde sterben. Bror schrieb, er sei zuverlässig und angenehm. – Jetzt ist er an Bord. Er heißt Fara; ich hoffe nicht, daß er Ähnlichkeiten mit Fara dem Krieger* zeigt.–

Dann darfst Du, bitte, nicht entsetzt sein, daß ich die Stewardeß hier an Bord veranlaßt habe, mit mir zu kommen. Ich bin nämlich auf dem Schiff zu der Überzeugung gekommen, daß es dumm von mir war, kein Mädchen mitgenommen zu haben. Wenn ich gesund gewesen wäre, hätte das ja nichts ausgemacht, aber ich war ja noch kaum einer Anstrengung gewachsen und so mit Hilfe verwöhnt, als ich an Bord ging. Ich dachte ständig an die Frau in »Dombey & Son«, die immer sagt, *an effort must be done,* denn alles war für mich *an effort*, aufzustehen, mich anzuziehen, ja, überhaupt zu leben, und sehr oft – nun darfst Du Dir aber keine Sorgen machen, wenn ich das so ehrlich schreibe – war ich derart verzweifelt und müde, daß ich glaubte, ich würde Mombasa nicht lebend erreichen ...

Wenn ich das nun so regeln kann, wie ich es möchte – und andernfalls schicke ich diesen Brief gar nicht ab –, geht sie in

Mombasa von Bord und kommt mit zu uns nach Hause, und wenn das Boot sechs Wochen später, wenn es in Durban gewesen ist, nach Mombasa zurückkommt, geht sie wieder an Bord, falls ich sie nicht behalten und einen der Boys entlassen kann – nicht den netten Fara, sondern den anderen – oder wir nicht gut miteinander auskommen. Es ist ja eine besondere Chance, sie vom Schiff herab mitnehmen zu dürfen, und wohl eigentlich ein großes Entgegenkommen von Seiten des Kapitäns. Das Mädchen Martha selbst will es furchtbar gerne ... Sie kann Fara für mich anlernen und das Haus in Ordnung bringen, und dann komme ich wohl auch wieder zu Kräften. Sollte ich es nicht schaffen oder aus irgendeinem anderen Grunde mich nicht wohlfühlen, dann müßt Ihr es nicht gleich ganz schlimm finden, wenn ich sie behalte, denn dann wage ich nicht, ohne sie auszukommen ...

Ein deutscher Offizier, von Lettow, aus einer richtigen alten Mecklenburger Familie, ist mein bester Freund gewesen; die Verhältnisse dort, von denen er erzählt, sind genau wie in *Ut mine Stromtid*, und ich denke, sie müßten Tante Liddas Ideal entsprechen –. Ich schreibe sicher noch einmal vor Mombasa. Wenn ich doch nur einen einzigen Augenblick bei Euch sein könnte, ich umarme Euch alle und stelle mir vor, ich sehe in Deine wunderbaren, gütigen Augen, kleine Mutter ...

An Ingeborg Dinesen *Hopcrafts shooting, Box, 20. 1. 14*

Meine liebe kleine Mutter. –
Ich hätte längst schon schreiben sollen, aber Du ahnst ja nicht, wie knapp die Zeit war, und ich wollte doch so gerne ein bißchen vernünftig und ausführlich schreiben. Aber jetzt schicke ich diesen Brief mit einem Läufer und Ihr müßt selbst sehen, wie Ihr Euch aus meiner ungeordneten Darstellung ein Bild von dem großen neuen Leben und allem, was hier draußen geschieht, machen könnt. – Ich liege im Bett, nicht weil ich krank bin,

sondern weil wir auf Nachtjagd sind, in einem kleinen Blockhaus mit zwei Räumen auf bloßer Erde und einer Feuerstelle in dem einen, und ringsum nach allen Seiten die herrlichste, wunderbarste Natur, die man sich vorstellen kann, in der Ferne mächtige blaue Berge und die Grasfläche davor voller Zebras und Gazellen; in den Nächten höre ich die Löwen brüllen wie Geschützdonner im Dunkeln.–

Aber nun will ich mit dem Anfang anfangen. – Bror war nach Mombasa gekommen, um mich in Empfang zu nehmen, und es war herrlich, wieder bei einem Menschen zu sein, zu dem man gehört, aber Mombasa ist wie ein glühendes Treibhaus, so daß man fast ohnmächtig wird, wenn einem die Sonne direkt auf den Kopf scheint. Wir gingen hinauf und besichtigten ein sehr schönes altes Fort, und um elf Uhr wurden wir getraut, mit Sjøgren, Prinz Wilhelm, Bostrøm und Lewenhaupt als Zeugen; es war ganz einfach und simpel und dauerte höchstens zehn Minuten. – Dann fuhren wir in einer Rikscha zu einem Frühstück hinaus zu Hobley, der uns getraut hatte; er hat eine wirklich herrliche Villa direkt am Meer – und von dort zum Zuge, einem Sonderzug für Prinz Wilhelm, mit dem privaten Speisewagen des Gouverneurs und dem Koch und der Küche von Mac Millan, die wirklich brillant war. Die erste Zeit war es schrecklich warm, aber dann kam ja der Abend, und es wurde kühler. Einen Schlafwagen gab es nicht, aber Bror hatte Decken und Laken mit. Am nächsten Morgen war die Landschaft völlig verändert. Das war das richtige Afrika, große, grasbedeckte Ebenen und in der Ferne die Berge und dann ein unglaublicher Wildreichtum, große Herden von Zebras und Gnus und Antilopen direkt am Zug; wenn man das so hört, kommt einem das gar nicht so besonders vor, wenn man es aber sieht, ist es schon beeindruckend.

In Nairobi gab es einen offiziellen Empfang und ein Frühstück beim Gouverneur in einem wunderschönen Haus – der Gouverneur war mein Tischherr, und auf der anderen Seite saß der Vice-Gouverneur neben mir, und alle fügten nach jedem zweiten Wort mir gegenüber ›Baronesse‹ ein; anfangs begriff ich überhaupt nicht, daß ich damit gemeint war. Ich will nicht leugnen, daß der

Lunch mit den vielen Menschen, die ich noch nie gesehen hatte, nach den vierundzwanzig Stunden Bahnfahrt ziemlich anstrengend war. – Gleich nach dem Lunch fuhren Bror und ich mit dem Automobil zu unserer eigenen Farm hinaus. Der Weg dorthin ist unvorstellbar schön, wie daheim im Dyrehaven, und dazu hat man noch immer die langgestreckten blauen N'gong Berge vor sich. Es gibt so viele blühende Büsche und Bäume, und alles duftet ungefähr wie Porst oder wie in einem Kiefernwald. Hier draußen ist es keineswegs zu warm, die Luft ist so leicht und herrlich, und man fühlt sich ganz leicht und froh und glücklich.

Bei der Ankunft auf der Farm erwartete mich eine Überraschung: Alle tausend Boys hatten sich in Reih und Glied aufgestellt und folgten uns dann mit einem wahrhaft ohrenbetäubenden Lärm bis ans Haus, umringten uns und wollten uns, als wir ausstiegen, unbedingt alle berühren – der Anblick all dieser schwarzen Köpfe war schon überwältigend. Ihr könnt Euch nicht vorstellen, wie hinreißend ich die Farm fand und wie schön alles hergerichtet war. Ich habe ein Badezimmer neben meinem Zimmer, das man sich gar nicht schöner denken könnte, und ein W.C., das wohl das einzige in B.E.A. ist. Ich glaube, man kann einen hübschen Garten anlegen; es sind ja herrliche Bäume da, und die Lage ist so zauberhaft.

Bror hat sechs weiße Männer auf der Farm, die uns einen köstlichen Tee zubereitet hatten und uns Brautgeschenke und eine feine Glückwunschadresse überreichten; es hatte etwas Rührendes, diese heimat- und familienlosen Leute zu sehen, von denen mehrere sicher schon einiges hinter sich haben, wie sie sich Mühe gaben, mich zu feiern, und wie sie es offensichtlich genossen, an so einer Art Hochzeit teilzunehmen. –

Wir fuhren im Automobil wieder von dort weg, nachdem ich unseren Boys zum Dank für ihren schönen Empfang Fleisch versprochen hatte – das ist ihr höchster Genuß –, und Bror und ich aßen in aller Ruhe auf unserem Hotelzimmer zu Mittag, was ich auch nach all den anstrengenden Tagen durchaus nötig hatte. – Ich glaube, es würde Euch *sehr* freuen, wenn Ihr hörtet, wie alle Menschen, denen ich hier draußen begegnet bin, über Bror sprechen. Jeder von ihnen kommt zu mir und sagt, daß auf der

Farm Einzigartiges geleistet worden sei und daß das ein Beispiel für ganz Afrika sei. – Jetzt geht ein Läufer, deshalb muß ich diesen Brief nun abschicken. Das nächste Mal mehr. Zehntausend Grüße

Tanne

An Mary Bess Westenholz *MBagathi Estate, 1. April [1914]*

Geliebte Tante Bess. –
Ich würde Dir ja gerne richtig schreiben und für Deine Briefe danken, aber dieser Brief wird weder sehr vergnüglich noch eigentlich privat; aber es ist ja fast gänzlich unmöglich, private Briefe nach Hause zu schreiben. Außerdem bin ich leider noch immer ans Bett gefesselt, weil das Fieber nicht runtergehen will, und alle sagen, man soll das erste Mal vorsichtig sein, weil es sonst wiederkommt. Etwas langweilig ist es ja, zumal Bror natürlich viel weg ist, aber auch ganz gemütlich, wenn es einem langsam besser geht: Bei der Malaria fühlt man sich so elend, daß einem – um meine eigenen trefflichen Bemerkungen zu zitieren* – die ganze Welt zuwider ist wie ein Kleid, das schlecht sitzt. Fara ist mein Trost und meine Stütze, besser als eine weiße Kammerjungfer, und so umsichtig und vernünftig, und dann haben die Somalis eine Wesensart wie spanische Granden. – Natives (zu denen die Somalis eigentlich nicht zählen, sie sind Einwanderer aus Somaliland, Mohammedaner und eine Art Araber und sehen auf die Neger herab) sind für mich Gegenstand meines größten Interesses hier draußen; aber ich glaube, daß ich – und Bror – so ziemlich die einzigen hier sind, die wirklich dieses Interesse haben. Die Engländer sind in dieser Hinsicht merkwürdig engstirnig; es fällt ihnen einfach gar nicht ein, Eingeborene als Menschen zu betrachten, und wenn ich mit englischen Damen über den Unterschied der Rassen oder ähnliches spreche, lächeln sie gerührt und herablassend über meine Originalität. Die Eingeborenen, die in vieler Hinsicht klüger als sie sind, nutzen diese Einstellung zu ihrem Vorteil aus, aber

irgendeine Form der Verständigung oder Zusammenarbeit kann so nie erwachsen. Man kann nur in schallendes Gelächter ausbrechen, wenn man die Engländer ihre Sprache sprechen hört; jeder Stamm hat seine eigene Sprache, aber Suaheli, die Sprache der Küstenbevölkerung, ist eine Art Universalsprache, die von den Gebildeteren aller Stämme gesprochen wird. Daß niemand Arbeitskräfte bekommen kann, liegt, glaube ich, zum großen Teil daran, daß sie sie so rücksichtslos behandeln, sie verlangen zum Beispiel, daß sie bei Regen arbeiten sollen, was sie nun mal nicht ausstehen können – und der Regen dauert immer nur ein paar Stunden –, und dann stören sie die Mohammedaner gerade zur Zeit des Gebets, von dem man doch weiß, daß es pünktlich um sechs Uhr bei Sonnenuntergang verrichtet werden muß. – (Es ist sehr hübsch anzusehen, wie unser alter Koch jeden Abend seinen kleinen Teppich auf dem Gras ausbreitet und so andächtig, mit dem Gesicht gen Mekka gewandt, betet und die Stirn auf die Erde schlägt.)

Bei etwas Verständnis und Interesse ist diese Gesellschaft in vieler Hinsicht ideal: Die soziale Frage existiert hier nicht – (und kann ferngehalten werden, solange hier keine Mischrasse entsteht; aber ich glaube, die einzelnen Rassen sind zu unterschiedlich, als daß sie miteinander vermischt werden könnten, ich habe noch nie von hiesigen Half-Casts gehört, dagegen kommen einige aus Südafrika.) Beim Betrachten der verschiedenen Rassen hier gewinne ich den Eindruck, daß die Überlegenheit unserer weißen Rasse illusorisch ist. Wir können zwar sehr viel mehr lernen, selbst den Somalis fällt es schwer, den Umgang mit einer Maschine zu erlernen, es reicht kaum zur Bedienung einer Lampe (gestern ließen sie eine derart in meinem feinen weißen Badezimmer rußen, daß alles schwarz wurde.) Was aber die Charaktereigenschaften anbetrifft, stehen sie, finde ich, über uns. Wenn ich bedenke, daß wir hier auf der Farm tausendzweihundert junge Männer haben, die zu zehnt oder zwölft in elenden kleinen Grashütten wohnen, und daß ich nie ein zorniges Gesicht gesehen oder Streit gehört habe, daß alle Arbeit mit Gesang und einem Lächeln verrichtet wird, daß, nach allem, was ich höre, Roheit und Frechheit völlig unbekannte Begriffe sind, daß man ständig sieht, wie sie einander die Arme um den Hals legen oder wie sie sich gegenseitig Dornen aus den Füßen ziehen, und mir dann vorstelle, was für Ärger man mit tausendzweihundert weißen Arbeitern hätte, finde ich, sie sind besser als wir. Sie trinken ja niemals, aber sie sind dem Tabak in jeder Form sehr zugetan, ob sie ihn nun rauchen oder kauen, und in eine dem Alkoholrausch ähnliche Ekstase verfallen sie beim Tanzen und, wenn sie, was ihr Höchstes ist, Fleisch essen.

Außerdem legen sie viel Würde an den Tag und zeigen einen wirklich guten Geschmack im Zusammenstellen von Farben und beim Drapieren, und sie haben ein von Natur aus gutes Benehmen. – Ich war neulich dabei, als Sjøgren, der sich mit wahrer Begeisterung die englische Dummheit zu eigen gemacht hat, ihren großen Häuptling Kinanjuii – der hier zu Besuch war – mit viel Getue und einem Schwall von Worten in unser aller Namen begrüßte und deutlich machte, daß er sich damit herablasse, wenn er einen Eingeborenen willkommen heiße; und Kinanjuii, der Herr über eine Million Kikuyus ist, saß völlig bewegungslos mit seinen halbgeschlossenen Augen (Häuptlinge erkennt man an den matten, halbgeschlossenen Augen) in seine Decke gehüllt da – um vieles klüger als Sjøgren und stets in der Lage, was er auch tut, dessen ganze Arbeit zum Stillstand zu bringen, indem er seinen Leuten verbietet, zu ihm zu gehen. Ich unterhielt mich etwas mit ihm; er versprach uns, daß wir immer Arbeitskräfte bekommen würden, und das ist hier ein *unschätzbarer* Vorteil. Ich reite fast täglich in das Massai-Reservat und versuche oft, mit den großen, ansehnlichen Massai ins Gespräch zu kommen. Sie sind immer freundlich, blicken einem in die Augen, sehen aber nie auf die Kleider und die sonstige Aufmachung; das scheint als ungehörig zu gelten …

Was die *Sandhedens Hœvn* anbetrifft, so will ich daran nichts mehr ändern; ich glaube allerdings, daß sie wenig Chancen hat, jemals zu erscheinen. Ich finde nicht, daß sie Blasphemisches enthält, sie ist nur von einem deutlich atheistischen Standpunkt aus geschrieben. Ich meine, es ist unmöglich zu schreiben, wenn man auf den Leser Rücksicht nehmen muß. Ich glaube übrigens nicht, daß ich in nächster Zeit zum Schreiben komme. Überdies meine ich nicht, daß das Leben oder die Welt Platz hat für so viel Rücksichtnahme. Wenn man sie nicht entbehren kann, muß man sich zurückziehen, sich seine eigene kleine Welt auf dieser Basis schaffen – und das ist vielleicht das Beste, was man tun kann, jedenfalls für einige. Das Leben hier draußen ist brutaler und würde Dich mehr erschüttern als selbst die schlimmsten Enthüllungen aus dem Leben daheim; *ich* zum Beispiel will es lieber so haben, verstehe aber doch, welch ein Glück – und welche Anziehungskraft – ein kleines geschütztes Plätzchen verspricht, wo man die Augen und die Türen vor der Brutalität verschließt. Man kann ja nur eine Wahl treffen, und die Probe, ob man richtig entschieden hat, kann niemals drauf hinauslaufen: was ist das Beste, sondern muß heißen: hat man richtig erkannt, was einen glücklich macht...

An Thomas Dinesen *MBagathi, 22. 4. [1914]*

...Wie ich schon des öfteren geschrieben habe, verliert man hier draußen einen Teil seines Rassenhochmutes; in meinen Augen stehen die Eingeborenen in vieler Hinsicht höher als wir. Sie können wohl nicht so *vielerlei* lernen wie wir, aber in den Dingen, die das Leben hier erfordert, sind sie, finde ich, schneller und geschickter als wir im Lernen – es gibt viele Engländer, die schon zehn bis fünfzehn Jahre hier leben und keine Ahnung haben vom Aussehen, geschweige denn den Eigenheiten der einzelnen Stämme, obwohl es doch in höchstem Maße in ihrem eigenen Interesse läge, sich auszukennen, während die Natives sich sofort über jeden einzelnen unserer Charaktere im klaren sind. Die Engländer können nicht einmal das bißchen Suaheli lernen, was man so braucht, sondern sprechen nur eine grauenvolle Abwandlung des Englischen, wogegen die Eingeborenen sich erstaunlich schnell in unsere Gewohnheiten einfühlen. Ich finde es zum Beispiel fabelhaft, daß ein alter Somali innerhalb eines halben Jahres die Grundregeln der Speisenfolge so weit in seinen Kopf bekommt, daß er ein Menü aus sechs bis sieben Gerichten variieren kann; ich bin allerdings noch immer darauf gefaßt, daß die Suppe nach dem Dessert serviert wird.

Ich denke oft, unser Leben hier mit allen unseren Leibeigenen scheint doch dem von Erling Skjalgson oder Harek auf Tjöttö* zu gleichen (nur daß wir ja in der Geschichte des Landes nicht so eine Rolle spielen). Für Dich, der Du Dich für gesellschaftliche Fragen interessierst, gäbe es hier viel Stoff zu interessanten Studien. Soziale Fragen gibt es hier wirklich nicht, weder den Konflikt zwischen Armen und Reichen noch den zwischen Männern und Frauen. Leider ist dieses goldene Zeitalter wohl auch an seinem Ende angekommen, wir zerstören es. Die Gesetze und Anordnungen der Weißen passen nicht zu den Schwarzen, und wenn sie auch jetzt noch sehr zufrieden sind, kann man das Ende dieses Zustands absehen – im wesentlichen durch den Einfluß des Christentums und durch die Tatsache, daß die Eingeborenen sich nicht mehr untereinander bekämpfen dürfen, was ja früher ihre Hauptbeschäftigung war. Die Massai, die der stolzeste Stamm sind, drohen auszusterben aus Mangel an Platz und die anderen durch Inzucht, weil sie nicht mehr auf Frauenraub bei den umliegenden Stämmen gehen dürfen. –

Daß der Einfluß der Missionare sehr schlecht ist, sieht man daran, daß kein Mensch einen Arbeiter aus den Missionsschulen haben will; alle, sagen sie, lügen und stehlen. Wie hat nur das Christentum jemals solche große Macht bckommen – wenn es doch zugegebenermaßen unbrauchbar ist? Der Islam scheint eine Religion zu sein, nach der man sein Leben weitgehend gestalten kann. Unsere Somalis, die wir hier im Hause haben, sind Mohammedaner. Sie haben tatsächlich vor nichts Angst; sie gehen auf Löwen direkt los – ja, man sagt sogar, Löwen hätten vor Somalis Angst. Als vor ein paar Tagen ein Mann in Swedo krank wurde und starb, wie man meinte an der Pest, liefen alle weg, nur nicht die Somalis. Ich fragte Fara, ob sie denn keine Angst hätten, sich anzustecken, er zuckte nur die Schultern und sagte, sie wüßten das besser; wenn Gott beschlösse, sie sollten sterben, dann stürben sie – sollten sie leben, dann lebten sie ...

Wie ich sicher schon geschrieben habe, prägen auch *die*

großen Raubtiere das Land. Ich schicke Dir ein Buch: *The Maneaters of Tsavo*, damit Du sehen kannst, unter welchen Bedingungen die Ingenieure hier leben. Raubtiere und Raubvögel sind doch die herrlichsten Geschöpfe der Erde, und wenn man wirklich sein Leben von ihnen geprägt sieht, sie hört, sie einem das Vieh wegfressen, man sie in Freiheit beobachtet – das sind für einen Kulturmenschen höchst beeindruckende Erlebnisse – aber sie bringen einen Hauch von *Großwild* und *Der Geist des Steines** in alles. –

Was das Bücherschreiben hier draußen angeht, so wird das wohl nicht viel werden. Ich bin mehr Kaufmann. Mit meinen Schafen mache ich, bei einem Grundkapital von dreitausend Rupien*, zwischen vierhundert und fünfhundert Rupien Gewinn im Monat. Daraus könnte man ja folgern, ich sei reich, aber das ist nicht der Fall, immerhin recht wohlhabend. Alles ist hier draußen verflucht teuer. Wenn ich erst meinen Garten habe, wird es sicher besser...

Hoffentlich kannst Du diesen langen Brief lesen. Ich liege *leider* immer noch im Bett, mit ein paar Tagen Unterbrechung schon seit dem 17. März – aber das darfst Du Mutter nicht erzählen, sie hat solche Angst vor Malaria, die wirklich eine gräßliche Krankheit ist. Bror läßt Dich grüßen – er ist ein noch radikalerer Anarchist als Du – (zumindest genau so radikal wie Du). Wenn Du ein gutes neues Buch liest, schick es mir; Du weißt nicht, wie sehr man sich hier nach so etwas sehnt, wo man nur die stupide Literatur der Engländer bekommen kann. –

Nun Auf Wiedersehen, mein weiser Philosoph und kraftstrotzender Segelsportler. Küß Mutter. Vergiß mich nicht ganz, denke daran, daß meine Arme immer offen sind, Dich hier zu empfangen und willkommen zu heißen. Mögest Du Glück haben bei allen Deinen Unternehmungen und beim Sport; der Geist der Adler, der Löwen und des Meeres sei mit Dir.

Deine Tanne.

... Wenn Ihr meinen Brief von der Farm bekommen habt, wißt Ihr, daß Bror als Freiwilliger mitgegangen ist* – es ist so eine Art Dienst ohne Waffe, da er Nachrichten übermittelt; Ture, Gethin, Fjæstad (von Swedo) und Kjellberg rangieren unter ihm und müssen verschiedene Stationen zwischen Kijabe und der Grenze unterhalten. Sie sind alle am Dienstag, d. 11., losgegangen. Ursprünglich war vorgesehen, daß ich mit Kjellberg in Kijabe bleiben und mit ihm die dortige Endstation betreuen sollte, und ich war auch gerade mit meinen Boys und meinem wunderschönen neuen Pferd Aimable und Dusk dort angekommen, als unser Transportmann, der unsere Freiwilligen hier mit Nachschub versorgen sollte – Benzin für Autos und Motorräder und Verpflegung für sie selber und die Boys –, als angeblich deutscher Staatsangehöriger festgenommen wurde, und weil ich in diesen unruhigen Zeiten nicht wagte, die Boys mit unseren kostbaren Waren alleine gehen zu lassen – Posho* ist kaum aufzutreiben, und man darf den Natives keinen Zucker und kein Mehl etc. geben, und weil ich fürchtete, sie würden sich möglicherweise nicht hinreichend verständlich machen können und das Ganze könnte konfisziert werden – begleitete ich sie. Falls Du Onkel Mogens siehst, kannst Du ihm erzählen, daß ich denselben Weg, den sie einmal zurückgelegt haben, von Kijabe nach Narok Boma*, in vier Tagen mit zwei Ochsengespannen (einundvierzig Ochsen) und achtzehn Boys geschafft habe, und frag ihn, ob es wohl eine Kleinigkeit wäre, den Weg zu Fuß zu gehen; ich wagte nicht, Aimable hier mit her zu nehmen, weil es kein Gelände für Pferde ist, und mit einem Maultier bin ich betrogen worden, da mußte ich also auf meinen eigenen Füßen wandern. Ich habe allerdings unterwegs auch das Fahrrad eines Inders genommen, aber meist ist der Weg steil wie die Cheops-Pyramide und eignet sich nicht zum Radfahren. Es sind dreiundsiebzig Meilen ...

Eines Abends, als wir in einem Hohlweg an einem Stein festgefahren waren und alle damit beschäftigt waren, den Wagen frei zu bekommen, sprang ein Löwe einen unserer Reserveochsen an, keine zwei Meter von mir entfernt. Ich hielt eine helle Laterne in der Hand und konnte ihn deshalb nicht sehen, aber ich hörte den Ochsen aufbrüllen und davonrasen, alle anderen Ochsen tobten natürlich in Todesangst durcheinander. Ich lief mit Fara zu einer kleinen Talsenke, wohin der Ochse gerannt war, und schoß in die Luft, und alle Boys stimmten ein Riesengeschrei an, so daß der Löwe von dem Ochsen abließ. Von den Pranken des Löwen war ihm der ganze Rücken aufgerissen. Wir mußten nun unser Lager da, wo wir waren, aufschlagen, obwohl es ein sehr enger Paß war, der von hohen Felsen umgeben war; aber zum Weiterziehen war es zu dunkel, wir bauten einen Schutzwall aus Dornen, entzündeten große Feuer, und Fara und ich hielten die ganze Nacht mit Gewehren Wache.

Wenn die Ochsen sich in solch einem Gelände losreißen, sieht man sie nie wieder. Der Löwe kam in der Nacht zurück und versetzte uns in einigen Schrecken, aber es gelang uns, unsere Ochsen beisammenzuhalten, und wir konnten am nächsten Morgen in Ruhe und Ordnung weiterziehen. Unser alter Koch Esmail hatte sich mit einem großen Küchenmesser bewaffnet und wich während all dieser Geschehnisse nicht von meiner Seite. Glücklicherweise hatte mir ein Mann unterwegs ein Gewehr und zweihundert Patronen geschenkt, dadurch konnte ich auch Fara bewaffnen. Ein Glück, daß ich unter meinen Boys den Ruf habe, sehr gut schießen zu können, deshalb sind sie, wenn ich dabei bin, nicht so ängstlich, obwohl sie oft allen Grund hätten, sich zu fürchten. Wenn sie Fleisch haben möchten, kommen sie, auch in Gebieten, wo weit und breit kein Wild ist, einfach zu mir und sagen, ich möchte ihnen doch dies und jenes zubereiten – auf der Reise nach hier hatte ich Glück und konnte jeden Tag etwas für sie schießen. Im Kedong Valley habe ich eine afrikanische Gazelle mit gewaltigem Gehörn erlegt. Mittwoch abend kam ich beim Boma so verdreckt an, wie ich in meinem Leben noch nicht gewesen war; von unseren Leuten fand ich dort niemanden, obwohl ich es gehofft hatte; ich aß aber beim District Commissioner und schlug dann unser Lager auf.

Auf der ganzen Tour hatte ich Dusk mit, das war zwar etwas

beschwerlich, aber wunderbar für mich. Am Donnerstag schoß ich ein paar große Vögel, die wie Puter schmecken; als ich zurückkam, erschien Bror, ganz braungebrannt und todmüde. Er hatte die ganze Zeit Lord Delamere begleitet, der ihn sehr zu schätzen scheint und sagte, daß er gar nicht wüßte, was er ohne ihn machen sollte... Der nächste Tag war ganz schrecklich. – Wir hatten am Morgen unsere Zelte abgebrochen und wollten gerade losziehen, als Bror in all dem Durcheinander aus einer Flasche trank, von der er glaubte, es sei Sodawasser darin, aber es war konzentriertes Lysol! Du kannst Dir denken, daß das entsetzlich wehtat, und daß er, und ich mit ihm, glaubte, er müsse sterben. Glücklicherweise war Wasser in der Nähe, wo er gleich hinstürzen konnte. Ich lief hinauf zum D. C. und holte Milch, aber im ersten Augenblick weiß man ja gar nicht, wie einem geschieht. Ich kann mir nicht denken, daß er sehr viel getrunken hat, obwohl er sich schrecklich übergeben mußte; aber der Mund und der Rachen waren völlig verbrannt, und den ganzen Nachmittag hatte er entsetzliche Schmerzen und abends hohes Fieber, und die ganze Nacht hat er nicht geschlafen. Gestern ging es ihm dann allerdings wieder besser, so daß wir unser Lager zehn Meilen weiter nach Süden verlegen konnten, und heute morgen hat er sich auf den Weg zu Delamere gemacht – zwanzig Meilen zu Fuß!...

Die Somalis hatten gerade ihren Fastenmonat, Ramadan, in dem sie zwischen Mitternacht und sechs Uhr abends nicht essen und nicht einen Tropfen Wasser trinken dürfen. Du kannst Dir nicht vorstellen, wie furchtbar es mit anzusehen war, wie unser alter Koch, wenn wir auf der Tour von Kijabe in der unerträglichen Hitze an etwas Wasser kamen, statt zu trinken seinen Gebetsteppich herholte, sich hinlegte und mit dem Kopf auf die Erde schlug. Heute ist der Ramadan, Gott sei gelobt, vorbei und wird nun mit einem Fest abgeschlossen; wie die Mohammedaner allerdings feiern, ist mir ein Rätsel, denn sie trinken nicht und leben von getrocknetem Schafsfleisch und getrockneten Datteln, und etwas, das sie Gi nennen und das so teuflisch stinkt, daß man nicht essen kann, wenn man es nur von Ferne gerochen hat – aber vielleicht haben sie andere Vergnügungen...

...Kijabe habe ich als Transportmann mit drei Ochsengespannen verlassen; später bin ich sehr viel weiter im Süden gewesen, um Eßwaren aus einem großen Lager zu holen, das bei Ausbruch des Krieges von den Teilnehmern an einer Safari vor lauter Angst und Eile einfach zurückgelassen worden ist. Bror blieb derweil in einem Camp bei Guasio Nyero. Ich war alleine mit siebzehn Boys unterwegs, und Du kannst mir glauben, daß das ungeheuer amüsant war. Ich bin ganz entschieden der Meinung, daß Natives hier *the best class* sind; für die englische *middleclass* kann ich mich beim besten Willen nicht erwärmen, aber die Boys sind absolute *gentlemen*; ich glaube, ihre große Herzensbildung kommt daher, daß hier so viele verschiedene Rassen zusammentreffen. Zu Hause glauben ja die Leute auf Fünen kaum, daß wirklich auch noch andere Menschen existieren als die Einwohner von Fünen, aber hier leben ja immer Kikujus, Kavirondos, Suaheli, Massai und Somalis zusammen, die sich voneinander im Aussehen, in der Sprache und den Lebensgewohnheiten so unterscheiden wie Finnen und Italiener.

Einige Tage darauf kam zu meiner großen Überraschung Bror zu mir, er hatte Lord Delamere begleitet, war an Dysenterie erkrankt, hatte sich ein paar Tage freigenommen und wie durch ein Wunder meine Spur in der Wildnis gefunden; er war sechsundachtzig Meilen in zwei Tagen gegangen! – seine Beine waren völlig steif, und er konnte sich nur hinsetzen, wenn wir ihn zusammenfalteten, er hatte in einem Massai Manyatta geschlafen und nichts gegessen, trotzdem ging er am Nachmittag mit mir auf Jagd, und ich schoß einen sehr großen Elenantilopen-Bock, ein Rekord, finden wir...

Jetzt haben Bror und ich ein gemeinsames Camp bei einem Vorratslager in der Ebene; ich werde allerdings heute mein Camp drei bis vier Stunden von hier in einer Gegend aufschlagen, wo es Nashörner gibt; aber ich kann ja immer schnell von ihm hören. Ich wäre auch nach Hause auf die Farm gegangen, wenn nicht ärgerlicherweise alle Nachrichten von hier draußen über Nairobi gehen müßten, deshalb bleibe ich auf jeden Fall, bis man etwas besser sieht, was nun wird. Bror ist jetzt wieder ganz gesund. Man plant, einen Teil Truppen aus Indien hier herüber zu holen, von Dar-es-Salaam, Voi und dem See* aus in Deutsch-Ost einzufallen, und da die Deutschen nicht viele Truppen hier haben, und ja auch vom Nachschub abgeriegelt sind, hofft man, sie werden sich schnell ergeben, aber es ist eine unglaubliche Schlamperei von den Engländern, daß sie die Deutschen erst haben hereinkommen lassen und damit die Natives so sehr beunruhigt haben. Sie haben etwas von Flugzeugen gehört und fragen uns immer, ob die Deutschen angeflogen kommen und mit ihren Rindern und Frauen wieder wegfliegen werden. Alle Massai »Elmorans« – junge Krieger – sind in voller Kriegsbemalung auf den Beinen; sie durchstreifen das Land bei Tag und Nacht, nachts mit fürchterlichem Geschrei – wir haben ein Lager von zweihundert bis dreihundert Mann genau neben uns...

An Mutter privat

...Ich verspreche Dir, daß ich es Dir gleich schreiben werde... aber dann mußt Du mir auch versprechen, nicht darüber zu reden, denn ich finde es immer etwas peinlich, wenn über ein zu erwartendes Kind so lange vorher gesprochen wird. Was ganz anderes ist, daß ich glaube, es wäre besser, wenn es vorläufig noch nichts würde. Du findest sicher, es wäre hübsch, ein Enkelkind zu haben; aber Afrika eignet sich eigentlich überhaupt nicht für kleine Kinder, jedenfalls nicht, ehe man sich nicht an die Verhältnisse gewöhnt und sich akklimatisiert hat. Die beiden anderen weißen Frauen auf der Farm, Mrs. Gethin und Frau Holmberg, sind beide in anderen Umständen und verzweifelt, elend und hysterisch und jammern dauernd über den *awful nuisance*, daß sie ein Kind bekommen sollen. Das finde ich traurig, und ich meine, dann ist es besser zu warten. Zu dem Safarileben paßt es ja auch nicht, und gerade das ist doch Afrikas ganzer Reiz. Aber ich verspreche Dir, sofort zu schreiben, wenn davon die Rede ist...

...Das Haus sieht furchtbar aus. Für den Fall von Eingeborenenunruhen ist es zum Hauptquartier und Sammelpunkt für alle Farmer des Distriktes gewählt worden. Das kann ich sehr gut verstehen, denn man kann beim besten Willen kaum hineinkommen. Die Inder haben die äußere Verandamauer gerade bis dahin hochgezogen, wo der Fußboden anfangen sollte, und das ist, weil das Haus ja eine Unterboden-Ventilation hat, ziemlich hoch; und dann haben sie den Fußboden nicht gelegt, und weil alle Treppen weggenommen sind, muß man erst über eine Mauer klettern, dann durch einen Graben voller Bauschutt waten und dann sehen, wie man das Haus entern kann. Außerdem sind die Malerarbeiten alle erst halb fertig, und ein Fenster und eine Tür fehlen. Ich denke mit Grauen daran, daß es ja lange dauern kann, bis sich an diesem Zustand etwas ändert. Der Garten sieht aus wie die Sahara ohne jeden Grashalm. Meine Tätigkeit als Hausfrau mußte ich (nicht persönlich) damit beginnen, jedem meiner »Totos« (kleine Jungen im Haus) zwanzig Schlag Kiboko* zu verabfolgen, weil sie gestohlen und sich betrunken und drei andere Jungen beinahe ermordet hatten! Sie waren so nett, und es ist immer so schrecklich, wenn sie anfangen zu trinken; aber ich hoffe, sie haben nun einen solchen Schreck bekommen, daß sie es nicht mehr tun. Ich habe sonst noch nie einem meiner Boys Kiboko geben lassen. – Als Gegengewicht habe ich zur gleichen Zeit einen kleinen Jungen verbunden, dem ein Vogel Strauß ins Hinterteil getreten hatte Strauße sind furchtbar jähzornig und können einen Menschen zu Tode trampeln. Er hatte eine lange, mehrere Zoll tiefe Wunde, und ich habe einen richtig strammen Verband angelegt, aber erst hinterher ist mir eingefallen, daß er ja nun überhaupt nicht aufs W. C. gehen kann. Ich habe ihm strengstens verboten, den Verband auch nur anzurühren, und hoffe nun, daß er nicht daran stirbt...

Bror spricht und schreibt so ausgezeichnet Englisch, viel besser als ich, die ich, weil ich meist in Somali-Kreisen verkehre, langsam eine Sprache wie Freitag in Robinson Crusoe spreche.

Die Somalis nennen mich Arda Volaja *,– was anscheinend alles mögliche Gute bedeutet, die große Weise etc., die einzige, die von ihnen schon so benannt worden ist, war Königin Victoria! Ich muß mich also geehrt fühlen, hoffe aber nicht, daß diese Bezeichnung einen Hinweis auf mein Äußeres beinhaltet...

An Thomas Dinesen *MBAGATHI ESTATE NAIROBI*
[Erhalten] 17. Oktober 1914?
[Thomas Dinesens Vermerk]

Mein lieber Tommy,
diesen Brief schicke ich an Dich, weil Du wohl daheim derjenige bist, der am besten die Seligkeit nachempfinden kann, die die beschriebenen Erlebnisse bereiten. Ich habe vier Wochen in den glücklichen Jagdgründen verbracht und komme direkt aus der Herrlichkeit der großen, wilden Natur, aus dem Leben der Urzeit, das heute so ist wie vor tausend Jahren, von der Begegnung mit den großen Raubtieren, die einen verzaubern und einem den Kopf verdrehen, daß man denkt, es gäbe nichts anderes mehr, das das Leben lebenswert macht, als Löwen – gestärkt von der Luft des großen Hochgebirges, gebräunt von seiner Sonne, erfüllt von der freien, wilden, mächtigen Schönheit der in der Hitze gleißenden Tage und der großen, klaren Mondscheinnächte. Ich leiste aufrichtige Abbitte bei den Jägern, deren Leidenschaft für die Jagd ich nicht verstanden habe. Es gibt in der Welt nichts Vergleichbares.

Kurz bevor ich abfuhr, hat Bror mir ein 256er Gewehr mit Fernrohr geschenkt, eine herrliche Waffe; zunächst hatte ich fürchterliche Angst, sie abzufeuern, aber jetzt habe ich allmählich gelernt, sie zu handhaben. Bror ist ein ausgezeichneter Lehrmeister. Gleich den ersten Tag habe ich eine Schachtel Patronen verloren, und weil ich ohnehin zu wenige bei mir hatte, wachte ich ängstlich über meine Schüsse; mit einhundert Patronen habe ich vierundvierzig Stück Wild erlegt. Man kommt hier draußen immer wieder leicht in die Versuchung, aus zu großer Entfernung zu schießen, aber Bror hat mich durch eiserne Strenge davon abgebracht und mich mit viel Geschick nahe an das Wild herangeführt. Und doch habe ich aus vierhundert Metern Entfernung Gnus und Steppenkuh-Antilopen direkt ins Herz getroffen. Ich habe zwanzig verschiedene Wildarten geschossen – alle gewöhnlichen Hirscharten, Zebras, Gnus, Elen-Antilopen, Antilopen, Marabus, Schakale, Wildschweine, einen Löwen, einen Leoparden und eine Menge großer Vögel; mit einer Schrotflinte kann ich noch nicht umgehen. Noch immer sitzt mir ein großer Leopard wie ein Dorn im Herzen; ich sah ihn an einem frühen Morgen über einen Berg heraufkommen und keine zehn Schritte von mir entfernt ruhig und majestätisch vorbeigehen; wenn ich nicht so ein Dummkopf gewesen wäre, hätte ich ihn erwischt, so aber dachte ich, er würde sich auf einen Köder setzen, der vor mir lag, und schoß gar nicht, und durch eine Bewegung oder ein Geräusch war er dann plötzlich verschwunden. Ich habe auch zwei Löwen im Mondschein aus fünf Meter Entfernung beobachtet und gehört, wie sie mit ohrenbetäubendem Lärm ein Zebra auffraßen.

Wir sind mit drei Maultierwagen und neun Boys gereist. Das war eine neue Methode, auf Safari zu gehen, und wurde mit viel Skepsis betrachtet, die meisten gehen mit Trägern und Ochsenwagen, was mindestens doppelt so viel Zeit kostet und viel Ärger macht... Unsere Safari führte an den Fluß Southern Guasha Nyero – ein Gebiet, das auf der einen Seite neunzig Meilen und auf der anderen Seite vierzig Meilen von der Zivilisation entfernt liegt. Es ist ein Massai-Reservat, und man trifft überall auf die Massai mit ihren großen Ochsen- und Schafherden. Eine Plage bringen sie mit: Die Fliegen! Man wird von ihnen fast aufgefressen. Das Innere des Zeltes ist schwarz davon, und wenn man Eßwaren hinstellt, sind sie im Nu von Fliegen bedeckt. Man kann gar nichts anderes machen, als sich daran zu gewöhnen, und in der letzten Zeit ließ ich sie in aller Gemütsruhe auf meinem Gesicht herumkrabbeln. Die Massai haben immer die Augenwinkel voller Fliegen; es stört sie überhaupt nicht. – Die Reise dorthin führt über einen Höhenzug und ist sehr beschwerlich, weil der Weg unbeschreiblich schlecht ist; man fährt über Felsbrocken, als ob es eine Pyramide rauf- und runterginge, wobei das linke Rad sechs Ellen höher fährt als das rechte. Vier Tage dauert das. Hier gibt es auch kein Wild. Aber dann hört der häßliche Buschwald auf, die Ebene weitet sich, umgeben von einem Panorama blauer Berge liegen die großen Hochebenen vor einem, und sie wimmeln von Wild. Nun ist das Wild hier nicht so hübsch wie daheim. Die Zebras sind niedlich, sehen aber aus wie Pferde, die Gnus machen einen gefährlichen Eindruck, sind es aber nicht; einen zauberhaften Anblick bietet eine Giraffenherde, beim ersten Mal traut man seinen eigenen Augen kaum, wenn man sie in ihrer unvorstellbaren Höhe und Schlankheit auf sich zukommen sieht, wie eine Vielzahl von Schlangen, in dieser merkwürdig wiegenden Bewegung. –

Ich kann eigentlich sagen, daß ich auf dieser Safari mehr unter Kälte als unter Wärme gelitten habe. Wenn man weiterreisen will, muß man früh aufstehen, weil es ja immer seine Zeit braucht, das Lager abzubrechen und alles zu verstauen; das gleiche gilt, wenn man einen Köder für Löwen ausgelegt hat und hofft, noch vor Sonnenaufgang einen damit beschäftigt zu finden, auch dann muß man oft schon in finsterster Nacht aufbrechen, und in der dünnen Luft ist die Kälte eisig. Mitten am Tage brennt dann die Sonne so heiß, daß man nur unter Schwierigkeiten schießen kann, weil die Luft in der Wärme flimmert. Dazwischen liegt eine herrliche Zeit, besonders abends zwischen halb fünf und sieben Uhr, dann werden die Farben so wunderbar und die Luft so schön. – Eine Thermosflasche tut gute Dienste, weil sie morgens immer bei Eiseskälte gefüllt und um die Mittagszeit zur Erfrischung gereicht werden kann. – Auf der Hochebene blühen viele Blumen, besonders lilafarbene, und fast überall Mengen von Vergißmeinnicht. –

Die ersten Hinweise auf Löwen bekamen wir von einem Mann, den wir auf dem Weg getroffen und mit dem wir zu Mittag gegessen hatten; in der Wildnis ist man sehr gastfreundlich und froh, wenn man Menschen begegnet; man weiß, wer gerade unterwegs ist oder wer *stores* für den Handel mit den Massai unterhält, und verfolgt das gegenseitige Jagdglück mit großem Interesse. Dieser Mann war gerade mit einem anderen auf der Jagd nach fünfzehn Löwen gewesen und hatte ein *Boma** errichtet – einen Wall aus Dornenzweigen, den man um sich herum in der Nähe des Köders aufschichtet, und er war nachts bei Mondschein, nachdem er auf einen der Löwen geschossen hatte, von allen fünfzehn auf einmal angegriffen worden; er war überzeugt, daß er aufgefressen worden wäre, wenn sie nicht auf die Idee verfallen wären, mit zwei Blechbüchsen solchen Lärm zu machen, daß die Löwen erschreckt davonliefen. Er hatte genug von ihnen, führte uns aber zu ihrem Revier. Auf dem Wege dorthin trafen wir seinen Jagdgenossen, Wilkes, der einen sehr reichen Europäer namens Ralli mitgenommen hatte und nun mit fünf erlegten Löwen auf dem Heimweg war.– Nach vielen Mühen kamen wir zu ihrem alten Camp, das an einer ungünstigen Stelle in einem Flußbett lag und fanden viele Löwenspuren. Bror saß mit seinem Gewehrträger Esman die erste Nacht in einem Boma wach, aber es war stockfinster und einen Löwen, auf den er gezielt hatte, verfehlte er. In der gleichen Nacht hörte ich vor meinem Zelt, das ziemlich weitab von dem der Boys lag und offen stand, ein Geräusch und ging hinaus, um nachzusehen, was sei; da hörte ich ganz in meiner Nähe ein dumpfes Knurren; ich ging wieder hinein und schloß das Zelt, und am Morgen fanden wir die Spuren zweier großer Löwen, sie waren auch bei den Maultieren gewesen. Von da an lag Fara in meinem Zelt, wenn Bror im Boma war. Während wir in der Nacht auf Schüsse horchten, erzählte er mir von der Pferdezucht im Somaliland, die folgendermaßen gehandhabt wird: Man läßt die Stuten an den Flüssen grasen; Zauberhengste, die im Fluß wohnen, kommen dann des nachts zu ihnen, und das ergibt Fohlen, die so schnell sind wie der Wind. Die Somali-Ponies, die ich gesehen habe, können kaum solche Fohlen gewesen sein. Fara und der Gewehrträger Esman gehören einem Stamm an, der nichts Böses tun darf, und deshalb genießen sie großen Respekt bei den anderen, das ist für uns ja auch angenehm. Er meinte, wir könnten ruhig mehr schießen als es unsere Lizenz erlaubte, weil sie uns ja nicht anzeigen dürften. –

Später, als wir Mondschein bekamen, habe ich mit im Boma gesessen.

Inzwischen tauchte eine schreckliche Dame in unserem Camp auf – Lady Mackenzie. Sie ist Amerikanerin, und ihre Safari wird von einem Magazin bezahlt und mit ungeheuer viel Reklame bedacht. Sie ist mit sieben weißen Männern und zweihundert Trägern unterwegs.– Direkt neben unserem Camp schlug sie ihr Lager auf und schoß gegen alle Regeln rund um sich und uns herum, legte selbst Köder aus, baute ein Boma und verjagte die Löwen, sodaß auch wir uns zurückziehen und nach Osten weitergehen mußten. Man wird durch die unzuverlässigen Auskünfte der Massai, wo Löwen seien, verwirrt; sie sehen sie überall. Wir bekamen jedoch einen guten Führer, einen »Elmoran« – einen jungen Krieger; alle Massai leisten einige Jahre lang einen Wehrdienst ab, in der Zeit sehen sie sehr gut aus, sind immer bewaffnet und bleiben unter sich, wohnen entweder zu mehreren in den Bergen oder in großen »Kasernen« mit riesigen Übungsplätzen. Dieser sah nun nicht aus wie ein Elmoran, sondern eher wie ein dänisches Milchmädchen, deshalb nannten wir ihn Maren; aber er war gar nicht so unbrauchbar, sondern tötete eine Schlange von acht Fuß Länge mit seinem Speer. Dank seiner Führung kamen wir in ein Gebiet auf der Grenze zwischen den Bergen und der Hochebene, wo meines Erachtens noch nie Weiße campiert haben. Das Wild war jedenfalls ganz zahm, und Scharen von Elenantilopen und Zebras kamen sehr neugierig nah an uns heran. Ich versuchte, sie zu fotografieren, das glückte mir aber leider nie. Geschossen haben wir hier nicht viel, um die Löwen nicht zu verjagen, nur was wir zum Essen und als Köder für Löwen brauchten. Löwen waren überall; wir hörten sie nachts ganz nahe am Camp und sahen ihre Spuren in allen Flußbetten, aber an unsere Köder gingen sie nicht. Morgen für Morgen gingen wir hin und schauten nach, aber sie waren immer unberührt, und in dem schwierigen Gelände, voller Schluchten und dichtem Buschwerk, mußte man schon viel Glück haben, um die Tiere zu Gesicht zu bekommen.

Eines Nachmittags waren wir unterwegs, um etwas zum Essen

zu schießen. Der Pferdepfleger sollte mit den Pferden nachkommen. Er holte uns ungemein aufgeregt ein; ein großer Simba habe an einem Flußübergang gelegen und sich nicht gerührt, als er vorbeigegangen sei, ihn nur furchterregend angestarrt. Wir hatten wenig Hoffnung, ihn an der Stelle zu finden, gingen aber doch unter Führung des Pferdepflegers zurück und durchsuchten mit einem großen Aufgebot die Umgebung der Furt nach allen Seiten – da sah ich plötzlich ein gewaltiges Tier im Gras liegen, ungefähr hundert Meter von uns entfernt, ich stieß Bror an, er nahm das Fernglas vor die Augen und sagte schnell: *It's a lion*, wechselte das Gewehr und schoß – der Löwe lag mit dem Kopf auf den Pranken und sah uns an. Der Schuß traf ihn mitten in die Brust, und er fiel ohne einen Laut um. Es war ein großer, männlicher Löwe. Ich ging ganz nah zu ihm hin und sah das Leben aus seinen Augen schwinden; das war meine erste Begegnung mit einem Löwen, und ich werde sie nie vergessen. Die Löwen haben in ihrem Körperbau, ihrer Haltung, ihren Bewegungen eine Größe, eine Majestät, die dem Menschen geradezu Furcht und Schrecken einflößt und bewirkt, daß man später alles andere klein und nichtig findet – tausende von Generationen uneingeschränkter Herrschermacht, man selber wird auch sechstausend Generationen zurückversetzt – man fühlt auf einmal die ganze Macht der Natur, wenn man ihr direkt in die Augen sieht. – Die Boys gerieten in Ekstase, liefen uns entgegen, schrien und lachten; für sie sind die Löwen ja wirklich natürliche Feinde, sie nehmen ihnen ihr Vieh weg, und Fara sagte, es gebe nicht eine Somalifamilie, in der nicht jemand von Löwen gefressen worden wäre. Von den weißen Löwenjägern werden ihrer Schätzung nach zehn Prozent (einer auf zehn Löwen) getötet. –

Im Lager wurde ein großes Fest mit Ngoma beim Abbalgen des Löwen gefeiert. Er war elf Fuß acht Zoll lang. Wenn das Fell abgezogen ist, sieht man richtig, wie jedes Pfund seines Körpers reine Kraft ist; die kolossalen Muskeln und Sehnen zeigen keine Spur von überflüssigem Fett. Am nächsten Tag sahen wir um drei Uhr nachmittags sechs Löwen in der Ebene, aber wir ritten zu unvorsichtig, schreckten sie hoch und konnten keinen Schuß auf sie abgeben; wir blieben noch ein paar Tage in dem Camp, verlegten es dann aber weiter in die Berge. Zu dem Zeitpunkt hatte ich zwei Nächte in einem Boma gewacht. Das ist, wenn kein Wild zum Boma kommt, eine verflucht blöde Angelegenheit. Man wird um sechs Uhr dort eingeschlossen, dann wird es dunkel, und man hat keine Möglichkeit, wieder herauszukommen, bis zum Sonnenaufgang am Morgen um sechs. Man darf, um sich seine Chancen nicht zu verderben, nicht einschlafen. Gerade vor der Nase hat man seinen stinkenden Köder, er ist extra so gelegt, daß der Wind einem den Duft zuträgt; man sitzt äußerst unbequem, mit ein paar Somalis zusammen eingeklemmt, und man darf sich nicht rühren, keinen Laut von sich geben. So eine Nacht kann fünfzig Jahre dauern; in der einen Nacht kamen wenigstens ein paar gespenstische Hyänen und fraßen von unserem Köder, die anderen Nächte tat sich nicht das mindeste. Deshalb blieb ich die erste Nacht in dem neuen Camp in meinem Zelt: ich hörte Bror viermal schießen, und am nächsten Morgen kam er in der Frühe nach Hause geritten und hatte im Laufe der Nacht vier Löwen getroffen – drei fanden wir, der vierte hatte sich in so dichtes Buschwerk verkrochen, daß wir ihn ohne Hunde unmöglich finden konnten. Es waren prachtvolle Felle; leider hatten die Hyänen schon einen Teil von dem besten Löwen gefressen, als wir ihn fanden – er lag nur hundert Schritt vom Boma entfernt, aber im Gebüsch. Am selben Tag machten wir einen langen Ausflug, fanden Nashorn- und Büffelspuren und hätten sicher ein Nashorn erlegen können, wenn wir hätten schießen wollen und uns nicht auf Löwen allein konzentriert hätten. –

Die nächste Nacht erlebte ich eine richtige Wildnacht im Boma – das Wunderbarste, was man sich vorstellen kann. Nun herrschte klarer Mondschein, und wenn man dann in einem Boma sitzt, den Köder keine vier Ellen von sich entfernt, sieht man die großen Tiere, als ob man mitten unter ihnen wäre. Erst kommen die scheuen, schattenhaften Hyänen, fliehen ein paar mal hin und her und wagen schließlich zu fressen; immer mehr und mehr gleiten aus dem Dunkel hervor, man hört jeden Laut ihrer Zähne im Fleisch. Dann kommen die kleinen, flinken Schakale, sie ähneln Füchsen und sind ganz leicht und hübsch;

ich habe oft am Morgen die Muttertiere mit ihren Jungen spielen sehen, das war ganz entzückend. Im Mondschein sieht man alles sehr deutlich und könnte fast mit den Händen nach ihnen greifen, während man mucksmäuschenstill dasitzt, das Gewehr im Anschlag auf einen Zweig gestützt, bereit zu schießen. – Dann

[*eine Seite des Briefes ist verlorengegangen*]

... von denen, die Bror verfehlt hatte, weil sie zu weit entfernt vorbeizogen, direkt in den Nacken, und er fiel ohne einen Laut um. Leider war es nur eine sehr große, alte Löwin, wir beide, Bror und ich, hatten gedacht, es sei ein Löwe, so groß war sie. Bror schoß in der gleichen Nacht noch eine Löwin, etwas kleiner, aber mit schönem Fell. Furchtbar müde, zermürbt, aber froh erwacht man nach kurzem Schlaf gerade bei Sonnenaufgang und geht heim, nimmt die Glückwünsche der Boys entgegen, legt sich hin und wird dann von Fliegen aufgefressen. – In der nächsten Nacht, die ich im Boma verbrachte, schoß ich einen großen, herrlichen Leoparden und sah am Morgen den, den ich nicht bekam, der mir aber wie eine Vision vorkam. – Und, ach, dann mußten wir zurück, das war hart. Von den weiten, wilden Ebenen zieht man nach Norden, verläßt die Massai, hört keine Löwen mehr, erreicht die am weitesten draußen liegenden *stores*, trifft weiße Männer, erreicht die Eisenbahnstation Kijabe, fährt mit dem Zug und wird von Rundgren im Automobil abgeholt...

Auf der Farm war alles in Ordnung. Aber was bringt die Zivilisation nur für eine Langeweile in das Leben! Allein die Sicherheit, die sie mit allen Kräften anstrebt, und ihr Verlangen, alles zu kennen und einzuordnen, nimmt dem Dasein jeden Charme – erst im Dschungel der richtig großen Städte verspürt man ihn wieder...

... Fara hat mich gebeten, drei Monate weggehen und für mich Handel treiben zu dürfen. Die Somalis sind ein Wandervolk und werden von tiefer Traurigkeit ergriffen, wenn sie lange an einem Ort bleiben müssen, deshalb finde ich es schade, wenn man sie dazu zwingt; selbst wenn sie eigentlich dort, wo sie gerade sind, allen Grund haben, zufrieden zu sein, brauchen sie die Veränderung. Erst hatte er sich ausgedacht, er wolle in die Schule und das Lesen lernen; aber dabei wollte ich ihm nicht behilflich sein, weil ich annehme, daß die Farbigen dadurch anfangen, unglücklich und unbrauchbar zu werden. Sicher hat die Unruhe in seiner Seele ihren Anfang genommen, als er einen Brief mit der Mitteilung erhielt, seine Frau im Somaliland* habe ein Tto geboren. Diesem Ereignis haben wir schon lange mit Spannung entgegengesehen und an den Fingern die Monate nach meiner Abreise aus Aden abgezählt, denn damals, als er dort auf mich wartete, hatte er geheiratet und das Kind gezeugt. Nun muß er unbedingt Geld für die Familie verdienen. Somalis sind kolossal reich, ich glaube, viele von ihnen sind Millionäre, aber sie stecken all ihr Geld in ihr Vieh und leben, kleiden und ernähren sich wie zu Abrahams Zeiten. Für einen Europäer eine befremdliche Vorstellung: das Streben nach Reichtum, und zwar großem Reichtum, ohne einen Hauch von Luxus. Ich fragte Somalis, ob sie sich, wenn sie nun Geld hätten und ins Somaliland zurückkehrten, Stiefel kaufen würden, aber das wiesen sie mit Hohngelächter von sich. Die Massai sind genauso. Unter ihren großen Häuptlingen gibt es viele, die fünfzigtausend Stück Vieh und außerdem Unmengen von Schafen haben; sie sind ebenso aufs Geld versessen wie die Somalis, aber die Häuptlinge haben genau die gleichen Behausungen, sind mit dem gleichen Schaffell bekleidet und leben genauso wie jeder andere Massai. Ich weiß nicht, wie es ihnen geglückt ist, diese absolute Gleichheit zu verwirklichen. Fara jedenfalls hat versprochen, nie aus meinen Diensten zu gehen ...

Man kann es sich ja – trotz allen Deutschenhasses – nicht

verkneifen, auf die unglaublichen Prahlereien der Engländer zu reagieren; so sagen sie zum Beispiel immer, sie seien »das einzige Volk, das Verstand habe« – und wenn immer gesagt wird, die Kanonen der Deutschen seien der reine Schrott, kein deutscher Soldat könne schießen, und wenn die scheußlichsten Grausamkeiten erzählt werden, die die Deutschen begangen haben sollen, während die Engländer sich immer wie perfekte Gentlemen benehmen, kann man ja solch ungeheurer Selbstzufriedenheit nicht nur applaudieren. Daß es allerdings für Europa das denkbar größte Unglück bedeuten würde, wenn die Deutschen siegten, davon bin ich überzeugt, und ich finde den Gedanken, daß sie in Frankreich sind, furchtbar. Was die Grausamkeiten anbetrifft, so glaube ich, daß alle zivilisierten Völker im Krieg wild werden. Aber die Deutschen sind sicher diejenigen, die ihre Hunnen-Taktik am frechsten verkünden.

Ich bin so betrübt, wenn ich höre, daß es Großmama* nicht gut geht, und daran denke, daß ich sie wahrscheinlich nicht mehr wiedersehen werde. Aber es ist beinah gut, daß sie von diesem Krieg, der für sie so furchtbar sein muß, nichts mehr begreift. Wenn Du von zu Hause schreibst, sehe ich alles so deutlich vor mir, und wenn ich dann an den Schatten des Krieges denke, der über all den friedlichen Stätten liegt, kann ich es kaum fassen. Ich meine, wenn ich nach Norden blicke, müßte ich einen ungeheuren Brand am Himmel sehen, und dort oben liegen Dänemark, Rungsted und der Sund...

An Ellen Dinesen *MBagathi, 26. 10. [1914]*

...Ich habe gerade ein trauriges Erlebnis mit meiner Katze gehabt, die wieder im Wald Junge geworfen hat; gestern abend kam sie erst mit einem Jungen im Maul und dann mit dem nächsten zu den Boys in die Küche gerast, und die Kleinen saßen voll dieser widerlichen großen, schwarzen Ameisen, die einen buchstäblich auffressen. Wir haben sie alle abgesucht und die

Jungen in einen Kasten gelegt, aber heute nacht hat sie sie wieder rausgetragen, sicher, weil sie vor Dusk Angst hatte, und morgens früh kam sie dann, holte mich mit großem Gejammer und lief vor mir her in den Wald, dorthin, wo sie sie hingelegt hatte, aber dort war nur noch ein Gewimmel von Ameisen und etwas Fell und Knochen übrig. Man muß sich vor diesen Ameisen sehr vorsehen, es ist eklig, wenn sie sich bei einem einnisten; sie bohren sich mit dem ganzen Kopf ins Fleisch hinein und setzen sich an den unangenehmsten Stellen fest. –

Ich habe einige Bücher von Tolstoi gelesen und muß sagen, ich habe noch nie einen so begabten Menschen erlebt, der mir so unsympathisch war. Vieles von dem, was er schreibt, ist mir geradezu widerlich, und ich würde den mehrfachen Tod einer Welt vorziehen, in der seine Ideale verwirklicht würden. Dagegen habe ich ein interessantes und ausgezeichnetes Buch gelesen: *La Revolte des Anges* von Anatole France, und zwei amüsante schwedische Bücher, *Pennskaftet* und ein neues: *Firman Åbergson*, das jedenfalls Tommy Spaß machen würde. Ich komme hier draußen viel zum Lesen, aber die englischen Bücher sind mir einfach zu fade, wie überhaupt das ganze Volk mir äußerst zuwider ist. Woran ich oft denke, und wohin ich, wenn ich einmal nach Hause komme und es sie noch gibt, reisen und sie richtig betrachten will, sind die französischen Impressionisten; überhaupt sehne ich mich sehr nach allem Französischen und Italienischen, und wie herrlich wird es werden, einmal wieder etwas Altes und Schönes zu sehen, falls die Deutschen es nicht schaffen, alles zu zerstören...

An Ingeborg Dinesen *MBagathi, 3. 12. [1914]*

... Ich habe den Eindruck, die Engländer hier fangen an, uns, das heißt die Schweden, etwas von der Seite anzusehen, was natürlich nicht verwunderlich ist, da sie alle miteinander entschieden zu den Deutschen halten; das ist oft unangenehm für mich, die ich ja hier im Hause so eine Art Anlaufstelle bin, wo sie sich treffen und über den Krieg und die Zukunft reden können. Allerdings sind die Schweden auch anständig gewesen und haben sich eher zur Verfügung gestellt als manche Engländer. Unser Nachbar Van de Weyer hat eine Spendenaktion zugunsten der Belgier ins Leben gerufen, und die dänischen und schwedischen Farmer haben die Absicht, ihre Position durch eine großzügige Spende der »Schweden und Dänen in Ngong« zugunsten der Belgier zu verbessern – aber es ist, weiß Gott, nicht leicht, in diesen Zeiten Geld zusammenzubringen. Es ist schade, daß Dänemark und Schweden keine Kolonien haben; man hat doch immer das Gefühl, von einem fremden Volk umgeben zu sein – mir sind die Engländer nun besonders fremd, insoweit ist es ein Glück für mich, daß ich die Somalis und Natives als Brüder ansehe ...

Der arme Bror ist ziemlich verzweifelt wegen seiner Transporte, die Regierung hat ihm seine Wagen weggenommen und seine Ochsen gehen ein. Du kannst mir glauben, es wäre für diese Farm von unschätzbarem Vorteil gewesen, wenn sie bis Nairobi Schienen gelegt hätten. Wir haben das Problem zu lösen versucht, indem wir einen Vertrag mit Swedo geschlossen haben, der vorsieht, daß aus dem Holz Holzkohle gebrannt wird, einundzwanzig Kohlenmeiler haben wir schon in Gang gesetzt; das ist eine sehr interessante Arbeit. Wir hatten vor, Weihnachten auf eine kleine Safari zu gehen, aber Bror fürchtet, daß ihm, während er weg ist, alle Ochsen eingehen, wie das letzte Mal, deshalb weiß ich nicht, was nun wird. – Ich habe viel damit zu tun, einen gänzlich unwissenden Koch anzulernen. Da ich ja selbst nichts kann und alles auf Suaheli vor sich gehen muß, ist das nicht leicht, aber es geht gar nicht mal so schlecht. Es ist besser, einen Jungen zu nehmen, der gar nichts kann, als einen, der die hiesige englische Küche erlernt hat. Ob die Engländer wohl je etwas anderes zum Dessert essen als Sagopudding und einen zentnerschweren Roly Poly? Mein Koch und ich sind nun schon perfekt in jeder Form von Blätterteig, gefüllten Tartelettes, Meringen, Eierkuchen, Torten, verschiedenen Soufflés, Waffeltüten, Apfelpfannkuchen, Schokoladencrèmes, Windbeuteln –

außerdem kann er schon allein alle möglichen Suppen zubereiten, gutes Brot und Brötchen backen und in unserem primitiven Ofen richtig gut braten. Ich glaube, es ist wichtig, für schmackhaftes Essen und vor allem für ein wenig Abwechslung zu sorgen. Ich habe mir vorgenommen, einen wöchentlichen Speiseplan festzulegen, wie in Gefängnissen und Armenhäusern; hier draußen tue ich das, damit wir nicht Tag für Tag dasselbe bekommen. – Du wirst es Dir kaum vorstellen können, daß mein Haus für gutes Essen bekannt sein soll; die Schweden hier draußen sagen, daß es für den nordischen Geschmack das bestgeführte Haus in B.E.A. ist, aber sie kennen ja auch nicht sehr viele. (Diese Prahlerei darfst Du nicht weitererzählen)...

Was die Löwen anbetrifft – die Thomas ja hätte für sich behalten können –, so kann ich nur sagen, daß meiner Ansicht nach kein normaler Mensch in einem Land, in dem es Löwen gibt, nicht versuchen wird, sie zu jagen. Vom moralischen Standpunkt aus ist das vielleicht verkehrt; wenn ich es aus der Sicht des Löwen betrachten könnte, würde ich sagen: Wenn jemand kommt und mich mitten in der Kraft meiner Jugend so trifft, daß ich innerhalb von fünf Minuten sterbe, ohne vorher eine Ahnung davon gehabt zu haben, dann werde ich demjenigen *aufrichtig* dankbar sein und ihm nicht übel nehmen, daß er in meinen letzten Augenblicken bei mir steht und mich ansieht ohne zu klagen, aber in tiefer Bewunderung meiner Größe. – Die Planung der Natur für uns Menschen, ein langer Weg abwärts und lange Leiden, ist so hart, daß es doch keine Schande ist, mit einer raschen Kugel einzugreifen (nur weidwund zu schießen ist immer eine Schande, aber meine kleinen Kugeln richten nicht so viel Schaden an, wenn sie nicht treffen), und man muß bei jeder Art von Krieg schon sehr viel Pech haben, um sich die gleichen Leiden zu holen wie ein Mensch, der an Krebs stirbt. –

Was die Maulesel anbetrifft, so tun sie mir *nicht* leid, Dir würde es nicht anders gehen, wenn Du ihre Boshaftigkeit erlebt hättest. Alle unsere Maultiere sind dick und gut gepflegt; aber sie wollen lieber durchgeprügelt, getreten und mit Stöcken aufgestachelt werden, als sich vom Fleck zu rühren, und dann sind sie selber schuld...

Der folgende Brief ist als einziger der Sammlung auf Englisch abgefaßt. Alle Briefe aus Ostafrika wurden zu der Zeit wegen der Kriegslage zensiert und mußten deshalb in einer Sprache abgefaßt sein, die der Zensor verstand.*

An Ingeborg Dinesen — *MBagathi Estate, 24. 2. 1915*

Meine innig geliebte Mutter.

Ich habe schon zwei Monate nichts von Dir gehört und hätte beinahe das Schreiben aufgegeben, weil ich dachte, alle Postverbindungen seien unterbrochen, aber heute habe ich einen Brief von Elle bekommen, in dem auch noch einer von Cäcilie lag, und nun versuche ich wieder mein Heil und schicke diesen auf den Weg. Danke, bitte, Elle tausendmal für ihren Brief, Ihr wißt nicht, was er hier für mich bedeutet. Man sagt, in Aden läge eine ganze Ladung Post schon seit Monaten fest, ich hoffe, sie wird eines Tages doch noch weitergeschickt und mir gute Nachrichten von Euch allen bringen. Alle Briefe müssen jetzt auf Englisch geschrieben werden...

Hier herrscht eine furchtbare Trockenheit, und ich weiß nicht, was die armen Eingeborenen machen sollen, zumal ihre Shambas vollkommen schwarz sind, die Massai und ihr Vieh sterben zu Hunderten vor Durst und Hitze. Ich habe auch ziemlich unter der Trockenheit gelitten. Bror hat einen langen Brief an Dich geschrieben – und das auch noch auf Englisch! aber ich habe ihn aus der Post genommen, weil er sich zu der Zeit um mich so große Sorgen machte und alles sich zu traurig anhörte. Jetzt geht es mir viel besser, ich bin jedoch ziemlich elend gewesen, weil ich mich selbst mit Veronal vergiftet hatte.– Ich hatte einige Nächte nicht schlafen können, und da das, wie Du weißt, für mich völlig ungewohnt ist, wurde ich sehr ungeduldig – Elle wird das nachempfinden können –, und nachdem ich erst ein und dann zwei Pulver Veronal genommen hatte, nahm ich neulich abend vier und dachte, ich würde nie wieder aufwachen. Bror kam zufällig nachmittags herunter und versuchte, mich ins Leben zurückzurufen, aber als er mich wach hatte, mußte ich unaufhörlich erbrechen, und das ging zwei Tage so weiter. Danach veranlaßte er mich, einen Arzt in Nairobi aufzusuchen, der mich sehr gründlich untersuchte und zu dem Schluß kam, er habe in seinem ganzen Leben noch keine so gesunde Konstitution erlebt, »Ihr Herz und Ihre Lungen sind die besten, die ich je gesehen habe.« – Aber er meinte, die Hitze und das trockene Wetter wären mir ein bißchen viel geworden, und gab mir verschiedene Wässerchen, von denen ich nicht viel halte...

Ich werde am Montag mit Fägerskiöld für etwa zwei Monate auf Safari nach Lakepea, Aberdaire und Kenia gehen, dort ist es kühler als hier, und ich freue mich herauszukommen. Es gibt dort Büffel, manchmal auch Elefanten, aber in jedem Fall ist es gut, einmal wegzukommen und Neues zu sehen. Bror hat alles fabelhaft arrangiert, er kann so etwas großartig und macht mir alles so leicht. Ich hoffe, wenn ich wiederkomme, sieht mein Garten nicht mehr wie die Sahara aus und die Veranda ist fertig, schon jetzt genießen wir sie sehr und halten uns fast nur dort auf, aber sie hat noch keine Stufen, so daß man tüchtig klettern muß...

Ich habe jetzt noch drei weitere Hunde, einen habe ich von einem jungen Massai-Krieger geschenkt bekommen, es ist der häßlichste Hund, den ich je gesehen habe. Fara bringt mir auch dauernd Geschenke, alte Somali-Stickereien und Waffen, Speere, Messer und Schilde mit silbernen Griffen; die Somalis sind immer groß im Schenken. – Jetzt hat mir Bror ein Bad eingelassen und ruft, ich dürfe nicht so spät noch auf sein, deshalb jetzt Euch allen auf Wiedersehen, entschuldigt, daß dieser Brief so töricht klingt. Ihr glaubt nicht, wie idiotisch ich mir vorkomme, wenn ich mich auf Englisch ausdrücken muß. – Macht's gut und bleibt gesund und munter. Ich hoffe, ich höre bald von Euch, Goodbye.

Eure Tanne

Schon zu diesem Zeitpunkt war Tania Blixen ernsthaft an der Syphilis erkrankt, die sie sich in der Ehe mit Bror Blixen zugezogen hatte. Professor Mogens Fog, der während vieler Jahre ihr Arzt gewesen ist, hat im dritten Jahrbuch der Blixen-Gesellschaft, BLIXENIANA *1978, eine ausführliche Darstellung ihrer Krankengeschichte geliefert, die auf dokumentarischem Material und seinen eigenen Aufzeichnungen beruht. Er schreibt darin unter anderem: »Karen Blixen hat niemals auch nur das mindeste Anzeichen einer Hirnsyphilis gehabt, nur eine schmerzhafte, aber begrenzte Affektation des Rückenmarks. Sie muß die Ansteckung früh erkannt haben, denn schon 1914 hat sie sich an einen Arzt in Nairobi gewandt und wurde mit Quecksilbertabletten behandelt. Das führte aber zu keiner Heilung.*

In einem Brief an die Mutter schrieb sie im Mai 1914, daß sie unter Fieber litte. Der Arzt riet ihr, nach Dänemark zu fahren, und sie traf im Juni in Kopenhagen ein.

Hier suchte sie sofort den Professor für Haut- und Geschlechtskrankheiten Dr. med. C. Rasch auf, der sie in den nächsten zehn bis zwölf Jahren, wenn sie zu Hause war, behandelte.

Es waren mehrere lange stationäre Aufenthalte im Rigshospital und etliche ambulante Behandlungen erforderlich. Rasch hat in dem Journal der letzten stationären Behandlung im Jahre 1925 ein Resumé des Krankheitsverlaufes und der Untersuchungen gezogen.

Von Juli bis Dezember 1915 wurden fünf Wassermanntests (eine spezielle Untersuchung auf Syphilis) mit ihrem Blut gemacht, nur der erste zeigte positive Resultate, von da an waren alle derartigen Blutuntersuchungen ohne Befund. Die Rückenmarksflüssigkeit zeigte im September 1915 eine stark erhöhte Zahl von weißen Blutkörperchen, leichte Erhöhungen in den späteren Proben, sonst aber normale Befunde, zu keinem Zeitpunkt eine positive Wassermann-Reaktion. Die frühzeitige Normalisierung der Wassermann-Reaktion des Blutes bedeutet, daß die »aktive« Syphilis und damit das Risiko einer Ansteckung im zweiten Stadium zum Stillstand gebracht worden war ... Rasch verabreichte 1915 zwei Serien Salvarsan-Injektionen, aber diese Art der Behandlung war in Nairobi anscheinend noch nicht bekannt...«

An Ingeborg Dinesen *Paris, 28. 5. 1915*

Bitte nicht erschrecken. *Alles in Ordnung.*

Meine liebe, kleine, süße Mutter. –

Ich komme gerade von einem Frühstück mit Baron Bech Frijs, der sagte mir, wenn ich mich beeilte, könnte ich einem Schweden, der heute nach Hause fährt, einen Brief mitgeben. Ich finde das besser als zu telegraphieren und gebe ihm dieses Schreiben mit, um zu sagen, daß ich hier in Paris bin auf dem Wege nach London, wo ich einen Spezialisten für Tropenkrankheiten aufsuchen möchte. Es ist mir nämlich wieder ziemlich schlecht gegangen, und der Arzt in Nairobi hat mir geraten, zum Zwecke der Luftveränderung nach Hause zu fahren. Sie meinten, wenn ich nicht gleich fahren würde, könnte ich riskieren, mein Fieber überhaupt nicht wieder loszuwerden oder auch »Black Water« zu bekommen, das eintritt, wenn man zuviel Chinin schluckt (ich glaube, das ist eine Art Blasenerkrankung), und besonders da sie sagten, man riskiere, nach dieser Krankheit keine Kinder bekommen zu können – (aber darüber brauchst Du ja nicht zu reden) –, fanden Bror und ich, es hätte keinen Sinn, noch länger zu warten, ich verkaufte also mein Handels Shauri und nahm acht Tage darauf das nächste Boot; die Reise war ausgezeichnet, es geht mir schon unvergleichlich viel besser, und ich bin sehr dick geworden. – Es scheint so, daß sie in London eine Art Injektionen gegen Malaria geben, die einen vollständig heilen, von der, die mir ein Arzt in Nairobi reichte, habe ich nur eine große Blutvergiftung im Arm bekommen. Aber vielleicht ist es auch alles nicht nötig, jedenfalls komme ich so schnell wie möglich nach Hause, aber nur zu einem kurzen Besuch. Du kannst mir glauben, daß es mir schwerfiel, von Bror wegzufahren; grüße, bitte, Tante Clara und sag ihr, daß es Bror *ausgezeichnet* geht und ich bald komme und sie von ihm umarme. Ich wohne bei Henrik, und dorthin könnt Ihr telegraphieren, wenn Ihr diesen Brief bekommen habt. Fara hat mich bis Marseille begleitet, weil es mir ziemlich schlecht ging, als ich von Mombasa abfuhr, aber ich habe ihn wieder zurückgeschickt. Hier wohne ich in derselben Pension wie 1910; der schwedische Attaché und der Militär-Attaché wohnen auch hier. Ich habe heute Kanonen gehört, als ich in Bagatelle war, um mir die Rosen dort anzusehen; sie schossen auf einen Zeppelin, der direkt über uns flog. –

Geliebte Mutter, wie wird es schön, Dich und Euch alle wiederzusehen. Du darfst Dir um mich ja keine Sorgen machen; es geht mir *wirklich* viel besser, ich fühle mich stark, und hier ist es wunderschön. Vor Unterseebooten habe ich nicht die mindeste Angst, ich fahre über Bergen und bin sicher am 15. Juni zu Hause. Ich umarme Euch alle und freue mich unendlich, Euch zu sehen.

Eure Tanne

Nach ihrer Heimkehr im Juni 1915 wohnte Tania Blixen mehr als ein Jahr bei ihrer Mutter auf Rungstedlund, abgesehen von den insgesamt drei Monaten, die sie zu Untersuchungen und zur Behandlung ihrer Krankheit im Krankenhaus war. Im Jahre 1916 heirateten ihre beiden Schwestern, der Bruder Thomas machte sein Examen an der Technischen Hochschule und äußerte dann den Wunsch, als Freiwilliger auf französischer Seite am Weltkrieg teilzunehmen. Sowohl sein Vater als auch sein Großvater hatten als Offiziere im französischen Heer das Kreuz der Ehrenlegion erhalten, und Thomas Dinesen fühlte sich verpflichtet, seinerseits den drohenden Vormarsch der Deutschen in Europa zu bekämpfen.*

Er selbst schreibt in Tanne*: »Im Sommer 1916 teilte ich meinen Entschluß meiner Mutter mit, die zunächst sehr traurig war und wenig Verständnis zeigte. Ich bat dann Tanne, ob sie* *mir helfen würde, und nachdem sie mehrere Stunden lang mit Mutter allein gesprochen hatte, gab diese ihr Einverständnis. Von da an fand ich nur warme und liebevolle Unterstützung, bis ich unversehrt im Januar 1919 aus dem Dienst im Kanadischen Heer heimkehrte. Im Sommer 1916 kam Bror für einige Monate nach Dänemark, und im November reiste Tanne mit ihm zurück nach Kenia, voller Zuversicht für die Zukunft der Farm. Die Anforderungen des Krieges hatten dazu geführt, daß fast alles, was man in Kenia produzierte, in Europa zu hohen Preisen abgesetzt wurde – Tanne und Bror hatten, so schien es jedenfalls, die richtige Wirkungsstätte für ihre Zukunft gefunden. Es wurde eine große Aktiengesellschaft gegründet, »Karen Coffee Company Ltd.«, viele Mitglieder der Familie steckten Geld in das Unternehmen, kauften Aktien, und es wurde ein Bankkredit über eine Million aufgetrieben.«*

Jetzt konnte Tania und Bror Blixens Wunsch nach einem größeren, herrschaftlichen Wohnsitz erfüllt werden. Die Aktiengesellschaft kaufte das Haus mit zugehörigem Land, das durch Afrika – dunkel lockende Welt *bekannt geworden ist. Am 10. November 1916 reisten Tania Blixen und ihr Mann über Göteborg nach London, wo sie sich im Carlton Hotel einquartierten. Ursprünglich hatten sie die Absicht gehabt, über Paris nach Marseille zu fahren, da sie aber Bror Blixens Schwager, Gustav Hamilton, nach Afrika begleiten wollte und man ihnen von der Überfahrt Marseille-Afrika abgeraten hatte wegen der Gefahr, im Mittelmeer torpediert zu werden, fanden sie es am besten, ein Schiff von London aus zu nehmen, und bekamen Plätze für die sonst voll ausgebuchte* BALMORAL CASTLE, *die um das Kap nach Durban in Südafrika fahren sollte.*

Tania Blixen schreibt im November 1916 an ihre Mutter: »Ich war tieftraurig, nicht nach Paris zu kommen. Aber man kann ja nicht verlangen, in dem großen Kriegsjahr wie in Friedenszeiten reisen zu können. Es ist eigenartig, wie sehr man zum »Hochsee-Fahrensmann« wird, wenn man das erst einmal kennengelernt hat; die großen Routen ziehen einen unwiderstehlich in ihren Bann, und es ist für mich ein Hochgenuß, die Piccadilly entlangzufahren. Sollte ich je zu Geld kommen, möchte ich in einer der großen Städte wohnen; sie haben etwas unerklärlich Reizvolles an sich. – Und ganz erstaunlich ist es, wie die eigene Lebensanschauung einer totalen Veränderung unterworfen wird beim Anblick des ersten Soldaten, der einem begegnet. Das schmerzt, aber hauptsächlich bei der Begegnung mit dem Großen, dem Aufrührenden an den großen Begebenheiten, mit Leben und Tod in der gewöhnlichen, geschäftsmäßigen Gestalt, beim Beschämtsein angesichts der eigenen kleinen Sorgen und – merkwürdigerweise – durch eine Art bitteren Grams darüber, daß man nicht selbst daran teilhaben kann. Ich dachte an Tommy – ich muß wohl sagen, an unseren eigenen Tommy, denn Tommies sind sie hier ja alle – und ich verstehe ihn so gut. Das Furchtbare ist ja, daß es den Krieg wirklich gibt; daß man hineingezogen wird, ist fast unumgänglich, entweder auf die eine oder die andere Art und Weise, und hier in London spürt man ja, was man oft zu Hause geahnt hat, wenn man ihm entrinnt, entrinnt man vielleicht dem Leben selbst. (»Es hilft nichts, sich dem Schicksal durch Flucht entziehen zu wollen. Was nach äußerem Gewinn aussieht, mindert das innere Glück.«) –

Die großen Stürme haben sich nun mal erhoben und man ist in ihrer Gewalt, und dadurch erlebt man ein Gefühl von Gemeinsamkeit, das im Alltagsleben verlorengeht; das stärkt, aber woher soll man genug Stärkung bekommen? ...«

Am Tag darauf heißt es in einem Brief an die Mutter:

»Nur ein paar Worte, um zu sagen, daß es uns gutgeht und wir morgen vormittag das herrliche London verlassen, wo ich gerne noch länger geblieben wäre. Wir mußten ja jede Minute darauf verwenden, alles in den Geschäften, Polizeistationen, Gesandtschaften, Banken, Dampfschiffahrtsbüros etc. zu erledigen. Heute sind wir bei der Königin Alexandra gewesen, die ungemein liebenswürdig war, dann zum Frühstück bei Henrik, auf der schwedischen Botschaft und in verschiedenen Geschäften, und dann haben Reventlows mit uns hier zu Mittag gegessen ...«

Am 20. November legte das Schiff endlich ab.

An Ingeborg Dinesen *UNION CASTLE LINE,*
R.M.S. BALMORAL CASTLE
Montag, 27. Nov. [1916]

...Wir müßten am 8. nach Kapstadt kommen und dort zwei Tage liegen. Dann sind es fünf oder sechs Tage bis Durban, mit kurzen Aufenthalten unterwegs in East London und Chinde; in Durban müssen wir dieses Schiff verlassen und auf ein anderes, kleineres, der British India-Line warten, und das kann schlimmstenfalls vierzehn Tage dauern...

Dieses ist ein sehr komfortables Schiff, und es ist nicht annähernd voll besetzt, aber die Mitreisenden sind nicht besonders angenehm, was wohl in Kriegszeiten nicht anders zu erwarten ist, weil keiner reist, der nicht dazu gezwungen ist. Eine Reihe Offiziere sind dabei, und die meisten sind an der Front gewesen, aber es ist ja komisch, wie die Engländer stets die gleichen bleiben, was auch immer über ihre Häupter hinweggegangen ist, ja, eigentlich unabhängig davon, ob sie nun zehn oder neunzig Jahre alt sind. Sie denken ausschließlich an ihre Deckspiele, und wenn man nicht wüßte, daß Krieg ist, könnte man die ganze Reise über mit ihnen zusammensein, ohne das zu merken...

Bror ist furchtbar lieb und hilfsbereit zu mir, er genießt das Bordleben auch selber und ruht sich ordentlich aus, ehe er nun in Afrika die neue Arbeit beginnt. Er hat ja viele Pläne für die Einrichtung von Swedo und den Küstenstreifen, wir werden also viel zu tun bekommen. Ich freue mich *sehr* auf die Ausstattung meines Hauses...

An Ingeborg Dinesen

HOTEL EDWARD,
BEACH, DURBAN
7. Januar [1917]

... Am 27ten starteten wir von hier nach Maritzburg ... Durch den schwedischen Konsul hatten wir eine Einladung bei einem alten Farmer, The Hon. Joseph Baynes, bekommen, dem Natal seine durchrationalisierte Landwirtschaft zu verdanken hat. Der Besuch dort war hochinteressant und anregend, und unsere Gastgeber gehören zu den nettesten Leuten, die mir je begegnet sind. Der Besitz heißt Nel's Rust – Nels Ruhe –, und Nel war der Großvater mütterlicherseits von Botha; die Farm wirkt wie ein kleines Königreich für sich, mit Hunderten Stück ausgezeichneten Viehs und Hunderten von Natives, die zum großen Teil schon in der zweiten Generation hier leben und den Eindruck machen, als liebten sie den alten Baynes. Er ist ein großes Original, lebt nur für seine Farm, ist sehr bibelfest und beherrscht seinen Shakespeare. Er kennt alle möglichen Leute in England und ist bei Besuchen in der Heimat zu Gast in den besten Häusern; er war auch bei den Krönungen von König Edward und König George dabei, würde aber Nel's Rust um nichts in der Welt aufgeben.

Vor ein paar Jahren war er einmal krank und mußte sich in Europa einer Operation unterziehen. Bei seiner Abreise kamen alle seine Eingeborenen und baten ihn, er möchte sich doch nach Nel's Rust überführen und dort begraben lassen; als er sich in England wieder erholte, ging er zu einer großen Grammophongesellschaft und ließ eine Rede an alle seine Leute in ihrer Sprache aufnehmen, daß er lebe und zu ihnen zurückkehren werde, und er schickte die Platte dorthin und man ließ sie auf der Veranda abspielen; der Verwalter der Farm behauptete, nie Menschen so bewegt gesehen zu haben, wie die Eingeborenen damals ...

Ein am 26. 1. 1917 in MBagathi aufgegebenes und am 26. 1. 1917 in Rungsted eingetroffenes Telegramm teilt mit, daß Tania Blixen und ihr Mann auf der Farm angekommen sind.

An Ingeborg Dinesen *MBagathi, 1. 2. 1917*

Meine geliebte Mutter.
Endlich sind wir wieder zu Haus! Es ist wie ein Traum, daß wir hier sind, und wie ein Traum, hier umherzugehen und alles wiederzusehen. Irgendwann einmal muß jemand von Euch daheim nach hier kommen und die Welt von zu Hause mit dieser verbinden; denn jetzt habe ich das Gefühl, das seien zwei sehr unterschiedliche Existenzen. –

Alles ist in bester Ordnung. Die Farm sieht tadellos aus, und auf Swedo befindet sich alles in besserem Zustand, als ich es je gesehen habe. Merkwürdigerweise hat es schon geregnet und regnet nun Tag für Tag weiter, das ist ungewöhnlich für diese Jahreszeit; hoffentlich bedeutet das nicht, daß wir im April keinen Regen bekommen, wenn wir mit dem Pflanzen beginnen. Der Kaffee steht hervorragend, obwohl er etwas unter dem Frost gelitten hatte.

Seit ich abgereist bin, hat sich das Haus hier im allerhöchsten Grade zum Guten hin verändert. Die Loggia und die Veranda sind ganz zugewachsen und schattig; in meinem Schlafzimmer ist ein großes Erkerfenster eingebaut, das den Raum doppelt so groß und luftiger erscheinen läßt, der Garten ist grün und voller Blumen und der Park wunderhübsch mit dichtem, grünem Gras unter den Bäumen. Und doch, das mußt Du mir schon glauben, freue ich mich darauf, nach Swedo hinüberzuziehen; ich bin drüben gewesen, das Haus dort ist so wunderbar kühl, die Räume sind so hoch und luftig, und wenn ich ringsum etwas ausholzen lasse, kann sich die herrlichste Aussicht ergeben. Einiges muß renoviert werden, weil es ja hineingeregnet hat und manches ziemlich verkommen ist, aber in etwa einem Monat, hoffe ich, eingezogen zu sein, dann werden Euch viele dankbare Gedanken gelten.

Fara kam mir bis Mombasa entgegen, es war ein rührendes Wiedersehen. Hassan und der alte Ismail sind hiergewesen und haben mich begrüßt, alle unsere Leute sind so froh, daß wir wieder zu Hause sind. Du glaubst gar nicht, wie herrlich es war, wieder durch das Land zu fahren und all das Wild zu sehen...

Nach allem, was ich in Natal gesehen habe, ist diese Farm doch eine Musterfarm und das Land hier besser als jedes andere, das ich kenne. Bror wird sicher über alles an Onkel Aage schreiben. Es tut mir leid für Bror, daß Bursell gleich den ersten Abend gekündigt hat. Er wird wohl eine besser bezahlte Stellung in Aussicht haben; alle Löhne sind hier so unglaublich in die Höhe gegangen, und man hält ihn für sehr tüchtig. Immerhin sind wir es ja gewesen, die ihm so gute Chancen ermöglicht haben; aber auf die Loyalität dieser Art Menschen kann man sich nicht verlassen. Nun ist Bror auf seine Forderungen eingegangen – 60 £ pro Monat und zehn Prozent –, bis er eine Antwort von Onkel Aage bekommt, in der Zwischenzeit müssen wir versuchen, einen Neuen zu engagieren, möglichst jemanden aus Dänemark...

An Ingeborg Dinesen *MBagathi, 13. 3. 1917*

Meine innig geliebte Mutter. –
Es ist nun wohl schon eine ganze Zeit her, seit ich das letzte Mal geschrieben habe, aber wir waren wieder verreist und sind erst gestern nach Hause gekommen. –

Die Nachricht von Daisys Tod* habe ich erst jetzt erhalten; Else hat es mir geschrieben, das war lieb von ihr – für mich war es ein furchtbar harter Schlag.

Es kommt mir vor, als seien mit ihr sehr viel Farbe und Glanz aus dem Leben entschwunden, für mich auch so viel von meiner Jugend. Obwohl ich sie in den letzten Jahren nicht oft gesehen habe, wird es nur wenige Menschen geben, die ich mehr vermissen werde, und jetzt, bei ihrem Tode, sehe ich, wieviel ich immer an sie gedacht habe und wie ich mir gewünscht habe, wenn wir jemals zu Geld kämen, etwas für sie tun zu können. – Sie war ein wunderbarer Mensch und einer der besten, die ich gekannt habe. Ich glaube nicht, daß man sagen kann, sie sei unglücklich gewesen. Sie hatte mehr Freude am Leben als die meisten, sie war immer mit irgend etwas intensiv beschäftigt und hatte so viele Interessen, und sie wurde geliebt wie nur wenige Menschen. Ich würde gerne mein Leben mit dem Daisys tauschen. –

Ich kann überhaupt noch nicht begreifen, daß ich sie nie mehr sehen werde. Ich muß immer an sie in Assisi denken, wie merkwürdig es war, daß ein moderner Mensch in die dortige Welt eintreten und sofort dorthin gehören konnte, wie sie. – Armer Henrik, er tut mir so leid; wie gut, daß Daisy bei ihm war, als sie starb. Er ist der einzige, der wirklich gut zu Daisy gewesen ist, und obwohl er der Mensch ist, dem sie, wie man so sagt, in ihrem Leben Unrecht getan hat, glaube ich doch, sie hat ihm mehr Gutes als Böses zugefügt. Die Zeit mit ihr war sicher die einzige, in der Henrik wirklich gelebt hat, und das weiß er auch. Es gibt so wenige Menschen, die das Leben aus dem Alltäglichen herausheben und ihm Poesie verleihen können, und trotz allem, glaube ich immer, ist Dankbarkeit das vorherrschende Gefühl ihnen gegenüber. –

Wir sind gerade zurückgekommen von einer Fahrt zu der Farm in Uasin Gishu. Der Weg dorthin ist lang und beschwerlich; eigentlich wollte ich gar nicht mitfahren, aber einerseits will Bror ja immer gerne, daß ich dabei bin und all die verschiedenen Abteilungen der Karen Coffee Co. sehe, andererseits finde ich es auch selber vernünftig... Auf dem Heimweg waren wir bei dem jährlichen Government Sale in Naivasha, das ist hier ein Ereignis, das dem Derby entspricht; es war interessant, das mal zu sehen und einige Menschen wiederzutreffen. Lord Delamere und Galbraith Cole waren da, Buchanans, bei denen ich in Gil Gil gewohnt habe, Van de Weyer und verschiedene Offiziere, die ich während des Krieges im Reservat kennengelernt habe. Ich wollte, wir hätten uns von Anfang an mit Viehzucht statt mit Kaffee befaßt, das ist ein gemütlicheres Leben und ein netterer Menschenschlag, mit dem man da zu tun hat; aber wenn wir nun eine Muster-Milchwirtschaft starten, kommen sicher viele Viehzüchter, um sie zu besichtigen...

Ich habe mit Fara einen Vertrag geschlossen, daß er mir für zwei £ zehn die Woche Eier, Butter, Fleisch, Geflügel und Gemüse liefern soll. Ich vermute, er wird dabei gut verdienen, aber dann brauche ich die Sachen nicht immer selber zu besorgen, was sehr beschwerlich ist. Er soll die gleiche Summe bekommen, ganz gleich, wie viele Leute wir sind, und es ist für mich angenehm, ein festes Budget zu haben und zu *wissen*, meine Einnahmen reichen aus...

An Ingeborg Dinesen — *Frydenlund, 24. 3. 1917*

Liebe, geliebte Mutter.

Dies ist mein erster Brief aus Frydenlund, wohin wir nun umgezogen sind und in dem ich furchtbar gern wohne – obwohl es vorläufig noch ein Chaos ist. Die Handwerker haben nicht das Mindeste getan in den zwei Monaten, seit ich ihnen den Auftrag gab, das Dach ist abgerissen und der Fußboden aufgestemmt – aber trotzdem ist es herrlich, hier zu leben. Hier ist es *immer* kühl, und es ist wunderbar, sich wieder in großen Räumen zu bewegen; sie kommen mir vor wie Säle, obwohl man sie zu Hause wohl nicht imponierend finden würde.

Ich habe wieder angefangen, ein wenig zu malen, aber vorläufig gibt es hier zuviel Arbeit und zuwenig Muße. – Ich habe große Sehnsucht, wieder etwas nach draußen auf die Jagd zu kommen. Ich habe von Sjögren – mit dem Haus – eine Büchse übernommen, die sich als ausgesprochen gut erweist. Hier muß ich mich auf die Taubenjagd beschränken, gestern nachmittag habe ich einundzwanzig geschossen...

Du müßtest mal hören, wie sie hier über Lettow sprechen. Wie vom größten Genie dieser Zeit. Es ist wirklich interessant, ihn kennengelernt zu haben. Man sagt, seine ganze Taktik laufe darauf hinaus, den Krieg hier in Gang zu halten, bis sie zu Hause Frieden schließen und Deutschland Anspruch auf Deutsch-Ostafrika erheben könne – und daß er das mit unglaublicher Tüchtigkeit und Zähigkeit bewerkstellige. –

Fara steht hinter meinem Stuhl und verwickelt mich in ein Gespräch, sobald ich den Füllhalter hinlege. Wenn Bror weg ist, haben wir immer sehr gemütliche Abende miteinander; er erzählt mir alle möglichen Neuigkeiten aus Somalikreisen.

An Ingeborg Dinesen *Ngong, Nairobi 1. 6. 1917*

... Ich sitze und schreibe in Brors Rauchzimmer oder Kontor – auf Frydenlund –, bis jetzt der einzige Raum, der in Ordnung ist... Über dieses Zimmer sind wir *sehr* glücklich; es hat ein großes, fünf Ellen breites Fenster zur Veranda und hat immer eine angenehme Temperatur und gedämpftes Licht; wir haben Sjögrens Möbel und einige Stücke von unseren eigenen aus MBagathi darin stehen, und für Bror ist es von großem Vorteil, einen Raum ganz für sich zu haben, wo er schreiben und seine Papiere liegen haben kann. Das Zimmer hat nur eine Tür, wie das Büro zu Hause, so daß kein Durchgangsverkehr entsteht und nur Leute hereinkommen, die wirklich etwas dort zu tun haben. Auch für mich ist es herrlich, wenn ich einmal, wie heute, abends alleine bin, ein richtig gemütliches Zimmer zu haben und ungestört zu bleiben...

Meine beiden kleinen Hunde, Askâri (der Polizist) und Banja (die Ratte) liegen bei mir; Bror hat Dusk mitgenommen – er kann nicht ohne ihn sein, nimmt ihn überall in die Hotels und im Automobil mit. Diese beiden waren gerade geboren, als ich hierherkam, sie sind so komisch, weil sie Dusk sowohl im Äußeren als auch vom Charakter her gleichen. Die Schottischen Jagdhunde sind sehr treue, kluge, liebe Hunde. Zu meinem großen Kummer haben wir Dawn, ihre Mutter, verloren – ein Leopard hat sie sich geholt. Sie war so ein unglaublich lieber und kluger Hund und mochte, im Gegensatz zu Dusk, mich am liebsten, aber sie war einfach zu mutig. Alle Hunde schliefen auf der Veranda, und ich hörte mitten in der Nacht plötzlich einen furchtbaren Krach, und als ich rauskam, war überhaupt kein Hund mehr zu sehen; nach langem Suchen fand ich die beiden Kleinen zitternd in einer Ecke, aber Dawn haben wir nie wieder zu Gesicht bekommen...

Der Krieg lastet nun auch auf uns hier als immer schwerer und schwerer werdende Bürde, alles wird uns so schwierig wie möglich, ja, manches sogar unmöglich gemacht, und das Schlimmste ist, daß sie so viele Natives als Träger bei den Kämpfen in G.E.A. einziehen dürfen, daß die Arbeitskräftefrage einen immer länger und länger werdenden Schatten auf alle Planungen hier wirft. Ich bin froh, daß ich so gute Boys habe, Fara, Juma, der schon auf MBagathi war und alles bis zur Übernahme durch uns in Ordnung gehalten hat, ein sehr alter Boy, Esa, der eine wahre Perle ist – er ist 14 Jahre lang an ein und derselben Stelle gewesen, ehe er zu uns kam –, ein wirklich tüchtiger Somali-Koch, den ich allerdings im Verdacht habe, ein Dieb zu sein, und ein kleiner, neunjähriger Somalijunge, Abdullahi, an dem ich viel Freude habe. Er benimmt sich mir gegenüber wie ein altes Kindermädchen; aber die Schwarzen sind auch in dem Alter weit tüchtiger und zuverlässiger als die Weißen gleichen Alters...

Bror hat vorgestern eine Pythonschlange von fünfzehn Fuß Länge geschossen... Wir waren auf einem Inspektionsgang über die Farm nicht weit von hier, und wie aus einer prophetischen Eingebung heraus hatte ich gerade zu Bror gesagt, ich glaubte, hier seien Pythons, als wir sahen, daß das Gras von einer großen Schlange bewegt wurde. Das Gras ist jetzt sehr hoch, infolgedessen war es mehr Glückssache, daß Bror sie, wenn auch nur mit einem Streifschuß, getroffen hat; sie wurde derart wild, daß sie emporschoß und nach allen Seiten um sich schlug. Mit ihrem langen, ungeheuer kräftigen Körper können Pythons an zwei Stellen, zwischen denen der Abstand zehn Ellen beträgt, gleichzeitig zuschlagen, für mich der Inbegriff der Raserei. Ich war vor Schreck völlig außer mir; denn der dumme Dusk hörte nicht auf, nach ihr zu springen, so daß die Schlange ihn derart auf die Nase schlug, daß das Blut floß, und ich, die ich nur den Kopf und einen Teil des Körpers über dem Gras sehen konnte, glaubte, es sei eine von den großen, schwarzen, giftigen Mambas. Da traf Bror sie am Kopf. Es ist eine hübsche Haut, und ich habe die Absicht, sie zu Hellstern nach Paris zu schicken und mir ein paar Schuhe daraus machen zu lassen.

Wir haben jetzt über hundert Morgen Flachs auf der Farm. Das sieht hübsch aus, wie ein Feld zu Hause, und die frische, zartgrüne Farbe ist einmalig hier draußen, wo sonst alles so trocken in den Farben aussieht. Er duftet so herrlich wie ein Waldboden mit Anemonen im Frühjahr. Der Rasen, den ich unter den Bäumen rings um das Haus angelegt habe, ist auch herrlich grün, er hat ja auch einzigartige Startchancen gehabt durch den gewaltigen, anhaltenden Regen. Aus dem botanischen Garten in Durban habe ich mir einige Palmen und blühende Büsche mitgenommen, die sind nun eingepflanzt, fast alle stehen fabelhaft...

An Ingeborg Dinesen *Ngong, 14. 6. 1917*

Meine innig geliebte Mutter.
Gerade eben – ob nun mit Verspätung von der vorigen Post oder mit einer neuen – traf ein einziger Brief von Dir ein, den Du an meinem Geburtstag geschrieben hast. Ich muß umgehend auf ihn antworten, wenn auch nur kurz, weil Du schreibst, daß Tommy über Bergen nach Amerika geht. Geliebte Mutter, wie gerne würde ich bei Dir sitzen und Dich in meinen Armen halten. Wir denken sicher genau das gleiche über den geliebten Jungen, daß es in allererster Linie um sein Glück geht, daß er von dem Gefühl loskommen muß, nutzlos und isoliert zu sein, und daß er in einer Gemeinschaft mit anderen spüren muß, daß er zum

Leben gehört – »Und setzet Ihr nicht das Leben ein, nie wird Euch das Leben gewonnen sein«*. Tommy hat sicher ein offenes Auge für seine eigenen Fehler und Schwächen, dafür, daß es ihm schwerfällt, irgendetwas in Angriff zu nehmen und etwas zu werden, und davon kann er sicher nur befreit werden, indem er mitgerissen wird, und das nicht nur von einer Idee, sondern durch »die Taufe des Handelns«. –

Aber Du, meine innig geliebte, kleine Mutter, bist die Leidtragende, weil Du so merkwürdige Kinder hast, die nur durch eine Revolution oder die Teilnahme an einem Weltkrieg erlöst werden können; andere, und keineswegs die unbedeutenderen, erreichen das, indem sie in Fräulein Zahles Schule gehen oder das Autofahren lernen, und damit allen weniger Kummer machen. Aber es gibt ja viele merkwürdige Menschen auf der Welt, Nordpolfahrer, Künstler und Anhänger der Heilsarmee, deren Mütter die Hände in den Schoß legen und sich mit dem Gedanken versöhnen mußten, daß das Schicksal und Glück ihrer Kinder solch wunderlich verwickelte Wege ging – und dann, wenn alles zu allem kommt, lauern möglicherweise ebenso große Gefahren im Büro eines Ministeriums wie zwischen Eisbergen. Kannst Du Dich an die Geschichte vom Storch* erinnern – die beiden Männer, die in einem kleinen, dreieckigen Haus wohnten und das Wasser strömte aus dem Fischteich etc. –, sie dient mir noch oft als Erklärung für das Leben, und ich glaube immer noch an sie, wie seinerzeit die Königin Draga. Gerade wenn man das Gefühl hat, man mühe sich bis an den Rand der Verzweiflung – »fiele in den Graben, müßte wieder hoch« –, ist man in Wirklichkeit dabei, das Kunstwerk seines Lebens, einen Mikrokosmos, zu vollenden. Ich habe das an meinem eigenen Leben erfahren, und die größten Augenblicke waren die, in denen ich den Storch erblickte – (mißversteh das, bitte, nicht.).

Selbst wenn Tommy gar nicht mit dem Krieg in Berührung kommt, ja selbst, wenn es geschieht und er dann erlebt, daß das, was für ihn der große Traum war, häßlich und langweilig ist, erfüllt er vielleicht die seinen Gaben und Kräften entsprechende Bestimmung und macht aus seinem Leben ein Ganzes. –

Bror ist in Mombasa, aber ich habe heute abend hier mit Fara gegessen und über Tommy gesprochen, und es liegt ja eine gewisse Größe in der unerschütterlichen Ergebenheit der Mohammedaner dem Schicksal gegenüber; das ist nicht irgend etwas, wovon sie nur reden, sondern die Lebensweisheit, die einem gänzlich unwissenden Menschen wie Fara Ruhe und Überlegenheit verleiht und mich tief beeindruckt. Selbst wenn man die Eingeborenen nicht mitzählt, begegnet man hier – inmitten der Mittelmäßigkeit der englischen *middleclass* und ihren gräßlichen lebenden Leichnamen – einigen Menschen, die ganz einfach und direkt die ursprünglichen Werte im Leben suchen, so zum Beispiel Lord Delamere, Galbraith Cole und einige von den Holländern, wie Posma und der alte Kolbe, von denen ich schon geschrieben habe. Allerdings muß man bei den Engländern den klaren, geradezu genial einfachen Blick bewundern, mit dem sie ihre eigene Natur erfassen und ihr folgen. Ich glaube, Tommy ähnelt ihnen, ihm fehlt nur der Aplomb oder der Glaube an das Recht der eigenen Natur, der zum Beispiel Lord Delamere dazu bringt, allem in England den Rücken zu kehren und unter den Massai zu leben. So unbegreiflich das sein mag für Leute wie Gustav Hamilton, die nur auf ihre Bequemlichkeit wertlegen und keinerlei Verständnis dafür haben, daß Cole lieber auf seiner Farm in Elmenteita als im Carlton Hotel sitzt – und die sicher Nachkommen des karierten Engländers in »Pontemolle« und Gleichgesinnter sind –, so meine ich doch, daß sie zu den glücklichsten Menschen der Welt gehören. Ich glaube, daß Tommy ihnen gleicht und daß er hier draußen sehr glücklich werden könnte; ich glaube auch, daß er es unter Kameraden im Schützengraben werden könnte, aber ich bin sicher, daß er in der letzten Zeit nicht glücklich war in den glücklichen Verhältnissen, unter denen er lebte, und daß ihn seine Undankbarkeit und seine Unausstehlichkeit selbst bedrückt haben. So geht es aber, glaube ich, den allermeisten Jungen, die im Elternhaus bleiben. Keine Idylle der Welt kann sie glücklich machen, weil sie nach Bestätigung drängen – »Er liebte die Sage, die unter den großen Sternen schlummert; er lechzte danach, zum Echo einer gesungenen Sage zu werden« –, und indem das Elternhaus seine Kinder verliert, gewinnt es sie, denn aus der Ferne sehen sie es klarer und es gewinnt mehr Macht als in der Nähe, es zieht sie auch unweigerlich dorthin zurück, besonders durch die Erinnerung an Spiel und Geborgenheit. –

Geliebte Mutter, ich sitze hier und schreibe und kann, was ich sagen will, nur schlecht vorbringen, aber was ist zu tun? Der große Abstand ist nun einmal gegeben, und alles, was ich sagen könnte, indem ich Dich in die Arme nähme, muß ich mühselig auf ein Stück Papier malen. Wenn ich an Dich und Tommy denke und mir vorstelle, Ihr sollt voneinander getrennt werden, bebt mir das Herz, weil Ihr einander so gleicht und für mich das Schönste seid, was ich je gesehen habe, und weil Ihr einander so sehr liebt. Aber gerade darum werdet Ihr auch sehen, wie schön es ist, einander nach einer Trennung wiederzusehen.

Jedes Mal, wenn ich mir vornehme, Dir über meinen Alltag zu schreiben, kommt etwas dazwischen, das ihn völlig bedeutungslos erscheinen läßt, erst Ea*, dann Tommy. Aber Du wirst es schon sehen, geliebte Mutter, aus der Angst und der Unruhe, die die großen Begebenheiten mit sich bringen, und all dem, von dem Du meinst, es zermürbe und zerreiße Dich, entsteht ein ganz herrlicher Storch – »das Leben selbst« in solcher Größe, daß man mit keiner Vorstellung und in keinem Traum etwas auch nur annähernd so Schönes und Reiches hätte schaffen können.

Ich umarme Dich, meine geliebte Mutter.

Deine Tanne.

An Ingeborg Dinesen — *Ngong, 11. 8. 17*

... Seit Tommy von Dir weggefahren ist, kommt Ihr beiden mir nicht eine Minute aus dem Sinn, und ich muß mit meinen Gedanken jeden Augenblick des Tages bei Dir sein. Du kannst mir glauben, daß ich mich über seine lieben Briefe gefreut habe, erst den vom Dampfer, dann den aus New York. Man konnte ihnen von A bis Z anmerken, wie sich ihm die Welt geöffnet hat, und wie er alles genießt, seine Jugend, seine Freiheit und Unabhängigkeit; aber so, wie er veranlagt ist, glaube ich nicht, daß er das könnte, wenn nicht etwas Größeres, etwas, das weit mehr und entscheidender fordert, für ihn dahinter aufleuchtete, und das ist es ja gerade, weshalb man ihn so liebhat. Ich denke die ganze Zeit an Vater und Großmutter, als er mit in den französischen Krieg zog; für sie muß es beinahe noch schwerer gewesen sein als für Dich – obwohl es wohl beim Herzenskummer keine Gradunterschiede gibt –, weil sie schon einmal diese Angst durchgemacht hatte und ihn wiederbekommen hatte; ich muß unaufhörlich daran denken, daß Großmutter manchmal bei Dir im Zimmer sitzt, aus der fernsten Ferne von der Sympathie herbeigezaubert, die wohl alle Mütter miteinander verbindet, vereint auch in dem wunderbaren Verständnis für Eure, allen anderen Menschen unbegreiflichen, Kinder, das Ihr gesegneten, wundervollen Mütter habt und das Euch ohne Worte Wilhelms und Thomas' merkwürdige Wege erklärt und einsehen läßt, warum gerade das für sie vonnöten ist.

Du mußt mir glauben, kleine Mutter, ich verstehe Dich, wenn Du sagst »eine Mutter ist eine Märtyrerin« –, aber dafür werdet Ihr auch über alles menschliche Maß geliebt. Nie und nimmer werde ich vergessen, was es bedeutet hat, alle Unruhe und allen Schmerz, der einen betroffen hatte, bei Dir abladen zu können – und dann war es ganz plötzlich nicht schlimmer, als wenn man als kleines Mädchen eine Tasse zerbrochen hatte. Dieses Wunder hätte niemand anderes als Du vollbringen können; kein anderer Mensch, auch nicht der klügste und weiseste der Welt, kann sein Angesicht über mir leuchten lassen und mir Frieden geben, nur Du; und ich weiß, wenn ich wieder zu Dir komme, wird mir das gleiche, unendlich beglückende Erlebnis zuteil. Zu seiner Mutter zurückzukehren, von ihr in die Arme genommen zu werden, gleicht dem ewigen Naturwunder, daß der Wald jedes Jahr wieder grün wird; das öde, offene Feld, auf dem einen alle Winde zerzausen, verwandelt sich plötzlich in einen windgeschützten Platz, der Geborgenheit und doch auch Freiheit, Leben und Frische schenkt, alles beugt sich über einen, wie um einen zu segnen, und wenn man weitergeht, nimmt man bleibenden Segen mit...

... Über Deinen Brief aus Paris habe ich mich mehr gefreut, als ich Dir sagen kann; ich finde es herrlich, daß Du mit Knud in Paris bist und daß Dir die Schönheit der Stadt Paris und Frankreichs aufgegangen ist ... Selbst als ich 1915 während des Krieges dort war, fand ich, Paris strahlte in einem Glanz, den keine andere Stadt hat, und der Ernst des Krieges bildete keinen Gegensatz zur Schönheit und dem Leben der Stadt Paris; ich finde außerdem, daß das der größte Charme der Stadt und überhaupt Frankreichs ist – und die große Begabung des Südens, – daß sich dort alles zur Harmonie vereint: Sie können alle die verschiedenen Elemente des Lebens aufnehmen und in Schönheit miteinander versöhnen. Alles, was bei den unvollkommeneren Naturen im Gegensatz zueinander steht: Körper und Geist, Natur und Ideal, Theorie und Praxis, Kunst und Leben, Leben und Tod – vereinen sich dort zum herrlichsten Akkord. Ich wünschte, wir könnten uns mit Dir und Knud in Paris treffen, wenn ich im April 1919 nach Hause fahre. Für mich ist Frankreich so etwas wie das Heilige Land; von dort kommen Schönheit und Freiheit, die göttlichsten Mächte des Lebens ...

In der letzten Zeit ist es hier ganz wunderschön – es regnet leider viel, zur großen Verzweiflung von Bror, der eben gerade Flachs erntet – aber zwischen den Regentagen gibt es dann Tage, die geradezu vollkommen sind, wie im Mai zu Hause, mit all dem frischen Grün und einer Luft wie in Fontainebleau, glaube ich. Ich habe einen großen, grünen Rasen vor dem Haus – ja, übrigens nach allen Seiten, weil Njovana Bogani – das Waldhaus – mitten in einem großen Wald liegt, aber ich habe es noch nicht geschafft, ihn mit der Maschine mähen zu lassen, außer vor dem Haus – was den Totos, die Ziegen hüten, sehr gefällt; manchmal habe ich hundert Kikujuziegen und -schafe und ein Gewimmel von kleinen, braunen Jungen, die auf sie aufpassen, hier, und dazu der feine Schatten der Bäume auf dem Gras, einen zauberhafteren Anblick kann es meines Erachtens, auch in Arkadien, nicht gegeben haben. Ab und zu spielen sie Flöte und tanzen;

letzten Sonntag veranstalteten sie ein großes Tanzfest mit über tausend Menschen vor meinem Haus...

Ich habe Fara, der ein wahrer Engel ist, und ganz tadellose Boys und einen kleinen Somalijungen von zehn Jahren, der Abdullahi heißt und den ich, wie ich glaube, genauso liebe als wäre er mein Sohn. Ich war neulich in der Somalistadt von Nairobi, um seine Mutter zu besuchen; es war interessant zu sehen, wie sie leben. Die Somalis haben übrigens viele hübsche Dinge, insbesondere flechten und sticken sie sehr schön mit gefärbten Halmen. Ich ärgere mich über Johannes Poulsens Buch*, in dem er sagt, dem Islam fehle alles Geistige. Ich glaube nicht, daß es Menschen mit mehr Selbstsicherheit, Ruhe, Mut und Würde gibt als die Mohammedaner; meine besten Freunde sind Mohammedaner, und sie stehen himmelhoch über den Engländern, die hier leben. Zumal Johannes Poulsen nichts anderes als Port Said gesehen hat; zu dem Zeitpunkt, an dem er das schrieb, ist das genauso, als wenn ein Mensch Nyhavn und Lille Kongensgade gesehen hätte und dann sein Urteil über das Christentum fällen würde – und wem im übrigen alles Geistige fehlt, ist Johannes Poulsen; es wundert mich, daß ein so dummes Buch daheim Erfolg haben konnte...

An Thomas Dinesen *Ngong, 12. 1. 1918*

Mein lieber Tommy.
Vielen, vielen Dank für Deine beiden Briefe aus England, die gerade Heiligabend hier ankamen und die das schönste Weihnachtsgeschenk waren, das ich hätte bekommen können. Wir haben Dir ein Telegramm geschickt, aber ich fürchte, Du hast es nicht erhalten; Du wußtest wohl auch ohne Telegramm, daß wir an Dich denken und Dir all das Beste der Welt wünschen, unter anderem, daß wir zum nächsten Neujahr hier draußen beisammen sein und Weihnachten an unserem Lagerfeuer feiern können – »im Massaireservat«*.

Ich denke ja Tag für Tag an Dich, mein alter Tommy, und wünsche, daß ich Dich bald zu sehen bekomme – und von allem, was Du erlebt hast, höre; dann wollen wir auch über alte Zeiten zu Hause sprechen, über Entenzüge, Schneestürme in Finse und über die Saga von Olaf dem Heiligen und d'Artagnan und Porthos. Das kleine Photo von Dir in Uniform, das Du mir neulich geschickt hast, steht auf meinem Kaminsims, und ich bin so stolz, wenn ich es allen, die zu Besuch kommen, zeige und erkläre, das ist mein Bruder, der Soldat...

Ich war vorgestern bei Moving Pictures und habe Aufnahmen von der Front und der Arras-Schlacht gesehen, und obwohl man wohl keinen richtigen Eindruck bekommt, wenn man nicht auch den furchtbaren Lärm hört, ist es ungemein imponierend. Leider waren es nur englische Soldaten – denn obwohl ich ja nun verwandtschaftlich den Engländern näherstehe, so gehört mein Herz doch immer Frankreich; und wenn es nicht auch Frankreichs Krieg wäre, an dem Du teilnehmen willst, wäre es noch schwerer, sich mit dem Gedanken abzufinden, daß Du ins Feld ziehst – es ist ohnehin schwer genug! Ich finde, daß in diesem furchtbaren Krieg alles zusammengestürzt ist: Das Christentum, die Kultur, die Ideale der Menschheit – nur eines leuchtet über den Ruinen: Frankreichs heiliger Name, wie so oft zuvor. Gott, laß es nicht das letzte Mal sein...

Hier draußen sagen sie jetzt, der Krieg sei vorbei, obwohl sie Lettow noch immer nicht gefaßt haben, und das wird ihnen wohl auch nie gelingen. Das ist eine gute Eigenschaft der Engländer, daß sie die Tüchtigkeit und Größe ihrer Feinde anerkennen, und über von Lettow sprechen sie alle mit großer Achtung und meinen, er gehöre zu den besten Leuten, die Deutschland überhaupt in diesem Krieg habe. Ich finde es interessant, seine Bekanntschaft gemacht zu haben; man begegnet ja nicht so vielen bedeutenden Männern in seinem Leben. Wie doch der Krieg die Welt verändert hat! Wenn ich daran denke, wie von Lettow und ich auf dem Deck der »ADMIRAL« gesessen und geplaudert haben, dann kann ich kaum begreifen, wie er direkt danach auf ein so großes, schreckliches Schicksal hinsteuerte, und daß das beides zur gleichen Existenz gehört – welche Seite davon die für den Menschen natürlichste ist, kann ich nicht beurteilen.

Ich bin gerade neulich einem Menschen begegnet, der nur für den Krieg lebt und glaubt, man könne dabei glücklich sein, und ich habe an Dich gedacht, ob es für Dich einmal genauso werden würde – Eric von Otter, der auf Urlaub von G.E.A. zurück ist. Ich bin richtig froh, ihn wiedergetroffen zu haben; ich meine fast, er ähnelt Vater charakterlich, ist so an der Natur, der Jagd, dem Krieg und besonders an den Natives und ihren Bräuchen und Ideen interessiert – Du wirst also verstehen, daß ich mich gerade darüber gern mit ihm unterhalte. Er ist ganz Mohammedaner, kann den Koran auswendig und ist der einzige Europäer, der von den Mohammedanern selbst die Erlaubnis hat, den Koran zu berühren, wenn sie zum Beispiel vor dem Kriegsgericht einen Eid ablegen müssen – und außer dem Koran hat er *Die drei Musketiere* bei sich, von denen er mit der gleichen Andacht spricht wie Elle und Du ...

Gott weiß, wo Du nun steckst, mein innig geliebter Tommy, wenn Du diesen Brief liest – ob Du schon in Frankreich bist und so viele Dinge, die man sich von hier aus gar nicht vorstellen kann, gesehen hast. Wenn ich hier am Abend zwischen den großen Bäumen des Parks die Sterne betrachte, versuche ich, mich ihrer Namen zu erinnern, die Du mir beigebracht hast, und ich denke daran, ob Du sie nun auch von einem Schützengraben aus siehst – einerseits bist Du so fern, so fern von mir, und andererseits werden wir doch immer nah beieinander sein; allzu oft sind unsere Gedanken in den gleichen Bahnen gewandert und können sich noch immer in vielen großen Ländern treffen, zu denen sie den Weg kennen – auf Almannagjaa und an Bord des Schiffes, das herrlich vorangleitet unter dem Ruderschlag der Jungen vorbei an der Küste der Sigil-Inseln. Ich habe hier *Weiß von Segeln die Nordsee blitzt** auf Grammophon – eine komische Kombination, aber so ist das Leben – und ich kann es nie hören, ohne zu weinen, weil ich an Dich denke; ich finde, wir haben gemeinsam »hoch am Steuer im Morgen« gestanden. Für das, was Du für mich gewesen bist, seit Du ein ganz kleiner Junge warst, bis hin zu der Zeit, in der Du mich in meiner Not als großer Bruder getröstet hast, als ich das letzte Mal zu Hause war, kann ich Dir niemals genug danken; es gibt auch jetzt niemanden in der Welt, dem ich alles sagen mag, außer Dir – ich wollte, Du wärest hier, gerade jetzt!

Du kannst mir glauben, daß ich mich über Deine Briefe aus Kanada gefreut habe – ich habe auch dorthin geantwortet, aber die Briefe hast Du vielleicht nie bekommen. Daß Du nun einmal das Leben wie ein lebenskräftiger junger Mann genossen hast, nachdem Du so lange ein weiser Astronom gewesen bist, hat mich sehr gefreut. Ich habe Dir ein Neujahrsgedicht* nach England geschickt, das ich selber ganz hübsch fand und das etwas über meine Wünsche sagt, was das Leben Dir in diesem Neuen Jahr bringen möge. Ich wünsche, Du mögest die Kraft finden zu ertragen, was Du sehen und erleben wirst, und dadurch das Leben noch mehr lieben lernen.

Du bekommst Deine Post von zu Hause wohl schneller als ich; die letzten Briefe, die hier ankamen, waren drei Monate alt. Ich finde es so bedauerlich, daß Elle immer noch nicht wieder in Ordnung ist – Gott sei Dank hat sie Knud und sind in diesem Fall meine Wünsche nicht in Erfüllung gegangen; Mopsus hatte doch recht, als er sagte, Gott sei unendlich viel erfindungsreicher als wir. Wenn er doch jetzt, bitte, bitte, einen Frieden schicken würde, in dem wir gut abschneiden, und ein Wiedersehen zwischen Mutter und Dir, das man sich selber nur unvollkommen vorstellen kann. Alle Art Segen über Dich jetzt und immerdar, mein innig geliebter Tommy.

Deine treue Schwester und Freundin, solange ich lebe,

Tanne.

An Ingeborg Dinesen *Bogani, 14. 2. 1918*

... Ich bin vierzehn Tage mit Eric Otter in den Ebenen bei Tana gewesen, um Büffel und Rhinos zu jagen, die ich bis dahin noch nie geschossen und nun auch beide bekommen habe. Es war eine herrliche Safari. Die Gegend ist wunderhübsch, eine geradezu hinreißende »romantische« Landschaft, wie von Claude Lorrain, mit blauen, kuppelförmigen Bergen, langen, braunen Hängen und breiten, strömenden Flüssen, an deren Ufern ein wahrer Reichtum an Palmen und großen, grünen Bäumen wächst. Aber furchtbar warm ist es dort, es liegt nur dreitausend Fuß hoch – und eine richtige Höllenplage ist typisch für die Tana Plains, die kleinen Milben, die sich zu Millionen auf einen setzen und einem das Leben verbittern. Sie sind fast unsichtbar, aber wenn man in hohem Gras gegangen ist und an sich heruntersieht, ist man ganz grau vor lauter Milben, das ist, glaube ich, schlimmer als die Läuse bei den Soldaten in den Schützengräben; es ist eigenartig, daß einen so kleine Tiere derart voller Gift und Übelsein pumpen können; man sieht schließlich am ganzen Körper aus, als hätte man die Masern, und hat ein Gefühl, als stünde und läge man in hellen Flammen. Aber das Safari-Leben hat etwas so Herrliches an sich, daß man alle Sorgen des Lebens vergißt und sich den ganzen Tag fühlt, als hätte man eine halbe Flasche Champagner getrunken – man ist erfüllt von tiefer Dankbarkeit dafür, daß man lebt. Es ist sicher für die Menschen richtig, als Nomaden zu leben, und unnatürlich, sein Heim immer an derselben Stelle zu haben; man fühlt sich erst richtig frei, wenn man die Ebenen in jeder Richtung, die einem gefällt, durchqueren, bei Sonnenuntergang an den Fluß kommen, sein Lager aufschlagen und wissen kann, daß man am nächsten Abend unter anderen Bäumen, mit einer anderen Aussicht vor Augen einschlafen wird.

Ich habe drei Jahre lang nicht an einem Lagerfeuer gesessen, als ich wieder dort saß und die Löwen weit weg im Dunkeln brüllen hörte, kam es mir vor, als sei ich in die richtige, wahre Welt zurückgekehrt – wo ich wohl einmal vor zehntausend Jahren gelebt habe...

Am Mittwoch kamen wir nach Hause. Hier war alles soweit in Ordnung, nur entsetzlich trocken, und ich finde, Bror ist sehr mager. Im Hause herrschte große Aufregung, weil in unserer Abwesenheit in den Häusern der Boys eingebrochen und ihnen alles gestohlen worden war, was sie besaßen; dem armen Fara fünfhundert Rupien, seine goldene Uhr mit Kette, die ich ihm geschenkt hatte, und fünf goldene Ringe. Wir haben deshalb seither schwarze Detektive im Haus, und sie glauben nun, daß sie den schlimmsten Dieb in Gestalt meines Pferdepflegers Jogona geschnappt haben, im Augenblick ist er in meiner Fleischkammer eingeschlossen und wartet nun auf den Abtransport durch die Polizei nach Dagoretti. Er ist nicht zu beneiden, denn ich glaube, sie wenden ohne viel Skrupel Foltermethoden an; aber er hätte ja auch das Eigentum seiner besten Freunde in Ruhe lassen können. Ich glaube nicht, daß die Natives es schlimm finden zu stehlen, und in dieser Hinsicht kann man sich wohl nie auf jemanden hier verlassen. Sie verraten sich fast immer selber, weil sie es bei ihren großen Festen, wo sie trinken, singen und trommeln, nicht lassen können, sich mit ihren Taten zu brüsten; so haben sie nun Jogona geschnappt und neulich vier Mörder in Lumbwa, die in ihrem Festrausch herausposaunten, wie sie einen »mesunga« (weißen Mann) mit neun Speerstichen getötet hätten; sie wurden gehängt...

An Thomas Dinesen *Ngong, 26/2 1918*

...Ich freue mich, daß die Leute hier anfangen, freundlich und nett zu uns zu sein; ich glaube, dadurch, daß wir uns ganz zurückhielten und uns nicht beklagten und nicht aufdrängten, haben wir eine gute Position hier draußen gewonnen – nur wer das selber durchgemacht hat, als deutschfreundlich verdächtigt zu werden, kann verstehen, wie scheußlich so etwas ist, für uns ist das also eine große Erleichterung. Mit der Zeit werden wir sicher dahin kommen, daß wir zu den Ersten gehören; ich habe das Gefühl, dieses Land gehört uns. Es hat einen Charme, den nicht alle begreifen können, und gerade einige seiner schlimmsten Eigenschaften tragen merkwürdigerweise dazu bei: das Trockene, Farblose, Einförmige – aber man gewinnt es auf eine Art lieb, von der ich nie geglaubt hätte, daß man sie für andere Länder als das eigene, das Kindheitsland, aufbringen kann. Daß die meisten Weißen hier es hassen und beschimpfen, bringt es denen auch gewissermaßen näher, die meinen, seine Stimme zu verstehen, weil sie zu ihnen gesprochen hat...

Ich habe eine ganze Menge Briefe an Dich geschrieben, sowohl nach Kanada als auch nach Shoreham; hoffentlich hast Du sie bekommen. Du bist derjenige, an den zu schreiben mir am meisten Spaß macht, denn Dir kann ich ja alles sagen – aber gar so viel ist von hier natürlich nicht immer zu berichten. Ich habe jedoch das Gefühl, daß Du Dich, mehr als die anderen, für alles hier interessierst; das Land – und ich – warten auch beständig auf Dich, um Dich zu umarmen und willkommen zu heißen...

Arme Tante Bess, ich bin derselben Meinung wie Du, und sie tut mir leid, wenn ich nur an sie denke; ich habe ihr gegenüber immer das Gefühl, undankbar zu sein – denn sie hat uns doch in gewisser Weise einmal alles gegeben, und das, was sie von uns als Gegenleistung haben wollte, können wir ihr nicht geben. Sie hat uns alle ihre Ideen und Gedanken über das Leben vermitteln wollen, und das meiste, was sie uns gelehrt hat, war negativ: Auf daß es uns nicht so gehe wie ihr. Und doch hat sie eigentlich das wärmste Herz, das ich je kennengelernt habe, und ist ein hochbegabter Mensch – wie ist das nur zu erklären? Ich glaube, daß das Leben einem nur etwas gibt, wenn man es liebt, nicht nur einen Teil und nicht nur die eigenen Ideen und Ideale, sondern das Leben selbst in all seinen Formen, und wenn Du von meiner Lebensanschauung sprichst, so habe ich eigentlich keine andere; ich finde, daß Menschen, selbst schwach begabte und wenig bemittelte, die diese Liebe haben, so viel aus ihrem Dasein machen, während die reich begabten, denen diese Liebe fehlt, arm dran sind.

Ich hörte von zu Hause, daß das alte Fräulein Merwede gestorben ist – sie war sicher einer der Menschen, die ohne Bedenken alles liebten, was das Leben bot, und das wurde ihr wohl auch reichlich vergolten. Dies wünsche ich Dir am meisten: Daß Du alles lieben mögest, was zum Leben gehört.

Ich weiß auch nicht, wie das zugegangen ist, daß alle Ideen und Ideale aus dem Kinderzimmer auf Matrup eine so unumstößliche und uneingeschränkte Stellung in den Gedanken von Tante Bess, Onkel Aage und Tante Lidda halten und sich deshalb im Laufe der Jahre allmählich vom Segen zum Fluch verwandeln konnten.

Sollte ich ein Kind bekommen, was ich von Herzen hoffe, und das in nicht allzu ferner Zukunft, dann will ich nicht behaupten, ich hätte die Weisheit der ganzen Welt gepachtet, ich werde es ebenso von anderen Menschen und Verhältnissen wie von meinen eigenen Ideen erziehen lassen; denn es gibt bestimmt viele Augenblicke, in denen das äußere Leben einen unbewußt viel mehr lehrt als die am besten durchdachten und noch so festen Prinzipien. Ich würde so gerne für Tante Bess dasein und ihr etwas von ihrer großen Liebe vergelten; aber in meinem Leben und in meinen Gedanken gibt es so vieles, womit sie sich erst versöhnen müßte, ehe sie an mir Freude haben könnte, und das will oder kann sie nicht, das spüre ich, selbst in ihren Briefen...

Eric und ich hatten den *Wildtöter* und *Die drei Musketiere* mit auf Safari, und die erinnerten mich so unendlich oft an Dich. Du lachst sicher, wenn ich Dir den Geist des Wildtöters und der Musketiere wünsche, aber vielleicht verstehst Du, daß ich Dir etwas Lebendiges, Helles und Starkes wünsche.

Lebe wohl, kleiner Tommy.

Deine Tanne.

An Ingeborg Dinesen — *Ngong, 27/2. 1918*

... Ich habe in der letzten Zeit so viel über Mohammed und den Islam gelesen, Bücher, die ich mir von Eric geliehen habe; wenn man erst damit angefangen hat, wird man ganz davon gefangengenommen. Der arme Bror protestiert und will zwischen zwölf und vier Uhr nichts von Mohammed hören. Ich finde, die Zeiten sind danach, daß man Mohammedaner werden könnte, dann würde alles vielleicht noch einen Sinn haben. Eric sagt auch, daß ihre christlichen »Askaris« – Soldaten – unweigerlich nach einigen Wochen im Felde Mohammedaner würden, und erst dann wären sie zu gebrauchen. Es stimmt nicht, was Johannes

Poulsen sagt, daß dem Islam alles Geistige fehlt; aber ich glaube, es gehört ein höheres geistiges Niveau dazu, das Christentum zu verstehen; zu den Menschen hier paßt es nicht, aber der Islam tut ihnen sehr gut. Eigentlich ist er wohl mehr eine ganz besonders konzipierte Sittenlehre als eine Religion – religiöse Dogmen, scheint mir, haben sie nicht –, die aber auf großer Ergebenheit in das Schicksal und dem Glauben beruht, daß Gott mit ihnen ist; das verleiht ihnen vor allem Selbstsicherheit, denn sie sind überzeugt, etwas Besseres zu sein als die anderen. Ihre Moral ist sehr human, weil sie keinen Sündenbegriff kennt wie die christliche, sondern aus hygienischen Vorschriften und Anweisungen zum Schutz der persönlichen Ehre besteht. Zum Beispiel zählt Diskretion zu ihren ersten Geboten, was für die mohammedanische Gesellschaft von großem Vorteil sein muß; man könnte nur wünschen, daß die christliche Morallehre das aufgreifen würde.

Ich glaube auch, daß die Mohammedaner auf eine uns unbekannte, großartige Weise die Idee der Brüderlichkeit realisiert haben; es gibt wohl kaum – jedenfalls nicht hier – arme Mohammedaner, und sie halten zusammen und helfen einander in einem für Christen ganz unvorstellbaren Ausmaß, ob nun gerade aus Zuneigung, weiß ich nicht, wohl eher wie eine Familie, die untereinander tüchtig Streit haben kann, aber doch gegen die ganze übrige Welt zusammenhält.

Meiner Ansicht nach haben die Mohammedaner, die ich kenne, überhaupt etwas merkwürdig Nüchternes, trotz ihrer Leidenschaftlichkeit, aber ich weiß nicht, ob das an der Religion oder an der Rasse liegt, oder vielleicht daran, daß sie nie Wein trinken. Ob es wohl möglich ist, daß einer Nation, die nie berauscht ist, in ihren Gefühlen das »lyrische« Element fehlt, oder zum Beispiel auch in ihrem *sense of humour* das, was wir Gemütlichkeit nennen? Obwohl sie gerne lachen, sehen sie in der Regel ganz andere Anlässe zum Lachen als durchschnittliche Menschen daheim; oft ist es Hohn oder Schadenfreude. Sie sind liberaler in ihrer Religion als wir; für einen Mohammedaner ist es immer richtig, in eine christliche Kirche zu gehen, wenn keine andere da ist, und vor der Bibel der Christen haben sie großen

Respekt. Ich glaube, weniger vor den Christen, denn sie sagen, daß diese die Gebote ihrer eigenen Religion nicht einhalten; das tun Christen wohl auch nicht im gleichen Maß wie Mohammedaner. Wenn man sich mit einem Mohammedaner wegen irgendetwas streitet, endet das meist damit, daß er drei Finger hoch hält und sagt: Wir behaupteten, daß Gott DREI sei, dann schließt er die Hand: Sie selbst glaubten, daß Gott EINER sei – »aber nur Gott selber weiß, wer das Richtige sagt – und man kann daher über alles in der Welt verschiedener Ansicht sein.« Auch wenn man von seiner Lehre absieht, die wohl im Laufe der Jahre viel Fremdes in sich aufgenommen hat, finde ich, daß Mohammed einer der interessantesten Menschen ist, über den ich je gelesen habe. Kannst Du Dich an »The Hero as Prophet« in Carlyles *Heroworship* erinnern? Das mag gut sein, und doch, finde ich, fehlt da etwas; es ist etwas Imponierendes an der Fähigkeit, über viele hundert Jahre hinweg unwissende, unentwickelte Menschen, die nicht einmal lesen können, in so vollkommener Hörigkeit zusammenhalten zu können, die bis ins kleinste Detail geht, und das mit der gleichen Begeisterung. Entschuldigt, falls ich dies alles schon früher geschrieben haben sollte und falls es für Euch genauso langweilig ist wie für Bror. Tausend Dank für einen Brief an mich vom 1. November, der gestern ankam, also fast vier Monate alt war…

…Dank auch für Deinen lieben Brief an Bror, Du kannst gewiß sein, es tut gut zu hören, daß jemand fest an einen glaubt – und Bror hat sich sehr darüber gefreut. Er ist heute nacht aufgeblieben und hat an Dich geschrieben, ob sein Brief aber nun abgeschickt wird, weiß ich nicht… Ich möchte Euch, die ihr Bror liebt und an ihn glaubt, bitten, so fest an ihn zu glauben, daß Ihr ihn nicht ganz so wie andere Menschen beurteilt; er ist nicht wie alle anderen, und er muß die Freiheit haben, so zu sein wie er ist, wenn er das Beste aus sich herausholen soll. Alle Menschen brauchen in diesem Leben jemanden, der an sie glaubt, sonst werden sie nie zu etwas, und ich beschwöre Dich mit meinem ersten und letzten Wunsch, sei weitere zwei bis drei Jahre lang vollkommen blind gegenüber Bror, so daß »if he steals twopence from a blind beggar and buys poison for his mother with it, you will say it was only his high spirits«, ... dann werde ich Dir unendlich dankbar sein, und Du wirst auch sehen, daß es sich lohnen wird ...

An Ea Neergaard — *Bogani, 27. 3. 1918*

... Wenn Ihr schreibt, daß Ihr Ellen Wanscher auf Vimmelskaftet getroffen habt, ist das für mich ungeheuer eindrucksvoll und inhaltsreich; aber was, um alles in der Welt, kann es Euch interessieren zu hören, daß ich mit Leutnant Cartright beim Blue Post gewesen bin? Aber mit der Zeit dringt wohl doch einiges von meinem Dasein – Kaffee, Flachs, Fara, Dusk, Lord Delamere, Safaris und Handelsgeschäfte – in Euer Bewußtsein, und für mich ist es in jedem Fall ganz herrlich, daß Ihr wenigstens etwas von meiner Umgebung kennt. Wie wird alles erst viel interessanter werden, wenn Ihr es einmal gesehen habt. Ich freue mich auf den Besuch von Dir und Viggo mehr als ich sagen kann. –

Wir haben hier leider zur Zeit eine Trockenheit, die alles übertrifft, was man sich zu Hause vorstellen kann. Wenn sie noch lange anhält, verdorrt das ganze Land, und schon wie es jetzt ist, ist es schlimm genug. Wir bekommen nun auch einen Teil der Entbehrungen zu spüren, unter denen Ihr zu Hause schon lange leidet; Butter, Milch, Sahne, Gemüse, Eier existieren fast nur noch in der Erinnerung. Alle Pflanzen welken, die Grasflächen brennen jeden Tag, sie liegen schwarz und verkohlt da, und wenn man nach Nairobi fährt und sich der Stadt nähert, sieht es aus, als ob dort eine riesige Feuersbrunst herrsche – so steht der Staub Tag und Nacht in dicken, gelben Wolken über der Stadt –, und wenn der Wind gerade von der Somalistadt und dem Bazar her weht, hat man das Gefühl, die Pest- und Cholera-Bazillen wirbeln einem munter entgegen. Die Sterblichkeit unter den weißen Kleinkindern in Nairobi ist so hoch wie noch nie, und den Erwachsenen geht dieser dauernde, glühend heiße

Wind, der alles noch weiter ausdörrt, derart auf die Nerven, daß man äußerst vorsicht im Umgang miteinander sein muß. – Man muß aber wohl über die Trockenheit ebenso denken wie über so manches andere in diesem Jahr, daß sie auch mal ein Ende haben wird und daß man so lange durchhalten muß – aber frage nur nicht wie ...*

Du glaubst gar nicht, wie sehr ich die Musik vermisse, übrigens jede Form von Kunst; was sind die Engländer doch unmusisch – und mein Grammophon ist allmählich nur noch ein heiseres Echo ferner Melodien. Ich habe immer zwei Duette aus der »Zauberflöte« aufgelegt – besonders das eine »Das klinget so herrlich, das klinget so schön« ist zu manchen Zeiten ein wahres Verjüngungsbad für mich gewesen. Ihr habt es doch gut zu Hause, die Ihr mitten in allem Kummer und Elend, selbst im Musikverein der Stadt Slagelse, Euch von Zeit zu Zeit einmal in die schöne Welt der wunderbaren, weisen Meister versenken könnt. Hier draußen habe ich oft unbeschreibliche Sehnsucht, die Neuerwerbungen des Thorvaldsen-Museums anzusehen oder in »Jeppe vom Berge« zu gehen, und wenn man zu Hause wäre, würde man natürlich doch nicht hingehen. Aber man hat eben dort so viele Möglichkeiten; hier ist der Geist wirklich auf weniger als Kriegsrationen gesetzt.

Fara interessiert sich sehr für Dein kleines Mädchen; von ihm und Abdullahi habe ich ein Bernsteinhalsband wie meines bekommen – es soll viel Glück bringen – und eine Leibbinde aus sehr bunter Seide für »das Toto meiner Schwester«. Ob die Mietzekatze sie goutieren wird, weiß ich nicht; die Leibbinde geht auf jeden Fall zwanzigmal um ihr Bäuchlein ...

An Ingeborg Dinesen *Bogani, 6. April 1918*

... In der letzten Zeit ist es mir nicht besonders gut gegangen, ich nehme fest an, das kommt von der Trockenheit; ich habe viel Rheumatismus gehabt und an Schlafstörungen gelitten und das geht ja auf die Nerven... Heute sieht es zum ersten Mal nach Regen aus, und damit erwacht wieder die Hoffnung – betet nur für uns! Alle Menschen sagen, daß die »langen Regenfälle« in diesem Jahr genauso ausbleiben werden wie »die kurzen«, aber ich weiß nicht, woher sie das wissen wollen. Es ist eine schlechte Angewohnheit, die sich viele Leute hierzulande zulegen: immer so schwarz wie möglich zu sehen – und dann herumzulaufen und anderen die eigenen Lebensanschauung zu predigen... Ich muß überhaupt sagen, daß ich diese kleinen Zirkel hasse, die sich von allem anderen ausschließen und nur unter sich leben wollen, ich glaube, daß sie durch eine Art Selbstvergiftung in lauter Galle enden, und ich bin froh, daß ich mich aus ihren kleinen Shauris* und ihrem kleinlichen Getratsche ganz herausgehalten habe.

Ich war gestern in Nairobi zu einem amüsanten Essen im Muthaiga-Club; Cartright soll nämlich an die Front nach Mesopotamien, und ich hatte ihm versprochen, vorher noch einmal mit ihm essen zu gehen. Wir waren nur zu viert, die Tochter des vorigen Gouverneurs* und ein ungemein charmanter Mensch, Dennis Finch-Hatten, über den ich schon viel gehört, den ich aber bis dahin noch nicht kennengelernt hatte. Er ist einer der alten Settlers, wie Delamere, Galbraith Cole und van de Weyer; das ist ein weit besserer Menschenschlag als die späteren Siedler. Er wollte hier ein Grundstück kaufen, um ein Haus in der Nähe von Nairobi zu haben; seine Farmen liegen weiter landeinwärts bei Movoroni und Uasin Gishu. Ich habe das Gefühl, daß das in Zukunft viele Leute tun werden; – jetzt, wo die Straße gut ist, braucht man mit dem Wagen nur eine halbe Stunde zur Stadt, und Ngong ist wegen seiner Luft, seines Klimas und seiner Schönheit die beste Gegend in ganz B. E. A.; Eric Otter spricht auch davon, Land von van de Weyer zu kaufen und hier wohnen zu wollen. Alle Ländereien sind ja dadurch im Wert gestiegen, aber ansonsten muß ich sagen, würde es mir wie ein Fluch des Himmels vorkommen, wenn hier so ein Villenquartier mit lauter Baugrundstücken entstünde. Es geht einem wohl immer so, daß man mit der Zeit das Land, in dem man wohnt, liebgewinnt, und jetzt entwickele ich schon Heimatgefühle beim Nennen der Ortschaften und Namen wie Dagoretti, Ngong, Donja Sabuk und Kabiti genau wie bei Humlebæck und Helleholm. Es ist nun mal so schön hier – wenn doch nur endlich, endlich der Regen kommen wollte …

An Ingeborg Dinesen *Ngong, 17/5 1918*

… Letzten Sonntag haben wir zu Ehren von General Llewellyn eine sehr erfolgreiche Jagd veranstaltet. Wir, das waren der General, Major Davis und seine Frau, Eric, Captain Gorringe, van de Weyer, Finch-Hatton, Bror und ich; dreißig Böcke, zwei Schakale und einen Leoparden haben wir erlegt. Es regnete etwas, dadurch war es besonders gemütlich am Feuer im Eßzimmer, und ich hatte besondere Mühe auf einen kalten Lunch verwendet. Finch-Hatton und van de Weyer blieben natürlich zum Abendessen – das ist hier in diesem Lande so Sitte, daß alle Leute sich von einer Stunde auf die andere zum Bleiben entschließen, auch über Nacht; ich bin dann mit Finch-Hatton am nächsten Tag zum Lunch nach Nairobi gefahren … Ich bin richtig traurig, daß er wieder abgereist ist; es geschieht nicht oft, daß man einem Menschen begegnet, für den man sofort Sympathie empfindet und mit dem man gleich so gut auskommt, und was sind doch Begabung und Intelligenz für herrliche Dinge. Außerdem hat eine gewisse Klasse von Engländern eine überaus angenehme Lebensart; Alan Thompson, mit dem ich 1915 zusammen nach Hause gefahren bin, war ähnlich, aber längst nicht so charmant wie Denys. Er ist jetzt nach Ägypten gefahren, um dort Flugunterricht zu nehmen, wahrscheinlich in Kairo, und will später nach Mesopotamien; ich hoffe von Herzen, daß ich ihn wiedersehe. Ich glaube, es ist ein großes Glück für ein Land, wenn es eine ganze Klasse von Leuten hat, die nichts anderes zu tun braucht als ihren eigenen Vorstellungen zu folgen, und die dazu erzogen ist, die Ereignisse des Lebens von oben herab zu betrachten – wenn ich einen Sohn hätte, müßte er nach Eton gehen. Zu Hause, wo alle Menschen in den gleichen kleinen Verhältnissen aufgewachsen sind, wäre es meines Erachtens gut, wenn ab und an auch eine etwas andere Betrachtungsweise zur Geltung käme; hier draußen kommt es einem manchmal richtig unheimlich vor, wie beschränkt der Horizont der meisten Menschen zu Hause ist.

Bror ist unvergleichlich als Krankenpfleger, um vieles besser als die herzlose Motherwell, und außerdem sind meine Boys richtige Engel mir gegenüber. Miss Motherwell hat allerdings viel Zeit darauf verwendet, sich zu bekreuzigen, wie wenig ich die Boys unter Kontrolle hätte und wie großzügig ich überhaupt sei; aber die beiden Dinge, die ich als Hausfrau hier am meisten anstrebe, sind mir jedenfalls gelungen: Das Haus wird sauber gehalten, und wir haben Ruhe im Haus und keine Shauries (die sonst alle Leute mit ihren Boys haben). Im übrigen – richtig gute Boys kann man gar nicht bekommen, wenn man ihnen nur immer auf den Fersen sitzt, um aufzupassen, daß sie nicht vom Zucker naschen. Denys Finch-Hatton hat mir einen Somali hinterlassen; er wollte in kein anderes Haus wechseln als in meines. Zugegebenermaßen ist ja leider die Sparsamkeit nicht meine starke Seite. Wenn ich mich totstellen soll, nur um zu sparen, dann will ich wirklich lieber sterben; das ist dann wenigstens eine effektive Sparmaßnahme. Wenn ich doch einmal richtig viel Geld bekäme, dann würde ich vielen Menschen damit eine Freude machen – aber irgendwann glückt uns das auch ...

Wenn man so weit fort ist, dann schmelzen Vergangenheit und Gegenwart so eigenartig ineinander, und man meint oft, daß der Unterschied zwischen Leben und Tod nur eine Illusion sei. Hier kommt es mir vor, als sei Großmamas Folehave noch ebenso wirklich und existent wie alles Spätere. Wenn ich an Dich denke, dann bist Du für mich auch meine junge Mutter, so wie ich Dich vor mir sehe in dem weiß-blau gestreiften Kleid vor Vaters Tod, und Tommy und Anders sind genauso die kleinen Jungen, die mit ihren Booten am Strand segelten, wie sie das sind, was sie jetzt darstellen. Es gibt sicher viele Dinge, die man aus einem gewissen Abstand heraus am besten sieht, wie bei impressionistischer Kunst. Immer – fast an einem jeden Tag – gibt es etwas im Leben, das vorbei ist; so gesehen kann man sagen, man erlebt den Tod täglich, aber ich finde gar nicht, daß das das Entscheidende ist, und man hat hier draußen das Gefühl, daß das Slettemose-Haus mit der alten Madam Frederiksen und die Kiefernberge noch genauso sind wie damals, als wir unsere Wanderungen durch den Wald dorthin unternahmen, und der schmale Pfad durch das Gehölz kann überhaupt nicht verschwinden. Falls ich hier sterben sollte, wäre ich, davon bin ich überzeugt, Dir viel näher als ich es jetzt bin und ebenso lebendig, selbst wenn Du diesen kleinen Fetzen beschriebenen Papiers als Beweis meines Daseins nicht erhieltest. Kannst Du Dich nicht an das Gedicht von Musset an Victor Hugo* erinnern? Ich denke jeden Tag hier daran:

» – et nous nous souvenons, que nous marchions ensemble
que l'âme est immortelle –

et qu'hier, c'est demain.«

Merke es Dir, meine geliebte Mutter, das hier, c'est demain.
Viele tausend Grüße

Deine Tanne

An Ingeborg Dinesen — *Ngong, 20/5. 1918*

... Du schreibst, ich solle ganz ehrlich sagen, wie es mir geht; das kann man ja selber nicht immer richtig beurteilen. Bror ist verzweifelt darüber, daß ich so dünn geworden bin, und sagt, er wolle nicht mit einem Skelett verheiratet sein, und ich glaube schon, daß ich die fünfunddreißig Pfund wieder abgenommen habe, die ich das letzte Mal zu Hause zugenommen hatte; die Drecoll-Kleider, die ich 1915 in Paris gekauft habe – und in die ich mich später auch mit der größten Anstrengung nicht hineinzwängen konnte – sind jetzt schon fast zu weit, das ist ziemlich ärgerlich. Aber sonst geht es mir ausgesprochen gut, und ich fühle mich wohl, wenn ich von meinen Schlafschwierigkeiten absehe ...

Ich glaube, dieses Land besitzt eine ganz besondere Faszination, vielleicht alle Länder, von denen man meint, sie lägen da und erwarteten einen, und für die man so viel tun kann; Du mußt mal Kiplings »Gedicht über Süd-Afrika« lesen (»Lived a woman wonderful«*) – über die Menschen, die einmal diesem Charme erlegen sind und sich nie wieder von ihm lösen können:

»They esteemed her favour more
than a thrones foundation
for the glory of her face
bid Farewell to breed and race
yea and made their burial place
altar of a nation.«

Bei Bror, glaube ich, ist dieses Gefühl noch weit stärker als bei mir, wir haben gerade heute darüber gesprochen und überlegt, ob wir nach Hause fahren und uns dort niederlassen würden, wenn wir dadurch zum Beispiel ein paar tausend £ im Jahr verdienen könnten, und er hat gesagt, daß es für ihn nicht ums Geld gehe, vielmehr darum, hier etwas zu bewirken und zur Zukunft dieses Landes beizutragen, das sei ihm wichtig.

Ich bin sicher, daß ihm das gelingt; Ihr könnt mich ruhig auslachen, aber ich komme mir in diesen schlimmen Zeiten vor wie Kadidja, die Frau des Propheten – ich bin überzeugt, daß ich mit einem großen Mann verheiratet bin...

Mit derselben Post habe ich auch einen prachtvollen Brief von Tommy bekommen... Ich freue mich sehr, daß er in jedem Brief davon spricht, hierher zu kommen. Ich glaube auch, daß dieses Land für ihn ideal ist. Ich würde unsagbar gerne einmal eine Safari durch das Somaliland und den Nil entlang mit ihm machen. In das Somaliland muß ich unbedingt, der ganze Stamm hat für mich einen großen Charme – besonders, nachdem ich Denys Finch-Hatton von seinen Expeditionen dorthin habe erzählen hören. Er hat dabei übrigens viel durchmachen müssen, besonders hat ihm der Durst zu schaffen gemacht, aber es ist ja auch ein gefährlicher Stamm, Abdullah Hassan, »the mad Mullah« wütet da oben, meinst Du nicht, daß das auch etwas für Tommy wäre?

Ein bißchen Somali habe ich gelernt, aber es ist eine recht schwere Sprache...

Die Gesellschaft hier hat eine genau festgelegte Rangordnung oder Einteilung, die fast ausschließlich danach geht, wie lange man schon hier ist. Alle die »alten« Settler halten zusammen und sehen mit ungeheurer Überlegenheit auf die Neuankömmlinge herab. Solchen Leuten wie Delamere und Cole und van de Weyer, die hier schon lebten, ehe die Bahn gelegt wurde, kann niemand den Rang ablaufen, und die Menschen, die im vorigen Jahr oder in diesem Jahr erst gekommen sind, haben überhaupt nichts zu melden. Galbraith Cole ist übrigens einmal des Landes verwiesen worden, weil er einen Eingeborenen erschossen hat, der ihm Schafe gestohlen hatte; aber als der Krieg begann, ist er wiedergekommen.

Bror ist sehr dafür, daß ich eine Tour nach Kairo mache. Mary Goschen hat von dort neulich einen sehr netten Brief geschrieben. Das würde mich ja reizen, aber augenblicklich ist die Reise dorthin recht schwierig, und ich weiß nicht, ob man überhaupt an Land gehen darf. Bror lebt jetzt in dem Glauben, daß das einzige, was mich auf der Welt noch interessiere, sei, Finch-Hatton wiederzusehen, und der ist eben in Kairo. Wenn das auch etwas übertrieben ist, so bin ich doch froh, dieses Mal so viele kennengelernt zu haben, die ich leiden mag und die ich für richtige Freunde halte…

Ich habe Tommy einige Gedichte von hier geschickt, da er ja meine schriftstellerische Tätigkeit immer so freundlich bewundert. Würdest Du mir übrigens den Gefallen tun und mal »Das Frühjahr« – falls Du es hast – auf der Maschine abschreiben lassen? Ich würde es so gerne in eine richtige Sammlung für Tommy einfügen. Aber es existiert nur in dem einen Exemplar, Du wirst es deshalb sicher gut hüten; Du könntest gleich zwei oder drei Abschriften machen lassen…

Mein innig geliebter alter Tommy.
Dank für Deinen Brief vom 19/3. Ich kann Dir gar nicht sagen, wie es mich beschäftigt und rührt, Dich in Frankreich zu wissen; unsere Alltagssprache hat keine Worte für das, was man in diesen Zeiten fühlt – und doch sind es wohl nur die uralten menschlichen Gefühle – das gleiche fühlten Bergthora und Bergljot. Gott beschütze Dich, mögest Du die Größe finden, die Du suchst und hoffentlich, hoffentlich, hoffentlich sehen wir uns nächstes Jahr wieder, hier oder am Øresund. »Dieselben Buchen und hellen Nächte – das Glück dasselbe!«* ... Du kannst mir glauben, daß ich mir so oft, so oft wünsche, ich könnte bei Dir sitzen und ein Gespräch mit Dir führen wie in alten Tagen, meine Briefe müssen das nun ersetzen. Und wenn ich nichts anderes zu schreiben weiß, schicke ich Dir einen Vers, wie ich es ja schon ein paar Mal getan habe – einen habe ich Dir vorige Woche geschickt: »Das Boot gleitet mit dem Strom« –, denke bei Gelegenheit daran, mir zu sagen, ob Du es bekommen hast, sonst schicke ich es Dir noch einmal – es soll Dir sagen, wie lange ich jede Stunde des Tages an Dich denke.

Ich nehme an, daß Du inzwischen mein Telegramm – ich kann mich nicht erinnern, wann es abgeschickt wurde – und meinen Brief über unseren Plan, die übrigen K. C. C.-Aktionäre herauszukaufen, bekommen hast, sodaß Du weißt, diesen Plan haben wir aufgegeben. In allem, was Du in Deinem Brief darüber sagst, gebe ich Dir vollständig recht, aber Du mußt verstehen, daß er unter dem Druck außergewöhnlicher Verhältnisse entstanden ist, besonders durch das Gefühl, daß wir mit keinem Vertrauen von zu Hause mehr rechnen konnten, und durch die daraus resultierende Unsicherheit... Nun ist der Plan also vom Tisch, und unsere Aktionäre müssen mit uns die schlechten und die guten Zeiten durchstehen; hoffentlich bald mehr von den letzteren.

Was dagegen keineswegs vom Tisch ist, ist der Plan für ein »Soldier-settlement«*, den Bror der Land-Comission* eingereicht hat und von dem ich Dir in meinem letzten Brief berichtet habe. Der ist im Gegenteil derart im Gespräch, daß die Zeitungen hier im Augenblick von nichts anderem schreiben und ich sie nicht aufschlagen kann, ohne lange Angriffe oder Verteidigungen zu finden, bis hin zu solchen Details wie »Die Dinesens sind die Familie der Baroness Blixen und als antideutsch bekannt.« Ich will versuchen, Dir einige Ausschnitte zu schicken. Am 16ten soll eine Konferenz in Nakuru den Plan erörtern, Bror soll auch teilnehmen, ich freue mich, daß er bei Lord Delamere wohnen und mit ihm zusammen zu der Konferenz gehen wird; es ist immer besser, wenn einer der hiesigen Leute zu einem hält; ich muß überhaupt sagen, daß die, die hier wirklich etwas bedeuten, wie Lord Delamere, Hunter und die richtig alten Settler, alle von Brors Vorschlag sehr angetan waren und sich in letzter Zeit ungemein freundlich und entgegenkommend gezeigt haben.

Ich bin froh – besonders jetzt, wo das Verhältnis zu den meisten Skandinaviern hier etwas kühler geworden ist –, daß ich neuerdings die Bekanntschaft so vieler netter Engländer gemacht habe. Ich habe meist nicht an die traditionelle Vorstellung von den Engländern geglaubt, die sie selbst immer propagieren, daß ihre Ruhe und Gleichgültigkeit nur Reserviertheit sei, hinter der sich ihre wirklichen Gefühle verbergen, ja, ich vermutete eher, sie hätten gar keine; aber jetzt, da ich einige näher kennengelernt habe, sehe ich, daß viele von ihnen, wenn auch Gefühle nicht ihre starke Seite sind, hinter ihrer unerschütterlichen Ruhe auf jeden Fall viel Intelligenz und eine sehr eigenwillige Auffassung vom Leben verbergen, viel Hilfsbereitschaft und Treue in der Freundschaft – allerdings, glaube ich, nicht in der Liebe –, dazu absolute Furchtlosigkeit bis hin zur Todesverachtung und dann eine angenehme, wenn auch nicht sehr interessante Reinheit an Körper und Seele, eine Direktheit der Gedankengänge und des Handelns, die man selten beim Durchschnitt anderer Nationen findet ...

Fara ist in Mombasa, um zu heiraten*, das mußte in Windeseile vor sich gehen, damit es vor dem Ramadan erledigt war, der jetzt mit dem Neumond beginnt und in dem man sich aller Lebensgenüsse, wohl auch der Liebe, zu enthalten hat. Ich bin dabei, ihm ein Haus zu bauen, und meine anderen Somalis freuen sich mächtig, eine junge Frau ihrer eigenen Rasse hierher zu bekommen. Die Orientalen legen viel Ritterlichkeit Frauen gegenüber an den Tag, die sie als den höchsten und einzigen echten Wert des Lebens betrachten; die anderen Somalis sind jetzt sehr damit beschäftigt, alles um Faras Haus herum so fein wie möglich herzurichten, »bis Fatima kommt«. Sie haben sehr strenge Regeln, wer in eines verheirateten Mannes Haus gehen darf, und wie bei allen anderen Gesetzen ist das entscheidende Moment die Sippe; alle Angehörigen der Sippe einer Frau dürfen alle Räume des Hauses betreten, selbst wenn der Mann nicht zu Hause ist; seine eigenen Sippengenossen dürfen nur in die Wohnräume kommen, und Angehörige fremder Sippen dürfen die Schwelle des Hauses allein nach ausdrücklicher Einladung betreten...

An Ingeborg Dinesen *Ngong, 1/6. 1918*

...Es ist zum Verzweifeln, daß der Regen wieder aufgehört hat, ehe wir auch nur im Entferntesten genug bekommen hatten. Was ist dies nur für ein abnormes und schwieriges Jahr... Schon jetzt, vor dem Regen, standen die Eingeborenen am Rande – ja, genau genommen, jenseits des Randes – einer Hungersnot, und ihr Mais und ihre Bohnen sind noch keineswegs aufgelaufen; in den letzten Monaten hat das Land teilweise von Mais gelebt, der aus Süd-Afrika eingeführt wurde. Die meisten Farmer haben ihren Bestand an Arbeitskräften in hohem Maße einschränken müssen, weil sie keine Verpflegung für ihre Arbeiter beschaffen können, einige haben die Arbeit auf ihren Farmen ganz eingestellt...

... Ich habe den ersten Brief an Tommy in Frankreich geschrieben. Ich finde, wenn man an seine frohen und glücklichen Briefe denkt und sich vor Augen führt, wie ausnehmend gut ihm das alles bekommen ist, dann kann man nicht sagen, er habe etwas Falsches getan, als er fortgegangen ist; nur Deinetwegen finde ich es allzu schwer zu ertragen. Aber dann denke ich daran, daß er Dir in seinem ganzen Leben fast kein einziges Mal Sorgen bereitet hat und in jeder Beziehung ein Musterknabe gewesen ist, da sind wir alle es ihm gewissermaßen schuldig, daß er *einmal* die Erlaubnis bekam, mehr an sich selbst als an andere zu denken. Ich halte es für möglich, daß Du ihn hättest davon abhalten können wegzugehen, aber dann wäre vielleicht zwischen Euch beiden etwas verlorengegangen – so, finde ich, hat es nur, nur Liebe und Verständnis gegeben; und das ist so großartig von Dir, meine kleine Mutter, daß nun von Deiner Seite nicht die geringste Bitterkeit gegen Tommy aufgekommen ist, weil er seinen Willen durchgesetzt hat...

Hier drehen sich die Gedanken aller ausschließlich um eine Sache – den Regen, der nicht kommt. Es ist zum Verzweifeln, das mit anzusehen, daran zu denken und darüber zu schreiben. Was aus diesem Land werden soll, wenn er wirklich ausbleibt, kann ich mir kaum vorstellen. Die Eingeborenen werden zu Zehntausenden sterben. Es ist ja zur Zeit unmöglich, Schiffe zu bekommen, die genug aus Australien oder Amerika herbeischaffen; außerdem sind die Eingeborenen ja nur an ihre eigene Nahrung gewöhnt und wollen nichts anderes essen, können es wohl auch kaum. Schon jetzt sind viele gestorben, besonders kleine Kinder. Auch unter weißen Kindern ist die Sterblichkeit noch nie so hoch gewesen; sie sterben an Dysenterie, weil sie keine Milch bekommen, da es ja kein Gras gibt...

Ich war die erste, die gestern den Ramadan-Neumond erblickte, was mir großes Ansehen unter den Mohammedanern verschaffte, er soll mir angeblich viel Glück bringen – ja, wenn er doch nur Regen bringen würde...

... Gestern war hier ein großes Gebetstreffen von uralten Kikuyufrauen; einige von ihnen sahen aus wie schon halbzerbröckelte Überbleibsel aus der Vorzeit, aus dem Grab herbeigerufen, damit sie um Regen flehen, und es war tragisch, ihre Schreie zum Himmel zu hören, ihre Kinder stürben, ihre Schafe stürben, ihre Shambas stürben. Ich versuche, eine »Kindersamariterhilfe« zu starten; es ist unerträglich, die armen Kleinen anzusehen – gerade eben hat man mir einen Jungen gebracht, der kurz vorm Verhungern sein muß, ich habe so etwas noch nie gesehen, er besteht nur aus Haut und Knochen und gräßlich geschwollenen Drüsen; ich glaubte, er sei sehr krank, aber die Eltern sagten, es sei Hunger, weil er nur Gras zu essen bekäme. Es wäre ja gut, wenn man wenigstens einige am Leben erhalten könnte... Ich habe mit Lord Delamere gesprochen, weil er zur Zeit versucht, alle Zebras auf seiner Farm zu erschießen – aus Furcht vor Epidemien – er schickt sie nach Nairobi und bekommt fünf Rupien pro Stück. Mit Fracht werden sie hier in Nairobi wohl ungefähr zehn Rupien kosten. Sie sind ja so groß wie ein kleines Pferd und fast immer dick und fett; ob aber diese Kinder sie als Nahrung vertragen, weiß ich nicht; in normalen Zeiten würde kein Eingeborener Zebras essen, und Kikuyus und Massai rühren überhaupt nur ungern Wild an. Weiße können Zebrafleisch nicht essen; ich habe einmal eine Suppe probiert, die von Zebrafleisch gekocht war, aber sie schmeckte grausig. Ich fahre heute zu Dr. Burkitt – ein großes Original, ein halbverrückter Ire, aber genial, was ja die Engländer nie sind, und Wissenschaftler –, er ist ein guter Freund von mir, ich will mit ihm reden und versuchen, mit ihm das Hilfswerk, so gut wir können, in Gang zu bringen. Wir müssen etwas tun, schon bei unserem ersten Anlauf kam ein Leitartikel darüber in der Zeitung. Die meisten Weißen interessieren sich herzlich wenig für ihre Natives, betrachten sie zum Teil sogar als ihre natürlichen Feinde; selbst wenn man es nicht vom Standpunkt der Humanität aus sieht, so beruht doch die

Zukunft dieses Landes auf der Arbeitskraft der Eingeborenen, und man sollte sich im eigenen Interesse ebensosehr um ihre Kinder wie um Kälber und Fohlen kümmern....

An Thomas Dinesen *Ngong, 17/7. 1918*

Geliebter Tommy.

Viel tausend Dank für Deine englischen und dänischen Gedichte, die mit einer Postsendung kamen, die sonst nichts enthielt. Ich habe sie alle viele, viele Male gelesen; das kleine englische Buch ist durch Deine Zeichen und Unterstreichungen beinah zum größten Schatz geworden, den ich besitze. Solche Kriegsgesänge zu lesen, ist sicher leichter für Leute, die an der Front sind oder in den Krieg ziehen müssen; für uns andere wirkt die Größe in allem – dem Schrecken, dem Mut, dem Willen und all den Schicksalen, die dort so schnell entstehen und innerhalb viel größerer Dimensionen sich abspielen, als wir sie gewohnt sind – fast zu überwältigend; man liest es und wird vom Kunstwerk ergriffen. Wenn es Lieder über Alexanders oder Napoleons Kriege wären, könnte man sich schon mitreißen lassen – aber es ist heutige Wirklichkeit; während wir es lesen, geschieht es, dadurch bekommt es eine geradezu erdrückende Übermacht. Aber wenn es sich nach und nach in einem setzt, gewinnt es Klarheit, und der große Eindruck, der zurückbleibt, ist – noch immer überwältigend: Der Sieg des Geistes über die Materie, des Menschengeistes ungeheure Größe, nicht nur in den Größten, sondern in allen Menschen – besonders dadurch, daß die einfachsten, am wenigsten begabten sich so völlig über ihre Verhältnisse erheben können, daß das Schrecklichste, was das Leben bringen kann, bedeutungslos wird. Aus ähnlichem beziehen in meinen Augen die Sagas ihre Wirkung. Hier wird es Wahrheit: »Tod, wo ist dein Stachel, Hölle, wo ist dein Sieg!»* – Aber dann kommt wieder das Menschliche und verlangt sein Recht – wie in »Milking time« – so unendlich schmerzlich. Ich kann Dich und alle gut verstehen, die wie Du gefühlt haben, daß, wenn es dieses ungeheuer Große wirklich gibt, Ihr Euch dem nicht entziehen könntet; aber wie furchtbar schmerzlich, daß es das gibt. Denn, wenn auch nach all diesem ein neuer Himmel und eine neue Erde entstehen kann, dann doch nur durch ein Ragnarök – das spüren wir, die wir nicht direkt dabei sind, wahrscheinlich am deutlichsten.

Ich habe Dir sicher früher schon geschrieben, daß die Größe der Sagas, die für mich eine der mächtigsten der mir bekannten Welt ist, immer mit Dir zusammengehört; – ja, das geht so weit, daß wenn ich hier draußen mein altes Grammophon »Weiß von Segeln die Nordsee blitzt« spielen höre, ich den Eindruck habe, es bringt mir nicht ein Lied, sondern ein Erlebnis in Erinnerung; ich habe mit Dir auf dem Achterdeck gestanden – und Erling Skjalgssohn – und all die jungen Helden – Erling, Olaf Tryggvissohn selber, Einar Bogenschüttler – haben Deine Züge oder ähneln Dir wie Brüder. »Ins Gesicht schlägt jeder Adler dem andern seine Klauen«* – das sagt Dein liebes Bild hier vor mir. Es ist aus der kleinen Photographie von Dir in Uniform heraus vergrößert worden, die Du mir aus New York geschickt hast. Ich weiß nicht, ob ich jemals schönere, klarere, kräftigere Worte gelesen habe als diesen kurzen Satz. Ich bin so stolz auf meinen Bruder; so vieles, wovon ich selbst geträumt, das ich aber nie erreicht habe, ist durch Dich Wirklichkeit geworden – aber all all dieses macht die Angst nur umso unendlich viel schlimmer, die jetzt dauernd auf uns lastet: Daß wir dieses Große verlieren könnten, daß all das Herrlichste, Kräftigste aus unserem Leben verschwinden könnte und wir dann in unserem unbedeutenden Dasein zurückblieben – als hätten wir das Größte im Stich gelassen. Über diese Angst kann ich mit niemandem sprechen, aber Dir kann ich es sagen, auch dieses, falls wir getrennt werden sollten: Ich habe Dich unendlich geliebt – und Du bist und bleibst für uns Olaf Tryggvissohn – ja, viel, viel mehr …

Ich habe einige Verse geschrieben, die ich Dir schicke*; leider sind sie diesesmal etwas traurig geworden, dafür bekommst Du das nächste Mal etwas Heiteres. Denn es ist – *quand même* – meine feste Überzeugung, das Leben ist sehr schön und reich und groß, ja, wenn ich an der Pest sterbe und auf einem Misthaufen lande, glaube ich das dennoch. Und das ist es, was ich Dir immer und immer wieder wünsche, geliebter Bruder, daß Du des Lebens großes, schönes Angesicht sehen mögest durch alles Elend hindurch, das Du erlebst, und daß Du den Glauben bewahren mögest. Ich bin anscheinend ein wenig Mohammedaner geworden durch meinen Umgang mit den Somalis; wenn Fara nach Paris kommt – ich nehme ihn mit, wenn ich auf die Reise gehe –, wirst Du sehen, wieviel Stärke in ihrem einfachen, unerschütterlichen Schicksalsglauben liegt.

Wenn Du etwas auf dem Herzen hast, das Du Mutter nicht schreiben magst, dann schreib es an mich, ebenso wie ich Dir, mein lieber, bester Freund, alles schreiben werde. Und ich denke jeden Tag daran, wie froh und vergnügt wir sein werden, wenn Du nach dem Krieg hierher kommst – wieviel wir uns zu erzählen haben werden, und wie wunderbar, wunderbar, wunderbar es sein wird, Dich wiederzusehen.

Immer, immer die Deine,

Tanne.

An Ingeborg Dinesen — *Ngong, 30/7. 1918*

...Mein »Kindersamariter«-Werk habe ich aufgeben müssen, weil ich keinen Mais mehr beschaffen konnte; sie geben jetzt den Eingeborenen ringsum im Land stattdessen Reis, aber das wage ich hier nicht, weil man leicht »Beri-Beri« davon bekommt, wenn man sich nicht auf die Zubereitung versteht; das ist eine Mangelkrankheit, die besonders an der Westküste grassiert und schlimmer ist als der Hunger selbst. An sich war es drollig, all die kleinen, schwarzen Kinder zu sehen, wie begeistert sie sich über das Essen hermachten, die ganz Kleinen beeilten sich, ihre Portion vor den Großen ein wenig abseits in Sicherheit zu bringen; dadurch saß immer eine kleine Kolonie von Zweijährigen – ein paar Dutzend – an einer Ecke des Rasens mit den kleinen Schalen mit Posho in stiller Glückseligkeit beisammen.

Die Größeren zwitscherten vor lauter Freude wie die Spatzen. Aber, wie gesagt, ich mußte die Speisung einstellen; es kamen zu viele Kinder, und der Maislieferant konnte seinen Vertrag nicht mehr erfüllen...

Im Augenblick wird hier eine Frage diskutiert, die mich ganz besonders interessiert, nämlich die Einführung eines »Native-Passes«. Vor allem unter den Somalis hat sie große Empörung ausgelöst, weil sie auf Grund dieser Verordnung mit Kikuyus und anderen hier ansässigen Natives auf eine Stufe gestellt werden sollen, die sie nur als »Ushesis«, das heißt Sklaven, bezeichnen und verachten. Ich halte ja zu den Somalis und finde, sie werden schlecht behandelt – sie können nach diesen Bestimmungen nicht in ihren eigenen Angelegenheiten appellieren, sondern sind auf die lokalen Verwaltungsbeamten angewiesen; sie dürfen sich nicht in Nairobi aufhalten, es sei denn, sie stehen im Dienst eines Weißen, etc. Ich finde, die ganze Geschichte ist mit einer ungewöhnlichen Taktlosigkeit ins Werk gesetzt; was hat es für einen Sinn, ein ganzes Volk gegen sich aufzubringen um einer vorwiegend papiernen Verordnung willen? Das hätte man bestimmt auch anders regeln können, indem man den Somalis einen besonderen Paß gegeben hätte. Ich habe mit Lord Delamere, mit dem ich vorige Woche zusammen gegessen habe, darüber gesprochen; er denkt genau wie ich, und er kennt hierzulande wohl die Somalis am allerbesten.

Es ist überhaupt bedauerlich, daß die Engländer durch diesen Krieg zu Methoden gezwungen werden, die ihrer eigentlichen Natur zuwider sind; früher waren sie doch wirklich »das freie Volk«, aber jetzt haben sie eine Menge fremde Organisation übernehmen müssen, die gar nicht zu ihnen paßt. Einerseits wollen die Besten unter ihnen gar nichts damit zu tun haben; sowohl Delamere als auch Finch-Hatton haben gesagt: »People in uniforms are not human beings«, andererseits ist es schwierig, so plötzlich andere Saiten aufzuziehen – denn die Menschen, die jetzt von den Umständen gezwungen werden, hart durchzugreifen, sind selber nicht unter solcher Disziplin aufgewachsen und kennen das System nur von einer Warte: nämlich von oben. Bei den kleineren Geistern führt das zu etlichen Willkürakten.

Meiner Meinung nach ist es auch absolut unenglisch, anderer Menschen Selbstwertgefühl zu unterdrücken – gerade deshalb haben sie bis jetzt ihre Natives in den verschiedenen Kolonien gut im Griff gehabt; aber es ist wohl verständlich, daß dieser Krieg, der alles auf den Kopf stellt, auch zu einiger Begriffsverwirrung bei den Durchschnittsmenschen der kriegführenden Nationen führt...

An Ingeborg Dinesen *Ngong, 12/8 1918*

... Zu allererst muß ich Dich umarmen und Dir danken, geliebte Mutter, für einen wunderbaren, lieben, tapferen Brief, der hier nach dem langen Schweigen eintraf und so wohltat wie ein Regen jetzt unserer trockenen Shamba wohltun würde. Ich habe um Deinetwillen so viele Ängste und Sorgen durchgemacht, und wenn ich hier draußen selbst nicht habe schlafen können, habe ich immer wieder und wieder an Dich denken müssen, die Du zu Hause in dem großen Haus alleine liegen mußt – ich hoffe allerdings, nicht mehr in dem kleinen, schmalen Eisenbett – ohne eine Menschenseele, die Dir die Botschaft der Nacht deuten könnte, und es gibt, weiß Gott, kaum jemanden, der diesen Text auslegen könnte – ich glaube, ich habe jede Nacht an Deinem Bett gesessen, kleine Mutter...

Du wirst verstehen, wie Tommys Briefe mich erschüttert haben; er hat sicher an Dich das gleiche geschrieben wie an mich. Ich finde, wenn er die Dinge so sieht und etwas so Gewaltiges und unendlich Beglückendes erlebt hat, dann muß man doch sagen, daß er mit seinem Wunsch fortzugehen recht hatte, und wenn wir ihn veranlaßt hätten, ihn aufzugeben, hätten wir ihm etwas genommen, was wir ihm nie hätten ersetzen können... Tommy hat »das Wunderbare« auf eine Art und Weise erlebt, die ihn nicht von seinen Zeitgenossen getrennt hat, sondern fast als das Normale für Europas heutige Jugend angesehen werden muß; wenn er auf eine Expedition zum Nord- oder Südpol gegangen wäre, hätte er sich ebensolchen Gefahren ausgesetzt und wäre völlig isoliert worden, hätte sich von allen anderen unterschieden; jetzt fühlt er sich eins mit allen, das ist, glaube ich, ein großes Glück, besonders für einen Menschen wie ihn... Man wagt ja nicht, allzu große Hoffnungen zu nähren, aber man sollte wohl auch keine solche Memme sein, daß man aus lauter Angst vor Enttäuschungen allen Glauben und alle Hoffnungen aufgibt, und wenn man schon durch Lesen allein den Eindruck gewinnt, die ganze Welt sei verändert, was muß es dann erst für die bedeuten, die selber dabei sind und mit eigenen Händen die Weltgeschichte durcheinander wirbeln? Aber noch stolzer als auf Tommy bin ich auf Dich, und genauso empfindet Tommy selbst; er schrieb so unendlich liebevoll über Dich. Du kannst sicher sein, es gibt nicht viele Minuten am Tag, in denen wir Dir nicht ganz nahe sind.

Ich schreibe heute mit sehr traurigem Herzen, ich habe großen Kummer, fast den größten, der mich hier treffen kann: Ich habe Dusk verloren. Noch dazu auf so traurige Weise; es ist schwer, daran zu denken, daß der Hund, der mir sein ganzes Leben lang ein so guter Freund war und auf den ich so stolz gewesen bin, auf diese Art sterben mußte – und durch meine eigene Schuld!

Bror und ich und von Huth sind Anfang August nach Nakuru und Naivasha gefahren, wo Bror geschäftlich zu tun hatte. Bror und Huth fuhren am Mittwoch, ich am Freitag; wir wollten uns in Nakuru treffen. Ich nahm Dusk mit, er war immer so traurig, wenn er bei den Boys bleiben mußte; er fuhr so liebend gerne Auto, und wir hatten unseren Wagen mit. Auf dem Hinweg wäre er merkwürdigerweise beinahe von einem Zug überfahren worden, auf der Kikuyu Station, wo sich die beiden Züge trafen – ich stand in der Abteiltür, während Dusk unten auf den Schienen herumlief, und ich sah den anderen Zug erst kommen, als er nur noch wenige Yards von ihm entfernt war – ich hatte gerade so viel Zeit, dorthin zu sausen, ihn zu greifen und fortzuzerren; die Lokomotive streifte ihn und mich – ihn mit einem tüchtigen Stoß –, weil ich aber gleichzeitig an ihm zog, half mir das sogar, ihn von den Schienen zu schleudern; er jaulte jämmerlich, hatte sich aber nicht das Mindeste getan. In dem Moment dachte ich überhaupt nicht darüber nach, daß das gefährlich für mich sein könnte, aber hinterher sagte Lord Delamere, der vom Abteilfenster aus zugesehen hatte: »It was the pluckiest thing I have seen in my life« – und alle Leute kamen angelaufen, weil sie glaubten, es hätte sich jemand vor den Zug geworfen; da war ich so froh und stolz, meinen Hund gerettet zu haben – und dabei wäre es für ihn viel besser gewesen, er wäre dort gestorben.

Am Sonnabend sollten wir von Nakuru aus zu dem Camp eines Mannes namens Collier dreißig Kilometer weit fahren – Bror, Dusk und ich im Auto, Huth mit dem Motorrad. Als wir drei, vier Meilen vom Camp entfernt waren, blieb das Auto liegen, und Bror wollte deshalb mit mir auf dem Motorrad zurück nach Nakuru fahren, Huth und Dusk sollten weitergehen zum Camp und dort warten, bis wir einen Mann aufgetrieben hätten, der am Montag das Auto und sie abholen konnte. Ich war so unglücklich, Dusk verlassen zu müssen – ich habe das so gut wie nie getan, mit Ausnahme meiner Reisen nach Hause –, und ich bat Huth viele, viele Male, gut auf ihn aufzupassen, ihn an der Leine zu behalten und nicht aus den Augen zu lassen; als sie schon ein Stück gegangen waren, lief ich ihnen nach und sagte: »Sie müssen gut auf ihn aufpassen, ich habe gestern für ihn mein Leben riskiert und würde das heute wieder tun; er ist das Beste, was ich auf der Welt habe.« Bror und Huth lachten und sagten: »Mach den Abschied nicht allzu tränenreich.« – Dusk sah mich so ernst an.

Am Sonntag mußten Bror und ich zum Lunch zu Lord Delamere, der eine Farm zwanzig Meilen jenseits von Nakuru hat; wir fanden einen Mann, der Huth und Dusk am Montag holen konnte, und blieben die Nacht über bei Lord Delamere; er fuhr uns am Montag nach Naivasha, das auf dem Weg zwischen Nakuru und Kikuyu liegt. Dort sollten wir ein Lager einrichten, weil Bror einen Auftrag hat, das Land dort umzupflügen. Wir sollten am Mittwoch Morgen von Naivasha aus nach Hause fahren, und ich glaubte, ich würde Dusk auf der Naivasha Station wiedertreffen, aber dort war er nicht, und erst, als wir fast zu Hause waren, kam Collier, der im selben Zug war, und sagte mir, daß Huth und er am Sonntagabend Dusk mit auf die Jagd genommen hätten, er sei ihnen in der Dämmerung weggelaufen, und seitdem hätten sie ihn nicht mehr gesehen. Ich nahm dann den Gegenzug – das waren fünfzehn Stunden Bahnfahrt an dem Tag – und kam abends um sieben Uhr in Nakuru an, und dort kamen zwei Somali und erzählten mir, sie hätten am Morgen des gleichen Tages einen solchen Hund wie Dusk an der Njoro Station gesehen; er sei die ganze Nacht immer wieder zu ihrem Lager gekommen, und sie hätten ihn weggejagt; am Morgen, als sie das Lager abgebrochen hätten, habe er sich dort hingesetzt und gejault. Durch einen glücklichen Zufall bekam ich einen Wagen und fuhr noch in der Nacht dorthin, fuhr kreuz und quer durch die Gegend, fragte alle Leute nach ihm, aber niemand hatte ihn gesehen. Huth wohnte im Nakuru-Hotel, er hatte nicht das Mindeste unternommen, um ihn zu finden; als er ihnen am Sonntagabend entlaufen war, hatten sie am Montagmorgen einfach ihr Lager abgebrochen, sodaß er keinerlei Chance gehabt hatte, sie wiederzufinden, und dabei ist dort dichtes Buschland und kein Mensch in der Nähe. Er sagte: »Es tut mir wirklich leid, daß das passiert ist.«

Ich blieb drei Tage lang in Nakuru – diesem verdammten Nest – und suchte überall, aber niemand hatte den Hund gesehen; ich setzte dreihundert Rupien Finderlohn aus; aber schließlich glaubte ich, was Bror die ganze Zeit gesagt hatte, daß er schon in der Nacht, als er verschwunden war, von einem Leoparden gerissen worden sei. Ich reiste am Sonnabend nach Hause, ließ aber Fara dort weiter suchen; er bekam ein Maultier und ritt in die Berge hinauf. Dort fand er ihn schon am Sonntagmorgen, er war furchtbar abgemagert und elend; er lag neben einem Zebrafohlen, das er totgebissen hatte, aber ihm selber war die Brust derart von einem Hufschlag zerquetscht, daß er Blut hustete; er erkannte Fara und wimmerte, als er ihn sah, war aber so geschwächt, daß er nicht einmal Milch trinken konnte, am gleichen Nachmittag ist er dann gestorben. Fara konnte ihn ja noch nicht einmal hierher mitnehmen, er hat ihn in das Gebüsch gelegt, dadurch bekomme ich ihn nun nie mehr zu sehen. Du kannst sicher verstehen, daß das ein großer Kummer ist, nicht so sehr, weil ich ihn entbehren muß, sondern weil er so viel hat leiden müssen und weil es meine Schuld war; denn ich hätte ihn nie einem so gleichgültigen und unzuverlässigen Menschen wie Huth überlassen sollen, ihn, der in jeder Weise die meisten Menschen übertraf. Er war mir so treu; wenn ich allein zu Hause war, wich er nie von meiner Seite, und er ist doch die ganze Zeit hier draußen bei mir gewesen; er war so hübsch und so klug, ich war so stolz auf ihn. Ich glaube, wenn ich sterbe, werde ich ihn wiedersehen und dann werde ich ihn ganz herzlich um Verzeihung bitten, daß ich von ihm weggegangen bin. Mein wunderbarer, treuer Dusk. Ich vermisse ihn so sehr, und wenn ich auch siebzig Jahre alt werde, kann ich, glaube ich, nicht an ihn denken, ohne zu weinen...

Ich habe Dir schon oft über die Zukunft von Anders etwas schreiben wollen, aber es ist ja schwer, aus so großer Entfernung dazu Stellung zu nehmen, man kann sich da leicht irren. Aber auf Grund dessen, was Tommy in seinem letzten Brief und auch sonst schon des öfteren geschrieben hat, will ich doch meine Ansicht äußern: Es wäre dumm, Anders nicht hierher kommen zu lassen, ehe er sich zu Hause eine Existenz gründet. Ich glaube, dieses Land würde ihm in jeder Hinsicht gefallen, und selbst, wenn er hier nicht bleiben wollte, wäre es von großem Interesse für ihn, sich hier einmal umzusehen...

Was Leerbæck anbelangt, ist es doch fraglich, ob er dort glücklich wird, sonst wäre es ja weder für ihn noch Sassens eine Freude. Ich meine, daß Anders' größter (fast einziger!) Fehler sein Mangel an Selbstvertrauen ist, und leider muß ich sagen, daß Tante Lidda ein geradezu einzigartiges Talent hat, Selbstvertrauen auch den Leuten auszutreiben, die es haben. Ich fürchte, Anders könnte niemals etwas in Angriff nehmen oder auch nur vorschlagen, was die Sassens nicht vollständig billigten, und seine eigenen Fähigkeiten würden dort nie zur Entfaltung kommen – was hier, glaube ich, ganz anders sein würde. Ich finde auch, Moster Liddas Moralvorstellungen haben den großen Fehler, daß sie ebenso pingelig in kleinen wie in großen Dingen denkt, so daß es auf eins herauskommt, ob man sich betrinkt oder jemanden erschlägt; das könnte bei Leuten, die sich rücksichtslos durchsetzen, zur Laufbahn eines Mörders führen, aber bei zurückhaltenden Naturen, glaube ich, unterbindet das jede Initiative. Ich habe immer gefunden, daß Anders einen so viel netteren und muntereren und überhaupt vorteilhafteren Eindruck machte, als er auf Katholm lebte, als auf Folehave, wo immer an ihm herumkritisiert wurde; er war, genau wie ich, am glücklichsten bei Vaters Familie und hätte sich lieber bei dem Alten im Lehnstuhl* niedergelassen als in der Nähe von Tante Lidda...

Galbraith Cole hat gerade ein ungewöhnlich nettes und hübsches Mädchen geheiratet, eine Nichte von Balfour. Sie sieht aus wie ein High School Girl zu Hause; sie sagte, sie hätte wegen Brors Plan für die Ansiedlung von Soldaten an ihren Onkel geschrieben. Sie haben sich ein großes, schönes Haus auf dem Gipfel eines Berges gebaut, mit Aussicht auf den wunderschönen Elmenteita See – dessen Besitz sich Cole und Delamere teilen – herrlich ist es da; wir waren mit Delamere dort zum Tee. Es ist überhaupt ein wunderbares Land da oben, und ich wollte, wir hätten eine Rinderfarm, aber die bekommen wir vielleicht einmal im Laufe der Zeit, und dann brauchen wir nicht erst all die Dummheiten zu machen, die sich Neuankömmlinge in diesem Land sicher leisten...

An Ingeborg Dinesen *Ngong, 23/10 1918*

Meine innig geliebte Mutter.
Es tut mir leid, so lange nicht geschrieben zu haben, aber ich bin die meiste Zeit krank gewesen. Wie Ihr meinem Telegramm entnommen habt, hatte ich eine Blutvergiftung nach meinem Sturz mit dem Maultier (ich habe »Pferd« telegraphiert, weil ich annahm, Ihr würdet »mule« möglicherweise nicht verstehen!). Gleich nachdem ich meinen letzten Brief an Dich geschrieben hatte – den vom 11. September – bekam ich hohes Fieber, und am Abend des Zwölften fuhr mich Bror mit einem Ochsenwa-

gen, auf dem er mir ein Bett hergerichtet hatte, nach Naivasha, und gleich am frühen Morgen des nächsten Tages ging glücklicherweise ein Zug nach Nairobi. Vom Bahnhof in Nairobi fuhr ich direkt zu Dr. Burkitt, ein verrückter Ire, aber der beste Arzt, den wir hier haben und ein ganz netter Mann – und er chloroformierte mich sofort, in Safarizeug und Reitstiefeln, trotz meines lauten Protestes, und schnitt mein ganzes Bein auf, vom Knie bis zur Hüfte hinauf, und nahm eine Menge »totes Fleisch« weg, so daß eine sehr große Wunde entstand. Ich mußte dann noch vierzehn Tage im »Kenya nursing home« in Nairobi bleiben, was alles andere als lustig war, und danach habe ich noch acht Tage bei MacMillans in ihrem Haus in Nairobi verbracht. Burkitt nähte mich zweimal und chloroformierte mich zweimal, und Du weißt, wie elend mir immer davon wird; dann habe ich hier noch bis heute im Bett liegen müssen. Die Wunde ist noch immer keineswegs verheilt, aber sie ist sehr viel besser und macht keine Beschwerden mehr, nur wird leider eine große Narbe bleiben, die mich sehr ärgert. Bror hat sich rührend um mich gekümmert, er ist schon Experte im Anlegen von Bandagen. Es ist sehr viel angenehmer, wieder hier draußen zu sein, wo ich meine netten Boys habe, die sich unglaubliche Mühe geben, um mir zu helfen. Vielen Dank für Dein Telegramm, das mich sehr getröstet hat. Jetzt, glaube ich, habe ich den Unfall ganz überstanden, aber es hat ja auch lange genug gedauert. Ich nehme nicht an, daß ein Arzt zu Hause so ein großes Loch geschnitten hätte, aber Burkitt versichert, ich sei im letzten Augenblick gekommen, und deshalb sei er dazu gezwungen gewesen.

Die guten Nachrichten von zu Hause – ich meine aus Frankreich – haben mir unwahrscheinlich gut getan; es ist geradezu ein Genuß, an den Rückzug der Deutschen aus Belgien und Frankreich zu denken, wo sie doch 1914 so siegesgewiß eingezogen sind! Hoffentlich, hoffentlich ist der Frieden nicht allzu fern. Man kann es sich gar nicht anders vorstellen, als daß die ganze Welt ohne Ausnahme einen unendlichen Seufzer der Erleichterung und Freude ausstößt an dem Tage, an dem der Frieden geschlossen wird – und daß niemand, nicht einmal der Kaiser selbst, angefangen hätte, wenn er gewußt hätte, was daraus werden würde; und doch kommt der Frieden noch immer nicht. Es ist so, als ob sie so gewaltige Kräfte in Bewegung gesetzt hätten, daß sie sie nicht mehr unter Kontrolle halten können, wie in Goethes Gedicht von dem halbstudierten Zauberlehrling, der die Geister ruft und ihnen befiehlt, Wasser zu tragen, und dann das Zauberwort nicht mehr weiß, das sie anhält, und dicht vor dem Untergang ist, als der Zaubermeister kommt und sie mit einem Wort zum Stillstand bringt. Aber wann kommt der Meister und spricht das Wort!

Während ich bei MacMillans wohnte, habe ich mir von Bulpett viele Bücher über den Krieg geliehen, besonders französische; es ist herrlich, sie zur Abwechslung statt englischer Literatur zu lesen – es ist so viel Schönes in ihnen enthalten, obwohl man sie eigentlich doch nicht lesen sollte. Besonders die *Lettres d'un Soldat* mit einem Vorwort von [*der Name fehlt*] haben mir gefallen. Es sind Briefe eines jungen französischen Künstlers, und was einen besonders nachhaltigen Eindruck hinterläßt, ist die Ansicht eines hochsensiblen Menschen vom Krieg, die Erfahrung eines jungen Mannes, der vor dem Krieg ausschließlich für die Kunst und die Schönheit gelebt hat und nun als einfacher Soldat in den Krieg geworfen wird, der ihm äußerst zuwider ist. Es wirkt so stark und schmerzlich, weil es nicht die Erfahrung eines Einzelnen ist, sondern dieser Soldat repräsentiert die junge Generation von Künstlern und Wissenschaftlern aus ganz Frankreich, ja, der ganzen Welt, die von ihrer Arbeit und ihrer Zukunft fort in die Schützengräben mit Läusen, Schlamm und Blut geschickt werden – und dann doch von der unendlichen Größe dieses Kampfes ergriffen werden. Dann habe ich auch *Anna Karenina* noch einmal gelesen; ich finde, die ganze Liebesgesichte von Kitty und Ljovines und ihre Ehe und ihr Leben auf dem Lande gehört zu dem Schönsten, was man sich vorstellen kann ...

Ich lege einen Zeitungsausschnitt mit Photo von MacMillan und mir bei, da könnt Ihr ihn in seinem ganzen Umfang sehen. Die Aufnahme wurde bei einer Gardenparty für den »Star and Garter«-Fond gemacht, die MacMillans in Nairobi gegeben haben. Sie haben zwanzigtausend Rupien eingenommen, das ist ja nicht gerade ganz wenig. –

Hier grassiert die spanische Grippe in beunruhigendem Maße; in der vorigen Woche sind zweiundzwanzig Menschen daran gestorben. Major Elkington ist heute sterbenskrank. Auch die Pocken breiten sich aus, ich habe deshalb den Arzt von der schottischen Mission hierher gebeten, damit er Bror und mich heute impft. Alle unsere Boys werden auch geimpft; ein paar Erkrankungen hat es auch auf der Farm gegeben...

An Thomas Dinesen *Ngong, 7/11 1918*

Mein geliebter Tommy.
Dank für einen kurzen Brief vom 17/8, in dem Du erzählst, Du hättest damals an der großen Offensive teilgenommen; Du versprichst, mehr davon zu berichten. Ich habe zwar bis jetzt noch nicht mehr gehört, aber Du kannst Dir gar nicht vorstellen, wie sehr schon diese wenigen Zeilen die Phantasie in Bewegung setzen! Du schreibst, daß Du zehn Minuten nach Beginn des Trommelfeuers über den Bergkamm gegangen bist, ich sehe Dich nicht nur stehen und warten und dann vorwärtsstürmen, sondern habe das Gefühl, selbst dabei gewesen zu sein, das Feuer gehört und die Schützengräben und die Schlacht gesehen zu haben. Geliebter Tommy, Du bringst den Hauch des Großen, das Du erlebst, zu uns allen. Gott bewahre Dich weiterhin. »Sieg deinem Arm und Sieg deinem Schritt!/und Sieg und Ehre deinem Heldenmut!/Mit Sieg gekrönt kehre du uns wieder!«* Wie sehr wünsche ich mir, selber ein junger Soldat zu sein und die Boches in die Flucht schlagen zu können; aber ein Teil Deiner Gloire fällt ja auch auf mich. Wie ich mich darauf freue, Dich erzählen zu hören.

Wenn dieser Brief trotz der Freude über die guten Nachrichten aus Frankreich etwas niedergeschlagen klingt, liegt das an der spanischen Grippe, die hier ganz fürchterlich grassiert... Hier im Hause liegen Bror und ich und sämtliche Boys darnieder, sodaß wir viel Unannehmlichkeiten in Kauf nehmen müssen. Ziemlich häufig gibt es auch Pocken ringsum, dieser Tage auch auf unserer Farm, deshalb sind wir alle geimpft worden, und das zehrt an den Kräften. Langsam kann man wohl hoffen, daß es bald überstanden ist. Auch eine große Freude haben wir gehabt – es hat endlich angefangen zu regnen, nun blüht alles und verspricht das Allerbeste für diese Saison. Die Farm sieht ausgezeichnet aus, und ich hoffe und glaube wirklich, daß Ihr bald große Erträge von Eurem Geld bekommen werdet; aber noch ein Jahr wie dieses halte ich nicht aus. Es ist nicht einfach, die Verantwortung für anderer Leute Geld zu haben, besonders nicht, wenn einem das Geld aus Freundlichkeit anvertraut worden ist; ich hoffe, daß Du so etwas nie nötig haben wirst. Aber ich glaube nicht, daß es noch viele Jahre dauern wird, bis Mutter fünfzigtausend Kronen im Jahr von hier bekommen kann, und das soll dann diese schweren Zeiten aufwiegen...

Im Massaireservat hat es Unruhen gegeben, die nun wohl überstanden sind. Es sollten nämlich Massai zum Kriegsdienst eingezogen werden, und da sie das nicht wollten, haben sie sich zur Wehr gesetzt und in immer größere Aufregung hineingesteigert, Vieh geraubt und alle Vorratslager im Reservat verbrannt. Ich meine auch, daß die Militär-Dienststellen etwas mehr Takt hätten walten lassen können, aber das ist ja nur selten deren starke Seite – entschuldige – und als sie alles durcheinander gebracht hatten, mußten sie Lord Delamere, der der »kleine Vater« der Massai genannt wird, bitten, zu ihnen zu gehen und wieder Ruhe und Ordnung zu schaffen. Lord Delamere ist spurlos im Reservat verschwunden und, soweit ich weiß, bisher noch nicht wieder aufgetaucht; aber er wird schon durch sein bloßes Erscheinen die Wogen geglättet haben. Ich kann mir vorstellen, daß es für ihn eine wahre Befreiung ist, sich wieder mit seinen alten Massaihäuptlingen zusammensetzen und unterhalten zu können, deshalb wird er sich so bald nicht wieder sehen lassen; hier mußte er immer zwischen seiner Farm und lauter Komitees und Versammlungen, die er wohl von Herzen haßt, hin- und hersausen.

Mein Bein ist noch immer nicht wieder Ordnung, nun sind es bald drei Monate her, seit ich mir die Verletzung zugezogen habe; aber hier werden alle Wunden zur großen Plage. Mit dieser habe ich viel durchgemacht, bin zweimal chloroformiert, zweimal genäht und wieder geschnitten worden – sodaß ich mir schon fast wie ein alter Soldat vorkomme. Eine scheußliche Narbe, über die ich mich sehr ärgere, geht vom Knie bis hinauf zur Hüfte; Bror hofft, daß nicht gar zu viele sie zu sehen bekommen...

Mutter schreibt, Du wolltest Flieger werden, aber ich weiß nicht, ob die Schule, auf der Du jetzt bist, eine Flugschule ist. Ich kann gut verstehen, daß Du das möchtest, und ich freue mich darauf, nach dem Kriege mit Dir einmal in Deiner Maschine zu fliegen. Solltest Du als Flieger nach Frankreich kommen, dann ist es wohl nicht ganz unmöglich, daß Du einem Menschen begegnest, der Denys Finch-Hatton heißt und jetzt auch als Flieger an der französischen Front ist; das würde mich sehr freuen. Ich habe nämlich auf meine alten Tage das Glück gehabt, in ihm meinem leibhaftigen Ideal zu begegnen, und es wäre schön, wenn Ihr beiden Euch kennenlerntet...

Schließlich und endlich sind *Egholms Gud* und *Clara van Haags Mirakler* angekommen; ich habe sie mit großem Vergnügen gelesen, und Bror liest sie jetzt im Bett und protestiert laut, der Verfasser sei verrückt!

Ja, mach es gut, mein geliebter Tommy, möge es nicht so lange dauern, daß ich weißhaarig geworden bin, ehe wir uns wiedersehen. Ich fände es großartig, wenn Du auch Captain Dinesen würdest! Viele, viele tausend Grüße

immer und alle Zeit Deine treue Schwester

Tanne.

Geliebte Mutter.
Ich schreibe das erste Mal, nachdem der Waffenstillstand unterzeichnet und der Krieg wohl vorbei ist!

Noch weiß offensichtlich kein Mensch, was geschehen wird und was aus der Welt werden soll; das Einzige, was ich richtig begreifen kann, ist, daß nicht mehr geschossen wird, und daß keine Verletzten und keine Toten mehr heimgetragen werden.

Wenn ich doch nur in diesen Tagen zu Hause oder in Frankreich oder England sein könnte, vor allem aber daheim mit Euch zusammen. Jetzt bekommst Du die Belohnung für Deinen Heldenmut. Nun kann man schon kaum noch verstehen, wie man das ausgehalten hat. Ebensowenig kann ich begreifen, wie die maßgebenden Leute durchgehalten und nicht schon längst Frieden geschlossen haben, sondern an ihren ersten Forderungen festhielten; es war ja richtig, nur konnte man noch vor fünf Monaten kaum daran glauben. Wenn man jetzt hinterher an den Krieg denkt, an die ersten Monate, Verdun, und jetzt an die letzten Vorstöße der Deutschen auf Paris, kommt es mir ganz unbegreiflich vor, daß Frankreich und die ganze Welt gerettet sind...

Heute abend soll ein großer Fackelzug mit Musik in Nairobi zur Feier des Friedens stattfinden. Wir sind von Otter, der das arrangiert hat, dazu eingeladen.

Fünftausend schwarze Soldaten sollen mit Fackeln durch Nairobi ziehen. Die Armen haben wirklich allen Grund, sich zu freuen, es ist furchtbar, wie der Krieg die eingeborene Bevölkerung dezimiert hat.

Hier in Ngong hat der verrückte Gorringe alle Siedler veranlaßt, heute Nacht mit einem Freudenfeuer auf dem Gipfel der Ngong Hills zu feiern. Da es schon tagsüber schwierig ist, auf dem Weg zu reiten, weiß ich nicht, wie sie das schaffen wollen, zumal die meisten uralte Frauen sind. Aber die Engländer entwickeln ungeahnte Kräfte und überwinden alle Hindernisse, wenn es um Picknicks geht...

Mein innig geliebter, wunderbarer Tommy.
Ich weiß nicht, wie ich Dir angemessen zu Deinem Victoria Cross* gratulieren soll. – Ich, die ich zwischen Engländern lebe, weiß ja, welch überaus hohes Ansehen dieser Orden genießt, »the only order in the world«; das wird die Familie zu Hause vielleicht nicht einmal richtig einschätzen können. Ich habe gehört, daß um die tausend verliehen worden sind. Du bist also unter den tausend mutigsten Männer der Welt – was ich übrigens nicht bezweifelt habe, aber es ist ja toll, das schwarz auf weiß zu haben! Ich bin so stolz auf Dich und so begeistert, wie alles gegangen ist, daß ich jeden Tag mit dem gleichen Gefühl aufwache wie in der Kindheit am Morgen meines Geburtstages! Etwas vom Ruhm des Helden färbt auch auf seine Schwester ab, und die Leute hier draußen waren so freundlich zu behaupten, daß der Mut eine Familieneigenschaft sei. Von der Ehre einmal abgesehen – die *le superflu*, also *le necessaire** ist – hast Du uns mit Deinem Kreuz einen großen Gefallen getan. Die Zeitung hat darüber berichtet, und das hat den Leuten den Mund gestopft, die mit einer unglaublichen Hartnäckigkeit immer weiter behauptet haben, wir seien deutschenfreundlich ...

Wenn Du doch hierher kämest. Sicher wirst Du dort, wo Du jetzt bist, gefeiert, aber wir würden Dir ganz bestimmt auch einen festlichen Empfang bereiten. Jedenfalls bin ich Dir dankbarer als ich es in Worten ausdrücken kann; denn Dein Kreuz kam zu einer Zeit, in der ich viel Ärger gehabt und angefangen hatte, an den ewigen Göttern zu zweifeln, und ein größeres Unglück gibt es nicht. Jetzt habe ich meinen Glauben an die Götter und die Helden wiedergewonnen, ja, sie sind mir sogar ganz nah.

Jetzt muß ich Dir etwas Merkwürdiges erzählen. Anfangs, als Du an die Front gekommen warst, hatte ich so furchtbare Angst um Dich und war ganz verweifelt und sprach oft mit Fara darüber; da schlug er vor, wir sollten einen alten Somali oder eine Art Araberscheich, das heißt Priester, bitten, eine Hexerei zu Deinem Schutze in allen Gefahren zu veranstalten. Das geschah an drei aufeinander folgenden Freitagen, und es gehörte ein kleines Stück Papier mit Schriftstellen aus dem Koran dazu, das mußten Fara und ich eingraben, und wir durften zu niemandem davon sprechen, was wir auch nicht taten. Du wirst sicher darüber lachen, daß es mir oft ein Trost in der Not war, und noch mehr darüber, daß ich, obwohl es in eine für mich weniger glückliche Zeit fiel, dem alten Scheich tausend Rupien bezahlte für den Zauber. Aber hör zu und spotte nicht weiter. Bei der Hexerei verlangte der Scheich nicht nur, daß Du durchkommen solltest, ohne von den Waffen der Feinde berührt zu werden, sondern auch, daß Du ZWÖLF FEINDE NIEDERWERFEN UND EIN BEISPIEL FÜR ALLE WERDEN UND ZU GROSSEN EHREN KOMMEN solltest! – Und gestern bekam ich einen Zeitungsausschnitt aus der »Times«, der das Gleiche, mit genau denselben Worten sagt! Sag nun nicht noch einmal, wir seien nicht mit höheren Mächten im Bunde! Ich bin selbst davon so beeindruckt, daß es mir ganz unheimlich vorkommt, und Du mußt mir und Fara sehr dankbar sein. Einen dieser Tage, wenn Bror weg ist, kommt der alte Scheich uns besuchen. Auf dem Papier, das er geschrieben hat, sollte Dein Name und der Mädchenname Deiner Mutter stehen, was der Scheich dann übersetzte, und es war eigenartig, »Ingeborg Westenholz« arabisch geschrieben zu sehen. Ich weiß nicht, ob ich Dir dieses alles erzählen sollte, aber irgendwem mußte ich es berichten!

Du schreibst über die Farm in Naivasha. Noch ist sie nicht verkauft, aber als Ausländer kannst du auch keine Übernahmebewilligung bekommen – großzügiges England! – Nun, da der Krieg vorbei ist und Du selber hierher kommen kannst, sehe ich keinen Grund, etwas für Dich zu kaufen, das Du Dir selbst nicht angesehen hast...

Im Augenblick wird hier viel Geld mit Sisal, einer Art Fiber, verdient. Es kann ja sein, daß die Preise wieder fallen, wenn alle Sisal anbauen; wenn man sich aber beeilt und unter den ersten ist, hat man gute Chancen. Wenn Du jetzt zweitausend £ einsetzen würdest und fünfhundert jährlich in den nächsten drei Jahren – wovon Du einen Teil bei den Banken gegen Sicherheiten an Boden leihen kannst, wenn Du erst angepflanzt hast –, dann könntest Du 1923 eine große Plantage in Betrieb haben, die Dir bei den jetzigen Preisen fünfzigtausend £ im Jahr bringen müßte, und selbst wenn die Preise um die Hälfte fallen, fünfundzwanzigtausend £. Wenn Du das dann nicht anrührtest, sondern es beiseite legen oder wieder anlegen würdest, müßtet Du 1928, in zehn Jahren, während Deine Plantage weiter im Gang bleibt, Colletts ein Angebot machen können. – Das Beste wäre, Du könntest so bald wie möglich hier herkommen und das Geld, das Du anzulegen gedenkst, mitbringen. Dann kannst Du das Land selbst anschauen und mit den Leuten reden und so schnell wie möglich zuschlagen, denn darin liegt die Chance.

Damit Du nicht meinst, ich übertreibe, lege ich einige Zahlen bei. (Die Leute, die 1915–16 Sisal gepflanzt haben und damals mit einem Kapital von tausend £ anfingen, hatten im vorigen Jahr einen Reingewinn von dreißigtausend £.) Wir würden Dir natürlich nur zu gerne helfen und die Pflege übernehmen. Es besteht für uns eine gewisse Chance, dies anbieten zu können, weil wir in diesen Tagen einen Versuch unternehmen, unsere Verhältnisse hier so zu regeln, daß wir mehr Freiheit bekommen. Wir selbst und unser Nachbar Johnnie*, der die Garantie stellen würde, haben unseren Aktionären zu Hause vorgeschlagen, die Farm auf fünf Jahre zu verpachten und ihnen siebeneinhalb Prozent für ihr Kapital in diesem Jahr zu bezahlen, zehn Prozent nächstes Jahr und die folgenden Jahre zwölfeinhalb, fünfzehn, siebzehneinhalb – also wie geplant, als wir 1916 zu Hause waren; nur hat sich das Ganze um zwei Jahre verschoben, und sie haben diese zwei Jahre keine Zinsen für ihr Geld bekommen, aber das liegt teils am Krieg, teils an dem schrecklichen letzten Jahr, und ein neues Unternehmen ist wohl zu Anfang nie sicher vor solchen Enttäuschungen. Außerdem würden wir jedes Jahr zweihundert Morgen von dem Land der Company bepflanzen, teils bei Ngong, teils in Uasin-Gishu, was für sie auch ein Reservekapital und zwei bis drei Jahre nach der Pflanzung erhöhte Einnahmen bedeutet.

Findest Du, daß wir ihnen damit einen guten Vorschlag unterbreiten? Mein Standpunkt ist folgender: Ich glaube absolut an dieses Land, im Grunde immer mehr, je mehr ich von ihm sehe; aber man weiß so wenig darüber, daß es schwer ist, Berechnungen anzustellen, und dieses Jahr hat sich gezeigt, daß das Klima so unberechenbar ist, daß man immer auf Überraschungen gefaßt sein muß. Ein Unternehmen sollte deshalb besser kapitalisiert sein, als wir es sind. Ich bin sicher, der Pächter für die nächsten fünf Jahre wird daran verdienen; aber es ist auch denkbar, daß 1919 wie 1918 wird, und dann können wir uns nicht ohne mehr Kapital von zu Hause über Wasser halten; und wie werden sie das aufnehmen, und wie wird unsere eigene Stellung dann sein? ...

Johnnie van de Weyer, der als Teilhaber in das Unternehmen einsteigen würde, ist unser Nachbar, ein ehemaliger Offizier von den Scotch Guards, ein ungewöhnlich netter Mensch, und ein ulkiges Original. In diesen Tagen erwarten wir Antwort vom Aufsichtsrat zu Hause, und wir hoffen sehr, daß sie auf den Vorschlag eingehen. Wir würden die Farm weiter managen wie zuvor und natürlich hier wohnen bleiben, wenn ich auch glaube, daß Bror dann sehr viel unterwegs sein müßte. Es ist möglich, daß ich, wenn der Plan in Angriff genommen würde, so schnell wie möglich heimfahre. Könntest Du mich dann in London in Empfang nehmen – dann könnten wir über Schottland zusammen nach Hause fahren? Ach, mein lieber, guter Tommy, soll es denn wahr werden, wovon ich tausendmal geträumt habe, daß ich Dein Angesicht wieder sehe!

Ja, von allen Kräften der Welt ist die Liebe die göttlichste. Sie hat alles Schöne in der Welt erschaffen – den Gesang der Nachtigall, die Blüten der Bäume, alle Kunstwerke und wohl auch die meisten der Viktoriakreuze. Ob Du wohl so viel Französisch kannst, daß Du Mussets Sonett auf Beatrice Donato* in »Le fils du Titien« verstehst?

> Vois donc combien c'est peu que la gloire ici-bas,
> Puisque, tout beau qu'il soit, ce portrait ne vaut pas
> Crois-m'en sur parole! un baiser du modèle.

Läßt sich eine wunderbarere Situation vorstellen als die: Man wandert an einem Herbsttage am Meer entlang mit einem gerade verliehenen *Victoria Cross* und mit einem schönen Mädchen, das man liebt? Dann hat man sein Erbe in reinem Gold empfangen und kann über alle Assignaten lachen, selbst wenn das auch große Schmerzen mit sich bringen kann – »Alles geben die Götter, die unendlichen, ihren Lieblingen ganz: Alle Freuden – die unendlichen, alle Schmerzen, die unendlichen, ganz.«* (Entschuldigen Sie, Herr Zensor.)

Mein Herz freut sich, wenn ich an Dich denke. Wie wäre Vater stolz auf Dich gewesen; wie genieße ich es selbst, daß Dein Glanz auch auf uns fällt, und wie bin ich froh, daß Du die berühmte Flasche Sekt an mich verloren hast und mit so großem Erfolg der Theorie des alten Absalon huldigst: Die Welt hat Platz für viele schöne und große Künste, aber die größte von allen ist die Kunst zu leben.

Lebe stets wohl!!

Deine Tanne.

An Thomas Dinesen — *Ngong, 8/1 1919*

Mein geliebter Tommy.

Ein frohes Neues Jahr! Mögen Dir alle die besten Dinge der Welt im Jahre 1919 zuteilwerden, mögen wir uns wiedersehen, entweder hier oder zu Hause – das Allerbeste wäre, wir träfen uns in Europa und Du kämest mit mir hierher zurück. Ich kann Dir mitteilen, daß Du hier schon eine bekannte Persönlichkeit bist; alle Somali fragen nach »meinem Bruder« und wissen über Deine Kreuze Bescheid, und mehrere Boys sind ganz versessen darauf, in Deine Dienste zu kommen, wenn Du hier eine Farm übernimmst. Sie pflegen mich zu fragen, ob Du mich »shindest« – überstrahlst, beschämst, – und wenn sie hören, daß Du mich »sana shindest«*, bitten sie mich, ihnen ja zu versprechen, sie für den Dienst bei Dir zu empfehlen.

Vielen Dank für Deinen Brief, in dem Du von Deinem *croix de guerre** erzählst. Ich bin ganz hingerissen, das V. C. ist vielleicht feiner, aber das andere kommt aus Frankreich, und das ist für mich schon immer das Heilige Land gewesen, aus dem die Freiheit und die Schönheit kommen. Wie wäre Vater stolz auf dich gewesen. Es gibt sicher auch gar nicht viele, die sowohl das französische Kreuz als auch das Viktoriakreuz besitzen. Ich schicke Dir einen Ausschnitt aus einer unserer Zeitungen* mit, aus dem Du entnehmen kannst, daß Du uns sehr genützt hast. Ich habe sicher hundertmal den Bericht über den Kampf in den Schützengräben gelesen und mich in ihn hineinversetzt, um nachzuerleben, wie das war und was man dabei fühlt. Es war eine Mannestat.

Ich habe für dich eine Insel im Lake Naivasha gekauft und stehe in Verhandlungen wegen einer Farm von fünftausend Morgen. Die Insel kann, glaube ich, hier und in der ganzen Welt, etwas Einzigartiges werden. Sie ist gewiß nicht groß, sondern *sehr* klein – ungefähr wie das Stück Garten zwischen dem Kanal und dem Strandweg zu Hause !!! – aber sie besteht aus hohen Felsen, die steil in das klare, blaue Wasser abfallen, und ist über und über mit großen Bäumen bewachsen. Man könnte mit einer Windmühle Wasser hochpumpen und das Ganze mit Rosen und Rhododendren bepflanzen. Dann könnte man einen Badeplatz und einen kleinen Hafen für ein Motorboot anlegen und morgens hinaussegeln, ehe es zu warm wird, und Enten und Gänse schießen, die es da zu Millionen gibt, und das eine oder andere alte Flußpferd. Fische gibt es dort nicht, aber man will jetzt versuchen, Forellen auszusetzen; daran könntest Du Dich ja beteiligen. Ich nehme an, ich bekomme die Insel für hundert £, aber dann wird es ja noch einiges kosten, ein Haus darauf zu bauen und andere Investitionen vorzunehmen; aber so unerschwinglich viel kann das wohl nicht werden.

Dann ist da noch die Farm, die am Ufer liegt... Ich war vorgestern zu einer Tanzerei in Nairobi – die übrigens ungewöhnlich amüsant war –, und dort habe ich einen sehr netten und sympathischen Menschen kennengelernt, einen Colonel – oder Major! – Buxton, der am Tag drauf heim nach England fahren wollte. Er hat dreihundert Morgen als Bauland daneben gekauft, genaugenommen von der Farm, die ich für Dich im Auge habe, und er will weitere fünftausend Morgen dazu erwerben ... Vielleicht kannst Du die Farm in seinem Namen kaufen, falls größere Schwierigkeiten für Ausländer auftauchen; er würde sicher für Dich tun, was er kann, zum einen sind er und ich sehr gute Freunde, zum anderen sprach er mit großer Bewunderung von Dir und meinte, er könne Dich in England auch ohne Adresse finden, weil Du doch sehr berühmt sein müßtest. Denke, bitte, um alles in der Welt daran, ihm nicht zu sagen, wie alt ich bin; da er vorschlug, ich sei siebenundzwanzig, habe ich ja gesagt – das darfst Du überhaupt *niemals* jemandem von meinen Bekannten hier erzählen; sonst ist alles aus zwischen uns!!!

Ich bin gerade von einer fabelhaften Safari über Weihnachten und Neujahr bei Greswolde-Williams in Kedong nach Hause gekommen ... Ich habe einen Löwen geschossen, den wir am Tage aufgespürt und mit den Pferden verfolgt haben. Es war sehr aufregend, weil ich ihn erst angeschossen hatte und er über eine Anhöhe hinweg verschwand und wir – Frank G.-W. und ich – hinterhergaloppierten und ihn nicht sehen konnten, das Terrain mit kleinen Hügeln und dichtem Gebüsch war schwierig, und plötzlich scheuten unsere Pferde, da saß er in einem Dornengebüsch in einer kleinen Kluft, keine fünf Yards von uns entfernt! Ich wäre ihm fast auf den Kopf gefallen, denn dort hatte ich ihn am wenigsten vermutet, und das Pferd war außer sich vor Angst. Im Nu saßen wir ab und sahen ihn in dem Dornengesträuch umherrasen, hörten ihn knurren, konnten aber seine genaue Position nicht ausmachen; man will ja nicht zu viel riskieren, indem man auf gut Glück schießt; schließlich meinte ich, seine Silhouette mit schwingendem Schwanz im Gebüsch zu sehen, schoß und traf ihn an der Schulter – aber es war eine zu kleine Kugel für ein so großes Tier, und er kam wie ein Blitz auf uns zugeschossen, und Du kannst mir glauben, daß Löwen, die angreifen, einen gefährlichen Gesichtsausdruck haben. Ich konnte ihm eine Kugel direkt auf die Brust verpassen, er fiel fast auf unsere Füße. Es ist kein besonders gutes Fell; ich wollte Dich schon fragen, ob Du den Kopf haben willst, aber Du willst wahrscheinlich nur Deine eigenen Löwen sammeln.

Der »schwedische Plan zur Ansiedlung von Soldaten«, von

dem ich Dir geschrieben habe, ist von der hiesigen Land-Kommission angenommen worden; nun werden wir sehen, ob wir auch die Erlaubnis bekommen teilzunehmen. Du könntest Dich vielleicht als Ex-Soldat um eine Farm bewerben, das wäre gar nicht so schlecht.

Das Gesetz über den Paßzwang für Eingeborene ist erst einmal nicht in Kraft getreten; möglicherweise warten sie mit näheren Ausführungsbestimmungen auf den Amtsantritt des neuen Gouverneurs. Seine Ankunft ist für die erste Februarwoche vorgesehen, und sie soll mit einer Woche Rennen und anderen sportlichen Wettkämpfen gefeiert werden; das wird sicher amüsant, weil ich die Leute, die sie veranstalten, alle gut kenne; wenn ich nur nicht in Lumpen gehen müßte; aber das muß ich, teils wegen unserer Armut, teils weil man hier nichts auch nur einigermaßen Geschmackvolles bekommen kann. Wenn Deine Lilian doch etwas zum Anziehen für mich kaufen könnte. Es ist eigenartig, was Kleider bedeuten; vielleicht überschätze ich ihre Wichtigkeit, aber es gibt nichts für mich – weder Krankheit, Armut noch Einsamkeit oder anderes Unglück –, was mir solche Qualen bereitet wie schlechtes Zeug; ich bin auch noch nie so weit unten gewesen, daß die Aussicht auf einen neuen Hut mich nicht wieder auf die Beine gebracht hätte! – das ist sicher sehr idiotisch...

An Ingeborg Dinesen *Ngong, 26/2 1919*

... Es regnet!! Mehr als vier Zoll in drei Tagen, und kein Mensch kann sich vorstellen, was das für die Shamba bedeutet – und dadurch für das ganze Leben! Ich denke die ganze Zeit an das Lied: »Nun, armes Herz, vergiß die Qual! Nun muß sich alles, alles wenden.*« Vielleicht hat nun wirklich unsere Mühsal ein Ende, und es kommen bessere Zeiten. Nun grünt wirklich das fernste, tiefste Tal – es grenzt an ein Wunder, wie schnell sich hier bei Regen alles verändert; die Ngongberge und das Reservat, die verbrannt aussahen wie eine Fußmatte, haben jetzt einen wunderbaren, grünen Schimmer und die ganze Shamba blüht. Hoffentlich hält der Regen an ... Es ist herrlich hier, ein Paradies auf Erden, wenn genug Regen kommt. Und in Notzeiten gewinnt man unwillkürlich dieses widerspenstige Land noch lieber; ich habe das Gefühl, daß ich in Zukunft, wo immer in der Welt ich bin, daran denken werde, ob es wohl in Ngong regnet.

Die Rennwoche war ein großer Erfolg, und ich habe mich wirklich ausgezeichnet unterhalten, obwohl man einiges nur mit viel Humor ertragen konnte. Es waren zwei Renntage und eine Menge Lunch-parties und Tanzveranstaltungen. Das Ganze war ja zu Ehren des neuen Gouverneurs, Sir Edward Northey, veranstaltet, der, wie ich finde, einen ungemein sympathischen Eindruck macht und sicher ein sehr intelligenter Mensch ist. Ich beneide ihn nicht um seine Stellung. Ich bin recht viel mit ihm zusammen gewesen, einmal bei einer Tanzveranstaltung, und dann habe ich bei einem Lunch, den Lord Delamere auf dem Rennplatz gab, neben ihm gesessen. An Sonntag nach dem Rennen hatten wir hier eine Jagd; es ist ja ein bequemer und schöner Weg von Nairobi zu uns, und die Leute kommen immer gern. Delamere, der General und sein sehr liebenswerter Bruder, Colonel Llewellyn, Denys Finch-Hatton, Johnnie van de Weyer und ein ganz Teil andere, insgesamt zwanzig Leute, waren hier, es ging alles sehr gut. Finch-Hatton bekam Fieber und blieb hier wohnen, er ist noch hier, und das ist für mich unbeschreiblich schön; ich glaube, ich bin noch nie einem so intelligenten Menschen begegnet, gerade hier weiß man das zu schätzen ...

Ja, ich muß schließen, weil ich mit Denys ausgehen will. Noch immer ziehen große Schauer auf – »nun muß sich alles, alles wenden«. – Möge es auch bei Euch jetzt hell und schön sein nach diesem furchtbaren Jahr.

Deine Tanne.

Geliebte Mutter.

... Wenn ich so furchtbar lange nicht geschrieben habe, so liegt das daran, daß ich seit Anfang April buchstäblich Tag für Tag geglaubt habe, wir könnten uns auf den Weg nach Europa begeben. Die Schiffspassagen für Militär und Zivilpersonen von hier nach Hause sind so schlecht organisiert und so chaotisch, daß die meisten Menschen die letzten drei Monate in der gleichen Ungewißheit gelebt haben; natürlich leiden auch alle anderen Angelegenheiten hier im Lande darunter... Keine Menschenseele weiß, wann die verschiedenen Schiffe ankommen oder nach welchen Gesichtspunkten sie Passagiere mitnehmen; viele Leute haben wochen- und monatelang in Mombasa gelegen, damit sie die erstbeste sich bietende Chance ergreifen konnten – das wird vielleicht auch unser letzter Ausweg werden... Für das Militär, das demobiliseren soll, ist es noch schlimmer, weil sie ja nur ganz bestimmte Schiffe benutzen dürfen. Denys Finch-Hatton zum Beispiel hat acht Monate warten müssen und hatte Ordre, sich in Ägypten demobilisieren zu lassen; wir wollten zusammen den Nil entlang reisen, aber auch dort wurde wegen der Unruhen alles abgeriegelt...

Alle Geschäftstätigkeit hier leidet natürlich unter dem Wechselkurs, durch den man zur Zeit fünfundzwanzig Prozent von allem Geld, das man aus England bezieht, verliert. Meiner Meinung nach muß der Staat früher oder später einen radikalen Schritt tun, um das abzustellen, soll das Land nicht bankrott gehen, zum Beispiel das gleiche Münzsystem wie zu Hause einführen. Aber es sieht so aus, als nähmen sie das auf die leichte Schulter... Merkwürdigerweise steigen gleichzeitig die Bodenpreise. Die Farm in Naivasha, auf deren Kauf zu achttausend £ Onkel Mogens eine Option für die Zeit bis drei Monate nach Friedensschluß hatte – auf die er 1917 verzichtet hat – ist neulich für zwölftausend hiesige £ verkauft, also fünfzehntausend £ in London...

Wir sind eingeladen worden, während der Rennwoche im

Government House zu wohnen. Zur Hausparty sollen außer uns nur Polowtzoffs und Delamere kommen. Ich möchte nur sehr ungern hingehen, weil ich überhaupt nichts anzuziehen habe, aber der General beschwört mich zu kommen und dadurch ein bißchen nachzuhelfen, daß ich irgendeine Genehmigung bekomme, nach Hause zu fahren, entweder mit einem Schiff oder den Nil entlang.

Aus den vielen Nummern der »Politiken«, die mit der letzten Post kamen, kann ich Onkel Aages Unternehmung* verfolgen. Ich meine, das muß eine gefährliche Sache sein, weil man ja im Grunde wenig weiß, wer eigentlich recht hat. Ich habe einen Artikel im Februarheft des »English Magazine« gelesen von einem Mann namens Hamilton Fyfe, der viele Jahre in Rußland gelebt hat und einen vernünftigen Eindruck machte und darlegte, was auch meine Auffassung ist, daß nämlich der Bolschewismus der erste wirkliche Versuch ist, die Demokratie zu verwirklichen, und durchaus zu etwas Gutem führen kann. Daß es Exzesse gibt, stimmt natürlich, aber keine schlimmeren als die während der französischen Revolution, von deren Ideen jetzt auch ihre ärgsten Gegner zehren. Ob es im übrigen so viel schlimmer ist, als was das Zarenregime sich erlaubt hat, weiß wohl keiner...

Die hiesige Regierung hat eine Art Lotterie eingerichtet für die Verteilung von Farmland an ehemalige Soldaten. Ich glaube, das ist jämmerlich organisiert und kein Mensch wird damit einverstanden sein, aber derlei Dinge können wohl überhaupt nicht zu aller Zufriedenheit geregelt werden. Ich habe einen Antrag auf eine Farm für Tommy gestellt und hatte die Genugtuung, daß er als einziger Ausländer teilnehmen darf. Er muß allerdings zu Hause das Los ziehen. Ich habe für eine Farm in Nord-Kenia votiert; dort ist es so schön; ich finde, es wäre erfreulich, wenn er für seine Teilnahme am Krieg eine Farm bekäme.

Wir sind gestern von einer vierzehntägigen Safari zum Kedong Valley und nach Naivasha mit dem General und Madame Polowtzoff zurückgekommen... Sie ist, wie ich schon geschrieben habe, die Madame Ignatieff von der russischen Botschaft zu Hause; ihn haben Onkel Mogens und Sophie im Jahr 1911 hier kennengelernt, als sie am Fuße von The Mau kampiert haben, falls sie sich daran noch erinnern können; er sagt, daß Tante Fritze und Sophie ihre Sonnenschirme beim Sitzen immer über die Knie gehalten hätten, um ihre Hosenbeine zu verbergen. Er ist Gouverneur in Petrograd gewesen und während der Revolution geflohen; er ist ein ungewöhnlich liebenswürdiger und kluger Mensch. Sie möchten jetzt gerne nach Hause fahren, weil sie von seinem Bruder in Paris ein Telegramm bekommen haben, daß dort jetzt viel zu tun sei; die meisten Russen des alten Regimes, die geflohen sind, scheinen sich dort zu versammeln. Polowtzoffs haben all ihr Geld verloren, sagen aber, das ginge allen so, und jetzt leben sie vom Verkauf ihrer Juwelen. Sie möchten, daß ich mit ihnen nach Hause fahre und bei ihnen in Paris oder in ihrem Haus in Monte Carlo wohne; das würde ich gerne tun, weil es interessante Menschen aus einem fast historischen Kreis wären, die ich dann kennenlernte...

Am 14. August 1919 fuhren Tania Blixen und ihr Mann mit dem Dampfschiff «PUNDUA» von Kilindini, dem Hafen von Mombasa/Ostafrika, aus über Bombay nach England. Nach einem Aufenthalt in London, wo sie unter anderem mit Denys Finch Hatton zusammen waren, der zu der Zeit seine Familie in England besuchte, kamen sie im November nach Dänemark. Im folgenden Jahr wohnte Tania Blixen bei ihrer Mutter auf Rungstedlund und ließ sich von Professor Rasch im Rigshospital wegen ihrer Krankheit behandeln. Wie Mogens Fog in den BLIXENIANA 1978 dargelegt hat, hatte Tania Blixen 1919 außer der spanischen Grippe noch eine Blutvergiftung und war infolgedessen fünf Monate lang krank.

Nach einem längeren Besuch in Schweden kehrte Bror Blixen im März 1920 nach Kenia zurück; fast ein dreiviertel Jahr später fuhr Tania Blixen mit ihrem Bruder Anders per Schiff nach England und machte in London Station, wo Thomas Dinesen sich schon einige Zeit aufgehalten hatte. Von hier aus sollten sie und Thomas Dinesen einige Tage danach über Paris nach Marseille weiterreisen, um mit der «GARTH CASTLE» nach Afrika zu gelangen. Tania Blixen war während der ganzen Reise in schlimmer seelischer Verfassung. Die Unsicherheit hinsichtlich der Zukunft der Farm war größer als je zuvor; verschiedene nichts Gutes verheißende Telegramme aus Afrika und Dänemark, die einen entscheidenden Kredit betrafen, hatten sich an ihrer Londoner Adresse gekreuzt und ließen sie zwischen Furcht und Hoffnung schwanken.

An Ingeborg Dinesen — *HOTEL WASHINGTON, Curzon Street, Mayfair W. [November 1920]*

...Ich bin immer noch etwas mitgenommen von diesen wahrhaft scheußlichen sechsunddreißig Stunden auf der Nordsee, aber sonst geht es mir gut, und ich genieße es unbeschreiblich, mit den Jungen zusammen zu sein. Hier ist es kalt – in Paris soll es noch schlimmer sein – aber wir haben klares, ruhiges Wetter gehabt. Ich liebe London nun einmal, und um diese Jahreszeit haben die großen Städte so etwas Poetisches; heute abend sah ich gegen den neuen Mond eine alte Eule in einem Baum beim Piccadilly sitzen und all die Autos mit ihrem Scheinwerferlicht sausten im Vordergrund vorbei. –

Ich habe verschiedene Wege zu erledigen, während der Zeit machen die Jungen gemeinsame Spaziergänge und genießen das anscheinend sehr. Ich habe großen Ärger: Prinz Vilhelm und Sjögren sind mit auf der »Garth Castle«. Das ist doch eine unangenehme Situation mit Sjögrens Wechsel über fünfundzwanzigtausend und alledem, und dann wird es natürlich große Festlichkeiten zu ihrem Empfang in Afrika geben – sie sollen im Government House wohnen – und von uns erwartet man sicher auch, daß wir ein Essen geben, was mir in jeder Hinsicht schlecht paßt...

An Ingeborg Dinesen *HOTEL WASHINGTON, Curzon Street, Mayfair, W.* *24. 11. 1920*

Meine innig geliebte Mutter.

Ehe wir London verlassen, will ich Dir ein paar Zeilen schicken. Wir haben hier sehr schöne Tage miteinander verlebt, ich glaube, Anders hat sie sehr genossen, und Thomas und ich haben uns gefreut, daß er bei uns war. Gestern haben wir eine ganz herrliche Tour zu Tommys altem Lager in Haglemere gemacht, es war so beeindruckend, all die Stätten zu sehen, an denen man ihn sich vorgestellt hatte, das Kreuz auf dem Galgenberg und die kleinen Tearooms; es war das wunderbarste, stille Wetter mit Sonnenschein und leichtem Rauhreif. Die Landschaft dort ist sehr hübsch mit großen Hügeln und wunderbaren Bäumen, besonders Eichen. Ich beneide die Leute um ihre Einfriedungen aus Eichenpfählen, die könnten wir gut für unseren »Block« gebrauchen. Thomas hatte solchen Spaß daran, uns alles zu zeigen, er hat dort eine sehr glückliche Zeit verbracht. Anders interessiert sich ja nie so besonders für das, was andere ihm erzählen, er will immer nur von ähnlichen Erlebnissen aus seiner eigenen Soldatenzeit berichten. –

Am Abend waren wir zum »Faust« in Covent Garden; es war meines Erachtens eine ziemlich schlechte Aufführung mit einem schrecklichen Faust, aber Anders war sehr beeindruckt. Der Abschied ist Thomas und Anders heute morgen ziemlich schwer gefallen, hoffentlich finden sie nun beide dort, wo sie hingehen, harmonische Verhältnisse vor und sehen sich vergnügt wieder. Ich finde, sie haben sich diesen Sommer beide ein ganzes Stück weiterentwickelt; sie sind viel reifer geworden. –

Meine Pläne sind ja ungewiß, das bedrückt mich sehr. Es ist aber auch ein Pech, daß Buxton gerade so nach Hause fährt, daß sich unsere Wege eigentlich kreuzen müßten; wenn er doch nur hier oder in Afrika eine Woche am selben Ort wie ich gewesen wäre, hätten wir sicher einiges regeln können. Nur sehr sehr ungern möchte ich in Paris bleiben, zumal ich dann alles auf die eine Karte – Buxton – setze und weder Zeit noch die nötigen Verbindungen nach Afrika habe, um mich zu orientieren, falls etwa Buxtons Bedingungen für mich unannehmbar sind. Außerdem habe ich geradezu Angst, so lange in Paris allein und zur Untätigkeit gezwungen zu sein; das heißt, ich könnte ja sicher etwas zu tun finden, aber ich kann mich im Augenblick auf nichts anderes als Ngong konzentrieren. Für alle Fälle habe ich Thomas telegraphisch um eine Vollmacht gebeten; falls Milligan mir nämlich rät, unbedingt zu bleiben – wenn nämlich die Sache mit Buxton so gut wie sicher ist – dann muß Thomas alleine fahren und sehen, was er dort ausrichten kann. Aber ich hoffe sehr, daß ich in Paris ein Telegramm vorfinde, das es uns ermöglicht, gemeinsam nach Afrika zu reisen, darauf haben wir uns doch beide so sehr gefreut...

...Es ist wunderbar, daß es Rungsted und Dich und Folehave und Euch alle gibt. – Aber Ngong, Ngong ist nun einmal in mein Herz geschrieben...

An Ingeborg Dinesen — *Gd Hotel Louvre & Paix, Marseille*
1. 12. 1920

Meine geliebte Mutter.
Ich habe einige entsetzliche Tage durchgemacht, nachdem ich Brors Telegramm bekommen hatte mit der Aufforderung, zu bleiben und auf Buxton zu warten. Wenn man weiß, was richtig ist, kann man alles schaffen, aber ich wußte wirklich überhaupt nicht, was in diesem Falle das Vernünftigste war. Hier zu bleiben, hieß ja, alles auf eine Karte zu setzen: nämlich Buxton – und es kam dann darauf an, wie gut die Karte war. Ich war wirklich bereit zu tun, was ich für das Beste hielt – aber es muß ein Hasardspiel bleiben – und nun fahre ich und hoffe und hoffe, daß ich dadurch nicht meine beste Chance verspielt habe.

Wenn Bror mich doch nur ein wenig über die Verhältnisse auf dem Laufenden gehalten hätte, dann hätte ich hier sogar ein

Übereinkommen mit Buxton treffen können, aber jetzt stelle ich fest, ich weiß viel zu wenig – zum Beispiel nicht, was die Farm an Zinsen für einen Kredit erbringen kann, oder ob und zu welchem Preis ich zum Beispiel Uasin Gishu vekaufen kann. Außerdem geht Bror weiter davon aus, daß wir *verkaufen* sollen, während ich mir nichts anderes denken kann, als daß es ebenso vorteilhaft sein muß, den Besitz zu halten – und das will ich doch am liebsten. Nein, ich finde, ich muß dorthin, gebe Gott, daß es das Richtige ist. Als ich Euch wegen der Vollmacht telegraphiert habe, hatte ich die Absicht, Tommy fahren zu lassen und selbst hierzubleiben – ich weiß ja auch, daß er sein Bestes tun würde, aber er kennt die Menschen und Verhältnisse in Afrika nicht und es bliebe ihm wohl nichts anderes übrig, als nach Brors Anweisungen zu handeln...

Geliebte Mutter, ich habe in diesen Tagen solche Sehnsucht nach Dir gehabt. Aber dagegen ist ja nichts zu machen. Wenn ich doch nur diese Angelegenheit in Ordnung bringen kann, daß Ihr Euer Geld bekommt und ich ein Betätigungsfeld und eine Möglichkeit, etwas zu werden, finde – dann ist es auch nicht zu teuer erkauft. Ich komme sicher bald nach Hause, glaube ich...

An Ingeborg Dinesen *Marseille, 4. 12. (1920)*

... Ich schreibe mit Bleistift, weil ich im Bett liege wegen einer unbekannten Krankheit. Ich habe gerade gelesen, daß es in Paris eine neue Pest gibt, und hoffe, daß es die nicht ist. Meine Krankheit besteht nur darin, daß ich mich unaufhörlich übergeben muß und sehr schwindelig bin, ich weiß nicht, ob es eine Art Vergiftung ist oder von der Überforderung durch die schwierigen Entscheidungen in London und Paris herrührt – ich habe den Eindruck, daß man nach den Symptomen nicht unterscheiden kann, was vom Gehirn und was vom Magen kommt. Ich hoffe, ich bin übermorgen so weit wieder hergestellt, daß ich fahren kann, aber sonst ist es ja gut, daß Tommy die Vollmacht hat.

Über geschäftliche Angelegenheiten will ich nicht mehr schreiben, als daß ich ein weiteres Telegramm von Bror erhalten habe, der der Ansicht ist, er müsse mein Haus und den Park demjenigen als Sicherheit überlassen, der mir den Kredit beschaffe. Das ist ein wahrhaft teuflischer Einfall – zweifellos stammt er von Bror, Buxton oder Denys hätten das nie vorgeschlagen – aber Bror hat nie begreifen können, daß ich mein Heim dort liebe. Ich hoffe sehr, daß es sich anders regeln läßt.

Du mußt mich unbedingt wissen lassen, ob Anders seinen Aufenthalt in London genossen hat – aus ihm selber kann man das nicht richtig herausbekommen. Er ist im übrigen rührend ehrlich und sagte, als Thomas und ich ihn fragten, ob er nun manchmal an uns denken werde, wenn wir fort seien: »Nein, Herrgott, das kann ich nun mal nicht. Das muß ja wohl ein Fehler von mir sein, aber ich denke nur an das, was ich sehe.« Er ist so vernünftig und tüchtig und wird schon etwas werden; ich bin eigentlich der Ansicht, man sollte ihn nicht dazu zwingen, sich für andere Dinge zu interessen als für die, die ihm von Natur aus gefallen. Ich bin auch zu der Ansicht gekommen, daß es falsch wäre nachzuhelfen, daß er heiratet. Er ist ja eigentlich sehr nachgiebig und könnte sicher überredet werden, sich auf etwas einzulassen, von dem er gar nicht weiß, was es ist, aber das könnte ihn unglücklich machen. Ich glaube, er ist gewissermaßen in seiner Entwicklung sehr weit zurück, in zehn Jahren wird er in aller Ruhe die Dinge anpacken, die sich seine Altersgenossen normalerweise jetzt vornehmen; aber es kann nur ein Unglück geben, wenn wir im Augenblick etwas forcieren...

An Ingeborg Dinesen — *Mombasa Club, British East Africa*
30. 12. 1920

Geliebte Mutter.–
Wir sind gut hier angekommen, und Bror, Olga, Fara und Abdullahi waren hier, um uns in Empfang zu nehmen. – Thomas

ist begeistert von Mombasa und überhaupt von allem, und es ist wunderbar, ihn mitzuhaben. – Nach dem, was Olga mir erzählt, herrscht ein schlimmes Durcheinander auf meiner Farm; Bror scheint wieder einmal alle meine Möbel verpfändet zu haben, und die Frist wird wohl demnächst ablaufen; ich weiß nicht, wie es weitergehen soll. Es haben anscheinend auch die ganze Zeit Leute im Haus gewohnt, und ganz viel sei ruiniert, sagt Olga – unter anderem mein Porzellan und meine Gläser, die sie angeblich als Ziel bei Schießübungen benutzt haben sollen! Bror glaubt überhaupt nicht, daß das mit dem Kredit klappen wird, er meint, dahinter stünde eine Abmachung zwischen Ekman, Bursell und – Tante Fritze, damit uns der Hahn zugedreht und dann am 1. Februar ein Kaufangebot unterbreitet wird. – Ja, Gott weiß, wie das weitergehen soll! Ich habe die ganze Zeit Angst vor neuen Überraschungen gehabt, und diese wird wohl nicht die letzte sein...

Im Laufe weniger Monate verschlechterte sich die ökonomische Situation der Farm noch weiter. Das führte dazu, daß der Vorsitzende der Aktiengesellschaft, Aage Westenholz, nach Kenia reiste, in der festen Absicht, die Plantage zu verkaufen. Auf Tania Blixens energisches Verlangen hin, den Betrieb weiterzuführen, kam es zu einer Regelung, die am 19. 6. 1921 unterschrieben wurde. Danach wurde sie als managing director *angestellt unter der Bedingung, daß Bror Blixen, der sich als völlig ungeeignet für die Stellung eines verantwortlichen Leiters erwiesen hatte, nichts mehr mit der Plantage oder der »Karen Coffee Co« zu tun haben durfte. Tania Blixen akzeptierte – wenn auch mit Bitternis – diese Bedingung, um die Farm nicht verlassen zu müssen.*

Meine geliebte, segensreiche Mutter. –
Ich will mich nicht entschuldigen, weil ich nicht geschrieben habe; genau genommen weiß ich ja, daß es unentschuldbar ist, aber ich habe immer das Gefühl gehabt, ich *könnte* wirklich *nicht*. Alles war so ungewiß, nicht nur, daß, was ich den einen Tag geschrieben hätte, am nächsten schon völlig unsinnig hätte sein können, sondern ich wußte selber nicht, was ich denken und glauben, geschweige denn schriftlich mitteilen sollte...

Über meine Pläne möchte ich eigentlich noch nichts sagen; ich weiß ja nicht, wie sich alles entwickelt. Immerhin haben wir Regen bekommen, das war ja das Allerwichtigste, einen ganz herrlichen Regen von vier Zoll in sechs Tagen. Jetzt sieht alles ausgezeichnet aus, und nach der angsterregenden trockenen Zeit war das ein großes Glück. –

Es ist wunderbar, daß Onkel Aage hierhergekommen ist; er ist unglaublich nett zu mir, und es ist gut, ihn hier zu haben. Er und ich sind so ungeheuer verschieden, wir verstehen einander wohl nicht immer, aber es ist fabelhaft, wie er mir trotzdem geholfen hat. Thomas und er kommen ja sehr gut miteinander aus und können gut miteinander reden und diskutieren. Thomas geht es, soweit ich das beurteilen kann, gut. Ich kann gar nicht sagen, wie wohl es mir getan hat, ihn hier zu haben, und wie unendlich lieb und nett und hilfsbereit er zu mir gewesen ist...

War das nicht ein Pech, daß Denys gerade mit einem Schiff Aden verließ, als ich dort ankam? Jetzt weiß ich gar nicht, wann er wieder herkommt. – Es haben überhaupt viele meiner alten Freunde das Land verlassen, dafür habe ich mehrere nette Leute kennengelernt, denen ich bis dahin noch nicht begegnet war. Sonst haben wir sehr ruhig gelebt; Onkel Aage hat keine Lust, mit Leuten zusammenzukommen, und wir hatten auch genug mit unseren Shauries zu tun...

... Wir haben im letzten Monat eine Menge Zeit darauf verwendet, umherzureisen und Factories* anzusehen, weil wir ja selber eine errichten wollen. Ich glaube, wir haben die besten Maschinen in B.E.A., aber schlechte Gebäude und kein System in dem Ganzen. Jetzt hat Thomas den Bau der Factory und die Aufstellung der Maschinen übernommen; ich glaube, das ist eine sehr gute Sache für die Farm, und ich freue mich auch um seinetwillen, daß er eine richtige Aufgabe bekommt...

Heute nacht habe ich so viel von Euch allen geträumt; Elle hat mir von ihrer Reise nach Italien erzählt. Mitten war auch dabei, und ich dachte im Traum und auch, als ich aufwachte: Nein, nun *will* ich nach Haus. – Jetzt glaube ich auch, daß ich besser von Anfang an zu Hause geblieben wäre, statt hierher zu fahren. Aber nun muß ich wohl noch ein paar Jahre hier bleiben; es gibt doch viel, viel zu viel, was mich hält. Ich sehne mich zur Zeit ganz furchtbar nach Euch allen, aber es ist ja nicht unmöglich, daß jemand von Euch hierher kommt. –

Ich bin für einige Tage oben in Njoro gewesen, um über Ochsen zu verhandeln... Ich habe bei Schweden gewohnt, die Lindström heißen, es sind sehr reizende Leute, besonders sie ist ungewöhnlich nett, und es ist wohltuend, auch mal mit einer Frau zusammenzusein...

Geliebte Mutter, es fällt mir schwer, über meine privaten Angelegenheiten zu schreiben, aber ein paar Worte darüber will ich Dir zukommen lassen. Ich bin in diesen sechs Monaten zu dem Resultat gekommen, daß ich mich nur sehr ungern von Bror scheiden lassen will. Es gibt hier draußen allzuviel, das uns aneinander bindet, und es ist mir unmöglich, den Glauben an das Gute in ihm aufzugeben, etwas anderes anzunehmen, als daß seine verschiedenen Ausbrüche von unerklärlicher Gedanken- und Herzlosigkeit eine Art von Anfällen sind, die sich auch einmal wieder legen werden.

Wahrscheinlich liebe ich ihn im Grunde viel zu sehr; ich kann ihn jetzt nicht im Stich lassen, wo er es so schwer hat...

An Ingeborg Dinesen

KAREN ESTATES
P. O. Box 223,
NAIROBI KENYA COLONY
Ngong (Herbst 1921)

Meine innig geliebte, geliebte, segensreiche kleine Mutter. Ich habe so lange nicht an Dich schreiben können, und das ist verkehrt, ich weiß es. Aber alles ist so ungewiß gewesen, und es ist so viel Unerfreuliches geschehen.

Ich muß Dich nur bitten, daß ich in der kommenden Zeit – vielleicht für ein Jahr, möglicherweise auch nicht so lange – sicher sein kann, daß ich nur an *Dich alleine* schreibe, ohne daß irgendjemand anders meine Briefe zu sehen bekommt. Ich weiß wohl, daß die anderen so großen Anteil daran nehmen, wie es mir geht, was für Sorgen und Freuden ich habe, daß sie enttäuscht sein werden; aber eine Zeitlang muß es so sein, es ist mir sonst bei Gott absolut unmöglich, überhaupt zu schreiben, das habe ich ja gesehen. Deshalb habe ich sie genau so gern, aber in diesen Zeiten mit einer furchtbaren Dürre, schlimmer als 1918, und mit all meinen Shauries mit Bror, etc. etc. etc. – da darf ich nicht das Gefühl haben, daß meine Ehe, meine Geldangelegenheiten, meine Zukunft, meine Stimmung und meine Rechnungen auf Matrup und Leerbæk und Holbæk Ladegaard diskutiert werden – jedenfalls nicht jedes Wort, das ich darüber aus momentanem Mangel an Selbstbeherrschung *an Dich* schreiben könnte.

Es ist mir auch unmöglich, auf ihre Briefe so zu antworten, wie sie es erwarten. Ich mache hier eine furchtbare Zeit durch; ich bin in eine Menge Dinge hineingeraten – sowohl rein praktischer Natur, aber auch, was meine Gefühle, mein wirkliches Leben angeht –, vielleicht durch meine eigene Schuld, vielleicht rein zufällig, ich brauche alle meine Kräfte, um da hindurch oder darüber hinwegzukommen; das wißt Ihr alle sehr wohl. Ich glaube schon, daß ich es schaffen werde; es kann durchaus eine Zeit kommen, in der ich finde, ich sei die Glücklichste von uns allen und daß die Mühe sich gelohnt hat. Aber während jetzt alles im Gange ist und ich wirklich jeden Tag alle meine Kräfte brauche, um mich über Wasser zu halten, kann ich das alles nicht mit einer Menge jüngerer und älterer Frauen und Onkel und Schwägern und Freunden erörtern.

Wenn ich weiß, daß ich an Dich allein schreiben kann, dann schreibe ich so wie ich denke; alle meine Pläne, wenn ich welche habe, werde ich mit Dir, wie mit mir selbst, besprechen, aber ich muß bestimmt wissen, daß Du es keinem zeigst, auch nicht ausnahmsweise.

Ich liebe Euch alle, ja, ich bin sicher, daß ich zum Beispiel Tante Bess mehr liebe als Ea und Elle es tun; wenn ich nur erst wieder ein wenig Boden unter den Füßen habe, werde ich auch wieder zu dem ganzen Kreis »zurückkehren« können, und ich bin unendlich froh, über das tägliche Leben, die Erlebnisse und Interessen von allen zu hören, über Folehave und Rungsted, Elisabeth, Malla – natürlich besonders über Mitten; aber sie sollen nicht über meine intimen Angelegenheiten schreiben, denn sie verstehen nichts davon, und es ist nur ärgerlich zu lesen und vollkommen unmöglich zu beantworten.

Ich sehe jetzt zum Beispiel auch, daß ich das letzte Mal gar nicht hätte nach Hause kommen sollen; das war unnatürlich und hat mich weiter von Euch allen daheim entfernt, statt mich Euch näherzubringen. Es ist gut möglich, daß ich so schnell nicht wieder nach Hause komme. Ich habe daran gedacht, wenn ich nun für einige Zeit von hier fort kann, mit Dir vielleicht ein paar Monate zum Beispiel in Frankreich, in Paris und Südfrankreich, zu verbringen. *Du* bist doch mein »Zuhause« und *alles*, was ich in Dänemark am meisten liebe.

Ich glaube, das größte Unglück für mich war, daß Vater gestorben ist. Vater verstand mich so wie ich bin, obwohl ich noch so klein war, und er mochte mich so. Es wäre auch besser gewesen, wenn ich mehr bei seiner Familie gelebt hätte; dort fühlte ich mich leichter und freier.

Bei Großmutter und Moster Bess und Deiner ganzen Familie – bei Onkel Aage, als er jetzt hier war – habe ich das Gefühl, daß sie, wenn sie mich überhaupt leiden mögen, mich lieben, obwohl ich so bin wie ich nun mal bin. Aus mir soll immer etwas ganz anderes gemacht werden; alles, wovon ich annehme, es tut mir gut, wird nicht akzeptiert.

Glaube nicht, ich sage dies, um Euch Vorwürfe zu machen; der einzige Mensch, dem man etwas vorwerfen kann, bin ich selbst, weil ich mich nicht schon früher losgerissen habe und weil ich, als ich mich dann endlich losriß oder jedenfalls von allen wegfuhr – von Euch auch noch Hilfe zu diesem Schritt angenommen habe. Das ist der große Fehler, den ich in meinem Leben gemacht habe, und um dessentwillen habe ich Höllenqualen gelitten und leide sie immer noch. Was würde es sonst ausmachen, ob es hier nun regnete oder nicht, ob die Bodenpreise steigen oder fallen, ja, was könnte da überhaupt etwas ausmachen? Ich würde schon irgendwie durchkommen.

Aber auf irgend eine Art und Weise müßten sich die Probleme ja lösen lassen, ich glaube, durch Kauf, und ich selbst würde die Schwierigkeiten schon überwinden, in die ich mich selbst gebracht habe.

Aber – falls ich das schaffe und es wieder zu etwas bringe und eines Tages das Leben mit Ruhe und Klarheit betrachten kann – dann verdanke ich das Vater. Sein Blut und seine Sinnesart können mir durch dieses Tief hindurchhelfen. Ich habe oft das Gefühl, er steht neben mir und hilft mir, oft, indem er zu vielen meiner Shauries sagt: »Scher Du Dich den Teufel darum.«

Jedes Deiner Kinder denkt sicher, es liebe Dich am meisten, ich denke das also auch. Das ist wohl nicht richtig. Aber jedes liebt Dich wohl auf seine besondere Art, und ich glaube, meine Liebe zu Dir ähnelt der Liebe, die Vater für Dich empfand. Du bist für mich das Schönste und Wunderbarste auf der Welt; schon, daß es Dich gibt, verändert die Welt; bei Dir sind Frieden und Harmonie, Schatten und rinnende Quellen und Vögel, die singen; zu Dir zu kommen, das bedeutet wirklich »in den Himmel« zu kommen.

Aber dann mußt Du mich auch so an Dich schreiben lassen, wie Du Vater hättest schreiben lassen. Ohne es jemanden zu zeigen und ohne mich in Deinen Gedanken vor anderer Menschen Richterstuhl zu stellen.

Wenn Vater Dir eines Tages geschrieben hätte, er habe ein

Verbrechen begangen, oder er wäre zu Dir gekommen und hätte Dir das erzählt, dann hättest du sicher nicht im mindesten daran gedacht, was Tante Bess wohl dazu sagen würde, wenn sie es erführe, oder daß es möglicherweise falsch von Dir wäre, es vor ihr zu verbergen. Es wäre ausschließlich und ewig eine Sache zwischen Dir und ihm gewesen. Nun bitte ich Dich, auch meine Angelegenheiten und Briefe so zu behandeln.

Die Zeiten *sind* schlimm für mich, viel schlimmer als damals, als ich hier krank war. Deine Liebe und Dein Verständnis sind Lichter und Sterne, die leuchten und durch die schweren Zeiten hindurchschimmern.

Und ich muß die Schwierigkeiten auf meine Weise bewältigen, sonst sterbe ich an ihnen, und Du mußt das verstehen. Du brauchst sicher Kraft, kleine Mutter, dieses Verständnis dem Urteil der anderen zum Trotz aufzubringen. Onkel Aages Gras-haus* und Büro-Arbeit und Tante Bess' Vergleiche zwischen mir und der Majorin etc. – das ist, bei Gott, in diesen Zeiten der bare Unsinn, denn jetzt ist es ernst.

Wenn sie darüber reden, dann hör es Dir an und sag Ja und Amen, aber lächle still in Deinem Innersten. Laß Dich von ihnen nicht derart beeinflussen, daß Du die Dinge so siehst wie sie; versteh mich, wie nur *Du* es kannst. Und stell Dir vor, Vater säße an Deiner Seite und spräche vielleicht mit Sorgen über das Kind, das Ihr hier draußen habt, daß sie zu viel Geld verbraucht und sich in vieler Hinsicht leichtsinnig benommen hat. Aber er könnte vielleicht doch einen Sinn darin sehen, er würde sagen: »Aber Mut hat sie, und sie liebt Dich und mich möglicherweise mehr als unsere anderen Kinder; laß sie etwas Zeit für sich haben, dann wirst Du schon sehen, daß sie es schafft.« Ja, sprich etwas mit Vater über mich. Er hat wirklich ein Teil Verantwortung, denn er hat mich verlassen und hat doch gewußt, daß ich es im Leben nicht leicht haben würde.

Aber sprich nicht mit den anderen über mich; laß sie nur reden, was sie wollen, und laß mich nur an Dich allein schreiben. Ich liebe Dich ja so unendlich.

Dank, tausend, tausend Dank, daß Du Borre bezahlt hast, das war allzu gut und lieb von Dir. Aber bezahl ja nicht mehr. Es ist natürlich grauenvoll, daß ich so viele Schulden habe. Aber es wird schon gehen.

Würdest Du, bitte, Tante Bess vielmals für ihren Brief danken? Es war lieb von ihr zu schreiben. Aber ich weiß nicht richtig, was ich darauf antworten soll. Es ist ja nicht so einfach, sich die eigenen Verhältnisse vor Augen zu führen und sie mit der »Gösta Berlings Saga« zu vergleichen. Ganz abgesehen davon, daß ich nicht finde, man könnte irgendetwas mit Hilfe von Selma Lagerlöf beweisen, denn sie gestaltet ihre ganz eigene Welt, und man hat das Gefühl, alles hätte ebensogut auch eine andere Wendung nehmen können, so meine ich nun keinesfalls, ich hätte auch nur die mindeste Ähnlichkeit mit der Majorin. Mag sein, daß ich einmal im Spaß gesagt habe, ich wollte jetzt so werden wie sie, aber selbst Tante Bess kann doch nicht im Ernst annehmen, daß ich ihr ähnlich bin. Wenn sie aber nun darauf bestehen will, dann kannst Du sie fragen, wie sich wohl alles entwickelt hätte, wenn die Majorin – in jungen Jahren – mit Gösta Berling verheiratet gewesen wäre. Dann hätte das ganze Buch auf jeden Fall umgeschrieben werden müssen.

Ich hätte so gerne mehr über Thomas geschrieben, weil Du ja über ihn am liebsten etwas hören möchtest. Im Grunde geht es ihm ja gut und er hat viel mit dem Bau der Factory zu tun, und er tut mir und der Company einen großen Gefallen mit dieser Arbeit. Aber je mehr ich ihn bei diesem nahen Zusammensein kennenlerne, umso besser verstehe ich, wie schwer es für jemanden wie ihn sein muß, etwas zu finden, das ihm das Leben lebenswert macht. Für Thomas existieren nur die großen Dinge; er kann nicht, wie ich, Vergnügen oder Trost darin sehen, sich mit Schwierigkeiten und Kleinkram herumzuschlagen – und den großen Dingen begegnet man ja nicht jeden Tag, ja, ich glaube, in den jetzigen Zeiten werden sie immer seltener. »Selig das Haupt, über das der Adler der Begeisterung mit weiten Schwingen rauschend hinweggefegt« – aber es ist wohl schwer, sich vorzustellen, daß man dieses Rauschen nie wieder hören soll, sondern höchstens auf Spatzengeschilpe und Entengeschnatter angewiesen sein wird, das einem dann zehnmal unerträglicher vorkommt. Es kann gut sein, daß dieses Land nichts für ihn ist. Über den wesentlichsten Grund, der mich das annehmen läßt, wirst Du vielleicht lachen – nämlich den, daß es hier so wenig junge Frauen gibt und ich mir kaum vorstellen kann, daß er hier die Braut seiner Jugend findet, und auf die setze ich um Thomas' willen alle meine Hoffnungen. Aber aus dem gleichen Grunde sehe ich ihn auch höchst ungern nach Amerika reisen, woran er vielleicht denkt.

Gerade vor einer Woche habe ich hier einen jungen Lord Doune wohnen gehabt, und dessen Geistesverfassung glich in vielem der von Thomas. Er war im gleichen Alter, hatte sich, wie allgemein behauptet wurde, im Kriege als Flieger bewährt, sah gut aus, hatte wohl mehr Geld, als er verbrauchen konnte, war jetzt hier sechs Monate auf Safari gewesen und wollte weiter nach Indien und Persien – und er sagte, sicher vollkommen ehrlich, zu mir, daß er sich jedesmal, wenn er eine Sternschnuppe sähe, wünsche, er brauche das Ende dieses Jahres nicht mehr zu erleben. Er sagte, daß seine Mutter ihn so gerne verheiratet sähe, und ich kann es ihr nachfühlen. Ich glaube, das ist ein Zustand, der bis zu einem gewissen Grad den jungen Männern, die im Krieg waren, gemeinsam ist, nicht allen, aber der Elite. Sie können sich nicht mit dem Alltagsleben zufrieden geben, und das Große, das für einen Augenblick Wirklichkeit war, ist nicht nur verschwunden, sondern sogar herabgewürdigt, zu Humbug und Kleinkrämerei verkommen.

Ich glaube aber doch, daß es das Große und Herrliche gibt, und es wird sich ihnen wohl erst zeigen, wenn es sich wieder offenbart. Man sagt wohl nicht nur von der Gerechtigkeit, daß die, die nach ihr hungern und dürsten, selig sind, denn sie sollen gesättigt werden; sondern das gilt auch für die Wahrheit, die Thomas sucht, und für all das Große in der Welt.

Nun muß ich für heute schließen. Nächstes Mal schreibe ich über meine »Pläne«, die näheren wie die fernerliegenden.

Leb wohl, meine geliebte, liebe Mutter. Ich stelle mir vor, Du nimmst mich jetzt in Deine Arme. Und dann schreibe ich Dir allein.

Deine Tanne

Meine innig geliebte Mutter.
Ich schreibe Dir dieses Mal, wie ich Dir neulich gesagt habe, in der Annahme, daß nur Du dieses liest. Für mich ist das so wichtig zu wissen, daß ich glaube, ich könnte gar nicht schreiben, wenn ich mich darauf nicht verlassen könnte. Du darfst mit keinem meiner Briefe eine Ausnahme machen, selbst wenn sie keinerlei Geheimnisse und Vertraulichkeiten enthalten. Ich möchte so gerne *immer* das Gefühl haben, daß ich Dir alles schreiben kann.

Ich möchte Dich, geliebte Mutter, bitten, nichts mehr über meine Ehe oder Bror zu schreiben. Ich weiß wohl, daß Du es in der besten Absicht tust; aber manchmal kann selbst das, was so zustande kommt, mißlingen, und was Dir beim Schreiben Anstrengung und Schmerzen bereitet, bereitet mir Anstrengung und Schmerzen beim Lesen, und ich glaube, es wird nichts anderes damit erreicht, als daß ich sehe, wie wenig Du mich verstehst. Oder es kommt mir so vor, als hättet Ihr Euch in dieser Angelegenheit – die nie und nimmer hätte Gegenstand einer allgemeinen Familiendiskussion sein dürfen – derart hochgeschaukelt, daß Ihr jede unparteiische oder objektive Sicht verloren habt und sie ohne jeden Zusammenhang mit anderen Vorgängen beurteilt. Du, meine kleine, geliebte Mutter, darfst nicht denken, daß ich dieses im Zorn oder mit Bitterkeit schreibe; ich glaube nur, das ist eine Erklärung dafür, daß sogar *Du* so schreiben kannst, und ich wünsche von Herzen, daß das aufhört.

Wie soll ich mir denn sonst erklären, daß Du zum Beispiel schreiben kannst, ich solle zwischen Thomas und Bror wählen. Wenn Du in Gedanken das auf jemanden von den anderen übertragen würdest, müßtest Du doch sehen, wie unsinnig das ist. Stellen wir uns vor, Knud und Thomas – oder Viggo und Thomas – gerieten ganz fürchterlich aneinander, ja, es käme zu einem vollständigen Bruch, ja, zu Handgreiflichkeiten. Angenommen, Ihr alle hieltet zu Thomas, ja, selbst Elle – oder Ea – fänden, er hätte recht. Niemand von Euch würde doch deshalb denken, nun sei es unbedingt notwendig, daß Elle von Knud – oder Ea von Viggo – geschieden würde. Aber es wäre für Elle oder Ea ganz furchtbar peinlich, wenn die Frage diskutiert würde, noch peinlicher, wenn sie mit Thomas' Liebe und Güte motiviert würde. Ich glaube, es ist überhaupt eine einzigartige Situation, daß eine ganze Familie mit allen Kräften versucht, eines ihrer Mitglieder zur Scheidung zu überreden, ja, fast zu zwingen. Oder hast Du so etwas schon einmal gehört? Selbst wenn Du es auf die unglücklichste Ehe, die Du kennst, übertragen würdest, müßtest Du doch einsehen, daß das eine unmögliche Einmischung in private Angelegenheiten wäre, die andere *nicht beurteilen können.* Denk an Onkel Mogens und Tante Fritze; selbst da müßte seine Familie vermutlich ihre Agitation aufgeben, wenn er erklärte, er hätte sich entschlossen, sich nicht scheiden zu lassen. Ja, selbst wo von einem Verbrecher, wie zum Beispiel Alberti, die Rede wäre, könnten sie dann auch nicht weiterreden.

Zwei Dinge versteht Ihr nicht: Wie anders ich bin und immer gewesen bin als Ihr. Wie es ganz andere Dinge sind, die mich glücklich oder unglücklich machen, als die, die Euch glücklich oder unglücklich machen. Daß ich in Verhältnissen leben könnte, die Ihr entsetzlich fändet, und dabei vergnügt wäre, und umgekehrt in Verhältnissen, die Ihr glücklich fändet, grenzenlos unglücklich sein könnte. Und diese Verhältnisse könnt Ihr nicht im voraus beurteilen; Ihr wißt nicht und könnt nie wissen, welche Wirkung sie auf mein Wohlbefinden haben werden, und deshalb solltet Ihr vorsichtig sein mit der Erteilung von Ratschlägen; Ihr könntet sie einmal furchtbar bereuen. Meine Krankheit zum Beispiel habe ich ziemlich leicht genommen, ja, wenn ich nicht noch unter Eurem Einfluß gestanden hätte, hätte ich sie noch leichter genommen; so hatte ich ständig das Gefühl, sie würde Euch Kummer bereiten. Im Grunde war ich ganz gern im Krankenhaus, obwohl es eine Höllenkur war. Für jemanden von den anderen wäre es sicher ganz anders gewesen. Aber ich wollte nicht um alles in der Welt in die Zeit zurückversetzt werden, wo ich jeden Sonntag zum Essen nach Folehave mußte. Du darfst nicht denken, dieses sei hart und herzlos geschrieben. Ich hätte es wirklich lieber unterlassen; aber wenn Ihr so schreibt, wie Ihr es tut, dann *kann* ich es nicht vermeiden, und ich glaube, daß Du jetzt Dinge an mich geschrieben hast, die mir noch mehr wehgetan haben, und dies ist die einzige denkbare Möglichkeit, es nun von beiden Seiten zu beenden.

Und das zweite, was Ihr nicht versteht, ist, daß ich mit jedem Brief dieser Art, den Ihr an mich schreibt, weiter von Euch weggestoßen werde. Du müßtest doch begreifen, wie das ist, wenn Du Dir vorstellst, Tante Ellen, Onkel Edmund, ja, selbst Tante Bess und Tante Lidda schrieben Dir über Vater und Dein Verhältnis zu ihm in der Absicht, Euch um jeden Preis zu einer Scheidung zu bewegen. Ja, selbst wenn Vater Dir das größte Unrecht getan hätte, Dein Geld verschleudert, Dein Heim verkauft, Skandale verursacht hätte, dann würdest *Du Dir das nicht gefallen lassen*. Stell Dir vor, es ginge um eines Deiner Kinder, daß sie Dir zum Beispiel alle über Anders schrieben – wenn er irgend einen großen Fehler begangen hätte – und Dich beschwören würden, ihn fallen lassen. Das würde Dich von ihnen allen entfernen; wenn sie nicht rechtzeitig auf Dich hörten, wenn Du sie bätest aufzuhören, dann würde das zu einem Bruch führen. Ich bitte Euch mit allem Nachdruck, schreibt nicht mehr, überlegt es Euch, ehe es zu spät ist.

Ich kann mich des Gedankens nicht erwehren, daß es letzten Endes das Ökonomische ist, das hinter alle dem steckt. Manchmal kommt es mir so vor, als hätte Tante Emy recht, daß das Geld für Deine ganze Familie eine ungeheuer große Rolle spielt, und ich habe auch zwei Schwäger bekommen, für die das der einzige Wertmaßstab ist. Wenn Bror mich versorgen könnte und Euch nicht ökonomische Schwierigkeiten bereitete, dann wäre es nie so weit gekommen; Ihr hättet nie auf einer Scheidung bestanden. Du darfst das nicht so auffassen, als wüßte ich nicht, wie ungeheuer viel wir Euch schulden, weil Ihr so viel Geld investiert habt und es noch immer weiter tut. Ich will alles unternehmen, was in meiner Macht steht, damit das alles einen für Euch guten Verlauf nimmt. Ich bin ja auch darauf eingegangen und habe sofort veranlaßt, daß Bror nichts mehr damit zu tun hat. *Ja, ich habe mein Ehrenwort darauf gegeben*. Aber über das Geschäftliche hinaus habt Ihr keine Forderungen. Wenn jemand verlangte, ich sollte der Volkskirche beitreten, weil er mir zwanzigtausend £ geliehen hätte, dann würde ich das genauso abschlagen und meinen, er sei im Unrecht. Und was würde er auch erreichen? Gesetzt den Fall, ich ginge in die Volkskirche und verspräche, jeden Sonntag zum Abendmahl zu gehen – damit wäre doch nur etwas rein Äußerliches erreicht. Und ich kann nicht einsehen, daß eine erzwungene Scheidung mehr sein soll. Wahrscheinlich habe ich hier zu viel geschrieben; ich kann Dir auch versichern, daß es mich viel Überwindung gekostet hat. Ich will dieses Thema deshalb auch nie wieder schriftlich erörtern. Wenn Du wieder etwas darüber schreibst, dann bekommst Du keine Antwort, und Du mußt das, bitte, auch den anderen sagen. Es ist einfach unmöglich, darüber zu diskutieren, ohne daß Bitternis zwischen uns aufkommt, und das möchte ich um nichts in der Welt.

Ich liebe Dich viel, viel zu sehr...

Im Augenblick wohnen Frau Lindström aus Njoro und ihre beiden kleinen Kinder bei uns, während ihr Mann und Bror auf Filmsafari sind, und das ist für mich eine große Freude. Sie ist ungewöhnlich lieb, hübsch und natürlich, eine typische Dame aus dem Norden, und die haben doch weit mehr Niveau als die Engländerinnen. Ihre kleinen Mädchen heißen Nina, sechs Jahre, und Ulla, vier Jahre. Thomas und Frau Lindström erwägen, in einem Motorrad mit Seitenwagen einmal rund um Kenia zu fahren; es wäre wirklich gut, wenn Thomas mal etwas rauskäme; der Arme hat hier so lange festgesessen, und mir ist es immer lieber, wenn jemand bei ihm ist. Seine Ambitionen zielen ja immer darauf, alles alleine zu machen, aber das ist ein zweifelhaftes Vergnügen. Ich finde es auch schade, wenn hinterher niemand da ist, mit dem man über seine Erlebnisse reden kann. Übrigens habe ich den Eindruck, daß Thomas sich in der Zeit hier sehr entwickelt hat, es fällt ihm einfach leichter, sich auszudrücken, er ist geistig nicht mehr so unbeweglich wie früher. Ich glaube, es hat ihm Spaß gemacht, die Factory zu bauen, und er hat das fabelhaft hinbekommen. Alle Besucher sind beeindruckt. Ich glaube, Thomas ist sehr viel tüchtiger als ich zu Hause gedacht habe, oder – genauer gesagt – er ist besonders tüchtig auf praktischem Gebiet; und ich wünsche ihm, daß er Uasin-Gishu, das er so gerne haben möchte, und damit richtige Arbeit bekommt und nicht nur Einstein liest, worauf er sich zwar auch sehr gut versteht, aber diese Dinge hat er nun genug studiert, vielleicht mehr als genug. In Doune fand er übrigens einen ebenbürtigen Partner, auch er ist in Einsteins Theorie vernarrt, und sie haben stundenlange Diskussionen geführt, die den normalen Menschenverstand übersteigen.

Mein ganzes Hoffen und Denken kreist jetzt nur um die Frage, ob Ihr meinem Plan zur Aufteilung der Farm und der Veränderung im Management zustimmen werdet. Ich habe in den letzen Monaten Tag und Nacht darüber nachgedacht und glaube, der Plan ist gut. Ja, ich meine wirklich – glaubt bitte nicht, ich sei größenwahnsinnig –, daß es, wenn Ihr mich die Farm leiten und mir freie Hand laßt, in B. E. A. keine Farm geben wird, die sich mit dieser vergleichen kann. Das liegt daran, daß ich mich so brennend für sie interessiere. Hunter lacht mich aus – aber ich liebe sie, jeden Morgen Land, jeden Native, jeden Kaffeebusch ...

Geliebte Mutter, versteh diesen Brief, wie er geschrieben ist, nämlich mit der aller-, aller-, allergrößten, tiefsten Liebe ... dann wirst Du auch verstehen, wie sehr ich davor zittere, daß die Mißverständnisse sich vertiefen. Begreife, daß ich das um nichts in dieser und der nächsten Welt geschehen sehen möchte; lieber würde ich Euch nie wiedersehen. Genau wie Doune gesagt hat: Denke daran, wenn man reitet, hat man *ein Maul* am Zügel – sage auch ich: Denkt daran, wenn Ihr schreibt, trefft Ihr ein Herz. Und denkt daran, daß ich weit von Euch allen weg bin; alles wirkt auf die Entfernung ganz anders. Ja, wie Cyrano sagt: »Je mourai si de cette hauteur Vous me laissez tomber un mot dur sur le coeur.«*

Gute Nacht, meine vor allen geliebte Mutter.

Deine Tanne.

... Ich glaube, Du hast Dich von den anderen und ihren Ansichten über mich so beeinflussen lassen, daß Du mich nicht mehr verstehst, Du mußt begreifen, daß mir das Kummer macht; aber ich bin ganz sicher, daß sich das eines Tages alles klären wird und daß es nur ein Mißverständnis auf dem Hintergrund der schweren Zeiten und Verhältnisse ist. Aber solange die Dinge so liegen wie im Augenblick, ist es, glaube ich, das Beste, ich schreibe nicht nach Hause. Ich hatte angenommen, ich könnte weiter an Dich schreiben, auch wenn ich eine Zeitlang die Korrespondenz mit allen anderen abbräche; aber nach diesen letzten Briefen sehe ich, daß auch das nicht geht. Wenn Du nicht hast verhindern können, daß die Frage, ob ich mich scheiden lassen soll oder nicht, auf einer Aufsichtsratsitzung diskutiert wurde – in Verbindung mit der Frage nach der Entlassung eines Funktionärs auf der Farm, womit sie nicht das mindeste zu tun hat – dann sind unsere Auffassungen so unterschiedlich geworden, daß ich wirklich Angst habe, zu schreiben oder Briefe zu erhalten, und deshalb damit aufhören will. Ich sehe überhaupt nicht, wie ich nach alle dem je wieder nach Dänemark zurückkommen kann. Ich glaube, Ihr habt einander bis zur völligen Begriffsverwirrung hochgeschaukelt, bei allem, was mich betrifft, jedenfalls ist das in meinen Augen die einzige Erklärung dafür, daß es so weit hat kommen können.

Du sprichst von der Demütigung, die Bror mir angetan hat. Versuche aber einmal ganz im Ernst, in Gedanken eine Demütigung, die Vater in Eurem privaten Verhältnis zueinander Dir hätte antun können, mit der Demütigung zu vergleichen, die es bedeutet hätte, wenn zum Beispiel Onkel Gex und Tante Ulla, Ulf und Onkel Afred zu einer Sitzung zusammengerufen worden wären, um zu erörtern, ob Ihr Euch scheiden lassen solltet oder nicht. Ich kann nicht begreifen, daß Ihr annehmen könnt, ich würde das jemals vergessen. Da wir uns aber so weit voneinander entfernt haben und ich sehe, daß jeder Brief den Abstand vergrößert, habe ich mich entschlossen, niemandem mehr daheim zu schreiben, und ich bitte Euch, auch nicht mehr zu schreiben. Ich will es lieber ganz deutlich sagen: Was immer ich jetzt an Briefen von zu Hause bekomme, ich werde sie ungelesen zurückschicken, auch Deine, geliebte Mutter, damit Ihr begreift, daß ich wirklich der Ansicht bin, es ist besser, die Verbindung für einige Zeit zu unterbrechen. Du, meine innig geliebte Mutter, mußt nicht denken, ich täte das im Zorn, ich tue es nur, weil ich es für das Beste halte und glaube, daß es gefährlicher ist, weiter zu schreiben, und weil ich zu der Einsicht gekommen bin, es wäre besser gewesen, ich hätte das schon nach den letzten Briefen, die ich von zu Hause bekommen habe, getan.

Du schreibst, daß ich daheim zu Hause wäre; aber in dieser letzten Zeit habe ich gesehen, daß Eure Gedanken den meinen völlig fremd sind, ich werde mich nie zu ihnen gehörig fühlen. Ich habe den Geist, von dem Du schreibst, nun von seiner Kehrseite gesehen und als erschütterndes Pharisäertum erkannt; nie werde ich ihn für mich akzeptieren. Ich glaube auch, ich muß der Tatsache in die Augen sehen, daß meine Beziehung zu vielen Menschen daheim, denen ich sehr nahegestanden habe, beendet ist. Aber unser Verhältnis zueinander, geliebte Mutter, das kann wohl nie zerbrechen und es ist nicht von der Entfremdung und den Divergenzen betroffen. Selbst wenn ich nie wieder nach Hause komme, und wir uns vielleicht viele Jahre nicht sehen, so hat das ja keine Bedeutung. Ja, selbst wenn wir uns nie wiedersähen, so würde das, meine ich, nicht viel bedeuten im Vergleich zu der großen Liebe, die zwischen uns besteht, kleine Mutter.

Auch deshalb ist es wohl am besten, zum Beispiel ein Jahr lang lieber nicht zu schreiben, als daß durch anderer Menschen Einfluß auch nur der mindeste Schatten darauf fällt.

Du wirst ja jeden Monat meine geschäftlichen Briefe an Onkel Aage lesen. Ich habe überlegt, und auch mit Thomas darüber gesprochen, ob ich die Farm verlassen soll; daß ich es nicht tue, ist möglicherweise ein Zeichen von Schwäche. Aber wenn ich nun bleibe, dann, weil ich überzeugt bin, daß die Farm sonst zugrundegehen würde. Ich will nicht, daß das durch einen Schritt von meiner Seite geschieht, nicht nur, weil ich an Euer Geld denke, sondern weil dies mein Lebenswerk ist, das ich nicht selber aufgeben kann. Ich will nicht an die Natives hier, die sich auf mich verlassen, an die Ochsen, an unsere Kaffeebäume jemals mit dem Bewußtsein denken müssen, ich hätte sie im Stich gelassen. Wenn Ihr nicht wollt, daß ich bleibe und es mir direkt sagt oder mit irgendeiner Forderung, auf die mein Stolz und mein Selbstgefühl nicht eingehen *können*, mich von hier vertreibt, dann liegt die Verantwortung bei Euch. Ich selbst habe jetzt erkannt, daß ich diese Verantwortung nicht übernehmen kann, und ich schreibe Dir das als eine Erklärung für etwas, was Euch ja unerklärlich erscheinen muß, die Tatsache nämlich, daß ich hier bleibe.

Und nun lebe wohl, meine geliebte, geliebte, geliebte Mutter. Ich kann Dir nicht sagen, wie sehr ich Dich liebe, wie ich Dich immer und immer segne.

Deine Tanne.

An Ingeborg Dinesen — *Ngong, Weihnachtsmorgen 1921*

... Ich liege und schreibe im Bett, nur mit Mühe und Not bekam ich gestern die Erlaubnis, nach Hause zu gehen; aber es wäre doch entsetzlich traurig gewesen für Tommy, hier alleine zu sitzen, und für mich, am Heiligen Abend im Krankenhaus zu liegen. Am Sonntag bin ich krank geworden – vor einer Woche also – und der Arzt holte mich gleich ins Krankenhaus. Ich war fest davon überzeugt, ich müßte sterben, das denke ich immer, wenn ich krank bin, aber im Krankenhaus haben sie es auch gedacht. Drei hinzugezogene Ärzte konnten nicht sagen, was es war...

Würdest Du, bitte, Tante Bess für ihren interessanten Brief danken und sie wissen lassen: Erstens, daß sie sich furchtbar irrt, wenn sie meint, daß diejenigen, die ein Pferd halten, selbst wenn es ihr Ein und Alles ist, die Erlaubnis oder auch nur die Gelegenheit bekommen sollten, Gerte und Sporen zu benutzen; zweitens, daß Gerte und Sporen nur mit äußerster Vorsicht beim eigentlichen Ausritt oder im Sprung oder bei der Kehre verwendet werden dürfen, aber nie ohne besonderen Anlaß und schon gar nicht, weil man auf das Pferd gesetzt hat. –

Drittens, daß ich es überhaupt erniedrigend finde, mit einem Pferd verglichen zu werden, besonders mit einem, das Gerte und Sporen braucht, denn das wäre ein schlechtes Pferd – (wenn nicht gerade ein besonderer Anlaß besteht, aus dem heraus man zum Beispiel das Pferd opfern will, um eine Botschaft zu überbringen oder ähnliches).

Viertens, daß sie sich nicht vorstellen soll, die Majorin sei gezwungen worden, Gösta Berling zu heiraten. Sie hat ihn geliebt und nicht verachtet; sie hat seine großen Fähigkeiten gesehen. Fünftens, was sind das für arme, jämmerliche Kavaliere, denen ich, wie sie meint, in der K. C. C. helfen soll, die ich beschützen und für die ich leben soll? Sind das die weißen Assistenten der Company, von denen sie annimmt, sie seien zu diesem Zweck eingestellt? Das würden die zu Hause mir aber sehr übelnehmen...

An Ingeborg Dinesen *Ngong, 23/1 22*

Meine innig geliebte Mutter.

Ich möchte Dir einen Brief schreiben, um Dir ein wenig mein Verhältnis zu Bror, seit ich hierher gekommen bin, zu erklären. Ich glaube jetzt, daß die Angelegenheit so geregelt wird, daß wir geschieden werden, und das braucht kein Geheimnis zu bleiben, obwohl ich nur sehr ungern sehe, daß man es Außenstehenden gegenüber erwähnt. Daß es nun so kommt, geschieht auf Brors Wunsch, sicher, weil er glaubt, er könne seine Zukunft besser in den Griff bekommen, wenn wir geschieden sind, und wohl auch meint, auf diese Weise glücklicher zu werden.

Ich habe die ganze Zeit gesagt, was Du sicher verstehen kannst, wenn Du Dich richtig in meine Lage versetzst, daß ich niemals versuchen würde, eine Scheidung gegen Brors Willen zu verlangen oder durchzusetzen. Ich weiß nicht, wie ein Mensch so etwas tun könnte, außer in echter Raserei; und wenn ich auch gelegentlich wütend auf Bror gewesen bin, oder eher verzweifelt über sein Benehmen, so gibt es doch viel, viel zu vieles, was uns miteinander verbindet nach all den Jahren, in denen wir hier draußen allein waren mit all den Schwierigkeiten, als daß ich selbst die Initiative hätte ergreifen können, das aufzulösen, was auf jeden Fall eine sehr herzliche Kameradschaft war.

Wenn ich sehe, wie sehr Thomas und ich durch das eine Jahr hier aneinander geknüpft worden sind, das doch nur ein kleiner Bruchteil der Zeit ist, die Bror und ich hier zusammen gelebt haben, dann kann ich mir die Gemütsverfassung des Menschen gar nicht vorstellen, der ein solches Verhältnis völlig zerbricht. Ich kann mir ja denken, daß sich so etwas sehr verändern kann, und theoretisch konnte ich ja, wie Du weißt, wenn ich zu Hause war, über eine Scheidung sprechen; aber sobald ich hierherkam und Bror wiedersah, begriff ich, daß es mir für alle Zeiten unmöglich sein würde, ihn zu verlassen oder unsere Ehe zu beenden. Aber Bror hat in dieser Beziehung ein ganz anderes Temperament als ich; ich glaube, er kann irgendwie einen ganzen Zeitabschnitt und ein Gefühl aus seinem Bewußtsein löschen und sich mit Haut und Haaren auf den Augenblick konzentrieren und auf das, was kommt. Ich weiß ja nicht, ob er immer so fühlen wird oder ob auch für ihn Erinnerungen an eine Zeit auftauchen werden, die vorbei ist.

Auf jeden Fall ist es mein innigster Wunsch, daß er glücklich werden möge.

Du wirst verstehen, wie schwer es für mich ist. In meiner Beziehung zu Bror lag gewissermaßen viel von einer Aufgabe – von der ich glaubte, es sei die größte meines Lebens –, die ich nicht habe erfüllen können. Ich habe ja viele Jahre und viel Kraft auf sie verwendet. Man kann wohl sagen, es wäre besser gewesen, wenn ich sie früher aufgegeben hätte; aber ich glaube, das wäre mir unmöglich gewesen, und die Dinge mußten den Lauf nehmen, den sie genommen haben. Aber mir scheint, ich habe viel von meiner Jugend und meinen Fähigkeiten dafür geopfert, auch von meiner Seele. Und doch ist es längst nicht das, was am meisten zählt; sondern ich habe Bror unbeschreiblich gern gehabt, trotz allem, und er ist viele Jahre lang der Mensch gewesen, dem ich in der Welt am allernächsten stand. Es liegt etwas furchtbar Bitteres darin zu sehen, daß von unserer ganzen Beziehung jetzt, wenn man es klar betrachtet, nichts übrig bleibt. Und doch mußt Du nicht denken, daß ich verbittert bin; ich glaube eher, daß mir so zumute ist, als hätte ich ein Kind, das im Sterben liegt.

Für Bror hege ich das Gefühl der herzlichsten Freundschaft und der größten Zärtlichkeit, derer ich fähig bin, und daran wird sich bis zu meinem Tode nichts ändern. Ich möchte Dich auch herzlich bitten, nie im Zorn an ihn zu denken. Ich glaube, das wirst Du auch können, sobald Du weißt, daß er fort ist, und Du seinen Einfluß nicht mehr zu fürchten brauchst. Ich glaube nicht, daß Bror in gleicher Weise wie andere Menschen für das, was er tut, verantwortlich ist – das liegt teils an seinem Charakter, teils an seiner Erziehung, meine ich; wenn man ihn richtig versteht, kann man ihm gegenüber, glaube ich, keinen Zorn und keine Bitterkeit empfinden; ich kann allerdings begreifen, daß man den Menschen, die man liebt, um ihres Wohlergehens und ihres Glückes willen keinesfalls wünscht, von ihm abhängig zu sein.

Aber ich glaube, sollte ich hierbleiben und einmal die Aufgabe, die ich in Angriff genommen habe, bewältigen können, dann werde ich alle meine Kraft zurückgewinnen und fühlen, daß mein Leben trotz allem auf seine Art groß und reich und glücklich gewesen ist. Ob es so kommen wird, das weiß man heutzutage überhaupt nicht. Und wenn ich mein Heim hier und diese Farm verlassen muß, weiß ich gar nicht, was aus mir werden soll. Ich schreibe dies nicht, um Eure geschäftlichen Entscheidungen zu beeinflussen, die müßt Ihr ja aus einem anderen Blickwinkel heraus treffen. Aber ich finde, daß Du ebensogut schon jetzt wissen sollst, daß, wenn auch dieses aufgegeben und zunichtegemacht werden soll, niemand mehr in meinem Leben von mir etwas erwarten kann. Hinterher könntet Ihr meinen, es sei nicht richtig gewesen, wenn ich Euch das nicht zu diesem Zeitpunkt gesagt hätte. Ich weiß, daß man einander sehr leicht, wenn man zusammensitzt und miteinander spricht, in einer Ansicht bekräftigt, die nichts mit der Wirklichkeit zu tun hat. Ihr dürft deshalb keine Pläne machen in der Absicht, dieses oder jenes für mich zu regeln, selbst wenn Ihr alle miteinander glaubt, es müßte für mich das Beste sein, ja, es sei viel besser als mein Leben hier draußen. Es *gibt* Dinge in der Welt, die unmöglich sind, ja, *sich einfach nicht machen lassen.* Ich kann nicht nach Hause kommen, wenn ich das hier aufgeben soll, ich *kann* Euch *nicht* wiedersehen. Ich weiß, und Du mußt das verstehen, daß Ihr mich mit der größten Liebe und dem größten Mitgefühl in Empfang nehmen würdet. Aber das wäre nicht genug. Und Ihr würdet auch niemals Freude daran haben.

Dieses schreibe ich nur, weil ich es Dich so gerne wissen lassen möchte. Meine geliebte Mutter, Du wirst schon begreifen, daß ich mir wünsche, Du wenigstens von allen in der Welt mögest mich richtig verstehen.

Es ist ja keineswegs sicher, daß es so kommen muß; ich hoffe, daß ich die Karen Coffee durch diese schwere Zeit hindurchlaviere, ja, ich glaube es auch. Und dann gäbe es so unendlich vieles in meinem Leben hier draußen, das mir größere Freude und das Gefühl größeren Reichtums geben kann, als ihr ahnen könnt. Die Tatsache, daß hier so viele Menschen sind – angefangen bei Fara, den ich fast ebenso gern habe wie irgendeinen Menschen auf der Welt, bis hin zu meinen erbärmlichen Totos –, die von mir abhängen und ihr ganzes Vertrauen in mich gesetzt haben, das fordert alle meine Kräfte und gibt mir in Schwierigkeiten Halt und holt aus mir das Beste heraus, mehr als ich mir selbst erklären kann. Wenn ich meine Stellung hier etwas besser gefestigt und geordnet habe – im Augenblick ist sie ja, wie Du weißt, ziemlich schwierig –, ist sie genau so wie ich sie mir am meisten gewünscht habe.

Hier begegne ich vielen Menschen, die ich so sehr schätzen lerne – wie Denys, der jetzt hierher kommt, und Doune –, den ich in Dänemark wohl nie kennengelernt hätte. Mein Haus, mein Garten und die ganze Farm liebe ich ganz unbeschreiblich, ich habe das Gefühl, das man zu Hause selten hat, daß ich dieses selbst geschaffen habe, daß es ein Teil von mir ist. Wenn Du jemals hierher kommst, was für mich die denkbar größte Freude wäre, wirst Du es auch liebgewinnen und begreifen, daß ich hier gewissermaßen zu dem geworden bin, was mir bestimmt war, und sicher zu mehr als Ihr daheim glaubt. Wenn Dir und Euch allen einmal ein wenig Freude und Ehre durch mich zuteil würden – was ja bisher kaum der Fall war –, wäre das für mich das allergrößte Glück, das ich erreichen könnte...

[Anlage zum Brief vom 23/1 22]

Geliebte Mutter.
Ich lege meinem Brief ein paar Zeilen bei, um Dir zu sagen, daß ich jetzt tun werde, was Ihr so gerne wollt; Bror und ich werden geschieden. Ich möchte Dich bitten, nicht darüber zu sprechen, aber ich wollte es Dir schreiben. Wenn Du überlegst, warum das nicht eher geschehen ist, mußt Du bedenken, wie furchtbar schlecht es Bror hier ergangen ist. Er war arbeitslos und hatte kein Geld, wurde von der Polizei gesucht, er hat sich im Massai-Reservat versteckt, ohne Zelt und ohne Schuhe. Es war unmöglich vor den Leuten hier und vor mir selber, meinerseits den Anfang zu machen und von Scheidung zu sprechen. Aber jetzt glaube ich, daß es ihm besser gehen wird; er wird, sobald alles geregelt ist, eine englische Dame* heiraten, die ihm helfen will.

Ich kann ja nichts anderes sagen, als daß es sehr schwer ist, auf einen ganzen Abschnitt seines Lebens zurückblicken und feststellen zu müssen: Es ist nichts dabei herausgekommen. Sehe ich einmal von dem Schmerz ab, den es verursacht, mich von dem zu trennen, den ich einmal so sehr geliebt habe, so glaube ich, wird es mir wie eine Erleichterung vorkommen und wie eine Befreiung aus vielen verzweifelten Verstrickungen.

Ich möchte Dich bitten, mir später, wenn es bekannt wird, zu helfen, mein gutes Ansehen zu bewahren. Bror ist nicht der Märtyrer, den ich im Stich gelassen habe, als ich am rettenden Ufer ankam. Es ist möglich, daß Bror das so darstellt und daß seine Familie das glaubt. Mir liegt sehr daran, daß man das nicht so sieht. Ich habe der Scheidung sehr ungern zugestimmt; ich war bereit, Bror seine volle Freiheit zu geben, unter der Voraussetzung, daß es keine Skandale gäbe, und ihm zu helfen, so viel ich konnte; aber ich wollte unsere Ehe nur ungern auflösen lassen. Es ist Bror, der jetzt meint, es würde ihm eine Chance zum Neuanfang geboten, wenn er geschieden würde, und er wünscht die Trennung. Selbst jetzt, in diesem Augenblick, würde ich, wenn er nicht mehr darauf dringen würde, auf die Scheidung verzichten.

Aber wenn sie nun zustandekommt, was ich fest annehme, werde ich trotzdem versuchen, das Beste aus meinem Leben zu machen. Ich möchte die Bitte an Euch richten, besonders an Dich, helft mir, indem Ihr gut über mich sprecht, und denkt dann auch freundlich an mich; es ist schwerer für mich, als Ihr wahrscheinlich ahnt...

An Ingeborg Dinesen *Ngong, 25/3 22*

... Ich habe schon öfter daran gedacht, Euch zu schreiben, daß Ihr Euch meines Erachtens nicht darauf einstellen solltet, daß Thomas' Zukunft in Afrika liegen wird und ihr ihm entsprechend helfen müßtet; es kommt mir immer etwas illoyal vor, über jemanden, mit dem man zusammenlebt, hinter seinem Rücken zu schreiben – selbst wenn es zu seinem Besten geschieht. Deshalb finde ich es besser, jetzt zu schreiben. Es wäre natürlich denkbar, daß Thomas zum Beispiel aus Begeisterung für das Safarileben oder etwas Ähnliches und weil er keinen anderen Plan hat, auf die Idee kommen würde, sich hier in Afrika niederzulassen; aber ich glaube mit Bestimmtheit nicht, daß ihm das Glück bringen würde. Thomas paßt nicht hierher; ich sehe das ganz deutlich, wenn ich vielleicht auch nur schwer definieren kann, wieso. Ich meine, das Farmerleben liegt ihm überhaupt nicht. Thomas ist nicht praktisch begabt und hat keinen Sinn für praktische Dinge; ich glaube, seine Begabung geht mehr in Richtung theoretische Wissenschaften, gleich, welcher Art.

Für mich war das eine gewisse Enttäuschung, teils, weil ich ihn ja so furchtbar gern hier gehabt hätte, teils, weil ich angenommen hatte, ich, oder Afrika durch mich, könnte ihm über die entschlußlose Periode seines Lebens hinweghelfen, sein Interesse wecken und ihm eine Tätigkeit verschaffen. Aber nachdem ich ihn hier beobachtet habe, meine ich, es ist ganz klar, daß er sehr leicht etwas finden würde, das weit besser zu ihm paßt und ihn mehr interessieren würde. Diese langen Diskussionen, die ich von ganzem Herzen hasse, das ist eigentlich das, was ihn am meisten von allem interessiert, und ich bin sehr lästig für ihn, wenn ich immer wieder auf Ochsen, Pflügen und Berechnungen der prosaischsten Art zu sprechen komme. In letzter Zeit hat er das Neue Testament studiert und war so damit beschäftigt, daß er bei jeder Gelegenheit darauf zurückkam; ich fühle mich nicht nur außerstande, in einer Diskussion den Dingen auf den Grund zu gehen, sondern ich kann, glaube ich, im ganzen Land keinen Menschen herbeischaffen, der gut genug wäre, um Thomas in Diskussionen gewachsen zu sein.

Was ihn am meisten interessiert, ist einerseits die Sozialwissenschaft, andererseits eine solche Philosophie oder Wissenschaft wie die Einsteins. Ich meine, er müßte zu solchen Dingen leicht Zugang gewinnen können, zumal er ja ökonomisch unabhängig und weit überdurchschnittlich begabt ist. Ich bin der Ansicht, daß Einstein oder Wells oder eines seiner anderen Idole Verwendung für ihn haben müßten, wenn er zu ihnen ginge und sich ihnen mit Leib und Leben zur Verfügung stellte. Ich habe ihm oft gesagt, er solle an sie schreiben, aber ich glaube nicht, daß er es getan hat. Ich werde ihn furchtbar vermissen, wenn er abreist; aber es wäre viel schlimmer, wenn ich ihn zu etwas überredete, was nicht zu ihm paßt...

Ich habe die Grippe gehabt und in diesem Monat drei Wochen mit kleinen Unterbrechungen im Bett gelegen. Die Grippe grassiert eben im ganzen Land, da muß man wohl durch...

Mir passieren hier in Afrika die merkwürdigsten Unfälle – habe ich Euch von dem Hahn geschrieben? Du weißt, der Messinghahn, den ich auch zu Hause mithatte. Er stand oben auf einem Schrank, und als ich versuchte, eine der unteren Schubladen, die klemmte, zuzuschieben, fiel er mir auf den Kopf. Ich sackte zusammen und erwachte in einer Blutlache; als Farah ins

Zimmer kam, hob er bei dem Anblick die Arme zum Himmel. Wenn ich dabei zu Tode gekommen wäre, hätte das eine romantische Note gehabt, denn es war ja ein altes, westafrikanisches Götterbild, und ich glaube, wenn jemand dabeigewesen wäre, hätte sich ihm ein toller Anblick geboten, als der Hahn herabfiel und mich gerade mit dem Schnabel traf...

Denys Finch Hatton schreibt, daß er Ende April hierher kommen will. Ich werde sehen, daß er mir wegen des Verkaufs der Farm einige Ratschläge gibt; er kann mir da besser helfen als alle anderen...

Anfang 1922 wurde Tania Blixens älteste Schwester Ea de Neergaard ernsthaft krank, nachdem sie ein totes Kind zur Welt gebracht hatte. Ihr Zustand verschlechterte sich zusehends und am 17. Juni starb sie im Alter von neununddreißig Jahren.

An Ingeborg Dinesen — *Ngong, Sonntag 15/10 22*

... Am Donnerstag ist nun der Gouverneur hier gewesen – der neue Gouverneur, Coryndon –, ich hatte mit ihm einige Tage zuvor bei McMillans gegessen, und er war ungeheuer freundlich und sagte, er wolle gern zum Tee hier herauskommen. Ich glaubte, er wolle die Farm sehen, aber daran dachte er gar nicht, die Teestunde war dafür sehr gemütlich... Wir haben über die Eingeborenen gesprochen und hatten weitgehend die gleichen Ansichten, daß nämlich die Zukunft des Landes viel mehr, als es jetzt der Fall ist, auf Produktion durch die Eingeborenen selbst ausgerichtet werden muß. In Uganda produzieren – und exportieren – die Natives große Mengen von Baumwolle, Sesam und auch Kaffee, und es ist anzunehmen, daß diesen Stämmen noch viele Fertigkeiten beigebracht werden können...

Ich glaube der Regen kommt. Ich möchte so gern hinaus, in die Ngong-Berge, ehe es richtig losgeht, und wir haben die Absicht, morgen mit der Harley hinauszufahren und nach Möglichkeit ein paar Tage dort zu campieren. Thomas, um zu jagen – es gibt dort im Augenblick eine unglaubliche Menge Vögel, besonders Wachteln und Perlhühner – und ich, um zu malen. Ich freue mich furchtbar, daß Ihr mir mit Viggo Farben schicken wollt. Leider muß ich gestehen, daß ich mein bestes Bild Finch Hatton geschenkt habe, weil er es gut fand und sonst nie etwas bewundert. Aber ich werde Tante Bess schon etwas Besseres schicken, wenn ich erst richtig in Gang gekommen bin.

Ich ärgere mich, daß ich Dich nicht gebeten habe, mir Sophus Claussens *Djævlerier* durch Viggo mitzuschicken. Ich hatte ein Exemplar von Elisabeth bekommen, das aber verschwunden ist, und ich kann kaum ohne Buch leben. *Aphrodites Dampe* und *Mennesket* sind eine Art Evangelium für mich. Ich wäre deshalb sehr dankbar, wenn Ihr mir den Band schicktet. Das müßte sich doch wohl auch machen lassen, ohne daß man ihn einem Reisenden mitgibt...

Ich habe unter meinen Büchern Ordnung gemacht und ein altes Exemplar vom *Buch der Lieder* gefunden. Darin sind ja alle die schönen Lieder enthalten, die Ea als junges Mädchen auf Rungsted gesungen hat. Wenn ich nun hier sitze und sie durchlese, kommt es mir vor, als könne ich ihre Stimme hören, den Fliederduft spüren und das frische Buchenlaub an einem hellen Abend sehen – »im wunderschönen Monat Mai«...

An Ingeborg Dinesen — *Ngong, Sonntag 29/10 22*

...Ich denke so oft an das Bibelwort »Ich lasse dich nicht, du segnest mich denn.«* Ich finde, es hat einen tiefen Sinn, und es liegt etwas Großartiges darin; fast könnte ich es zu meinem »Wahlspruch« hier im Leben erheben. In allen Verhältnissen, in allem, was man in der Welt erlebt, scheint mir, hat es tiefe

Gültigkeit, sogar im Zusammenhang mit dieser Farm und diesem Land komme ich darauf zurück. Es war für mich das Schwerste, daß ich in meiner Ehe das nicht habe durchführen können – wenn Bror und ich uns auch in aller Freundschaft getrennt haben.

Aber ich finde nun auch, daß man, wenn man so etwas sagt, es auch wahrmachen und seine Erinnerung von dem lösen muß, was uns seinen Segen erteilt hat. Es geschieht ja fast jeden Tag im Leben, daß eine Zeit, eine Beziehung beendet wird; dagegen kann man sich nicht zur Wehr setzen. Wenn sie einem aber Segen gebracht hat, dann bleibt etwas übrig, das man nie verlieren kann. Und wenn ich daran denke, welch wahrer Segen Ea für Dich gewesen ist, wie es sicherlich keinen einzigen Augenblick gegeben hat, in dem sie Dir nicht aus tiefstem Herzen dankbar gewesen ist und Dich gepriesen hat, dann meine ich doch, es scheint viel Licht in das Dunkel um Dich her...

Im Jahre 1922 glaubte Tania Blixen, schwanger zu sein. Thomas Dinesen berichtet in einem Brief an den Herausgeber dieses Buches, daß seine Schwester eines Abends ihre Nachtwache zu seinem Haus geschickt hätte, um ihn zu sich rufen zu lassen. Ihre Hoffnung, sie bekomme ein Kind von Denys Finch Hatton, war zerstört, und sie war völlig außer sich vor Verzweiflung. Der Bruder versuchte, sie zu trösten, so gut er konnte, erst nach drei Stunden kam sie einigermaßen zur Ruhe.

An Ingeborg Dinesen *Ngong, Sonntag 19/11 (1922)*

...Wir haben überhaupt kein Geld, ich weiß nicht, wie der Aufsichtsrat zu Hause sich der Illusion hingeben kann, wir könnten mit zweihundert £ durch den Monat kommen, wenn unser normaler Verbrauch sich auf fünfhundert £ beläuft. Aber vorläufig geht es. Ich habe meine Kleider an eine jüdische Dame in Nairobi verkauft – es ist lächerlich, sie darin zu sehen – und Thomas hatte ja etwas Geld auf der Bank; er wollte versuchen, seine Jagdgewehre zu verpfänden. Glücklicherweise hat ja alles, was Natives oder Inder heißt, großes Vertrauen zu mir. Ich bete zu Gott, daß sie nie enttäuscht werden mögen...

Ich hoffe sehr, daß Viggo Farben und besonders Leinwand mitbringt; ich habe nichts mehr und sehne mich danach, meinen Malpinsel wieder in die Hand zu nehmen. Würdest Du oder würde Elle übrigens einmal Stelling oder Wieth fragen, ob man solche Leinwand zum Malen selber machen kann, man muß sicher nur irgendeine Mischung auf dem Stoff verstreichen. Denys Finch Hatton hat mich ermuntert, wieder richtig zu malen; er hat selber viel Talent auf dem Gebiet, nur keine Lust, es zu pflegen...

Nashorn, gezeichnet von Denys Finch Hatton in einer Ausgabe von Coleridge THE ANCIENT MARINER (heute auf Rungstedlund)

... Viggo und sein Vetter* sind nun schon über vierzehn Tage hier; sie wohnen in Thomas' Haus und scheinen sich dort wohlzufühlen, sie haben da etwas mehr Ruhe und sind unabhängiger; sie sind ungemein nette und angenehme Gäste, und ich glaube, dieses Land gefällt ihnen. Wir mußten natürlich sehr oft nach Nairobi und haben uns viel Zeit genommen, ihnen die Farm zu zeigen; auf jeden Fall wird es noch eine Weile dauern, bis sie auf eine Safari gehen, wenn sie überhaupt jemals loskommen...

Wir haben einen sehr netten, stillen Weihnachtsabend gefeiert, aber gemütlich war er, meine ich. Thomas und ich hatten uns bemüht, eine Dekoration aus »Tannen« und Kerzen zu verfertigen, es gab Reispudding, Puter und so etwas Ähnliches wie Kranzkuchen. Viggo strahlt ja viel Heimatliches, echt Dänisches aus – sein Vetter auch; Thomas und ich lachen oft hinter ihrem Rücken über ihre Kleidung und ihre ganze Aufmachung, die sie einfach den hiesigen Verhältnissen *nicht* anpassen *wollen*, irgendwie wirkt das auch rührend. Wir haben so viel an Euch gedacht und darüber gesprochen, wer wohl alles auf Rungsted war. Man denkt immer, man sei so alt geworden, daß Weihnachten fast seine Bedeutung verloren habe, und dann kommt mit dem Fest so vieles, was immer noch eine große Faszination ausübt. Als die anderen ins Bett gingen, fuhr ich in die Stadt. Erst zu einer Abendgesellschaft bei Lady Northley, die mich immer wieder gebeten hatte, doch zu kommen, und bei der ich die meisten meiner hiesigen Bekannten traf, und von da zur Mitternachtsmesse auf der Französischen Mission. Du mußt nun nicht glauben, was Thomas sagt, ich sei auf dem besten Wege, Katholikin zu werden; die französischen Patres sind aber immer so freundlich und nett, und ihre Kirche ist wirklich hübsch. Northleys nahmen mich dann noch mit zum Souper nach der Messe, so daß ich spät nach Hause kam. Es war eine herrliche, sternklare Nacht; inzwischen haben wir wieder Regen bekommen, über einen Zoll in einer Woche.

Ich hatte einen kleinen Kikuyujungen, Kamante, mit; Onkel Aage erinnert sich vielleicht an ihn. Er war sehr krank und hatte große Wunden, als Onkel Aage hier war; später habe ich ihn zur schottischen Mission geschickt, wo sie ihn kurierten und zum Christentum bekehrten; deshalb verlangte er energisch, in die Kirche mitgenommen zu werden; ich hoffe, daß der Unterschied zwischen dem katholischen und dem presbyterianischen – oder wie er nun heißt – Gottesdienst keine Konflikte in seiner Seele auslöst. Er ist ein ulkiges Wesen, nicht ganz normal, dafür aber mit einer wunderbar scharfen Intelligenz für bestimmte Dinge begabt, ich glaube, er ist aus dem Stoff, aus dem in früheren Zeiten die Hofnarren waren...

Danke Tante Bess vielmals für die Bücher; ich habe den dritten Teil von *Kristin Lavranstochter* noch nicht gelesen, man hat ja bei solchen Fortsetzungen immer Sorge, daß sie gegenüber dem Anfang abfallen, aber Thomas ist natürlich voll Eifer mittendrin. *Jyder* und *Der Geisterseher* habe ich nach vielen Jahren mit großer Freude wiedergelesen; ich finde, letzteres ist das allerbeste von Lie und ein wunderbares Buch...

[Fortsetzung des Briefes vom 31. 12. 22] *2. 1. 23*

Vorgestern bin ich nicht fertig geworden und habe seitdem viel vorgehabt. Sylvesterabend kamen nämlich, nachdem ich schon ins Bett gegangen war und einige Stunden geschlafen hatte, Finch Hatton und ein Lord Francis Scott mit seiner Nichte, Lady Margaret Scott, mit dem Auto und holten mich zu einem Mitternachtssouper ab, und dann kamen einige von ihnen am nächsten Morgen mit hierher und blieben zum Frühstück und fuhren mich gestern abend wieder zum Muthaiga Club, und von dort bin ich erst heute früh zurückgekommen...

... Es ist ja immer interessant, etwas von dem zu hören, worüber die Leute daheim so reden. Auch Georg Brandes' kleiner Ausflug gehört dazu; eigentlich ist es doch erstaunlich, daß der alte Herr noch so viel Kraft hat... Wenn sich jemand mit einem kleinen Liebesabenteuer bis nach Luzern zurückzieht, sollten diejenigen, die ihn dabei überraschen, doch den Mund halten. Von hier aus kann man Brandes nur zu denen rechnen, die in den letzten fünfundzwanzig Jahren dem Namen Dänemarks etwas Glanz verliehen haben.

Ja, Du kannst Dich allerdings freuen, daß Thomas zu Dir nach Hause kommt... Für mich wird es sehr schwer werden, wenn er fort ist. Aber ich sehe ja, daß es besser ist, er geht hier weg; in vieler Hinsicht ist es ihm scheußlich ergangen – und doch glaube ich, daß wir beide immer mit viel Dankbarkeit an viel Gutes und Erfreuliches in unserer gemeinsamen Zeit denken werden. Ich habe den Eindruck, sie hat ihn sehr viel weiter gebracht, und ich glaube, er ist hier zur Klarheit über sich selbst und über das gekommen, was er sich wirklich vom Leben erhofft, und das ist doch das Wichtigste. Vielleicht wird Afrika außer als Ursprungsland fürchterlicher Shauries doch einmal als Berg der Offenbarung erscheinen, und er wird trotz allem, wenn er die Ngong-Berge in der Ferne schwinden sieht, denken: Lebewohl, mein Monte La Verna*, lebewohl, du liebster, liebster Berg.

Du hattest vorausgesagt, daß mein Haar wieder wachsen würde. Glücklicherweise hattest Du recht. Seit ich es abgeschnitten habe und ich es deshalb besser pflegen kann, habe ich eine Löwenmähne, wie Du sie Dir gar nicht vorstellen kannst, viel mehr Haare als ich je gehabt habe. Zwei Ratschläge kann ich allen jüngeren Frauen geben: ihr Haar abzuschneiden und das Autofahren zu lernen. Diese beiden Dinge verändern das ganze Dasein. Das lange Haar ist wirklich durch Jahrtausende eine Sklaverei gewesen; man fühlt sich plötzlich unbeschreiblich frei mit einer kurzen Mähne, die man in einer Minute kämmen und durch die der Wind wehen kann. Und da man hier auf dem

Lande auch kein Korsett tragen muß, kann man sich wirklich dem Manne ebenbürtig bewegen. Wenn es mich kleiden würde, würde ich hier in Hosen gehen, in »Shorts«, wie sie hier viele Damen tragen; aber leider, leider sind meine Beine nicht danach – und am moralischen Mut fehlt es mir auch...

An Ingeborg Dinesen *Ngong, Sonntag 4. 2. 23*

... Alle Leute sind mit der »indien question«* beschäftigt – man meint, sie könne zu einer Revolution führen. Alle sagen, sie wollten nicht zu einer Figur im politischen Schachspiel werden, das heißt in der Auseinandersetzung zwischen der Britischen Regierung und Indien, und das müssen sie meines Erachtens unweigerlich werden, wenn sie sich wirklich für ihr »Empire« begeistern und ihm treu sind.

Ich persönlich habe so wenig Rassenbewußtsein, daß ich sie nicht immer verstehen kann. Ich empfinde mehr Klassen- als Rassenunterschiede und will lieber mit einem Araberhäuptling oder einem indischen Priester zusammensein als mit einem Kellner von zu Hause...

Es ist traurig zu hören, wie schlecht es allen Menschen geht. Erst nach und nach realisiert man, welch schreckliche Auswirkungen der verfluchte Krieg gehabt hat. Fast noch mehr als die persönlichen Leiden macht einem die Angst zu schaffen, daß das ganze Zeitalter so weit absinken könnte, daß die Sorge um das tägliche Brot das einzige Interesse sein wird. Wenn ich mir selber auch keine schönen Hüte leisten kann, so trauere ich doch aufrichtig darüber, daß keine mehr hergestellt werden. Wie viel mehr über andere Dinge! Die Gulaschzeit war sicher schlimm, besonders wegen der Herzlosigkeit, mit der Gold durch Blut verdient wurde; aber ich meine, daß damals auch einzelne gute Seiten bei den Menschen zum Vorschein kamen, und in diesen schweren Zeiten scheint doch viel Gutes zugrundegerichtet zu werden.

Am 2. März 1923 verabschiedete sich Thomas Dinesen von Tania Blixen und der Farm, um seine lang hinausgezögerte Heimreise nach Dänemark anzutreten.

An Thomas Dinesen *23/3. 1923 [Thomas Dinesens Datierung]*

... Wie Du aus meinem Telegramm ersehen hast, ist es im Augenblick meine größte Angst, daß sie mir zum 1. April kein Geld schicken. Ich weiß nicht genau, wie weit sie sich verpflichtet hatten, die vereinbarten fünfhundert £ zu schicken; wenn sie meinen, es sei zwecklos, werden sie es auf keinen Fall tun. Es ist ja wirklich ein Pech, daß aus all den Verkäufen, die wir ihnen in Aussicht gestellt haben, nichts geworden ist. Ich habe von dem Agenten in Eldoret, an den wir geschrieben hatten, einen Brief bekommen, daß es keine Verkaufsmöglichkeit gebe, ehe nicht das Inderproblem gelöst sei. Selbstverständlich würde ein erzwungener Verkauf des ganzen Besitzes unter diesen Umständen überhaupt nichts einbringen; aber wenn sie zu Hause ganz und gar die Geduld verlieren, werden sie wohl darauf keine Rücksicht nehmen...

Die Farm selbst sieht ausgezeichnet aus – sie hat große Fortschritte gemacht, seit Ihr abgefahren seid, und wir sind fertig mit dem Pflügen. Am 17. hatten wir eineinviertel Zoll Regen, und ich glaubte, damit habe der lange Regen begonnen; aber seitdem ist kein Tropfen mehr gefallen. Inzwischen ist es so warm und gewitterschwül, daß wir mit Recht jeden Augenblick Regen erwarten können. Der eine Zoll hat uns sehr gutgetan, die ganze Shamba steht voller Knospen, die bereit sind aufzuspringen, wenn wir den nächsten Guß bekommen. Ich glaube, die kommende Blüte wird üppiger als die während Eures Hierseins. Besonders draußen auf dem Stück, das Holmberg ausgelichtet hat, und auf der Shamba östlich vom Kilimandscharoweg, um Thaxtons Haus herum, kommen viele Blüten.

Du weißt ja auch ohne daß ich das weiter betone, wie

entsetzlich ich es finden würde, wenn wir jetzt aufgeben müßten, nach so viel Arbeit und so nah am Hafen – denn dort sind wir, glaube ich. Wenn Ihr zu der Überzeugung kommt, das sei das Richtige, dann müßt Ihr nach dieser Überzeugung handeln; aber ich werde dafür kämpfen, daß wir durchhalten, solange ich Leben und Atem habe.

Die Zukunft der Farm kann nur so aussehen: Entweder behält die Company sie – oder ich borge mir Geld und kaufe sie – oder sie wird zwangsweise verkauft und kommt in fremde Hände. Ich will hier nun meine Meinung darlegen, wie man in den beiden ersten Fällen vorgehen müßte; mit der letzten der aufgeführten Möglichkeiten will ich mich nicht beschäftigen, das würde sich von selbst erledigen, höchstwahrscheinlich ohne meine Mitwirkung.

Um die Farm von jetzt bis zum 1. September zu unterhalten – mit diesem Zeitraum muß man, um einigermaßen sicher zu gehen, rechnen – sind eintausendsechshundert £ erforderlich. Die eigentlichen Ausgaben werden nicht ganz so hoch sein, aber die Versicherung für die Gebäude der Farm wird Mitte April fällig, und wir haben einen ärgerlichen Shaurie mit dem Kaffee auf der Uasin-Gishu Farm gehabt, der nicht den Anweisungen der Landwirtschafts-Behörde entsprechend behandelt worden ist, wofür wir nun hohe Bußgelder zahlen müssen. Von diesen eintausendsechshundert £ habe ich jetzt einhundertfünfzig in der Kasse. Wenn die zu Hause überredet werden können, die einmal versprochenen fünfhundert zu schicken, fehlen uns also noch neunhundertfünfzig. Davon, glaube ich, noch einhundert aus den Versicherungsgeldern beschaffen zu können..., so daß uns also achthundert bis achthundertfünfzig £ fehlen, um die Farm bis zur Einbringung der Ernte weiterführen zu können. Ich dachte nun, Du könntest nach London fahren, Gilliats die Situation schildern und versuchen, sie dazu zu bewegen, um ihr schon investiertes Kapital zu retten, eine weitere Summe zu opfern, die monatlich ausbezahlt würde, solange wir die Farm zufriedenstellend in Gang halten, was sie ja durch Milligan kontrollieren können; Milligan könnte ihnen nötigenfalls auch telegraphisch Auskunft geben über den augenblicklichen

Zustand der Farm und die Ernteaussichten. Wenn sie überredet werden könnten, uns vier Monate lang – am 1. Mai, 1. Juni, 1. Juli, 1. August – monatlich zweihundertfünfzig £ zu schicken, wären wir ja obenauf; aber das ist wohl unwahrscheinlich. Du mußt selbst die Lage sondieren und je nach dem Stand der Dinge bei zweihundert £ im Monat oder hundertfünfzig oder – wenn alles andere schief geht – bei hundert £ zustimmen, helfen wird uns auch das. Die verbleibende Summe mußt Du dann auf andere Art und Weise beschaffen. Ich weiß ja nicht, ob du sie privat aufbringen kannst und willst, womöglich gemeinsam mit Viggo; Schwierigkeiten und Mühen wird es mit sich bringen, aber an der Restsumme *kann* das Ganze doch wohl nicht scheitern...

Eine andere Möglichkeit habe ich auch erwogen und schreibe ganz offen darüber, weil man ja über alles diskutieren kann, ohne daß es etwas schadet –: Wie wäre es, wenn Du Dir einen Kredit von tausend £ geben ließest und, wenn Du es *wolltest*, das Geld hier investiertest? In diesem Fall solltest Du (falls die zu Hause uns über den 1. April hinweghelfen, denn vorher läßt sich gar nichts machen) telegraphieren und zum Beispiel Hunter, Taylor, Harrison oder jemand anderes fragen, was ihrer Meinung nach ein Zwangsverkauf zum jetzigen Zeitpunkt erbringen würde. Ist zum Beispiel von zwanzigtausend £ die Rede, dann solltest Du dem Aufsichtsrat das Angebot machen, Du wolltest die Farm vier Monate lang weiter betreiben gegen die Option, sie in dieser Zeit für zwanzigtausend £ kaufen zu dürfen: Es müßten sich doch mit der Company Bedingungen aushandeln lassen, auf Grund derer Du Deine tausend £ erstattest bekommst, wenn sie am Ende der Zeit sehen, die Farm läuft und sie wollen sie behalten.

Ich finde nicht, daß es unfair von mir wäre, wenn ich unter den augenblicklichen Umständen selbst versuchte, die Farm zu kaufen – wenn das auch sicher behauptet würde. Für Mutter wäre das sicher besser, als wenn jemand anders als Käufer auftreten würde. Mein Plan wäre, Uasin Gishu zu verkaufen – im Laufe von ein oder zwei Jahren – und den Kredit abzubezahlen, außerdem müßte man hier in Ngong auch einen kleineren Kredit zu weniger Zinsen bekommen können; man könnte vielleicht von Anfang an vereinbaren, daß die Zinsen herabgesetzt würden, wenn sich die Sicherheit für den Kredit durch Tilgung verbesserte.

Ich möchte gern mit Dir in Verbindung bleiben, und ich hoffe, Du wirst mir viel schreiben und telegraphieren. Falls sich meine Idee mit dem Kredit realisieren läßt, möchte ich am liebsten die Verhandlungen mit denen zu Hause über Dich führen. In dem Falle telegraphiere ich, daß *Denys Finch Hatton und ich* Geld aufnehmen und als Käufer auftreten können. Ich will keine Privilegien bei einem eventuellen Kauf, aber ich will auch nicht schlechter gestellt werden als ein anderer Käufer, wenn zum Beispiel ein Teil des Aktienkapitals als zweite Priorität stehen bleiben sollte.

Ja, das wäre nun alles über meine eigenen Shauries – und genau wie in der Zeit, als Du hier warst, verlasse ich mich in jeder Beziehung gar zu sehr auf Deinen Beistand. Aber glaubst Du nicht auch, wenn wir jetzt nur diese Schwierigkeiten überwinden, dann wird eine Zeit kommen, wo ich Dir und Euch allen Eure Hilfe in jeder Weise vergelten kann? – und wenn ich es jetzt nicht schaffe, ja, dann ist *auf jeden Fall* Eure Hilfe vertan. Deshalb schreibe ich es Dir. Du hast mir furchtbar gefehlt, seit Du abgereist bist; ich meine fast, ein wenig verrückt geworden zu sein, als ich auf einmal so allein war. Und noch immer erscheint mir alles, das ganze Leben, so verwirrend, so auf die Spitze getrieben; ich finde, es gibt zwei Wege, zwei Möglichkeiten für mich. Entweder gelingt diese Lösung und bringt mir – ja, alles mögliche Gute: Bewahrung meines hiesigen Daseins, Harmonie im Verhältnis zu denen daheim, wenn ich einmal wohlhabend und erfolgreich nach Hause kommen kann; ja, ich kann es nicht lassen, weit in die Zukunft zu schauen, wo wir beide eine Safari unternehmen und uns an alle Shauries nur noch wie an Schatten erinnern und über sie lachen werden – oder aber: *Failure, Failure, Failure,* und das unverschuldet, meine ich – *or how?*

Ja, ich verlasse mich jetzt wie früher auf Dein Verständnis und auf Deine Freundschaft – und laß von Dir hören.

Deine Tanne.

... Es besteht überhaupt kein Grund, mich zu bedauern, weil ich allein bin. Einmal *bin* ich nicht allein; ich bin jetzt viel mehr mit Menschen zusammen als in der Zeit, als Thomas hier war, weil er sich in der Regel nicht viel aus ihnen machte. Und außerdem habe ich nicht das mindeste gegen das Alleinsein, wenn es denn mal sein muß. So wie es mir hier geht, mit meinen Boys und Hunden und weißen Leuten, lebe ich in Verhältnissen, die natürlich um mich herum gewachsen und von mir selbst geschaffen worden sind; sie gefallen mir, und ich bin glücklich in ihnen...

Du mußt auch nicht annehmen, ich hätte »ruhige Verhältnisse« nötig, wie Du sagst; ich weiß ja nicht, welche Art Verhältnisse Du meinst, aber für eine Mühle sind es keine ruhigen Verhältnisse, wenn sie nichts zu mahlen hat – im Gegenteil – wenn sie dann nicht stille stehen kann. Ich habe Angst, in Verhältnisse zu geraten, wo der Inhalt des Lebens darin besteht, über alles zu »reden«, und wo man selbst aus allem kleine Shauries machen muß. Um solcher Dinge wie zum Beispiel Einsamkeit oder Krankheit willen brauchst Du mich nie zu bedauern; die kümmern mich nicht.

Was ich fürchte und was für mich wirklich ein Unglück sein würde, ist die Möglichkeit, keine Kontinuität in mein Leben zu bekommen; ich werde das Gefühl nicht los, daß dann alles ganz unheimlich würde und zu einer Art Verrücktheit ausarten könnte.

Natürlich ist es scheußlich, so viele Shauries und Kümmernisse zu haben wie in den letzten Jahren, aber so ist es wohl zur Zeit auf der ganzen Welt, und solange noch ein Zusammenhang und ein Sinn dabei zu erkennen ist, kann man es mit ihnen aushalten und sie sogar interessant finden; von ganz anderer Natur sind die Mißgeschicke, durch die das Leben zu einem Nichts wird, sinnlos, dem Zufall unterworfen. Wenn meine Ehe anders verlaufen wäre oder wenn ich Kinder gehabt hatte, säße mir diese Angst längst nicht so im Nacken...

... Ich finde, es gibt so viele nette Kinder, die das Erwachsenwerden nicht vertragen; sie werden zu nichts, und genauso gibt es später im Leben viele Menschen, die das Älterwerden nicht vertragen können – das Gute, das sie in ihren jungen Tagen auszeichnete, verschwindet und es tritt nichts an seine Stelle. Es ist, als ob sie nur welkten, ohne zu reifen. Darüber habe ich übrigens etwas nachgedacht; wie das Alter die größte Prüfung für alle darstellt – wie beim Wein; es muß ein wirklich guter Jahrgang sein, damit er das Lagern verträgt. Und nicht nur bei den Menschen ist das so, auch in der Kunst zum Beispiel. Die weniger guten Ernten muß man lieber gleich trinken, ohne Illusionen, um den Durst zu löschen. Aber das wirklich Gute – welchen Charme und welchen Wert bekommt es durch das Lagern. So lange es ganz frisch ist, kann kein Mensch seinen Wert beurteilen; aber nach fünfzig oder nur zwanzig Jahren! Wenn ich zum Beispiel Oscar Wilde wieder lese, finde ich, das Ganze ist so dünn und kläglich, daß man das meiste gleich wieder ausspucken sollte; aber Oehlenschläger – das Beste von ihm – und Aarestrup haben meines Erachtens mit den Jahren eine solche Reife und Feinheit bekommen, ein solches »bouquet«, das ihre Zeitgenossen, glaube ich, bei der Lektüre gar nicht haben empfinden können...

Ich bin dabei, ein junges Kikuyumädchen zu malen, und hoffe, das Bild wird gut. Wenn ich hier stehe und malen kann – und es gelingt so einigermaßen – und es regnet auf die Farm und die Luft ist so wohltuend frisch, wie sie es immer zur Regenzeit ist, dann finde ich, es ist eine Freude zu leben. Ich hoffe, Thomas hat in Frankreich an meine Farben gedacht; ich habe kein Rot mehr, und das ist ein scheußliches Handicap. In Nairobi bekommt man nur schlechtes Zeug...

Ich mußte in dieser Woche mehrmals nach Nairobi wegen unserer Versicherungs-Shaurie... Am Mittwoch traf ich dort Finch Hatton, der gerade von einer Safari kam, und aß mit ihm im Muthaiga zu Mittag. Das war sehr lustig. Finch Hatton gehört – glaube ich – im Gegensatz zu Geoffrey Buxton, zu dem Schlag Menschen, dem die Jahre nur guttun werden, sodaß er, wie Stevenson von d'Artagnan sagt, » – – will mellow into a man so witty, kind and upright – – that the whole man rings true like a good Sovereign.«

Ich bekomme immer noch die Zeitschrift *Tilskueren* zugeschickt, sie ist wohl eigentlich für Thomas. Obwohl ich sie unsäglich langweilig finde, enthält sie doch gelegentlich *etwas* Interessantes. In der letzten Nummer fand ich in Zahrtmanns Briefen* etwas über Frederik Frijs – als Beispiel für einen wirklich vornehmen, edlen jungen Mann – darüber mußte ich denn doch etwas lachen. Sie schrieben dort übrigens sehr lobend über die Einakter von Otto Benzon*, von denen Du meintest, sie seien ein totaler Reinfall.

Ich muß Dir noch etwas erzählen, was Dich vielleicht freuen wird. Es geht um eine alte, schottische Krankenpflegerin; ich war bei ihr zu Besuch, und im Laufe des Gesprächs sagte ich, ich hätte bei meinen verschiedenen Nachbarn nie einen Besuch gemacht und die Nachbarn fänden das sicher unhöflich. »Warum machen Sie sich darüber Gedanken«, sagte sie, wenn »everybody knows you are a true christian woman«! – Das kann ich zwar nie werden; aber vielleicht hätte sie auch Sympathie für eine menschenfreundliche Heidin. Den guten Leumund danke ich sicher den Natives; insofern haben sie etwas recht, als ich wirklich für sie alles Menschenmögliche tun würde. Im Grunde weiß ich gar nicht, was diesen primitiven Menschen solche Anziehungskraft verleiht, aber sie besitzen sie nun einmal. Ich habe neulich einen Artikel über Hans Egede gelesen und finde, seine Tätigkeit muß herrlich gewesen sein. Wenn ich wirklich »Glauben« hätte, würde ich sicher Missionarin, aber Missionarin kann man wohl im gewissen Sinn auch ohne Glauben sein ...

Ich hoffe so sehr, daß wir uns im kommenden Jahr wiedersehen. Im Augenblick kann man ja nicht übersehen, wie es mit mir weitergeht. Ich würde gerne im nächsten Jahr nach Europa kommen, unter anderem, weil ich Professor Rasch konsultieren möchte. Im allgemeinen geht es mir gut, aber ich bin ja ein paar Mal krank gewesen, ohne daß sich feststellen ließ, was es war;

und jetzt ist es schon ziemlich lange her, seit ich das letzte Mal mit ihm gesprochen habe. Ich möchte nicht so gern nach Dänemark, wenn ich das nächste Mal nach Hause fahre – nach diesem Scheidungsshaurie könnten, finde ich, noch ein paar Jahre vergehen; aber ich dachte, ich könnte einige Monate in Paris verbringen und dort malen, und dann könnte Rasch mich an einen dortigen Arzt verweisen. Du darfst Dich nun aber nicht aufregen, wenn ich das schreibe; möglicherweise hat das gar nichts auf sich, und man müßte ja auch deutliche Symptome aufweisen; ich glaube, im Grunde ist es eine der am leichtesten zu handhabenden Krankheiten, wenn man auf sie achtet...

An Ingeborg Dinesen *Ngong, 29/4 [1923]*

...Farah und ich haben den kleinen Abdullahi, Farahs Bruder, nach Mombasa in die Schule geschickt – ich gebe einen monatlichen Zuschuß zu seinem dortigen Unterhalt. Wir haben viel Freude an ihm; seine Lehrer loben ihn und sagen, er sei fleißig und voller Lerneifer. Ich möchte so gerne mit der Zeit hier eine Schule auf der Farm einrichten; im Grunde bin ich mir nicht so sicher, ob es nicht besser wäre, die Natives auf ihrem primitiven Niveau zu belassen, aber die Frage steht meines Erachtens nicht mehr zur Debatte. Die Zivilisation wird sich ihrer in irgendeiner Form bemächtigen, und ich finde, man sollte dafür sorgen, daß das unter guten Voraussetzungen geschieht. Es würde mir viel Spaß machen, eine Schule zu haben, ihnen auch etwas Handwerkliches und bessere hygienische Vorstellungen beizubringen; in der Regel sind sie voller Eifer, etwas zu lernen, aber *furchtbar* unstet; ich glaube, es ist für einen Eingeborenen eine Tortur, längere Zeit die gleiche Arbeit zu verrichten, außer bei ihrem kläglichen Ackerbau, den sie seit zehntausend Jahren in der gleichen Form betreiben.

An meinen Modellen kann ich das auch sehen; sie stöhnen und winden sich, wenn sie stillsitzen und den gleichen Gegenstand über längere Zeit hin ansehen müssen, selbst wenn das Objekt etwas ihnen Vertrautes ist. Gerade habe ich das Bild von einem jungen Kikuyumädchen beendet; ich bin ganz zufrieden damit...

Ich habe in letzter Zeit wieder Benvenuto Cellini* gelesen; ich wollte, ich könnte das nächste Mal, wenn ich nach Hause komme, eine richtige Tour durch Norditalien unternehmen; vielleicht könnten Thomas und ich sie gemeinsam machen; für mich gibt es kein anderes Land in der Welt, das so viel Charme besitzt; übrigens meine ich, seine Natur ähnelt dem Land hier, besonders die Farben, das liegt sicher zum größten Teil an den Olivenwäldern.

Viggo sagte..., daß Tante Bess jetzt Großmutters Biographie* zuendegeschrieben hat. Gibt es sie gedruckt? Würde Tante Bess mir wohl ein Exemplar schicken? Ich denke hier oft an Großmutter; ich glaube, es hätte ihr viel Spaß gemacht, dieses alles zu sehen – außerdem denke ich viel an die alten Zeiten in Dänemark und wüßte gerne mehr über sie, ich meine die Zeit von Großmutters Kindheit und Jugend und noch davor. Troels Lunds Buch über das Bakke-Haus soll sehr amüsant sein; das würde ich gerne einmal lesen...

An Thomas Dinesen *Ngong, 29/4 1923*

Liebster Tommy.

Nur ein paar Zeilen.

Ich habe gestern einen Brief von Bror aus dem Kongo erhalten. Er hätte, als er im Government House gewesen sei, vom Gouverneur von meiner geplanten Kreditaufnahme erfahren, und nun schreibt er, daß er glaubt, mir das Geld von »zu Hause« beschaffen zu können – ich weiß nicht, ob er aus Schweden oder aus England meint. Er stellt dann einige Bedingungen, unter denen er mir das Geld besorgen würde. Ich will ja nicht behaupten, daß er das um meinetwillen tut oder um mir zu helfen – aber er tut es auf jeden Fall auf eigene Faust, und Du wirst verstehen, daß ich etwas in Sorge bin, was er dann darüber schreiben und sagen wird und daß mir das zu Hause schaden könnte. Du sollst deshalb wissen, daß mich kein Vorwurf treffen kann, ich habe das nicht arrangiert – falls Ihr auf irgendeinem Wege davon hören solltet. Er hat auch die Frau, mit der er auf Safari war, hierher geschickt, weil er meinte, sie könne etwas mit Hilfe ihres Vaters, der sehr reich ist, regeln, aber ich habe von Anfang an gesagt, daß ich mich auf nichts derartiges einlassen wolle.

Alle grüßen Dich herzlich, meine Boys sind verzweifelt, weil jetzt niemand mehr losgeht und Fleisch für sie schießt.

Es ist hier so wunderschön, überall grünt es, wenn man aus Deinem alten Haus über das Reservat hinwegschaut, leuchtet alles.

Du mußt mir versprechen, mir über alles zu schreiben.

Deine Tanne.

An Ingeborg Dinesen *Ngong, Montag 28/5 23*

Meine geliebte Mutter.

Gestern habe ich nicht schreiben können, weil mir im Augenblick ein alter Kikuyu Modell sitzt – und der Sonntag ist ja für mich der beste Tag zum Malen; an den anderen Tagen werde ich dauernd gestört, und dann werde ich so kali*. Als ich mein voriges Bild malte – das von dem jungen Kikuyumädchen – wurde ich schließlich so wütend, daß ich Pinsel und Farben auf den Fußboden warf und zu Farah sagte: »Take it away and burn it, I will never look at it again« – und der vernünftige Farah nahm es ganz ruhig fort, kam aber nach ein paar Tagen und sagte: »Try *one* more day, then I think that God shall help you and it shall be very good«; in den Gesprächen zwischen Farah und mir dreht sich alles um Gott, und wieweit er uns nun mit dem Mais, den Hunden, dem Automobil etc. helfen wird – und in diesem Falle hat er mir geholfen, indem ich das Bild zu Ende gemalt habe, wenn auch nicht *very good.* Aber ich will ja auch gerne Ruhe haben, an Dich zu schreiben, und die ist mir an einem Werktag nicht vergönnt, Du mußt deshalb entschuldigen, wenn dieser Brief etwas verwirrt erscheint...

Ihr würdet mich auslachen, wenn Ihr mich in meinem Regenzeitkostüm sehen könntet – ich gehe jetzt fast immer in langen Khakihosen und einer Art Bluse, die bis an die Knie hinabreicht, und barfuß in Holzschuhen; ich bilde mir ein, daß ich jetzt mit meinen kurzen Haaren Tolstoi ohne Bart ähnlich sehe. Ich habe mir auch selber das Pflügen beigebracht, so daß ich Tolstoi auf einem Bilde in nichts nachstehen müßte...

Ich hätte so gerne einige Bücher über die Renaissance; ob Knud welche kennt? So weit ich weiß, ist vor ein paar Tagen ein deutsches Buch über die Renaissance in Italien und ihre Menschen herausgekommen, das sehr gelobt wird und wohl schon übersetzt ist, aber ich kann mich nicht erinnern, wie der Verfasser heißt...

An Thomas Dinesen *Ngong, 12/6 23*
[Datierung von Thomas Dinesen]

...Die Farm befindet sich in einer brillanten Verfassung; jeder einzelne Baum sieht viel besser aus als im Vorjahr, die Arbeit geht stetig voran, und wir haben schon viele Arbeiten erledigt, um die wir uns dann in diesem Jahr nicht mehr zu kümmern brauchen – die Pflanzung von Schatten-Bäumen, gründliches Pflügen zwischen den Kaffeebüschen, gründliche Reparatur der Wege etc. Die Ausgaben verringern sich auch weiter, wir haben ein großes Areal mit Mais angelegt – und vieles mehr. Aber hier, wo die Dinge so liegen, daß schon fünfzig Tonnen mehr oder weniger über das Sein oder Nichtsein der Farm entscheiden können, ist es wohl besser, nicht ausschließlich von der momentanen Situation auszugehen...

Es ist nicht meine Absicht, Onkel Aage oder der Company

etwas vorzuschlagen, wozu die augenblickliche Lage nicht berechtigt. Ich hatte auch nicht vor, ihnen, wie Du schreibst, »einen Konkurs« vorzuschlagen... Ich meine auch nicht, daß sie zu einem Zeitpunkt, wo überhaupt nicht von Verkauf die Rede ist, an mich verkaufen sollen. Wenn doch aber die Dinge so liegen, daß diese Möglichkeit jeden Augenblick eintreffen kann, dann ist es doch nur recht und billig, daß ich meinerseits Vorbereitungen für meinen eigenen Verbleib treffe – so weit sich überhaupt etwas vorbereiten läßt.

Du schreibst, Du habest alles Vertrauen, das sie Dir zu Hause entgegenbringen, darauf verwendet, sie von den Zukunftsaussichten der Farm zu überzeugen. Ich nehme an, daß Du das lediglich auf Grund Deiner eigenen Sicht der Dinge getan hast, und muß Dir doch zugleich sehr dankbar dafür sein. Aber trotz der besten Überzeugung und des sicheren Bewußtseins, daß ein Unternehmen einen großen Wert darstellt, muß man doch immer damit rechnen, daß die Verhältnisse auf den Augenblick zusteuern können, wo man Ressourcen braucht. Wenn es aber keine Ressourcen gibt, wie hier, wo man so hart am Rande wirtschaften muß, daß, wie gesagt, fünfzig Tonnen mehr oder weniger nicht etwa eine mehr oder weniger gute Ernte oder einen mehr oder weniger hohen Profit bedeuten, sondern entscheidend für das Schicksal des ganzen Unternehmens sein können – da ist es wohl verständlich, daß man sich dauernd, selbst in Zeiten, die blendend aussehen, mit dem Gedanken an andere Auswege beschäftigt, für den Fall, daß besagter Augenblick eintrifft. Laß uns annehmen, wir bekämen dieses Jahr eine wirklich gute Ernte, eine so gute, wie wir sie uns nur vorstellen können, sie verzögerte sich aber so, daß die Bäume keinen guten Blütenansatz für das nächste Jahr bekämen. Dann wäre schon wieder der Augenblick gekommen, wo ein Zuschuß notwendig wäre, entweder von zu Hause oder von irgendwo anders her.

Mein eigener Standpunkt ist – wie Du ja auch weißt – der: Ich glaube an diese Farm; ich bin davon überzeugt, daß sie einmal gut gehen wird. Aber je länger ich hier bin und je mehr sie mir bedeutet – im Jahre 1915 hätte ich noch ohne Schmerz zu Hause bleiben können, sogar noch im Jahr 1920, ohne daß es für mich mein ganzes Leben bedeutet hätte –, desto mehr empfinde ich es als eine unerträgliche Belastung, so zu leben, wie ich es getan habe und noch tue, von einem Tag zum anderen, ständig mit dem Schwert über dem Kopf, daß irgend ein kleines Unglück, ja, wie gesagt, möglicherweise eine Stimmung daheim, entscheidend für das Schicksal der Farm und für mich sein kann. Solange ich hier bin, muß ich dauernd versuchen, mir auf irgend eine Art und Weise Sicherheit zu verschaffen. Du findest vielleicht, daß ich zu viel an mich selber denke und zu wenig an die zu Hause, die hier so viel investiert haben, damit magst Du ja recht haben. Ich habe jedoch nie und nimmer versucht, die zu Hause zum Verkauf zu überreden, als sie selber den gar nicht im Sinn hatten. Die Frage, ob ich selbst die Farm kaufen soll, ist gar nicht aufgetaucht, ehe sie nicht selbst ihre Enttäuschung über die Farm und ihren Wunsch, aus dem ganzen Unternehmen herauszukommen, geäußert hatten. Für sie bedeutet das eine Menge Geld, das weiß ich, aber für mich bedeutet es mein ganzes Leben.

Soviel vom Geschäft – und, wie gesagt, wahrscheinlich höchst überflüssig, weil die Chancen, daß dieser Kredit zustandekommt, so gering sind.

Sonst will ich nur sagen, daß Du mir schrecklich fehlst. Ich habe, trotz Wakambatotos Drängen, mich nicht aufraffen können, auch nur einmal auf die Jagd am Orungi zu gehen. Selbst die Fahrten nach Nairobi in dem über alles geliebten Auto, jetzt wo die Ebenen rechts und links des Weges mit all ihren Tausenden von weißen Blüten aussehen wie »die See im Gegenwind«, machen mich so wehmütig. Als das blöde Blatt *Tilskueren* neulich ankam, erschien es mir völlig unnatürlich, niemanden zu haben, mit dem ich es lesen und diskutieren konnte. Es ist so eigenartig, daß ich erst Bror als Partner bei allen meinen Erlebnissen hier hatte und dann Dich, und jetzt seid Ihr beide aus meiner Welt hier fortgegangen und werdet wohl kaum jemals wiederkommen. Gut, daß ich Farah noch habe. Er ist eine Zeit lang unausstehlich gewesen, Du weißt, das kann bei den Somalis vorkommen, und jetzt ist er plötzlich ein Engel; seine Stimmungsschwankungen beeinflussen ja auch mein Dasein. Er fährt das Auto richtig gut und geht mehr und mehr dazu über,

Chauffeur zu spielen; ich habe den Eindruck, daß Farbige, wenn sie mit einem Auto beschäftigt sind, Schwierigkeiten haben, ihre Gedanken auch auf anderes zu konzentrieren. Mein Auto wird jetzt vorbildich gepflegt, das ist ja immerhin auch was.

Übrigens sind die Straßen in einem üblen Zustand. Die Staatsstraße ist schlimmer als unser eigener Weg. Auf dem Stück zwischen Dagoretti Junction und Nairobi waren so tiefe Löcher, daß den armen Menschen, die dort fuhren und die Löcher nicht sehen konnten, wenn sie voll Wasser gelaufen waren, zu Hunderten Federn und Achsen brachen. Ich war neulich in Nairobi, weil ich dringend mit Hunter sprechen mußte, und als ich zurückkam, saßen neun indische Lastkarren in einem Loch im Forest Reserve fest. Wir mußten helfen, sie alle erst zu ent- und dann wieder zu beladen, und dann wurde es oziko*, so daß wir selber auf dem Heimweg bei Charlies Haus steckenblieben; und da war ich so erschöpft von dem dauernden Schalten, von der Angst um das Auto und allem anderen, daß ich mich einfach hinstellte und den Kopf an das Auto lehnte und weinte, als ob ich eine Tracht Prügel bezogen hätte, zu Farahs hellem Entsetzen...

Du kannst Dir nicht vorstellen, was wir hier im Haus für viele Flöhe haben; Farah sagt: »Only cat and dog, these two people bring them in« – ich weiß nicht, wer sie nun wieder rausbringt...

An Ingeborg Dinesen — *Ngong, Sonntag 17/6 23*

... Ich kann im übrigen nur versichern, daß ich Prinzipien *hasse*; sie sind doch fast immer von Übel – und wie oft verbergen sich hinter ihrem Namen nur die schieren Vorurteile! Ich finde, Mario Krohn hat etwas sehr Treffendes gesagt, als er mir über die Güte schrieb, man soll sie »nicht im Sinne der Erbauungsschriften, sondern als ›Beweglichkeit der Seele‹« definieren. Und die kann, glaube ich, ein Kind mehr als alles andere vermitteln. Ich habe so oft darüber nachgedacht, daß eigentlich kein

Mensch wirklich das Verhältnis von Eheleuten zueinander beurteilen kann, denn die Außenseite, die man sieht, ist so bedeutungslos und braucht der Innenseite überhaupt nicht zu entsprechen; sie kann auch etwas umschließen, wovon man sich keine Vorstellung macht, wenn man nicht zufällig Einblick gewinnt. Ich kann mich erinnern, daß ich einmal fand, Viggo spräche so trocken und ohne Verständnis mit Ea, und ganz kurz darauf erzählte sie mir zufällig, daß Viggo einmal, als sie müde gewesen sei und sich hingelegt hätte, an ihrem Bett sitzen geblieben sei und gesagt hätte: »Ich werde nicht reden und Dich nicht stören; ich möchte nur gerne hier sitzen und Dich ansehen.« – Und das war wohl sehr viel wahrer und ein viel echterer Ausdruck des ganzen Verhältnisses, als all die Dinge, die andere mit anhörten. Zwischen einer Mutter oder einem Vater und einem Kind gibt es wohl auch so etwas – daß man den wirklichen, inneren Kern der Beziehung nur erahnen kann. Ich glaube, daß Mitten für Viggo mehr bedeutet, als er zeigt, vielleicht mehr als er selbst weiß...

An Thomas Dinesen *Ngong, 19/8 23*

Mein innig geliebter Tommy.

...Ich weiß nicht, wie ich Dir für ein wahrhaft königliches Geschenk von 19 £ danken soll, das vor ein paar Tagen hier ankam... Du kannst mir glauben, daß es gerade im richtigen Augenblick eintraf – selbst, wenn ein Engel mit der Summe vom Himmel herabgestiegen wäre, hätte sie nicht gelegener kommen können. Es war so merkwürdig, daß ich es Dir erzählen muß. Ich weiß nicht, ob ich Dir von der Shaurie mit dem kleinen elfjährigen Somalijungen geschrieben habe, der, meines Erachtens zu Unrecht, des Diebstahls angeklagt und zu vier Jahren Gefängnis verurteilt worden war. Er stammt aus einer sehr armen Familie, und die schäbigen Somalis wollten nur die Hälfte der Unkosten für die Rechtssache beisteuern, und ich hatte ihnen nun einhundertfünfzig Schillinge versprochen; aber als ich meinen Bestand überprüfte, sah es nicht so aus, als könnte ich mein Versprechen einhalten, und Farah und ich waren ziemlich verzweifelt – »Wenn uns Allah nicht etwas Außergewöhnliches schickt«, sagte Farah. Und fast im gleichen Augenblick kam Dein Geld. Du solltest dieses Erlebnis vielleicht niemand anderem erzählen, weil man es möglicherweise dumm finden könnte ...

Ich bin sehr traurig, daß Eric Otter gestorben ist. Ich bekam die Nachricht neulich abend durch einen Läufer, den The King's African Rifles geschickt hatten, um durch mich die Adresse seiner Frau oder seiner Mutter zu bekommen; leider kannte ich keine der beiden Anschriften. Er ist in Turkana am Schwarzwasserfieber gestorben. Er war doch in alten Zeiten einer meiner besten Freunde hier draußen, und es kommt mir so eigenartig vor, als ob jetzt alles aus jener Zeit um mich herum verschwände.

Du mußt Tante Bess vielmals für einen Brief danken, über den ich mich furchtbar gefreut habe, von dem ich aber nicht weiß, wie ich ihn beantworten soll – vor allem, weil ich durch ihren Brief den Eindruck gewonnen habe, daß mein Brief an sie ganz idiotisch gewesen sein muß, so daß ich nun nicht noch mehr solchen Unsinn schreiben möchte. Von hier aus eine Diskussion per Brief zu führen, ist immer so schwierig, weil man, wenn man die Antwort bekommt, nicht mehr weiß, was man ursprünglich geschrieben hat. Trotzdem schätze ich es sehr, etwas Derartiges von Euch daheim, besonders von Tante Bess, zu bekommen. Ich will *doch* schreiben – in der Hoffnung, daß es in etwa den Punkt trifft – ich bin fest davon überzeugt, »Freiheit« und »Glück« sind ein innerer Zustand und man kann keine Regeln aufstellen, wie er zu erlangen ist – selbst die simplen Bedingungen, die Tante Bess anführt, sind meines Erachtens längst nicht alle erforderlich; ich glaube, daß Menschen von der Polizei verfolgt werden und sich doch frei und glücklich fühlen können – aber ich meine entschieden, daß es für jedes einzelne Individuum äußere Verhältnisse gibt, die mehr oder weniger die Voraussetzung für diese Gefühle bilden. Genau wie Kaffee zum Beispiel nur unter siebentausend Fuß gedeihen kann – und sich gewissermaßen frei und glücklich fühlt – und Zedern über siebentausend Fuß – so glaube ich, braucht jeder Mensch einen bestimmten Boden, bestimmte Wärmegrade und eine bestimmte Höhe, für einige sind sie sehr eng bemessen, für andere fast universell – um sich frei und glücklich zu fühlen, das heißt so frei, daß er seine Natur vollkommen zum Höchsten entwickeln kann. Ich glaube, man kann sich sowohl in einem Trappistenkloster als auch am Hof in Berlin vollkommen frei fühlen; aber ich glaube, es gehört eine seltene und ausnehmend liebenswürdige Natur dazu, sich an *beiden* Orten wohlzufühlen (und *auch* in einer Bar unter Bolschewiken und im Pfarrhaus von Nøddebo*).

Ich selbst möchte beinah sagen, frei ist, wer imstande ist, die Gesetze zu lieben, die das eigene Dasein bestimmen. Wenn ich zum Beispiel die Leute von der menschlichen Freiheit reden höre, die man an Bord eines Schiffes genießt, dann regt mich das persönlich furchtbar auf, weil ich die Gesetze, denen die Bewegungsfreiheit dort unterworfen wird, unnatürlich finde. Ich meine, wenn Tante Bess, wie sie schreibt, sich frei fühlt, dann nicht, weil sie imstande ist »jedem das Seine zu geben, ihre Steuern zu bezahlen etc.« – abgesehen davon, daß Ordnung und Honorigkeit für sie notwendig sind und sie sie *liebt* –, sondern weil die Menschen, die sie liebt und die etwas in ihrem Leben bedeuten, nichts anderes von ihr verlangen, als was sie infolge ihrer Natur geben kann. Ich muß schließlich dagegen protestieren, es seien in Drachmanns Mund »leere Worte«, wenn er von Freiheit spricht. Ich weiß niemanden, der sie mehr geliebt hat, auch keinen Dichter, dessen Werke beim Lesen mehr das Gefühl vermitteln, sich in »freier Luft« – in einer frischen, freien Atmosphäre – bewegt zu haben...

Ich erwarte Denys, vielleicht heute, jedenfalls diese Woche, und da weißt Du ja:

Der Tod ist nichts, der Winter ist nichts...*

... Seit ich den Brief von Onkel Aage erhalten habe, ist der Duft der Rose und der Glanz des Vollmonds aus meinem hiesigen Dasein entschwunden, und ich habe mich weitgehend so gefühlt, wie sich meines Erachtens Samson gefühlt haben muß, als man ihm die Haare abgeschnitten hatte. Die Kraft ist fort. Ich bin zu nichts mehr nutze in irgendeinem Shaurie mit Hunter, Harrison und Milligan; es gelingt mir noch nicht einmal, die Ungeduld meiner weißen Angestellten richtig zu zügeln, wenn sie auf Geld warten – und das habe ich, weiß Gott, bisher immer noch spielend geschafft. Kein Mensch weiß, wie ich geschuftet habe, um das Mbagathi-Haus zu verkaufen, damit wir über diesen 1. September hinwegkämen, und das war noch vergleichsweise leicht für mich; jetzt nach diesem Shaurie kann ich mich nicht aufraffen, endlich die Abtretungsurkunde zu unterschreiben, obwohl ich ihretwegen zehnmal in Nairobi war, und ich weiß wohl, daß das meine Schuld ist; ich spüre, daß ich gegenüber Hunters Bedenken und Harrisons Schikanen machtlos bin. Ich kann wohl noch wie Samson in der Tretmühle gebraucht werden; aber dafür könnt Ihr einen Maulesel nehmen...

Was mich selbst betrifft, so habe ich ja mein Herz so sehr an dies alles verloren, daß es Zeiten gegeben hat, in denen ich ganz sicher war, ich würde lieber sterben als von hier weggehen. Ich will ja auch jetzt nicht behaupten, daß ich sicher bin, ich könnte eine Trennung wirklich überleben. Aber es gibt auch andere Zeiten, in denen ich denke, es ist falsch, sich im Leben so sehr an eine Sache zu binden, und ich müßte noch so viel Kraft in mir haben, daß ich trotz allem weiterleben könnte, selbst wenn so viel zusammenstürzt. Aber dann muß man ja etwas über das Wie nachdenken. Bisher habe ich meine Trennung von hier als eine Art Ragnarök angesehen – danach käme nichts. Aber jetzt schreibe ich Dir, um Dich zu bitten, mir bei der Klärung der Frage zu helfen, *was* jenseits dieser Zäsur geschehen könnte.

Ich will Dich deshalb als erstes fragen, ob Du, falls ich von hier fort müßte, hierher kommen und nach meinem Plan Ordnung in die Dinge bringen könntest, damit ich das nicht selber machen muß und auch nicht zum Beispiel Onkel Aage in den letzten Monaten, die ich auf der Farm bin, hier ertragen muß?

Und weiter: Würdest Du mir zu einem neuen Start im Leben verhelfen, und wenn ja, mit wieviel?

Ich schreibe das nicht, um zu betteln, sondern weil ich wissen muß, wie es um mich steht. Wenn Du zum Beispiel sagst, daß Du mir nicht helfen kannst – was ja sehr gut der Fall sein könnte, wenn Du zum Beispiel daran dächtest zu heiraten oder den einen oder anderen Betrieb zu übernehmen –, dann mußt Du nicht glauben, ich würde dies nicht sehr gut verstehen. Ich müßte dann nur meine eigenen Pläne ändern.

Ich könnte, so wie die Dinge jetzt liegen, sehr wohl heiraten; aber ich bin zu der festen Überzeugung gekommen, daß ich nicht heiraten will, es sei denn aus Liebe oder um genau die Stellung einzunehmen, zu der ich passe. Ich kann mir nicht vorstellen zu heiraten, nur um versorgt zu sein. Hingegen könnte ich mit jemandem für ein paar Jahre verreisen, mit dem ich mich gut verstehe und der mir helfen würde, mich auf meine eigenen Beine zu stellen.

Es ist ja eine Schande, wie junge Mädchen erzogen werden. Ich bin fest davon überzeugt, wenn ich als Junge geboren wäre, dann würde ich jetzt, mit genau dem gleichen Verstand und den sonstigen Fähigkeiten, die ich nun einmal besitze, in der Lage sein, mich sehr gut alleine durchzuschlagen. Aber auch so müßte ich wohl dazu imstande sein, wenn ich nur in der ersten Zeit etwas Hilfe bekäme.

Ich selbst glaube nicht – wie Ihr es vielleicht tut – daß ich sehr wählerisch bin, was mein zukünftiges Leben anbelangt, auch wenn ich unfähig gewesen bin, mich in die Verhältnisse zu fügen, in die ich hineingeboren wurde und die von Natur gegeben waren. *Eines* steht für mich ganz fest: In der Mittelklasse will ich nicht leben. Aber ich meine wirklich, daß ich sehr glücklich sein könnte, wenn ich zum Beispiel ein kleines Hotel für Farbige in Djibouti oder Marseille hätte und ich es erst gut in Gang gebracht hätte. (Dieses plane ich keineswegs, es ist nur ein Beispiel, das mir gerade einfällt.)

Ich habe also noch keine Beschlüsse gefaßt und weiß ja nicht, ob die Company das getan hat. Ich wollte gern, daß Du, wenn Du diesen Brief bekommen hast, mich wissen läßt, was Du denkst, ehe ich irgendwelche Entschlüsse fasse; und Du weißt, daß ich mich immer sehr nach Deinen Ratschlägen gerichtet habe. Ich wäre Dir deshalb sehr dankbar, wenn Du mir in einem langen, ausführlichen Brief sagen würdest, was Du wirklich meinst.

Ich hatte selber gar nicht die Absicht, so viel zu schreiben. Aber es wird immer mehr, als ich mir vorgestellt habe, wenn ich anfange, an Dich zu schreiben.

Denys Finch Hatton wohnt hier schon eine Weile und wird auch noch eine Woche bleiben, und ich bin wirklich vollkommen glücklich gewesen, ja, so glücklich, daß alles, was ich durchgemacht und gelitten habe, die Krankheit, alle Shauries, die ich gehabt habe, durch diese eine Woche aufgewogen werden.

Lebewohl, lieber Bruder.

Immer, immer Deine Tanne.

An Thomas Dinesen *Ngong, 25/9 1923*

... Als erstes möchte ich feststellen: Nach dem, was von Seiten der Company in dieser Angelegenheit gesagt, geschrieben und telegraphiert wurde, bin ich mir darüber im Klaren, daß sie mich auf keinen Fall als Manager behalten wollen. Sonst hätten sie mich unmöglich so behandelt...

... Über meine hiesige Stellung kann ich sagen, ich habe sie geliebt, ich liebe dieses Land und seine Leute und die Farm, wenn nicht am meisten von allem in der Welt, so doch auf jeden Fall so sehr, daß es mich glücklich gemacht hat, meine ganze Zeit, alle meine Fähigkeiten – was man im allgemeinen »sein Leben« nennt – in ihren Dienst gestellt zu haben. Deshalb kann ja nicht ausgeschlossen werden, daß man das Unternehmen in einer Weise umgestaltet, daß dadurch auch meine Bindung zu ihm verändert wird. Ich kann mich erinnern, daß Frau Casse eine

Theorie, oder sagen wir lieber ein Gedankenexperiment, durchspielte, um ihre Gefühle für ihren Mann zu beschreiben, das ging folgendermaßen: Wenn man Peter einen Arm oder ein Bein abhackte, würde ich ihn dann weniger lieben? – nein. Wenn man Peter die Augen ausstechen würde, würde ich ihn dann weniger lieben? – nein. Wenn Peter sein Gehör, seine Sprache, seine Beweglichkeit verlöre, würde ich ihn dann weniger lieben? – nein. Etc. – Selbst wenn man bedenkt, daß durch solche Verstümmelungen das Verhältnis zu Peter sich sehr verändern könnte, so glaube ich doch, daß die Möglichkeit, daß Peter sich so verändert, für normale Menschen derart unheimlich sein wird, daß sie sich rechtzeitig aus der Beziehung lösen würden, wenn sie dazu eine Chance hätten. Jedenfalls beweist das Gedankenspiel nur, daß für Frau Casse Arme und Beine etc. nicht das Wesentliche in ihrem Verhältnis zu Peter darstellen. Es würde wahrscheinlich ganz anders für sie aussehen, wenn die Frage lautete, was würde geschehen, wenn Peter seine Intelligenz, seine Prinzipien, seine Ehrlichkeit, sein Feingefühl, seine Liebe zu ihr verlöre. Es ist hier nur die Rede davon, was in einer Beziehung entscheidend wichtig ist. Bei jedem Menschen können vermutlich veränderte Umstände veränderte Gefühle und Auffassungen mit sich bringen. Das Verhältnis zwischen Mutter und Kind bildet möglicherweise eine Ausnahme; aber selbst da kann es so weit kommen, daß alle unvoreingenommenen Zuschauer es als Glück ansähen, wenn zum Beispiel der Tod dem Verhältnis ein Ende setzte. In meinen Augen könnte sich meine Stellung hier so verändern, was ihren eigentlichen Sinn anbelangt, daß die äußeren Verhältnisse, die Tatsache, daß ich in diesem Haus wohnen bleibe und weiter Managing Director* genannt werde, das nicht wettmachen könnte...

Ich weiß sehr wohl, daß es mir furchtbaren Kummer und Sorgen bereiten würde, alles hier aufgeben und abreisen zu müssen. Wenn ich aber den Eindruck gewinne, meine Vorstellungen von Fairness, Anstand und Gerechtigkeit sind meilenweit von denen der Leute entfernt, von denen ich hier abhängig bin, und wenn ich meine, mir darüber im Klaren zu sein, daß sie der Ansicht sind, ich hätte von ihnen weit mehr genommen als ich je zurückgeben kann und eigentlich auch mehr, als ich jemals mit Anstand hätte annehmen dürfen – kann es dann von irgendeinem Standpunkt aus, sei es vom moralischen oder dem des gesunden Menschenverstandes, richtig sein, hier zu bleiben? ...

Sonst geht es mir gut, und ich bin glücklicher gewesen als alle anderen Menschen auf der Welt, denn ich habe Denys einen Monat lang hier wohnen gehabt. Ich hoffe, er kommt zurück und wohnt hier über Weihnachten, er verläßt das Land erst im Januar – jetzt ist er für einige Monate auf Safari. – Daß ein solcher Mensch wie Denys existiert – was ich schon vorher geahnt aber kaum zu glauben gewagt habe –, und daß ich ihm glücklicherweise in meinem Leben begegnet bin und so nah bei ihm gelebt habe – wenn auch lange Zeiten der schmerzlichen Trennung dazwischen lagen, das wiegt alles andere in der Welt auf, und die anderen Dinge bedeuten an sich nichts.

Übrigens darfst Du ihn, wenn ich sterben sollte und Du ihm später begegnest, nie wissen lassen, daß ich so etwas an Dich geschrieben habe.

An Thomas Dinesen *Ngong, 18/10 1923*

... Ich sehe die Dinge nun so, daß Mutters Haupteinnahmequelle hier auf dem Spiel steht. Auch bedeutende Summen für Tante Bess, Anders und Dich selber. Man kann ja auch sagen, es dreht sich um die Million an Aktienkapital, die hier investiert worden ist, und daß es zu einem großen Teil eine Frage der Ehre ist.

Zu den Möglichkeiten, die es noch gibt, sie zu retten, zähle ich nicht die, noch mehr Geld von zu Hause einzusetzen. Ich gehe davon aus, daß es vollkommen ausgeschlossen ist, überhaupt noch weitere Zuschüsse zu bekommen.

Aber es gibt andere Faktoren als das Geld, die meiner Meinung nach entscheidend werden können, und über die möchte ich Dir heute schreiben. Ich bin nicht bereit, mein ganzes

Leben für die Farm zu opfern, aber ich bin willens, einige Jahre lang all meine Kraft und all meine Zeit einzusetzen. Ich möchte Dich nun fragen, ob Du Dir denken könntest, falls Du es für dringend erforderlich hältst, dieses Unternehmen zur Hauptsache in Deinem Dasein zu machen, für zum Beispiel ein Jahr?

Ich kann Dir keinen bestimmten Plan und keine Kalkulation liefern. Ich glaube, wie ich schon geschrieben habe, nicht, daß wir eine so große Ernte bekommen, wie wir gehofft haben und wie erforderlich ist, um alle Affären auf einmal zu erledigen; wir sind sicher zu optimistisch gewesen, als wir annahmen, man könne eine so vernachlässigte Farm wie diese in so kurzer Zeit wieder ganz in Ordnung bringen. Aber ich glaube, die Farm hat einen kolossalen Aufschwung genommen und wird wieder in Ordnung kommen, wenn man uns etwas Zeit läßt, und die Verhältnisse hier draußen sich insgesamt bessern. Deshalb ist es meiner Meinung nach falsch, jetzt alles aufzugeben, wenn es denn noch durchgeschleppt werden *kann*...

Ich nehme an, daß Du, falls ich nach Dir telegraphiere, es so einrichten kannst, daß Du hierher kommst. Aber ich bin fest davon überzeugt, daß Du *auf jeden Fall im Februar oder März* hierher kommen solltest, falls nicht zum Beispiel ein Verkauf die Verhältnisse stabilisiert hat. Kannst Du Dich darauf einrichten? Ich finde, Ihr solltet nicht die Aufgabe der Farm in Erwägung ziehen, ohne daß jemand von Euch zu Hause sie sich angesehen hat, selbst noch im letzten Augenblick. Ihr solltet Euch auch nicht durch die Tatsache, daß wir vielleicht in diesem Jahr zu optimistisch gewesen sind, zu der Annahme verleiten lassen, dieses sei ein hoffnungsloses Unternehmen... Ich bin der festen Überzeugung, Du und ich können, wenn wir im kommenden Jahr alles dafür einsetzen, das Unternehmen retten und zum Erfolg führen. Meinst Du, das wäre die Mühe wert, und willst Du mir dabei helfen?...

... In diesem Jahr sind das Wild und die Löwen merkwürdig – sie sind bis nach Nairobi hereingekommen; ein junger Löwe hat Nacht für Nacht den »Zoologischen Garten« um das Government House herum besucht, schließlich hat ihn der Adjutant des Gouverneurs eines Morgens direkt vor dem Haus erschossen. Auch hier in unserer Umgebung haben wir Löwen gehört. Ich dachte mit einiger Besorgnis daran, als ich neulich viele Meilen im Wild Reservat geritten bin; das Gras war so hoch, daß es bis über meine Stiefel ging beim Reiten, und plötzlich gingen Rouge und ich in einem großen Loch zu Boden, das ich nicht hatte sehen können. Ich hatte das Gefühl, tief in einem Grab zu liegen, und ich sah Rouges Rücken über mir balancieren, er kam hoch, und der Zügel riß, und ich krabbelte raus und sah ihn viele Yards weit weg mit höhnischer Miene stehen. Ich war so verzweifelt, daß ich weinte; es war schon mitten am Vormittag und brütend heiß, und Thomas weiß, was es bedeutet, in dem hohen Gras gehen zu müssen; man hat das Gefühl zu ertrinken, besonders wenn man Reitzeug und lange Stiefel anhat, ist es unerträglich. Ich dachte, es würde sieben Stunden dauern, bis ich wieder zu Hause wäre, und Rouge würde weglaufen und von Löwen gerissen werden, aber wie durch ein großes Wunder erreichte ich ihn, bekam ihn zu fassen und ritt stolz nach Hause ...

Eine Sache mußt Du Dir, bitte, nicht so zu Herzen nehmen – denn das ist meines Erachtens nach unnötig – nämlich Thomas' Liebesaffären oder Flirts ... Wenn Mutter und Sohn zusammenwohnen, was ja etwas unnatürlich ist, wenn der Sohn in Thomas' Alter ist, es wäre ja sinnvoller, daß er bald sein eigenes Heim bekäme, wodurch solche Angelegenheiten leichter zu regeln wären – dann muß, glaube ich, die Mutter einen Teil seines Lebens, der ihr immer etwas albern vorkommen muß, unbeachtet lassen. Liebesgeschichten dieser Art sind doch etwas, worauf sich ein junger Mann bestens versteht, in die aber eine ältere Dame sich schlecht hineinversetzen kann; ich glaube nicht, daß es seit den Zeiten von Frau Montague und Königin

Bera und bis hin zu Großmutter auch nur eine Mutter gegeben hat, die nicht bekümmert und verärgert gewesen wäre, wenn sie sich der Mühe unterzogen hätte, sich in alles, was ihre jungen Söhne in dieser Richtung unternahmen, hineinzuversetzen. Auch was die heutigen Gebräuche und Gepflogenheiten betrifft, kannst Du deren Beachtung ruhig Thomas überlassen. Ich finde keineswegs, daß seine Achtung vor der Frau oder der Liebe unter seinen Albernheiten gelitten hat – wenn auch die Verehrung etwas andere Formen angenommen hat als in den Zeiten, als Eure Altersgenossen auf Freiersfüßen gingen...

Ich meine, daß Du Dich manchmal viel zu sehr für unser Benehmen *verantwortlich* fühlst; denke daran, wie alt wir schon sind, kein Mensch kann Dich für unser Tun zur Rechenschaft ziehen. Vielleicht ist es eher so, daß Du es Dir zu sehr zu Herzen nimmst, wenn wir kritisiert werden, besonders von der Familie. Ich finde, Du solltest Dich darüber hinwegsetzen; vollkommen *sind* wir ja leider nicht, und da ist es gar nicht zu vermeiden, wenn man so von Familie umringt ist, wie Du es leider bist, daß einige Divergenzen entstehen zwischen der Auffassung der Mutter und der Entfernterstehender, was die Kinder anbelangt. Aber wir selber sind ja so alt, daß wir im allgemeinen gelassen hinnehmen können, was wir aus der Ecke auf den Kopf bekommen, wenn nur Du aufhören wolltest, Dich darüber aufzuregen.

Ich glaube, daß das Streben nach Bürgerlichkeit in Wirklichkeit gar nicht so viel für Dich bedeutet, und daß Du eigentlich lieber Don Juan zum Sohn haben würdest als den Octavio, ja, daß Du an dem Gastmahl mit dem Komtur durchaus hättest teilnehmen können, wenn Du Dich hättest freimachen können von der Betroffenheit über die Kritik, mit der Juan überschüttet wurde. Du hättest in Deinem Herzen sagen sollen: »Thomas ist viel leichtsinniger als ich gedacht habe und treibt viel Unfug, aber ich weiß, daß er nichts Böses tut, und es geht *keinen* Menschen etwas an« – dann müßten doch Dein Seelenfriede und Deine Freude über ihn trotz allem unerschütterlich sein.

...Nun sind drei Jahre vergangen, seit ich von zu Hause abgereist bin; in der Zwischenzeit ist so viel geschehen; und man kann ohne Übertreibung sagen, daß es drei fürchterliche Jahre für den größten Teil der Menschheit waren. Ich selber hätte diese Jahre um keinen Preis missen mögen; gewiß, ich habe vorher nie gewußt, was Shauries sind, aber ich habe auch nicht gewußt, was es heißt, vollkommen glücklich zu sein, ja, zu leben. Ich habe gerade darüber nachgedacht und hätte gerne in *Adam Homo* nachgeschlagen, um zu sehen, wie der alte Pastor – oder ist es Madame? – Homo dem Adam erklärt, was das ist: »zu leben«. Ich würde übrigens *Adam Homo* gerne hier haben, und außerdem wünsche ich mir so sehr Anatole France's *I'le des Pingouins* und *La Rôtisserie de la Reine Pédauque*, falls freundliche Menschen mir einmal Bücher schicken wollen – die letztgenannten natürlich auf Französisch...

Heute hat Mahu Geburtstag; sie wird fünf Jahre alt und nimmt das sehr wichtig. Ich habe ihr ein Halsband und ein Kalb geschenkt. Sie und ihr kleiner Bruder, der zwei Jahre alt ist, sind hier den ganzen Vormittag, während ich schrieb, herumgetobt und haben »Ngoma« gespielt. Der kleine Junge, Tumbo, ist ein ulkiger kleiner Wicht, sieht aus wie ein Frosch, hat aber vor nichts Angst, lacht schallend und schlägt sich aufs Bäuchlein, was immer ihm im Leben begegnet...

Es wird Thomas sicher freuen, daß ich dabei bin, eine kleine Abhandlung über Geschlechtsmoral* zu schreiben, wenn ich sie nur zu Ende bringe. Übrigens waren Thomas und ich ja in dieser Frage immer sehr geteilter Meinung – ich kann mir denken, daß auch er in ernste Diskussionen mit Tante Bess gerät...

... Wenn man älter wird, finde ich, verliert der Abstand, ob nun im Raum oder in der Zeit, immer mehr an Bedeutung; mir kommt es eigentlich so vor, als sei alles, was vor langer Zeit verschwunden ist, und alles, was weit weg von mir geschieht, ebenso »gegenwärtig« wie das, was zufällig im Augenblick direkt neben mir geschieht.

Es ist eigenartig, daß man allmählich so alt wird; ich bin ja jetzt ebenso alt wie Du es warst, als Vater starb, und ich kann mich ganz deutlich an Dich erinnern zu einer Zeit, die lange vor diesem Ereignis lag, mit Deinem blau-weiß gestreiften Baumwollkleid und Deinem wunderbaren Haar – deshalb meine ich jetzt fast, wir seien genau gleichaltrig. Tante Bess müßte ich ja als junges Mädchen in Erinnerung haben; was Malla betrifft, so kommt es mir so vor, sie sei nie jünger oder schöner gewesen als sie jetzt ist, und ich hoffe, sie wird sich ewig jung erhalten, jedenfalls, bis ich wieder nach Haus komme. Ich wollte, ich könnte den Weihnachtsbaum und den unbeschreiblich anheimelnden Gänsebraten bis hierher riechen; es stimmt, was in *Garman & Worse* gesagt wird, daß »le nez c'est la memoire« – aber Ihr müßt auf jeden Fall an mich denken, wenn Ihr die Gans eßt und die Kerzen ansteckt und wenn Ihr »Zum Weihnachtsfest die Glocken läuten« singt, das ich von allen Weihnachtsliedern am schönsten finde und das mich am meisten an Weihnachten zu Hause erinnert. Ja, »frohe Weihnachten« all Euch geliebten Menschen daheim ...

In der Hoffnung, daß das die Farm für Arbeitskräfte attraktiv macht, starte ich mit dem Neuen Jahr hier eine Schule; schon lange habe ich diesen Wunsch gehegt, aber Dickens war erst sehr dagegen, er ist jetzt glücklicherweise zu besserer Einsicht gekommen. In »Charlies Haus«, von dem Thomas weiß, wo es liegt, werden die Unterrichtsräume sein, und ich glaube, es wird mir Spaß machen. Es wird nur am Abend unterrichtet, damit die Arbeit auf der Farm nicht unterbrochen werden muß. Leider sind besonders die Wakambas sehr dagegen, die Katholiken hierher zu bitten – ich weiß nicht, weshalb; sie behaupten, sie brächten ihnen nicht genug bei – deshalb muß ich gegen meinen Willen meine Freunde von der französischen Mission kränken; aber es hat ja keinen Zweck, die Wünsche der Natives in dieser Frage außer Acht zu lassen, wenn man sie gerade mit der Schule hierher locken will. Ich meine, jede größere Farm müßte eine solche Schule haben; es hilft ja nichts zu sagen, die Natives seien in ihrem primitiven Zustand glücklicher; einmal ist auch das an sich fraglich, und dann ist es unmöglich, sie auf dem Stand zu halten, und wenn man in dieser Richtung nichts tut, erreicht man nur, daß sie den allerschlechtesten Seiten der Zivilisation anheimfallen, wie man es bei den furchtbaren Typen von »Nairobi-Boys« sieht, die sich erst in der Zeit, die ich hier bin, entwickelt haben und die denen zu Hause in nichts nachstehen, mit »Haaren bis tief in die Stirn«, die, wenn es nach Onkel Rentz ginge, zum Nørrefœlled gebracht und erschossen werden müßten. Es ist doch aber anerkennenswert, daß die Natives den Ehrgeiz haben, etwas zu lernen. Wie gesagt, ich bin sehr froh, die Schule einrichten zu können.

Diese Woche war Major Taylor hier, um die Farm zu besichtigen. Es war sehr erfreulich, seine Meinung über sie zu hören. Er ist ja seit Februar nicht mehr hiergewesen und kann die Veränderungen besser erkennen als Dickens und ich, die wir sie jeden Tag anstarren. Ich nehme an, er schickt einen Rapport darüber nach Hause.

Am selben Tag, als er hier war, geschah etwas Grausiges und Trauriges auf der Farm. Ich war in meinem Bad vor dem Dinner, als ich einen Schuß hörte – was ich immer schrecklich finde, besonders in der Nacht; aber ich dachte, es sei einer der Weißen, der auf eine Hyäne schösse. Kurz darauf kam Thaxton auf dem Motorrad in rasendem Tempo vorgefahren und sagte, es sei ein Unglück geschehen; während sein Koch weggewesen sei, hätten seine Küchen-Totos sich in seiner Hütte mit anderen kleinen Jungen getroffen, und einer von ihnen hätte eine Schrotflinte ergriffen, die Thaxton auf der Veranda stehen hatte, um Raubvögel von seinen Hühnern zu vertreiben, und hätte sie mitten in die Jungen hinein abgefeuert. Thaxton war völlig außer sich und wußte nicht, wie viele verletzt waren, und bat mich mitzukommen. Ich zog etwas über und lief mit ihm zu seinem Haus hinab – Thomas hat in seiner letzten Zeit dort gewohnt. – Es soll, das hörte ich später, drei leicht verletzte Kinder gegeben haben, die weggelaufen waren; als wir ankamen, waren nur zwei zu sehen. Der eine, es war Maturri, an den sich Thomas vielleicht erinnern kann, so ein lieber, vergnügter kleiner Toto, hatte Einschüsse am Hals und in der Brust – er lag bewußtlos in einer großen Blutlache; der andere saß aufrecht und das Blut strömte ihm aus dem Mund, oder dem, was von seinem Munde übrig war – der ganze Unterkiefer war ihm weggeschossen.

Ich verband ihn so gut ich konnte, aber das war, beim Lichte einer kläglichen Laterne, nicht leicht, und holte dann mein Auto, um sie zum Hospital zu fahren. Meine Scheinwerfer waren nicht in Ordnung, genaugenommen habe ich keine Beleuchtung am Auto, und der Wagen wollte nicht anspringen; mir kam es wie eine Ewigkeit vor, bis wir loskamen – es war ja auch nicht einfach, sie im Auto richtig zu betten, und dann empfindet man ja jede Unebenheit auf dem Weg bei solch einer Fahrt als ganz entsetzlich –, aber wir kamen schließlich hin. Thaxton und Kamante, den Thomas kennt, waren bei mir. Farah war zufällig in der Nacht nicht da. Als wir Maturri aus dem Wagen hoben, starb das arme Kind. Der andere hatte ja so viel Blut verloren, das ganze Auto war voll davon, und war in einem elenden Zustand, aber er lebt noch; ich habe ihn am nächsten Tag besucht. Ich glaube, es wäre besser für ihn gewesen, er wäre gestorben, und er wäre sicher gestorben, wenn wir ihn nicht weggebracht hätten, aber das *kann* man ja nicht gegeneinander abwägen. Ich glaube nicht, daß er gelitten hat, der Schock war sicher zu groß; als ich durch den Wald dahinlief, hörte ich ihn schreien und jammern, als ich aber bei ihm war und seinen Kopf in die Hände nahm und ihm sagte: sei ganz ruhig, jetzt bin ich gekommen, um Dir zu helfen – gab er keinen Laut mehr von sich, nicht einmal auf dem Weg zum Hospital, wo er ja dauernd hin- und hergeschaukelt wurde. Maturri kann nicht das mindeste gespürt haben; er hatte die ganze Ladung Schrot Nr. 4 in die Brust bekommen, er stöhnte, war aber nicht bei Bewußtsein.

Wir fuhren sofort zur Polizeistation, um Bericht zu erstatten, und dort hielten sie uns stundenlang fest; wir kamen nicht vor drei Uhr in der Nacht nach Haus – das Unglück war etwa um halb acht Uhr passiert. Die Polizei kann ja nichts sagen, es war ja klar, daß es ein Unglücksfall war, von Kindern beim Spielen verursacht. Thaxton bekommt allerdings sicher eine Strafe dafür, daß er seine Flinte unvorsichtigerweise geladen dort hat stehenlassen. Der arme Junge, der die Flinte abgeschossen hat, ist verschwunden; er ist natürlich völlig verschreckt. Es geschah am Mittwoch, und seitdem haben wir ihn gesucht, natürlich auch seine Familie, er ist ein Sohn von Kanino. Ich glaube fast, daß er zu den Massai gelaufen ist und sich dort versteckt hält; Farah hat die Theorie entwickelt, dort würde er bleiben, bis er »has married six or five wife«, und da er etwa acht Jahre alt ist, wird das ja eine Weile dauern, bis ich ihn wiedersehe. Wenn ich nur wüßte, daß er sich wohlbehalten irgendwo versteckt hält. Auf die Nerven der Natives kann man sich nie verlassen. Drei andere Kinder sind leicht verletzt, das ist aber ohne Bedeutung.

Am nächsten Morgen mußte ich wieder nach Nairobi, weil ich eine Verabredung mit Hunter hatte, der mir vor Weihnachten Geld für meine weißen Leute beschaffen wollte, das sie natürlich gern haben wollten und auch verdient haben, da sie so friedlich auf ihr Geld gewartet haben. Ich aß Lunch bei McMillans und war dann oben im Hospital, um nach Wanjangiri zu schauen. Es ist ein sehr gutes Native Hospital mit einem netten Doktor. Der Junge hatte zu der Zeit schon Milch getrunken, und er erkannte mich und verstand, was ich zu ihm sagte, und sie wollten nun versuchen, ihn zusammenzunähen; aber wie es wirklich um ihn stehe, könnten sie erst später sagen, und ich weiß nicht, was sie machen können, weil die Zähne und der Kieferknochen weggeschossen sind. Sie sagten, er sei gut verbunden worden, das Blut sei dadurch zum Stillstand gekommen; das war nur Glück, ich hatte fast gar nichts sehen können. Später ist sein Bruder bei ihm gewesen, da war sein Zustand unverändert.

Ich habe mich bei der Fahrt in der Nacht furchtbar erkältet; ich hatte ja kaum Zeug an, nur einen Unterrock und einen Mantel und Schuhe; dadurch blieb am nächsten Tag meine

Stimme weg, vielleicht war es auch nervös bedingt; ich war so müde, als ich in der Nacht von der Expedition zurückkam, als ob ich fünf Meilen gelaufen wäre, deshalb bin ich ein paar Tage im Bett geblieben. Der gute alte Mr. Bulpett kam hier herausgefahren, um nach mir zu sehen, das war nett von ihm.

Der kleine Maturri, der gestorben ist, war ein so netter kleiner Toto; er war eine Zeitlang bei mir, arbeitete aber zuletzt bei der Kaffeesortiererei in der Factory, und er winkte und lachte immer, wenn ich dorthin kam; ich habe ihn noch am gleichen Nachmittag gesehen, als ich mit Charles Taylor dort war; es war eigenartig, daß er ein paar Stunden später in meinen Armen sterben sollte.

Ich nehme an, daß ich Weihnachten allein sein werde; ich bin zu mehreren Essen in Nairobi gebeten worden, weiß aber nicht, ob ich gehe. Möglicherweise kommen Berkeley Cole und Finch Hatton ein paar Tage nach dem Fest. Berkeley hat telegraphiert, er schicke mir eine Katze als Weihnachtsgeschenk – als er bei uns gewohnt hat, waren hier so viele Ratten – aber ich kann sie nirgends finden, so daß ich Angst habe, daß die unglückliche Katze auf einer Bahnstation oder dergleichen steht. Farah und ich fahren morgen in die Stadt, um sie zu suchen, und um Zucker, Zigaretten und Schnupftabak für die Leute auf der Farm zu kaufen, zum Austeilen am Weihnachtstag; zweihundert Schillinge haben wir dafür beiseitegelegt. Es kommen sicher über tausend Menschen, die Qualität wird also nicht besonders werden ...

Dem, was Du über *Kristin Lavranstochter* schreibst, stimme ich zu. Es ist merkwürdig, als Thomas hier war und wir das Buch zusammen lasen, gefiel es mir so gut, und jetzt kann ich überhaupt keinen Geschmack daran finden, ja, das ganze Buch und besonders die Autorin sind mir zuwider. Ich finde, es ist in gewisser Weise ein monumentales Werk, es hat aber eine grauenvolle Lebensanschauung, die dem Buch auch ästhetisch schadet und es so merkwürdig eng, ohne künstlerischen Horizont erscheinen läßt, wie ein Gemälde, von dem man sagt, es sei »keine Luft darin enthalten«. Ich habe selten von einer solchen Ansammlung von unglücklichen Menschen gelesen, und mir kommt es so vor, als ob das daran liegt, daß sie sich durch ihre Lebensanschauung und gegenseitige Quälereien das Leben zur Hölle machen. Das einzige Mal, daß von etwas Erfreulichem die Rede ist, ist dort, wo Kristin und Erlend in der Zeit ihrer ersten Liebe sich so sehr von ihren Gefühlen hinreißen lassen und derart den Kopf verlieren, daß sie vergessen, mit anderen Menschen zu rechnen, und das können ihnen die anderen so wenig gönnen oder vergessen, daß sie es die beiden ihr ganzes Leben lang bezahlen lassen. Sonst ist es ja ein einziger großer Jammer mit den übrigen Figuren: Ragnfrid, Simon, Ramborg, Gunnulf, Aashild und Bjørn, Erling und Halfrid, Ulf; daß wenigstens einige von ihnen wie Ragnfrid und vielleicht Gunnulf, nachdem sie ihr ganzes Leben als Sklaven ihres überspannten Gewissens verbracht haben, gegen Schluß eine Art Frieden auf Kosten von allem anderen erlangen – ja, das fehlte auch noch. Wenn die Autorin dann wenigstens zürnte, daß die Menschen auf diese Art einander das Leben vergällen, wie Strindberg, oder sich über sie erheben und mit Überlegenheit und Mitleid lächeln würde, wie zum Beispiel Anatole France es tut, dann würde das Buch ein anderes Niveau bekommen, und man könnte sich einigermaßen mit dem Ganzen versöhnen; aber sie nimmt das todernst, so sei der Lauf der Welt, und ich schließe mit dem, was Roland Fangen (über Sigrid Undset) gesagt hat: »Man liest dieses Buch und sagt sich, das ist richtig, klar und schön – aber ständig mit einem Gefühl von Protest und Unbehagen. Und wenn man nur eine Stunde lang das Buch hat ruhen lassen, wird einem plötzlich bewußt, daß es einen lächerlichen und häßlichen Standpunkt verteidigt.« ... Und ihre ganze Lebensanschauung – ob sie die Dinge wirklich so sieht? »Alles, was einem begegnet ist, das ganze Gewimmel im Leben, die wilde Vielfalt von Sonderbarem ... Du himmlischer Gott: Das *Leben!* ... eine riesige Ammenstube!« Ich leugne ja nicht, daß es ein außerordentliches Werk ist. Aber große Kunst ist es meiner Meinung nach nicht; mir geht es wie Levertin, ich suche in der Dichtung eine Erhellung dessen, was Goldschmidt die »Magie des Lebens« nennt – und das gibt es bei Sigrid Undset nicht, überhaupt keine Erhellung, ihr Werk ist wie eine große Landschaft in ständig grauem Wetter und ohne Farbe; der Zauberstab fehlt, es gibt »keine Hexerei« *und ich sage wie Otto Benzow (glaube ich), daß wirkliche Kunst immer etwas Hexerei ist.

Du kannst mir auch glauben, daß ich Dir recht gebe, was die *Forsyte Saga* anbetrifft. Es ist ein empörendes Buch, und man hat das gleiche Gefühl, wie wenn man einen Pastor den größten Unsinn sagen hört und man es ungerecht findet, daß man ihn nicht mit einem Wort unterbrechen kann, um ihm zu widersprechen. So konnte es *auf keinen Fall* zugehen; die Personen konnten gar nicht so auf die Geschehnisse reagieren, wie er uns das glauben machen will; es ist von Anfang bis Ende eine Beleidigung der gesunden Vernunft des Lesers – und seiner Anständigkeit. Zum Beispiel *ist es undenkbar*, daß der junge Jolyon, der geistreich und feinfühlig sein soll, sich dazu hergibt, seine ganze Familie vor einem Mann zu analysieren, von dem er nicht mehr wußte, als daß er seine eigene Tochter, mit der er verlobt war, milde gesprochen gemein behandelt hatte und jetzt auf dem besten Wege war, die Frau seines eigenen Vetters zu verführen. Ich bin aber der Ansicht, daß so etwas in der englischen Belletristik kein Einzelfall ist; wenn man mal von den allerbesten absieht, haben sie es geschafft, daß die »Novels« sich völlig vom menschlichen Leben und der Menschlichkeit (und dem Menschenverstand) abgelöst haben und ihren eigenen verrückten Gesetzen von Wahrscheinlichkeit, Moral etc. folgen ...

An Ingeborg Dinesen — *Ngong, Sonnabend 29/12 [1923]*

... Ich habe ansonsten versucht, die Weihnachtstage dazu zu nutzen, an meiner Abhandlung für Tommy über »Geschlechtsmoral« zu schreiben; das heißt, um ein ganz so großes Thema geht es nun doch nicht, eher um »Die Ehe«, und ich schreibe nicht ohne Ängstlichkeit, weil Tommy mir immer vorgeworfen hat, ich sei reaktionär. Es ist übrigens sehr schwer, über derartige

Dinge zu schreiben, wenn man ganz allein ist und auch noch nicht einmal die Bücher greifbar hat, aus denen man zitieren möchte, ich werde also mit der Abhandlung wohl nie sehr weit kommen. Ich ärgerte mich so sehr, daß sie mir nicht besser gelingen wollte, daß ich meine literarische Arbeit aufgab, um Hassan beizubringen, wie man Krustaden macht, und dabei hatte ich mehr Erfolg...

Gestern war ich wieder in Nairobi... Zu meiner Freude ging es meinem Kind im Hospital viel besser; sie brachten gerade die Zimmer in Ordnung, und er lag draußen auf einer Tragbahre und winkte mir zu, als ich kam. Ich hatte Kamante, den Thomas kennt, mitgenommen, damit er ihn trösten und berichten solle, wie schlecht es ihm selbst einmal gegangen ist, während er jetzt so groß und stark ist und Fußball spielt; er saß auch auf seinem Bett und hielt einen langen Vortrag, da die Konversation aber auf Kikuyu vor sich ging, konnte ich ihr ja nicht folgen...

Ich mache mir solche Sorgen um den kleinen Toto, der auf die anderen geschossen hat; er ist wie vom Erdboden verschwunden. Seine Familie hat ihn in der ganzen Gegend gesucht; wir haben auch Leute aus Nairobi hier gehabt, aber wir können nicht die geringste Spur von ihm entdecken. Seine eigene Familie meint, er habe sich so erschrocken, daß er sich das Leben genommen habe; der Gedanke liegt bei den Natives nahe, sobald in ihrem Dasein irgendeine Schwierigkeit auftaucht, selbst wenn es eine ist, bei der sich absehen läßt, daß sie in wenigen Tagen überwunden ist, aber sie sind nicht in der Lage, so weit vorauszusehen. Übrigens kann ein so kleines Kind, wenn es in den Wald läuft, um sich zu verstecken, auch leicht von Leoparden oder Löwen gerissen werden. Eine andere Möglichkeit ist allerdings, daß er zu den Massai gelaufen ist – diese merkwürdige, aussterbende Rasse greift nur zu gern nach den Kindern anderer Stämme, sobald sich die Gelegenheit bietet, und gibt sie nicht zurück; sie nehmen sie voll in ihren Stamm auf und lassen sie alle ihre irdischen Besitztümer erben, die ja oft sehr beachtlich sind, das ist also möglicherweise für Kabiro von großem Vorteil; aber für ihren eigenen Stamm gehen sie ja verloren. Etwas Ähnliches ist gerade vor kurzem mit einem Bruder von Kamante geschehen, der vor fünfzehn Jahren seiner Familie weggelaufen war, weil er ein Schaf verloren hatte und sich vor seinem Vater fürchtete; als er neulich Kamante und seine anderen Brüder auf der gegenüberliegenden Seite des Flusses sah, kam er herüber und rief nach ihnen und erzählte ihnen, wie ein zweiter Joseph, er sei in eine Häuptlingsfamilie aufgenommen, besitze große Herden und sei mit zwei Massaifrauen verheiratet, habe aber versprochen, nie zu den Kikuyus zurückzukehren. Das ist nämlich für einen Massai ein Abstieg, denn früher verachteten sie die Kikuyus, aber sie selber können jetzt keine Kinder mehr bekommen. Ich hoffe, es ist Kaninos Sohn so ergangen, aber wir werden es ja nie erfahren...

PRIVAT

Wenn Thomas nach Hause gekommen ist, kannst Du ihm diese Zeilen geben, mit denen Du Dich nicht belasten sollst. Es wäre mir unangenehm, Dir damit Ungelegenheiten zu verursachen; wenn er aber nicht zu Hause ist, muß ich es ja doch tun.

Meine Scheidung ist wohl so weit fortgeschritten, daß bald das Urteil gesprochen werden kann. Nun möchte ich Euch bitten, wenn es nicht schon zu spät ist, Repsdorph, wenn es irgend geht, dafür sorgen zu lassen, daß ich einen Unterhalt von Bror zuerkannt bekomme.

Das klingt ja nicht gerade hübsch; aber ich *kann Dir versprechen*, daß ich den Betrag nie einfordern werde. Ich möchte es nur gerichtlich so festgelegt haben, weil ich der Ansicht bin, daß es meine Lage in Zukunft bedeutend erleichtern wird. So lange Bror hier im Lande ist, und so lange seine Freunde und er selber finden, er sei ungerecht behandelt und von der Company und meiner ganzen Familie verstoßen worden, gibt es Schwierigkeiten; wenn das *Gericht*, dem sie ja nicht unterstellen können, es sei parteiisch, mir das zuerkennen würde, worauf ich dann Bror gegenüber jedes Jahr verzichten könnte, würde das, glaube ich, meine Stellung hier verbessern – in Wirklichkeit macht es ja keinen Unterschied. Thomas, der die Verhältnisse kennt, wird das verstehen.

Dann kommt noch hinzu, daß nach englischem Recht die Frau in einer Scheidungsangelegenheit als »schuldig« abgestempelt ist, wenn ihr der Mann keinen Unterhalt zahlen muß. Deshalb würde es hier, was mich betrifft, einen besseren Eindruck machen; Bror, meine ich, kann das ganz egal sein.

... Falls Ihr findet, diese Lösung wirke zu kleinlich, dann will ich nur meine Ansicht festhalten: Sie wird mich in Zukunft davor bewahren, von Mal zu Mal wieder beschuldigt zu werden, kleinlich zu sein.

Ich mag Bror immer noch sehr gern; ich habe ihn ja neulich wiedergesehen, und jetzt, wo wir nicht mehr voneinander abhängig sind, können wir, glaube ich, gute Freunde sein; aber alle Dinge, die mich betreffen, kann er so unglaublich unterschiedlich beurteilen; je mehr ich mich dagegen sichern kann, daß seine Betrachtungsweise mein Dasein beeinflußt, desto leichter wird es für uns beide werden, in dieser Kolonie zu leben und uns zu begegnen, was wir nicht vermeiden können ...

An Ingeborg Dinesen — *Ngong, Sonntag 27. 1. 24*

... Da Thomas' Flirts Dich noch immer zu beunruhigen scheinen, dachte ich, ich sollte Dir mit ein paar Worten meine eigene Meinung zu den allgemeinen Umgangsformen zwischen jungen Männern und Mädchen darlegen, wie sie sich im Laufe der Jahre seit Ausbruch des Krieges entwickelt haben; das ist nicht so zu verstehen, als ob ich meinen eigenen Standpunkt erörtern wollte, was ich für richtig oder falsch, ansprechend oder nicht halte, ich will nur festhalten, was ich nach allem, was ich gehört und gesehen habe, im Augenblick für normal und natürlich halte.

Wie weit es von Anfang an die *Idee* der Gleichberechtigung zwischen den Geschlechtern war, die zu solchen *praktischen* Verhältnissen wie der Unabhängigkeit junger Mädchen und zum Beispiel der – meiner Überzeugung nach – nun überall praktizierten »birth-control« führten oder es umgekehrt die praktischen ökonomischen Verhältnisse waren – die jungen Mädchen mußten sich selbst versorgen und zum Beispiel während des Krieges auf eigenen Beinen stehen und sich im Leben genauso durchkämpfen wie die jungen Männer –, die allmählich im allgemeinen Bewußtsein junge Männer und Mädchen überall auf die gleiche Ebene gestellt haben: Darüber kann ich nichts sagen. Aber meiner Meinung nach steht jedenfalls fest, daß die jetzige Generation junger Männer und Mädchen sich auf jedem wichtigen Gebiet als gleichberechtigt empfindet. Das gilt auch und ganz besonders für alles, was erotische Beziehungen anbelangt, und das hat diese Beziehungen und die Ansichten darüber entscheidend verändern müssen. Praktisch hat das, glaube ich, dazu geführt, daß, während die Möglichkeit, einander näher zu kommen, in früheren Tagen – das heißt vor ein paar Generationen – für junge Männer und Mädchen auf Begegnungen bei festlichen Gelegenheiten – Bällen, Sommerferienbesuchen etc. –, die sozusagen außerhalb des normalen Daseins beider Partner lagen, beschränkt war und aus Courtoisie, Umschwärmen, einer Art Werben von der einen Seite, viel Zurückhaltung auf der anderen Seite und einer Menge Geheimniskrämerei bei beiden Partnern bestand, es heute ein ständiges Beisammensein in allen Formen des täglichen Daseins ist; und ich glaube, das normale und natürliche Verhältnis zwischen zwei jungen Leuten, die einander mögen und voneinander eingenommen sind, gleicht heute im allgemeinen dem, was man früher ein »Liebesverhältnis« nannte, was damals eine Ausnahme war und als solche angesehen und behandelt wurde. Die Beziehung selber muß ja einen ganz anderen Charakter haben, wenn beide Seiten der Ansicht sind, daß der eine Teil nicht mehr empfängt oder gibt, riskiert oder genießt oder überhaupt mehr einsetzt als der andere.

In früheren Zeiten existierten Begriffe wie »verführen«, »Verführung« etc., aber ich glaube, sie kommen gar nicht mehr in den Gedankengängen irgendeines jungen Mannes oder Mädchens vor, und ein moderner Mensch kann diese Worte überhaupt nur schwer aussprechen, ohne daß »ein Körnchen Ironie in der Stimme zittert«*. Wenn man diese Begriffe näher betrachten will, dann muß man sie wohl so verstehen, daß ein »Verführer« in einem Verhältnis aus Selbstsucht den anderen Partner überredet oder ihn in etwas hineinzieht, das ihm auf irgendeine Art schaden, ihn verderben oder erniedrigen muß, wovon der »Verführer« weiß, daß der »Verführte« es bereuen wird, ja, daß es zugleich den »Verführten« in den *Augen des Verführers* herabsetzt; denn ein Mann ist nie Verführer genannt worden, weil er ein Mädchen überredet oder bedrängt hat, ihn zu heiraten. In etwas gröberen Verhältnissen konnte man es wohl auch so verstehen, daß der Verführer sich darauf einließ, etwas zu versprechen – zum Beispiel die Ehe – von dem er wußte, daß er es nicht halten wollte; aber das liegt sicher außerhalb des eigentlichen Begriffes. Heutzutage führt eine »Liebesbeziehung« zu keiner der genannten Konsequenzen, und deshalb ist der Begriff »Verführer« (bezogen auf dieses Verhältnis, es gibt ihn wohl noch, zum Beispiel in der Politik) ganz von selber aus dem Wörterbuch der Menschheit verschwunden.

Ich glaube, heute vertritt man allgemein die Auffassung, der junge Mann und das junge Mädchen hätten die gleiche Freude an einem Liebesverhältnis und könnten es mit gleich gutem Gewissen beenden – wenn sie nur die geltenden Regeln von Sitte und Anstand innehalten. Für das moderne junge Mädchen, das ein unabhängiges Leben führt, das in den Augen der Leute nicht herabgewürdigt wird, und das weiß, daß es nicht Gefahr läuft, gegen seinen Willen ein Kind zu bekommen, gibt es kein besonderes Risiko. Eine gewisse Gefahr besteht natürlich immer, daß der eine der Partner sich tiefer in das Verhältnis verstrickt, abhängiger davon wird als der andere, aber dieses Risiko ist jedenfalls gleich groß für beide Teile und kann wohl in keiner Beziehung ganz ausgeschlossen werden; in einer Ehe kann es zum Beispiel viel größer sein, wo es dem einen Partner passieren kann, daß er viel leidenschaftlicher oder auch länger liebt als der andere, und dadurch mehr leiden muß als in einer freien Verbindung; aber dieses Risiko muß jeder auf sich nehmen können, ohne sich vom anderen Partner schlecht behandelt zu fühlen. In früheren Zeiten nahm man immer an, die Frau investiere mehr Gefühl in ein Liebesverhältnis als im allgemeinen der Mann, aber Gott weiß, ob das noch gilt, wenn die Frauen außerhalb der Liebesbeziehungen ebenso viele Ressourcen in ihrem Leben haben wie die Männer.

Ausschlaggebend ist doch wohl, daß das junge Mädchen nicht, wie früher, in ihren eigenen oder des jungen Mannes Augen durch eine Liebesbeziehung herabgewürdigt wird. Ob das daher kommt, daß es jetzt so viele freie Liebesverhältnisse gibt, daß die junge Generation so denkt, oder ob diese Denkungsweise dazu geführt hat, daß es jetzt mehr freie Liebesbeziehungen gibt, kann ich nicht beurteilen. Natürlich steht fest, daß es immer so eine Sache ist, selbst mit dem besten Gewissen von der Welt, zu den Ausnahmen zu gehören. Das war es, und nicht die Art ihrer Beziehung, was Kristin Lavranstochter und Erlend unglücklich gemacht hat; und Du kannst mir glauben, es wäre schlimmer für sie gewesen, wenn zum Beispiel einer von ihnen den Glauben an die Jungfrau Maria verloren hätte; erst das hätte sie wirklich aus dem Gleis geworfen. Vielleicht liegt es am Wandel des Geschmacks, der Ideal-Vorstellungen – aber auch das hängt wieder von den praktischen Verhältnissen ab, denn ein- und dieselbe Sache bedeutet nicht für immer ein- und dasselbe.

Vor etwa zweihundert Jahren konnte zum Beispiel ein Mann ein Mädchen, auch aus den höchsten Schichten, ohne Bedenken heiraten, das kaum in der Lage war, einen Brief zu schreiben; heutzutage würde man eine solche Person einfach für dumm halten. Somalis im französischen Somaliland dürfen nicht heiraten, ehe sie nicht einen Mann getötet haben; das bedeutet nicht, daß sie besonders blutdurstig sind, sondern daß es dort so viele kriegerische Auseinandersetzungen gibt, daß ein junger Mann, der im heiratsfähigen Alter noch keinen Kampf auf Leben und Tod durchgestanden hat, ein Feigling sein muß. Ein junges Mädchen, das in früheren Zeiten, als man mit siebzehn Jahren verheiratet wurde, vor diesem Zeitpunkt, trotz der sie umgebenden Mauern von Rücksichtnahme und Vorurteilen, es geschafft hatte, sich auf eine Liebesbeziehung einzulassen, mußte »le diable au corps« haben, und es war verständlich, daß ein besonnener Mann seine Bedenken hatte, sie zu heiraten; aber wenn man denselben Gedankengang weiterverfolgt, dann muß ein moderner junger Mann ein junges Mädchen, das fünf bis zehn Jahre in einer Atmosphäre von Freiheit und Erotik gelebt hat, in der ja heutzutage die meisten jungen Mädchen aufwachsen, ohne wenigstens *geglaubt* zu haben, sie liebe, entweder für kalt oder für besonders berechnend halten – und deshalb seine Bedenken haben.

Ich bin ja nun so lange von zu Hause fort, daß ich nicht weiß, wie es in der dänischen Oberklasse aussieht; aber ich glaube, wenn man in einem Kreis junger, englischer Mädchen im Alter von zwanzig Jahren jemanden fände, der noch kein »Liebesverhältnis« gehabt hätte, wäre das die Ausnahme – genauso wäre es in einem Kreis junger Männer. Und das ist kein Familiengeheimnis unter weiblichen Geschlechtsgenossinnen; denn für die jungen Männer, die ihre Kameraden sind, die mit ihnen arbeiten, tanzen, diskutieren, Auto fahren, fliegen und diese jungen Mädchen heiraten, ist das eine selbstverständliche Tatsache, genauso wie es für die Mädchen selbstverständlich ist, wenn es sich umgekehrt um junge Männer handelt.

Ich habe so viele Männer mit hellem Entsetzen darüber sprechen hören, was es bedeute, eine »jeune fille« zu heiraten – Charles Gordon, Polowtzoff, Eric Otter zum Beispiel; Polowtzoff, der ja einer etwas älteren Generation angehörte, sagte einmal, seine Erfahrung hätte ihn zu der Ansicht gebracht, daß die Unerfahrenheit der Braut im allgemeinen das größte Hindernis für das Glück einer Ehe sei; und wenn man Bücher aus einer bestimmten Epoche liest, kann man nicht umhin, ihm recht zu geben. Ich kann mich an eine Diskussion erinnern, in der es um die Freiheit moderner junger Mädchen ging, da sagte Eric Otter, er hoffe, diese Anschauungen würden sich als selbstverständlich und vernünftig durchsetzen, ehe seine eigenen Töchter erwachsen seien, denn er meinte, viele Schwierigkeiten und Mißverständnisse in seiner Ehe seien auf eine falsche Einstellung zu dieser Frage zurückzuführen. Daß es in früheren Zeiten nicht so war, und daß keiner der Partner es anders haben wollte, kam wohl daher, daß die Sphäre und das Leben der Männer und Frauen so grundverschieden waren – sie verlangten gar nicht die gleichen Voraussetzungen. Jetzt leben ein junger Mann und seine

Frau, wenn sie heiraten, in den gleichen Verhältnissen, bewegen sich im gleichen Milieu und unter den gleichen Menschen und begegnen den gleichen Phänomenen, und die jungen Männer würden jede Form von geistiger Exklusivität, die man ihren Frauen einräumte, für ebenso überflüssig halten wie manches Kleidungsstück, das früher zur Ausstattung einer Dame gehörte.

All dies interessiert Dich vielleicht nicht sehr, verzeih, wenn das der Fall ist. Ich habe es nicht geschrieben, um meine eigenen »Ideale« vorzuführen, sondern um die Vorstellung von modernen Verhältnissen und Idealen zu schildern, die ich aus eigener Erfahrung gewonnen habe. Du hast vielleicht selber nicht viele junge Menschen aus der Generation kennengelernt, die durch den Krieg geprägt wurde, und oft denke ich, Du machst Dir unnötige Sorgen, indem Du ihre Sitten und Gebräuche an einem Maßstab mißt, der aus wer weiß wie weit zurückliegenden Zeiten stammt; denn Eure gleichaltrigen Freunde waren in dieser Beziehung wohl ziemlich altmodisch und schließlich und endlich stammt der Maßstab noch aus Großmutters Zeit... Daß Thomas seine Flirts innerhalb Deines Horizontes vorführt, obwohl Du sie nicht leiden kannst, verstehe ich nicht ganz, auch wenn ich glaube, ich selber habe es nicht viel besser gemacht, indem ich meine eigenen Freunde etc. fernhielt, in der Annahme, Du würdest sie nicht leiden mögen! Das ist wohl so ähnlich wie beim Zigarrenrauch; wenn man will, daß die männliche Verwandtschaft in den eigenen Zimmern sitzen und sich wohlfühlen soll, dann muß man sich eben an ihn gewöhnen.

Wenn Du selbst keine Lust hast, all diese Betrachtungen zu lesen, gib sie, bitte, Tante Bess, mit der ich ja so oft über diese Dinge diskutiert habe. Ich finde, ich muß zwischendurch einmal meinen Geist ein wenig an solchen Fragen trainieren und dann tatsächlich auch ausprobieren, ob ich noch Dänisch schreiben kann, denn ich habe ja nicht ein dänisches Wort gesprochen, seit Thomas abgereist ist...

Ich bin beim Schreiben dieses Briefes durch einen sehr unangenehmen Besuch gestört worden. Ein alter, blinder und versoffener Däne, Aarup*, kam und fragte, ob ich ihm ein Haus überlassen könne, wo er Kibokos anfertigen wollte, die er fabriziert, um seinen Lebensunterhalt zu bestreiten. Ich fand, ich könne es ihm nicht gut abschlagen, und habe ihm die zwei Räume in Charlies Haus versprochen, in denen Palme gewohnt hat, aber ich weiß, daß Dickens und Thaxton, die ihn kennen, wütend werden. Er kam hier flott im Auto vorgefahren, mit einem Kaffeefarmer aus Kiambu, den er wohl auf die gleiche Art genötigt hat, ihn hierher zu fahren!...

An Ingeborg Dinesen *Ngong, Sonntag 3. Febr. 24*

...Ich habe eine Masse Ärger mit dem alten Dänen Aarup gehabt, dem ich vor einiger Zeit ein Haus hier auf der Farm versprochen habe; das sind Wohltätigkeiten, auf die man sich eigentlich nicht einlassen sollte, besonders, wenn sie im Grunde anderen schaden, in diesem Falle Dickens und Thaxton. Er ist fast vollkommen blind und kann sich überhaupt nicht selber helfen, und dann ist er so ein schrecklicher Schwätzer, sitzt stundenlang da und verbreitet sich über völlig uninteressante Geschichten, wie Onkel Gerhardt: »Das war 1889 – nein, nein, stop, warten Sie mal, nun lüge ich, es war bestimmt im Jahre 1888 oder 1887 – ja, nun lassen Sie mich mal überlegen, ja, das war damals –.« Ich kann dem ja noch ein *minimales* Interesse abgewinnen, weil es sich dann schließlich als eine Dummheit entpuppt, die der Bürgermeister von Kolding begangen hat, oder ähnliches; aber ich kann ja kaum verlangen, daß andere Leute sich das anhören, und er ist dann tödlich beleidigt, kommt zu mir und beklagt sich über die anderen.

Ich kann ihn hier im Hause nicht wohnen haben, weil er fast immer unter Alkohol steht und dann dauernd Krach mit den Natives anzettelt. Trotz allem kann ich ihn ganz gut leiden, wünschte aber doch, er zöge in Frieden ab. Ich habe ihm einen großen Kasten Zigarren geschenkt, den Finch Hatton hier vergessen hat, damit bin ich für ihn, das sind seine eigenen Worte, »seine Freundin für's Leben« geworden. – »Der Tabak ist jetzt meine Frau und mein Vaterland; das werden Sie erst begreifen, wenn Sie selber einmal erblinden«, sagt er...

Ich habe so viel an die arme Tante Clara gedacht... Ich mag sie furchtbar gern und finde, sie ist ein selten guter und großmütiger Mensch; aber sie ist so schrecklich *parteiisch*, daß ich glaube, ich könnte nicht mit ihr zusammenleben, ja, ich kann kaum ihre Briefe lesen, ohne innerlich in Aufruhr zu geraten... Besonders stört mich ihre Parteinahme für die Männer auf allen Gebieten des Lebens; die Welt mit allem, was auf ihr gedeiht, gehört stets und überall den Männern, und wenn sie jemals etwas falsch machen, sind sie immer von den Frauen dazu verführt worden. Man wartet ja darauf, nun mal einige von den wunderbaren Werken der Männer zu Gesicht zu bekommen, die den Beweis liefern könnten, aber bisher hat man sie ihnen noch gar nicht abverlangt. Dieses ganze System *kann* heutzutage nicht mehr aufrechterhalten werden, genausowenig wie das Regiment eines absoluten Monarchen oder die Unfehlbarkeit des Papstes oder die Privilegien der oberen Klassen; ich glaube, es führt kein Weg mehr an der Gleichstellung, auch in moralischer Hinsicht, von Männern und Frauen vorbei, nachdem sich die Verhältnisse so entwickelt haben. Auch das Pochen der Männer auf ihre größeren Versuchungen – für das sich Tante Clara auch starkmacht – kann man jetzt nicht mehr gelten lassen, wo die Lebensumstände ganz die gleichen sind für Männer und Frauen – oder können die Frauen nicht in jedem einzelnen Fall beteuern, daß sie wirklich einer großen Versuchung ausgesetzt waren, zum Beispiel sich zu amüsieren, Geld auszugeben etc.? Tante Clara war vielleicht nie irgendwelchen »Versuchungen« aus irgendeiner Richtung ausgesetzt, und ich glaube wirklich, daß diese Art Frauen ihrem eigenen Geschlecht viel Schaden zufügen, wenn sie den eigenen Fall zur Norm erklären, was viele Männer natürlich mit Freuden akzeptieren. Ich kann mir vorstellen, daß Tante Clara als sechzehnjährige, jungverheiratete Frau über Onkel Frederiks Fähigkeiten in andächtiges Staunen verfallen ist, auch was das tägliche Leben betraf, zum Beispiel Theaterbillets konnte er bestellen, eine Reise arrangieren, Pferde kaufen, er verstand etwas vom Rechnungswesen und von der Politik – alles

Dinge, von denen sie nicht die geringste Ahnung hatte, und auf einem solchen Fundament hat sie das ganze Gebäude ihrer Bewunderung für die Überlegenheit der Männer errichtet; aber jetzt muß sie ja erkennen, daß die Grundlage weggefallen ist, und sie sieht, wie die Töchter ihrer Töchter mit allen Schwierigkeiten im Leben selber fertig werden müssen; wie kann sie verlangen und erwarten, daß das Gebäude stehenbleibt?

Wenn ich daran denke, wie alles, was zur Domäne der Männer zählte – zum Beispiel Treibjagden, Zigarren, Wein –, auf Näsbyholm wie heilige Riten behandelt wurde, während man Damenhüte und Nähclubs zum Beispiel als lächerliche Veranstaltungen abtat, dann fordert mein ganzes moralisches Urteilsvermögen von den Männern jene Tugend, moralische und geistige Größe, jedenfalls aber Intelligenz, die das rechtfertigen könnte. Ich habe nicht gewagt, Tante Clara all das merken zu lassen, sie hätte es sofort als gräßlichen, albernen Weiberaufstand und als Herrschsucht zurückgewiesen ... ich glaube, so etwas liegt mir vollkommen fern; ich selbst will mich nur zu gern einem Mann unterordnen, den ich bewundere, aber ich habe keine heilige Ehrfurcht vor einer Männerhose an sich, und ich finde es gut, daß die Männer, wie Gesslers Hut, von ihrem erhöhten Podest endgültig heruntergerissen worden sind. Sie waren vielleicht einmal ein heiliges Symbol in möglicherweise glücklicheren und besseren Zeiten, aber jetzt – weiß kein Mensch mehr, was sie eigentlich symbolisierten. Tante Clara kann von mir aus als ihre letzte, ehrwürdige Priesterin dasitzen, und als solche kann man sie verehren, aber ich schwöre von ganzem Herzen all ihren Ansichten und den Riten und Zeremonien ihres alten Kultes ab ...

An Thomas Dinesen *Ngong, 24. Febr. 24*

... Ich glaube nicht, daß ich mich im allgemeinen oft beklage, aber andererseits glaube ich, daß in meinem ganzen Verhältnis zu meinen Angehörigen zu Hause irgendetwas nicht in Ordnung ist – vielleicht liegt das daran, daß wir in allem so verschieden sind –, da es ihnen so schwerfällt zu verstehen, was mich traurig macht oder daß mir überhaupt etwas im Leben Sorgen bereiten kann; ich denke so oft an Ragnhilds Worte,*

> »– – ich habe genug Verwandte,
> die sehen, wie der Kummer die Wangen mir bleicht,
> aber daß man leidet, das fällt ihnen niemals ein,
> wenn nicht das Grab aus Mitleid die Toten entsendet.«

– Natürlich können sie jetzt nicht sehen, wie der Kummer meine Wangen bleicht; aber ich habe doch angenommen, sie könnten, ohne daß man sie ausdrücklich darauf hinweist, Verständnis dafür aufbringen, daß die letzten Jahre für mich sehr schwer waren...

Ich selbst meine, hier gute Arbeit geleistet zu haben, in vieler Beziehung sogar einzigartige Arbeit. Ich bin fest davon überzeugt, daß niemand sonst dies hätte leisten können oder wollen und daß so viele Schwierigkeiten zu bewältigen waren, daß jeder andere aufgegeben hätte; ja, ich meine wirklich, daß ich gewissermaßen dafür ebensosehr das Victoria Cross verdient hätte wie Du im Kriege. Aber all das sind Dinge, über die sie zu Hause gar nicht erst diskutieren oder nachdenken wollen. Die Fakten, die dafür sprechen – daß die Farm in ganz anderem Zustand ist als damals, als ich sie übernahm, daß alles vorwärtsgeht, daß wir dabei sind, unseren schlechten Ruf zu überwinden, daß die Zukunftsaussichten viel besser sind als vorher, daß wir die ganzen Unkosten in viel stärkerem Maße senken konnten als sie es je von zu Hause aus für möglich gehalten haben –, wollen sie daheim einfach nicht wahrhaben. Sie können Fakten ruhig ignorieren, selbst wenn ich die zuverlässigsten Auskünfte beibringe, ziehen sie es vor, sie für äußerst zweifelhaft zu halten; ja, ich glaube, schon die bloße Tatsache, daß ich sie erwähne oder auf sie aufmerksam mache, trägt mir Minuspunkte ein, und wenn ich nicht sehr zurückhaltend in dieser Beziehung bin, muß ich jeden Augenblick auf einen Schwall von Beschimpfungen gefaßt sein.

Sie ziehen es vor, die Schwierigkeiten, die wir hier haben, zu ignorieren, und wenn sie unübersehbar groß werden, ist das meine Schuld, und sie wollen auf keinen Fall helfend eingreifen.

Zu einer anderen Frage hätte ich schon längst etwas schreiben sollen, nämlich der von Mutters Besuch hier bei mir. Ich will gleich betonen, daß ich Mutter unbeschreiblich gerne hierhaben möchte, aber wenn ich so viele Shauries durchmachen muß und meine Lage sich nicht bessert, halte ich das für keine gute Idee... So kann man auf die Dauer nicht leben, ohne daß es zur Katastrophe kommt; es sieht nicht so aus, als ob das jemand anderes realisiert, aber mir ist das klar. Und die Freuden, die ich hier habe, werden ja dauernd durch Shauries und die ständig unsicheren Zukunftsaussichten beeinträchtigt; ja, wenn man sich im Augenblick glücklich und zufrieden fühlt, ist so etwas nur um so enervierender. Unter diesen Umständen halte ich es nicht für gut, daß Mutter in diesem Jahr hierherkommt. Mutter könnte mich, wenn bis dahin alles in Ordnung gekommen ist, ja im nächsten Herbst hierher begleiten, denn nächstes Jahr muß ich auf jeden Fall nach Hause; ich glaube in vollem Ernst, daß ich sonst sterben muß.

Es tut mir leid, daß ich Dir immer Klagebriefe schreibe. Aber auf der anderen Seite denke ich, wenn ich nun sterben sollte – denn ich bin, glaube ich, wie Monica: *I do not bend, I break* – dann würdest Du womöglich wünschen, ich hätte rechtzeitig geschrieben, wie mir zumute ist. Es ist ja nicht sicher, daß ich sterbe; aber ich bin gewiß sehr viel näher dran als irgendjemand zu Hause annimmt.

Viele tausend Grüße.

Deine Tanne.

An Thomas Dinesen — *Ngong, 15. März 24.*

Mein innig geliebter Tommy.

Dieses Mal muß ich Dir für viele Dinge danken – erst einmal für einen Scheck über £ vierzig, über den ich ganz furchtbar entzückt bin und der so gelegen kam, wie ich es Dir gar nicht beschreiben kann – dann für einen ganz hinreißenden kleinen Faun aus Kopenhagener Porzellan, der jetzt auf meinem Kaminsims steht und allgemein bewundert wird – und dann weiß ich nicht, ob ich für »Hassan« gedankt habe, der ein großer Genuß war. Tausend, tausend Dank für alles!

Dieses Mal schreibe ich nicht mehr; ich kann meine Gedanken nicht konzentrieren. Denys wohnt zur Zeit hier, und ich bin in meinem Leben noch nicht so glücklich oder auch nur halb so glücklich gewesen wie jetzt. Du, der Du selbst erlebt hast, wie das ist, wenn man jemanden wirklich liebt – und nicht wie in den halben Ehen und Liebesbeziehungen, die ich gekannt habe, nicht wegen der Gunst der Umstände oder aus Gewohnheit etc., sondern einzig und allein, weil man dem begegnet ist, was einem als das Herrlichste auf Erden erscheint – Du weißt ja sicher, was es bedeutet, so glücklich zu sein, und wie es alle Gedanken und das ganze Wesen gefangennimmt, Du wirst also einen kurzen Brief entschuldigen.

Sprich nun nicht mit den anderen darüber. Du darfst ihn auch nicht, wenn ich zum Beispiel einmal sterben sollte und Du später Denys begegnest, wissen lassen, daß ich Dir jemals all so etwas geschrieben oder erzählt habe; aber Du bist der einzige Mensch, mit dem ich darüber gesprochen habe, und es ist außerdem auch ein Glück, jemanden zu haben, mit dem man sprechen kann und der einen versteht. Du wirst einsehen, daß für mich in dem ganzen Shaurie etwas Beängstigendes steckt, es ist mehr und mehr das Einzige geworden, was mir in meinem Leben etwas bedeutet, und wie soll es enden? – Ja, im Grunde meine ich nicht einmal das; die bloße Tatsache, etwas zu besitzen oder besessen zu haben, das einem wie ein ungeheurer Wert vorkommt, flößt einem eine gewisse Angst ein, und alle meine Verhältnisse sind ja so unsicher.

Aber daran sollte man keinen Gedanken verschwenden in dem Augenblick, in dem man wirklich weiß, was es heißt zu leben und glücklich, glücklich, glücklich zu sein – »Der Tod ist nichts, der Winter ist nichts –«

Viele tausend Grüße, geliebter Tommy.

Deine Tanne.

... Es läßt sich ja gar nicht vermeiden, daß man sehr häufig eine Angelegenheit ganz anders sieht, und ich finde oft, man muß nachgeben, schon aus der Einsicht, daß man mehr gewinnt als das Nachgeben kostet, das heißt, es ist wichtiger, die Leute arbeiten mit *Enthusiasmus* und in der Hoffnung, einen überzeugen zu können, daß sie recht gehabt haben, als daß ein Fenster eingesetzt oder ein Stück Land auf eine bestimmte Art geeggt wird. Die Menschen können auf die Dauer nicht mit Freuden arbeiten, wenn man ihnen nicht die Zügel etwas locker läßt, oder: Sie können ohne eine gewisse Selbständigkeit nicht ihre Persönlichkeit zum Einsatz bringen, und ich komme mehr und mehr zu der Erkenntnis, daß in Wirklichkeit die Persönlichkeiten ausschlaggebend sind, auch für eine bestimmte Arbeit oder Aufgabe... Ich meine, die Erfahrung zeigt einem immer wieder, daß es auf die Ganzheit ankommt, nur »prigs« – die mir die widerwärtigsten aller menschlichen Spezies sind – werden in der Kunst, der Politik oder um welche Erscheinungsformen des Lebens es sich auch handelt, auf den Details bestehen auf Kosten des Ganzen; wenn man im Allgemeinen Vertrauen zu einem Menschen hat, dann muß man sich oft zwingen, im Einzelnen »Schwamm drüber« zu sagen.

In *Um des Lebens willen* von Jakob Knudsen – der sowieso kein »prig« oder Pedant war, wenn man auch sonst viel gegen ihn einwenden kann – gibt es gegen Schluß eine Passage, die Du mal wieder lesen solltest, wenn Du das Buch hast, dort macht einer seiner alten Pfarrer dem Thomas Viig Vorhaltungen wegen seines Verhältnisses zu Karen und sagt, wenn man an einen Menschen glaube, müsse man Vertrauen haben, daß, was er auch tue, richtig sei, *weil er es tue*, ohne darüber nachzudenken, ob es an und für sich der eigenen Auffassung nach richtig sei. Ich habe das nicht ganz klar wiedergegeben, aber ich hoffe, Du kannst verstehen, was ich meine. Auf jeden Fall glaube ich, es kommt bei jeder Zusammenarbeit vor allem darauf an, den Untergeordneten nicht die Begeisterung zu nehmen. Um des

Vorwärtskommens willen lohnt es sich, nicht auf Kleinigkeiten zu bestehen, die an sich wünschenswert wären, und die Augen vor vielen Schwächen zu schließen, um zu erreichen, daß »die, die Dir geblieben sind – bei Deinem Namen erröten«* …

Ich muß Dich notgedrungen noch mit den Shauries des alten Aarup behelligen. Wie Du aus dem beiliegenden Zeitungsausschnitt ersehen kannst, fiel er am Montag hier auf der Shamba tot um …

Wie Du in der Zeitung siehst, habe ich ihn gefunden, er lag auf dem Weg, der zu meinem Haus führt. Ein Glück, daß es so gekommen ist, denn er hatte die Angewohnheit, von Zeit zu Zeit nach Nairobi zu gehen und zurückzukommen, wenn es ihm paßte, und er war gerade zehn Tage in Nairobi gewesen und eben erst zurückgekehrt. Wenn er auf dem Weg von Nairobi zur Farm tot umgefallen wäre – er pflegte eine Abkürzung über die Ebenen zu nehmen –, hätten Monate vergehen können, ehe entweder seine Freunde in Nairobi oder ich uns in Bewegung gesetzt hätten, um zu ermitteln, was aus ihm geworden sei. Ich trug ihn in sein Haus; ich hatte Kamante, meinen »christlichen« Toto, bei mir – wir waren unterwegs, um Champignons zu suchen –, und er sagte, dies sei der dritte tote Mensch, den er und ich getragen hätten, was auch stimmt; erst das junge Kikuyumädchen, das vom Ochsenwagen gefallen war, dann der Toto, der erschossen war, und nun Aarup – ich hoffe, daß er der letzte bleibt. Rose Cartwright kam zehn Minuten später mit ihrem Wagen hier an, und weil die Boys sagten, ich sei zum Champignon-Suchen auf der Shamba, fuhren sie mir nach; ich bin froh, daß nicht sie ihn gefunden hat, denn sie erwartet einen dieser Tage ein Baby und das hätte ihr leicht einen Schock versetzen können.

Ich habe ihnen eine Mitteilung an die Polizei mitgegeben, und mitten in der Nacht kamen dann drei Polizisten in einem Wagen mit einem Sarg hier heraus, um den alten Aarup zu holen. Sie wollten, daß ich mit auf die Shamba hinauskäme, um ihnen zu zeigen, wo ich ihn gefunden hätte; in dem Moment, in dem wir in ihrem Wagen losfuhren, brach ein Unwetter los, wie ich es noch nie erlebt habe; innerhalb einer Dreiviertelstunde fiel ein Zoll Regen. Ich stand bis über die Knie im Wasser auf dem Weg, wo er gelegen hatte und wo zu der Zeit nicht ein Tropfen Wasser gewesen war. Bis wir zu seinem Haus kamen und er in den Sarg gelegt war, hatten sich alle Wege in reißende Ströme verwandelt, und ich hätte nie geglaubt, daß sie den Sarg in das Auto hineinbekämen, er stand auch schlecht genug darin; sie hatten, was bei der Dummheit der Nairobier Polizei nicht verwundert, keine Ketten mit und schaukelten von einer Seite des Weges zur anderen, wie ein Schiff auf hoher See; inzwischen blitzte es unaufhörlich rings um uns her, und der Donner grollte und der Regen schüttete und klatschte mir mein Zeug an den Körper, daß es nachher nur schwer auszuziehen war. Es war wie ein Kapitel in einem Roman, und ich konnte nicht umhin, daran zu denken, wie Aarup das genossen hätte; denn alles Ungewöhnliche zog ihn unwiderstehlich an. Ich hörte am nächsten Tag, sie seien nicht vor vier Uhr morgens in Nairobi angekommen.

Ich fuhr am nächsten Tag hinein, um zu seiner Beerdigung zu gehen, hatte aber eine Autopanne und kam gar nicht bis dahin.

Mir fehlt der alte Aarup, der immer zu mir kam und bei mir saß und erzählte und der ja der einzige war, mit dem ich Dänisch sprach. Aber für ihn selbst war es ein Glück, daß er starb. Er war fast blind, und seine Gesundheit war, glaube ich, sowieso völlig ruiniert; er hatte wohl nicht gerade das vernünftigste Leben geführt. Er war immer guten Mutes und voller großer Pläne, was er noch alles auf die Beine stellen wollte. Er hatte ein eigenartiges Gedächtnis und konnte sich an vieles aus seiner Kindheit und vom damaligen Leben auf dem Lande in Jütland erinnern, auch an die ganzen alten dänischen, vaterländischen Lieder. Aber er war sehr bitter geworden und kam beständig auf alte Kränkungen zurück, die man ihm angetan hatte; insbesondere hatte er hier im Lande Feinde, die Brink und Andersen heißen, gegen die er einen unversöhnlichen Haß nährte; ich weiß zwar nicht, was sie ihm zu Anfang getan haben, und ich glaube, er selber hatte es auch vergessen. Neulich kam er von Nairobi zurück und war voller Wut auf den alten Nepken*, unsern Nachbarn in den Ngong Bergen, über den Du sicher von Thomas etwas gehört hast, er meinte, dieser sei zusammen mit Brink und Andersen an ihm vorbeigegangen, ohne ihn zu grüßen. Ich versuchte, ihn versöhnlich zu stimmen, denn Nepken ist ihm wirklich immer ein guter Freund gewesen; aber er erklärte, er wolle nie wieder mit ihm reden, »und wenn es Jesus Christus gewesen wäre, der so an mir vorbeigegangen wäre, würde ich es nicht tun«, sagte er. »Ja, aber das hätte Jesus ja auch gar nicht getan, Aarup«, sagte ich. »Ach«, sagte er, »wenn er mit Brink und Andersen zusammen gewesen wäre, wer weiß?«

Wenn Du Aarups Tochter ausfindig machen kannst und sie es möchte, werde ich einen Stein oder ein Kreuz auf sein Grab in Nairobi setzen lassen mit einer Inschrift, die sie angeben muß; aber ich unternehme nichts, ehe ich nicht von ihr gehört habe, denn ich kenne seinen richtigen Namen nicht und weiß auch nicht, wann er geboren wurde. Es ist sehr schwierig hier herauszubekommen, was man bei solch einer Gelegenheit tun soll; meiner Ansicht nach haben die Engländer all das sehr schlecht organisiert, und wir haben ja keinen Konsul – ich bin in dieser Angelegenheit bei zwanzig verschiedenen Stellen gewesen...

Mein Farbband ist so schlecht, weil ich die ganze Zeit an dem Essay für Thomas geschrieben habe – aber die Arbeit daran geht mir nicht von der Hand, teils, weil ich niemanden habe, mit dem ich darüber diskutieren kann oder der beurteilen kann, was ich geschrieben habe, dadurch weiß ich nicht, ob es nicht das Banalste von der Welt ist, und teils, weil ich ja keine Zitate benutzen kann, da ich keine Bücher zum Nachschlagen habe. Meine Ansicht ist im übrigen die, daß die Ehe in Wirklichkeit *abgeschafft ist*, daß es sie nur noch dem Namen nach gibt, und daß es deshalb gilt, sie entweder wieder neu zu installieren auf der einen oder anderen Grundlage, über die man sich dann erst klarwerden muß – oder daß die Menschheit erst lernen muß, die freie Liebe, in die sie sich gewissermaßen allzu unvorbereitet gestürzt hat, mit mehr Würde und Schönheit zu praktizieren. Ich persönlich glaube, es läuft darauf hinaus, daß eine neue Form der Ehe auf der Grundlage der Idee der *Rasse* entstehen wird: Eugenics, Birth-Control etc., mit strengeren Idealen als früher, daß aber die »freie Liebe« existieren darf, so viel man will, als privater Shaurie der Menschen. Die jetzige Ehe hat doch ihr ganzes Ansehen eingebüßt; jedenfalls ist das bei den Engländern der Fall, und ich finde selbst auch nicht, daß eine Ehe, die nicht von irgendwelchen religiösen, moralischen oder sozialen Ideen getragen wird und die jederzeit, zum Beispiel wegen eines einzigen Falles von Untreue, aufgelöst werden kann – und in diesem Bewußtsein auf beiden Seiten geschlossen wird –, Respekt verdient oder wert ist, erhalten zu werden.

Ich sehe, Du kannst es noch immer nicht lassen, Dich über Tommys Flirts etwas zu grämen. Das tut mir sehr leid, aber ich habe ja darüber gepredigt, so viel ich konnte, und habe nun wohl nichts mehr zu sagen. Gestattest Du mir zum Abschluß noch ein paar ernste Worte, die Du mir aber nicht übelnehmen darfst? Ich glaube, daß Eurer ganzen Familie bis zu einem gewissen Grad der Sinn für »Spaß und Vergnügen« fehlt – oder, um es symbolisch auszudrücken: für den *Wein* des Lebens; und Ihr neigt dazu, das Glück der Menschheit in einer Diät aus Milch und Weißbrot zu sehen. Aber der größte Teil der Menschheit braucht Aufregung, einen leichten Rausch, Vergnügen, auch Gefahr. Ich selbst meine, wenn es in meiner Macht stünde, für die Menschheit zu tun, was immer ich wollte, dann würde ich ihr *Spaß* verschaffen. Ich finde es herrlich, daß es so liebe, friedliche Menschen wie Euch gibt; aber es muß auch andere geben, und ich erlaube mir, die Worte des großen Shakespeare anzuführen: »Vermeinest du, weil du tugendhaft seiest, solle es in der Welt keine Torten und keinen Wein mehr geben? – Das soll's, bei Sankt Kathrinen! und der Ingwer soll Euch noch im Munde brennen.« ...*

Thomas' kleine Flirts werden nun sicher keinem im Munde brennen; aber laß ihn doch nur allen Champagner und Asti spumante trinken, der ihm vergönnt ist und den er genießen kann, wenn Ihr auch selber eine Tasse Kaffee vorzieht. Ich finde, man kann sich nur von Herzen freuen, daß Thomas, der dafür als Junge und als ganz junger Mann so wenig Sinn hatte, sich jetzt wirklich amüsieren kann, wenn auch mit Dingen, für die weder Du noch ich viel übrig haben; ich glaube, es ist für bestimmte Naturen nicht nur traurig, sondern sogar *gefährlich*, wenn ein Mann dahin kommt, daß er mit J. P. Jacobsen sagt:

»Und niemals durchlebt ich der Jünglinge Leben, in Träumen ich nichts als Schatten gewann... War niemals ein Jüngling – und jetzt bin ich Mann.«* Und zum Schluß bitte ich Dich von Herzen: Laß ihn seinen Spaß haben, seinen Spaß haben, seinen Spaß haben – und laß keinerlei Schatten darauf fallen...

An Mary Bess Westenholz *Ngong, 19/4 24*

Viel tausendmal Dank für Deinen lustigen Brief, der an meinem Geburtstag zusammen mit zwei Briefen von Mutter und Thomas eintraf. Er war so inhaltsreich und interessant, daß ich Sorge habe, dieser Brief kann ihm auf keinen Fall ebenbürtig werden; um Dir aber wenigstens zu zeigen, wie dankbar ich bin, daß Du Dir wirklich die Mühe machst, mir so ausführlich zu schreiben, will ich versuchen, ihn zu beantworten.

Der Gedanke an die große Entfernung hat nicht gerade etwas Aufmunterndes, wenn man versucht, eine Diskussion per Brief zu führen – es ist, als ob man Tennis mit so hohen Bällen spielte, daß man jedes Mal eine halbe Stunde warten muß, bis sie wieder herunter kommen. Vom Stil und Charme des Spieles geht unweigerlich etwas verloren, vielleicht gewinnt es aber an Würde.

Ich will nun als erstes versuchen, die immer wiederkehrende alte Frage nach dem geschwächten Vertrauen aufzugreifen.

Ich muß gleich zu Anfang sagen, ich bin mit Dir einer Meinung, daß der Konflikt seinerzeit im Wesentlichen auf Mißverständnissen oder einem Mangel an Verständnis beruhte – woraus ja übrigens fast alle Konflikte zwischen sonst umgänglichen Menschen entstehen – und genau genommen auf Unklarheit bei der Wortwahl. Wir hatten ja keinen Grund, uns zu beklagen oder Euch Vorwürfe zu machen, weil Euer Vertrauen zu uns gemindert war, denn das kann ja unter den Besten vorkommen; aber wir verstanden es so, als ob Ihr meintet, wir hätten Euer Vertrauen enttäuscht oder verraten oder Euch hinters Licht geführt, und wir fühlten uns gekränkt und deshalb besonders unsicher, weil wir Euch ja nicht bewußt betrogen hatten und nicht wußten, wann es wieder passieren würde, daß Ihr das, was wir meinten, sagten, taten, verkehrt auffassen würdet mit dem gleichen traurigen Resultat!

Wenn zum Beispiel Farah, dem ich selbst beigebracht habe, mein Auto zu fahren, und von dem ich annehme, daß er ein ordentlicher Chauffeur ist, eines Tages die Bremse nicht richtig handhabt und mich in den Fluß fährt, dann kann ich wohl sagen, mein Vertrauen zu ihm (als Chauffeur) werde dadurch geschwächt, nicht aber, er habe mein Vertrauen enttäuscht und mich zum Narren gehalten. Schon durch Ausdruck und Wortwahl bei dem, was ich nach dem Unfall zu ihm sagte, könnte ich ihm entweder einen berechtigten Vorwurf machen oder eine ungerechtfertigte Anklage gegen ihn erheben.

Es wäre ja zum Beispiel auch sehr verständlich, wenn Du sagtest, nachdem Du die Bilder von hier, die ich nach Haus geschickt habe, betrachtet hast, Dein Vertrauen in mich als Künstler sei geschwächt. Das wäre natürlich traurig, aber das wäre gleichermaßen Dein Irrtum wie mein Fehler. Und wenn Du auf die gleiche Weise allmählich zu der Überzeugung kommst, die jüngere Generation bleibe, was Tugend, Opferbereitschaft, Handlungswillen und Begabung anbetrifft, hinter dem zurück, was Du von ihr erwartet und geglaubt hast, dann kannst Du zwar sagen, Dein Vertrauen zu Dänemarks Jugend sei gemindert, aber das ist selbstverständlich etwas, was die jungen Leute mit dem besten Willen nicht ändern können, und man kann jedenfalls nicht von ihnen erwarten, daß sie es aus Rücksicht auf Dich wieder herstellen. Das Problem liegt doch nur in den Fällen, wo man davon sprechen kann, man habe sich Deines Vertrauens bedient oder es mißbraucht, und es dann um die Frage der *Redlichkeit* geht.

Meiner Ansicht nach muß man hier unterscheiden zwischen Offenheit, Aufrichtigkeit – und Vertrauen. Eine gewisse Aufrichtigkeit kann man von allen Menschen verlangen, aber ich finde, kein Mensch hat das Recht, von einem anderen Vertrauen zu verlangen.

Anständige Menschen segeln nicht unter falscher Flagge, aber sie müssen dann auch von ihrer Umgebung verlangen können, daß sie die Bedeutung der Flaggen kennt. Ein blauer, ein roter und ein weißer Streifen sagen dem Unwissenden gar nichts. Für einen gewöhnlichen Seemann bedeuten sie, daß das Schiff, das ihm begegnet, französisch ist, und er verbindet wahrscheinlich gewisse primitive Begriffe damit; in Kriegszeiten zeigt die Flagge, ob man Freund oder Feind vor sich hat. Für andere Menschen, die etwas gelernt haben und gereist sind, vermittelt sie auf den ersten Blick die Summe dessen, was das Land geographisch, konstitutionell und kulturell darstellt.

Ich glaube, es ist in einer von Jakob Knudsens Geschichten, daß ein junger Bauernjunge nach Kopenhagen kommt und sich von lauter unzuverlässigen Menschen umgeben sieht, ja, sogar von Lügnern, unter anderem, weil sie dem Dienstmädchen Anweisung geben, möglichen Besuchern zu sagen, sie seien »nicht zu Hause«, während sie ganz geruhsam hinter den geschlossenen Türen sitzen. Ja, sie lügen sogar schwarz auf weiß und hängen eine Karte mit »nicht zu Hause« unten an die Treppe, um die Besucher davon abzuhalten, heraufzukommen und ihr Glück mit Klingeln und Klopfen zu versuchen. Wenn nun dieser Junge die Karte mit nach Haus nähme und sie an der Tür seines Elternhauses anbringen würde, wo so etwas bis dahin unbekannt war, müßte sie in ihrer vollen Bedeutung, buchstabengetreu, verstanden werden, und die Leute könnten sagen, sie wären genarrt worden, wenn die Familie doch im Haus säße; wenn er aber seine heimatlichen Verhältnisse zugrunde legte und die Kopenhagener Frau eine Lügnerin nennen würde, könnte sie ihn dann vor Gericht nicht dazu zwingen, das zurückzunehmen und sich bei ihr zu entschuldigen, selbst wenn er die Karte und Beweise dafür, daß die Familie den ganzen Tag zu Hause gewesen war, in Händen hielte?

Wenn nun der junge Mann, oder seine Schwester, ohne Vorbereitung in bestimmte Kreise in London, Paris oder sogar Kopenhagen geriete, wo alle Damen bekanntlich ihrem Aussehen mit Cremes, Puder und Rouge, mit unechten und gefärbtem Haar und falschen Wimpern etc. nachhelfen, dann könnte es ja auch geschehen, daß er oder sie nach einer furchtbaren Desillusionierung alle Frauen dieser Gesellschaft als grundverlogene Menschen abstempelten – hätten sie denn damit aber recht? Ich glaube allerdings, es gibt viele alte Damen, die in den Augen dieser jungen Menschen wie eine wahre Isebel dastünden, den Kopf voller falscher Haarteile, gepudert und bemalt, um sich viele Jahre jünger zu lügen, in Wirklichkeit sind sie aber in allen ihren Beziehungen zu Gott und den Menschen so wahr und echt wie der klare Tag; läge es nicht im eigenen Interesse der jungen Dänen, das zu erkennen und zu verstehen?

In Samuel Butlers Buch *The Fair Haven* wird beschrieben, wie einem wahrheitsliebenden kleinen Jungen der Glaube an die Menschen zum allerersten Mal erschüttert wird, als ihm aufgeht, daß der imponierende Umfang seiner Mutter mit Krinoline und Rock nicht ihr wirkliches Unterteil darstellt, sondern einfach abgenommen werden kann. Müßte dieser kleine Junge nicht, wenn er älter und erfahrener geworden ist, gerechterweise sein Urteil über die Ehrlichkeit und Wahrheitsliebe seiner Mutter ändern?

Oder nehmen wir ein anderes Beispiel. Der dänische König ist der Verfassung gemäß an das lutherische Glaubensbekenntnis gebunden. Würde nun ein Mensch, der privatim erfahren hätte, der König glaube nicht an die Dreieinigkeit, das Recht haben, den König einen Lügner oder Heuchler zu nennen?

Meiner Auffassung nach ist es in allen diesen Fällen abwegig, kurzsichtig oder pedantisch, von Betrug zu reden. Dem Buchstaben nach lügen und betrügen diese Menschen alle; aber sie segeln nicht unter falscher Flagge, sie sind nicht unredlich. Der Grund liegt nicht nur darin, daß all die Leute, die hier als die Betrogenen gelten könnten, sich über den wirklichen Zusammenhang im Klaren sind und selber das gleiche System beim Empfangen von Besuchern praktizieren, ihre Haare färben oder dauerwellen lassen oder zumindest täglich an Hunderten von Schaufenstern vorbeigehen, wo Haarteile ausgestellt sind, und Anzeigen für Rouge, Belladonna etc. lesen – und sich nach Ritualen trauen, taufen und begraben lassen, die sie kaum kennen. Darüber hinaus läßt es sich so erklären, daß alle diese üblichen Lügen und

Betrügereien letzten Endes eine Art Rücksichtnahme sind, die Menschen gegenseitig walten lassen, die in einer Gesellschaft gezwungen sind, eng zusammenzuleben. Sie bewahren einander davor, bei einem Besuch ungelegen zu kommen; sie treten bei den gegenseitigen Essenseinladungen in der Aufmachung und Bekleidung auf, die man in etwa von ihnen erwartet, und der König hört sich Predigten an, geht zu Kircheneinweihungen, nimmt am Abendmahl teil und so weiter, um Konflikte zu vermeiden, die ein andersartiges Glaubensbekenntnis und ausgeprägte religiöse Ansichten von seiten des obersten Repräsentanten der Nation auslösen würden. Mit anderen Worten: Im allgemeinen besteht gar kein Bedürfnis, diesen Lügen und Betrügereien auf den Grund zu kommen oder sie durch die ganze und volle Wahrheit zu ersetzen.

Du kannst deshalb meiner Meinung nach von Deinen Bekannten sagen, sie seien »von oben bis unten unecht und geschminkt«, und entsprechendes in den anderen hier aufgeführten Verhältnissen; aber wenn Du über sie sagst, sie segelten unter falscher Flagge und seien in ihrer ganzen Lebensführung unredlich, dann tust Du ihnen Unrecht.

Genauso verhält es sich auch, meiner Überzeugung nach, mit den Bräuten, von denen Du in Deinem Brief schreibst. Ihr Umgangskreis und die Leute ihrer Schicht erwarten, nicht durch die unverhoffte Ankunft unehelicher Kinder oder durch regelwidriges Benehmen eines jungen Paares beim Besuch in ihrem Hause in Verlegenheit gebracht zu werden, und bei der Hochzeit möchten sie die Braut in Kranz und Schleier sehen – womit, glaube ich, die wenigsten eine bestimmte Bedeutung verbinden –, wie sie ebenso erwarten, daß die Witwe »in Trauer« bei der Beerdigung einen schwarzen Schleier trägt, und ebenso, daß sie das Brautpaar niederknien sehen und geloben hören, zusammen zu leben, bis daß der Tod sie scheidet, wenn sie auch alle möglichen Zweifel an ihrer religiösen Überzeugung haben und wissen, wie viel Prozent der Ehen mit Scheidungen enden, und sie erwarten ebenfalls, daß die Brautleute singen, ihr Haus solle auf »den Felsengrund des Wortes«* gebaut werden, obwohl sie sehr wohl wissen, daß »das Wort« bei der Gründung ihres

Heimes eine verschwindend kleine Rolle gespielt hat; aber sie hegen nicht das geringste Verlangen, Näheres über intime körperliche und seelische Beschaffenheiten zu erfahren, und würden sich nur peinlich berührt fühlen, wenn sie ein diesbezügliches Bekenntnis mit anhören müßten. Sie verlangen gar nicht, darüber aufgeklärt zu werden, ob die Ehe, deren Beginn sie feiern, aus herzlicher Liebe oder aus Rücksicht auf die Familie oder die Stellung geschlossen wird oder weil vielleicht keiner der beiden Partner jemand anderen hat finden können – und sie meinen sicher, im allgemeinen kein Recht zu haben, in Erfahrung zu bringen, ob ein junges, unverheiratetes Paar »zusammenlebt« oder nicht, obwohl beides ja viel pikanten Stoff für Klatsch abgäbe. Ich für meinen Teil finde es roh und simpel, wenn Außenstehende sich in Reflexionen über die »Unschuld« der Braut vertiefen, und ich glaube, daß zumindest der ganze männliche Teil der Hochzeitsgesellschaft so denkt wie ich. Kann sein, daß es einzelne interessierte Gemüter gibt, die sich damit beschäftigt haben und die von dem einen oder anderen ausgegangen und dadurch gewissermaßen »betrogen« sind – ich finde aber trotzdem, das Brautpaar ist im Recht, wenn es behauptet, dies sei seine private Angelegenheit, über die es Außenstehenden keine Rechnung schuldig sei. Stellen wir uns ebenfalls ein junges, verheiratetes Paar vor, das aus irgendeinem Grund für ein oder zwei Jahre das eheliche Zusammensein hinausschiebt. Ihre Freunde werden selbstverständlich, wenn sie es später erfahren, an gewisse Arrangements erinnern und kleine, spöttische Bemerkungen machen, die junge Frau bedauern, daß sie noch immer nicht den Storch erwarte etc., wodurch man sie gewissermaßen zum Narren halte, aber sie könnten doch auf keinen Fall behaupten, sie seien wirklich betrogen und genarrt worden! Es gibt im Leben viele Angelegenheiten, die so intim sind, daß man darüber von niemandem Auskunft verlangen kann – und daß auch *niemand* in sie einzudringen *wünscht*.

Deshalb bin ich auch der Überzeugung, Du kannst alle möglichen Gründe haben, wenn Du zum Beispiel sagst, eine Witwe sei, trotz ihrer tiefen »Trauer« mit Schleier und Trauerflor, ewig froh, ihren Mann loszusein, oder daß die Bräute bei den letzten drei Hochzeiten, auf denen Du warst, keine »Jungfrauen« mehr waren – ob das nun gerade sehr taktvolle Bemerkungen sind, sei dahingestellt –, wenn Du aber behauptest, sie seien unter falscher Flagge gesegelt und hätten versucht, die ganze Gemeinde zu täuschen, tust Du ihnen Unrecht.

Gerade gegen solche Auffassungen haben wir – damaligen – Jungen, soweit ich weiß, protestiert. Wir hatten nichts gegen das, wenn auch betrübliche, Faktum einzuwenden, daß Ihr uns eine lockere Moral, weniger Vaterlandsliebe, weniger Wohlerzogenheit und Rücksichtnahme etc. im Vergleich mit Eurer Generation unterstellt habt; einen Teil dieser Schwächen haben wir, wenn ich mich recht erinnere, unaufgefordert eingestanden. Aber wenn Ihr der Auffassung wart, wir hätten Euer Vertrauen enttäuscht und seien unredlich, dann hattet Ihr Unrecht. Was die von Dir angeführten Beispiele betrifft, so meine ich, Du hättest in diesen Fällen Grund, verärgert zu sein. Wenn Du einem jungen Mann Geld gibst mit der bestimmten Auflage, er solle es für eine Reise verwenden, oder Du gibst Deinem Mädchen die Erlaubnis, seinen Verlobten bis neun Uhr, seine Tante am Mittwoch und seine Großmutter während der Gottesdienstzeit am Sonntag zu besuchen, dann müssen die Betreffenden entweder Deinen Anordnungen folgen oder Dich veranlassen, sie zu ändern, oder aber zugeben, daß sie Dich getäuscht haben. Wie weit das gerade nett oder klug von ihnen wäre, hängt ja in den einzelnen Fällen von Eurer Beziehung zueinander ab und von der Art der einzelnen Anordnungen.

Aber ich finde nicht, daß diese Beispiele den Fällen gleichen, die seinerzeit zu der Vermutung Anlaß gaben, Dein oder Euer Vertrauen sei von uns enttäuscht worden; ich kann mich jedenfalls nicht an so etwas erinnern. Soweit ich weiß, kam das ganze Problem erst zur Sprache, als es um die losen Sitten einiger Freundinnen von mir ging. Und in diesem Punkt fand ich, die ich nie größeren Respekt für das sechste Gebot geheuchelt habe, die Anklage, Euch genarrt zu haben oder Euer Vertrauen mißbraucht zu haben, ungerechtfertigt.

Ganz anders, meine ich, liegen die Dinge, wenn es darum geht, ob man ins Vertrauen gezogen wird. Hier kann man ja viel tiefer enttäuscht und gekränkt werden, als wenn von dem weiteren Umgangskreis die Rede ist; wenn meine beste Freundin mir erzählt, sie habe mehrere Jahre lang ein Liebesverhältnis gehabt, oder meine Schwester mir am Tag ihrer Silberhochzeit anvertraut, sie habe nie mit ihrem Mann zusammengelebt, kann mir die plötzliche Erkenntnis, so weit außerhalb ihres Lebens gestanden zu haben, sehr wehtun; aber von einem *Anrecht* darauf, ins Vertrauen gezogen zu werden, kann meines Erachtens nie die Rede sein, ebensowenig wie es ein Anrecht auf Liebe gibt. Man kann noch nicht einmal den Anspruch auf Gegenseitigkeit erheben; man muß eher, wie Heine so wehmütig sagt: »Sie war liebenswürdig, und Er liebte Sie! Er aber war nicht liebenswürdig, und Sie liebte Ihn nicht«* sich auch sagen: Er flößte Vertrauen ein, und ich vertraute ihm, aber ich flößte kein Vertrauen ein, und er vertraute mir nicht, und das um so mehr, als ich im Grunde finde, es ist eine ebenso große Forderung, von einem Menschen zu erwarten, daß er bereit ist, meine volle Offenheit entgegenzunehmen, wie die, daß er mir sein Vertrauen schenken soll.

Ich glaube, die meisten Menschen haben ein starkes Verlangen, sich irgendeinem anderen gegenüber vollkommen offen auszusprechen, und die Menschen, die die Gabe besitzen, anderer Leute Vertrauen zu gewinnen und zu bewahren, tun ein sehr gutes Werk. Aber es gehören eine besondere Begabung und auch besondere Umstände dazu. Es würde wohl zu weit führen, dies zu erörtern, aber einige wenige Dinge will ich doch erwähnen. Zu allererst kommt es darauf an, ob derjenige, der vertraulich mit einem anderen spricht, seiner Verschwiegenheit ganz sicher sein kann. Das ist ein Punkt, an dem Du mir erlauben mußt zu sagen, daß ich unserer Generation eine höhere Moralauffassung zubillige als der Euren; wir waren diskreter. Ich kann mich erinnern, daß ich bei einer Gelegenheit, als die Umstände und gewissermaßen eine Krise in meinem Leben mich gänzlich aus dem Gleichgewicht gebracht hatten, mit Tante Lidda über intime Dinge meines Lebens gesprochen habe und hinterher erfahren mußte, daß sie, um es deutlich zu sagen, alles nach rechts und links ausgeplappert hat. Ich will sie deswegen nicht in dem Ausmaß verurteilen, wie wir einen Gleichaltrigen verurteilt hätten, denn ich weiß, das wäre ungerecht; aber sie müßte jedenfalls verstehen können, daß sie von mir keine Vertraulichkeiten mehr erwarten kann. Und ganz sicher waren wir uns bei Euch nie. Ich glaube, daß es in der katholischen Kirche, die in dieser Beziehung die höchsten Anforderungen stellt, eine unverzeihliche Sünde ist, die Geheimnisse des Beichtstuhls zu verraten, und daß ein Pfarrer zusehen muß, wie ein Unschuldiger hingerichtet wird, auch wenn er das Bekenntnis des wirklich Schuldigen noch im Ohr hat, ohne auch nur ein Wort zu sagen. Ob das an sich richtig ist, weiß ich nicht; aber ich bin ganz sicher, daß diese absolute Verschwiegenheit für ein Vertrauensverhältnis notwendig ist, wenn es nicht zum reinen Hohn werden soll. Ich bin in meinem Leben drei Menschen begegnet, auf die ich mich in dieser Beziehung fest verlassen konnte: Ellen Wanscher, Thomas und Farah; und ich kann auch sagen, daß ich während unseres Zusammenseins keinerlei Geheimnisse vor einem von ihnen gehabt habe.

Etwas anderes ist für restloses Vertrauen ebenfalls erforderlich – auch hier kann ich die katholische Kirche als Vorbild anführen: das *persönliche* Verhältnis darf nicht zu eng sein. Man erlebt deshalb auch, daß sich jemand einen Freund zum Vertrauten wählt, in dessen Haus er nie geht – und der Freund nicht in seines –, oder eine alte Tante oder ein Kindermädchen, die es schon in ein fernes, friedliches Stift verschlagen hat, oder einen Arzt, mit dem man im Täglichen nicht verkehrt. Es ist gar nicht immer so angenehm, direkt neben dem leben zu müssen, der alle unsere Gedanken und Verhältnisse kennt. Aber es hat auch einen rein praktischen Grund: Man kann sich aussprechen, ohne fürchten zu müssen, daß in die eigenen Pläne eingegriffen wird. Jedenfalls kann niemand, ohne in dieser Hinsicht zurückhaltend zu sein, Vertrauen verlangen oder erwarten, und ich glaube, das ist der Hauptgrund für das gestörte Vertrauensverhältnis zwischen Jungen und Älteren.

Die Älteren meinen nämlich, sie wüßten einerseits in allen Verhältnissen dieses Lebens besser Bescheid, andererseits fiele die Verantwortung für das Wohl und Wehe der jungen Leute letztlich doch immer ihnen zu, und die Jungen haben im allgemeinen Schwierigkeiten, ihren Gedanken und ihrem Seelenleben Ausdruck zu geben, und eine gewisse natürliche Scheu davor, sich hinzustellen und ihre Ideen zu erklären und zu verteidigen.

Ich kann hier ein Beispiel aus meiner frühen Jugend anführen. Seinerzeit wurde ich bezichtigt, unaufrichtig zu sein, aber jetzt wünsche ich, ich hätte die Energie gehabt, selbständiger zu handeln. Das war damals, als ich als ganz junges Mädchen ein paar Blumen an Georg Brandes schickte, der damals krank war und im Communehospital lag. Ich kann sagen, es geschah aus der echten Begeisterung eines jungen Herzens für das, was ich für die höchste Offenbarung von Geist und Genie hielt; ich hatte lange mit Brandes' Büchern gelebt und er war es, der mir den Zugang zur Literatur eröffnet hat. Meine *erste persönliche* Begeisterung für Bücher – für Shakespeare, Shelley, Heine – verdanke ich ihm. Ganz objektiv gesehen war Brandes ja einer der größten Geister meines Landes, und ein alter, kranker Mann. Ich hatte überhaupt kein schlechtes Gewissen bei diesem Schritt, aber ich wußte wohl, daß Ihr ihn nicht billigen würdet – und im übrigen gehört das wohl zu den Schwärmereien und schwärmerischen Unternehmungen, in die junge Mädchen ihre Familie nie einweihen. Ich weiß nicht mehr, auf welche Weise die ganze Angelegenheit doch zutage kam; aber ich kann mich erinnern, was für eine harte Kränkung es für mich gewesen ist, daß die ganze Familie, unter anderem auch Tante Thora, die wohl gerade zu Besuch war, sich an einer aufgebrachten Diskussion beteiligte und in welch äußerst unangenehmer Episode das Ganze endete.

Damals machte ich mir Vorwürfe, daß ich so etwas hinter Eurem Rücken unternommen hatte – aber welch anderer Weg blieb mir denn, es überhaupt zu tun? Sobald Ihr Euch eingemischt hattet, stopptet Ihr alle weitere Entwicklung; ich durfte nie wieder an Brandes schreiben oder von ihm hören oder ihn sehen, was ich doch so unbeschreiblich gern wollte. Durch meine Raffinesse habe ich es doch geschafft, wenigstens ein einziges Mal an ihn zu schreiben, ihm »meine Verehrung zu bezeugen«, und daran zu denken, hat mir später noch oft Freude gemacht.

Ich hatte aber weder die Kraft noch die Fähigkeit, dafür eine größere Schlacht zu schlagen, das hätte wohl auch wenig genützt, auch wenn meine Bewunderung für ihn ja noch genauso groß geblieben war.

Damals war das ein großer Kummer, und heute sehe ich es als großes Unglück für mich an. Damals hätte die brennende Liebe meiner Jugend zum »Geistigen«, die ja in meinem Alltagsleben ziemlich wenig Nahrung fand, eine Chance gehabt; dieses einzige Mal hat sich für mich eine Möglichkeit aufgetan, mit einem der großen Geister Dänemarks in persönliche Berührung zu kommen, und heute glaube ich, Brandes hätte einen Schriftsteller oder Künstler aus mir machen können, wie er es bei so vielen getan hat – ja, es gibt wohl unter Dänemarks Künstlern und Schriftstellern in den letzten fünfzig Jahren niemanden, der es nicht mehr oder weniger durch ihn geworden ist – und meine Jugend hätte von geistiger Arbeit und der Begeisterung für Kunst und Genialität geprägt sein können. Hätte ich damals realisiert, wie viel auf dem Spiel stand, dann wäre ich wohl, wenn ich nicht die Kraft gehabt hätte, es offiziell durchzusetzen, stark genug gewesen, Euch zu täuschen, und ich wünschte, ich hätte diese Kraft gehabt. Wenn die ersten Christen – übrigens *sans comparaison* – ihre Gottesdienste in den Katakomben abhielten, dann wohl nicht allein aus Furcht vor der Arena mit den vielen wilden Tieren und so weiter, sondern weil sie vor allem fürchteten, man könne sie an der Ausübung ihres Gottesdienstes hindern und die Feiern verbieten, die für sie lebensnotwendig waren – kann man sie deswegen der Unaufrichtigkeit beschuldigen?

Ja, mit diesen Betrachtungen über Redlichkeit, Offenheit und Vertrauen will ich für heute schließen. Ich beabsichtige, mit einem »Essay« über das ebenso unsterbliche Thema »Liebe« fortzufahren, über das Du ja auch schreibst; aber ich nehme an, daß Du bereits todmüde bist von der Lektüre meiner Betrachtungen und daß es besser sein wird, Dir ein andermal die nächste Dosis zu verabreichen. Ich bin übrigens dabei, eine Reihe von Betrachtungen zu dem Thema für Thomas zu schreiben, und meine geistreichen Ausführungen vertragen wahrscheinlich keine Wiederholungen. Ich will Dir nun danken, daß Du mir, wie ich annehme, so geduldig bis hierher gefolgt bist. Du hast wahrscheinlich gemerkt, daß ich aus der Übung gekommen bin, solche Diskussionen zu führen, hier habe ich keine Gelegenheit dazu, und es dann gleich schriftlich tun zu müssen, das ist hart.

Viele tausend Grüße an Dich und ganz Folehave. Was sonst passiert, hörst Du wohl durch Mutter; ich hoffe jedoch, es ist Dir klar, daß ich die zehn Gebote breche und mich dabei sehr glücklich fühle. Ich habe heute nacht geträumt, ich sei auf der Beerdigung der alten Sanne und Du sagtest zu mir, Du hofftest, ich würde in ihre Fußstapfen treten. Merkwürdig, daß man so etwas träumen kann; ich habe bestimmt die letzten dreißig Jahre nicht an sie gedacht.

Ja, noch einmal viele, viele Grüße, geliebte Tante B.

Deine Tanne.

An Thomas Dinesen *Ngong, 27. 4. 24*

Lieber alter Tommy.
Tausend Dank für einen Brief, der an meinem Geburtstag hier ankam; es war so schön, von Dir zu hören, und ich hoffe, es geht Dir weiterhin gut in Oxford und Du lernst interessante Menschen kennen und amüsierst Dich gut. Hast Du Wells besucht? Meiner Meinung nach solltest Du das unbedingt tun; ich glaube, man zögert oft in solchen Fällen, weil man meint, berühmte Leute bekämen ohnehin so viel Besuch, aber einerseits glaube ich nicht, daß das immer der Fall ist, andererseits können sie kaum zuviel Besuch bekommen, und außerdem haben sie ein Gefühl dafür, was für Menschen sie vor sich haben. Das einzige Mal, daß ich mich auf derlei eingelassen habe, bei Georg Brandes, wurde ich wirklich mit rührendem Interesse aufgenommen und die Begegnung hätte meinem Dasein viel Inhalt geben können, wenn ich nicht so einfältig gewesen wäre. –

Dir müßte doch Dein Victoria Cross bei solchen Gelegenheiten eine privilegierte Stellung verleihen. Liest Du Wells *The*

Dream im »Nash Magazine«? Es interessiert mich ungeheuer, und ich bin mit ihm vollkommen einer Meinung hinsichtlich der ganzen Lebensauffassung unserer Zeit. Ich habe so oft daran gedacht, was Du immer zu sagen pflegtest: Die Menschen könnten wohl klüger, schöner etc. werden, aber nicht glücklicher. Da irrst Du, meine ich; ich glaube vielmehr, daß der große Gedanke unserer Zeit die »Erziehung zum Glück« ist – wie Wells auch sagt: *the art of being human* – und daß in ihr sehr wohl der Keim zu einem »Goldenen Zeitalter« liegen könnte. Der Weg dorthin ist gewissermaßen bis jetzt versperrt gewesen; viele Dinge in unserer alten Auffassung von der Welt mußten erst ausgesondert werden, zu allererst meiner Meinung nach die Religion – und dann mußten wir bis zu einem gewissen Grad von den Naturkräften unabhängig werden oder lernen, sie zu handhaben, ehe wir auf diesem Weg weitergehen konnten. Falls *The Dream* als Buch erschienen ist, würdest Du es mir dann wohl schicken? Aber es wird wohl kaum erscheinen, ehe es nicht im Nash beendet ist.

Ich habe Sorge, daß ich Dich zuweilen gar zu sehr mit meinen Kümmernissen überhäufe; aber die sind manchmal auch ziemlich groß, und Du mußt bedenken, Du bist der einzige Mensch auf der Welt, demgegenüber ich mich überhaupt offen und frei äußern kann. An Mutter muß ich ja immer vergnügt schreiben, und hier gibt es doch niemanden, der Lust hätte, sich irgendeinen meiner Shauries anzuhören oder mit meinen Problemen vertraut wäre. Ich finde, man kann Mutters Briefen anmerken, daß sie stärker unter den Einfluß der übrigen Familie daheim geraten ist. Vielleicht liegt es auch nur daran, daß sie älter geworden und von ihren Sorgen arg mitgenommen ist; sie hat nicht mehr ihre alte »Beweglichkeit der Seele«*, die es ihr ermöglichte, selbst in schwierigen Situationen zuversichtlich zu bleiben. Sie nimmt sich zum Beispiel Unstimmigkeiten zwischen ihr und uns viel mehr zu Herzen, und darum ist es auch ein Jammer, sie damit zu belasten.

Ich finde, so eine Familienliebe und solch ein Zusammenhalt, wie er in unserer Familie geherrscht hat, haben ihre Schattenseiten; für Mutter ist in erster Linie ihr Verhältnis zu uns und dann das zu ihren Schwestern und Brüdern und so weiter der gesamte Inhalt ihres Lebens; ich kann ihr natürlich zu diesen Themen schreiben, was sie gerne lesen möchte, aber das kann nicht ganz ehrlich sein, und das tut mir weh, gerade weil doch diese Dinge ihr Ein und Alles sind – falls Du verstehst, was ich meine.

Ich glaube, Mutter kann sich niemals vorstellen, daß es in unserem Leben Beziehungen gibt, die uns mehr bedeuten als die Beziehungen zu ihr und zu unseren Geschwistern. Sie kann zum Beispiel nicht begreifen, daß die Tragödie, zu der sich meine Ehe entwickelt hat, mir größeren Kummer gemacht hat als Eas Tod; ich glaube nicht, daß sie noch an Bror und diesen ganzen Shaurie denkt oder sich überlegt, ob ich wohl noch darunter leide, während sie sicher gelegentlich findet, ich sei leicht über Eas Tod hinweggekommen und das nicht begreifen kann. Aber wenn ich Ea auch unsagbar gerngehabt habe, so stand sie mir doch in der Realität, in der Wirklichkeit, nicht so nah, wie Bror in den Jahren, in denen wir wirklich glücklich verheiratet waren und gemeinsam ein ganz neues Leben begonnen hatten.

Wenn Mutter jemals erführe, daß es einen anderen Menschen gäbe, den ich liebe und der für mich mehr bedeutet als alles andere auf der Welt, würde ihr das, glaube ich, unbegreiflich sein, ja, es würde ihr wehtun. Elle gegenüber hegt sie, glaube ich, solche Gefühle, eine unbewußte, ständig wiederkehrende Enttäuschung, ein unbewußter Groll bewegen sie – um es genauer zu sagen: Obwohl Elles Lebensumstände sie ja in jeder Hinsicht zufriedenstellen, fühlt sie sich selbst nicht *glücklich* in ihrem Verhältnis zu dieser Tochter und sucht eine Art Ersatz in ihren Beziehungen zu ihren anderen Kindern. Ich glaube, Mutter hat nie realisiert, welche Rolle zum Beispiel Viggo in Eas Leben gespielt hat... umgekehrt hat sie keine Vorstellung davon, welche Rolle Anders in meinem Leben spielt und ich in seinem. So gern wir einander mögen und so froh wir immer sein werden, wenn wir uns begegnen, so ist doch der Unterschied im Alter und in so vielen anderen Dingen zu groß, als daß wir einander je hätten nahestehen können – Gott weiß, ob Anders wohl dreimal im Jahr an mich denkt –, aber ich glaube nicht, daß Mutter sich etwas anderes vorstellen kann, als daß Anders in die erste Reihe der Menschen gehört, die ich liebe und die mir etwas im Leben bedeuten.

Mutter und ich haben einen ausführlichen Briefwechsel über Deine »Flirts« gehabt – ich weiß nicht, ob Du davon gehört hast –, und ich habe ihr letzthin einen Brief voller Ermahnungen geschrieben, teils, weil sie es nicht lassen kann, sich dauernd über diesen Shaurie zu grämen, andererseits, weil sie immer wieder ihre Besorgnis äußert, Du könntest ein Mädchen heiraten, das »unserer nicht würdig« ist. Einmal abgesehen davon, daß das von scheußlicher Arroganz zeugt, führt es ja auch zu nichts, wenn sie beim Gedanken an Deine zukünftige Frau nur überlegt, wie deren Verhältnis zu Mutter selbst, Rungsted, Folehave, Mitten und mir sein wird. Wenn sie alles ausschließlich von diesem Blickwinkel aus sieht, könnte das ja ein schreckliches Hindernis für Deine Ehe überhaupt und für Dein eheliches *Glück* werden – *wenn* Du heiraten würdest. Ich kann nur sagen, fest steht, wenn wir in dieser Hinsicht so wären wie Mutter, Großmutter und Tante Bess es für selbstverständlich gehalten haben, das heißt, derart auf die Familie fixiert wie sie es selbst es immer gewesen sind – dann wären wir gänzlich ungeeignet, überhaupt eine Ehe einzugehen... Ich wollte, Mutter würde etwas anderes entdecken, worin sie nicht unbedingt ganz aufgehen müßte, aber womit sie sich beschäftigen könnte, statt immer nur an ihre Kinder und Kindeskinder zu denken, zum Beispiel Musik, Wohltätigkeit, ein bißchen Geselligkeit oder ähnliches, so wie zum Beispiel Frau Wanscher sich mit dem Theater und der Literatur beschäftigt; aber ich weiß ja, daß da nichts zu machen ist.

Deshalb denke ich auch mit einiger Sorge an Mutters Besuch hier... Gerade weil ich so lange fortgewesen bin, daß Mutters Illusionen gar nicht zerstört werden konnten, und weil ich in meinen Briefen ihr so leicht habe geben können, was sie haben wollte, und alles andere weglassen konnte, glaube ich, daß Mutter sich an den Gedanken geklammert hat, sie und ich seien in gewisser Weise alles für einander – auf jeden Fall sei sie alles für mich; ich glaube nicht, daß ihr das bewußt ist, oder daß sie in diesem Punkt bewußt enttäuscht werden könnte, *falls* sie aber eine – und dann gewiß nicht geringfügige – Enttäuschung erlebte, würde ihr das, meiner Meinung nach, unbeschreiblichen Kummer verursachen – ja, sie würde das Gefühl haben, das letzte Betätigungsfeld für ihre große Liebe würde ihr genommen. Mutter schreibt zum Beispiel, es werde für uns beide wie der Himmel auf Erden sein, miteinander Weihnachten zu feiern. – Kannst Du da nicht verstehen, daß ich Angst habe, ihren Erwartungen nicht entsprechen zu können – während ich glaube, es würde alles gut gehen, wenn auch Du hier wärest? . . .

Um nun auf meine eigenen Shauries zurückzukommen, so muß ich Dich auch hier um Hilfe bitten, es geht nämlich um Bror. Ich habe zwei Briefe bekommen, erst einen von Roy Whittet, der ja mit Bror auf Safari gegangen ist, dann einen von Bror selber, aus denen hervorgeht, daß er sehr krank in Arua in Uganda liegt. Es besteht wohl kein Zweifel, was ihm fehlt, er selbst ist sich auch im Klaren darüber, daß es seine alte Krankheit ist; er schreibt, daß er erst eine Art Ausschlag am ganzen Körper gehabt habe und jetzt eine Entzündung in allen Gelenken, die geschwollen und ganz steif seien, außerdem habe er dauernd hohes Fieber und eine Art Lähmung. Whittet schrieb, ohne daß Bror etwas davon wußte, und er bat mich, Tante Clara vorzubereiten; ich glaube, ihrer Meinung nach besteht sehr wenig Hoffnung. Unter diesen Umständen habe ich an ihn geschrieben und ihn gebeten, hierher zu kommen, wenn er transportfähig ist. Er hat ja kein Geld, auf diese Safari ist er gegangen, weil er hoffte, Elefanten schießen zu können, woraus ja nichts geworden ist. Ich kann ihn dort nicht liegen und sterben lassen wie einen Hund, und ich habe ihm ein für allemal versprochen, nichts an seine Familie zu schreiben.

Ich weiß noch nicht, ob er kommen kann oder will, falls aber etwas daraus wird, möchte ich Dich bitten, mit Onkel Aage über die Angelegenheit zu sprechen. Wenn er mir deshalb kündigen will, soll er es tun. Ich glaube nicht, daß es Einfluß auf unsere Scheidung haben kann, die inzwischen wohl so gut wie durchgestanden ist; die Juristen zu Hause müssen auch berücksichtigen, daß die Verhältnisse hier anders sind als daheim; hier gibt es kaum Krankenhäuser und keine Sanatorien, Erholungsheime,

Kurorte oder dergleichen. Ich weiß keinen anderen Platz, wo Bror hingehen könnte; die Leute würden sicher Angst haben, jedenfalls zum Beispiel Lindstrøms und Bursells, die Kinder haben. Ich beabsichtige, ihn nur so lange er sehr krank ist hier zu behalten, und Einfluß auf die Farm soll er nicht bekommen. Nur ungern möchte ich Onkel Aage in alle meine Shauries einweihen, wenn es aber nötig werden sollte, was Du gegebenenfalls entscheiden mußt, dann kannst Du ihm alles ganz offen erzählen; selbstverständlich mußt Du ihn bitten, anderen gegenüber Schweigen zu bewahren. Ehe Du nicht wieder von mir gehört hast, brauchst Du nichts zu unternehmen; vielleicht geht es Bror ja so schlecht, daß er gar nicht reisen kann.

...Was die Farm betrifft, so habe ich mir ziemliche Sorgen gemacht, weil der Regen am fünften April aufhörte und wir dann drei Wochen lang kaltes Wetter hatten, genau wie es normalerweise nach Schluß der Regenzeit zu sein pflegt. Alle Leute unkten, nun sei die Regensaison fehlgeschlagen, und es sah bedrohlich aus. Vorgestern setzte der Regen aber wieder ein, und es regnet noch immer. Die Blüte war großartig, und wenn wir nun gutes Wetter bekommen, müßte das Jahr ausgezeichnet werden.

Ich denke noch immer darüber nach, ob ich die Farm kaufen soll; meines Erachtens wäre das die beste Lösung. Ich habe für diesen Fall daran gedacht, eine bestimmte Summe anzubieten und zuzusagen, daß ich, sollte ich das Ganze eines Tages verkaufen, den eventuellen Profit mit der alten Aktiengesellschaft teilen würde. Mervyn Ridley, der nach Haus gefahren ist, will versuchen, das für mich durchzusetzen. Du kannst Dir sicher denken, daß ich der Ansicht bin, es wäre ein gutes Geschäft für mich...

Denys ist heimgefahren nach England; er war gerade hier, als Briefe von seinem Vater und seinem Bruder* kamen, seine Mutter sei sehr krank, und er fuhr nach nur einem Tag Vorbereitungen ab. Ich hoffe ja, ich werde ihn noch in diesem Leben wiedersehen, weiß aber nicht, wann er wieder hierher kommt. Du wirst begreifen, daß ich ihn sehr vermisse – vielleicht fehlt mir auch nur die Gewißheit, daß er hier im Lande ist und man ihn jederzeit treffen kann. Solltest Du ihm zufällig begegnen, dann darfst Du auf keinen Fall sagen, daß Du schon einmal mit dem Auto über den Damm gefahren bist; er hat das nämlich getan und war furchtbar stolz darauf, sodaß ich es nicht übers Herz brachte, ihm seine kindliche Freude kaputtzumachen. Einen Brief habe ich von ihm bekommen, mehr habe ich nicht gehört und erwarte ich auch nicht, denn er ist, glaube ich, sehr schreibfaul.

Ich habe meine Bilder zur Beurteilung nach Haus geschickt, und ein paar Gedichte habe ich – als Osceola – dem *Tilskueren* eingesandt, ich weiß ja nicht, ob sie sie annehmen, aber sprich nicht darüber. Es sind: »Mondschein«, »Rückenwind«, die beiden Lieder des Fortunio, »Der frühe Morgen«, »Gesang zur Harfe« und »Masai Reserve«.

Ich habe noch ein paar kleine Geschichten, die ich ihnen schicken will, wenn sie die anderen Sachen angenommen haben. Denk Dir, ich hab Deinen Artikel über die Löwenjagd* in *Gads Magasin* noch immer nicht bekommen. Das ist doch wohl der Gipfel.

Ich möchte Dir noch einen Vorschlag unterbreiten, den Du aber getrost ablehnen kannst. Ich *muß nach Hause*, ich bin krank und müßte eine Kur machen; aber ich möchte nicht gerne nach Dänemark, besonders nicht, wenn die Dinge so liegen wie zur Zeit. Dagegen würde ich gerne nach Paris gehen, wo Rasch mir sicher einen tüchtigen Arzt nennen könnte und wo ich gleichzeitig eine Malschule besuchen könnte. Ich dachte, das ginge im nächsten Frühjahr. So lange werde ich mich aufrecht halten können; es ist mir ziemlich schlecht gegangen, aber jetzt geht es mir besser, und ich nehme nicht an, daß es besonders eilt. Hättest Du, wenn es sich mit Deinen Plänen vereinbaren läßt, Lust, dort mit mir zusammen zu wohnen? Ich bin nicht besonders auf Paris fixiert; es könnte zum Beispiel auch München sein; nur ein guter Ort für das Studium der Kunst muß es sein, und nicht so gerne London, ich bin nun so viel mit Engländern zusammengewesen, daß ich mal einen anderen Einfluß brauche, auch zum Beispiel Florenz oder Rom wären ausgezeichnet.

Ich finde, sowohl für Dich wie für mich, die wir nach und nach so viele Bindungen an das Vaterland und die Familie lösen, könnte es schön sein, eine solche Zeit miteinander zu verbringen. Ich dachte, wenn Du mit Mutter zum Beispiel im Oktober hierherkämst und gleichzeitig mit ihr wieder abreistest, am 1. Januar oder früher, und dann für drei Monate in den Osten gingest – oder hattest Du die Absicht, dort länger zu bleiben? –, könnten wir uns, wo immer es nun sein würde, Mitte April treffen und drei Monate bleiben; ich würde mich ja gerne etwas länger in Europa aufhalten, am liebsten sechs Monate, und könnte dann hinterher ein wenig herumreisen. Für Dein Angebot, mir finanziell zu helfen, danke ich Dir natürlich von Herzen. Ich hatte schon ein wenig in Erwägung gezogen, Dich zu fragen, ob ich mit Dir nach China fahren dürfte, aber das paßt wohl nicht so gut. Eine Abwechslung *muß* ich haben. Ich will dann überhaupt sehen, daß ich mir Klarheit verschaffe über meine Zukunft – ob ich hier draußen bleiben oder mir überlegen soll, was ich sonst in Angriff nehmen könnte –, aber damit muß ich bis dahin warten. Du brauchst ja nicht zu antworten, denk' aber einmal darüber nach. Für Dich gäbe es wohl zum Beispiel in Paris viel zu studieren; wir könnten uns eine kleine Wohnung am linken Seineufer nehmen, tagsüber arbeiten und ab und zu gemeinsame Touren unternehmen.

Ja, nun hoffe ich, daß ich Dich mit diesem langen Brief nicht zu sehr ermüdet habe. Laß mich auf jeden Fall etwas vom modernen englischen Geistesleben hören; ich habe Sorge, hier zum vollkommenen Idioten zu werden. Ich bin ja dabei, eine Abhandlung über die Ehe zu schreiben, aber sie kommt sehr langsam voran und wird ziemlich schlecht, weil ich niemanden habe, mit dem ich über solche Dinge sprechen kann; es knarrt und knirscht direkt in meinem Gehirn, sobald ich anfange zu denken. Meine Auffassung ist die: *die Ehe gibt es nicht* mehr, nur der Name ist geblieben, aber sie wird wieder auferstehen in einer strengeren Form zum Wohle der *Rasse*, während die *Liebe* als Inspiration für die Kunst und das Glück jeder Art zur reinen Privatsache werden wird – und die Menschheit muß auf jeden Fall eine ernsthafte, ideale »sexuelle Erziehung« durchmachen, die nicht nur aus bloßer physischer Aufklärung und der Bewältigung physischer Probleme besteht, sondern auch das Erlernen von

Loyalität, Selbstlosigkeit und Schönheit auf dem Gebiet dieser menschlichen Beziehungen beinhaltet. Aber darüber später mehr...

An Thomas Dinesen *Ngong, 22. 5. 24*

Liebster Tommy.
Ich schicke Dir hiermit die ersten acht Kapitel meiner Abhandlung über die Liebe und die Ehe. Der Rest folgt; aber ich fand, es könnte ganz lustig sein, wenn Du diesen Teil bekommen würdest, so lange Du noch in Oxford bist, und dies ist wahrscheinlich die letzte Post, mit der ich Dir etwas dorthin schicken kann.

Du kannst die Abhandlung nicht beurteilen, ehe Du sie nicht ganz gelesen hast, Du sollst Dir deshalb jetzt noch nicht die Mühe machen, eine Kritik zu verfassen und sie mir zu schicken.

Ich bin mir durchaus darüber im klaren, daß an diesem Werk nicht viel dran ist; daß mir mildernde Umstände zustehen, das zu betonen, hätte im allgemeinen wenig Sinn, weil der Leser ja mit Recht fragen kann, warum ich, wenn die Umstände so schwierig waren, mich überhaupt aufs Schreiben eingelassen habe. Dir gegenüber, der Du meines Erachtens sowieso mehr an mir als an meiner Schriftstellerei interessiert bist, kann ich eine Erklärung liefern: Die moralische Aufgabe, meine Energie zu konzentrieren und zu bewahren, um mit dem, was ich einmal angefangen hatte, fertigzuwerden und meine Gedanken nach besten Kräften beieinander und klar zu halten, hat hier für mich eine gewisse Bedeutung, wo doch so wenig abstrakte Kopfarbeit verlangt wird.

Eine besondere Schwierigkeit besteht darin, daß ich keinen Zugang zu Büchern habe, aus denen ich zitieren möchte. So kann ich mich nicht an den Titel des Buches von Martensen-Larsen erinnern*, den Du, bitte, nachtragen mußt, und auch nicht daran, was Kormak zu Stengerde* (die beiden letzten Zeilen) gesagt hat. Für diese Lücken bitte ich um Entschuldigung.

Da ich von diesem Werk keine Kopie angefertigt habe und dieses deshalb das einzige Exemplar ist, habe ich mir erlaubt, es per Einschreiben zu schicken, was Dir hoffentlich keine Ungelegenheiten verursachen wird und auch nicht bedeuten soll, daß ich ihm zu großen Wert beimesse. Es wäre doch nur traurig, wenn das Resultat meiner Bemühungen verloren ginge, ehe es in die Hände des einzigen Lesers gelangt wäre!

Viele Grüße und Wünsche für Glück und Erfolg von Deiner

Tanne.

An Thomas Dinesen *Ngong, 20. 6. 24*

Liebster Tommy.
Ich schicke Dir beiliegend die vier letzten Kapitel meiner Betrachtungen über die Ehe. Es ist, weiß Gott, nicht viel dran. Sie sind wohl banal und langweilig – aber es ist doch eine ganz respektable Leistung, sie zu Ende gebracht zu haben, und sie machen vielleicht Dir und Tante Bess oder Elle Spaß, die ja genau wie Du ein persönliches Interesse haben können, meine Ansichten zu erfahren; sie dürfen sie gerne lesen, wenn sie Lust dazu haben.

Bei den Seitenzahlen ist etwas durcheinander geraten, (zwei neunundsechzig und zwei siebenundsiebzig), was Dich hoffentlich nicht verwirren wird. Es würde mich sehr freuen, Deine Meinung über die Abhandlung zu hören.

Gleichzeitig möchte ich Dich um einen Gefallen bitten. Ich habe einige Gedichte – im ganzen sieben – an den *Tilskueren* geschickt, aber Dr. Levin will nur eines davon haben (Masai Reserve) und behauptet, er habe nicht mehr Platz. Er bot allerdings sehr freundlich an, sie einer anderen Zeitschrift anzubieten, wenn es mir recht wäre; aber ich finde, man kann ihm das nicht zumuten. Ich habe mir gedacht, Du hast doch Verbindungen zu *Gads Magasin*; könntest Du nicht versuchen, sie dort unterzubringen? Ich habe Levin deshalb gebeten, sie an Dich zu schicken, und ich wäre Dir sehr dankbar, wenn Du alles, was in Deiner Macht steht, versuchen würdest, daß sie dort oder woanders herausgebracht werden.

Mit vielen tausend Grüßen

Deine Tanne

An Thomas Dinesen *Ngong, 3. Aug. 1924*

Liebster Tommy.

Vielen, vielen Dank für Deinen Brief, der vorgestern mit einer entsetzlich langsamen Post hier angekommen ist. Ich will auf das, was Du darin über Dich selbst schreibst, antworten, so gut ich kann – teils, weil ich im Augenblick keine Shauries habe und nur Gott allein weiß, wie lange es dauern mag, bis unsere Briefe wieder ausschließlich von Shauries handeln.

Ich weiß nur zu gut, daß ich mir keine große Hoffnung machen sollte, Dir irgendwie helfen zu können. Trotzdem kann vielleicht immer mal etwas dabei herauskommen, wenn man seine Sicht der Dinge darlegt und auf das hört, was andere Menschen zu sagen haben.

Es hätte nicht viel gefehlt und Du hättest einen Brief fast des gleichen Inhalts von mir bekommen. Ich war furchtbar weit unten, so – wie Du schreibst – »hoffnungslos unglücklich« in den letzten Monaten, seit Denys fort ist, wie Du Dir sicher denken kannst; dazu kommt die Eintönigkeit meines Daseins hier. Das Fehlen jeder Möglichkeit, von hier einmal wegzukommen und etwas Abwechslung zu haben, ist meiner Natur derart zuwider, daß ich unsäglich darunter leide. Ich hatte das Gefühl, es sei alles vollkommen sinnlos und verrückt, mein Dasein im großen und ganzen, im Detail, daß ich hier draußen sitze und male, am Morgen aufstehe etc., etc., und es ging mir wie Sabine »das Leben ekelte mich an, wie ein Kleid, das schlecht sitzt.«* Aber was mich selbst betrifft, so passiert es mir immer wieder, wenn ich richtig weit unten bin vor Verzweiflung, daß ich auf eine mir selbst unerklärliche Weise ganz langsam wieder an die Oberfläche treibe. Ich glaube, das kommt daher, daß meine

Natur über ganz ungewöhnliche Ressourcen an »joie de vivre« verfügt, die, genau genommen, gegen alle Vernunft ihre Wirkung tun – ebenso wie bei mir eine Schramme schneller heilt als bei anderen Menschen.

Ich weiß, daß das bei Dir nicht in gleichem Maß der Fall ist. Aber ich glaube, daß man doch seinen Teil dazu beitragen und versuchen kann, sein Dasein so einzurichten, daß die Verhältnisse erträglich werden und die Kräfte, die man für diese Zwecke mobilisiert, sich so gut wie möglich entfalten können.

Das Klima hier und die Tatsache, daß ich frei bin, daß sich keine anderen Menschen in meine Angelegenheiten einmischen können, tragen für mich zum Beispiel, glaube ich, viel dazu bei, daß ich mich stark fühle und Kräfte entwickele, mich, allen Sorgen zum Trotz, wieder zu erholen. In dieser Beziehung hast Du dir, glaube ich, Dein Leben falsch eingerichtet – darauf werde ich später noch einmal eingehen.

Würdest Du mich als erstes nach meiner Meinung fragen, ob Du recht daran tätest, das aufzugeben, was Dir als das Höchste im Leben erscheint, und Dich, wie Du schreibst, daran machtest »mit der altbekannten Fracht in dem genau markierten Fahrwasser zu segeln« – dann könnte ich Dir nichts anderes antworten als nein, nein, nein. Man kann seine Natur nicht so verleugnen, glaube ich ... Dasselbe gilt, meine ich, hinsichtlich der »regelmäßigen Arbeit«: Für Dich wäre sie zwecklos – der einzige Vorteil, den sie gegenüber einer Ehe hätte, wäre der, daß Du sie aufgeben könntest, wann immer Du wolltest; aber in diesem Zusammenhang wiegt der nicht schwer. Ich glaube, viele Menschen, die sich Freidenker, ja, vielleicht Anarchisten nennen, haben in Wirklichkeit großen Respekt vor jeder Art von Kontrakt, vor dem, was man »Beruf« nennt, ebenso wie vor regelmäßigen Einkünften, aber zu denen gehörst Du ja nicht. Ich kann mir nicht vorstellen, was um alles in der Welt – wenn ich Deine Gemütsverfassung und die Einstellung zu der Arbeit, die Du beginnen willst, in Betracht ziehe – Dich veranlassen sollte, an ihr festzuhalten.

Ich kann es nur von mir aus beurteilen: Ich möchte eigentlich gerne heiraten und bin es leid, immer allein zu sein. Wäre ich nun nicht so wie ich bin und so weiter, dann könnte ich mich ja zum Beispiel mit Jack Llewellyn oder Berkeley Cole verheiraten; den mag ich gern, und wir haben viel Spaß miteinander, und jetzt bekommt er von der Regierung oben im Norden einhundertfünfzigtausend Morgen – das ist doch immerhin etwas! Ich sehe ein, so, wie die Dinge jetzt liegen, ist das unmöglich. Natürlich könnte ich das praktisch sofort tun, das heißt, ich könnte mit Berkeley zu einem Standesamt gehen und danach mit ihm in seinem Auto nach Nyeri fahren. Aber ich glaube, es würde sich als ebenso bedeutungslos herausstellen, als wenn ich plötzlich sagte, jetzt sei ich mit Banja verheiratet. Sicher ist meine Einstellung in den Augen eines unparteiischen Betrachters »dumm«; aber die Dummheit besteht in diesem Fall darin, daß ich so bin wie ich bin; und es wäre um vieles dümmer zu glauben, das ließe sich mit etwas gutem Willen ändern, es ist genauso, wie wenn ich glaubte, ich könnte mit etwas gutem Willen siebzehn Jahre alt oder ein Mann oder ein Hund werden.

Ich bin, wie ich glaube, für Zeit und Ewigkeit an Denys gebunden, gezwungen, den Erdboden zu lieben, auf den er tritt, über die Maßen glücklich zu sein, wenn er hier ist, und jedes Mal Schlimmeres als den Tod zu erleiden, wenn er geht...

Wenn ich nicht die Somalis und Natives als Gesprächspartner hätte, würde mich die englische Mittelschicht, mit der ich hier notgedrungen zu tun habe, verrückt machen. Ich mag die Aristokratie und die Bohême, Du magst sie wahrscheinlich nicht; aber Du als Mann hast auf der anderen Seite mehr Möglichkeiten, das Proletariat kennenzulernen oder mit solchen Menschen zusammenzuleben. Du hast einmal davon gesprochen, Du wolltest als Matrose anheuern; das solltest Du, meiner Meinung nach, tun. Vielleicht würde ein Jahr im Somaliland und in Abessinien für Dich die gleiche Wirkung haben.

Ich bin der festen Überzeugung, im Augenblick ist es Dir völlig unmöglich, in Deiner eigenen Klasse, im Wohlstand und in bequemen, geordneten Verhältnissen zu leben, ja, es wäre geradezu Gift für Dich. Wenn man wirklich tödlich getroffen ist, sind meines Erachtens Gemütlichkeit, seichte Vergnügen und behagliche Unterhaltung das Schlimmste, was einem begegnen kann.

Aber direkt vor der eigenen Tür gibt es ja hungernde, unglückliche, verzweifelte, kämpfende Menschen. Ich meine nicht nur die Proletarier, sondern in Deutschland, Rußland und Österreich geht es ja fast der ganzen Bevölkerung schlecht. Wenn ich Dir einen Rat geben kann, dann den, Dich zu diesen Menschen zu begeben – oder überhaupt in eine Umgebung, in der Gefahr und Revolutionierung des ganzen Lebens zur Tagesordnung gehören…

Du schreibst, als ob es in der Welt nichts anderes als Reisen, Studien – oder aber »den Acht-Stunden-Bürostuhl« und die bürgerliche Ehe gäbe. Das alles spielt sich in der fast gleichen Schicht und unter den gleichen Menschen ab. Aber es gibt eine wilde Welt außerhalb dieser Sphäre, die alle zu meiden suchen, die Dir aber, glaube ich, guttun würde. Jedenfalls würde ich, ehe ich die Hoffnung aufgäbe und das Dasein für sinnlos erklärte – versuchen, die andere Seite kennenzulernen.

Mir scheint, ich habe ein gewisses »faible«, Ratschläge zu geben; auf jeden Fall habe ich in meinem Leben viele erteilt, und wenn ich so darüber nachdenke, hat, glaube ich, kein Mensch je auch nur einen davon befolgt. Und ich wüßte auch nicht, warum das einer tun sollte; wenn man nicht direkt erkennen kann, daß ein Rat einem Vorteile bringt, dann muß man schon an eine gewisse göttliche Inspiration oder mindestens menschliche Überlegenheit dessen glauben, der diesen Rat erteilt. Aber auf der anderen Seite, glaube ich, hat es etwas Befreiendes – wenn man schon einmal so weit gekommen ist, daß man um Rat bittet –, ihn zu befolgen, auch wenn man sich nicht allzuviel davon verspricht.

Ich glaube, wenn man ein so ehrlicher Mensch ist, wie Du es nun einmal bist, dann muß darin ein tieferer Sinn liegen. Und wenn man es so ehrlich meint wie Du, dann darf man nicht aufgeben, wenn es einem auch noch so schwer fällt, so lange man noch durchhalten *kann*. Wenn Erasmus Montanus sich wirklich für die Wissenschaft begeistert und sie geliebt hätte, dann hätte er lieber weiter Soldat bleiben sollen, statt einzugestehen, die Erde sei flach wie ein Pfannkuchen; denn was für Freuden erwarteten ihn eigentlich auf dem Berg, ja sogar in der Ehe mit Lisbeth? Die gewöhnliche Anerkennung von Seiten des Küsters und des Gutsinspektors haben ihm wohl nur eine mäßige Befriedigung bieten können...

Was meine Abhandlung über die Ehe betrifft, über die Du so freundlich schreibst, so kannst Du sie gerne besonders Interessierten zeigen, wenn es Dir Spaß macht, aber eigentlich ist sie nur für Dich geschrieben. Vieles stammt ja direkt aus unseren Diskussionen über diese Frage, und Du wirst verschiedene Deiner eigenen Aussprüche darin wiederfinden. Ich dachte, sie könnte Dir von gewissem Nutzen sein, falls Du selber über dieses Thema schreiben willst...

Ich freue mich mehr als ich sagen kann darauf, Dich hier wiederzusehen. Ich habe mich furchtbar nach Dir gesehnt.

Tausend Grüße an alle.

Deine Tanne.

Ich öffne den Brief noch einmal, um ein paar Worte hinzuzufügen als Antwort auf das, was Du am Schluß Deines Briefes schreibst: »–Was Du erreicht hast, kann ich vielleicht auch noch einmal erreichen –« Ja, ich glaube fest, Du wirst es erleben. Man hat nicht die Fähigkeit zu lieben, ohne daß man früher oder später demjenigen begegnet, dem man sie ohne Vorbehalt schenken kann. Wer noch nie geliebt hat, mag vielleicht zweifeln, ob er je wird lieben können; aber ich glaube nicht, daß das Leben so ist, daß man nur einmal einen Schimmer von Glück erspäht, und dann nie wieder; es liegt in uns, und es trifft uns so sicher wie der Tod. Ich spreche aus eigener Erfahrung; als ich ganz jung war, war ich sehr, sehr verliebt – das war im Jahr 1909 – und ich glaubte, ich würde so etwas nie wieder erleben; und neun Jahre danach, 1918, erlebte ich es wieder – noch viel viel heftiger und tiefer als zuvor. Ich habe einmal die Übersetzung eines kleinen griechischen Verses gelesen:

»Eros holt aus wie ein Schmied mit dem Hammer,
Funken entsprühn meinem trotzigen Sinn,
Kühlt mir das Herz dann in Tränen und Klagen –
Glühendes Eisen härtet die Flut.«*

An den denke ich oft. So, finde ich, geht es zu, und keineswegs mit dahinschmelzender Sanftheit, wie es so oft beschrieben wird. Warte nur, der Hammer wird sicher auch einmal für Dich erhoben.

Ich meine, es ist ein Fehler, daß Du nie *alte* Literatur gelesen hast. Ich glaube, es würde Dir guttun. Lies die alten Philosophen und Satiriker, zum Beispiel Rabelais. Zwei Dinge würden Dir, meine ich, im Augenblick helfen: *sense of humour* und Gefahr. Übrigens solltest Du auch Søren Kierkegaard lesen, wenn Du ihn vielleicht auch etwas kompliziert finden wirst (Deiner Ansicht nach vermutlich etwas altmodisch!). Wir haben auf jeden Fall »Entweder-Oder« zu Hause. Ich kann mir nicht vorstellen, daß jemand, der ihn ernsthaft liest, nicht von ihm ergriffen wird. Er war ein ehrlicher Mensch und litt darunter; vielleicht wirst Du in seiner Auffassung des »Einzelnen«* etwas von Dir selber wiederfinden.

Ja, entschuldige diesen dummen Brief. Er ist gar nicht das geworden, was er werden sollte. Aber was ich eigentlich sagen wollte, will ich noch einmal bekräftigen: Halte aus.

An Thomas Dinesen *Ngong, 4/9 24*

Liebster Tommy.
Vorgestern abend erhielt ich Mutters Telegramm, und Du wirst Dir vorstellen können, daß ich mich ganz furchtbar freue, sie und Dich wirklich schon bald hier zu sehen. Es ist kaum zu fassen, und ich sehne mich so sehr nach Euch beiden, jetzt, da ich wirklich an Euer Kommen zu denken wage, daß ich gar nicht weiß, wie ich die Zeit bis dahin aushalten soll.

Ich brauche Dich sicher nicht zu bitten, während der Reise so gut Du irgend kannst auf Mutter aufzupassen; ich glaube, Dir ist gar nicht richtig klar, was für eine Höllenqual die Tour für die meisten Menschen ist. Ich schicke Euch den kleinen Abdullahi bis Mombasa entgegen – er verbringt im Augenblick hier seine

Ferien, hat sich zu einem Riesen von enormem Umfang entwikkelt und ist, glaube ich, so etwas wie ein mathematisches Genie; den Rest der Fahrt werdet Ihr hoffentlich alleine schaffen. Farah meint natürlich, er müsse unbedingt mit dorthin, aber ich möchte ihn gerne hier behalten – und dann komme ich selber zur Station in Nairobi!!...

Es kann sein, daß Ihr Denys unterwegs trefft, zumal ich höre, er kommt im Oktober mit einem französischen Schiff. In dem Falle mußt Du Mutter bitten, nach Möglichkeit so zu tun, als habe sie noch nie von ihm gehört.

Gestern habe ich mit Genessee Tee getrunken, die mit viel Sympathie von Dir sprach und sich sehr freute, Dich demnächst wiederzutreffen.

Ja, herzlich, herzlich willkommen, liebster Bruder. Hier freuen sich alle unbeschreiblich, Dich wiederzusehen, Poor Singh, der übrigens gräßlich geworden ist, Kamante, der jetzt unser bester Fußballspieler ist, Abdullahi, Farah – und nicht am wenigsten Deine alte, von Herzen ergebene Schwester

Tanne

Ihr seid alle in der letzten Zeit sehr schreibfaul gewesen; bei den drei letzten Postsendungen war keine einzige Zeile.

Am 11. Oktober 1924 verließ Frau Ingeborg Dinesen in Begleitung von Thomas Dinesen Dänemark und reiste über Paris nach Marseille. Fünf Tage später gingen sie an Bord des S/S CHAMBORD, fuhren durch das Mittelmeer an Port Said vorbei die Ostküste Afrikas entlang nach Mombasa, wo sie am 3. November von Farah in Empfang genommen wurden. Die Mutter verbrachte nun über zwei Monate auf der Farm, und aus dem erhalten gebliebenen Tagebuch ihres Besuches in Kenia geht hervor, daß sie im Laufe dieser Zeit die meisten englischen Freunde Tania Blixens kennenlernte, Sir Northrup und Lady McMillan, Denys Finch Hatton, Charles Bulpett, Berkeley Cole,

Hugh Martin, Algy und Rose Cartwright, um nur einige wenige zu nennen. Am Sonntag, dem 11. Januar 1925, wurde eine große Ngoma auf der Farm abgehalten, bei der auch der Häuptling Kinanjui anwesend war, und zwei Tage darauf verabschiedete sich Ingeborg Dinesen am Bahnhof von Nairobi von ihrer Tochter. Thomas Dinesen begleitete seine Mutter bis Mombasa. Am 7. Februar kam sie in Kopenhagen an.

An Ingeborg Dinesen — *Ngong, 14. 1. 25*

Meine geliebte, gesegnete Mutter.

Von dem Augenblick an, als ich Dein geliebtes Antlitz im Zug verschwinden sah, freue ich mich tagtäglich auf das Wiedersehen in der Veranda von Rungsted, so schrecklich lange hin ist das gar nicht. Lady McMillan zog mich fort, ehe Du ganz weg warst; es scheint ein englischer Aberglaube zu sein, daß man nicht das letzte Bißchen entschwinden sehen darf; nett war es ja, daß sie gekommen war, ich fand aber doch, es wäre mir wichtiger gewesen, Dich noch eine Sekunde länger zu sehen. Sie schleppte mich zu Chiromo, dort konnte ich aber schnell entkommen.

Als ich zur Farm zurückfuhr, hatte ich das Gefühl, ich könne die Sehnsucht kaum ertragen; aber als ich in den Weg einbog und das Haus sah, passierte etwas Merkwürdiges, mir war plötzlich, als käme ich zu Dir nach Haus – und dieses Gefühl ist geblieben und begleitet mich die ganze Zeit. Jetzt begreife ich richtig, was gemeint ist, wenn man sagt, das Haus, in dem meine Mutter gewesen ist, sei »for ever blessed« – wie wahr. Du bist auf der Veranda und auf der Steinbank. Du sitzt im Wohnzimmer und nähst und kommst mir aus Deinem Zimmer entgegen. Alles, was ich schon früher liebte, hat nun einen neuen, wunderbaren Wert bekommen, weil Deine Augen darauf geruht haben und weil auch Du es gern hast. Ich kann nie wieder einsam sein in diesem Haus. Alle Boys kamen und sagten, es wäre traurig, daß Du abgereist seist, und warum Du denn nicht sechs Monate hättest bleiben wollen, »Wataa yaate na penda Mama«.* Der närrische Tumbo hat den ganzen Tag geheult, weil Du weggefahren bist und er nicht mitkonnte; als ich zu Hause eintraf, war er schon in eine gewisse Resignation verfallen und sagte nur sehr niedergeschlagen: »mimi kidogo«* – was ihm als Grund angegeben worden war. Der kleine Drachen kam mir so vergnügt entgegengelaufen, aber er sucht Dich im ganzen Haus und hat heute nacht in Deinem Zimmer gelegen. – Der Tierbestand war übrigens bei meiner Heimkehr um eine Schildkröte erweitert, die Kamante gefangen hat; sie fügt sich ohne Umstände in die friedliche Atmosphäre.

Als ich nach Hause kam, lag hier ein Brief von Tante Bess, der zu keinem günstigeren Zeitpunkt hätte kommen können und nicht freudiger hätte begrüßt werden können, auch zwei beiliegende Briefe von Tante Lidda, denen ich entnehme, daß die letzte Zeit auf Matrup friedlich und harmonisch war.

Heute erhielt ich ein Telegramm von Repsdorph, ich wäre jetzt geschieden; eigenartig, daß es an meinem elften Hochzeitstag kam.

Sonst habe ich ja heute nichts zu schreiben. Ich möchte Dir noch einmal danken – tausend und abertausend Male –, daß Du nach hier gekommen bist; nie und nimmer werde ich Dir das vergessen. Vom ersten Augenblick an, als ganz unerwartet Dein Gesicht im Auto auftauchte, bis zur letzten Minute sind die Tage und Stunden wie ein großer, kostbarer Schatz, den ich gesammelt habe und niemals verlieren kann. Alles in meiner Umgebung hier hat einen Sinn bekommen, einen Glanz wie beim Sonnenuntergang auf den Ngong Bergen; all die verschiedenen Saiten hier und in meinem übrigen Dasein hast Du liebevoll mit leichter Hand so gestimmt, daß sie in einem Akkord zusammenklingen – und für alles, für jedes Wort, das Du mir gesagt hast, und für jedes Mal, wo Du mich angesehen hast, bin ich Dir dankbarer als ich je sagen kann.

Liebe, geliebte Mutter, wenn ich jetzt beim Schreiben aufsehe, kommt es mir vor, als stündest Du bei mir und als hörte ich Deine Schritte und Deine Stimme, als *müßtest* Du im Hause sein – und das bist Du wohl auch, »Die Macht des Geistes ist groß«, das weiß man und hört doch nicht auf, zum eigenen Schaden nur in den engen, physikalischen Begriffen zu denken.

Lady McMillan konnte sich natürlich gar nicht lassen, wie hübsch meine Mutter ist, und Du personifizierst »the most beautiful, lovely and delightful type of woman.«

Alle hier grüßen herzlich, auch Lulu, Minerva, das Haus selber und die Hügel; sie wollen und können nicht auf Dich verzichten. Ich selbst sage nicht Lebewohl, denn wenn ich hochschaue, siehst Du mich an.

Dank und Dank und nochmals Dank, so lange ich lebe, daß Du hier warst.

Deine Tanne.

Am 6. März 1925 gingen Tania Blixen, Thomas Dinesen und Farah in Mombasa an Bord der ADMIRAL PIERRE. *Auf dem Wege nach Marseille legte das Schiff in Aden an, der Bruder und Farah gingen dort an Land. Sie hatten die Absicht, eine für zwei Monate geplante Safari durch das Somaliland, Farahs Heimat, zu unternehmen. Tania Blixen blieb an Bord und erreichte Marseille Ende März.*

An Ingeborg Dinesen — *Marseille, Hôtel du Louvre & de la Paix*
28. 3. 25

Meine geliebte Mutter. –
Hier bin ich nun wieder in Europa! und als erstes will ich Dir für Deinen Brief und Deinen Willkommensgruß nach hier danken. – Es ist *herrlich*, endlich so weit gekommen zu sein, denn die Reise ist nun mal sehr anstrengend ... Von Tommy habe ich mich in Aden verabschiedet, er freute sich sehr auf seine Tour; Ihr habt aber sicher schon gehört, daß man ihm die Einreise in das Somaliland verweigert hat. Das ist so ziemlich das Ruppigste,

was ich je gehört habe, einem Mann gegenüber, der bereit war, sein Leben für die Engländer zu lassen! – manchmal bekomme ich eine solche Wut auf die Engländer, daß ich nie wieder etwas mit ihnen zu tun haben will! Nun weiß ich nicht, was er macht; ich rechne damit, daß ich in Paris von ihm höre, Ihr wißt sicher mehr als ich. –

Es fiel mir schwer, mich von ihm zu trennen, unser Zusammensein war so schön. Farah ist mit ihm von Bord gegangen, ich weiß gar nicht, was mit ihm geschehen ist. Es war auch recht schwer, von allen auf Ngong Abschied zu nehmen, am schwersten war es bei Pjuske, weil er selbst so traurig war. – Die Natives waren rührend, sie kamen in Massen, um Auf Wiedersehen zu sagen, und versicherten alle: »Wir werden Dir danke, danke, danke sagen, wenn Du wieder zurückkommst.« Die alte Frau, an die Du Dich vielleicht erinnern kannst, die mich Mama nannte, kam am letzten Morgen angekrochen und sagte: »Ich habe gehört, Du willst wegfahren, aber ich kann das nicht glauben, dann muß uns Gott verstoßen haben.« – Sie blieb draußen vor dem Haus sitzen und weinte und weinte. Ein harter Schlag traf mich noch: Die Eule Minerva starb am Tag vor meiner Abreise; sie war gerade so unglaublich niedlich und ulkig geworden. – Thomas und ich, wir beide, hatten sie richtig liebgewonnen. Tumbo wollte mit nach Europa, um Dich zu besuchen, und *alle* baten mich, Dich unzählige Male zu grüßen, Du hast einen großen Namen bei den Natives und bist sehr beliebt. – Wie kannst Du nur annehmen, ich könnte daheim unser Haus alt und verwohnt finden! Gerade so, wie es ist, lieben wir es ja. Man sollte fast annehmen, Du wärest ein bißchen töricht, wenn Du so etwas schreiben magst! Ich freue mich unbeschreiblich auf *alles*, was vor mir liegt: Auf das Kleiderkaufen in Paris, auf das Betrachten von Gemälden, auf das Hören von Musik, auf die Natur daheim, auf Obst und Roggenbrot und Krabben – würdest Du wohl auch einen *richtigen norwegischen Ziegenkäse* besorgen, bis ich komme? Von dem habe ich schon oftmals geträumt...

Meine süße, geliebte Mutter.
Tausend Dank für Dein Telegramm über Tommy, das gerade in diesem Moment eintraf. Ich kann Dir gar nicht sagen, wie sehr es mich gefreut hat; ich glaubte, es wäre eine Enttäuschung, die er kaum hätte ertragen können, wenn es nicht geklappt hätte ... Mir ist ein unbeschreiblich großer Stein vom Herzen gefallen, denn das Letzte, was ich von ihm und Farah gehört hatte, war, daß sie eine Dau mieten und fischen gehen wollten, und da ist es mir lieber, sie haben wieder festen Boden unter den Füßen. – Tommy ist doch so unvergleichlich lieb und nett, den Gedanken, man könnte ihm Schwierigkeiten machen, kann ich schon deshalb kaum ertragen; ich wünsche von Herzen, daß er aus der Tour rechten Gewinn schöpft. – Farah wird schon für ihn tun, was er kann, aber er ist ja keine sonderlich überlegene Persönlichkeit, der man sich blindlings anvertrauen könnte.

... Weil ich so schlecht gekleidet war, Löcher in den Schuhen und ziemlich zerlumptes Zeug hatte – ich glaube, ich werde aus dem Grund von der Madame hier im Hotel etwas schief angesehen –, bin ich meist auf dem linken Seine-Ufer herumgegangen; ich finde, es hat einen ganz besonderen Charme ... Gestern war ich im Theater, es gab *L'Idiot** – eine Dramatisierung von Dostojewskis Buch. Ich habe das Buch nicht gelesen, kann mir aber – nach allem, was ich sonst von Dostojewski gelesen habe – nicht vorstellen, daß es ihm auch nur im mindestens ähnelt; aber die Aufführung gab der Primadonna, Ida Rubinstein, die sehr gut aussieht, Gelegenheit, sich in herrlichen Toiletten zu zeigen ...

An Ingeborg Dinesen *Hotels St. James 211, Rue St. Honoré & D'Albany 202, Rue de Rivoli Paris 20. April [1925]*

... Ich habe mich entschlossen, jetzt meinen eigenen Plänen zu folgen und am Freitag oder Sonnabend morgen von hier über Hamburg nach Hause zu fahren, wäre also am Sonnabend oder Sonntag abend daheim, was Dir hoffentlich recht ist. – Vielleicht findest Du es falsch, so schnell nach Hause zu kommen, aber entweder mache ich es so, oder ich entschließe mich, mich hier in Paris richtig niederzulassen und für mindestens drei Monate eine Malschule zu besuchen; Letzteres, finde ich, ist zu viel; und ich glaube, ich kann zu Hause gewissermaßen besser mit dem Malen ingangkommen als hier, wo ich keine Maler kenne und wo mir niemand eine Empfehlung schreiben kann, sodaß man mich nur zu den blutigen Anfängern stecken wird. – Zwei Dinge möchte ich gerne, während ich zu Hause bin: malen und kochenlernen. Meinst Du, ich könnte in der Königlichen Küche lernen? Möglicherweise könnten mich doch die Damen Nimb, wenn es sie denn noch gibt, um der alten Bekanntschaft willen als Schülerin aufnehmen ...

Im Mai 1925 kam Tania Blixen in Dänemark an. Es war ihr dritter Besuch daheim seit ihrem Aufbruch nach Afrika. Dieses Mal blieb sie fast acht Monate auf Rungstedlund. Der folgende, undatierte Brief an Tante Bess muß innerhalb dieses Zeitraumes geschrieben worden sein.

Liebe Tante Bess.
Ich bin, wie die meisten Menschen, nicht wendig genug, um in einer Diskussion meine Argumente gleich zur Hand zu haben, und muß mich deshalb oft, wenn ich ehrlich sein und nicht irgendetwas stehenden Fußes erfinden will, wenn der Gegner mir an die Klinge geht, darauf zurückziehen zu sagen: Darüber habe ich noch nicht nachgedacht. Hinterher versucht man ja, sich selber Klarheit zu verschaffen, und kommt dann zu dem Punkt, wo man sich wünscht, man könnte die Diskussion wieder aufnehmen, was leider selten geschieht.

In Forsetzung unserer Diskussion von gestern möchte ich nun gerne versuchen, etwas klarer auszudrücken, was ich eigentlich an dem Viktorianischen Geist und seiner Lebensanschauung für »unenglisch« halte. Ich glaube, es kommt dem, was ich meine, am nächsten, wenn ich sage, dieser Geist war *doktrinär* auf eine Art, die dem englischen Wesen im Grunde fremd ist. Es fiel mir in Kenia oft auf – dort natürlich besonders auf dem Gebiet der Landwirtschaft – wie himmelweit die Engländer davon entfernt sind, auf Theorien zu bauen oder sie überhaupt in Betracht zu ziehen.

Wir hier zu Hause neigen wohl dazu, die theoretische Ausbildung überzubewerten und deshalb zu glauben, wenn ein Mann eine Schule durchgemacht und ein Examen bestanden hat, ist er gerüstet, seine Aufgaben zu erfüllen, und wir haben immerhin durch unser System große Tüchtigkeit und Überlegenheit erlangt. Die Engländer rechnen meiner Erfahrung nach nur in verschwindend geringem Maße mit der Theorie und bauen viel lieber auf einen gewissen Instinkt; sie nehmen selbst für eine schwierige Aufgabe und Stellung lieber einen Mann, dessen Blick und gesundem Urteil sie vertrauen, als daß sie sich auf die Ausbildung und die Examina des Bewerbers verlassen. Das fällt einem besonders beim Vergleich mit den jungen schwedischen Landwirten und Molkereiexperten auf, denn die Schweden haben im Laufe der letzten Generation ihre Systeme aus

Deutschland übernommen, und die Deutschen sind die Theoretiker, Doktrinäre und Systematiker par excellence.

Ich habe den Eindruck, das gleiche gilt für militärische Belange; in dem großen Krieg kam das sehr deutlich zum Vorschein; die Deutschen – ebenso die Schweden, wenn sie auch keine Gelegenheit hatten, es unter Beweis zu stellen – hatten ihre Sachen in bester Ordnung, die auf Berechnungen jedweder Art beruhten, während die Engländer den Krieg wirklich auf gut Glück führten. Dieses System können sie nur praktizieren, weil sie so ungeheuer große Reserven an Kapital haben, auf die sie zurückgreifen können, und über entsprechende, besondere Ressourcen auf Grund ihres Charakters verfügen, sodaß ihnen Fehlkalkulationen und Enttäuschungen nicht so viel ausmachen und sie deshalb auch gar nicht imstande sind, sich über einen falschen Schritt oder eine falsche Berechnung zu grämen und zu ärgern.

Wenn ich jetzt versuche, englischen Geist und englische Wesensart historisch zu betrachten, wie ich sie durch englische Literatur und Kunst, durch Memoiren und überhaupt durch kulturkritische Werke kennengelernt zu haben glaube, dann scheint mir, in der viktorianischen Ära, die ja, wie der Prinzgemahl selber, groß war im Verfassen von Memoranden und Regeln, ist England durch einen Geist und eine Lebensauffassung geprägt worden, die seinem wirklichen, echten Leben und Wesen überhaupt nicht gemäß waren.

Ich wäre die letzte, die leugnen würde, daß Viktorias Zeit auf der anderen Seite viel Großes geschaffen hat. Es ist ja durchaus verständlich, daß für Euch, die Ihr England und auch wesentliche englische Literatur und Kunst etc. zu einer Zeit kennengelernt habt, in der dieser Geist tonangebend war, England untrennbar mit der viktorianischen Ära verbunden scheint. Ich selbst stütze meine Hypothese – für mehr als das gebe ich sie nicht aus – auch auf eine persönliche Erfahrung, nämlich die: Ich mochte das viktorianische England, das mir als Kind nahegebracht worden war, nicht leiden, es interessierte mich nicht, ich verstand es nicht, aber später, als ich das alte England aus Geschichte und Literatur kennengelernt hatte und solchen Engländern begegnet bin, die ich entweder für einen *throwback* auf das eigentliche englische Wesen oder für Repräsentanten seines eigentlichen Lebens und seiner Tradition halte – was meines Erachtens besonders für die Aristokratie gilt, die sich wohl unter Viktoria weitgehend totgestellt hat –, da begann ich, alles Englische in hohem Maße zu bewundern und ihm viel Sympathie entgegenzubringen.

Jetzt ist für mich englische Wesensart besonders mit dem Verlangen und der Forderung nach menschlicher Freiheit verbunden. – Wenn ich Memoiren und Geschichtswerke über die Zeit vor der Revolution lese, wo die französische Aristokratie plötzlich so für das Englische schwärmte und vom Englischen beeinflußt wurde, glaube ich, auch hier handelt es sich um eine Rückkehr zur Idee der Freiheit, Menschlichkeit und Natürlichkeit und um eine Abkehr vom Konventionellen. Symbolisch dafür ist wohl, wie die großen, französischen Adligen auf Grund dieses Einflusses ihre steifen, geometrischen Gärten in Parks verwandelten; denn für mich ist ein Park der beste Ausdruck des englischen Geistes. Hier geben sie dem Natürlichen Würde und dem Vornehmen natürliche Gestalt – aber dafür kann man keine Regeln aufstellen; für die Anlage eines französischen Gartens gibt es sicher viele Regeln und Gesetze, aber für die eines Parks kommt es auf den Blick und den Instinkt an. Ich glaube auch, dort, wo man Shakespeare – nach Racine – im Laufe der Zeit wieder aufgeführt hat, hat er wie die Menschlichkeit und Freiheit selber gewirkt.

Ich behaupte also, daß Viktorias Zeit teilweise von dem Ideal freier Menschlichkeit abgefallen ist; unter den großen Viktorianern wurde England, meiner Meinung nach, bildlich gesprochen, zu einem verunstalteten Park. Es wurden mehr Regeln aufgestellt, schnurgerade Wege angelegt, und man durfte das Gras nicht mehr betreten. Damals sprachen wir ja nicht darüber, ob man das für eine Verbesserung oder Verschlechterung halten kann, sondern darüber, ob es dem wahren englischen Wesen entspricht oder nicht, ob es auf der Linie seiner sonstigen Entwicklung liegt, und da glaube ich, das ist nicht der Fall.

Wenn ich viktorianische Autoren lese, wie zum Beispiel

Dickens – den ich wirklich liebe und von dem ich wohl die meisten Werke gelesen habe –, dann fällt mir eben auf, daß er dort echt und wirklich bezaubernd ist, wo er über Menschen schreibt, die keinen Regeln unterworfen sind, und über Verhältnisse, in denen alles erlaubt ist und nichts schadet, wenn es nur lebendig, witzig, auf irgendeine Weise frei und liebenswert menschlich ist. Man muß Micawber lieben, Fagin und seine ganze Sippschaft mit *the artful dodger*, ja, sogar Bill Sykes hat etwas Sympathisches – bei der Schilderung dieser Figuren ist er auf der Höhe von Swift, Hogarth und den großen, alten Humoristen. Wenn er dagegen zu solchen Menschen und Verhältnissen kommt, für die bestimmte Regeln gelten sollen, wo das freie Spiel der Kräfte behindert wird, dann verliert er, meiner Meinung nach, alles Leben – in Agnes und Doctor Wickfield und der ganzen Welt, in die Oliver Twist zu meinem großen Kummer hineingezogen wurde und die ihn erzogen hat, da ist er, finde ich, todlangweilig.

Das Gleiche gilt, meines Erachtens, für Kipling, der ein ausgeprägter Repräsentant der späteren viktorianischen Zeit ist, und für den die Welt nun einmal die viktorianische war; wenn nicht ab und zu die Welt der indischen Eingeborenen, die für ihn außerhalb von Recht und Ordnung liegt, mit hineinspielte, wäre er überhaupt nicht zu ertragen, aber in seiner Schilderung dieser Welt liegt etwas, das ich als typisch englisch bezeichnen möchte.

In der Nähe dieser Sympathie für die Freiheit des Menschlichen ist, meiner Meinung nach, der englische Humor angesiedelt. Nun glaube ich nicht, daß die viktorianische Zeit überhaupt keinen Sinn für Humor gehabt hat, aber sie belegte viele Bereiche des Lebens mit einem Tabu; und das widerspricht nach meiner Auffassung dem wahren englischen Wesen ganz und gar. Ich glaube, dem alten England lag jede Form von Prüderie sehr fern, und jene Damen, die Gainsborough und Reynolds gemalt hat, waren in vieler Hinsicht freier und natürlicher als die entsprechenden französischen Schönheiten.

Wenn Du die englischen Public Schools vor Arnold als das reine Chaos charakterisierst, dann muß man, glaube ich, auch in Betracht ziehen, daß die Engländer sich anscheinend in einem

Chaos durchaus noch zurechtfinden, und sogar Gewinn aus ihm ziehen können, während es einen Deutschen oder einen Franzosen nur zur Verzweiflung treiben würde. Ich finde, sie haben ihre Ideen nur ganz selten irgendwie systematisch geordnet, und ich habe mich oft gewundert, wie schwer ihnen jede Art von systematischer Einteilung, bis hin zum Register in einem Buch, fällt. – Hindenburg hätte sicher vor Entsetzen die Hände über dem Kopf zusammengeschlagen, wenn er mitten im Kriege das Kommando über das englische Heer bekommen hätte. Ob es Dr. Arnold geglückt ist, das damalige junge England in *Wirklichkeit* weniger brutal und dafür ritterlicher zu machen, ist wohl fraglich, so etwas läßt sich nicht von heute auf morgen erreichen; er führte sicher erträglichere Verhältnisse in den Schulen ein, aber unter anderem von Strachey wird ihm zur Last gelegt, er habe sie auch zu philiströsen Einrichtungen gemacht – oder, meiner eigenen Meinung nach, zu intellektuell und moralisch doktrinären Institutionen.

Ganz nebenbei will ich noch erwähnen, daß ich den Eindruck habe, die englische Vergötterung des Königshauses gehöre auch zur viktorianischen Epoche und beginne mit Viktoria selbst. Ich glaube nicht, daß sie ihre Stuarts und das Haus Hannover mehr angebetet haben als wir das Haus Oldenburg. Der englische Hochadel hat sie wohl nie besonders respektiert, sondern sich selber für vornehmer gehalten; auch wenn der Hochadel nur aus wenigen Mitgliedern besteht, so hat doch so eine Gruppe großen Einfluß auf das Leben und die Ansichten einer Nation. Bei uns in Dänemark war der Adel zahlenmäßig zu gering, als daß er eine wesentliche Rolle hätte spielen können; in Schweden schloß sich die Aristokratie wie in Frankreich eng an den Hof an – bis das Königshaus gar zu rigoros wurde. Ich weiß allerdings auf diesem Gebiet zu wenig Bescheid, um mich genauer dazu äußern zu können.

Du wirst vielleicht sagen, daß ich zu wenig Viktorianer kenne und mir überhaupt kein Urteil über sie erlauben darf. Das ist natürlich wahr, aber wenn man keinen ganz bestimmten Zweck damit verfolgt, ist es ja schwierig, eine Sache ernsthaft zu studieren, für die man keine Sympathie empfindet. Einige der viktorianischen Schriftsteller, zum Beispiel Tennyson, Rossetti und die Brontës, meine ich, genausogut zu kennen wie Du. Wenn es sich aber um einen Vergleich handelt, muß ja auch das ins Gewicht fallen, was man aus den anderen Zeitabschnitten oder über andere Persönlichkeiten weiß, und in der Beziehung habe ich wirklich englische Geschichte, Literatur und Kunst ziemlich gründlich studiert. –

Wenn ein Wort einen ganzen Gedankengang erhellen kann, dann will ich zum Schluß das, was ich meine, so zusammenfassen: Die Viktorianer haben meiner Ansicht nach die Engländer dahingehend beeinflußt, daß sie »Zweckmenschen« wurden – (falls Du diesen Ausdruck kennst; Rathenau oder Erichsen benutzen ihn und gründen eine ganze Lebensanschauung darauf) –, aber das entspricht nicht ihrem eigentlichen Wesen.

Ich bilde mir nicht ein, mit dem hier Dargelegten eine neue oder absolute Wahrheit entdeckt zu haben, ich will schon sehr zufrieden sein, wenn Du es für denkbar hältst, daß etwas Wahres daran sein kann.

Während ihres langen Aufenthaltes bei der Mutter in Rungstedlund im Jahre 1925 ereignete sich, von einem kurzen Krankenhausaufenthalt abgesehen, nichts Außergewöhnliches im Leben Tania Blixens. Das alles überschattende Familienereignis war die Verlobung Thomas Dinesens mit Jonna Lindhardt. Am ersten Weihnachtstag verabschiedete Tania Blixen sich von ihren Verwandten und Freunden, und ihr Bruder Thomas begleitete sie nach Antwerpen, von dort reiste sie mit dem Schiff SPRINGFONTEIN weiter. Am 1. Februar 1926 kehrte sie auf die Farm zurück.

Mein innig geliebter Tommy.
Längst schon wollte ich Dir auf Deinen Brief antworten, über den ich mich sehr gefreut habe, aber ich war furchtbar erkältet, oder wie immer man diesen Zustand nennen soll, in dem ich mich nun seit sieben Wochen befinde, mit Fieber, Husten, Schnupfen, Kopfschmerzen etc. – (ich selber halte es für ein nervöses Leiden, das daher kommt, daß ich im Golf von Biskaya *nicht* wagte, seekrank zu werden) –, ich konnte deshalb nicht mehr als das Allernötigste schaffen – was ja auch schon eine ganze Menge ist, wenn man nach fast einem Jahr Abwesenheit zu einem anderen Erdteil zurückkehrt. – Erst jetzt habe ich hoffentlich die Kraft, einen einigermaßen vernünftigen Brief schreiben zu können. In Gedanken habe ich schon mehrere Briefe an Dich unter dem Eindruck wechselnder Stimmungen verfaßt; aber dieser sollte doch ausgeglichen wirken, zumal es mir viel besser geht und ich nach fast einem Monat Aufenthalt hier im Lande einen gewissen Überblick erlangt haben müßte.

Mit der letzten Post bekam ich einen sehr süßen Brief von Jonna, auf den ich antworten würde, wenn ich eine Vorstellung davon hätte, welche Neuigkeiten aus diesem ihr unbekannten Teil der Welt sie interessieren. Wenn etwas wirklich Aufregendes passiert, wenn zum Beispiel die Löwen Mr. und Mrs. Dickens mit ihrem Baby aus ihrem Haus zerren und ich die halbverzehrten Leichen auf dem Rasen finde, schreibe ich ihr gleich; bis dahin mußt Du ihr nur meinen herzlichen Dank übermitteln, es war wirklich rührend von ihr, mir zu schreiben...

Zuerst muß ich Dir ganz viele Grüße von allen Natives hier bestellen, von Somalis und Indern, unter denen Du die ergebensten Freunde hast. Nicht einer hat versäumt zu fragen, ob Du nicht bald wiederkommst, und jeder hat bedauernd geseufzt, als er hörte, daß in allernächster Zeit wenig Aussicht dafür besteht. Wenn ich sage, Du hättest »pattat Ndito«*, fragen sie: »Modja tu?«* und meinen damit sicher, Du hättest zehn verdient. Farah sagte, du seist »very good, very good, very good – *all people* say this,« und als ich sagte, ja, denn Du seist nicht kali, sagte er sehr überlegen: »Not this – many other people not kali, but Thomas quite different, his *word* more good than big contract with other white men.«

Poor Singh hat sich sehr über seine Uhr gefreut, äußerte aber doch zu Farahs Ärger den Verdacht, sie sei nicht aus Silber. Kinanjui zerfloß ebenfalls vor Dankbarkeit über sein Bakshisch von 20 Sgs. Ich habe hingegen Juma die ihm zugedachten zwanzig nicht gegeben, denn ich habe ihn im Verdacht – das ist schon eine sehr vorsichtige Formulierung –, die Manschettenknöpfe gestohlen zu haben, die ich Dir versprochen hatte und die ich Dir nun, zu meinem großen Bedauern, nicht schicken kann. Die Schachtel war da, aber sie war leer! Das ärgert mich unbeschreiblich, denn sie waren wirklich hübsch und es hätte mich gefreut, wenn Du sie getragen hättest. Ich glaube, Juma ist in dieser Hinsicht nicht ganz zurechnungsfähig, er kann gelegentlich die merkwürdigsten Dinge tun. Natürlich *kann* es auch einer von Denys' Boys gewesen sein – wenn nicht überhaupt Denys selber –, der sie weggenommen hat; aber mir sind schon viele Dinge dieser Art abhanden gekommen, und ich finde, alles deutet auf einen Dieb aus dem Hause...

Ich sehe, daß *Tilskueren* noch immer nicht *Sandhedens Hævn* gebracht hat. Ob sie sich das anders überlegt haben und das Manuskript nicht annehmen? Könntest Du das nicht in Erfahrung bringen, und auch Holstein den *Jacques* wieder abnehmen? Er hätte sich deswegen ruhig mal melden können. *Falls* jedoch S. H. doch zu guter Letzt noch erscheint, würdest Du sie dann mit dem beiliegenden Brief an den alten Georg* schicken? – ich möchte doch gerne, daß er sie sieht, und, wenn irgend möglich, ein paar Worte über sie von ihm hören. Selbst wenn sie erst im Märzheft erschienen sein sollte, möchte ich Dich bitten, ihm den Brief zu schicken; Du könntest dann vielleicht einige Zeilen hinzufügen, ich hätte den Brief Dir geschickt, und er sei mit unerwarteter Verspätung eingetroffen.

Ich fühle mich leider völlig außerstande, *Elmis Hjerte* oder irgendetwas anderes in Angriff zu nehmen; ich habe selten in meinem Leben das Gefühl gehabt, so weit unten zu sein wie zur Zeit, was Arbeitskraft und Lebenskraft anbetrifft, ich weiß nicht, woher das kommt. Hoffentlich geht es wieder vorüber und ich kann Dir dann ein neues Buch und ein Gemälde schicken, das Dir die hiesige Natur wenigstens zum Teil wieder ins Gedächtnis ruft, aber etwas dauern wird es; im Augenblick kommt es mir so vor, als hätte ich nie mehr die Kraft, auch nur bis zum Damm hinunter zu gehen...

Denys ist noch auf Safari, aber ich erwarte ihn schon bald. Ich habe einige Briefe von ihm bekommen; ich glaube, er hat sehr gerne hier gewohnt, alle seine Freunde sagen, man hätte ihn von Ngong kaum mehr wegbekommen. Er fährt nach Hause, weil sein Vater* krank ist – es tut mir leid für ihn; vor zwei Jahren fuhr er nach Haus, weil seine Mutter im Sterben lag. Er hat hier viele Leute zu Besuch gehabt; sie erweisen mir die Höflichkeit zu sagen, daß »it was always you we came out to dine with – but it was ghastly without you, like a haunted house.« Ich freue mich ja sehr darauf, Denys wiederzusehen, wünschte mir aber, es ginge mir bis dahin etwas besser...

Ich kann gar nicht sagen, wie gerne ich es sehen würde, wenn Du etwas mit der »League of Nations« zu tun bekämst und dort im Laufe der Zeit einmal die Interessen der Natives aufgreifen würdest. Ich bin so wütend auf die Engländer, weil sie den Eingeborenen höhere Steuern auferlegen wollen, sie reden von einer Kopfsteuer von zwanzig Shs. Wenn man bedenkt, daß das Höchste, was ein Mann verdienen kann, bei einhundertundfünfzig Shgs. im Jahr liegt, ist das empörend; wenn die Leute zu Hause das doch mal erfahren würden, aber dieses Land liegt so eigenartig außerhalb aller Gesetze und außerhalb allen Rechts. Die oberen Klasen sind seit der Revolution nicht die Spur besser geworden; wenn sie keine Angst vor den Unterklassen haben, dann nur, weil sie völlig ohne Scham sind; hier hungern die Natives und werden vor Hunger sterben, und der Gouverneur baut ein neues Gov. House für £ achtzigtausend, und der Champagner fließt in Strömen bei ihren Rennen etc. – Lord Delamere hat gerade in Nakuru ein Essen für zweihundertfünfzig Personen gegeben, und dort sind sechshundert Flaschen getrunken worden – und sie haben keine Ahnung von der Not der Eingeborenen; wenn die Damen hier hören, die Natives könnten kein Posho bekommen, dann sind sie imstande zu fragen, warum sie denn nicht Weizen oder Reis äßen, ebenso wie Marie Antoinette gefragt hat, warum die Armen, wenn sie kein Brot hätten, nicht Kuchen äßen. Man verliert die Geduld mit ihnen, und das ist schade, denn ich möchte nicht, daß der Begriff »Oberklasse« verschwindet; aber er ist wohl schon verschwunden, und es ist nicht einmal nur ihre eigene Schuld.

Manchmal sehne ich mich so sehr nach Dir und danach, mit Dir über so etwas sprechen zu können, daß es mir vorkommt, ich müßte zerspringen – einem Engländer gegenüber mich dazu zu äußern, wage ich nicht, ich glaube, mein Einfluß hier als Frau und Ausländerin muß sich darauf beschränken, ein Beispiel zu geben; fange ich an zu predigen, verliere ich meine Macht, die ich mir nur als Gastgeberin und Freundin verschaffen kann, ob es nun meine Gläser oder mein großer Schrank sind, ich finde, sie haben eine Mission für meinen »schwarzen Bruder« – aber das »Beispiel« wirkt ziemlich langsam, und ab und zu, wenn die richtige englische Stupidität zu arge Blüten treibt, kann einen die Lust ankommen, ihnen eine volle Breitseite mitten ins Gesicht zu feuern!

Ich habe ein schönes Buch gelesen: *The constant Nymph* von Margaret Kennedy, es ist wirklich amüsant, was ja bei einem Buch selten ist, und einen ganz schmalen Band Gedichte *A Shropshire Lad*, ich empfehle sie Dir beide, wenn Du sie bekommen kannst.

Laß, bitte, Mutter einiges von diesem Brief lesen und erkläre ihr, daß sie dieses Mal selber keinen Brief bekommt, weil ich es nicht schaffe, noch einen zu schreiben; ich habe schon wieder einige Tage im Bett gelegen, ich finde, das hilft gar nichts, deshalb stehe ich wieder auf. Ich habe in der vorigen Woche 104 Fieber* und furchtbare Halsschmerzen gehabt.

Zum Schluß möchte ich noch ein paar Worte über mich selbst schreiben. Ich glaube, Du hattest recht, es war richtig, wieder nach hier zu fahren – mit anderen Worten: Ich sollte mir darüber im Klaren sein, daß meine Zukunft hier draußen liegt; denn von zu Hause wegfahren mußte ich so oder so. Ich gehöre hierher und muß hier bleiben. Diesem Land gehört auch viel, vielleicht das meiste von meinem Herzen, und an die Einsamkeit und manche anderen Dinge hier muß ich mich gewöhnen; und alles, was daheim so verlockend war: keine Shauries, keine Ungewißheit, keine Schwierigkeiten zu haben, sondern gewissermaßen in Watte gepackt zu werden, das paßt wohl doch nicht zu mir. Aber nun muß ich Dich bitten, mir zu helfen, soviel Du irgend kannst, daß ich hier bleiben kann – das soll nicht bedeuten, daß ich Übermenschliches von Dir erwarte. Noch ein Umpflanzen *vertrage ich jetzt nicht*, es würde allzuviel dabei zerstört werden – ja, ich glaube, ich würde dabei sterben oder sonst irgendwie zugrundegehen vor Überanstrengung und Schwäche. Wenn ich mir nicht, als ich dieses Mal zu Hause war, die Möglichkeit, daheim zu bleiben, ausgemalt hätte, wäre es für mich nicht so schwer geworden, wieder fortzureisen, und die Anstrengung, hier wieder Fuß zu fassen, wäre nicht so groß gewesen; ja, gelegentlich habe ich noch immer das Gefühl, ich bin eigentlich in Dänemark, und alles hier ist nur Einbildung – das heißt, mein Schwerpunkt ist noch nicht richtig nach hier verlagert, aber das wird wohl bald wieder in Ordnung kommen. Wenn ich aber gesagt habe, ich »haßte« alles hier, dann habe ich nicht das Land oder die Menschen oder die Verhältnisse gemeint – die hasse ich nicht, bekanntlich liebe ich sie –, sondern den Zustand ständiger Ungewißheit, in dem ich hier gelebt habe, und den kann ich wahrhaftig nicht mehr ertragen. Wenn ich nun wieder mein Herzblut in alles hier investiere, dann kann ich nicht mehr woanders hin verpflanzt werden.

Du hast mich besser verstanden und mir mehr geholfen in meinem Leben als irgend ein anderer Mensch; Du mußt mich auch jetzt verstehen und mir helfen, indem Du Dich dafür stark machst, daß man mich nicht bei einem Wechsel der äußeren Verhältnisse wieder von allem hier trennen kann. Du mußt mir den Rücken stärken und mir, wenn es nötig sein sollte, meine Überzeugung lassen, daß eine Kugel menschenwürdiger für mich ist als ein Verbleiben in diesem Erdenleben, wenn mein Dasein dem einer Fliege in der Flasche gleichen soll.

Der Wind weht von den Athi Ebenen herüber, und die Hyänen heulen ganz in unserer Nähe. Jetzt nach dem Regen ist es überall grün, und es duftet im Wald und auf den Maisfeldern. Der Mond geht unten hinter der Kaffeepflanzung auf, über den ganzen Himmel ziehen große und weiße Wolken – Du wirst Dich an diese afrikanische Nacht erinnern. Alles schickt viele, viele Grüße an Dich, der Du einmal hier draußen gesessen hast.

Immer, immer Deine alte treue Freundin

Tanne.

Den folgenden Brief, der niemals zu Ende geschrieben wurde, hat Tania Blixen erst nach fünf Monaten mit dem Brief vom 5. September 1926 an ihren Bruder geschickt, um zu dokumentieren, welche Krise sie kurz nach ihrer Rückkehr auf die Farm hatte durchmachen müssen. Wenn die Briefe in dieser Ausgabe auch chronologisch eingeordnet sind, sollten sie doch zusammen gelesen werden.

An Thomas Dinesen *Ngong, 1./4 26*

Mein lieber alter Tommy.

Ich muß ja damit beginnen, Dir für Dein Telegramm mit der Nachricht von Deiner Hochzeit* zu danken und Dir von ganzem Herzen alles Glück zu wünschen, das es auf der Welt gibt. Meine Gedanken sind ständig bei Dir und Jonna; es kann niemanden geben, der anläßlich dieses festlichen Ereignisses Dir und ihr von ganzem Herzen aufrichtiger alles gönnt, was das herrliche Leben bieten kann an Harmonie und Zufriedenheit, richtiger, richtiger Liebe und Verständnis bei allen Wechselfällen des Lebens, Märchen und Erlebnisse, auf daß man reift und älter wird im Glauben an die ewige Poesie und in Übereinstimmung mit ihr. Es gibt ja so viele, die Dich lieben und für die Du so viel bedeutest, aber für keinen von all denen bist Du mehr gewesen als für mich; keiner denkt an Deine Freundschaft, Dein Verständnis und Deine Hilfe mit größerer Dankbarkeit als ich. *God bless you*, mein treuer Bruder und Jonna – möge eine lange, helle Zukunft vor Euch liegen, mögt Ihr es erleben, daß Ihr Eure Silber-, Goldene- und Diamanten-Hochzeit feiert, erfüllt von einer ständig reicher, tiefer und innerlicher werdenden Liebe und von einem von Jahr zu Jahr wachsenden Fond aus gemeinsamen großen und herrlichen, lustigen, wunderbaren inneren und äußeren Erlebnissen und Erinnerungen.

Vielen, vielen Dank für Deinen Brief, über den ich mich sehr gefreut habe. Es ist immer schön, von Dir zu hören, und mit Ausnahme des Berichtes über Jonnas Krankheit, die ja scheußlich war, aber, wie ich annehme, inzwischen überstanden ist, klang alles so froh und glücklich, und es ist wunderbar, solch einen Brief zu bekommen. Ich wünsche, alle Briefe, die ich in den kommenden Jahren von Dir erhalten werde – und wenn wir beide am Leben bleiben, werden es hoffentlich unzählig viele –, werden so erfreulich sein. Ich denke an einige Briefe von Dir, die ich früher einmal bekommen habe, besonders an einen aus Oxford vor zwei Jahren und freue mich von Herzen, wenn ich sie miteinander vergleiche; nicht nur, weil ich froh bin, *Dich* glücklich zu wissen, sondern weil ich sehe, das Leben kann so viel Licht nach der Dunkelheit schenken, die Bücher, die gut enden und die die Tugend belohnen, haben nicht Unrecht, es gibt sehr wohl Hoffnung für alle, die im Augenblick ... das Leben mit Angst und Verzweiflung und ohne Hoffnung betrachten.

Und jetzt, nach dem bisher Gesagten, will ich dazu übergehen, etwas zu schreiben, was Dich möglicherweise traurig stimmen wird, wenn Du es liest. Ich will damit beginnen, Dir zu sagen, daß ich, als ich Dein Telegramm erhielt, hier eines an Dich aufgesetzt und zum Abschicken parat liegen hatte mit folgendem Wortlaut: »Will you help me to get to Europe, I shall die if remaining here« – und der einzige Grund, weshalb ich es nicht aufgab, war der, daß ich fand, es würde sich als Antwort auf Dein Telegramm sonderbar ausnehmen. Man schickt wohl so etwas nur in schierer Verzweiflung per Telegraph; ich habe ja

Zeit und Vernunft genug, es Dir in einem Brief zu schreiben, und zu der Zeit, wenn der Brief ankommt, bist Du wohl wieder auf Rungsted nach herrlichen Wochen mit Deiner jungen Frau, um Mutters siebzigsten Geburtstag zu feiern; wenn es auch keine sehr passende Gelegenheit für solch traurige Ergüsse ist, so weiß ich doch wenigstens, Du erhältst sie in so glücklicher Umgebung, daß sie nicht zu niederschmetternd wirken werden. Schreiben *muß* ich, und ich weiß nicht, an wen ich schreiben sollte außer an Dich; wem sonst gegenüber kann ich aufrichtig sprechen? So zum Schweigen gezwungen zu sein, wie ich es hier bin, wenn man so große Schwierigkeiten hat wie ich jetzt, das ist ein Gefühl, als wäre man lebendig begraben, und Du mußt an mich denken, als ob Du mich im Dunkel liegen sähest mit dem Gewicht der Erde auf meiner Brust, und mir diesen Aufschrei verzeihen.

Als ich zu Hause war und wir über meine Pläne sprachen, hatten wir, glaube ich, beide recht: Du damit, es habe für mich keinen Sinn, zu Hause in Dänemark auf Rungsted zu bleiben – ich damit, daß es keinen Sinn habe, hierher zurückzukehren. Falls einer von uns *mehr* recht gehabt haben sollte als der andere, warst *Du* es; mich zu Hause bei Mutter niederzulassen, wäre für mich der reine Wahnsinn gewesen. Daß ich das überhaupt als Möglichkeit in Erwägung ziehen konnte, läßt sich nur mit den besonderen Verhältnissen erklären. Ich war zu Hause, um nach so vielen Jahren einmal Ferien zu machen, und war in einer Stimmung, in der ich Gemütlichkeit und Ruhe sehr hoch einschätzte; die ganze Zeit wußte ich, es würde nicht lange so bleiben, daß ich über eine vor mir liegende Arbeit oder überhaupt über mein weiteres Dasein gar nicht nachzudenken brauchte, ja, sogar die Tatsache, daß es ein besonders schöner Sommer war, hatte Einfluß auf meinen Eindruck von Dänemark und dem Leben dort. Aber das war völlig verkehrt. Jetzt bin ich davon losgekommen und habe Zeit gehabt, über die Dinge nachzudenken – und ich kann Dir versichern, ich habe unablässig um Klarheit gekämpft, auf dem Schiff und seit ich hier bin, und ich glaube, ich habe etwas mehr Überblick gewonnen; an dem Punkt, an dem ich jetzt angekommen bin, muß ich versuchen, jemandem zu schreiben, mit dem ich *vollkommen* offen und ehrlich sprechen kann – deshalb bekommst Du nun diesen Brief.

Du kannst Dich vielleicht erinnern, daß ich zu Hause mehrere Male gesagt habe, ich spekulierte ständig darüber, *wann* ich zum ersten Mal in die falsche Spur geraten sei, die mich dahin geführt hat, wo ich jetzt bin, nämlich restlos festgefahren – und ich konnte darüber keine Klarheit gewinnen. War es meine Verlobung mit Bror? – kam es durch unseren Entschluß, hierher zu gehen? – war es irgendwann hier draußen?

So, wie ich die Dinge jetzt sehe, geschah es gar nicht in einem dieser Zeitabschnitte, sondern viel früher, fast könnte ich sagen, bei meinem Eintritt in die Welt.

Ich glaube, es war für mich ein großes Unglück, in der Familie aufzuwachsen, zu dem Milieu und der »Lebensanschauung« zu gehören, in die ich hineingeboren bin. Du wirst verstehen, daß ich dieses ohne jede Spur von Vorwurf gegen alle daheim sage, auch ohne jede Kritik, abgesehen von dem, was man an der Einrichtung der Welt an sich kritisieren kann; ich kenne ja keine besseren, netteren und lieberen Menschen als die zu Hause, aber sie waren eben nicht die Richtigen für mich. Und ihre große, unbegrenzte Güte und Liebe, die ganze Reihe ihrer Wohltaten mir gegenüber bedeuteten für mich nur um so mehr Unglück. Sie machten mir jede Opposition unmöglich. Du wirst Dich erinnern, wie wir über die eigenartige Macht gesprochen haben, die Großmutter – wohl besonders damals ihren Kindern gegenüber – und Mutter uns gegenüber ausübten, sie machte alle Kritik unmöglich, erstickte jeden Widerspruch, ja, selbst die eigenen geheimsten Gedanken an die Möglichkeit, daß Mutter sich irren könnte und es deshalb besser wäre, gegen ihren Willen zu handeln; diese eigenartige Kraft hat eine fatale Auswirkung auf mein Leben gehabt. Wenn Du zum Beispiel unter Onkel Laurentzius' Einfluß aufgewachsen wärest, wäre unweigerlich der Augenblick gekommen, an dem Du Deiner eigenen *Überzeugung* gefolgt wärest und Dich emanzipiert hättest; das, was das einzige Richtige für mich gewesen wäre, wurde, wie gesagt, in der ganzen Atmosphäre daheim für mich unmöglich. Die schwachen Versuche in dieser Richtung, die ich als Kind und junges Mädchen unternommen habe, kamen mir selbst im Lichte dieser Umwelt wie finstere Untaten vor.

Ich will nicht behaupten, ich sei dadurch unglücklich geworden, aber alle meine Fähigkeiten gingen dabei zugrunde; alle meine Möglichkeiten, zu leben und etwas zu bewirken, etwas *als ich selbst* ausrichten zu können, wurden dadurch zunichte gemacht. Jetzt, wo ich glaube, das ganze Verhältnis klar sehen und beurteilen zu können, stehe ich da mit einer riesengroßen Schuld ihnen allen gegenüber – oder, richtiger gesagt, ihrer besonderen Haltung gegenüber – für eine ganz unverdiente Summe von Liebe und Nachsicht –, aber auf der anderen Seite der Aufrechnung steht dagegen eine Forderung auf eine Zeit meines Lebens, auf meine Kindheit und Jugend, wo es für mich Möglichkeiten gab, etwas zu werden, vor allem selbständig zu werden und unabhängig von ihnen – dieser Möglichkeiten haben sie mich beraubt, und ich kann jetzt nicht sehen, wie ich das zu diesem Zeitpunkt gegeneinander aufrechnen soll.

Ich glaube, es ist möglich, zu Hause zu leben und dort sehr glücklich zu werden, wenn man, wie der Wassermann der Agnete, »Ohren und Mund zustopft«* und sich vor der Außenwelt verschließt. Ich finde, das tun sie daheim alle, und das in schönster Harmonie. Wenn Tante Bess an mich schreibt und von Großmutter erzählt, von Mutter, von Dir und Onkel Aage als den edelsten Menschen der Welt, über Magleaas, über Folehave – dann wird mir klar, daß man auf diese Art leben, sich nützlich machen und dabei glücklich werden kann, sich aufs Allerbeste entwickeln und Glück und Harmonie rings um sich her verbreiten kann. *Nur mir ist das nicht möglich.* (Daß ich im Sommer zu Hause einen Augenblick lang glaubte, es wäre wirklich möglich, und versucht war, mich entsprechend zu verhalten, war also, wie gesagt, eine höchst törichte, wenn auch erklärliche Illusion.)

Kannst Du Dich erinnern, wie wir im Knuthenborg Park über Luzifer gesprochen haben? Nun ja, ich bin davon überzeugt, daß Luzifer der Engel ist, der seine Flügel über mich breiten sollte. Und die einzige Lösung für Luzifer war wohl der Aufruhr und der Sturz hinab in sein eigenes Reich. Im Paradies hätte er – wäre er darin geblieben – eine klägliche Figur abgegeben. Aber Luzifer hatte mehr Format als seine endunterzeichnende, demütige Dienerin, die im Paradies geblieben ist und nun dort eine klägliche Figur abgibt, ja, dort zu einem Nichts gemacht worden ist.

Luzifer hatte den Vorteil, unsterblich zu sein, und im Zusammenhang mit ihm kann deshalb nicht von verlorener Zeit oder versäumten Gelegenheiten die Rede sein. Möglicherweise hat er viele Gelegenheiten für seinen Aufruhr versäumt; aber das spielte keine Rolle. Ich bin in der Zwischenzeit zu alt geworden, um etwas zu lernen oder zu studieren, um »in andere Kreise« zu kommen, dort hineinzuheiraten oder dadurch, daß man etwas ganz Neues in Angriff nimmt, Zugang zu erhalten.

Nachträglich entdecke ich viele Gelegenheiten, wo ich hätte mit dem speziellen Paradies brechen sollen, in dem ich eine so schlechte Rolle gespielt habe. Ich hätte zum Beispiel unbedingt das Abitur machen sollen. Das hätte, theoretisch betrachtet, freilich nicht gegen den Geist des Paradieses verstoßen; aber in praxi wäre es, wenn ich das durchgeführt hätte, *wie ich es wünschte,* zu einem Zusammenstoß gekommen. (Als ich versuchte, Schritte in dieser Richtung zu unternehmen, nämlich erst einmal die Akademie zu besuchen, kam ich in die Obhut der Familie Plum, einer Filiale des Paradieses, und ich kann mich erinnern, wie unsicher und schuldig ich mich zum Beispiel auf den Karnevalsfesten der Akademieschüler fühlte, wo ich mich eigentlich hätte herrlich amüsieren müssen.) Ich hätte später den alten Hoskier in Paris heiraten sollen – oder es wenigstens versuchen sollen. Oder ich hätte mit irgendeinem Mann in Rom weglaufen sollen. Ich tat es nicht, weil ich einfach zu willensschwach war und mir der Weitblick Luzifers fehlte; aber das erkannte ich noch nicht, ich sah das ganze Leben so wie es Captain Bruns Gleichnis von den Schwefelhölzern schildert* – und diese Lebensanschauung scheint mir bis heute im Paradies vorzuherrschen. Das gleiche gilt für meine klägliche »Schriftstellerei«. Es ist mir vollkommen *unmöglich*, etwas zu schreiben, das auch nur im mindesten etwas taugt, ohne mit dem Paradies zu brechen und dann in mein eigenes Reich hinabgestürzt zu werden. *Sandhedens Hævn* ist wohl ein Miniatur-Versuch in dieser Richtung; das habe ich in Rom geschrieben. Aber die kleinen afrikanischen Reiseschilderungen, auf die die *Flensborg Avis* nun wohlwollend wartet, ist geplant als Nachplappern des Lobgesangs der Engel, und so etwas kann ich nicht mehr über mich bringen; sie werden zu Mbuni*, ehe ich sie überhaupt zu Papier gebracht habe.

Zwei Dinge kannst Du mir vorhalten, wenn Du bis zu dieser Stelle gekommen bist und nun einmal von dem Brief aufschaust.

Das erste ist: Du bist ein unvergleichlicher Idiot, ein *Fool*, ein so schlimmer Narr gewesen, daß Du wirklich mit Luzifer verglichen werden kannst, von dem Du sprichst. Wissend, daß Luzifers Geist noch im All lebt und rings um Dich her präsent ist, hast Du Dich gänzlich lähmen lassen durch ein liebenswürdiges, liebes, zutiefst wohlwollendes Familien-Milieu von – ja, wenn es hoch kommt, einigen hunderttausend Menschen in dem nachsichtigen, von Herzen toleranten Dänemark. Auf diesen Vorwurf weiß ich nichts anderes zu antworten als »Amen, Amen«. Es stimmt, mir ist noch nie ein dümmerer Mensch begegnet als die Schreiberin dieser Zeilen; Gott bewahre einen jeden davor, plötzlich dazustehen und erkennen zu müssen, daß man ein vollkommener Idiot und erbärmlicher Narr ist.

Die andere Anmerkung, die Du machen kannst und die jeder vernünftige Mensch, der bis hierher gelesen hat, auf der Zunge haben muß, lautet: Zieh jetzt einen Strich unter die Idiotie der Vergangenheit und tu in diesem Augenblick, was Du schon längst hättest tun sollen – beginne mit dem Aufruhr, von dem Du sprichst und der schon längst kein Aufruhr mehr ist, denn alle wirklich vernünftigen Leute sagen, daß Du in Deinem Alter Dein eigener Herr bist, und geh doch zur Hölle, wenn Du meinst, Du gehörtest dort hin.

Ja, ich würde es tun. Aber »das, was ich will, das tue ich nicht, sondern das, was ich nicht will, das tue ich.«* Und einer der Gründe, daß ich es nicht tue, ist der: Ich sehe keinen gangbaren Weg. Ich fange an, mit Sophus Claussen zu glauben, daß es »zur Hölle keine Treppe mehr gibt«*, und daß »ein Gespräch mit dem Teufel teuer bezahlt werden muß und die meisten Menschen sich nicht einmal ein Fünkchen seines feuersprühenden Schweifes leisten können«,* oder daß ich, wie es »den meisten« geht, selber die Werte, wie Jugend, Zeit, Arbeitskraft und Persönlichkeit, womit ich früher einmal hätte bezahlen können, vertan habe – und jetzt stehe ich mittellos da.

All dieses hat uns wohl zu weit in den Bereich der Allegorie und Philosophie geführt. Ich will deshalb jetzt so klar wie möglich schreiben, wie sich die Situation im Augenblick in meinen Augen darstellt, und dann möchte ich Dich bitten, mir einen Rat zu geben.

Fortsetzung am 3/4. 26

Lieber Tommy. Ich sehe voraus, daß dieser Brief wahrscheinlich ebenso lang werden wird wie Rousseaus *Confessions,* aber weit weniger unterhaltsam, und ich habe das Gefühl, ich verlange zu viel von Dir, wenn ich erwarte, daß Du dieses alles liest. Aber ich schreibe doch weiter, weil ich schon die Tatsache, damit begonnen zu haben und bis hierher gekommen zu sein, als wirkliche Erleichterung und Wohltat empfinde – Gefühle, die in letzter Zeit selten waren. Vielleicht brauche ich den Brief, wenn ich ihn beendet habe, gar nicht an Dich zu schicken und kann Dir so ersparen, ihn zu lesen. Aber jetzt, während ich schreibe, muß ich das Gefühl haben, ich wende mich mit dem Brief an jemanden, das heißt an Dich, da ich niemanden sonst weiß, an den ich so offenherzig schreiben und von dem ich Verständnis erwarten könnte.

Um wieder dort anzufangen, wo ich aufgehört hatte, will ich also versuchen, Dir einen Eindruck von der Situation zu geben, wie ich sie im Augenblick, im April 1926, sehe.

Denys ist vierzehn Tage hiergewesen und fährt nun nach Hause nach Europa, das heißt, ich erwarte ihn morgen oder übermorgen, und er müßte am Dienstag von Nairobi aus abfahren.

In der Zeit, in der er hier war, habe ich, wie früher bei gleichen

Gelegenheiten, die ganz vollkommene Seligkeit erlebt, gemischt mit völliger Verzweiflung bei dem Gedanken, daß er so bald wieder abreisen muß und ich ihn womöglich nie wiedersehen werde etc.

Das Resultat dieser verschiedenen Seelenzustände ist die vollkommene Klarheit darüber, daß er für mich das Einzige ist, das mir im Leben etwas bedeutet, und daß sich mein ganzes Dasein um diese Beziehung wie um eine Achse dreht, und daß sie stets beide Möglichkeiten birgt, wie man so sagt, Himmel oder Hölle, und die in sehr schroffen Übergängen.

Aber auf diese Art und Weise, mit diesem einzigen Inhalt in meinem Leben, will und kann ich nicht leben; das ist ein unerträglicher Zustand, und ich will auf keinen Fall zulassen, daß ich in Zukunft sechs Monate in völliger Öde, Leere und Finsternis allein in der Hoffnung verbringe, ihn im Herbst wiederzusehen, dann das gleiche bedingungslose Glück zu erleben, um danach wieder in Öde und Finsternis gestürzt zu werden – und so weiter, und so weiter, bis in alle Ewigkeit.

Ich weiß, Du hast gesagt, es lohne sich, eine Zeitlang völlig unglücklich zu sein, um zu einer anderen Zeit wieder vollkommen glücklich zu sein. Rein mathematisch mag sich das gegeneinander aufwiegen lassen; wenn ein Mensch sich zum Beispiel darauf einstellte, sechs Stunden lang in einem wohlriechenden Bad zu liegen und der schönsten Musik der Welt zu lauschen, um dann für sechs Stunden auf eine Folterbank gelegt zu werden (und immer so weiter); aber in der Praxis ist das als *modus vivendi* einfach unmöglich, weil man sein Wesen so nicht von Vergangenheit und Zukunft isolieren kann; das Dasein würde sich binnen kurzem in ein Chaos verwandeln, in dem man zugrundegehen müßte.

Ich frage mich, ob man das überhaupt kann, was man so »Leben von einer Leidenschaft« nennt – ich meine, ob das länger als nur eine ganz kurze Zeitlang geht. Aber selbst, wenn das nun der Fall sein sollte, so ist diese Verbindung keineswegs nur eine Leidenschaft; sie sollte viel, viel mehr umfassen und beinhalten. Wenn es soweit kommt, daß diese Beziehung mein einziger Besitz im Leben wird, wenn ich mit völlig leeren Händen, ohne andere Interessen, Erlebnisse, neue Gedanken oder Eindrücke, dastehe, dann wird aus der glücklichsten Freundschaft, der schönsten Sympathie und dem besten Verstehen, das ich mir denken kann, ein rein physischer Hunger und dessen Befriedigung, und das will ich nicht; und außerdem kann sie auch auf diese Weise gar keinen Bestand haben, sie würde in kürzester Zeit ausbrennen.

Nein, siehst Du, ich muß *ich selber sein,* in mir selbst etwas sein, etwas haben und besitzen, das wirklich mein Eigentum ist, etwas schaffen, was von mir kommt und mein Ich darstellt, um überhaupt leben zu können und das unbeschreibliche Glück meines Lebens, meine Liebe zu Denys, fassen und weiter halten zu können. Und hier und jetzt habe und bin ich gar nichts; ich habe meinen Engel Luzifer verraten und meine Seele an die Engel im Paradies verkauft und werde dort doch nicht eingelassen; ich gehöre nirgends dazu, kann nirgends auf der Welt bleiben und muß doch in ihr leben; ich hasse jede Minute und zittere vor jeder Minute, und sie kommen doch, eine nach der anderen; es ist, kurz gesagt, das reine Elend, und ich würde, wenn ich so etwas hörte, nicht glauben, daß jemand lange so leben könnte.

Du mußt nicht denken, ich sei ein solcher Feigling, daß ich nicht einmal darüber nachgedacht hätte, ob es nicht das Beste sei, sich das Leben zu nehmen. Ich wäre bereit, das zu tun, wenn ich zu der Überzeugung gelangen könnte, das sei eine Lösung. Auch der größte Feigling der Welt würde dazu bereit sein, um von einem solchen Leben befreit zu werden. Aber ich meine, das hilft nichts. Wonach ich mich sehne, ist ja: Leben, und was ich fürchte und wovor ich flüchte, ist Leere und Zugrundegehen – und was sonst kann man vom Sterben erhoffen? Ich will furchtbar gerne leben, ich will furchtbar ungern sterben.

Wenn ich aber mir vorstellen oder versuchen soll weiterzuleben, dann muß ich auch wissen, wie kann ich mir die Möglichkeit vorstellen, von hier fortzugehen und irgendwo anders zu leben – was ich so »leben« nennen würde? Oder kann ich mir die Möglichkeit vorstellen, hier zu leben – was ich so »leben« nennen würde?

Mir fällt auf, daß ich wohl genauer erklären sollte, was ich mit dem symbolischen Ausdruck »Luzifer« meine, damit es nicht so aussieht, als sehnte ich mich nach etwas wild Dämonischem, oder andere Mißdeutungen entstehen.

Ich verstehe darunter: Wahrheit oder das Suchen nach Wahrheit, das Streben nach Licht, Kritik – kurz das, was man *Geist* nennt. Und das steht im Gegensatz zum Sich-Damit-Beruhigen, daß, was man gern hat, auch das Beste ist, ja, im Gegensatz zu der gewollten Ruhe, Zufriedenheit und Kritiklosigkeit im Paradies. Und dazu gehört noch: Arbeit – ich glaube, ich kann arbeiten und werde dabei weniger müde als die meisten – ein *sense of humour*, der vor *nichts* zurückschreckt, und der es wagt, seiner *Überzeugung entsprechend* alles zum Narren zu halten, dazu gehört Leben, neues Licht, Abwechslung.

Und ich sitze hier in einer Idylle, die keine Idylle ist, es sei denn, ich *will* sie dazu machen!

Ach, Tommy, glaubst Du wirklich und wahrhaftig, es könnte noch etwas »aus mir werden«? Habe ich nicht alle meine Chancen in diesem Leben versäumt, als es noch Zeit war, so daß mir nichts anderes übrigbleibt als zu welken und Samen anzusetzen, selbst Geduld zu haben und zu hoffen, auch andere möchten Geduld mit mir haben, obwohl ich ein so völlig mißglückter Mensch bin?

Du darfst mir nicht antworten, indem Du mich tröstest und behauptest, ich *sei* »etwas geworden« und würde die Geduld meiner Mitmenschen *nicht* strapazieren etc. – das ist das Schlimmste, was Du sagen kannst, weil ich selbst weiß, wie es wirklich aussieht, und daß ich auf dem besten Wege bin, zugrunde zu gehen. Wenn Du Dir aber einen Ausweg für mich vorstellen kannst, dann zeige ihn auf, und ich werde Dir mein Leben lang danken.

Es bestehen natürlich furchtbar große, wahrscheinlich unüberwindliche Schwierigkeiten bei der Suche nach irgendeiner Tätigkeit oder einem »job« für mich, weil ich ja überhaupt nichts kann.

Ist es nicht furchtbar, wie rechtschaffene Menschen ein Menschenkind aufwachsen lassen können, ohne daß es das mindeste lernt – bloß weil es weiblichen Geschlechtes ist? Ich glaube, ich war ein überdurchschnittlich begabtes Kind, und *wollte gern lernen,* zum Beispiel Mathematik, für die ich, wie ich meine, wirklich Talent hatte; aber während meine Familie eifrig bemüht war, mir Sittsamkeit und Selbstlosigkeit beizubringen, fiel es ihr nie ein, mich mehr über Zahlen lernen zu lassen, als was Fräulein Zøylner konnte! Großmutter und Fräulein Zøylner waren meine Lehrerinnen, und von dem Tage an, an dem wir aus der Schweiz zurückkamen – wo wir auch nichts gelernt hatten – und ich vierzehn Jahre alt war, lernte ich überhaupt nichts mehr. Und das, obwohl sie ja wußten – was mir selbst gar nicht klar war –, daß ich nicht so begütert war, um leben zu können, ohne selber etwas zu verdienen. Ich hätte natürlich die Initiative selbst ergreifen sollen; aber hier kam wieder der eigenartige Widerstand gegen alles ins Spiel, was außerhalb des engen Kreises daheim lag, und die merkwürdige Macht, die sie hatten, daß man immer meinte, man habe unrecht, wenn man sich gegen sie auflehnte. Was haben sie sich gedacht? Ja, sie haben sich wahrscheinlich vorgestellt, das Heiraten sei unsere Zukunft. Wenn sie dann doch wirklich dafür gesorgt hätten. Ich glaube gar nicht, daß es schwer gewesen wäre, mich zu verheiraten; ich glaube, eine gute Partie, zum Beispiel ein Hof, hätte mich sehr gelockt. Aber ich hatte keine Chancen. Ich lernte ja nie eine gute Partie kennen...

Aber der Gedanke an eine Vernunftehe durfte ja zu Hause kaum erwähnt werden. Sie wollten sich wohl ausschließlich auf die Liebe verlassen. Kann man denn aber die Zukunft eines Menschen ausschließlich auf ein Gefühl wie dieses gründen? Und wenn man nun gar nicht lieben kann? Oder liebt und nicht wiedergeliebt wird? Ist es dann richtig, dem mit gänzlich leeren Händen zu begegnen, ohne irgendeinen Rückhalt, ohne selbst etwas zu wissen, zu können, gelernt zu haben? Selbst die Wirklichkeit einer Ehe hat eine praktische Seite. Wir wußten nichts vom Haushalten, vom Rechnungswesen, vom Repräsentieren in irgendeiner Form. Und wir waren derartig von der Welt abgeschnitten, daß wir nicht einen Angelpunkt besaßen, den wir hätten ergreifen können, um uns selbst Halt zu verschaffen; ich bin nach Paris gekommen ohne einen Brief oder eine Empfehlung an auch nur einen Menschen, und als ich in Kopenhagen bei der Familie Plum wohnte, kannte ich außer dem Heim von Tante Ida und Tante Ellinor nicht ein Haus, wo ich hätte hingehen und einen Abend verbringen können. Aber all dieses spielt ja hier und heute keine Rolle.

Du mußt Dich wohl in meine Situation hineindenken – das heißt Dir vorstellen, Du stündest ohne Geld und *ohne jede* Ausbildung da, um nachempfinden zu können, wie ich mich fühle.

Glaubst Du nun, es sei rein praktisch gesehen möglich, mich aus diesem Zustand zu befreien? Glaubst Du, es wäre mir möglich in meinem Alter nach einer zum Beispiel einjährigen Ausbildung, für die ich sicher Unterstützung bekommen könnte, einen Platz zu finden, wo ich leben und eine Tätigkeit ausüben könnte, die zu mir paßt und in der ich die Fähigkeiten, die ich habe, anwenden könnte?

Bei all den unendlich vielen Nachteilen habe ich doch den Vorteil, daß konventionelle Rücksichten für mich überhaupt keine Rolle spielen. Ich werde mich sogar am weißen Sklavenhandel beteiligen, wenn sich dort eine Möglichkeit für mich eröffnen sollte; ich will auch gerne als Missionarin nach China gehen. Ich möchte dorthin, wo Leben herrscht, wo ich meine Kräfte und Fähigkeiten einsetzen kann, falls mir noch welche verblieben sind. Du meinst ja, ich könnte schreiben. Ja, das glaube ich auch, ich müßte nur in Verhältnisse kommen, die mir Licht und Beweglichkeit gäben, damit ich denken und wieder etwas erfinden könnte.

Denkst Du, bitte, über dies alles einmal nach? Du mußt nicht meinen, ich sei so verzweifelt – verzweifelt bin ich allerdings –, daß ich, wenn Du mir *Hoffnung* gibst, mich gleich aufhänge, wenn es ein Jahr dauert, ehe mehr als Hoffnung daraus werden kann. Wenn auch die Zeit *nie* zurückkehrt – ach, hätte ich doch, statt in Antwerpen an Bord dieses verfluchten Schiffes zu gehen, den Zug nach Paris bestiegen, einen Packen Zeitungen genommen und sie auf den Straßen verkauft!

FORTSETZUNG FOLGT

... Es ist kaum zu glauben, daß Du siebzig Jahre alt bist * – aber das sagen Dir bei dieser Gelegenheit wohl alle Menschen –, und es ist eigenartig, darüber nachzudenken, was ein Menschenleben eigentlich ist, wenn man an einem Tag wie diesem gewissermaßen alles auf einmal sieht: Du bist das kleine Mädchen, das am fünften Mai auf Matrup geboren wurde, selbstverständlich zur großen Freude des jungen Papas und der jungen Mama, und Du bist die junge Braut, die vor fünfundvierzig Jahren ihren letzten Geburtstag als junges Mädchen feierte – und Du bist Mittens Großmutter, Jonnas Schwiegermutter und Tumbos Memsabo mesei...

Ich habe es so oft empfunden, wenn ich hörte, jemand sei gestorben – im gleichen Augenblick hören die Menschen für einen auf zu existieren, an einem einzelnen, isolierten Punkt ihres Daseins, aber ihr Leben, ihre Persönlichkeit werden zu einer vollendeten Realität, und sie existieren gleich stark in allen ihren Phasen; das ist so ähnlich wie bei der Aufführung einer Komödie im Theater, man ist von den einzelnen Szenen und Akten während des Spiels fasziniert, aber in dem Augenblick, in dem der Vorhang fällt, erfaßt und beurteilt man das Stück als Ganzes. Und das gleiche darf man auch aus Anlaß Deines siebzigsten Geburtstages tun, besonders, wenn man so weit weg ist; man sieht diese siebzig Jahre wie *ein Leben*...

Ich ärgere mich, daß ich wieder habe im Bett liegen müssen und daß ich überhaupt nicht gesund bin und es nie gewesen bin, seit ich in Antwerpen an Bord ging. Es fängt jetzt an, richtig ermüdend zu werden. Ich kann eigentlich nicht sagen, ich sei krank, aber ich bin so unbeschreiblich müde und zu nichts zu gebrauchen. Ich habe noch nie in dem Maße das Gefühl gehabt, es sei überhaupt viel zu anstrengend zu leben; und ich weiß nicht, wie das noch weiter gehen soll. Mit Ausnahme der Zeit, die Denys hier war, habe ich dieses Gefühl gehabt, seit ich von zu Hause abgereist bin...

Mit meiner Schule sieht es nicht gut aus, und wenn es mir nicht um mein Ansehen vor Dickens und den anderen ginge, wäre ich sehr geneigt, sie aufzugeben. Ich glaube nicht, daß die Natives hier bei uns schon reif genug sind für eine derartige Entwicklung – sie müssen gewissermaßen eine Stufe überspringen, die wir in unserer langen Entwicklung vom Barbaren zum zivilisierten Menschen durchlaufen mußten; ich habe manchmal den Eindruck, wir ließen sie mit Absicht, aus einer Art Ungeduld heraus, nicht ausgetragen zur Welt kommen und legten sie dann in eine Couveuse, was doch in Wirklichkeit etwas Schreckliches und sicher strafbar wäre. Ich bin nicht sicher, ob nicht die Kiboko ihnen im Augenblick besser bekommen würde.

Wenn ich im großen und ganzen zu diesem Standpunkt gegenüber allem, was Erziehung heißt, gekommen bin, dann nicht aus Liebe zum Stock und zur Rute, sondern um schlimmeres zu verhüten, weil es mir immer am meisten widerstrebt hat, an die Gefühle der Menschen zu appellieren; und wenn man überhaupt ein Resultat erreichen will, eine Veränderung oder einen Fortschritt, braucht man ja irgendein Mittel; der Lehm muß ja mürbe gearbeitet werden, wenn er geformt werden soll. Man soll die Realitäten wirken lassen, die können auch primitive Naturen verstehen, während die aus den Realitäten gefolgerten Räsonnements der sehr viel weiter entwickelten Menschen ihnen unbegreiflich bleiben; Kindern oder Naitives Räsonnements eintrichtern zu wollen, kommt mir vor, als wolle man sie mit schon verdautem, erbrochenem Essen füttern. Ich finde diese Erziehungsmethode auch sehr viel barmherziger; man fügt einem Kind viel größeres Leid zu, wenn man ihm einredet, Mutter sei furchtbar traurig und so weiter – wenn es das wirklich spüren soll, sonst ist es ja die reine Heuchelei und Verlogenheit –, als durch die härteste Ohrfeige.

Wenn ich zum Beispiel Pater Bernhard mit Stolz berichten höre, daß eine Gruppe der Boys von der englischen Mission zu ihm gekommen ist und erklärt hat, sie wollten sich seiner Mission anschließen, denn nachdem sie in der Bibel gelesen hätten, könnten sie auf keinen Fall mehr billigen, daß das Abendmahl nur Christi Fleisch und Blut *bedeute* und nicht in Christi Fleisch und Blut *verwandelt* werde – dann kann ich nur noch zutiefst bedauern, daß kurzsichtige Menschen hier höchst oberflächlich und verantwortungslos schalten und walten und ein richtig gutes, gesundes, ausgeglichenes Native-Naturell durcheinander bringen und einen schlappen, falschen Typ heranziehen, den wieder loszuwerden es viele Generationen braucht...

An Ingeborg Dinesen *Ngong, 13. 5. 26*

... Ich glaube, dieser besondere, wenn man so will »heroische« Charakter, – denn dafür halte ich Tommys Naturell – kann sehr gut und harmonisch in einem durchschnittlichen, ruhigen, arbeitsamen Leben existieren und sich wohlfühlen, nach außen hin ganz dem »Kleinbürger« gleich, so wie man es bei Wissenschaftlern sieht – im Gegensatz zu den Künstlern; denn für die ist das, glaube ich, unmöglich –, und ich möchte viel, viel lieber, daß Thomas sich für ein solches Leben entscheidet, als daß er – nachdem er ein Mädchen wie Jonna gewählt hat und zu ihr stehen muß und sie zu ihm – mit dem »Abenteuer« spielt oder – ja, das ist nicht das richtige Wort, kommt dem, was ich sagen will, aber am nächsten – kokettiert. Dadurch kann er meines Erachtens sich selber schaden, und auch Jonna tut es nicht gut, wenn er etwas in ihr forciert, das sie nur aus dem Gleichgewicht bringt. Daß Jonna, wie er Dir gegenüber betont, gewagt hat, sich mit ihm zu verloben, ohne zu wissen, was er war und wo er wohnte, nehme ich nicht als ein Zeichen für einen Hang zum Abenteuerlichen, sondern als etwas, das jedes andere gute, unschuldige, einfältige junge Mädchen auch hätte beweisen können: tiefes Vertrauen zu dem Mann, den sie liebt; in diesem Fall, glaube ich, auch instinktives Vertrauen in seine Zuverlässigkeit, das ihr sagt, er wird schon im Leben »etwas darstellen« und mir einen Platz zum Wohnen schaffen und mein Leben aufs beste in geordnete Bahnen bringen; – daß sie sich nicht rechtzeitig eine Wohnung besorgt haben, sondern erst auf eine dreimonatige Hochzeitsreise im Auto gegangen sind, ist meiner Meinung nach nicht der Rede wert.

Das Abenteuer – ja, was ist das? Das sind ja nicht die großen Sprünge – es kann in ganz alltäglicher Verkleidung erscheinen, so einfach wie in den Volksliedern und Sagas, die aus dem täglichen Leben ihrer Zeit heraus entstanden sind, es wird in seiner innersten, edelsten Form immer an Thomas' Seite gehen, weil er ein »Held« ist; es kann auch in dem Augenblick für alle offenbar werden, in dem seine *Überzeugung* ihn von Haus und Hof und Vaterland forttreibt, um eine Arbeit in Angriff zu nehmen, die ihm als das Größte erscheint, was man ihm bieten kann; aber ich glaube, daß wir alle, die wir ihn lieben, ganz beruhigt sein können, auch wenn wir ihn tagaus, tagein in einer Kopenhagener Etagenwohnung leben sehen mit Geburtstagsschokolade für Rothes Göhren* und Touren durch den Tiergarten anläßlich des Besuches von Schwiegermama Lindhardt – das Große im Leben wird ihm *immer* das wichtigste sein...

Ich glaube, Tommy trägt an allem viel zu schwer, als daß er Purzelbäume schlagen könnte, und er ist eine zutiefst nüchterne Natur, die den »Rausch« scheuen sollte. Ich habe oft daran gedacht, daß ich – die ich Purzelbäume schlagen *kann* und alle berauschenden Getränke liebe – ihm vielleicht, ohne es zu wissen, und bestimmt, ohne es zu wollen, Schaden zugefügt haben könnte; aber, Herrgott, damals war er ja jung und ungebunden, und ein paar Fehler muß man ja in seinem Leben machen, und jetzt bin ich ohnehin weit weg und klüger. Jetzt, wo er vor einem Neubeginn im Leben steht, finde ich, kommt es für ihn vor allem darauf an, wahrhaftig zu sein, so wahrhaftig, daß er aufgibt, sich mit irgendetwas »schmücken« zu wollen. Ich glaube nicht, daß ihm das leichtfallen wird – denn auf dem Gebiet ist Tommy durch viel Bewunderung verwöhnt –, aber ich würde ihm gerne dabei helfen, denn ich glaube, in dieser Beschränkung wird er sein wirkliches Glück finden und das Beste in sich bewahren und entwickeln...

Was Du über Mitten schreibst... hat mich, wie Du dir denken kannst, sehr beschäftigt... Im Grunde gilt das, glaube ich, für alle Erziehung, daß Auftreten und Tun des einen Partners dem anderen ziemlich unverständlich ist und daß alle Kinder, wenn sie erwachsen werden, voller Verwunderung auf vieles von der Behandlung, die ihnen – teils völlig gedankenlos, teils nach genauester Überlegung – von seiten der Eltern und Erziehungsberechtigten zuteil wurde, zurückschauen, ohne eine andere Erklärung dafür zu finden als die: So war es nun einmal, und man sollte doch nicht daran zweifeln, daß Liebe und guter Wille das ganze Verhältnis bestimmt haben... Bei einem so geliebten und besonders kostbaren kleinen Kind wie Mitten möchte man am liebsten dem Wind und dem Frost Einhalt gebieten und den Einbruch der Nacht hinauszögern, und doch weiß man, es ist *gut*, daß man das nicht kann; denn selbst der Wind und der Frost und das Dunkel haben im Dienst des Lebens eine Mission und fördern einen und nützen einem, so daß man, wenn man die Macht hätte, über sie zu gebieten, nur dem, den man liebt, schaden und seine Entwicklung hemmen würde... All die Liebe und all den Reichtum, den Du Mitten auf Rungsted zuteil werden lassen kannst, solltest Du ihr guten Gewissens zukommen lassen und damit Freude in ihr Leben bringen – und im übrigen mußt Du damit rechnen, daß es wohl keine Erziehung irgendeines Kindes auf der Welt gibt, die nicht von einem liebevollen Menschen, der sie voller Interresse und Sorge beobachtet, ohne selbst im Täglichen Einfluß nehmen zu können, mit Recht kritisiert würde.

Ich meine, man lernt im Laufe seines Lebens, nicht so vorschnell davon auszugehen, daß das, was für einen selbst gut, angenehm und vernünftig ist, auch für andere gut, angenehm und vernünftig sein muß; man muß deshalb ja nicht zerknirscht eingestehen, die Methoden der anderen seien besser, sondern es für gegeben nehmen, daß sie ebenso gut sind, und das Gute und Schöne in allen seinen möglichen verschiedenen Erscheinungsformen akzeptieren. So ist es einem zum Beispiel gleich nach der Ankunft hier im Lande unmöglich einzusehen, daß eine Ndito für ein Fest schön und elegant gekleidet sein soll, wenn sie am ganzen Körper mit rotem Lehm bemalt und auf dem Kopf kahlrasiert ist; erst wenn man den Brauch kennengelernt hat, leuchtet einem das ein. Ich finde, es ist, wenn ich das so sagen darf, ein großes Vergnügen im Leben, all seine Schönheit, Freude und Harmonie in immer wieder neuen und anderen Gestalten widergespiegelt zu sehen...

Sonntag habe ich nicht schreiben können, weil ich so erkältet war und im Bett liegen mußte. Sobald ich nicht sehr vorsichtig bin – und das ist während der Regenzeit hier fast ein Ding der Unmöglichkeit –, bekomme ich wieder eine solche Erkältung wie auf dem Schiff mit Kopfschmerzen und Ohrenschmerzen. Ich glaube, ich habe eine Art chronische Entzündung irgendwo im Kopf; wenn ich zu Hause wäre, würden sie mich deshalb sicher operieren; aber hier wage ich auf keinen Fall, das machen zu lassen, und irgendwann wird es wohl von selbst weggehen...

Ich war gestern in der Stadt und habe die ersten vier Flugzeuge hier landen gesehen, sie kamen aus Kisumu – zwei Stunden Flug!! Sie gingen bei Dagoretti Junction herunter; mindestens eintausend Autos und eine unüberschaubare Menschenmenge waren da, um sie in Empfang zu nehmen. Sie waren *herrlich* anzusehen, als sie angeflogen kamen – aber das ganze wurde mir dadurch vergällt, daß ich erst in Nairobi erfahren hatte, daß sie kommen würden, und ich es nicht mehr schaffte, meine Totos zu holen, damit sie sie auch sehen könnten; wir waren am Tag zuvor in unserem besten Zeug dort gewesen, und es waren gar keine Flugzeuge gekommen. Es spricht für die Gutmütigkeit der Engländer, daß fast jedes europäische Auto voller *houseboys* und Totos war...

An Ellen Dahl — *Ngong, 16. Mai 1926*

... Ich will auch gleich Stellung nehmen zu dem, was Du über eine eventuelle Aufführung von *Sandhedens Hævn* schreibst. Nichts würde mich mehr freuen. Sowohl Poul Levin – was denkt sich übrigens der Kerl, daß er sie immer noch nicht im *Tilskueren* hat erscheinen lassen? – als auch Ludvig Holstein haben davon geredet, haben aber wohl kaum die Energie, es zu realisieren.

Natürlich wäre Johannes Poulsen der beste; man kann ja über ihn sagen, was man will, aber ein Künstler ist er nun mal. Für den Fall, daß Du es wirklich schaffen solltest, will ich Dir als Autor ein paar Hinweise geben, die die Szenerie und Kostüme betreffen. –

Man kann gar nicht zu deutlich machen, daß es eine *Marionettenkomödie* ist und sie als solche außerhalb der üblichen Regeln und Gesetze steht. Deshalb braucht man keine Einheit zwischen Kostümen und Szenerie anzustreben, und die Inszenierung soll ziemlich primitiv sein, die Fledermäuse des Mopsus können, wenn sie aus dem Sack kommen und wegfliegen, deutlich sichtbar an Schnüren gezogen werden. Die Szene im Wirtshaus: ziemlich dunkel, als ob sie von einer Rampe mit Kerzen oder schlechten Lampen beleuchtet würde, gerne malerisch, aber sehr einfach – so etwas wie das beiliegende Bild könnte man verwenden. Die verschiedenen Charaktere wie folgt:

Abraham: Von Anfang an als *alten Juden* charakterisieren, entweder im Kaftan wie ein polnischer Jude oder wie Fagin, aber der Kaftan ist sicher am besten. Bart und Locken, alles sehr dunkel und schmutzig in den Farben.

Sabine: Hätte ich gerne ziemlich prächtig, zum Beispiel in Silberbrokat. Gern ganz modern, wie in einer *robe de style* von Lanvin, mit Hüftpolstern. Mit kurzem Haar und Dauerwellen. Ein *fichu* muß sie haben, weil sie, soweit ich mich erinnere, davon spricht, sie wolle es ablegen. Sehr jung.

Mopsus kann meinetwegen anhaben, was gerade vorhanden ist. Vielleicht mit einem Einschlag aus der holländischen Malerei des siebzehnten Jahrhunderts. Die Maske ist das wichtigste.

Fortunio: Genauso. Ich könnte ihn mir im Hemd und langen Hosen wie in den Zwanzigern oder im »Dreimäderlhaus« vorstellen. Vielleicht mit Schürze.

Jan Bravida ist am schwierigsten anzuziehen und zu spielen. Entweder sehr korrekt wie ein junger Soldat von Frans Hals' Bildern oder ganz Phantasie, zum Beispiel im *plus fours* [Hirtenplaid], Sweater und Sportstrümpfen, diese aber als Panzer-Hosen und den Sweater als Stahlbrünne, bis oben an den Hals. Frans Hals ist wohl das beste. Auf jeden Fall ganz modernes

Haar und glattrasiert. Er, Sabine und Fortunio müssen alle ganz jung sein. Jan Bravida möglichst recht elegant.

Amiane: Wie eine alte holländische Bettlerin, für die man sicher eine Vorlage auf holländischen Bildern finden kann. Ziemlich schäbig, in schwarz oder schwarz mit etwas weiß. Um ihre Rolle als Hexe oder Fee deutlich zu machen, darf man ruhig einige szenische Effekte ausspielen, sie zum Beispiel, wenn niemand von den anderen sie ansieht, Fledermausflügel ausbreiten lassen oder durch einen Lichteffekt sie für einen Augenblick in einem sehr prächtigen, juwelenbesetzten Kleid mit gewaltigen Hüftpolstern und mit einer Tiara oder Fontange auf dem Kopf erscheinen lassen. Abgesehen von solchen Lichteffekten sollte sie im dunklen Teil des Zimmers bleiben.

Eigentlich gehört zur *Sandehedens Hævn* Musik. Eine kurze Ouverture, eine Melodie zu Fortunios erstem Lied und vielleicht eine Art Begleitung zu »Lichtet den Anker«, [»Hejs Ankret op«], aber die ist wohl schwer zu beschaffen. Gibt es Jeppesen noch, und würde der das machen? »Komm süßer Kummer« [»Kom søde Sorg«] muß auf jeden Fall gesungen werden; vielleicht kann man auch irgendeine alte Melodie entsprechend arrangieren.

Es würde mich ganz unbeschreiblich freuen, wenn das Stück wirklich aufgeführt würde; ich wäre Dir deshalb über die Maßen dankbar für alle Mühe, die Du damit auf Dich nehmen müßtest...

Ich muß hier so tun, als wäre gar nichts, nachdem Denys fort ist und mit ihm der Duft der Rose und der Glanz des Vollmondes – aber man muß ja für alles im Leben bezahlen, auch dafür, daß es einem so geht, wie man es selbst gewollt hat. Ich bin dabei, zwei neue kleine Marionetten-Komödien zu schreiben, um mich zu trösten, aber das ist ein schlechter Trost...

Gerade eben kam Dein Artikel über den Rosenborg-Garten* – ausgezeichnet geschrieben und sehr reizvoll und kenntnisreich. – Tausend Dank. –

Geliebte Mutter.

Ich komme aus der Schule, die jetzt viel besser geworden ist; ich glaube wirklich, dieses Mal habe ich mit dem Lehrer Glück gehabt. Es fällt mir recht schwer, den nötigen Ernst zu bewahren, besonders beim Singen der Kirchenlieder, es ist jetzt modern, so meckernd zu singen, daß selbst Peter, der Küster, seine Freude daran hätte. Der Lehrer begann mit einer Predigt, von der ich, wie ich zu meiner Schande gestehen muß, kein Wort verstand; ich dachte gerade darüber nach, daß ich nur hoffen könnte, daß er meinen Totos nicht den wildesten Aufruhr predigte, da ging mir auf, er legte ihnen dar, wie fabelhaft ich sei und wie grundverdorben sie selbst seien, weil sie nicht jeden Tag zur Schule kämen. Sowohl die Rede als auch der Gesang wurden von Zeit zu Zeit von Rouge unterbrochen, dessen Stall ja an den Schulraum grenzt und den das offensichtlich sehr aufregte, so daß er zwischendurch mit Donnergetöse gegen die Wand schlug. Ich finde, der Lehrer wählt so furchtbar schwere Lieder für die Schulkinder aus; wenn man im Suaheli so schlecht ist wie ich, ist es natürlich auch schwerer, sie auswendig zu lernen, ihnen fiel es ziemlich leicht, und man sollte ja annehmen, daß er ein Gefühl für ihren Geschmack und ihre Gedankengänge hat; der Titel des Kirchenliedes, das sie heute lernten, lautet übersetzt: »There is Life in a look at the Crucified One«* – was meiner Meinung nach auch keinen Sinn gibt, aber mit großer Begeisterung gesungen wurde; es kam des öfteren etwas vom »damu a Gondoa«* darin vor, was vermutlich »Blut des Lammes« heißt – ich selbst kenne nur den Ausdruck »gondoa« vom Handel mit Schafen, aber sie haben vielleicht kein Wort für Lamm...

Am Mittwoch war ich gerade dabei, in meinem Garten, an dem ich viel Freude habe, Pflanzen zu setzen – als Dickens mich fragen ließ, ob ich einen kranken Toto zum Hospital bringen könnte.

Ich fuhr ihn dann hin, und weil am Nachmittag gerade eine

»Matinee« mit italienischen Sängern aus dem Chor des Papstes war, blieb ich in der Stadt, um sie anzuhören. Sie haben unwahrscheinlich schöne Stimmen und singen fabelhaft sicher. Sie hatten ein reichlich populäres Programm zusammengestellt, aber etwas anderes geht wohl einem englischen Publikum nicht ein – aber sie sangen auch viele richtig schöne Dinge: Den *Barbier*, *Bohême* und einige alte italienische Lieder; es war herrlich, ihnen zuzuhören...

Was haben die Latiner doch für ein ganz anderes Temperament als die Nordländer, und wie *begabt* sind sie doch und auf eine ganz andere Art Künstler; die Gefahr bei diesen bestand darin, daß sie so ungeheuer dramatisch waren und, wo sich nur die geringste Möglichkeit dazu bot, ins Theatralische überwechselten, zum Beispiel bei einem Duett zwischen Faust und Mephistopheles; der kleine dicke Mephisto gab sich ganz und gar dämonisch mit rollenden Augen und einem teuflischen Lachen und vielen wilden Gebärden – das hat etwas Unwiderstehliches...

An Ingeborg Dinesen — *Ngong, Sonntag 1. 8. 26*

Meine geliebte Mutter.

Ich werde heute wohl nur kurz schreiben können, weil ich einige Vorbereitungen für Lady Griggs verdammte Fête morgen zu erledigen habe; unter anderem haben sie mich gebeten, Mandeln für ihren Teepavillon zu brennen, und ich bin nicht sicher, ob mein Koch diese Kunst noch beherrscht, wenngleich ich sie ihm früher einmal beigebracht habe. Das ganze Fest kommt mir ziemlich verrückt vor und so barbarisch, daß ich annehme, man wird in hundert Jahren den Sinn eines solchen Unternehmens überhaupt nicht mehr begreifen können; es soll ja der Wohltätigkeit dienen, und was sie einnehmen, wird wohl letzten Endes auch für diesen Zweck verwendet, aber vorher entstehen so ungeheure Unkosten – von der Mühe gar nicht zu reden –, daß ich überzeugt bin, direkte Bettelei hätte sich mehr gelohnt. Diese Gemeinde ist ja nicht sehr groß; meines Erachtens werden sie also Schwierigkeiten haben, Käufer zu finden; und doch haben sie alle Leute derart bedrängt und genötigt, alles nur eben Entbehrliche herzugeben, und der ganze Aufbau der Stände und Zelte hat mehrere hundert £ gekostet, und – außer daß eine Menge Sachen wie Gemüse, Obst, Blumen, Butter, Geflügel etc., die aus dem Oberland geschickt werden, leiden und an Wert verlieren, wird dann wahrscheinlich das meiste unter Preis verkauft werden, was ja die Spender ärgern muß, während es sich für die Käufer auch nicht richtig lohnt, weil sie sich unter normalen Verhältnissen vermutlich diese Puten, Angoraziegen, Perlhühner oder *native curios* nie angeschafft hätten, jedenfalls müssen sie noch die Unkosten für den Hotelaufenthalt, die Auto- oder Bahnfahrt, das Eintrittsgeld, die neuen Hüte oder Kleider drauflegen, was sie sich alles hätten sparen können, wenn sie in Ruhe und Frieden ihre Einkäufe hätten dort tätigen dürfen, wo sie wohnen. Das ganze erinnert ökonomisch an eine Stelle in Madame de Sevignys Briefen, wo während einer der Reisen der Madame Montespan durch Frankreich der Maire einer Provinzstadt ein vergoldetes Schiff für eine Flußfahrt anfertigen ließ, das mit Seidensegeln und der ganzen übrigen Ausstattung einhunderttausend Livres kostete – die sicher die Provinz aufbringen mußte – »aber das war gewiß kein unnütz ausgegebenes Geld; denn die Marquise war über das prächtige Fahrzeug und Monsieur de Tourvels Aufmerksamkeit so entzückt, daß sie bei ihrer Heimkehr nach Versailles beim König erwirkte, daß Tourvels Neffe das Kommando über eines der allerbesten Regimenter erhielt«. Hoffentlich mußte das nicht in den Krieg ziehen...

Meine Tätigkeit als das, was Anders »Professor für jede Art von Menagerie« nannte, hat sich derart ausgeweitet, daß ich nicht viel Zeit für anderes habe, besonders weil ich jetzt praktisch zu den schwierigsten Fällen gerufen werde. Ich glaube, falls ich mir erlauben darf, derartig zu prahlen, ich habe ein gewisses Talent als Arzt oder einen recht guten Blick, was Krankheiten und kranke Menschen angeht, und ich habe mit meinen Kuren bis jetzt Glück gehabt. Aber die Kikuyus haben von Natur ein so tiefverwurzeltes Mißtrauen gegen sozusagen das ganze Universum, daß nur ein geringer Prozentsatz der Kranken überhaupt zur Behandlung kommt, und in den letzten Monaten sind viele gestorben, besonders von den Alten. Dann folgen sie ihrem alten Brauch und bringen ihre Toten ins Freie, und die Hyänen ziehen mit ihnen herum, wie es ihnen gerade einfällt, dadurch habe ich das Vergnügen gehabt, ein paar im Wald und im Mais hinter meinem Haus zu finden. Dickens und Farah – für Mohammedaner spielen Beerdigungen eine große Rolle – wollen, daß ich ihnen befehle, in Zukunft alle Toten zu begraben; aber ich bringe dazu nicht die rechte Energie auf, weil ich in diesem Punkt mit den Kikuyus sympathisiere und mir eigentlich wünschen würde, daß meine eigene Verwandlung in ein Skelett auf diese Art vor sich ginge, so schnell wie hier, wo die Sonne und der Wind und die Tiere und Vögel mithelfen, im trockenen Gras an der frischen Luft und unter den Sternen gewissermaßen vor den Augen meines Umgangskreises ...

An Thomas Dinesen *Ngong, 5. Aug. 26*

... Nach diesem späten Dank kommen jetzt meine herzlichsten Glückwünsche für Euer tägliches Leben in Eurem neuen Heim *; ich freue mich darauf, bald Näheres darüber zu hören. Hoffentlich wird es für Euch beide das werden, was Jakob Knudsen * über sein Zuhause schreibt: »Heim meiner Seele und meines Herzens« – genauso wie ich es diesem Haus hier auf Ngong gegenüber so oft empfunden habe und noch immer empfinde. Ich wünsche Dir auch, daß es für Dich zum Ausgangspunkt für eine lohnende Arbeit wird, für das, was man »eine Aufgabe« nennt, und daß Du erfahren mögest, wie Deine eigene Persönlichkeit sich durch Tätigkeit verwirklichen kann. Bei Holger Drachmann gibt es ein Gedicht, für das er viel Spott geerntet hat, das etwa folgendermaßen lautet:

Ich höre in der Nacht
aus stillen Wäldern
einen Ruf wie: hilf mir,
mein Gott!
Ich stehe auf, lausche,
kann nicht schlafen,
Wer bin ich?
Wie sehe
ich aus?*

Ich finde, er hat etwas Wirkliches, Wahres damit zum Ausdruck gebracht. Es ist gewissermaßen das, wonach man im Leben immer sucht. Bei dem Versuch, in sich selbst hineinzusehen, kann man es wohl nur ahnen, man erkennt nur den Umriß, das Modell des Hauses oder Schiffes, das gebaut werden soll, in der Arbeit, dem eigenen Wirken, dem Eindruck, den man auf andere macht, im Verhältnis zur übrigen Welt – zu ihren Menschen und Ideen – erkennt man es erst, sieht das eigene Bild von Angesicht zu Angesicht. Oft muß man darüber lachen, wie sehr es sich, zur eigenen Überraschung, von dem unterscheidet, was man sich vorgestellt hatte; genau wie in meinem alten Gleichnis* von dem Mann, der »in den Graben fiel, wieder aufstand – und dann stand dort – ein Storch«, etwas ganz anderes als das, was man erwartet hatte; – ebenso wirken die Skulpturen von »Nuggos« und »Ngoroas« meiner primitiven jungen Wakambakünstler – und doch haben sie hier mit einem Blick sich selbst geschildert, so »sind sie, so sehen sie aus«. In der Regel befriedigt das, so merkwürdig das klingen mag; es sind – entschuldige, daß ich mich immer wiederhole – die Assignaten*, die auf einhundert frs lauten und in Gold zu einem Wert von zehn frs eingetauscht werden – zur Zufriedenheit aller. Die Wirklichkeit tauscht Träume nach ihrem eigenen Wechselkurs ein, ohne Rücksicht auf den »Nennwert«, aber was dabei herauskommt, »sounds true like a good Sovereign«, und man akzeptiert den Gegenwert und erkennt ihn an, ja, man ist für ihn dankbar. Mögest Du nun in Eurem neuen Heim – dessen Adresse ich noch nicht einmal weiß – eine solche Sammlung echten Goldes anhäufen, Mengen von Jan Bravidas Brot, das besser sättigt als ein Kochbuch...

Es interessiert Dich hoffentlich, noch ein wenig von mir selbst und meinem Leben hier zu hören, und dazu kann ich nur schreiben, daß ich *sehr* glücklich bin; ja, manchmal, wenn ich in der Nacht Pjuske hinauslasse – mit großer Angst vor einem kali Leoparden, der hier die Gegend unsicher macht – und auf den Steinen draußen stehe und den Sternenhimmel und den Schatten der Ngong-Berge davor betrachte, glaube ich, vollkommen glücklich zu sein, dann kann ich fast den »Storch« erkennen. Ich finde, daß man hier, trotz aller Shauries, die eigentlich gar nichts damit zu tun haben, Freiheit und Frieden hat; das bedeutet vielleicht in Wirklichkeit nur, daß ich mich im Einklang mit meinem Leben hier befinde. Ich habe ja die Tatsache akzeptiert – die sicher an sich höchst sonderbar und ebenso lächerlich ist wie die Wakambatiere –, daß nämlich die größte wirkliche Leidenschaft meines Daseins meine Liebe zu meinem black Brother geworden ist; wenn sie mir auch manchen Kummer und einiges Kopfzerbrechen macht, so bereitet sie mir doch Befriedigung und unendlich viel Freude. Dann kann ich Dir ja auch schreiben, daß meine große Zuneigung zu Denys meinem ganzen Leben eine unbeschreibliche Süße gibt, trotzdem ich ihn so viel entbehren muß. Wenn diese Beziehung weiterhin so bleiben kann, wie sie jetzt ist, will ich mir nie ein größeres Glück wünschen. Wir haben ja so oft miteinander über die Ehe diskutiert, daß uns wohl bald nichts mehr darüber zu sagen bleibt, und zu einem jungen Ehemann in den Flitterwochen werde ich schon gar nichts gegen die Ehe sagen; was aber mich selbst anbetrifft, so glaube ich, ich habe kein Talent für die Ehe.

Ich habe Elle gegenüber und vielleicht auch Dir gegenüber – denn auf meine alten Tage wiederhole ich mich leider oft und reite immer wieder auf denselben Dingen herum – eine Theorie entwickelt über die moderne Liebe als eine Art »Homosexualität« – ich benutze den Ausdruck im Sinne von ›homogen‹ – diese Liebe hat mehr die Form einer leidenschaftlichen Sympathie, einer Gemeinsamkeit in der Hinwendung zu Ideen und Idealen, als daß sie ein persönliches Aufgehen ineinander und Sich-

Hingeben füreinander bedeutet. Ich will nicht sagen, daß es ein solches Gefühl bei einem Zusammensein tagaus, tagein, ein ganzes Leben lang, nicht gibt; es lebt und gedeiht, glaube ich, jedoch nicht so gut in einem Verhältnis, in dem nicht jeder Partner sozusagen sein eigenes Dasein führt; dasselbe wäre der Fall bei noch so hingebungsvollen Freunden des gleichen Geschlechts. Aldous Huxley hat einen Begriff geprägt: *the love of the parallels** – der für ihn allerdings eine ziemlich tragische Bedeutung hat, den ich aber wohl in meinem Sinn deuten darf, weil er gewissermaßen das ausdrückt, was ich meine: Man kommt einander vielleicht nicht so nah wie die Menschen, die die Fähigkeiten zum Ineinander-Aufgehen haben, und man stellt nicht das Lebensziel des jeweils anderen dar, aber während man man selbst ist und sein eigenes fernes Ziel anstrebt, findet man das Glück in dem Bewußtsein, doch in alle Ewigkeit parallel zueinander zu laufen. – Diese Zeilen darfst Du Jonna nicht zeigen; einerseits will ich über Denys nur mit Dir sprechen, andererseits ist es auch nicht gut für eine junge Frau, mit anzuhören, wie solch unmoralische Verhältnisse debattiert und gepriesen werden.

Außerdem kann ich sagen, ich bin Dir sehr dankbar dafür, daß Du, als ich zu Hause war, daran festgehalten hast, für mich sei es das richtige, nach Afrika zurückzukehren. Aber ich will noch einige Worte hinzufügen, um zu erklären, wieso ich angesichts dieser Frage überhaupt in einen Konflikt geraten konnte; als ich mit Dir darüber sprach, war ich mir über meine eigene Haltung und Auffassung in dieser Sache wohl nicht so klar wie jetzt. Das, was ich hier fürchtete, was mich gelegentlich mit panischer Angst erfüllte, waren nicht die hiesigen Verhältnisse an sich, sondern die Unsicherheit, die mit ihnen verbunden blieb; und das Fatale dabei war, daß man wieder sein Leben und das Innerste seiner Seele sozusagen unwiderruflich einsetzte für etwas, was man verlieren könnte. Daheim in Dänemark kamen mir alle Menschen so vor, als hätten sie ihr Schäflein ins Trockene gebracht; sie gingen keine Risiken ein und das war es – und nicht die besonderen Umstände, unter denen sie das bewerkstelligten – was mich mit Neid erfüllte. Und die Vorahnung, die Überzeugung, daß meine Rückkehr zu meinem jetzigen hiesigen Leben, gerade zu dem, was hier *mein Leben* ist, nicht einfach als Experiment gelten konnte, sondern in Wahrheit endgültig sein würde, machte mir die Entscheidung so furchtbar schwer. Es gibt wohl fast immer einen Augenblick im Leben, wo es noch die Wahl zwischen zwei Richtungen gibt – während einem im nächsten Augenblick nur noch eine Möglichkeit bleibt. Darüber bin ich mir jetzt auch ganz im klaren: Dieses Mal habe ich meine Schiffe verbrannt. »– No retreat, no retreat, – they must conquer or die who have no retreat«, – aber es ist kindisch, sich von dieser Gewißheit schrecken zu lassen, nur weil die Wahl für einen Augenblick lang im Moment der Abreise so ungemein deutlich wurde, übte sie eine so starke Wirkung aus; in Wirklichkeit ist das sicher etwas, was allen begegnet.

Größeren Ärger, als ich ihn gerade hatte, kann ich mir überhaupt nicht vorstellen: Meine Boys haben es nämlich eines Tages, als ich ihnen den Rücken kehrte, um nach Nairobi zu fahren und mit Hunter zu verhandeln, zugelassen, daß ein ekliger Shenziehund sich mit Heather vermählte. Wenn ich daran denke, was ich alles getan habe, um Heather zu bekommen, sie hierher zu bringen, ja, daß ich an Bord beinahe mein Leben für sie riskiert hätte und daß nun das dabei herauskommen mußte, dann raubt es mir fast den Atem. Ich habe nicht einmal darüber nach Hause schreiben mögen, ich finde, das ist überhaupt typisch für einen handfesten »Ärger«, im Gegensatz zu einem wirklichen Kummer, daß man ihm in keiner Weise Ausdruck verleihen kann – er frißt sich in einen hinein und vergiftet die eigene Seele und das ganze Dasein.

Als ich es erfuhr und hinausging, um mit meinen Boys darüber zu reden, stellte ich zu meiner eigenen Überraschung fest, daß es mir unmöglich war, auch nur ein Wort hervorzubringen. Als ich die Sprache wiedererlangte, kündigte ich ihnen allen – außer Farah, der sicher auf keinen Fall mehr Verantwortungsbewußtsein gezeigt hätte als die anderen, der aber zufällig mit mir in Nairobi gewesen war. Jetzt haben sie alle Besserung gelobt und, wie Du Dir wohl denken kannst, erreicht, daß sie bleiben dürfen; außerdem haben sie sich eine Geschichte ausgedacht, Banja sei in Wirklichkeit dem anderen Hund zuvorgekommen; das ist ja nicht unmöglich, und wir müssen den Gang der Ereignisse abwarten; – ich werde jedenfalls an Heathers kommenden Welpen sofort sehen können, von wem sie abstammen...

Zum Schluß will ich noch ein paar Worte über die Farm schreiben. Wie Du sicher gehört hast, ist zu unserer großen Enttäuschung die Blüte nicht besonders gut gewesen, und wir werden deshalb auch nur eine mäßige Ernte bekommen. Du erinnerst Dich sicher daran, daß wir 1922 nach einem trockenen Jahr ähnliches erlebt haben, trotz wirklich ergiebiger Regenfälle, und daß mich das damals – davon bin ich überzeugt – in das Hospital nach Nairobi brachte. Seit dem Tage meiner Ankunft hier habe ich Angst, das könnte sich dieses Jahr wiederholen; wir liegen hier zu hoch, als daß sich unsere Bäume nach einer Trockenperiode gleich wieder erholen können. Ich muß allerdings sagen, daß die Farm meines Erachtens einen ausgezeichneten Eindruck macht; sie hat wirklich in jeder Beziehung Fortschritte gemacht, und ich bin überzeugt, wenn uns das Klima nicht allzu große Schwierigkeiten bereiten wird, können wir für das nächste Jahr eine gute Ernte erwarten...

An Ingeborg Dinesen — *Ngong, 8. Aug. 26*

Geliebte Mutter.

Ich bin sehr betrübt, weil Abdullai, den ich mit in Dänemark hatte, vorgestern gestorben ist. Im Augenblick gibt es hier überall so viele Krankheiten; bei ihm war es »black-water«, eine Folge der Malaria. Er starb im Hospital in Nairobi. Es ist ein besonders tragischer Todesfall, denn er war die einzige Stütze seiner Mutter; sie hat einen schlechten Mann, und nun sitzt sie da mit zwei kleinen Kindern. Die Arme wurde vor Kummer fast irre und war zwei Tage lang verschwunden, jetzt ist sie allerdings zurückgekehrt. Vor einiger Zeit, als ich erfuhr, daß Abdullai krank sei, habe ich ihn in der Somalistadt besucht, ich weiß nicht, ob ich das geschrieben habe; er bat mich, alle auf Rungsted vielmals zu grüßen – er und seine Mutter waren so nett zueinander, und ich habe ihn immer gut leiden mögen, und mit seiner Person verbanden sich für mich heimatliche Gefühle. Farah ist heute in der Stadt zu einer mohammedanischen Feier, die der Beerdigung folgt – ich konnte ja seiner armen Mutter nur etwas Geld zu dieser Feier schicken, alle mohammedanischen Feiern zu den verschiedensten Anlässen bestehen im wesentlichen aus Wohltätigkeit, sie trinken ja nichts und essen auch nur sehr maßvoll. Abdullai sollte in der nächsten Woche heiraten; die junge Braut, die ihn noch nie gesehen hatte, kommt nun aus Mombasa zu diesem Beerdigungsfest...

Der andere Abdullahi, Farahs Bruder, steigt nächsten Monat in sein letztes, entscheidendes Examen; für mich wird es Zeit, denn ich habe im Laufe der Jahre über 1200 sh. zu seiner Ausbildung beigetragen – ich hoffe, sie wird ihm von Nutzen sein. Er ist unbeschreiblich groß und dick, hat aber noch das gleiche Gesicht wie mit sechs Jahren; er ist ein merkwürdiger junger Kerl mit seiner Passion für das Lernen, besonders für alles, was mit Zahlen zu tun hat; er genießt hohes Ansehen unter den Somalis, vor allem, weil er nie kali ist, und Fara sagt, selbst alte Somalis fragten ihn um Rat bei ihren Streitigkeiten. Vielleicht wird er sich einmal zu einer Art Salomon entwickeln.

Diese Woche stand ganz im Zeichen von Lady Griggs Wohltätigkeitsfest, und ich konnte mich nur meinem alten christlichen Koch anschließen, der, als alles vorbei und gut überstanden war, sagte: »Mit Gottes gnädigem Beistand ist es Mittwoch geworden.« Das war so ziemlich das anstrengendste, was ich je mitgemacht habe...

Ich selbst mußte ja in meiner Verkaufspause herumgehen zu den anderen Ständen und habe mir eine Menge Kram andrehen lassen, von dem man mit Fug und Recht sagen kann, daß man ihn nie wieder loswerden kann. Die für mich effektivste Erfrischung bot der Cocktailstand, den Keith Caldwell unterhielt, wo man sich für den Augenblick Kraft holte, die einem aber auf die Länge nicht guttat, besonders weil sie ihre Cocktails frei nach

Phantasie mixten; wenn man etwas später am Tage dorthin ging, bekam man ein Glas, das wahrscheinlich aus zwanzig verschiedenen Resten bestand...

Dem folgenden Brief an ihren Bruder legte Tania Blixen das unvollendete Schreiben vom 1. April 1926 bei. Die beiden Briefe sollten daher eigentlich zusammen gelesen werden. Thomas Dinesen teilt in einem Brief vom 14. März 1978 dem Herausgeber mit: Das Ereignis, über das Tania Blixen in dem Brief auf Seite 304/305 schreibt, es habe sie genötigt, ihren Status quo zu überdenken, sei die Tatsache gewesen, daß sie zu einem bestimmten Zeitpunkt im Frühjahr 1926 schwanger zu sein glaubte.

An Thomas Dinesen *Ngong, Sonntag, 5. September 26*

Privat

Lieber alter Tommy.

Ich schreibe heute an Dich nicht ohne viele Bedenken. Es ist ja immer in alten Tagen all right gewesen, mit allen möglichen Shauries, materieller oder geistiger Natur, zu Dir zu kommen, als Du ein freier Vogel warst, dem man, ohne sich allzuviel Gewissensbisse machen zu müssen, glaubte, zur Last fallen zu können; Du hattest ja dabei sozusagen nichts zu versäumen, ja, man konnte sogar nicht einmal wissen, ob nicht der eine oder andere der Shauries, die man Dir auflud, Dich zu einem Interesse, einem Inhalt, den Du suchtest, führen würde. (Das waren zum Beispiel meine Überlegungen, als ich Dir im Jahre 1920 Afrika mit seinen Schwarzen und Weißen, dem Farming, der Politik, der Jagd etc. mehr oder minder überstülpte.) Jetzt bist Du ein Mann mit der ganzen Verantwortung für das Glück eines

Menschen, vielleicht bald mehrerer Menschen – der wohl den Zeitpunkt nicht länger hinausschieben kann, an dem er sich für irgendeine Tätigkeit entscheiden muß. Du brauchst also alle Deine Talente, Deine Kräfte, Dein Geld und Deine Zeit für Dich selbst. Du mußt nicht denken, ich wollte mich mit dieser Feststellung beklagen; ich habe Dir ja nicht nur von Herzen Glück im allgemeinen gewünscht, sondern gerade Erfüllung in einer Aufgabe für Deine Persönlichkeit und Dein ganzes Leben – und gerade ich sollte, mehr als jeder andere, in der Lage sein, meinen Anspruch auf Deine »ganze Aufmerksamkeit«, den ich in alten Tagen so oft erhoben habe, zurückzuschrauben, ihn jetzt poli-poli * aus unserer ansonsten ewig unveränderbaren Freundschaft schwinden lassen.

Aber auf der anderen Seite verschmachte ich hier zur Zeit, weil mir ein Mensch fehlt, mit dem ich ganz offen und ehrlich über alles sprechen, dem ich alle meine Schwierigkeiten und Sorgen darlegen und den ich um Rat und Hilfe bitten kann. Selbst wenn man damit rechnen muß, dieser Jemand werde antworten, er sei im Augenblick außerstande, den Erwartungen zu entsprechen, liegt doch schon etwas Tröstliches darin, jemanden zu haben, an den man sich wenden kann – und welchen anderen Menschen auf der ganzen Welt als Dich habe ich, mit dem ich so sprechen und an den ich so schreiben kann? So lange Du nicht kali wirst, ist ja sozusagen auch nichts verdorben, und daß Du das nicht wirst, darauf verlasse ich mich, selbst wenn Du diesen Brief nach der Lektüre mit dem Gedanken weglegen solltest: Sie wird doch von Tag zu Tag verrückter. Ich weiß doch nichts in der Welt, das Du mir schreiben könntest und das mich dazu bringen konnte, »meine Geduld mit Thomas« zu verlieren – und ich habe ja aufgrund von Erfahrungen eine hohe Meinung von Deiner Geduld mit mir.

Ich weiß, früher neigte ich recht schnell dazu, mich zu beklagen oder gegen das Schicksal im allgemeinen und gegen jede einzelne meiner kleineren Heimsuchungen zu rasen und zu toben – aber das, glaube ich, habe ich mir abgewöhnt, fast mehr als die meisten anderen Menschen; wenn es gelegentlich doch zu einem Ausbruch dieser Art kommt, dann ist das teilweise dem

Umstand zuzuschreiben, daß ich hier auf ungewöhnlich einsamem Posten stehe, was Mitteilungen intimerer Art anbetreffen. Zur Zeit komme ich mit Dickens nicht gut aus, er benimmt sich mir gegenüber wirklich ziemlich ungezogen und unangenehm, und als Farah in seinem *sulky mood* war, ist mir aufgegangen, wie außerordentlich mir hier nicht nur ein ganz gewöhnlicher sympathischer Meinungsaustausch, sondern auch die kleinste Aufmunterung, sozusagen »ein freundliches Wort«, fehlt. Das »Jambo Memsabo«* meiner kleinen Totos hat eine unnatürlich vergrößerte Bedeutung erlangt, und ich habe mich auf die kleinen Treffen mit Deinem Freunde Mohr jeden Montag im Stanley Hotel zu einem Wermuth – wo wir einander Bücher leihen – mit einer völlig unangemessenen Sehnsucht gefreut, nur weil er ganz gewöhnliche menschliche Freundlichkeit und Anteilnahme an den Tag legte. An dieses alles mußt Du denken und nicht gar zu ernst nehmen, was in diesem Briefe folgt; und wenn Du weiter nichts tust, als mir aus Dänemark ein »Jambo Memsabo« zuzurufen, ist auch das schon ziemlich tröstlich.

Es ist dieses Mal für mich recht schwierig gewesen, von Europa zurückzukommen und mich hier wieder zurechtzufinden oder vielmehr mein Gleichgewicht danach wiederzuerlangen (mein ganzes Leben lang ist es für mich ja recht schwierig gewesen, mich zurechtzufinden und mein Gleichgewicht zu erlangen, aber darauf will ich hier nicht eingehen, sondern mich auf diesen einen Fall beschränken) – so daß mir bei der Vorstellung, überhaupt jemals wieder nach Hause zu fahren, ziemliche Bedenken kommen. Die Verhältnisse sind so verschieden, daß die Umstellung von dem einen auf das andere sehr strapaziös ist. Bei meiner Betrachtung des Daseins überhaupt bin ich, wenn ich das so sagen darf, Opfer eines gänzlich unsinnigen Auf und Ab geworden, und für einen Menschen, der wenigstens einen Rest seines Verstandes übrig behalten hat, sind diese Schwankungen etwas Unheimliches. Zwar glaube ich nicht, daß diese Krise durch die besonderen äußeren Verhältnisse allein ausgelöst wurde, eher gab der Zeitpunkt meines Lebens, an dem ich mich befand, den Ausschlag: Es war nämlich der Punkt, von dem aus man nicht mehr eine ganze Reihe verschiedener Möglichkeiten vor sich liegen sieht, sondern mit dem, was man im Leben bekommen hat, vorlieb nehmen und seinen Status quo überdenken muß – und das ist, glaube ich, immer schwierig, und man neigt dazu, die eigene Situation den einen Augenblick unverhältnismäßig hell beleuchtet und den nächsten Augenblick unverhältnismäßig finster zu sehen; das liegt wohl in der Natur der Sache, denn es *ist* wirklich schwer, die eigene Situation richtig zu beurteilen, und einer der vielen Vorteile der Jugend besteht darin, daß man, so lange man alle Möglichkeiten vor Augen hat, solche Erwägungen gar nicht anzustellen braucht. Wenn man mein Alter erreicht hat, sind sie kaum zu umgehen; und wenn doch nicht alle Leute sich dazu gezwungen sehen, liegt es teils daran, daß so viele Menschen geistig von der Hand in den Mund leben, ohne sich je um ihre Aktiva und Passiva zu kümmern, und zum anderen daran, daß Leute in einer Ehe oder in der Familie oder überhaupt in jeder engen Gemeinschaft sich gegenseitig von der Bedeutung und den Vorzügen der eigenen Fähigkeiten überzeugen und damit den Rücken stärken – eine Aufmunterung, die mir nicht zuteil wird – und in einer richtig glücklichen Ehe wird kein Fazit gezogen, denn die macht jede Wertung überflüssig.

Ich schicke Dir einen Brief mit, den ich, wie Du sehen kannst, zwei Monate nach meiner Ankunft hier in Afrika geschrieben habe. Damals hatte ich doch, trotz allem, so viel Vernunft, ihn nicht abzuschicken – und als ich mir darüber klar wurde, daß er besser nicht abgeschickt würde, kam es mir recht unergiebig vor, ihn überhaupt zu Ende zu schreiben, er liegt nun unvollendet vor. Jetzt, wo ich die Dinge etwas anders sehe, schicke ich ihn Dir zur Illustration einer Situation – jedenfalls eine Phase, die ich durchgemacht habe. Ich will nicht behaupten, ich sei zu dem Resultat gekommen, daß ich mit dem, was ich damals geschrieben habe, unrecht hatte, die eigentlichen Fakten sind so, wie dort beschrieben – aber ich sehe sie jetzt gewissermaßen in einem anderen Licht – und es steht wohl außer Frage, daß man wenigstens diese Änderung der eigenen Bewertung mit einigem guten Willen im Leben immer erreichen kann. Hast Du Stevensons *New Arabian Nights* gelesen? – und kannst Du Dich daran erinnern, wie Prinz Florizel von Böhmen darin, nachdem er aus seinem Reich vertrieben war, in Piccadilly landet, dort einen Rauchsalon unterhält und behauptet, damals als Prinz sei er bei weitem nicht so glücklich gewesen? – So, wie es dort geschildert ist, mag er recht haben; aber es ist ja ebenso sicher, daß er nie freiwillig der Regentschaft entsagt und einen Rauchsalon eröffnet haben würde. Genauso, meine ich, wie ein Mensch, der zum Beispiel im Krieg beide Beine verloren hat, lernen könnte, ohne Beine weiterzuleben und durch den Verlust zu einer höheren Wertschätzung der Literatur oder der Philosophie, der Naturbetrachtung, der Musik etc. gelangen und dann zu dem Schluß kommen könnte, er sei nun glücklicher als zuvor; aber er wäre sich doch immer darüber im klaren, daß er nie kraft eigenen Entschlusses zu dieser Einsicht gekommen wäre.

Einige Zeit, nachdem ich diesen Brief an Dich geschrieben hatte, ereignete sich etwas, das meine Situation besonders grell beleuchtete und mich dazu trieb, meinen Status quo zu überdenken. Ich glaube, ich befand mich im Frühjahr in der gleichen Situation wie A... voriges Jahr im August. Ich bin mir nicht ganz sicher, ob das wirklich der Fall war, und werde das ja nie erfahren, es läuft aber auf das gleiche hinaus, und das wirklich Gravierende bei diesem Erlebnis – das übrigens große Unannehmlichkeiten mit sich brachte – lag ganz woanders. Wenn ich mir ganz klar darüber war, daß ich kein Kind haben wollte – und das war ich, wenn es auch Augenblicke gegeben hat, in denen ich mir dachte, es würde ja so etwas wie »a great joke« sein, und mir ausmalte, wie sich alles hätte entwickeln können, wären die äußeren Verhältnisse anders gewesen, Du zum Beispiel nicht verheiratet oder Daisy noch am Leben, und es hat doch Zeiten gegeben, in denen ich es als ein großes Glück angesehen hätte – worin lag nun der Grund?

Ich bin immer der Ansicht gewesen: seine Rettung darin zu sehen, daß man »in seinen Kindern weiterlebt«, nachdem man selbst im Leben versagt hat, und so den Kindern keinen Glauben und keinen Inhalt weitergeben kann, sei einer der jämmerlichsten Auswege... und ich halte ihn sowohl für moralisch verwerflich als auch vom Standpunkt der Logik aus für unsinnig.

Aber war das meine eigene Situation? War ich unbewußt zu der Überzeugung gekommen, versagt zu haben, entweder rein äußerlich, beim Blick auf die unsicheren und hoffnungslosen Verhältnisse – oder tiefer, weil ich zu der Einsicht gekommen war, *life is not worth living?* –

Dieser Brief wird, soll er die rechten Proportionen bekommen, mit sechs Seiten Einleitung viel zu lang. Aber laß mich einfach denken, daß wir uns zum Beispiel nie wiedersähen – dann wäre er für Dich doch von gewissem Interesse, so wie das letzte Kapitel eines Buches, von dem Dich einige Kapitel einstmals gefangengenommen haben.

Wenn man sein eigenes Schicksal einschätzen oder werten will, besteht eine der Schwierigkeiten darin, daß man, ohne es zu wissen, auf die Gesichtspunkte und Maßstäbe anderer zurückgreift. Besonders, wenn man sich so viele Male hat eingestehen müssen, daß man ein Idiot ist, und wenn man den größten Teil seines ursprünglichen Selbstvertrauens verloren hat, fällt man unwillkürlich darauf zurück, man versucht, mit anderer Leute Augen zu werten, und man vergißt, daß auch diese anderen die Dinge und Verhältnisse mehr oder weniger aus persönlicher Sicht und von ihrem eigenen Standpunkt aus beurteilen. Aber das, worüber man sich in erster Linie klar werden muß, ist ja doch, wie liegen die Dinge bei einem selber – bei diesem Menschen, mit dem man es zu tun hat, mit seiner besonderen Veranlagung und Entwicklung. Habe ich in meinen Augen und von meinem eigenen Standpunkt aus versagt?

Ich glaube, für die meisten Menschen wird es sich merkwürdig anhören – weniger für Dich, weil Du ja wohl ähnliches erlebt hast – wenn ich sage, daß das, was mir klar geworden ist, als ich zu Hause war, und was mich betroffen gemacht hat, weil ich es nur schwer mit den hiesigen Verhältnissen und meinem Leben hier in Einklang bringen kann, die Erkenntnis war, daß die Menschen in Dänemark mir vorkommen, als planten sie ihr Leben nur im Hinblick darauf, glücklich zu werden, und als seien sie wirklich glücklich. Für mich war das Leben so viele Jahre hindurch ein Kampf, entweder um mich über Wasser zu halten oder um etwas durchzusetzen – erst aufgrund meiner

Krankheit, dann wegen Brors Verrücktheit und der schwierigen Verhältnisse hier –, daß ich ganz vergessen hatte, das Dasein so zu betrachten. Man konnte glücklich sein, wenn ein Shaurie bewältigt oder überstanden war, bis der nächste auf einen zukam, aber glücklich zu sein an sich, von Tag zu Tag, sein Leben daraufhin anzulegen und darin seinen Inhalt zu sehen – das war mir während eines so langen Zeitraums überhaupt nicht in den Sinn gekommen. Und als es mir nun so schien, als sähe ich es verwirklicht, übte es, wie Du verstehen wirst, eine große Anziehungskraft auf mich aus, nicht nur, weil es Ruhe versprach, sondern, weil es mir so schön vorkam.

Was mir früher angesichts meines eigenen Schicksals Schmerzen bereitet hat, war fast immer die Vorstellung, ich sei nicht das geworden, was ich hätte sein sollen, und meine Anlagen oder meine Begabung hätten sich nicht genug entfaltet – ich glaube wirklich, ich sah das ganz objektiv, wenn es auch nach ungeheurer Selbstüberschätzung klingen mag! Wir haben ja miteinander darüber gesprochen, daß das ein trauriges Phänomen im Leben ist; daß es zum Beispiel nicht traurig, wenn auch recht unangenehm ist, mit anzusehen, wie ein Jagdhund durch Prügel zum Apportieren gebracht wird oder ein Rennpferd dazu, sein Äußerstes zu geben, aber traurig ist es, einen Jagdhund als Kettenhund, ein Vollblutpferd vor dem Pflug, einen wilden Vogel im Bauer, einen Kaffeebaum in zu schlechte Erde gepflanzt zu sehen. Wenn ich nun zum Beispiel für Abdullais Ausbildung bezahlt habe oder es nicht lassen kann, mich mit meinen Eingeborenen herumzuplagen, in der Hoffnung, zu erleben, daß sie etwas menschlicher werden – was ja nicht unbedingt meinem eigenen Interesse dient –, ja, wenn ich in der Nacht wachliege und hin und her überlege, wie ich meinem Koch beibringe, wirklich gute Eclairs zu backen, oder wenn ich meine Zinerarien zwanzigmal in immer wieder andere Erde umpflanze, dann treibt mich die gleiche Überzeugung: das Empfinden für den großen Wert des Göttlichen – des Talentes, der Eigenart, der Schönheit –, Furcht davor, es zugrundegehen oder vergeudet zu sehen. Und da dachte ich oft, ich selbst hätte Fähigkeiten und viel Arbeitskraft mitbekommen, aber aus irgendeinem Grund oder auf irgendeine Art hätte ich nicht ausgereicht; die beiden Dinge wären nie im Einklang miteinander zur Wirkung gekommen, ich hätte nie die Chance gehabt, meine Fähigkeiten zu nutzen; meine Arbeit – und ich habe, finde ich, so gesehen hart gearbeitet – war wie das Wachen und Bellen eines Jagdhundes in der Hundehütte geworden – im »Geist und in der Wahrheit«* ohne jeden Sinn, ja *gegen* den eigentlichen Sinn – und höchst mittelmäßig!

Aber als ich jetzt das letzte Mal zu Hause war, kam es mir so vor, als könne ich getrost aufhören, mich dermaßen zu ärgern, ja, als läge in dieser Sicht der Dinge etwas Rastloses, Unharmonisches, fast Anstößiges, wenn ich sah, mit wieviel Harmonie und Schönheit die Menschen dort – ohne Hintergedanken! – ihr ganzes Leben darauf anlegten, glücklich und zufrieden zu sein. Alle, mit denen ich dort zusammen war, und auch wirklich gern zusammen war: Elle, Koosje, Sophie – sie versuchten nicht, »das Ideal« zu erreichen, sondern für sie war das Ideal das, was sie liebten und besaßen, das, was ihnen behagte. Wenn man von einem idealen Pferd oder Hund oder Garten spricht, dann versucht man nicht, einen Derbysieger oder ein mathematisches Pferd von Elberfeld oder einen preisgekrönten Polizeihund zu trainieren, sondern man besteht darauf, daß Trims und Trofast ideale Haustiere sind. Durch den Wald von Rungsted bis nach Folehave zu gehen, eine Tasse Tee mit geröstetem Weißbrot zu sich zu nehmen, eine neue Reihe Hyazinthen zu pflanzen, das ist Lebensinhalt, das ist der Mühe wert, weil man es gern hat, sich dabei wohl fühlt, dabei glücklich ist. Das »ideale, spartanische, vaterländisch gesinnte Heim« – ist das gute Magleaas, wo man sich nach seinem Geschmack eingerichtet hat und wo man sich daheim fühlt. Ach, wie war das ganze doch so hübsch und lieblich anzusehen – als gingen sie in einem Garten oder Wald hin und her, während ich selbst völlig atemlos einen steinigen und gefährlichen Berggipfel zu erklimmen versucht hatte! – und wieviel mehr haben sie doch erreicht – Gärten, Kinder und Freunde gedeihen ohne Anstrengung –, während ich, die bereit gewesen war, alles einzusetzen, und die auch entsprechend gebeutelt worden war, eben wie jemand, der alles eingesetzt hat, meine Gangart nicht gefunden hatte, sondern dabei gelandet war, mein Leben dafür zu opfern, *to make both ends meet* auf einer fernen Kaffeefarm, deren Zukunft weiterhin gleich zweifelhaft sein wird! –

Ich denke mir, Du bist sehr glücklich oder warst auf jeden Fall während Deiner Hochzeitsreise in Frankreich vollkommen glücklich – denn Dein Leben und Deine Zukunft werden Dir im Augenblick einige Probleme verursachen. Du glaubst hoffentlich nicht, es triebe mich der pure Neid, wenn ich sage, daß ich mich überhaupt nicht erinnern kann, jemals eine ähnlich glückliche Zeit erlebt zu haben! – Ja, als ich mit Daisy in Rom war, da konnten unsere Reittouren nach Frascati ein ähnliches Glücksgefühl hervorrufen; aber es fehlte jede Perspektive, denn die ganze Zeit wußte man ja, es würde bald vorbei sein. Als ich mit Denys durch das Wildreservat fuhr, war es ebenso, und über meinen Ferien zu Hause hing das gleiche Schicksal; bald würde es zu Ende sein, abgeschnitten werden, die Einschnittstelle konnte man von dort, wo man gerade stand, bereits erkennen. Ich habe Dir wohl schon einmal gesagt, daß das bei mir zu einer Art Gewohnheit oder einer fixen Idee geworden ist, fortwährend nach vorn zu schauen und zu berechnen, wieviel von einer Sache noch vor mir liegt, und wenn es nur auf der Fahrt nach Nairobi ist – »jetzt sind es nur noch zehn, zwanzig Minuten« – das kommt, glaube ich, daher, daß das meiste von dem, was ich in den letzten zehn Jahren erlebt habe, solcher Art war, daß man sich an diesen Gedanken klammern mußte. Als ich an Bord meines Schiffes ging, geriet ich in mein ureigenstes Element, was diese Gedankengänge anbetrifft; im Golf von Biskaya gab es reichlich Anlässe, sich mit solchen Vorausberechnungen zu trösten.

Aber wie gesagt: Das Schicksal anderer Menschen kann ja höchstens ein wenig zur Erhellung des eigenen beitragen. Ich bin ja nicht Elle, Koosje oder Jonna; ich bin nicht der Ansicht, daß mich im allgemeinen der Neid plagt, und sollte ich sie beneiden, dann müßte mein Neid ja ihren Persönlichkeiten und Veranlagungen gelten, und so weit geht wohl keiner, sei er auch noch so mißgünstig veranlagt.

Ich habe einmal eine Definition gelesen, wahre Religiosität sei bedingungslose Liebe zum eigenen Schicksal – und daran ist etwas Wahres. Das heißt: Ich glaube, solche »Religiosität« ist die Grundlage wirklichen Glückes. Ich glaube auch nicht, daß das, was an einem nagt, was einen beschäftigt, einen antreibt – einen nicht in Ruhe läßt, wenn man erst einmal angefangen hat, darüber nachzudenken –, so sehr der Ärger über vertane Chancen ist oder, wie erwähnt, der Neid auf die, denen die Dinge besser gelungen sind, sondern vielmehr der Gedanke: Wie kann ich das Beste aus dem Schicksal machen, das ich vielleicht, trotz allem, »bedingungslos« liebe; so wie zuvor die Frage auftauchte: »Wie mache ich das Beste aus mir mit meinem Verstand – in meinem Alter, mit meinem Aussehen, meinem Haus, meinem Umgangskreis, der Zukunft, den Möglichkeiten, die ich habe?«

Wenn ich meine augenblickliche Situation und meine Verhältnisse als gegeben nehme, und ich weiß, wie gesagt, nicht, wie oder wann ich, selbst wenn ich die Möglichkeiten dafür gehabt hätte, sie hätte ändern oder verbessern können; jedenfalls hat es keinen Zweck, jetzt über verschüttete Milch zu jammern – worin bestehen dann die besonderen Hemmnisse und Schwierigkeiten für mich, vorwärts zu kommen und glücklich zu werden?

Ich will nicht anfangen, sie aufzuteilen in solche, die den äußeren Verhältnissen zuzuschreiben sind und solche, die ihren Ursprung in meinem eigenen Temperament haben; denn ich finde, diese beiden Dinge gehen ineinander über. Wenn ich zum Beispiel friere, kann man ja sagen, das läge an meiner Konstitution oder an der Temperatur meiner Umgebung, aber mein Gefühl ist jedenfalls das gleiche, und es bedarf, um im Bilde zu bleiben, eines sehr klugen Mannes zu entscheiden, ob ich ein Tonic nehmen oder den Kamin anheizen soll. Ich glaube nicht, daß es zwei Menschen gibt, die angesichts ein und desselben Phänomens das gleiche empfinden, und mit dem Alter lernt man, es sich selbst ehrlich und anderen gegenüber vorbehaltlos einzugestehen. Die Menschen, die, wenn sie dieses lesen würden, mich wegen meines Jammerns über das, was sie für ein kleineres Unglück hielten, tadelten, sollten doch daran denken, daß ich wahrscheinlich, wenn ich mehr Kraft hätte als sie, auch größeres Unglück ertragen hätte. Wenn es sich nicht so scheußlich anhörte, könnte ich zum Beispiel sagen, daß, so wie die Welt nun einmal ist, es sich für mich gelohnt hat, Syphilis gehabt zu haben und dafür »Baroness« geworden zu sein; aber ich will keineswegs behaupten, daß das ein Tarif ist, der für alle gelten kann.

Von allem, was ich besitze, ist mir die Freiheit das Wichtigste; sie wird zwar letzten Endes von den äußeren Verhältnissen begrenzt, aber diese Grenze verläuft weit draußen am Horizont, und kein Mensch hat ein Recht, mich zu tadeln, nicht wegen meines Aussehens und auch nicht für das, was ich denke oder was ich – außerhalb des Geschäftslebens – rede oder tue. Die Freiheit ist mit dem Verzicht auf engere Bindungen erkauft, das weiß ich, und gelegentlich empfinde ich das sehr schmerzlich, was Du, der Du jetzt Licht und Wärme in einer gesicherten Beziehung empfängst, wohl verstehen kannst; wenn sie auch noch so teuer erkauft ist, so ist sie doch nicht zu teuer erkauft. Ich weiß, daß meine Liebe zur Freiheit echt ist und sehr tief wurzelt – denn in der Theorie setze ich sie gar nicht so hoch an –, aber in der Praxis lasse ich, glaube ich, wenn ich die Wahl habe, meine Entscheidungen immer von dem Gedanken an die Freiheit bestimmen. Wenn ich mich mehr nach einer »Bindung« gesehnt hätte, dann hätte ich ein Liebesverhältnis mit Geoffrey Buxton anfangen können, dort wäre ich in einem sicheren Hafen verankert worden, oder ich hätte mich für *The Empire* begeistern müssen; wenn ich nun mein Leben dafür hingegeben habe, den alle Bindungen scheuenden Denys und die schwarze Rasse im allgemeinen zu lieben, dann muß das wohl – unter anderem – den Grund haben, daß ich mich dabei sicher fühle; man kann mich nicht besitzen, und auch ich habe nicht das Verlangen zu besitzen – Gott weiß, das kann Leere und Kälte mit sich bringen, aber bedrückend und beengend ist es nie. Auch in diesem Punkt, weiß ich, muß ich mein Schicksal »bedingungslos« annehmen, denn so sehr ich mich nach etwas Festerem, nach größerer Intimität in meinem Leben sehne, so »entziehe« ich mich dem doch im entscheidenden Moment, und das passiert mir immer wieder. Ich habe ja gesagt, ich wäre gern ein katholischer Priester, dazu stehe ich noch – und so etwas Ähnliches bin ich ja –, aber der müßte wohl mehr als ein Mensch sein, wenn er nicht manchmal tief seufzen würde, wenn er die Lichter in anderer Leute Heim angehen und die Familie sich versammeln sieht. Ich will nicht behaupten, ich sei, wie Shelley sagt, »One, whom men love not and yet regret;«* sie mögen mich ja, das glaube ich schon, aber sie wollen oder können mir nicht ganz nah kommen – nicht näher als Farah oder Pjuske –, und ist das nicht etwas ganz anderes als wirkliche Bindung, wie Du sie zum Beispiel jetzt erlebst? Ich kann dieses alles an Dich schreiben, ohne fürchten zu müssen, daß Du die Geduld verlieren oder mich mißverstehen könntest, weil ich glaube, Du hast zuzeiten das gleiche empfunden. Ich erinnere mich, daß Daisy mit mir über dasselbe Problem gesprochen hat – sie war ja sozusagen ein sehr beliebter katholischer Priester; es gab keinen Menschen, dem sie begegnete, zu dem sie nicht ein persönliches Verhältnis herstellte – Kellner, Droschkenkutscher, Leute, die sie ein- oder zweimal gesehen hat und die jetzt, nach vielen Jahren, noch von ihr sprechen – aber niemand konnte sie an eine Ankerkette legen, und am Ende ihres Lebens, glaube ich, fehlte ihr das doch …

Aber Du wirst verstehen: Selbst wenn man recht heiteren Gemütes hinsichtlich der richtigen innerlichen Zusammengehörigkeit mit anderen oder einem anderen Menschen resignieren kann, so kann man doch eine etwas oberflächliche Sympathie und freundliches Verständnis vermissen und sich so danach sehnen, daß es einen fast erstickt. Jetzt, wo Berkeley tot und Denys zu Hause ist, habe ich eigentlich niemanden, mit dem ich überhaupt sprechen kann, und ich sehne mich manchmal so nach Dir und unseren Diskussionen, daß ich denke, meine Sehnsucht müßte Dich wie ein Magnet über See und Land hierher ziehen. Falls Du findest, es sei eine Zumutung, einen so langen Brief zu bekommen, dann mußt Du es dieser Tatsache zuschreiben. Die geistige Wechselwirkung, welche von dem Zusammensein mit Menschen ausgeht, die die gleichen Interessen mit einem teilen und die einen leiden mögen, kann man nur schlecht tagaus, tagein entbehren, ohne daß man das Gefühl bekommt zu verkümmern – ja, ohne in Panik zu geraten, man könnte schließlich völlig leer und ausgepumpt Hungers sterben. Die Korrespondenz hat ja auf diese Entfernung ein überaus unnatürliches und unerträgliches Tempo; man hat das gleiche Gefühl wie Ea, als sie von einem Pfarrer sagte, er »spricht so langsam, daß man ihm gar nicht folgen kann«. Selbst wenn ich ebenso gute Beziehungen zum Himmel und zu den Heiligen hätte wie der katholische Priester, so habe ich doch keine Beziehung zur Kirche; ich bekomme keinen Hirtenbrief von einem Bischof und kann mich nicht auf eine Audienz beim Heiligen Vater freuen. Und das ist wirklich ein großes Manko, das einen geistig dahinsiechen lassen und einem auf die Nerven gehen kann; man gerät in eine Stimmung, die einen an Himmel und Erde verzweifeln läßt, die aber nach fünf Minuten Unterhaltung mit irgendeinem vernünftigen Menschen total verflogen wäre.

Außerdem kannst Du Dir sicher vorstellen, daß die unsichere Lage, in der sich die Company und ich mit ihr noch immer befinden, einen langsam zur Verzweiflung treibt. Früher war das mal *exciting*, es ist aber ein anstrengender *joke* geworden. Ich selbst glaube, wenn wir dieses Jahr durchstehen, haben wir unsere Schwierigkeiten überwunden; aber einerseits haben wir das auch schon früher geglaubt, und andererseits bin ich nicht so sicher, daß wir dieses Jahr heil überstehen. Und dieser Zustand: nie riskieren zu können, einen größeren Plan zu entwerfen und die Zukunft länger als ein paar Monate im voraus zu berechnen, überhaupt nie weiter als bis zum Februar oder März nächsten Jahres vorausschauen zu können, der tut einem nicht gut; es geht einem schließlich wie der Frau des Amtmanns in *Es flaggen ...* – »In ihrer ... ewigen Unsicherheit hatte sie nach und nach den festen Boden unter den Füßen verloren, so daß sie geistig und körperlich umherflatterte wie ein Vogel ... bis eines schönen Tages die Kräfte versagten.«* – Ich will auf dieses Thema nicht weiter eingehen, nur zu leicht redet man hin und her und her und hin, und es führt zu nichts; man landet da, wo man begonnen hat, und ist derweil nur leicht schwindelig geworden.

Aber alles, was ich bisher aufgezählt habe, wirft mich nicht um. Ich glaube schon, andere könnten daran zerbrechen, wie wir unter den Brennholzbündeln und Stirnbändern der alten Eingeborenenfrauen zusammenbrechen würden, während sie darunter stets ihr Gleichgewicht halten. Die von mir beschriebene

Bindungslosigkeit – die Einsamkeit von Tag zu Tag – die abenteuerliche Unsicherheit in allen täglichen praktischen Angelegenheiten – sind eine Last, die jedoch bei mir dort aufliegt, wo sie liegen muß; ich kann sie ziemlich leicht tragen, selbst wenn sie eigentlich zu schwer wird. Aber ich will jetzt über etwas schreiben, das, wenn nicht peinlich, so doch jedenfalls schrecklich banal ist und das Du, glaube ich, mißbilligen, ja wahrscheinlich im allerhöchsten Grade verachtenswert finden wirst – aber das ist nun mal nicht zu ändern; wenn ich an Dich schreibe, muß ich mich geben, wie ich mich immer gegeben habe, wenn ich mit Dir sprach: Ich muß ganz ehrlich sein – sonst hat das alles keinen Sinn.

Wenn ich sage, solche Verhältnisse, die möglicherweise für andere eine große Belastung darstellten, bedrücken mich eigentlich nicht, so kommt das sicher daher, daß sie letzten Endes meiner Natur nichts ausmachen; und das ist wohl, wie gesagt, immer ausschlaggebend dafür, wie unangenehm oder unerträglich Verhältnisse oder Schicksalsschläge von jedem einzelnen von uns empfunden werden. Schließlich und endlich kommt es darauf an, ob man unter den gegebenen Umständen doch noch man selbst sein kann und ob die Reaktion, die der Druck von außen in uns hervorruft, Ausdruck unseres eigentlichen Wesens ist. Meine Krankheit zum Beispiel ging mir nicht wirklich »gegen den Strich«; viele Shauries, die für viele Menschen fast unerträglich wären, wirken auf mich geradezu aufmunternd, so zum Beispiel die Unannehmlichkeiten, die mir meine Parteinahme für die Natives von seiten der Engländer einbringt. Kannst Du Dich erinnern, wie wir gerade über die Rolle gesprochen haben, welche äußere Verhältnisse bei dem Bemühen, »man selbst zu sein«, spielen? Du sagtest, es würde zum Beispiel für einen hervorragenden Professor der Mathematik ungeheuer schwierig, wenn nicht gar unmöglich, sein, auf einer einsamen Insel unter Wilden er selbst zu sein; die Voraussetzungen würden ihm fehlen, um das ausdrücken zu können, was sein wirkliches Wesen ausmacht, seine Wurzeln seien gewissermaßen durchschnitten, und es stelle ein weit größeres Unglück für ihn dar als zum Beispiel für einen Mann, dessen Fähigkeiten auf praktischem Gebiet liegen – ebenso wie es für einen Violinvirtuosen ein weit größeres Unglück wäre, zwei Finger der rechten Hand zu verlieren als für einen Schiffsreeder.

Als ich nun dieses Jahr unter Umständen, die ganz besonders zu Gründlichkeit und Ehrlichkeit zwangen, versuchte, zu einer klaren Beurteilung meiner eigenen Stellung und meines Schicksals im ganzen zu kommen, und meine Verhältnisse hier und meine Möglichkeiten überdachte, mich weiter zu entwickeln und glücklich zu werden, da stellte ich fest, daß das, was mir das Dasein so schwer macht, meine Armut ist. Das klingt so erbärmlich, und es hat mich einige Zeit gekostet, mir wirklich einzugestehen, daß dem so ist; aber jetzt weiß ich, es ist die Wahrheit, und ich weiß nicht, warum das eigentlich so furchtbar peinlich ist. Man wird ja dahingehend erzogen, daß man so nicht denken darf, weil es banal ist, weil es gegen den intellektuellen Anspruch und alle Ideale verstößt, also ungefähr zum Niedrigsten gehört, womit man sich befassen kann. Das mag ja insoweit richtig sein, als die Menschen, die sich nichts aus Geld machen (weil sie sich nämlich um etwas Größeres oder Höheres im Leben bemühen), über den anderen stehen und mehr wert sind als die andern. Aber sie haben diesen höheren Wert an sich; nicht die Liebe zum Geld oder die Verachtung des Geldes sind entscheidend, und die weniger bedeutenden oder niedriger stehenden Menschen würden nicht die Spur besser werden und kein höheres Niveau erreichen, wenn sie sich von ihrer Geldgier befreiten. Es bedeutet mehr, Einstein zu sein, als die Kunststickerei zu beherrschen oder Theater spielen zu können. Wenn nun aber das, *was man kann,* das, wodurch das eigene Wesen zum Ausdruck kommt, eine dieser Beschäftigungen ist, dann wird man doch nicht ein besserer Mensch, wenn man die Stickseide wegwirft oder der Bühne voller Verachtung den Rücken kehrt. –

Ich selbst habe das Empfinden, als ob ein gewisses Maß an Form und Farbe in meiner äußeren Umgebung, ein gewisses »die-Flotte-spielen«, wie Elle es mir in früheren Jahren vorgeworfen hat, Ausdruck meines Weses sind, etwas, was man eine Naturnotwendigkeit nennt. Ohne diese Voraussetzungen bin ich, nicht etwa wie ein Gourmand, der seine Leibgerichte nicht bekommen kann, sondern ein Schauspieler ohne Bühne, ein Geiger ohne Hände oder wenigstens ohne Violine, ja, Dein Mathematikprofessor auf der einsamen Insel – ich bin nicht ich selbst. Man kann ja gezwungen werden, ohne all das auszukommen, wie man zum Beispiel gezwungen werden kann, ohne körperliche Bewegung auszukommen, wenn man im Gefängnis eingesperrt wird; aber man kann das alles nicht entbehren, ohne dabei unglücklich zu werden. Ich würde mich bereitfinden, ein Bein herzugeben, wenn ich dafür £ fünftausend im Jahr bekäme, nicht weil ich glaube, das wäre komfortabler oder bequemer – ich würde sogar in den Vertrag als Bedingung mit aufnehmen lassen, daß ich die fünftausend £ wieder verschenken müßte –, sondern weil ich glaube, auch ohne das Bein könnte ich ich selbst sein, wogegen es mir außerordentlich schwer vorkommt, ohne Geld ich selbst zu sein. Ich habe meine Krankheit als unangenehm empfunden, ich empfinde meine Einsamkeit als unangenehm, das steht fest, aber ich sehe sie doch als Fügungen an, die mit dem Gang des Schicksals Teil meines Selbst geworden sind – wie zum Beispiel meine Nase, die ich mir wohl schöner wünsche, über die ich mich aber nicht ständig ärgere; aber ich empfinde meine Armut wie einen Fremdkörper in meinem Inneren, wie eine abgebrochene Speerspitze oder eine Nähnadelspitze oder einen Sandfloh, ich kann mich nicht an sie gewöhnen, mein ganzer Körper lehnt sich unaufhörlich gegen sie auf.

Ich bin mir, weiß Gott, dessen bewußt, daß es unfein ist, dies zu schreiben; hat es denn überhaupt einen Sinn, alles nur danach zu beurteilen, ob es niedrig oder edel ist – ohne die eigene Natur und Veranlagung in Betracht zu ziehen –, geraten dabei nicht Unwahres oder Vorurteile mit hinein? Ist es schlimmer einzugestehen, daß man unter Armut leidet, als zuzugeben, daß man unter Einsamkeit oder Angst leidet? – (was *ich nicht tue;* ich meine wirklich, eine Furchtlosigkeit entwickelt zu haben, die ihresgleichen sucht, ich könnte fast das Zitat, das Du mir einmal geschrieben hast, für mich beanspruchen: »Mich beißt nichts mehr, Läuse ebensowenig wie feindliche Kugeln« – ja, ich habe keine Angst mehr vor Schlangen und habe zwei mit einem Stock erschlagen – aber vor der Armut habe ich von Natur aus Angst) –

und muß man nicht, um die schwachen Seiten eines Menschen richtig beurteilen zu können, sie im Lichte seiner Tugenden und seines ganzen Wesens überhaupt sehen? Wenn Du selbst zum Beispiel Dir und anderen einigen Kummer bereitetest mit Deinem Hang zu dem, was Tante Bess »Albernheiten eines Jungen« nannte, war das nicht zum Teil Schuld der Lebensverhältnisse und der Gesellschaft, und hatte das nicht seine Ursachen in etwas in Dir, das zugleich einen Wert darstellte, ja, das, wenn Du Glück haben würdest und die Umstände etwas verändern könntest, zum Glück und zum Lebensinhalt für Dich und einen anderen Menschen werden könnte?

Zum Teil beruht meine Liebe zum Geld auf der Tatsache, daß materielle oder sinnliche und mit den Augen erfaßbare Dinge für mich, glaube ich, mehr als für die meisten anderen Menschen Ausdruck von etwas Geistigem sind; ist das denn eine schlechte Eigenschaft oder ein Fehler? – Gerade ihr verdanke ich doch, daß ich selbst ein wenig malen und mich auf jeden Fall über Kunst unendlich freuen kann. Ich habe einmal den Satz gelesen: »Michelangelos Kuppel hat einen um vieles höheren moralischen Erziehungswert als eine ganze Bibliothek von Morallehren.« Meiner Meinung nach ist damit etwas Wahres zum Ausdruck gebracht worden, ebenso wie ich mir immer vorgestellt habe, man könne beim Jüngsten Gericht genauso dafür bestraft werden, zwei falsche Farben zusammengesetzt, wie dafür, falsch Zeugnis wider seinen Nächsten abgelegt zu haben. Meine Kleider zum Beispiel – ich verschwende für sie nicht so viel Geld, um Eindruck zu machen oder um den Vergleich mit anderen Frauen zu meinen Gunsten zu entscheiden, sondern weil sie für mich, mehr als für andere, wie ich meine, Ausdruck meines Wesens sind. Ich kann, wie Du weißt, in Lumpen herumlaufen, aber zu einem Dinner oder einem Wettrennen in einem schlampigen Aufzug zu erscheinen ist für mich ebenso unnatürlich wie für Dich, die Bredgade in einer weißen bestickten Damenhose entlang zu gehen...

Aber es ist nun nicht – falls Du nach all diesem noch Geduld hast, mich weiter anzuhören – allein mein Verlangen nach »feinen Sachen« schuld daran, daß mich meine Armut so sehr bedrückt; Du weißt, daß ich zum Beispiel in meinem Verhältnis zu den Natives, die mir ja so viel bedeuten, es kaum lassen kann, mich großzügiger zu zeigen, als es mir meine Situation erlaubt. Das ist natürlich auch falsch. Aber es liegt darin so viel von meinem Glück und dem Inhalt meines Lebens hier. Dagegen kann man sagen, den Natives wäre auch mit anderem als Geld zu helfen, und das tue ich, glaube ich, auch; ich opfere ihnen ja viel von meiner Zeit und meinen Kräften, zum Beispiel durch mein Doktern – und doch bedeutet das Geld in diesem Zusammenhang wieder das gleiche wie die Hände für den Violinisten: Er ist vielleicht ein ebenso großer Künstler ohne sie, aber das weiß dann nur Gott, und wer hat daran Freude? Den Natives ist es dieses Jahr sehr schlecht gegangen; das Geld, das ich ihnen hie und da geliehen habe – eintausendsechshundert sh. – kann ich jetzt nicht zurückfordern.

Auch dies klingt vielleicht unmöglich, aber als ich jetzt im Mai über mein Problem nachdachte, da kam es mir vor, als ob ich – wenn ich zum Beispiel die Calcutta-Rennwette gewonnen hätte oder auf andere Weise einen Coup machen könnte – das Kind hätte haben wollen. Es ging nicht nur darum, daß ich Angst hatte, selbst sparen zu müssen etc., sondern um das Schicksal des Kindes. Wenn man selbst so sehr unter der Armut gelitten hat, meint man ja, man könne nicht sehenden Auges einen anderen in die gleiche Lage bringen. Ich glaube, alle anderen Menschen würden mich verachten, wenn sie hörten, was ich Dir jetzt trotzdem sage: Selbst wenn ich gewußt hätte, daß die Gesundheit des Kindes aufgrund meiner Krankheit möglicherweise gefährdet gewesen wäre, hätte ich diesem Umstand nicht allzu viel Bedeutung beigemessen, denn meiner Meinung und Erfahrung nach hindert Krankheit einen weniger, man selbst zu sein, als Armut. Aber lassen wir das auf sich beruhen.

Sogar in meinem Verhältnis zu Denys – der trotz allem das ist, was Stuckenberg »das Glück meines Lebens« * nennt –, auch dort bedrückt und hemmt die Armut mich, hindert mich, so zu sein, wie ich möchte, mich in diesem Verhältnis so zu geben, wie es meiner Natur entspricht, verstehst Du das? Nicht, daß ich mich vor ihm aufspielen oder ihn verwöhnen möchte wie diese allgemein bekannten ältlichen Liebhaberinnen, die durch gutes Essen und Luxus Eindruck machen müssen; aber wenn ich, wie ich in meinem vorigen Brief schrieb, manchmal das Gefühl habe, in meiner Beziehung zu ihm mit leeren Händen dazustehen, so liegt das zu einem großen Teil auch daran, daß ich kein Geld habe. Wenn ich etwa einmal von einem Abstecher nach China käme oder, als ich das letzte Mal zu Hause war, von einer Rundreise wie Deiner oder von einer Reise durch Italien, das er genauso liebt wie ich, oder Ägypten, das er so gut kennt – ja, wenn ich mit Hilfe eines Pianolas meine Musikkenntnisse auffrischen könnte –, dann würde ich mir in diesem Bereich nicht so abhängig vorkommen und wäre nicht allein auf mein Gefühl für ihn angewiesen; gerade das macht mich dort unglücklich, wo ich vollkommen glücklich sein könnte. Du wirst vielleicht sagen, das sind Kleinigkeiten, wenn man jemanden wirklich liebt, aber zum Vergleich nehme ich einmal an, Du würdest Jonna gegenüber etwas von Deinen athletischen Kräften verlieren oder zum Beispiel kurzsichtig werden. Die Tatsache, daß Du sie in Deinem Auto herumfahren, daß Du Skilaufen, ja, sie eine Treppe hinauftragen kannst, wenn es nötig sein sollte – natürlich sind das Kleinigkeiten, aber sie sind Ausdruck Deines Wesens, und das vielleicht ganz besonders in Deinem Verhältnis zu ihr.

Wenn ich sage, ich empfinde die Armut wie einen »Fremdkörper«, dann nur deshalb, weil ich meine, sie ist nicht Ausdruck von irgend etwas in mir selbst, sie ist nicht von mir selbst verschuldet.

Meine ständige Fluchtbereitschaft im Verhältnis zu anderen Menschen, meine Einsamkeit – die sind selbst verschuldet; wo immer ich wäre, wie gut oder schlecht es mir materiell auch gehen würde, sie würden mich in irgendeiner Form heimsuchen; was aber die Armut oder das Geld im allgemeinen anbetrifft, so bin ich »taught wrong on purpose«, wie Bernard Shaws Mrs. Warren * sagt. Ich glaube, die Menschen, die mit meiner Erziehung und Entwicklung zu tun hatten, konnten sicher sehen, daß ich aufgrund meiner Natur in diesem Punkt nicht mit ihnen einig war, aber sie *wollten*, daß ich es würde; das war mir selbst nicht bewußt, und man kann es nicht ausschließlich mir zum

Vorwurf machen, daß ich anders war als sie und mich dazu hätte bekennen sollen. Ich kann mich erinnern, wie Moster Bess anläßlich meiner Verlobung mit Bror sagte, das einzig Gute dabei, das sie freue, sei, daß er ein armer Mann sei; jetzt muß ich sagen, gerade das war bei der ganzen traurigen Affäre das einzig wirklich Miserable! Ich hätte mir selbst klarmachen müssen, wenn Geld tatsächlich so viel für mich bedeutet und es mir fehlte, dann hätte ich, um glücklich zu werden, versuchen müssen, zu Geld zu kommen, und das wäre wohl, wenn ich dafür wirklich einen Einsatz gewagt hätte, auf die eine oder andere Weise möglich gewesen. Hier, meine ich, habe ich die Dinge falsch gesehen und bin »in die Irre geführt« worden, und dafür muß ich jetzt büßen.

Ich habe über diese Angelegenheit so lang und breit geschrieben, weil ich annehme, daß Dir der ganze Gedankengang sehr fremd ist und deshalb einer Erklärung bedarf, auch weil ich meine Meinung geändert habe, seit wir miteinander gesprochen haben; aber dadurch sind die Proportionen etwas verzerrt! So verhältnismäßig viel Platz wie in diesem Brief nimmt das Problem in meinem Leben nicht ein! Wenn aber dieses hier meine »Confessions« werden sollen – und dies das letzte Mal sein soll, daß ich so an Dich schreibe –, muß es auch erwähnt und möglichst klar dargelegt werden!

Außerdem ist es ja gar nicht unmöglich, daß der Konzern hier einmal in Schwung kommt und mir das Geld bringt, das ich brauche; so unermeßlich viel ist es nicht. Und wenn ich nun meine Bestandsaufnahme beendet habe, meine Stellung, mein Glück und mein Unglück betrachte, so, glaube ich, kann ich abschließend sagen: Wenn ich wüßte, es könnte so weitergehen, ich also hierbleiben könnte und Erfolg haben würde mit diesem Unternehmen, für das ich aufgrund merkwürdiger Winkelzüge des Schicksals nun mein Leben eingesetzt habe, und wenn Denys weiterhin so wie jetzt hierher kommen und unser Verhältnis zueinander so bleiben würde wie jetzt – dann wäre ich so glücklich, wie man nun einmal im Leben werden kann, das heißt, was man so »glücklich« nennt. Kannst Du Dich erinnern, wie wir einmal darüber gesprochen haben, daß man am besten beurteilen könne, ob der Zustand, in dem man sich gerade befindet, Glück oder Unglück für einen bedeutet, wenn man sich vorstellt, er solle ewig dauern? – sehr oft wird man sich dann darüber klar, daß Verhältnisse, die einem im Augenblick gar nicht besonders höllisch vorkommen, doch in Wirklichkeit schon »die Hölle« für einen sind.

Im allgemeinen ist es für unsere Lebensumstände jedoch typisch, daß sie *nicht* ewig dauern. Wenn man mir im Golf von Biskaya mitgeteilt hätte, ich sollte für alle Ewigkeit so auf und ab geschleudert werden und dabei die Verantwortung für Heather haben, wäre ich sicher in ebensolche Verzweiflung geraten wie die Verdammten in Michelangelos Jüngstem Gericht; so war es fast ein vergnügliches Erlebnis. Für meine Situation hier gilt wie bei einem Spiegelbild gerade das Umgekehrte: Wenn ich nur in Erfahrung bringen kann, daß sie von Dauer ist, dann bin ich mir trotz allem, nach vielen Zweifeln und Anfechtungen verschiedenster Art, von denen ein Teil Dir hiermit zur Ansicht geschickt wird, darüber im klaren, daß ich dem Paradiese sehr nah bin. Natürlich nicht so, wie Du jetzt im Paradiese bist, denn ich bin, wie gesagt, Luzifers Kind, und Engelsgesang liegt mir nicht, aber ich bin dem Glück und der Ausgeglichenheit so nah gekommen, wie es meiner Natur möglich ist.

In dem letzten Brief, den ich Dir geschickt habe, schrieb ich, daß ich, wenn ich wie heute abend vor dem Hause stehe, den Mond betrachte und von weit her eine Ngoma höre – und zurückblicke: auf meine Abreise von Neapel, meine Shauries mit Mrs. Birkbeck! – meine Krankheit, meine erste Begegnung mit Denys – manchmal meine, ich könne den »Storch sehen«. Und das ist wahr. Ich sehe oder ahne ihn, das heißt: Ich glaube an ihn. Vielleicht bekomme ich ihn wirklich einmal zu sehen. Ich kann möglicherweise doch einmal in gesicherten Verhältnissen hier sitzen, von Euch allen und allem daheim gar nicht so weit entfernt, weil ich jederzeit, wenn es mir paßt, zu Euch nach Hause fahren kann, mit Erfolgen auf der Farm, mit Denys als meinem alten, verläßlichen Freund, mit Nachkommen von Pjuske und Heather und Farahs Sohn als meinem Butler – mit mehr Weisheit, Harmonie und Ausgeglichenheit in meinem

Dasein als je zuvor. Und dann werde ich zugeben, was ich jetzt willens bin zu erkennen, daß ich nämlich mehr erhalten habe, als ich verdient habe, und daß die Stürze in die verschiedenen Gräben, das wilde Umherjagen um den See es wert waren, durchgestanden zu werden, wenn dadurch die schöne und vollendete Kontur des Storches sichtbar geworden ist! –

Ich habe viel zu viel geschrieben, fühle mich aber gerechtfertigt durch das christliche Prinzip: Wie ihr wollt, daß euch die Leute tun sollen ... – Ich wäre sehr froh, wenn Du über Dich selbst schreiben würdest, wie ich an Dich geschrieben habe. Selbst wenn Du deinerseits jetzt nicht gerade sehr froh sein solltest, so mußt Du Nachsicht walten lassen und bedenken, daß es für mich notwendig war, dieses alles zu schreiben, ehe ich etwas anderes in Angriff nehmen kann, zum Beispiel meine Marionetten-Komödien, die ich nun wieder in Gang bringen werde. Ich war so unsicher und wäre es auch geblieben, hätte ich nicht meine eigene Stimme gehört, mich selbst in dem Spiegel gesehen, den der andere Mensch darstellt, zu dem man spricht – und hätte ich nicht mir selbst Rechenschaft abgelegt. Jetzt habe ich das Gefühl, ich sei von einer schweren Last befreit, und ich danke Dir im voraus, daß Du diesen Brief liest.

Ich habe oft gedacht, es wäre zu wünschen, daß ein Mensch ganz ehrlich zu einem spräche oder einem schriebe; selbst wenn man an ihm selbst kein Interesse hat, so dient sein Schicksal immer der eigenen Aufklärung. Wenn man ein Buch liest, denkt man oft: Naja, es ist ja ganz schön, daß es so oder so weitergeht und es dann auf diese Art endet; aber es stimmt einfach nicht. Und im Leben denkt man oft: Wenn doch Menschen, die etwas Ähnliches wie ich jetzt durchgemacht haben, mir wirklich ehrlich sagen würden, wie es endete. – Wie es bei mir enden mag, kann ich ja nicht sagen, das wird die Zeit zeigen; ob es nun so oder so ausgeht, wenn Du einmal das abgeschlossene Ganze betrachten wirst, könnte, was ich hier geschrieben habe, vielleicht von Interesse sein als erläuternder Hinweis, nach welchem Prinzip man die Gräben und Wege um den See herum legen sollte, um diesen ganz besonderen Storch entstehen zu lassen.

Ich habe keine andere Adresse, an die ich Dir schreiben kann, als die daheim; wenn Du diesen Brief ausgehändigt bekommst, während jemand zusieht, mußt Du sagen, es sei ein Manuskript! – Du wirst sicher in nicht allzu ferner Zukunft eines erhalten, nachdem ich hier mein Herz erleichtert habe.

Die allerbesten Grüße, mein lieber alter Tommy. Ich verspreche Dir, daß ich so nicht wieder schreiben werde. Und nun erheben wir uns von der Steinbank und gehen – Du direkt hinein zu Jonna, und da kannst Du nur froh sein, wenn auch etwas erschöpft!

Grüße alle.

Deine Tanne.

An Ingeborg Dinesen *Ngong, Sonntag, 12. 9. 26*

... Ich bin in die Stadt gefahren, um Abdullais Mutter zu besuchen, – Tommy müßte sie kennen. Das war so herzzerreißend und tragisch, daß ich keine Worte dafür finde; sie sah aus wie Niobe oder eine der Frauen am Kreuz, und man kann ihr auch nichts Tröstendes sagen. Abdullai war so gut zu ihr; kurz bevor er starb, war ich bei ihm; ich hatte erfahren, daß er krank sei; er und seine Mutter waren so lieb miteinander und rührend anzusehen; beide strahlten richtig, wenn sie einander anschauten, wie ein verliebtes Paar. Jetzt war sie vollkommen gebrochen. Man kann es sich kaum vorstellen, aber diese unglückliche Mutter hat schon elf Kinder verloren. Ich glaube, sie haben Tuberkeln – es sind so hübsche nette Kinder, aber wenn sie erwachsen werden, sterben sie...

Denys kommt um den ersten November herum zurück...

Farah soll Hassans Duca * Ende des Monats übernehmen, bleibt aber in meinen Diensten. Ich bin froh darüber; ich kann dann alle Waren und Fleisch durch ihn beziehen, und im Augenblick ist er wegen seiner Duca in Thika allzu oft fort. Der dicke Abdullahi soll ein Jahr lang im Laden bedienen, wenn er mit der Schule fertig ist. Farah hat sich einen Chevrolet-Lastwagen gekauft und ist, wie sich denken läßt, sehr aufgeregt...

... Ich habe des öfteren daran gedacht, wegen Deiner Abhandlung über »Geschlechtsmoral« an Dich zu schreiben, und weil ich heute Zeit habe, will ich einige Gedanken zu Papier bringen, die Du hoffentlich als wohlgemeinte Ratschläge ansehen und mir auf keinen Fall übel nehmen wirst.

Ich glaube, einer der gefährlichsten Züge, mit denen man eine Karriere eröffnen kann, sei es als Politiker, als im sozialen Bereich Tätiger oder überhaupt als Schriftsteller, ist der: »to flog dead horses«. Das gibt einem in den Augen der Allgemeinheit leicht ein Handicap und stempelt einen, auch wenn man noch so fortschrittlich ist, als zurückgeblieben ab. Ich meine, gerade das hat zum Beispiel die Unitarier nur geschwächt. Wenn sie damit begonnen hätten zu sagen, sie hätten eine Botschaft für eine sich immer gottloser gebärdende Welt, dann hätten sie sicher ganz anders Gehör gefunden, aber sie haben sich darauf konzentriert, *rückwärts* gewandt zu kämpfen: gegen Dogmen, Orthodoxie etc., und jetzt, glaube ich, werden sie nur wenig Aufmerksamkeit finden, was immer sie auch zur Sprache bringen mögen.

Ich bin der Überzeugung, daß Dänemark und Skandinavien in so vieler Hinsicht in der Entwicklung voran sind; ein Mann, der dort an der Spitze steht, wird in der ganzen Welt führend sein; aber in der Frage der Geschlechtsmoral und Geburtenregelung ist Skandinavien *offiziell* erstaunlich weit zurück. Möglicherweise kommt das daher, daß wir in Wirklichkeit so liberal sind, daß das ganze Problem sich in der Realität ohne viel Aufhebens von selbst geregelt hat und dadurch gar keine Notwendigkeit bestand, Argumente anzuführen, und diese nun nur wie ein Echo von draußen erscheinen; möglicherweise sind wir Dänen hier konservativ – ich kann mich dazu nicht äußern, da ich ja keinen Einblick in das »Geistesleben« und die Verhältnisse daheim habe. Was immer der Grund sein mag, so bin ich sicher, der Kampf, der auf diesem Gebiet zu Hause geführt wird, ist in der übrigen Welt längst überstanden, und das Kriegsgeschrei der

Thit Jensen und des Dr. Leunbach wird anderswo keinen Menschen mehr aufregen. Ich habe zum Beispiel mit Denys darüber gesprochen, und er zeigte sich sehr erstaunt, daß wir, von denen er annahm, wir seien auf allen sozialen Gebieten sehr fortschrittlich, diese Frage überhaupt noch diskutieren. Wenn ich die hiesigen Verhältnisse betrachte und sehe, wie sich die Leute verhalten, wie sie größte Gelassenheit an den Tag legen und dabei gesellschaftlichen Erfolg haben – dann bin auch ich sicher, daß der alten, negativen »Geschlechtsmoral« längst das letzte Stündlein geschlagen hat. Es kann natürlich auch daran liegen, daß dieses Land hier gewissermaßen außerhalb von Gesetz und Recht liegt; aber die Engländer kommen doch nicht nach hier und ändern umgehend ihre Ansichten und ihr Gewissen, sobald sie hier an Land gehen; es gibt tatsächlich auf diesem Gebiet nichts, was nicht jedermann freistünde, wenn er es nicht gerade darauf anlegt, andere zu irritieren und herauszufordern. Ich glaube, in allen geistig unabhängigen Kreisen Europas ist man mehr oder minder expressis verbis der Ansicht: Die Sexualmoral ist eine Privatangelegenheit und Birthcontrol, je nach eigener Auffassung und Befähigung, anständiger Leute Pflicht und Schuldigkeit.

Ich meine nicht, daß man in dieser Frage auf Idealvorstellungen verzichten soll, im Gegenteil, überall ist der Boden bereitet für diesbezügliche Botschaften, ebenso wie anscheinend auch für religiöse Botschaften oder für eine positive, soziale Idealvorstellung. Aber für einen Kampf gegen die alte Moral, für Kritik an ihr oder eine Verurteilung ihrer Vorstellungen besteht meiner Überzeugung nach kein Bedarf. Das, wogegen die Engländer hier kämpfen, soweit sie überhaupt kämpfen, ist ihre alte *Ehegesetzgebung* – und gegen die kämpfen sie, weil sie ein Gesetz loswerden wollen, das dem Gewissen aller aufgeklärten Menschen zuwider ist –, aber dieser Kampf nimmt andere Formen an, denn wenn von Gesetz und Gesetzgebung die Rede ist, bekommt die altmodische Meinung der schlimmsten »Reaktionäre«, die man in Fragen der *Moral* außer Acht lassen kann, entscheidendes Gewicht. Ich meine, diese Auffassung läßt sich durch alles untermauern, was man in der modernen englischen

Literatur zu dieser Frage liest. Ich empfehle Dir, falls Du es nicht schon kennst, ein Buch von Bertrand Russell: *Principles of Social Reconstruction* – übrigens ein schon altes Buch, das während des Krieges geschrieben wurde, meiner Meinung nach ein wirklich gutes Werk. Ich würde es Dir schicken, wenn es mir gehörte, aber ich habe es mir selbst nur geliehen.

Für einen Mann, der direkten Einfluß auf das praktische Leben hat, der zum Beispiel im Parlament sitzt, können natürlich oft Situationen entstehen, die ihn zwingen, viele hundert Jahre zurückzugehen mit seiner Argumentation, in der vorliegenden Frage zum Beispiel dort, wo ein großer Anteil der Bevölkerung, der Einfluß auf die Gesetzgebung hat, katholisch ist, da muß er sich darauf konzentrieren, die göttliche Einsetzung der Ehe bei Adam und Eva im Garten Eden oder die Haltung des heiligen Petrus gegenüber der Birthcontrol bei der Diskussion heranzuziehen. Das kann auch uns anderen im praktischen leben passieren; Knud kann es einfallen, Elle zu sagen, er wolle keinen Juden in seinem Hause haben, und hier bei uns kann es für eine Dame mit holländischem Blut in den Adern schwierig sein, in der »E. A. Women's League«* Einfluß zu erlangen.

Aber niemand, dem daran läge, auf diesem Gebiet zu den fortschrittlichen Männern gerechnet zu werden, würde so etwas in seinen Schriften anführen, höchstens als Kuriosum oder in einer historischen Übersicht: Denn es ist doch klar, daß es Dinge gibt, die im Leben noch existieren und von Interesse sind, während sie in der Literatur längst überholt sind, und für die Arbeit der vordersten Pioniere ist es ziemlich unwichtig zu wissen, wo sich der Troß der Nachhut befindet.

Ich glaube, Deine Diskussionen mit Tante Bess sind und waren schon recht gefährlich für Dich. Tante Bess ist ja nicht »reaktionär«; aber teils fehlen ihr in ihrem Leben und in ihrem Umgangskreis die Voraussetzungen, diese Angelegenheit von einem persönlichen Gesichtspunkt her zu sehen, und dann hat sie von Natur aus einen solchen Widerwillen gegen diese Dinge – obwohl sie sich komischerweise zugleich dafür interessiert –, daß sie nicht bereit war, auch nur die elementarste Literatur zu dem Thema zu lesen; ein Teil ihrer Theorien beruht auf einer völlig verrückten Grundlage. Wenn sie zum Beispiel annimmt, Geschlechtskrankheiten entstünden unabhängig von irgendeinem Partner durch ein hektisches erotisches Leben – und man sieht sich selbst bei diesen Diskussionen genötigt, auf das, was ihr widerstrebt, entsprechend Rücksicht zu nehmen – wie zum Beispiel damals, als du nicht wagtest, die Tatsache zu erwähnen, daß die Enthaltsamkeit der jungen Oxfordianer gegenüber Frauen oft zu mehr oder minder erotischen Beziehungen der jungen Männer untereinander führte –, dadurch sinkt doch der Wert der ganzen Diskussion eigentlich auf Null. Da wir Tante Bess so gern mögen, da sie für uns in unserer Kindheit und Jugend so viel bedeutet hat, da sie so intelligent und warmherzig ist, da sie so viel Anteil an uns nimmt, haben diese Diskussionen für uns Inhalt und Wert; aber davon einmal abgesehen, sind sie in Wirklichkeit die Rekonstruktion einer schon gekämpften und gewonnenen Schlacht, und wenn man sie drucken ließe, wären sie weder für die Lösung des Problems von Interesse, noch hätten sie sonst irgendeine Bedeutung – was sich später einmal ändern könnte, wenn man sie literarisch verarbeitete!!...

Wenn man zu den Besten gehören will, dann muß man die Besten suchen und den Umgang mit ihnen pflegen, will man unter den Vordersten sein, dann muß man die Vordersten suchen und kennen – nicht unbedingt durch persönliche Bekanntschaft, aber durch Kenntnis ihrer Gedanken und ihres geistigen Lebens. Es hat mich immer geärgert, daß Du vorwiegend Leute gesucht hast, die Dir unterlegen oder höchstens ebenbürtig waren. Sagen wir, Du hattest etwas mehr Schwierigkeiten als andere, die Dir überlegenen zu finden – und doch gab es sie, und sie müssen Dir gelegentlich sehr nahe gewesen sein. Ich habe wohl schon früher gesagt, daß ich mich danach sehnte, Dich zu Füßen eines Meisters oder eines begabten Kameraden lauschen zu sehen. Wenn nun aber irgend etwas in Deinem Wesen es Dir schwer macht, Dich im Umgang mit solchen Menschen zurechtzufinden – dann gib doch wenigstens niemals auf, ihnen in der Literatur, in den Theorien und in der Welt der Ideen zu folgen. Es ist ja nicht gesagt, daß das eigene Wirken im privaten Kreis nicht sehr segensreich sein kann, wenn man sich klarmacht, daß es nach außen hin keine Bedeutung hat; es ist nicht gesagt, daß ein konservativer Politiker nicht ebenso Gutes oder Besseres vollbringen kann wie ein Revolutionär – aber ein Danton wird man nur auf dem Berg* oder im Jakobiner-Club, und ein Agitator, der glaubt, er sei ein Revolutionär, weil er im Redaktionsbüro der *Berlingske Tidene* Revolution macht, und ein Himmelsstürmer, weil er dem Nähzirkel der Königinwitwe einen »shock« versetzen kann – der ist weder Fisch noch Fleisch; er kann wohl einzelnen Individuen helfen, aber nicht Ideen zum Durchbruch verhelfen.

Was die Frage der Geschlechtsmoral anbetrifft, so glaube ich, hier ist mehr Positives als Negatives vonnöten; Kritik oder Verurteilung der Orthodoxie ist kaum erforderlich; sie hat so viel auf den Buckel bekommen, daß man sie fast schon aus Gründen des allgemeinen Anstands und der Christlichkeit in Ruhe lassen muß. Freiheit – haben wir, meiner Überzeugung nach, und selbst wenn wir sie nicht immer gehabt haben, so hat doch die Generation, die nach uns kommt, sie sich in vollem Maße gesichert. Aber was sollen sie mit dieser Freiheit anfangen, und wo sind die Sterne, die über ihr und ihnen strahlen sollen? Ich kann nur sagen, ich weiß es nicht. Die Eugenik mag ein gutes Leuchtfeuer sein, nach dem man sich richten kann; aber mir scheint, wenn die Nachkommen unserer Nachkommen wiederum mit dem Blick auf die Nachkommen ihrer Nachkommen segeln sollen, müssen sie es einigermaßen leid werden. Diese Liebe zur Fortsetzung des Lebens, wo das Leben in sich selbst keinen absoluten Wert hat, ist für mich immer ein schwaches Argument gewesen. – Aber auf all das will ich hier nun nicht im einzelnen eingehen, denn dann wird dieser Brief viel zu lang. Ich selbst würde beinahe sagen, in Zukunft wird für einige Zeit der Bereich der Sexualität keine so große Rolle spielen, wenn sie erst einmal ihr Recht und ihre Freiheit erlangt und behauptet hat; so ist es ja vielen ehemals gefesselten Kräften gegangen, ja, mit den »Menschenrechten«, für die die Leute immerhin einmal ihr Leben hingegeben haben und die ihnen so unentbehrlich vorkamen wie Licht und Luft, verbinden moderne Menschen wohl überhaupt kaum noch eine Vorstellung. Wie Du weißt, sehe ich das eigentlich Sexuelle – physisch und geistig – nicht als das wesentliche im Verhältnis zwischen Mann und Frau, es gehört mehr dazu; auch auf sozialem Gebiet gilt es mehr zu klären als das Verhältnis zwischen Arbeitgebern und Arbeitern, zwischen Labour und Kapital – aber wir warten noch auf den Propheten, der es uns offenbaren wird, und wahrscheinlich ist es nicht das schlechteste, was man zur Zeit machen kann, einer Partei beizutreten und dort sein Bestes zu tun oder sich darauf zu beschränken, *to mind one's own business* ...

An Ingeborg Dinesen *Ngong, 7. November 1926*

... Es ist mir etwas zugestoßen, das ich ein Wunder en miniature nennen muß. Du weißt, ich habe oft meine Theorie über den »Storch« entwickelt und aus ihr Trost geschöpft – das heißt, es geht im Leben zu, wie es dem Mann in Deiner alten illustrierten Erzählung erging: Er hörte in der Nacht das Wasser aus dem See herausströmen und lief, um es aufzuhalten, fiel in einen Graben usw. – und am nächsten Tag entdeckte er als völlig unerwartetes Resultat: einen Storch! Gerade, als ich vorgestern draußen am Steintisch saß und – ich glaube, im Zusammenhang mit Thomas – über diese Lebensanschauung nachdachte, blickte ich auf, und da stand dort – ein Storch! – einer der richtigen europäischen oder dänischen Art, geradeso, als ob er von einem Dach bei Ølholm herabgestiegen oder aus Hans Christian Andersens Märchen gekommen wäre. Er ist erstaunlich zahm, spaziert auf der Veranda umher und kommt, wenn man ihn ruft, und macht keinerlei Versuch wegzufliegen. Woher er gekommen ist, weiß ich nicht; er macht den Eindruck, als hätte er schon früher Bekanntschaft mit Menschen gehabt. Ich füttere ihn mit Fröschen, die mir die Totos in Eimern für drei Cents das Stück bringen, und Ratten, die in den Vorratsschuppen gefangen werden; es ist ulkig, ihn fressen zu sehen; er legt in allem, was er tut, viel Würde an den Tag. Im Augenblick steht er hier draußen auf dem Rasen und betrachtet mich mit ernsten Blicken. Lulu mit ihrer verheirateten Tochter und dem Baby leisten ihm Gesellschaft. Es kommt mir so vor, als hätte ich eine gewisse Gabe, mit wilden Tieren umzugehen – kannst Du Dich erinnern, in wie kurzer Zeit auch die Eule zahm wurde? Vielleicht ist es die gleiche Eigenschaft, die mich befähigt, mit den Natives so gut auszukommen – und die gleiche, die mir meine Scheu vor der Ehe einflößt, wenn Du verstehst, was ich meine! Ich mache mir nichts aus dem Fangen, Einschließen und Aneignen, und das spüren sie. Auf jeden Fall empfinde ich eine große Liebe zu allen Arten der »leicht springenden Söhne des Waldes«, gegen die »die Herden anbrüllen«*, und ich will – als Abschluß meiner Ausführungen – ein Wort für das einlegen, was Ihr meinen »Snobismus« genannt habt, mit den Worten des alten Aarestrup: der, wenn er gesagt hat

»-- Sämann oder Sänger*,
mit Laute oder Pflugschar,
Minister oder Koch,
in Lumpen oder Roben,
nur Arbeitsleute seid Ihr alle –
Zum Wohl! Du zahme Herde!«

dazu übergeht:

»Die wilden Tiere im Walde
und hoch am Himmel die Vögel,
wer müßte sie nicht lieben?
Der Adel gleicht nur ihnen,
dem Wilde unter Gezähmten.
Ihm ruf ich laut Hurrah!«
etc.

... Die Natives haben, ohne daß man sie in irgendeiner Weise zum Adel der Menschheit zählen könnte, für mich den gleichen wilden Charme, und sie verspüren sicher meine Sympathie genauso wie Lulu und mein Storch. Kamau hält ihn für einen msei kabisha,* und ich glaube mit Farah, der sich in Tausendundeine Nacht sehr gut auskennt, daß er möglicherweise ein verzauberter Kalif ist...

... Ich habe von zu Hause einiges über Deine Reise und Deine eigene und anderer Leute Meinung dazu gehört. Aber sie haben die Frage alle von dem Gesichtspunkt aus betrachtet, wie gut oder riskant sie für Dich sei – und darüber ließe sich viel nachdenken und reden ... Aber außer den Problemen, die Deine Gesundheit und Kräfte, die Verhältnisse, die Du zu Hause zurückläßt, und die Beschwernisse der Reise betreffen, ist ja auch die Frage zu bedenken, welche Verhältnisse Dich hier erwarten, und für die fühle ich mich verantwortlich und deshalb genötigt, Dir zu raten. Ich meine allerdings, ich hätte schon brieflich dazu Stellung genommen, und das vor langer Zeit; aber ich habe keinerlei Antwort erhalten auf das, was ich geschrieben habe, in keinem Eurer Briefe von zu Hause wird es nur erwähnt, geschweige denn erörtert – es sieht so aus, als existierte diese Frage gar nicht. Nun weiß ich ja aus Erfahrung, daß mit Briefen aus Afrika nach Dänemark und vice versa mystische Dinge passieren auf der langen Reise; ob es das Klima ist oder die Zeit oder ob alte Seeräuber-Gespenster im Roten Meer ihre Hand im Spiel haben, kann ich nicht sagen; aber es steht fest, was in einem Brief von Vejle nach Rungsted oder von Njoro hierher ganz klar und deutlich ist, gerät auf dem langen Weg von einem Erdteil zum anderen unter mystische Einflüsse und wird unklar und dunkel – ja, ich glaube, es werden manchmal ganze Abschnitte herausgenommen.

Ich will nun versuchen, möglichst so zu schreiben, daß auch Ihr die Verhältnisse hier einigermaßen beurteilen und in Eure zukünftigen Erwägungen einbeziehen könnt; am liebsten wäre mir, Ihr hättet ein ganz klares Bild, wie es hier aussieht, und könntet danach *selbst Eure Beschlüsse, Eurem eigenen Urteil entsprechend, fassen.*

Gleich zu Beginn kann ich *einige* Dinge mit Bestimmtheit sagen: Wir haben hier alles in guter Ordnung. Die Farm als Ganzes sieht so gut aus, wie ich sie noch nie zuvor gesehen habe.

Wir haben jetzt eine bessere Baumblüte als je zuvor während

des kurzen Regens, ich glaube, ich kann sagen, eine bessere als wir überhaupt je gehabt haben.

Die Summe all dessen ist: Wir müßten durch alle unsere Schwierigkeiten hindurch sein und endlich unsere Arbeit von Erfolg gekrönt sehen, wenn nur

1. die klimatischen Verhältnisse uns begünstigen – und
2. unsere jetzige Ernte groß genug wird, uns bis zur Reife der nächsten Ernte über Wasser zu halten.

Von diesen zwei Faktoren sind wir sehr abhängig, aus diesen Gegebenheiten rühren meine Zweifel...

Ich weiß wohl, daß bei meiner Beurteilung dieser verschiedenen Fakten die Schatten vergangener Tage eine allzu große Rolle spielen. In den sechs Jahren, die ich die Verantwortung für diesen Konzern gehabt habe, sind wir so oft am Rande des Abgrunds balanciert, daß es gut möglich ist, daß mein gelegentliches Schwindelgefühl nur ein Streich ist, den mir meine Nerven spielen, genauso wie sie einem nach einer langen Seereise noch immer das Gefühl geben, man schwanke, auch wenn man längst sicheren Boden unter den Füßen hat. Ich kann mich erinnern, wie ich im Jahre 1923, kurz nach der Abreise von Thomas und Viggo, jeden Sonnabendabend segnete, weil ich dann für sechsunddreißig Stunden sicher war vor einem entscheidenden und niederschmetternden Telegramm von zu Hause. Erfahrungen dieser Art prägen sich, glaube ich, völlig unbewußt der eigenen Mentalität ein und kommen zum Vorschein, wenn man es am wenigsten erwartet. Sogar das gute Aussehen der Farm und der Anblick der so dicht mit Knospen besetzten Bäume kann mich nervös machen – und das dürfte doch nicht sein.

Hinzu kommt, daß die Ungewißheit über Gedeih und Verderb der Farm allmählich mit dem erhöhten Gewicht der Jahre, der Kräfte und der Liebe, die ich in sie investiert habe, auf mich wirkt... Ich bin ja jetzt nicht der gleiche Mensch wie jener, der 1914 in Neapel an Bord der »Admiral« ging; nicht nur dreizehn Jahre haben mich geprägt, auch all die Möglichkeiten, die man zwischen siebenundzwanzig und einundvierzig hat und *nie* wieder im Leben bekommt, sind von meinem Leben hier auf Ngong absorbiert worden...

Ja, darüber will ich nun nicht mehr schreiben. Gib Tante Bess und Thomas diesen Brief zu lesen und laß sie Dir dann raten.

Nur eine Kleinigkeit noch: Wenn Du kommst, bring einige Noten mit; ich werde schon für ein Klavier sorgen. Beethovens Klavierkonzert, den *Mittsommernachtstraum, Figaros Hochzeit* und etwas von Schubert und Grieg und *Orpheus*.

An Ingeborg Dinesen *Ngong, 27. November 1926*

... Hier sieht alles nach dem Regen so gut aus. Lulu und meine Störche gehen auf dem Rasen spazieren, der im Hinblick auf Dein Kommen endlich richtig gemäht ist. Sehr weihnachtlich ist es hier ja nicht; aber Du weißt, wie hier nach einem Regen alles auflebt, wie in Bödtchers Vers:*

»Die schwüle Nacht verschenkte ihre Gaben,
mit frischem Tau weht Morgenluft
durchs hohe Fenster, mit dem Blütenduft
aus Ngongs orangenreichen Gärten mich zu laben– – –«

oder mit dem Duft vom Walde her, wo auch alles in Blüte steht. In der Ebene gibt es wieder so viele Champignons wie voriges Jahr, als Du hier warst.

Denys ist gestern hier gewesen und kommt heute nachmittag wieder. Er schrieb mir aus Mombasa, er sei sehr froh, wieder in Afrika zu sein und nicht auf dem Weg nach England, und er fügte hinzu »Homeward bound I feel that I am, for now Ngong has got more of the feeling of Home to me than England,« – worüber ich, wie Du Dir denken kannst, sehr froh bin. Er bleibt möglicherweise über Weihnachten hier...

... Solange ich nicht vollends zusammenbreche vor Raserei gegen das Schicksal, möchte ich mich lieber durch die Schwierigkeiten hindurchlavieren ohne Bedauern von seiten teilnahmsvoller lieber Freunde – und ich bitte das Schicksal, alle, die ich liebe, davor zu bewahren, bei meinen Zusammenbrüchen zugegen zu sein.

Allerdings – wenn Mutter wirklich hierher kommen will und Ihr daheim meint, es würde ihr gut tun, dann werde ich die Situation hier mit Humor meistern können und Euch versprechen, daß sie nicht unter ihr zu leiden haben wird.

Ehe sie sich aber überhaupt von Dänemark aus auf die Reise begibt, muß ich zur unumstößlichen Bedingung machen, daß während ihres Hierseins kein endgültiger Beschluß über die Karen Coffee Co. *gefällt wird.*

Sollte es jemals zu diesem Schritt kommen, dann muß ich zu der Zeit völlig frei handeln können, ohne auf irgend jemanden Rücksicht nehmen zu müssen...

Am 2. Januar 1927 trat Ingeborg Dinesen ihre zweite Reise nach Kenia an. Thomas Dinesen begleitete sie bis Marseille; von dort ging das Schiff am 6. Januar ab, und bei der Ankunft in Mombasa am 23. des gleichen Monats nahm Farah die siebzigjährige Dame in Empfang und begleitete sie auf der Bahnfahrt nach Nairobi, wo Tania Blixen, Denys Finch Hatton und Tumbo am Bahnhof warteten, um Ingeborg Dinesen willkommen zu heißen. Der folgende Brief war der erste Gruß an die Mutter, als sie in Mombasa von Bord ging.

An Ingeborg Dinesen *Ngong, 19. Jan. 1927*

Mein innig geliebtes, schneeweißestes Lamm.*
Das war eine Mannestat! – Ich habe ja schon immer gewußt, ich habe eine Heldin zur Mutter, daß das aber jetzt zwei Erdteile erkennen müssen, freut mich von Herzen.

Und nun liegt Dir ganz Afrika zu Füßen, stolz und dankbar für Deine Liebe. Der Wind, die Sonne, der Schatten, die großen Mangobäume, die schwarzen Kinder, das Wild im Reservat, die weißen Gipfel des Kilimandscharo und Deine Ngong-Berge – alle sagen sie Dir »Willkommen, Willkommen«, wenn Du sie vom Zug aus erblickst; Du fährst mitten hinein in Afrikas offenes Herz ...

Ich schicke Dir Farah entgegen und hoffe, er wird Dir von einigem Nutzen sein. Über eine Sache bist Du hoffentlich nicht betrübt: Denys wohnt im Augenblick hier. Er war nämlich gerade sehr krank und hatte Dysenterie und Fieber; er fängt langsam an, sich zu erholen, und ich möchte ihn nicht gerne nach Nairobi schicken, wo ja Krankheit und Tod lauern. Er hat mir angeboten abzureisen, wenn Du kämest, aber ich nehme nicht an, daß Du etwas dagegen hast, wenn er hier bleibt; er freut sich sehr auf das Wiedersehen mit Dir ...

An Thomas Dinesen *Ngong, 29. Januar 1927*

... Ich finde, ich habe Mutter nicht im entferntesten zu diesem Besuch ermuntert, ihr im Gegenteil von Anfang an die Schwierigkeiten aufgezeigt und ihr abgeraten ... Als ich Euch Ende Oktober telegraphisch eine entschiedene Absage zukommen ließ, konntet Ihr Euch wohl vorstellen, daß ich das ganze für ein bedenkliches Unternehmen hielt, und Weihnachten telegraphierte ich an Dich: »prospects doubtful« und später zum neuen Jahr an Mutter selbst: »prospects very uncertain«.

Denys, der damals hier wohnte und der alle meine Telegramme sah, sagte: »Your people must be quite mad if they let your mother start after this.« Ich weiß ja inzwischen, daß Ihr das nicht seid; wahrscheinlich seht Ihr im Gegenteil die Verhältnisse klarer als ich. Aber das ist, wie gesagt, in einem anderen Erdteil schwer zu begreifen...

Wenn Ihr überhaupt *meine* Ansicht bedacht habt, mußtet Ihr dann nicht einsehen, daß es einen Grund für diesen Standpunkt geben müßte, möglicherweise den, daß ich Angst hatte, die Verhältnisse hier könnten zu schwierig sein? Gab es denn bei Euren Diskussionen über diese Angelegenheit niemanden, der einmal gesagt hätte: Das wird Tanne zuviel?

Wenn ich mich nicht früher genauer äußern konnte, so lag das daran, daß die Verhältnisse sich ja von Tag zu Tag in höchstem Maße verändern, was Du, der Du sie kennst, verstehen mußt. Jetzt schreibst Du, Ihr hättet Mutter losfahren lassen trotz allem, was ich über die schwierigen Zeiten gesagt hätte; Ihr könntet mir nicht helfen, sie durchzustehen, aber ich dürfte sie Mutter nicht spüren lassen. Das ist ein Rat, den die Engländer erteilen, wenn sie sagen: »Don't be an ass« – gegen den Rat selbst ist nichts einzuwenden; die Schwierigkeit besteht nur darin, daß keine Anweisung mitgeliefert wird, wie man ihn befolgen kann! –

Aber jetzt glaube ich Euch, daß Ihr Euer Allerbestes getan habt, die richtige Entscheidung zu treffen; nun müßt Ihr auch mir glauben, daß ich alles tue, um das Beste daraus zu machen.

Zeig Elle diesen Brief; es ist ja mein allerletztes Wort in dieser Angelegenheit. *Tender love* Euch allen.

Deine Tanne.

An Thomas Dinesen — *Ngong, Sonntag, 27. 3. 27*

... Es macht Spaß zu sehen, wie sehr Mutter die Natur hier liebt und die Schwarzen jeden Alters; zum Dank wird sie von ihnen allen angebetet. Bei den Weißen ist es ja etwas schwieriger, man vergißt hier bei uns so leicht die europäischen Maßstäbe, mit denen dort die Menschen und ihr Benehmen gemessen werden; und ich finde es ja immer wünschenswert und lustig, daß Mutter alle die Leute kennenlernt, die ich kenne und mit denen ich hier immer zusammenkomme; wenn wir uns aber zum Tee bei Charles und Honour Gordon anmelden und dann hören, daß Idina * und ihr jetziger Mann gerade dort im Haus sind, muß ich mich doch bemühen, mir meine zivilisierte Denkweise wieder ins Gedächtnis zu rufen, und beim Gedanken an die Würde einer älteren feinen dänischen Dame verschiebe ich dann den Besuch. Madam Gliemann hält ja mit nichts hinter dem Berge, Mutter schätzt allerdings ihre Gemütlichkeit...

Denys und Mutter haben während des ersten Monats, den Mutter hier war, gleichzeitig hier gewohnt, mit recht viel Vergnügen auf beiden Seiten. Genau genommen bin ich nicht ganz ehrlich gewesen, was unser Verhältnis zueinander betrifft, obwohl ich oft erwogen habe, es zu sein – und das mehr oder weniger aus folgenden Gründen: Erstens habe ich gedacht, Mutter bekommt einen *richtigeren* Eindruck, wenn sie die Beziehung zwischen Denys und mir als Freundschaft betrachtet, weil sie sie dann als ein Glück für mich sieht, während es sonst bei Mutters Voraussetzungen und Lebensauffassung schwer für sie sein wird, sich von dem Gedanken zu lösen, die Beziehung sei so etwas wie ein Unglück – aber sie *ist* ein Glück – dann könnte ich es auch nicht ertragen, wenn dieses Verhältnis schief angesehen oder kritisiert würde wie anderer Leute Ehen. Ich finde, man muß sich sehr oft im Leben dem Satze des Pilatus anschließen: »Was ist Wahrheit?« * Solltest Du jedoch jemals bei Gesprächen mit Mutter feststellen, daß es besser wäre, diese Beziehung anders zu behandeln, dann bist Du autorisiert, das zu tun, zeig ihr dann diesen Brief oder erkläre ihr meinen Standpunkt. Es kann sich ja außerdem vor Mutters Abreise ergeben, daß ich ihr reinen Wein einschenke und es dann vielleicht nicht den geringsten Eindruck auf sie macht.

Es hat etwas Rührendes und für mich Erfreuliches, daß Mutter hier im Wohnzimmer und auf der Veranda gesessen und die kleinen Laken und Kissenbezüge für Dein Kind genäht hat. Der Storch ist weiterhin gravitätisch rund um das Haus spaziert, und wir sind uns einig, er will die Familie erst näher kennenlernen, ehe er nach Norden fliegt und das Kind abliefert. Ich wünschte, ich bekäme es zu sehen, ehe es allzu groß wird; ich finde, es ist gar nicht so furchtbar lange her, daß Du ein kleiner Junge im Matrosenanzug warst, herumgestolpert bist und Füchse im »Bügeleisen« jagtest; und es wäre für uns alte Tanten wunderbar, meine ich, wenn es ein Junge würde, obwohl ein kleines Mädchen, das seiner hübschen Mutter und Großmutter ähnlich sähe, ja sicher für uns alle unwiderstehlich sein würde...

Es ist schrecklich, daran zu denken, daß bald der letzte Monat von Mutters Besuch anbricht; ich finde, sie könnte bis September bleiben, aber das will sie ja nicht. Ich begleite sie bis Mombasa, wo wir ein paar Tage bei Ali bin Salim wohnen sollen. Hoffentlich hat sie nun eine gute Heimreise. Ich bin der Ansicht, sie sollte nicht immer denken, es sei ihr letzter Besuch hier – sie kann dieses Land doch eher als ihr normales Winterquartier betrachten. Sie sitzt hier und näht, und es kommt mir vor, als ob sie hier geboren wäre und alles hier ihr Werk und Eigentum sei...

Nach dreimonatigem Aufenthalt in Kenia mit verschiedenen Besuchen bei Tania Blixens guten Freunden rundum im Lande und vielen gerngesehenen Gästen auf der Farm verließ Ingeborg Dinesen am Sonntag, dem 1. Mai, Mombasa an Bord eines Schiffes mit Kurs auf Marseille. Am 24. Mai holten Jonna und Thomas Dinesen sie auf dem Hauptbahnhof in Kopenhagen ab. Damit ging wieder eine durchaus geglückte Reise zu Ende.

... Als ich von Mombasa nach Hause kam, dachte ich die ganze Zeit, ohne daß es mir recht bewußt wurde, Du würdest in der Tür stehen, wenn ich vorfahre. Und so geht es mir den ganzen Tag; wenn ich oben im Büro bin oder ausreite, habe ich dasselbe Gefühl. »Mutter ist daheim im Hause, sie empfängt mich, wenn ich zurückkomme.« Vielleicht hat dieser letzte Besuch bewirkt, daß ich dieses Gefühl mein Leben lang haben werde; es war ja höchst zweifelhaft, ob Du wirklich hierherkommen könntest, und nachdem das Unternehmen nun geglückt ist, müßte es doch selbstverständlich sein, daß Du wiederkommst oder für ganz hier bleibst. Meine Leute und Kinder sprechen so viel von Dir und nehmen großen Anteil; am Montag, als ich nach Hause kam, war ich sehr müde und ging ins Bett, und plötzlich kamen alle Frauen in ihrem feinsten Putz herein, wie ein großer Blumenstrauß, und stellten sich ganz still an die Tür; sie waren gekommen, um mich zu begrüßen, damit ich nach der Abreise der alten Dame nicht gar zu traurig sein sollte....

In Nairobi kam mir Kanuthia entgegen mit einem ganzen Berg Post, unter anderem Elles Telegramm, das ich dann gleich beantwortete. Auch ein Brief von Tante Bess war dabei, der mich sehr tröstete und aufmunterte, und mehrere Briefe von Denys, der in der ersten Juniwoche hierherkommt. Es ginge ihm gut, und er hätte seinen Vater gesund und sehr froh über das Wiedersehen mit ihm angetroffen, er hätte ein herrliches Frühjahr in England verlebt, sehnte sich aber nach Afrika; er schrieb: »I bless you wherever I think of you, which is very often.«

Ich hatte gehofft, vor Bankschluß Geld abheben zu können, um die Boys entlohnen zu können, aber der Zug hatte Verspätung, und ich konnte es nicht ertragen, so lange in der Stadt zu bleiben, bis die Bank wieder geöffnet würde, deshalb verschob ich es auf den nächsten Tag und fuhr direkt nach hier... Alle meine Boys standen vor dem Haus, um mich in Empfang zu nehmen und Neuigkeiten von Dir zu erfahren. Der alte Pjuske freute sich, mich wiederzusehen, aber es ging ihm sehr schlecht;

ich glaube nicht, daß er noch viele Tage vor sich hat, aber er leidet nicht und ist ganz der alte, so lieb und sanft und noch immer voll seines alten Humors, in all seiner Schwäche...

Wie ich es mir schon dachte, ist Banja heute morgens gestorben. 18. 5.

An Ingeborg Dinesen *Ngong, 24. 5. 27*

... Du wirst verstehen können, daß ich diese Woche meist nur an den Tod des alten Pjuske gedacht habe, mir ist, als hätte ich meinen allerbesten Freund verloren ... Ich kann es eigentlich gar nicht fassen, daß er tot ist; ich habe dauernd das Gefühl, er müßte hier im Hause sein, und daß, nähme ich Flügel der Morgenröte und bliebe am äußersten Meer etc.*, er mich mit seiner rechten Pfote festhalten würde.

Sonntag habe ich einen Brief an Tante Bess verfaßt, die mir nach Deiner Abreise immer so treu geschrieben hat, dadurch schaffte ich es nicht, Deinen üblichen Sonntagsbrief in Angriff zu nehmen. Am Nachmittag hatte ich das Glück, von Rouge einen Schlag versetzt zu bekommen. Da ich so ärgerlich war über Heather, die beim Reiten nicht mitlaufen wollte, meinte ich, ich würde es ihr schon beibringen, wenn ich sie an die Leine nähme. Aber die Leine wickelte sich derart um meine Finger, daß ich nicht locker lassen konnte, und sie schnitt mir in einen Finger; und Heather und Rouge fingen vor Aufregung beide an wild herumzurasen, so daß ich schließlich kopfüber stürzte, zur großen Belustigung einiger Totos, die zufällig oben am Haus standen. Ich bin noch immer ganz durchgedreht...

Am 2. Juni 1927 wurde Jonna und Thomas Dinesens erstes Kind geboren, ein kleines Mädchen, das den Namen Anne erhielt.

... Thaxton will zum 1. Dezember gehen; das habe ich ja erwartet, weil er selbst Land in Tanganjika hat und es verliert, wenn er es nicht vor Schluß des Jahres in Besitz nimmt. In meinen Vertrag mit Dickens, den ich jetzt erneuern muß, werde ich einen Passus einfügen, daß er keinerlei zusätzliche Interessen in Afrika wahrnehmen darf; es ist ziemlich ruinös, solche Farmen an anderen Orten zu betreiben ...

Auf der Farm hat sich ein gräßlicher Mord ereignet, wahrscheinlich ist er von einem Kavirondo verübt worden, der in Farahs Duca bedient. Die Denkweise von Verbrechern ist merkwürdig und ihr Studium interessant; dieser Mann behauptete, er habe gesehen, wie ein anderer das Verbrechen begangen habe – nämlich Jerogi, an den Tommy sich sicher erinnert, der Boy, der in dem Ruf steht, ein großer Don Juan zu sein, und der seinerzeit mit meinen abgelegten falschen Locken zur Ngoma ging –, vor Gericht lieferte dieser Mann einen detaillierten Bericht von dem, was er gesehen hätte, was genau mit den vorliegenden Fakten übereinstimmte, und da sich dann herausstellte, daß Jerogi – wie gewöhnlich – an dem Tage ganz woanders an einer Ngoma teilgenommen hatte, weist sein Bericht ziemlich deutlich auf ihn selbst als Mörder hin. Bis jetzt ist noch kein Urteil gefällt, und die Sache liegt beim High-Court*; Abdullahi hält sich in Nairobi auf, um als Zeuge auftreten zu können ...

Ich erwarte – wie Du Dir denken kannst: mehr oder minder sicher – Denys heute mit seiner Safari auf dem Weg von Süden nach Norden. Dort, wo sie herkommen, haben sie vorwiegend Löwen gejagt, es soll dort viele geben; Ritchie, der hier war, um nach mir zu sehen, als ich krank war, hatte große Bedenken angesichts des Schadens an Menschen und Vieh, den die Löwen im Wildreservat den Massai zufügen; man hat ja den Massai die Waffen weggenommen, und nun werden sie von den Löwen aufgefressen; er meinte, wenn man das zu Hause veröffentlichte, würde möglicherweise das Wildreservat ganz aufgegeben. Es ist ja klar, daß man für die unglücklichen Massai etwas tun muß ...

Meine sehr geliebte Tante Bess.
In der Hoffnung, daß dieser Brief rechtzeitig zu Deinem Ehrentag* eintrifft, schicke ich Dir viele herzliche Glückwünsche und ein inniges Dankeschön für diejenigen Deiner siebzig Jahre, die ich das Glück gehabt habe, Dich zu kennen und zu lieben. Es tut mir so leid, daß ich nicht in dem Kreis dabeisein kann, der sich versammelt, um Dir zu huldigen, denn ich bin eine derer, die Dir am allermeisten zu verdanken haben und in deren Leben Du sehr viel bedeutet hast. Angefangen bei Frau Drosts Kindern und dem Hof auf Nusve* über alle unsere Diskussionen – selbst in der Zeit, als das gegenseitige Vertrauen am allerschlimmsten geschwächt war – bis hin zu den Briefen hierher, die mir immer so viel Freude bereiten, stets habe ich zu Dir aufgesehen und voller Bewunderung festgestellt, wieviel Inhalt und Licht und Wärme Du in das Leben all der Menschen, die Dich kannten, gebracht hast; es geht ja dabei nicht immer ganz ruhig zu, denn das kannst Du selbst nicht leiden – aber hoffentlich können wir zum Ausdruck bringen, was Du für uns bedeutet hast und wie wir Dich lieben, dann müßtest Du eigentlich alle Tage auf Folehave in einem Blütenmeer der Bewunderung und liebevollen Gedenkens sitzen.

Es tut mir so sehr leid, daß Du wohl nie mein Unternehmen hier zu sehen bekommst; ich hätte so gerne, daß Deine Augen einmal auf ihm ruhen würden. Ich finde, es ist schlimm, wieviel Entfernungen auf dieser winzigen kleinen Welt noch immer für die Menschen bedeuten. Aber im Geiste, da bin ich ganz sicher, bist Du des öfteren hier, ebenso wie ich jetzt anläßlich dieses hohen Feiertages auf Folehave bin.

Wenn ich mir vorstelle, ich sei wirklich dort und sähe mich unter Euch um, von einem zum andern, dann gäbe es so unendlich viel, was ich sagen und erfahren möchte und was man in Briefen nur schwer zum Ausdruck bringen kann. Mit Dir müßte ich eine Diskussion über die Ehe führen, das sehe ich ein; ich habe so viel über sie nachgedacht aufgrund aller Deiner

Briefe zu diesem Thema, ich habe auch eine längere Abhandlung darüber angefangen, aber es geht so viel leichter, wenn man miteinander sprechen kann. Ich habe mir überlegt, daß ich auf dem Gebiet eigentlich wirklich als Experte gelten kann, denn wenn Mutter sagt, »niemand hat beides ausprobiert«, muß ich ja beinah die seltene Ausnahme von der Regel darstellen; ich glaube wirklich, daß man – wenn man den Durchschnitt bedenkt – von mir sagen kann, ich sei eine Zeitlang sehr glücklich verheiratet gewesen (und habe mir ja natürlich auch den Titel einer verheirateten Frau und eine Aussteuer glücklich hinübergerettet zur Versüßung meines jetzigen Standes der Alleinstehenden) – ich glaube wirklich nicht, daß irgendwelche persönliche Bitterkeit gegen die Ehe an mir nagt, wenn ich behaupte, sie sei nicht die einzige – oder gar alleinseligmachende Beziehung im Leben. Ich finde, es ist schwer, seine *Menschlichkeit* in der Ehe zu bewahren, oder genauer: in seiner Beziehung zu einigen wenigen Menschen; es fällt schwer, zugleich sein ganzes Glück in der Ehe zu finden und sich einen weiten Horizont im Leben zu bewahren; und ohne Überblick irgendwelcher Art können auf jeden Fall Menschen meiner Natur unmöglich glücklich werden; für uns werden dann die Proportionen verzerrt und jede Harmonie zerstört.

In der Praxis kann ich diese meine Überzeugung überprüfen, weil ich zum Beispiel immer einen unverheirateten Mann als Manager auf der Farm vorziehe oder überhaupt nur ungern verheiratete Leute als Mitarbeiter in jedem Unternehmen hätte. Glaube nicht, ich wäre der Ansicht, es bedeute mehr im Leben, eine Kaffeefarm oder eine Schule oder eine Reederei zu leiten, als Frau und Kinder zu haben; man muß wohl zugeben, es ist weniger, aber es nimmt auch nicht in gleicher Weise von der ganzen Persönlichkeit Besitz, und sollte man doch gänzlich mit Leib und Seele darin aufgehen wie ein glücklicher Ehepartner in seiner Ehe und Eltern in ihren Kindern, so stellen diese Unternehmen sich, meiner Ansicht nach, nicht zwischen einen selbst und das Leben oder die Welt, wie es bei der Ehe und der Familie jedenfalls oft geschieht; die Unternehmen sind vielmehr, oder sollten es wenigstens sein, ein Weg zu mehr Verständnis, zum

Beispiel für soziale Verhältnisse, andere Menschen überhaupt oder so abstrakte Begriffe wie zum Beispiel Gerechtigkeit. Ich kann mich ja an den Apostel Paulus halten, der schreibt: »Wer ledig ist, der sorgt um des Herrn Sache, nämlich wie er dem Herrn gefalle; wer aber gefreit hat, der sorgt um die Dinge der Welt, nämlich wie er der Frau gefalle – »*(wenn ich auch, um meine eigene Meinung richtig zum Ausdruck zu bringen, die Worte *Herr* und *Welt* in seinem Brief ersetzen würde).

Mir scheint, das eheliche Glück besteht sehr oft darin, daß man des anderen ständige – und ungerechtfertigte – Bewunderung und Akklamation durch ständige – und ungerechtfertigte – Bewunderung und Akklamation ihm gegenüber erkauft; schließlich kann keiner der Partner das entbehren, aber was hat man damit erreicht? Ich meine, das gilt nicht in den Fällen, wo einer der Ehepartner, oder beide, eine Berufung oder eine Aufgabe über die Ehe hinaus hat, und wo die Ehe zu einem Hafen wird, wo man ausruht oder Kraft sammelt für seine Tätigkeit; aber in vielen Fällen gerät ja eine solche Berufung in Konflikt mit der glücklichen Ehe, oder das eine überschattet das andere und läßt es geringer erscheinen, als es das an sich verdient hat. Eine Freundschaft, und sei sie noch so leidenschaftlich, oder ein »freies Verhältnis« bergen, meiner Meinung nach, nicht diese Gefahr in sich, denn diese Beziehungen greifen nicht in unseren Alltag ein und haben keine Autorität gegenüber unserem täglichen Leben, unserem Geschmack, unseren Interessen oder Prinzipien, wie sie eine Ehe hat; es sind wohl im Gegenteil oft gerade die gemeinsame Berufung, der gleiche Geschmack oder die gemeinsamen Interessen, die Freunde zusammenführen und die der Freundschaft zugrunde liegen und ihr Hauptelement bleiben …

Ich möchte übrigens in Verbindung mit dem Ratgeben, Helfen oder dem Bemühen, sich überhaupt um andere Menschen zu kümmern, etwas schreiben, was ich Dir schon länger als Antwort auf etwas in Deinen Briefen sagen wollte: Woher nimmst Du den unerschütterlichen Glauben – den scheinst Du doch zu besitzen –, daß das, wonach alle Menschen schließlich und endlich streben und was sie schließlich und endlich glücklich macht, im *bürgerlichen* Glück liegt – im gesicherten, anerkannten, normalen, häuslichen Glück? Theoretisch kann ich nichts Bestimmtes dagegen sagen; aber ich habe die Erfahrung gemacht, daß die Menschen dieses Glück weder im Leben suchen, noch daß es sie auch nur im mindesten zufriedenstellt. Im Gegenteil glaube ich, daß die meisten Menschen, wenn sie die Möglichkeit hätten, glücklicher wären, mit einem Affen über die Jahrmärkte zu ziehen und dort etwas zu erleben, neue Eindrücke und Abwechslung zu bekommen, als wenn sie mit einem gesicherten Einkommen in einem wohlversicherten Haus säßen, wo ein Tag wie der andere ist. Wenn Du meinst, Helene Prahl schätzt sich und die menschliche Natur im allgemeinen falsch ein, wenn sie erklärt, sie ziehe es vor, »Verehrer zu haben« als sich um Heim und Kind zu kümmern, dann muß ich sagen – und gleichzeitig Dir vollkommen rechtgeben, daß es jedenfalls über die Maßen albern ist, solche Dinge *auszusprechen* – daß ich es für möglich halte, daß sie zur Erkenntnis der Wahrheit gekommen ist. Es ist natürlich ziemlich traurig, daß in der jetzigen Gesellschaft »Abenteuer« so gut wie immer für »Liebesabenteuer« steht, und für diese Art der Erlebnisse haben ja längst nicht alle Menschen die entsprechenden Anlagen; das Leben ist ja allmählich so eintönig geworden, daß dieses ungefähr die einzigen Abenteuer sind, denen die Menschen begegnen können. Aber ich glaube, die meisten Menschen spüren unbewußt, daß in der Gefahr und der wilden Hoffnung und dort, wo man alles einsetzt, mehr Nahrung für Geist und Seele zu holen ist als in einem ruhigen und gesicherten Dasein, und sie fühlen, wie sie auf diesem Gebiet an Unterernährung leiden, und dem, der ihnen diese Nahrung beschaffen könnte, würden sie fast alles opfern.

In Reinkultur sehe ich diese Liebe zum Abenteuer und den Erlebnishunger bei meinen Somalis; das gilt für die ganze Rasse: Sie sind glücklich, *wenn* etwas passiert, gleichgültig *was* es ist; ein Dasein ohne Begebenheiten bringt sie zur Verzweiflung – das kann man übrigens von fast allen Natives sagen. Hier, meine ich, hat unter anderen großen Dichtern der geniale Verfasser * vom *Herrn Steckelbein* tiefe Einsicht in die Natur des Menschen bewiesen; man spürt, wenn man sein Buch gelesen hat, daß die wilden Löwen der Wüste, die Schiffsbrände, Seeräuber, die Kälte und Wale am Nordpol Unglück von sehr untergeordneter Bedeutung sind, wenn sie überhaupt unter den Begriff »Unglück« gehören; aber das, was wirklich unerträglich war, was ihn zur Flucht, zu Verzweiflung und Selbstmord trieb, war die in so vieler Hinsicht vortreffliche Schwester, die ja im Grunde alles für ihn tun wollte, ihn in allen Fährnissen des Lebens umsorgen, ihn aus den Händen der Seeräuber retten, ja, auf den Grund des Meeres nach ihm tauchen wollte, die aber nicht das geringste Verständnis für seine einzige große Passion aufbrachte, für das, was für ihn des Lebens Abenteuer und Inhalt war...

Es freut mich sehr, daß Du *Heimatlos* wieder mit so großem Interesse liest, denn das war eines der Lieblingsbücher meiner Jugend. Ich bin der gleichen Ansicht wie Du, es hat viele Schwachstellen; aber den Ausdruck, den Goldschmidt so oft für eine seiner Personen anwendet, sie oder er hätte »Geist«, kann man in besonderem Maße auf ihn selbst anwenden, und deshalb hat das andere nicht so viel zu bedeuten. Das gleiche scheint mir übrigens, je älter ich werde, desto mehr für die Menschen, die einem im Leben begegnen, zu gelten; man darf wohl nicht sagen, Menschen, die keinen »Geist« haben, könnten keine ausgezeichneten, nützlichen Menschen sein, aber ich finde, man hat so wenig davon, mit ihnen zusammen zu sein, während man immer auf eigenartige Weise von den Leuten, die ihn haben, gefesselt und angeregt wird; ich meine damit gar nicht ihre Kultur, denn viele Natives zum Beispiel und Leute, die sich am Rande der Idiotie bewegen, haben meiner Meinung nach auch »Geist«.

Hast Du »The Silver Spoon«,* den als letzten erschienenen Teil der *Forsyte Saga* – gelesen? Als Roman finde ich ihn einfach schlecht; ich kann mir nicht vorstellen, daß es im wirklichen Leben so zugehen könnte; aber es ist interessant, Galsworthy – den ich auch für einen geistreichen Menschen halte – dabei zu beobachten, wie er seine Auffassung und Beschreibung der modernen Gesellschaft ändert. Er steht nicht still oder verharrt in einer bestimmten Phase, sondern wird von seinem eigenen großen Interesse für die Entwicklung seines Zeitalters vorwärts getrieben, und für Historiker muß die *Forsyte Saga* später einmal von großem Wert sein als *document humain* und eine wirklich wahrheitssuchende Schilderung der Denk- und Lebensweise einer bestimmten Klasse in den letzten fünfzig Jahren. Außerdem interessiert einen ja auch allmählich wirklich das Schicksal von Soames, Fleur und Michael, und ich bin gespannt, wie es ihnen allen im dritten und letzten Teil ergehen wird...

Nun will ich mit dem schließen, womit ich begonnen habe, nämlich damit, Dir viel Freude und Glück im neuen Jahr zu wünschen und viele, viele Grüße nach Folehave und an Euch alle dort am 13. August zu schicken. Ich kann einfach nicht begreifen, daß Ihr wirklich so alt geworden seid, Ihr seid in gewisser Weise immer noch so jung, ja, fast jünger als wir sind. Solche Menschen wie Ihr und Eure Generation wird es nicht wieder geben; ich meine, Ihr habt Euch selbst und das ganze Leben auf einem Niveau gehalten, welches die Welt später bedauerlicherweise aufgegeben hat. Den letzten Heiligen Abend, den ich zu Hause war, ging ich mit Elle nach Folehave, und wir sprachen darüber, wie sehr wir Euch dankbar seien, weil Ihr uns beigebracht oder uns dazu inspiriert habt, so zu sein, daß uns niemand seinen Respekt versagen kann. Ich habe das bei Mutter hier gesehen – unter Menschen, die sie nicht im mindesten kennen, und bei all ihrer Anspruchslosigkeit und Bescheidenheit zieht sie, ohne jemals an ihre eigene Würde zu denken, einen Ring um sich herum, der es auch einem noch so großen Schuft unmöglich macht, sie nonchalant zu behandeln. Das kann man mit mir auch nicht machen; ich bin immerhin in Verhältnisse geraten, wo man mich ganz schön respektlos hätte behandeln können, aber irgend etwas bewahrt mich davor, und das verdanke ich Euch. Du bist sicher weit mehr, als Du glaubst, ein Exempel für uns alle, und wenn Du nun an Deinem Ehrentage so viele Huldigungen und Dankbarkeitsbezeugungen entgegennehmen mußt, dann glaube, bitte, nicht, wir äußerten sie nur, weil wir uns von der feierlichen Stimmung mitreißen ließen, es ist vielmehr die reine Wahrheit und unserer Herzen innerste Überzeugung, und wir haben ausnahmsweise einmal den Mut, sie auszusprechen.

Mit Dank für alles und vielen, vielen lieben Grüßen von diesem fernen Land, in dem doch auch etwas von Deinem Geist und Deinem Wesen lebt.

Deine Tanne.

An Ingeborg Dinesen *17. August 1927*

... Meine Erkältung ist schlimmer, als sie es zu Hause im Sommer 25 war, und sie will und will nicht weggehen. Ich bin dann schließlich zum Arzt im europäischen Hospital gefahren – ich wage nicht, zu Burkitt zu gehen –, und der sagte, ich hätte das, was man wohl bei uns Stirnhöhlenentzündung nennt, und er wolle mich deshalb operieren. Ich bin, wie Du Dir denken kannst, nicht sehr dafür, die hiesigen Ärzte an mir herumdoktern zu lassen, aber auf der anderen Seite kann ich diesen Zustand nicht mehr aushalten; ich habe so gut wie immer Kopf-, Nasen- und Ohrenschmerzen, und meine Augen tränen unaufhörlich, deshalb habe ich mich entschlossen, es Ende dieses Monats von ihm machen zu lassen.

Nachdem er meinen Kopf untersucht hatte – es gehört zu den Rätseln dieses Lebens, wie man so lange Stahlinstrumente in die Nase eines Menschen einführen kann, ohne daß sie am Nacken wieder herauskommen –, bekam ich so grauenvolle Kopfschmerzen, daß ich wirklich weder hören noch sehen konnte, und was meinst Du, was mir dann auf dem Heimweg von Nairobi noch passierte? Ich fuhr Denys Auto in der Forest-Reserve in einen Graben und machte es dabei kaputt. Es war ein entsetzlicher Schock: Ich hatte zu allem Überfluß René Bent aus dem Hospital abgeholt, damit er noch einige Tage Nacherholung bei uns genießen sollte, ehe er nach Nanyuki zurückkehren müßte, er saß neben mir, und er ist, wie Du weißt, fast lahm, so daß ich im Augenblick des Unfalls schreckliche Angst um ihn hatte; der ganze Fond des Wagens war auch voller Boys und Totos – aber wir sind merkwürdigerweise alle gut davongekommen, ich habe nur einen Stoß vom Lenkrad abgekriegt. Ich hoffe, das Auto reparieren lassen zu können, ehe Denys zurückkehrt, es ist wohl versichert. Das Glas in den Fenstern zersprang beim Aufprall, was einen höllischen Krach machte, so daß ich glaubte, wir wären alle total zermalmt. René ertrug es wie ein wahrer Held, und auch ich mußte lachen, als ich über den ersten Schreck hinweg war; es war einfach nicht zu fassen, wie man sich auf einem guten, geraden Weg so idiotisch anstellen konnte. Nachdem wir uns mehrere Stunden lang bemüht hatten, das Auto aus dem Graben zu ziehen, kam einer der großen indischen Omnibusse vorbei, und die Leute halfen uns, es wieder auf die Räder zu stellen; der Motor war nicht beschädigt, und ich konnte nach Hause fahren, nur das Steuern war schwierig.

Am nächsten Tag fuhr ich das Auto in die Stadt, gefaßt und mit Würde; es sah erbärmlich aus, und ich hatte eine panische Angst, Denys könnte unerwartet auftauchen. Als ich stadteinwärts fuhr, saß ein Junge am Wegesrand gegenüber dem Schuppen für die Aeroplane und streckte die Hand aus, um mich anzuhalten, aber wegen der unsicheren Lenkung wagte ich nicht, ihn mitzunehmen. Ich schickte dann eine Nachricht an Richter Creene, der in Corneys Haus wohnt, um ihn zu bitten, mich mit nach Haus zu nehmen, was er freundlicherweise tat, und als wir dort wieder vorbeikamen, saß der Junge immer noch da. Ich stieg aus, um zu sehen, was mit ihm los wäre. Du kannst Dir nicht vorstellen, wie entsetzlich seine Füße aussahen; er hatte sie verbrannt oder verbrüht, das mußte aber vor langer Zeit passiert sein, jetzt waren sie furchtbar entzündet und schwarz. Der gute Creene kehrte um, und wir brachten ihn ins Hospital, wo der Arzt sagte, es sähe sehr übel aus; sprechen konnte der Junge kein Wort, und ich kann nicht begreifen, wie er überhaupt dorthin gekommen ist, wo er saß, oder wer ihn dort zurückgelassen hat; wenn wir ihn nicht weggebracht hätten, wäre er sicher im Laufe der Nacht von den Hyänen gefressen worden – es war schon spät, als wir ihn einluden. Ich habe gestern den Umweg gemacht und ihn im Hospital besucht, es ging ihm sehr schlecht, vielleicht müssen sie ihm die Füße amputieren. Es ist schrecklich, daß so etwas passieren kann, für wen auch immer er gearbeitet haben oder woher er auch gekommen sein mag…

Es ist furchtbar, so viele Pflegekinder zu haben wie ich. Jetzt habe ich ja Tumbo zurückbekommen, aber nun geht es um Halima, die ihr Vater nach Ngong zu Jamas Frau schicken will, weil sie bei uns nicht lernt, Somali zu sprechen. Sie ist bei Maura, Alis junger Frau, in Pflege, die sie über alles in der Welt liebt; sie ist ein intelligentes, seelenvolles kleines Kind; sie möchte so ungern fort von hier – als ihr Vater mit ihr gesprochen hatte, ist sie auf die Idee gekommen, sie könne nicht wegfahren, sie hätte ein schlimmes Bein, und sie humpelte mit einem verbundenen Bein umher und sah so blaß aus, daß ich die Sache für sehr ernst hielt; als ich aber den Lappen abnahm, fehlte ihr nicht das mindeste, und sie fing selbst furchtbar an zu lachen, weil ich ihre List entdeckt hatte. Sie erinnert mich immer an Missen; sie ist so rank und schlank und hat einen ebenso festen Blick wie sie.

Ali und Maura sind weiterhin sehr glücklich; gestern fand ich sie in verliebte Schwärmerei versunken am Ententeich. Von so viel Romantik angesteckt, hat Kamante beschlossen, eine große, üppige Ndito zu heiraten, er und Tommys alter Koch Kinanjuii sind augenblicklich im Küchendepartement angestellt und machen sich dort sehr gut, ich habe ihnen gerade beigebracht, Sauce Béarnaise herzustellen...

An Ingeborg Dinesen — *Ngong, Sonntag, 21. August 1927*

Meine innig geliebte Mutter.

Ich schicke Dir hier ein Ruhrkraut, das ganz oben auf der Spitze der Ngong-Berge gewachsen ist. Ich war am Donnerstag dort oben mit Ette und Nisse und Ingrids beiden ältesten Mädchen. Es ist merkwürdig, daß ich immer das Gefühl habe, die Ngong-Berge und besonders die rauhe Landschaft, die man nach Westen hin liegen sieht, gehörten eigentlich Dir; ich meine die ganze Zeit, Du wärest bei mir, und ich wüßte zu gern, ob Du wohl an dem Tage auch irgendwie das Gefühl hattest, in den Bergen zu sein. Für diese trockene Jahreszeit waren dort erstaunlich viele

Blumen; ganze Abhänge waren gelb von diesem Ruhrkraut, und dann habe ich noch eine kleine weiße, kreuz und quer rankende Clematis entdeckt, die ich noch nie gesehen habe.

Es war übrigens ein wunderschöner Tag dort oben. Wir haben uns um neun Uhr an meiner Ecke des Ngong-Weges getroffen, zu der Zeit regnete es ganz fein, und es herrschte so dichter Nebel, daß man nicht die Hand vor Augen sehen konnte; weil ich sie nun so weit von Kiambu weggelotst hatte und die Mädchen sehr gerne nach oben wollten, starteten wir trotzdem. Als wir die ersten Hügel erreichten, wurde es noch schlimmer – man konnte überhaupt nicht sehen, wo man fuhr, und von Aussicht konnte nicht die Rede sein ... Als wir weiterfuhren, fing der Nebel über dem Tal an sich aufzulösen, und wir bekamen das herrlichste klare Wetter und Sonnenschein – im Grunde wie an einem Septembertag daheim. Ich parkte mein Auto mit dem Lunch nebst Farah und Juma darinnen an derselben Stelle, wo wir damals gesessen haben, aber wir hatten beschlossen, einen der richtigen Berggipfel noch vor dem Lunch zu besteigen, und Nisse wollte sehen, wie weit er mit seinem Auto kommen könnte; es war genaugenommen die Generalprobe für meine Beerdigung, denn er hat mir sein Ehrenwort gegeben, mich auf der Spitze der Ngong-Berge beerdigen zu lassen, falls ich hier sterben sollte, während er noch im Lande ist! –

Das Gras war noch sehr naß, als wir ausstiegen, aber es trocknet hier ja so schnell, wenn die Sonne hervorkommt, und es wehte ein leichter, feiner Wind – es war fast, als ob man dort oben spüren könnte, wie die Erde durch den Weltraum davonfliegt. Aber es ist wirklich hoch dort – die übrige Gesellschaft fuhr, und ich wollte versuchen, ob ich nicht genauso schnell oben sein könnte wie das Auto; es ist ja überhaupt nicht anstrengend, dort oben zu laufen, aber als ich stehenblieb, hörte ich mein Herz so laut schlagen, daß man es in Nairobi hätte hören müssen ... Wenn man ganz oben auf dem Bergkamm ankommt, verläuft ein Wildwechsel genau auf dem Kamm entlang, er ist ganz festgetrampelt und bequem zu gehen; es ist hübsch, sich vorzustellen, wie die Büffel, Elenantilopen und anderen Tiere ihn entlang spazieren und daß es ihnen gefällt, dort dahinzuziehen mit der überwältigenden Aussicht nach beiden Seiten. Ein Rudel Elenantilopen war gerade vor uns den Wechsel entlanggezogen, und als wir auf der Höhe ankamen – die sehr steil ist –, sahen wir sie auf dem Weg zur nächsten Anhöhe, klein wie Fliegen an einer Wand. Die Ngong-Berge haben etwas Besonderes an sich, sie sind fast wie ein Traum, zugleich unermeßlich groß und frei und doch wie ein Spielzeug. Elenantilopen sind ja riesige Tiere wie die größten Stiere zu Hause, aber von dem einen Gipfel zum anderen sahen sie ganz klein aus, und doch erkannten wir sie deutlich, wie sie den Pfad in dem kurzen Gras hinaufstiegen, sich umwandten und uns betrachteten, und das Ganze hatte mit der blauen Luft und den kleinen Bäumen, die Du kennst, etwas von einer gigantischen Arche Noah. Wir sahen übrigens auch viele Buschantilopen und, wie immer, hoch über allem, unzählige Adler. Giraffen konnten wir dagegen nicht zu Gesicht bekommen. Wir saßen eine Zeitlang oben auf der Bergkuppe und hatten das Gefühl, auf der obersten Zinne der Welt zu sitzen; dann kehrten wir zum Lunch zurück, den die Boys inzwischen angerichtet hatten und um den sich Hunderte von Massaischafen mit ihren Hirtenjungen versammelt hatten...

Gestern bin ich in Richtung Orungi gefahren und habe eine Elenantilope für meine Wakambatotos geschossen, die mich dauernd um Fleisch anbetteln... Eine Herde Elenantilopen, die noch nichts von unserer Nähe verspürt haben, grasen zu sehen, ist ein schönes Bild; noch dazu war die Sonne gerade im Untergehen und strahlte sie an – es waren über fünfzig. Eine stand ganz nah, und die schoß ich. Aber wir hatten nur zwei Wakambatotos bei uns, weil wir nicht mit einer sonderlichen Ausbeute gerechnet hatten, deshalb mußten wir den einen zurückschicken, um die übrige Truppe zu holen, so daß es mittlerweile ganz dunkel wurde. Wir zerlegten das ganze Fleisch, um es bei ihrem Eintreffen bereit zu haben... Kavirondos berauschen sich an Fleisch wie zivilisierte Menschen an Alkohol und sind dann nicht zu halten. Die Wakambatotos zeigten sich, wie Tommy es sicher kennt, wie ein Schwarm junger Geier, völlig in Ekstase, sie teilten das Fleisch untereinander auf, und mit einem Gefolge schwer beladener Kinder jeden Alters im Gänsemarsch hinter mir machte ich mich im Dunkeln auf den Weg nach Hause! Wir hörten von allen Seiten um uns her die Hyänen und, noch ehe wir zu Hause ankamen, einen Löwen bei den Resten der Elenantilope. Während ich so ging, überlegte ich, wie sehr ich doch dieses Land liebgewonnen habe; es erinnerte mich an die Safaris in meiner Jugend, mit der Büchse unterwegs zu sein in der klaren, leichten Luft, die einem nach Sonnenuntergang durch Mark und Bein geht, mit den Hunden und den vergnügten, japsenden Boys um mich herum, und die Sterne gehen auf und werden hell und klar. Die Venus steht ja noch über den Hügeln wie zu der Zeit, als Du hier warst – ob es nun wirklich die Venus ist, muß Tommy entscheiden. Wir glaubten, wir hätten Pedro mit seiner ungeheuren Last verloren, und mußten eine halbe Stunde am Fluß auf ihn warten; als wir dann an die Stelle kamen, wo Du für die Kikuyunditos Dein Haar losgebunden hast, kamen uns meine eigenen Boys mit einer Lampe entgegen; sie hatten große Angst um mich bekommen, es war schon nach neun Uhr. Der Schullehrer hat auch vergebens auf seine Schulkinder gewartet, die nun ihre Kirchenlieder über ihrem Feuer und dem fetten Fleisch anstimmten, in tiefer Dankbarkeit gegenüber der Vorsehung, nehme ich an, die ihnen ein solches Bakschisch nach einer langen Zeit der Entbehrung geschickt hat ...

An Ingeborg Dinesen — *Sonntag, 9. September 1927*

... Donnerstag fuhr ich morgens in die Stadt zu Dr. Sorabjee ... Er träufelte Cocain in meine Augen, und es tat nicht die Spur weh; es setzt mich jedoch immer wieder in Erstaunen zu sehen, was für lange Instrumente sie einem in den Kopf schieben können; nachdem er aufgeschnitten hatte, setzte er zwei Stahlnadeln ein, um meinen »Tränenkanal« zu weiten, und die waren wirklich so lang wie die längsten Stricknadeln und guckten nur gerade eben aus den Augenwinkeln. Ich kann mich übrigens erinnern, daß Elle, als sie damals am Frederiks-Hospital war, gesehen hat, wie diese Operation bei einer alten Frau vorgenommen wurde, und uns das beschrieben hat. Ich fuhr nach Haus wie Christian IV mit einem blutbefleckten Verband vor den Augen, sehr zum Schrecken der Bekannten, die mich sahen; ich hatte mein eigenes Auto genommen, weil Denys es nicht gerne hat, daß Farah seines fährt...

Trotz aller Entbehrungen bin ich hier so glücklich, wie ich es in meinem Leben kaum zu hoffen gewagt habe. Ich bin ja frei – wäre sogar ganz frei, wenn wir unsere ökonomischen Sorgen überwinden könnten, und es gibt hier so vieles, was ich liebe. Und außerdem, weißt Du, macht mich meine Beziehung zu Denys sehr glücklich. Ich schrieb neulich an Ellen Wanscher, ich könnte König Valdemars Gefühle verstehen, als er sagte, der Herrgott möge das Himmelreich behalten, wenn er nur Gurre behalten dürfe. Ich will diesen Ausspruch nicht wiederholen, da ich weiß, welche furchtbaren Folgen er für ihn hatte, aber ich könnte mir denken, daß er ihn nicht aus Übermut getan hat, sondern ihn als eine Art Anerkennung gemeint hat; er war zufrieden mit dem, was er im Leben bekommen hatte, und verlangte nicht mehr. Und solche Gefühle hege ich nun Ngong gegenüber und allem, was es für mich bedeutet. Es kann ja vielleicht nicht unter allen Umständen alles ewig dauern, und vielleicht kann ich in fünfzehn Jahren heimkommen und Anders den Haushalt führen, wenn er sich bis dahin nicht verheiratet hat; wenn ich mich aber jetzt von hier trennen müßte, glaube ich, wie gesagt, daß ich sterben würde.

Wenn Du an mich denkst, mußt Du nicht in erster Linie an meine Einsamkeit und meine Schwierigkeiten denken, sondern an das herrliche Land, meine lieben Natives, meine Pferde und Hunde, daran, daß ich das Gefühl habe, am rechten Platz zu sein, etwas bewirken zu können, und an das große Glück, daß ich hier einen Menschen habe, den ich wirklich aufrichtig liebe. Du wirst sehen, es wird auch alles gut werden, und wir werden in Zukunft weit weniger Schwierigkeiten haben und uns im Frühjahr 29 alle vergnügt versammeln; ich sehne mich nach Dänemark und Euch allen, und ganz besonders nach Dir, aber man muß ja für alles auf der Welt bezahlen, und ich bezahle hier nicht zu viel – wenn ich nur hier bleiben kann.

Lebwohl, mein geliebtes schneeweißes Lamm.

Deine Tanne.

An Thomas Dinesen *Ngong, 19. September 1927*

... Du wirst Dir denken können, wie sehr es mich interessiert hat, Deinen Artikel * zu lesen, der ja einige der Fragen behandelt, die mich am allermeisten beschäftigen und die wir so oft diskutiert haben. Ein Teil Deiner Gesichtspunkte und Argumente hat sich ja erst nach meiner Zeit entwickelt. Ich finde, der Artikel ist *ganz ausgezeichnet* – gewissermaßen das Klarste und Klügste, was ich je über dieses Problem gelesen habe. Er ist auch dicht und konzentriert. Du hast alle Argumente angeführt und sie ins rechte Verhältnis zueinander gesetzt. Du bist weder zu knapp noch zu redselig – besonders letzteres zu vermeiden, fällt mir immer schwer.

Und dann muß ich sagen, was ich ganz besonders an Dir bewundere – übrigens häufig auch in mündlichen Diskussionen –, ist Deine Rücksichtnahme gegenüber Deinen Gegnern oder Andersdenkenden überhaupt. Du bringst ebenso viel Verständnis für ihre Gesichtspunkte und Anschauungen auf wie viel Geduld beim darlegen Deiner eigenen. Das sind Eigenschaften, von denen ich weiß, daß sie mir selbst und den meisten Polemikern fehlen.

Die meisten Menschen sprechen in einer Diskussion für sich selbst – und je mehr sie sich ereifern, um so deutlicher wird das – sie haben weder Interesse zuzuhören oder etwas von ihren Gegnern zu lernen, noch liegt ihnen daran, diese zu überzeugen. Deshalb wird eine Diskussion so sehr oft völlig sinnlos. Auf beiden Seiten hält sich der Redende selbst für die Hauptperson, und wenn er nicht gegen die Ansichten des Partners Sturm läuft oder sie lächerlich macht, reicht sein Entgegenkommen gerade so weit, daß er sie ignoriert, während sein ganzes Interesse seiner eigenen Argumentation gilt...

Ein Teil des Wohlwollens, das Du Deinen Gegnern entgegenbringst, geht wohl auf die Diskussionen mit Tante Bess zurück, ausgerechnet von denen habe ich in meinem Brief behauptet, sie könnten eine Gefahr für Dich darstellen. Nun ja, es kann ja auch sein, daß es Dir, der Du so viel jünger als ich und ein Mann bist, leichter fällt als mir, Bitterkeit zu vermeiden gegenüber alten Gesetzen und Idealen. Einen überwundenen Gegner kann man leicht vorurteilsfrei und anerkennend beurteilen, man kann sich sogar leisten, ein wenig für ihn zu schwärmen und die Poesie oder Idylle hervorzuheben, die unter seinem Regime herrschte; aber deshalb war er doch unerträglich, solange er an der Macht war. Wenn es sich zum Beispiel um die Emanzipation der Frau handelt, da habe ich selbst das Gefühl, bei aller Liebe zu viel Hübschem und Schönem an den alten Idealen, bei aller Dankbarkeit gegenüber den alten Frauen, die als erste eine Schlacht für unsere Freiheit und Selbständigkeit geschlagen haben, daß die Rechnung noch nicht beglichen ist mit einer Welt, einem System (natürlich keineswegs mit Einzelpersonen schlechthin), das mit dem allerbesten Gewissen so gut wie alle meine Talente brach liegen ließ und mich fremder Wohltätigkeit oder der Prostitution in der einen oder anderen Form überließ...

Ein Problem geht mir durch den Kopf, es hat mich davon abgehalten, Dir zu schreiben, weil ich mir nicht darüber klar werden konnte, ob es einen Sinn haben könnte, es Dir gegenüber zu erwähnen oder nicht – mich selbst hat es sehr beschäftigt, aber es kann ja sein, daß Du es mit anderen Augen betrachtest –, es handelt sich um folgendes:

Als Denys letzten November hierher zurückkam, ist er mit einem italienischen Schiff gefahren und hat auf dem Weg einige Tage im italienischen Somaliland verbracht – in Mogadishu und Kismayo – und was er mir von dem Regiment der Italiener gegenüber den Somalis berichtet hat, erschütterte mich über die Maßen, wie er selbst auch über die Verhältnisse zutiefst empört ist. Er hat bei einem alten Bekannten gewohnt, einem Conte Capallo, glaube ich, der schon viele Jahre dort ein Amt bekleidet hat und der die Menschen dort sehr schätzt und nun vollkommen verzweifelt ist, mit ansehen zu müssen, wie gegen sie vorgegangen wird; er hat ihm viele Details mitgeteilt und Dinge erzählt, die in meinen Ohren ganz unglaublich klingen, an deren Wahrheit ich aber wohl nicht zweifeln kann. So wie ich es verstanden habe, gibt es dort einen neuen Gouverneur, der eine Art kleiner Mussolini ist – und von diesem geschützt wird –, der aber von noch stärkerem Größenwahn besessen ist; es scheint so, als wollten er und seine Untergebenen vollständig und mit allen Mitteln ein stolzes Volk unterdrücken und vernichten. Was Denys mir erzählt hat von systematischer Niedersäbelung, von Abgaben und Bußen für völlig imaginäre Vergehen, die ganze Distrikte veröden ließen, über die unsagbar rohen und ungebildeten kleinen italienischen Militärs und Beamten, wie sie rücksichtslos Frauen, Kinder und junge Männer für ihre Harems entführten – dieser letztgenannte Handel scheint ganz besonders zu blühen –, war mehr als furchtbar. Die Folter wird ganz offen angewandt – Denys erzählte mir, was ihm sein Freund darüber berichtet hat; vier Somalis aus guter Familie, die gegen die Übergriffe der Italiener protestiert hatten, wurden wegen eines Diebstahls gefoltert, dessen sie sich, wie jedermann wußte, nie schuldig gemacht hatten; zwei waren dabei gestorben, und Denys selbst hat Kleider von ihnen und von den Überlebenden gesehen und sagte, sie seien von oben bis unten von Blut durchtränkt gewesen. Zur gleichen Zeit baut sich der Gouverneur einen Palast und lebt wie ein Fürst.

Denys sagte: »Wenn ich je ein Gebiet gesehen habe, wo der Völkerbund eingreifen müßte, dann hier.«

Ich fragte ihn, warum er sich nicht selbst der Sache annehme, aber im Laufe unserer weiteren Gespräche über dieses Thema wurde mir klar, wie sehr sich die Engländer in politischer Hinsicht von uns unterscheiden – und wohl übrigens alle Angehörigen der großen Nationen. Sie sind sehr viel disziplinierter. Von ihrem Standpunkt aus ist das wohl auch richtig – denn was ein Mitglied einer großen Nation politisch unternimmt, kann Wirkungen so großen Ausmaßes haben, daß ihre Politik im allgemeinen besser in den Händen der Ausgewählten und Verantwortlichen liegt. So jedenfalls habe ich es verstanden – zum Beispiel als Denys sagte, die beste Vorgehensweise wäre hier, die Sache durch Frankreich aufgreifen zu lassen, das ja die Italiener haßt und sehr dagegen war, daß sie noch mehr vom Somaliland bekamen; aber da wird dann Englands Verhältnis zu Frankreich und zu Italien mit hineinspielen. Und doch denkt man: Könnte es nicht sein, daß es die Aufgabe der kleinen Nationen ist, für die rein menschlichen Begriffe von Recht und Unrecht einzutreten, ohne daß sie in den Verdacht geraten, von eigenen politischen Interessen geleitet zu sein?

Ich habe wirklich die Möglichkeit erwogen, persönlich diese Sache in Angriff zu nehmen – bin allerdings in meinem Schlachtplan nicht weiter gekommen als bis zu der Überlegung, ich müßte Italienisch lernen. Aber einerseits kann ich ja nicht mit gutem Gewissen diese Arbeit hier verlassen – weniger der Farm als der Natives dieses Landes wegen –, außerdem ist eine solche Aufgabe doch sicher für eine Frau schwerer zu bewältigen – selbst wenn ich mir Elles Hosenanzug anzöge.

Aber nun habe ich also Dir darüber geschrieben …

An Ingeborg Dinesen *Ngong, Sonntag, 16. Oktober 1927*

… Ich werde, falls wir uns gut über die Runden bringen, Dickens nie vergessen, wie er in diesen schwierigen Monaten den Humor und die Hoffnung bewahrt hat. Eine Farm unter solchen Verhältnissen zu bewirtschaften, ist sicher so ähnlich wie ein Heer auf dem Rückzug zu führen, und ich habe viel an Napoleon auf seinem Rückzug von Moskau gedacht; er hat meine volle Sympathie. Dickens ist mein Maréchal Ney gewesen, dem der Kaiser ein Kompliment gemacht hat, weil er jeden Morgen ebenso gut rasiert und fein ausstaffiert erschien wie zu einer Militärrevue vor Paris – und das *ist* etwas, was man zu schätzen lernt; nicht, daß nun gerade das Rasieren Dickens starke Seite wäre, aber seine Seelenstärke und Überlegenheit, die sich auf andere Art äußern, sind mir ebenso viel wert gewesen...

Sehr gegen meinen Willen habe ich Tumbo in sein Internat nach Pangani gebracht; ich kann Jumas Ambition, ihn im Bücherwissen auszubilden, nicht länger Widerstand leisten. Es war wirklich traurig, mit ansehen zu müssen, wie er dort stand mit seinem kleinen Bündel in der Hand und lange meinem davonfahrenden Auto nachblickte; am Montag werde ich wieder nach ihm sehen. Ich habe alle Totos und den Schullehrer mit reichen Gaben bestochen, damit sie nett zu ihm sind; aber es ist eine gräßliche Gegend da oben, Staub und Dreck fliegen einem um die Ohren, und Tumbo ist zu klein, finde ich, das Leben selbst in die Hand zu nehmen. Halima, mein zweites Pflegekind, ist nach Embu gebracht worden und dadurch ganz außer Reichweite für mich – es ist ein rührendes Verhältnis, das Maura, Alis Frau, und sie zueinander haben; neulich wurde hier gerüchtweise erzählt, Halima sei in Nairobi; Maura ging daraufhin den ganzen Weg barfuß dorthin, um sie zu sehen. Ich fragte sie, ob sie mit ihr gesprochen habe – nein, aber sie hätte sie in einer Tür stehen sehen. Sie hätte sie nicht ansprechen wollen, da sie fürchtete, Halima könnte anfangen zu weinen, und das würden die neuen Pflegeeltern ihr übelnehmen. – Nicht viele verliebte junge Männer würden so wie Maura handeln...

Ich bin so froh darüber, daß ich Dir über Denys schreiben darf, und es ist schön und großzügig von Dir; ja, Du begreifst, wie weit ich davon entfernt bin, in dieser Sache ein schlechtes Gewissen zu haben – aber sie liegt ja doch etwas außerhalb von Gesetz und Recht...

An Ingeborg Dinesen *Ngong, 1. November 1927*

... Denys wohnt zur Zeit hier; er kam vor etwa vierzehn Tagen und bleibt, hoffe ich, bis zum Beginn seiner nächsten Safari gleich nach Weihnachten. Es ist nicht nur, wie Du Dir denken kannst, schön, sondern unbeschreiblich anregend für mich, ihn hier zu haben; ja, ich kann sagen, ich kann mir kein glücklicheres Dasein denken, als das mit ihm hier im Hause...

... Um Deine Fragen zu beantworten, ehe ich sie vergesse: Das Gras auf meinem Rasen an der Westseite ist gut gekommen, aber es dauert wohl noch etwas, ehe es ein richtiger Rasen wird, es muß ja erst einige Male gemäht werden. Mein Grammophon funktioniert ausgezeichnet, und Denys hat viele gute Platten mitgebracht, unter anderem die Kreutzersonate, die wirklich ganz herrlich klingt – wenn Ihr auch Grammophone verachten mögt, weil Ihr richtige Musik hören könnt. Tumbo ist wieder in seiner Schule; ich kann gegen Jumas Ambition nichts machen; aber er kommt zu den Wochenenden hierher und wird dann vom ganzen Etablissement tüchtig verwöhnt; ich glaube übrigens, er ist ganz glücklich »at Eton«, wie Denys es nennt. Ich habe den Eindruck, weil Tumbo so ein lieber, ehrlicher und offener, freundlicher kleiner Mensch ist, hat er auch in Pangani viele Freunde, wo er sicher der jüngste Kostgänger ist...

Thaxton ist gegangen, er war ja, glaube ich, tatsächlich etwas verrückt in der letzten Zeit, so daß es fast wie eine Erleichterung empfunden wird, besonders für den neuen Mann, Nisbit, der anscheinend gut mit Dickens auskommt – das ist ja sehr wichtig – und mit den Arbeitern geht er auch sehr vernünftig um... Die Nisbits sind jetzt dabei, in Thaxtons Haus einzuziehen, das unbeschreiblich schmutzig ist. Madam Nisbit schuftet furchtbar, um es sauber zu bekommen, und ich muß wohl noch etwas neue Farbe dafür spendieren, sie sind im übrigen so froh, von der glühendheißen Gegend um Donya Sabuk fort hier nach Ngong gekommen zu sein.

Gestern nacht hatte ich einen gräßlichen Shaurie: Ich wurde zu einem Boy gerufen, der in meiner Abwesenheit hierher gekommen war, um sich etwas Chinin zu holen, und mein neuer Hundetoto hatte ihm in eigener Machtvollkommenheit zwei Quecksilberchlorid-Tabletten herausgegeben, die der Boy auch geschluckt hat; ich mußte mitten in der finstersten Nacht zu ihm hin, und es ging ihm, wie sich denken läßt, sehr schlecht, er erbrach Blut in Strömen und litt furchtbar; ich habe ihn jetzt hier und hoffe, daß ich ihn durchbringen kann. Ich lasse jetzt einen verschließbaren Medizinschrank anfertigen, weil die jetzigen Zustände ja offensichtlich zu gefährlich sind. Denys hat dem Toto an meiner Statt eine Tracht Prügel verabfolgt.

Ich bin außerordentlich zufrieden mit meinem Küchendepartement, das noch nie so gut funktioniert hat. Ich glaube, Kamante hat viel Talent als Koch; gestern hat er von sich aus vorzügliche Krustaden gemacht, und in der Zubereitung von Mayonnaise und Sauce hollandaise und béarnaise ist er perfekt. Das Dumme ist nur, daß für mich die Versuchung zu groß ist, meine Zeit in der Küche zu verbringen, um ihn zu unterrichten, und ich dadurch wichtigere Dinge vernachlässige; das zeigt nur, daß die Definition eines »Lasters« als »Sünde, die zur Gewohnheit geworden ist« nicht stimmt, denn an und für sich ist es ja keine Sünde, in die Küche zu gehen...

An Thomas Dinesen *Ngong, 19. November 1927*

... Ihr wißt sicher, daß ich Euch jeden Tag viele freundliche Gedanken sende. – Wenn man einem Menschen so nahe steht wie ich Dir, dann bedeutet sein Glück auch für das eigene Leben sehr viel; und da es ja für den lieben Gott nicht ganz einfach ist, uns an den richtigen Platz zu stellen, und es Zeiten gegeben hat, auch als Du hier warst, wo dieses Problem fast unlösbar schien, finde ich, Er hat uns gegenüber sowohl Phantasie als auch Entschlußkraft bewiesen, und wir haben beide allen Grund, vor Ihm den Hut zu ziehen. Hoffentlich halten wir den Hut beim nächsten Jahreswechsel noch immer in der Hand...

Du schreibst, Du hättest lange nichts von mir gehört. Ich hoffe, Du hast bald darauf meinen Brief bekommen mit dem Dank für Deine Abhandlung über die Geburtenregelung. Ich habe übrigens später noch etwas über sie nachgedacht – genauer gesagt über den Teil, der von der Sexualmoral im allgemeinen handelt, und habe aus diesem Anlaß noch ein paar Dinge anzuführen.

Ich finde, man merkt deiner Abhandlung an, daß ihr Verfasser ein junger Mensch ist – das heißt, das sexuelle Problem konzentriert sich für ihn auf die Problematik der jungen, auf Enthaltsamkeit angewiesenen Leute, und wenn deren Problem gelöst ist, ist für ihn die ganze Problematik erledigt. Die meisten älteren Menschen werden mit mir der Ansicht sein, das sei nur eine Seite der Sache. Ich kann nur hoffen, daß Du die Schwierigkeiten innerhalb der »Ehe« nie kennenlernen wirst – wenn das der Fall sein sollte, wirst Du jedoch zu den Ausnahmen zählen (ganz gleich, was Tante Bess mit ihrem unerschütterlichen Glauben an die seligmachende Ehe auch zu sagen hat). Lies Strindberg, lies Bernard Shaw, lies sogar den alten Shakespeare – Othello war ein durch und durch respektabler Mensch, noch dazu eine ungewöhnlich großzügige Natur; er hätte sich nie bereitgefunden, einen wehrlosen Menschen im Bett zu erwürgen, außer aufgrund dieser einen Leidenschaft – und Du wirst sehen, wo der Schuh diejenigen drückt, die ihn sich angezogen haben.

Ich muß allerdings darauf hinweisen, daß ich hier ohne viel *persönliche* Erfahrung spreche. Polowtzoff sagte zu mir, er habe nie »anybody so sensual and so little sexual« wie mich gekannt – und damit hat er wohl etwas Richtiges getroffen. Meine Ehe ist an solchen Dingen gescheitert, die eine kameradschaftliche Beziehung oder eine geschäftliche Partnerschaft scheitern läßt, nicht an den Leidenschaften, die Strindbergs »Vater«* den Verstand rauben oder, wie gesagt, Othello zum Mord treiben. Aus den Liebesbeziehungen, die ich in meinem Leben gehabt habe, habe ich mich immer im besten Einvernehmen mit dem Partner gelöst. Was mich gefesselt oder fasziniert hat, oder wie immer Du es nennen willst, war stets die Persönlichkeit eines Menschen oder es waren gemeinsame Interessen irgendwelcher Art – oder aber das ganze Verhältnis war, wenn ich das so sagen darf, wie ein Spiel oder ein Tanz. Ich habe wohl kein Talent, ein sexuelles Verhältnis als solches mit tiefem Ernst zu betrachten. So herrlich ich es finde, auf die Jagd oder zu einer Ballettvorstellung oder auf Reisen mit einem Menschen zu gehen, in den ich verliebt bin, so unerträglich ist es für mich »Gegenstand zu sein«. Ich habe nie in meinem Leben dagesessen und einem

Menschen verliebt in die Augen gestarrt; ich glaube, ich wäre dazu gar nicht imstande. Ich kann es überhaupt nicht leiden, umhätschelt zu werden, finde es unerträglich, wenn man mir Kosenamen gibt oder mich sonst irgendwie kindisch behandelt.

Aber ich habe ja genug andere Menschen kennengelernt, um zu wissen, daß das selten ist. Letzten Endes ist für die meisten Leute der Partner in einer Beziehung und seine wirklich menschliche Persönlichkeit im Grunde von untergeordneter Bedeutung und rein zufällig; was sie packt, entzückt, fasziniert, vernichtet (etc.) ist die erotische Macht an sich. Ich glaube, man kann so weit gehen und sagen, die meisten glücklich verheirateten Menschen finden in der Ehe ihr Glück eher, weil *es ihnen zusagt, verheiratet zu sein*, als weil sie ihren eigenen Ehepartner mögen und weil die Ehe oder das eheähnliche Verhältnis ihnen gefällt, selbst wenn der Partner das nicht immer tut. Sie sind glückselig in den Armen des Geliebten, weil sie die Liebkosungen und das Umworbenwerden gerne mögen, – und auf diese Weise lernen sie auch, für die Person, die sie umwirbt und mit Liebkosungen verwöhnt, Liebe und Ergebenheit zu empfinden.

Das also kann zu dem intimsten und schicksalhaftesten Verhältnis zwischen zwei Menschen führen, die gar nicht zueinander passen und einander kaum kennen – (eben diese Karte spielte Jago Othello gegenüber aus, als er von dessen Verhältnis zu Desdemona sagte, Othello kenne sie gar nicht). Eine sozusagen rein zufällige Person, eine Frau, die Du zwei Tage lang gesehen, mit der Du aber nie vertraulich gesprochen hast, kann, weil sie in Deinen Augen eine der größten und mächtigsten Kräfte verkörpert, Dich viel leichter inspirieren, Dich glücklich machen, peinigen, ruinieren, zum Wahnsinn treiben als ein seit langem erprobter Freund, ja, sie würde das auf eine Art und Weise tun, die der Freund gar nicht über sich bringen könnte.

Es *müssen* sich die Proportionen im rein persönlichen Verhältnis zwischen den Menschen verschieben, die derart »besessen«, in den Händen einer Macht gefangen sind. Du schreibst, »die allermeisten Menschen müssen zugeben, daß ihre unwürdigsten Handlungen im Leben in Verbindung stehen zu ihren sexuellen Beziehungen«. Aber nur innerhalb dieser Beziehungen haben die meisten Menschen die Ekstase, das »Außer-sich-Sein« kennengelernt.

Auf das gleiche Konto geht die Tatsache, daß man in Wirklichkeit vieles, das fast unumgänglich zu einer sexuellen Beziehung gehört, gut und gerne als reine, mit Händen zu greifende Lüge abstempeln könnte. In diesem Zusammenhang darf man es aber nicht so bezeichnen, sondern sollte es eher eine Verzerrung, eine Umsetzung der Begriffe nennen. Hier gilt (entschuldige) mein eigenes altes Beispiel von den Assignaten, die in Gold eingetauscht werden, in anderer Richtung. Es ist kaum möglich, es ist unnatürlich, es ist überhaupt nicht anständig, sich auf dem Höhepunkt einer »erotischen Situation« gewöhnlicher menschlicher, normaler und wahrhaftiger Ausdrucksformen zu bedienen. Die Situation erfordert, daß die Sprache auf eine ganz andere Ebene gehoben wird. Der Liebhaber stöhnt in den Armen der Geliebten: »Ich habe nie eine andere geliebt als Dich. Ich will für Dich sterben. You wonderful woman, I want nothing in life but you.« Meint er das? – Ja. Kann er am Tag darauf beim Wort genommen und zur Rechenschaft gezogen werden? – Nein, auf keinen Fall. Er war nicht zurechnungsfähig, und seine größte Begriffsverwirrung bestand darin, daß er ein Individuum mit einer der stärksten Kräfte der Welt verwechselt hat. Er hätte in Wahrheit sagen können: Ich kann nicht zehn Minuten länger leben ohne die Liebe; aber so etwas kann unter den gegebenen Umständen weder gedacht noch gesagt werden, es wird zum Ausdruck gebracht als: Ich kann keine zehn Minuten ohne Caroline leben. Man muß schon Bienen heißen, wenn man – und das nicht nur bei kaltem Blut – von »ein bißchen von dem Angenehmen« sprechen kann; daß Bienens Partner, wie sehr er auch auf Romantik in der Beziehung verzichtet und wie einig sich die beiden in Wirklichkeit auch waren, diese Form der Ehrlichkeit schätzte, wage ich zu bezweifeln.

Man kann sagen, was man will, dieses alles sind gefährliche Verhältnisse (und sie werden noch gefährlicher durch die viel besprochenen Kinder, die ja immer noch nicht anders zur Welt kommen als im Zusammenhang mit diesen Dingen.) Man kann wohl einiges zugunsten jener Ansichten vernünftiger alter Leute sagen, die zu ihrer Zeit versucht haben, sich auf alle mögliche Art zu schützen, die Sicherheitsventile vorsahen und feuerfeste Mauern errichteten; diese gefährliche Macht war im Leben unentbehrlich, aber kein Mensch sollte ihr freien Lauf lassen oder unkontrolliert mit ihr spielen oder sie eigenmächtig handhaben.

Du kannst natürlich einwenden, weder Gesetze noch Polizei könnten verhindern, daß sich menschliche Tragödien auf diesem wie auf anderen Gebieten abspielen. Aber an die denkt man ja nicht, wenn man von »Moral« spricht. – Was vonnöten ist, ist ein Code, eine Anweisung zur Umsetzung des Kurses, eine Überzeugung. Ich bin der Ansicht, die allermeisten Menschen befinden sich zur Zeit im Zustand völliger Ratlosigkeit auf allen Gebieten hinsichtlich der Rechte und Pflichten innerhalb sexueller Beziehungen, die Ehe eingeschlossen. Eine Ausnahme bildet hier, glaube ich, eine kleine Minorität mit Vorreiterfunktion, »the smart set« in den großen Ländern (und zum Teil meine Bekannten hier), wo eine sexuelle Beziehung fast zu den normalen Umgangsformen unter jungen Leuten gerechnet wird, in die kein Mensch – Ehepartner, Eltern oder Liebhaber aus den älteren Jahrgängen nicht ausgenommen – das Recht hat, sich einzumischen, und wo alles *all right* ist, solange keiner der Partner *looses his temper* oder in irgendeiner Form vorgibt, die Sache ernst zu nehmen.

Wenn die Leute von den »alten Zeiten« sprechen, dann denken sie in der Regel an eine Periode, die vor fünfzig Jahren zu Ende ging, und tun so, als hätte sie vor Ewigkeiten begonnen. Die meisten Menschen, die zu Hause über Geschlechtsmoral diskutieren und mit Vorliebe auf die alten Zeiten verweisen, rechnen da mit den letzten fünfundsiebzig Jahren des neunzehnten Jahrhunderts und denken nicht an die alten Ägypter, nicht einmal an die Zeit vor der Französischen Revolution. Nun stellt jedoch gerade der Zeitraum, den sie uns hier vorhalten – sagen wir von Napoleons Sturz bis zum Weltkrieg – und der keineswegs eine solide, in sich gefestigte Ordnung aufwies, auf dem Gebiet der Sexualmoral eine sehr kurze und meiner Meinung nach kurzsichtige Ausnahmeperiode in der Geschichte der

Menschheit dar, denn ich habe den Eindruck, dieses sei das einzige Zeitalter, das angenommen hat, wirklich praktische und reale Gegebenheiten des Lebens – Heim, Familie, ökonomische Verhältnisse – auf diese gefährliche und unsichere Macht gründen zu können: die Erotik.

Wahrscheinlich ist dieser Gedanke mit der Romantik aufgekommen, die die Liebe als Leidenschaft auf eine neue Weise ernstnahm; aber ich weiß da zu wenig Bescheid, um mich dazu äußern zu können.

Dieses System konnte, meiner Meinung nach, nicht halten und hat ja auch nicht gehalten; es hat eine Menge mit sich fortgerissen – (und, wie mir scheint, in Verbindung mit einigen anderen Faktoren mit dazu beigetragen, die Stellung der Frau zu untergraben. Zur Not ist es mit der Menschenwürde zu vereinbaren, wenn man seinen Lebensunterhalt mit der Fähigkeit verdient, zu brauen, zu backen, eine große Familie aufzuziehen, ein großes schönes Haus zu führen oder eine Stellung bei Hofe auszufüllen, aber nicht, wenn der Lebensunterhalt von der guten Figur und dem Talent zu gefallen abhängt) –, und es hat, glaube ich, indem es Realitäten und Gefühle in einer bis dahin nicht dagewesenen Weise miteinander vermischt hat, viel dazu beigetragen, einen Code zu verwirren, der vielleicht von vornherein nicht allzu klar war.

Und doch hat es eine Zeit gegeben, in der, jedenfalls theoretisch und dem Gesetz und den Propheten nach, eine sexuelle Beziehung außerhalb der Ehe an sich »unsittlich« war, die Ehe an sich »sittlich«; das war immerhin etwas mehr, woran man sich halten konnte, als was es jetzt gibt, und die verschiedenen Parteien wußten besser, woran sie waren. Ein Ehemann konnte Treue verlangen und erwarten, Unterwürfigkeit bis zu einem gewissen Grad und legitime Kinder von seiner Frau; eine Frau Versorgung auf Lebenszeit und eine gewisse Achtung von seiten ihres Mannes. Verstöße gegen diese Regeln waren Vertragsbruch, gegen den sie die öffentliche Meinung hinter sich hatten. Ein verführtes Mädchen hatte in der Welt nicht viel, worauf es pochen konnte, es konnte sich aber auf den Zorn des Himmels berufen, der Liebhaber einer verheirateten Frau war ein *free* lance, der sich selbst tummeln mußte, wollte er aus der Affaire profitieren.

Heutzutage scheint es mir so, als ob die moralischen Forderungen, Verpflichtungen und Rechte in einer sexuellen Beziehung vollkommen von den Personen abhängen und als ob die Menschen, denen es an Persönlichkeit und persönlicher Überzeugung fehlt, ziemlich ins Schwimmen geraten; – ja, trotz aller sexueller Aufklärung wissen die allerwenigsten, in was sie sich bei einer sexuellen Beziehung einlassen.

Du magst recht haben, wenn Du sagst, die allgemeinen moralischen Gesetze gelten hier wie anderswo und Selbstlosigkeit, Rücksichtnahme und Ehrlichkeit werden sich hier ebenso bewähren wie in jeder anderen menschlichen Beziehung. Aber in der Praxis sind die Verhältnisse selten so klar definiert, daß es nicht einer genaueren Auslegung dieser idealen Lebensregeln bedürfte. Für die meisten anderen Formen des menschlichen Umgangs gibt es sie auch. Aber im Augenblick, glaube ich, herrscht große Unsicherheit und wenig Übereinstimmung auf vielen Gebieten, die mit der sexuellen Moral zu tun haben.

Ist Treue bis zu einem gewissen Grad eine Verpflichtung, die man auf sich nimmt, wenn man eine Liebesbeziehung – die Ehe eingeschlossen – beginnt? Ist vollkommene Ehrlichkeit in dieser Beziehung eine allgemein anerkannte Forderung? Geht man mit einem Liebesverhältnis oder einer Ehe ohne besondere Absprache irgendeine Verpflichtung ein, was Kinder anbetrifft? Ist es, wie ich oft habe sagen hören, ein »dirty trick« von einer Frau, wenn sie ohne das ausdrückliche Einverständnis des Mannes in einer Ehe oder einer freien Beziehung ein Kind bekommt, oder ist es ein Vertragsbruch von seiten des Mannes, wenn er ihr Kinder verweigert? Beinhaltet ein sexuelles Verhältnis eine gewisse Verpflichtung gegenüber dem reinen Sexualleben des Partners, oder ist die allgemeine Auffassung von Moral ganz auf seiten der Frau, die das eheliche Zusammenleben abbricht, aber an der praktischen Bindung festhält?

Ich glaube, wir sind im Augenblick weit davon entfernt, in solchen Punkten, von denen ich noch viele anführen könnte, ein wirkliches Einvernehmen zu erreichen.

Meines Erachtens kann keinerlei Übereinkommen Bestand haben, solange der einzige Rat und Ausweg bei aufkommenden Divergenzen der ist: ja, dann machen wir doch Schluß. Aber ich glaube wirklich, zur Zeit bleibt den meisten Ehen und Liebesverhältnissen kein anderer Ausweg, wenn sie festgefahren sind. Auf jeden Fall ist es für den Teil, der sich unrecht behandelt fühlt, sehr schwierig, eine ursprünglich voraufgegangene Absprache zu finden, auf die er verweisen und an die er sich halten kann. Ich wurde neulich von einer jungen Frau in solch einem Konflikt zu Rate gezogen. Ihr Mann verstieß ausgiebig gegen das, was man in früheren Zeiten die Verpflichtung zur ehelichen Treue nannte, und als sie sich beklagte, schlug er ihr vor, sie könne doch das gleiche tun; er habe nichts dagegen. Für sie war das keineswegs zufriedenstellend, da sie keine Wünsche in dieser Hinsicht hegte. Na gut, dann könnten sie sich ja scheiden lassen, was wolle sie denn noch mehr verlangen?

Ich weiß gar nicht, ob sie nach den allgemein gültigen moralischen Regeln überhaupt mehr verlangen könnte. Aber es steht doch fest, daß kein Mensch sein praktisches Leben auf etwas so Unsicherem aufbauen will – zum Beispiel sein Heimatland und seinen Umgangskreis aufgeben wird einer Heirat wegen, die eine so wenig gesicherte Basis hat. Und wenn auch durch eine solche Sexualmoral die Ehe ganz abgeschafft würde, wäre das wohl nicht das schlimmste. – Aber sie muß notwendigerweise die Leute entmutigen, überhaupt mehr in ihre sexuellen Beziehungen zu investieren. Wie ich schon gesagt habe – und hier kann ich wirklich aus einer gewissen Erfahrung heraus sprechen –, in den Kreisen, in denen eine solche Auffassung der sexuellen Beziehungen sich wirklich durchgesetzt hat, haben gerade diese Beziehungen von allen die geringste Dauer, und es wird ihnen am wenigsten Bedeutung beigemessen. Eine Freundschaft, eine Partnerschaft, gleich welcher Art, hat ein ganz anderes Gewicht.

Ich weiß sehr wohl, kein Mensch kann mit einer Überzeugung in der einen oder anderen Richtung Wunder vollbringen oder die menschliche Natur verändern. Aber das eine oder andere Ideal kann aufgestellt werden, und man kann es anstreben. Wo es sich um eine *Beziehung* dreht, wo es also um mehr als *eines* Menschen Glück oder Wohlbefinden geht, muß es eine gewisse Klarheit geben, ein gewisses Einverständnis; sonst kann es passieren, daß man Fußball mit einer Mannschaft spielt, die nicht weiß, was es bedeutet, ins Abseits zu geraten. Entweder hat ein »sexuelles Verhältnis« an sich ein bestimmtes Gewicht, eine Bedeutung über sich selbst hinaus, und ein Irrtum in diesem Punkte ist wirklich ein Unglück oder, wie man früher sagte, »ein Fall nach unten« – oder es existiert ausschließlich zur Freude der Beteiligten und wird im gegenseitigen Einvernehmen eingegangen und aufgelöst.

Ich glaube eigentlich nicht, daß Deine auf Erfahrung und Erprobung beruhende Ehe in sich selbst mehr Widerstandskraft besitzt als zum Beispiel die Luthers, die geschlossen wurde, um Gott zu gefallen – unter anderem, weil der erfahrene und wissende Ehepartner sich ja zufällig einen völlig unerfahrenen Partner aussuchen kann und dann doch sicher sehr wenig geneigt sein wird, die Ehe zur ersten Erfahrung dieses Partners werden zu lassen, was ihm oder ihr später zugute kommen muß.

Dieser Brief ist nicht im entferntesten das, was er sein sollte, unter anderem weil Denys mich die ganze Zeit unentwegt gestört hat, jetzt ist er, Gott sei Dank, nach Nairobi gefahren. Ich habe überlegt, ob ich ihn gar nicht abschicken sollte; aber ich muß so viele Weihnachtsbriefe schreiben; das Resultat wäre nur, daß Du gar nichts bekämest; und ein Brief, sei er auch so dumm wie dieser, das weißt Du ja wohl, enthält so viele Grüße und liebe Gedanken an Dich und Dein ganzes Heim, daß ich ihn doch abschicke.

Umarme Jonna und Anne von mir; viel herzliche Liebe und Sympathie begleiten Euch auf allen Euren Wegen auch hier von Afrika aus und von Deiner alten treuen Schwester

Tanne.

... Im übrigen haben wir auf der Farm Schreckliches durchgemacht. Freitagabend geschah hier ein Mord, ein kleines Kikuyumädchen – Monyus Tochter – ist mit einem Riemen erdrosselt worden draußen im Maisfeld. Ich kann mich nicht erinnern, ob ich von dem Mord geschrieben habe, der vor sieben Monaten auf fast die gleiche Art begangen worden ist, während Dickens in Südafrika war. Es wurde auch ein kleines Mädchen ermordet, zur gleichen Tageszeit und fast an der gleichen Stelle. Damals nahmen sie einen Kavirondo fest, der bei Farah in dessen Duca arbeitete und der versuchte, die Schuld auf Jerogi zu schieben, an den sich Thomas sicher erinnern kann, Du vielleicht auch; das war der, der so betörend war, daß ihm die Frauen nicht widerstehen konnten, – er konnte jedoch ein Alibi für die Zeit nachweisen, zumal er bei einer Ngoma in der Nähe von Kikuyu gewesen war. Ich glaube, sie haben inzwischen den angeklagten Kavirondo erhängt, aber von anderer Seite habe ich gehört, er hätte Einspruch erhoben und sein Fall sei gestern noch einmal verhandelt. Ich meine, alles deutet darauf hin, daß ein und derselbe Mann beide Verbrechen begangen hat; deshalb habe ich sie, so schnell wie möglich über diesen Mord informiert, denn es wäre doch furchtbar, wenn sie einen unschuldigen Mann erhängen würden – falls das nicht schon geschehen ist.

Jerogi trifft auch dieses Mal keine Schuld, denn ich habe ihn vorige Woche mit einer Lungenentzündung ins Hospital gebracht, und er starb dort an dem gleichen Abend, an dem das Kind ermordet wurde. Aber allgemein ist man der Meinung, daß Lori der Schuldige sei, Mrs. Dickens Gartenboy, den Du oft mit Muthaiga in meinem Garten gesehen hast. Eigenartigerweise habe ich, sollte er wirklich der Mörder sein, kurz bevor er das Verbrechen beging und gleich nach der Tat mit ihm gesprochen. Ich war nämlich unten in meinem Garten am Freitag nachmittag um fünf Uhr herum, um Muthaiga einen Auftrag zu erteilen, er war nicht da, und ich rief Lori herbei, um ihm die Angelegenheit zu erklären. Er verließ den Garten zur gleichen Zeit wie ich, ich ging an Hemsteds Grenze entlang hinauf und setzte mich hin, um eine Zigarette zu rauchen, und sah mich nach Rebhühnern um, die ich ein paar Tage zuvor in dem Gebiet entdeckt hatte. Das muß zu der Zeit gewesen sein, als der Mord begangen wurde, und ich war keine fünfhundert Yards vom Tatort entfernt. Ich ging dann hinauf zu Dickens Haus, um mit ihm über einen Shaurie zu sprechen, und als ich über den Rasen an dem Ochsengehege vorbeiging, kam Lori von hinten an und sagte etwas vom Regen, und wir sprachen ein paar Minuten miteinander. Am Sonnabend, der übrigens der Geburtstag der kleinen Anne Dickens war, kam Dickens morgens ganz aufgeregt zu mir und berichtete, daß sie das ermordete Kind gefunden hätten, und ich fuhr dann nach Nairobi und meldete das der Polizei, die sofort hierher kam aund seitdem jeden Tag hier war.

Es ist verständlich, daß Dickens und alle Leute mit kleinen Kindern sehr aufgeregt sind bei dem Gedanken, daß wir einen solchen Menschen auf der Farm haben, gleich, ob Lori es nun wirklich ist oder nicht. Meine Zeugenaussage wird als sehr wichtig angesehen; das ist unangenehm, und so genau kann man die Zeit gar nicht angeben, weil man ja unter normalen Umständen gar nicht so auf sie achtet. Auf jeden Fall hasse ich es, Teilnehmer einer Menschenjagd dieser Art zu sein, und ich verspüre keinerlei Begeisterung bei der Aussicht, mithelfen zu können, den Schuldigen zu ergreifen, auch wenn es ein abscheuliches Verbrechen ist und ich den Täter dafür gerne gehängt sähe. Es ist unbeschreiblich schwer, etwas, was auch nur der Wahrheit ähnlich sieht, aus Kikuyus oder Natives überhaupt herauszubekommen; ihre Denkweise ist nicht wie unsere …

An Ingeborg Dinesen *Ngong, Sonntag, 11. 12. 27*

… Am Mittwoch war der Polizeioffizier aus Nairobi hier, und ich mußte mit ihm die Stellen abgehen, wo ich Lori gesehen hatte, und sehr genau Zeit nehmen. Es ist ja unmöglich, auf die

Minute genau zu sagen, zu welchem Zeitpunkt man hier oder dort gewesen ist; aber soweit ich das beurteilen kann, ist es *möglich*, daß Lori das Kind ermordet hat zwischen dem Zeitpunkt, wo ich mit ihm im Garten gesprochen habe und dem Augenblick, wo er wieder heraufkam und auf dem Weg zu Dickens mit mir sprach. Sein Benehmen war an jenem Abend in vieler Hinsicht sehr merkwürdig, unter anderem ging er nicht zu seiner Hütte zurück, sondern verbrachte die Nacht bei Kikuyus, bei denen er früher noch nie gewesen war, und wenn ich jetzt darüber nachdenke, benahm er sich auch ziemlich eigenartig, als er heraufkam und mich ansprach; er kam so leise hinter mir angeschlichen, daß ich zusammenzuckte, als er anfing zu sprechen, und was er sagte, war der bare Unsinn – ich könnte mir denken, er hat mich gesehen und ist mir nachgelaufen, um sich ein Alibi zu verschaffen. Aber alle diese Feststellungen sind ja viel zu vage, um daraufhin einen Menschen zu verurteilen oder auch nur zu verdächtigen. Sie meinen, einen Stock gefunden zu haben, der ihm gehört und an dem Blutflecken sind; aber ich habe nun mal kein großes Vertrauen zur Intelligenz der hiesigen Polizei, und die Beamten spielen für ihr Leben gern Sherlock Holmes. Es erinnerte mich sehr an das Verhör in *Alice in Wonderland*, als er mich fragte: »Können Sie sich erinnern, was Lori anhatte?« – »Nein, beim besten Willen nicht.« – »Können Sie sich erinnern, ob er einen Stock in der Hand hatte?« – »Nein, überhaupt nicht.« »Das ist sehr wichtig.« Das Buch heraus und aufschreiben: Die Baroness Blixen kann sich überhaupt nicht erinnern, was Lori anhatte etc. – und weiter in dem Ton...

Ich habe viel über das nachgedacht, was Du über das Verhältnis zwischen Dir und Tante Bess schreibst... Ich habe so oft das Gefühl, die Nähe von Magleaas hat dazu beitragen, daß Tante Bess im Alter nicht recht glücklich wird, und dieser Umstand belastet auch Eure Beziehung zueinander. Mir kommt es so vor, als ob das Ideal, das sie dort verwirklicht sieht, sie etwas unzufrieden gemacht hat mit dem, was sie selbst im Leben erreicht hat, und sie in gewisser Weise in ihrer Ansicht bestärkt hat, Ehe und Kinder seien das wahre »Glück« im Leben, die Menschen, die das erreicht hätten, seien immer *eo ipso* – und oft ziemlich unverdientermaßen. – »Die Reichen« und sie selbst im Vergleich zu ihnen die Kleine... Das ist ja fast schon krankhaft und, meines Erachtens, richtig bedauerlich, wenn es ausgerechnet Tante Bess betrifft, die in so vieler Hinsicht reich ist und geliebt und bewundert wird und gerade stolz darauf sein sollte, »a glorious strongminded old maid of old Denmark« zu sein; ich kann verstehen, daß Dir das gelegentlich auf die Nerven geht, wenn man die »Unterklasse« mit dem gleichen bitteren Stolz darauf pochen hört, sie seien ja »Proletarier« und »ohne Bildung und Erziehung«, während sich die unglückliche »Oberklasse« gleichzeitig beklagt, wegen der Steuern und Abgaben etc. von allen Leuten am schlechtesten gestellt zu sein...

Farah bekommt manchmal einen ähnlichen Raptus und pocht auf sein privilegiertes Elend als »only a coloured man«, bis ich sagen muß: »Hör doch auf mit dem Blödsinn, Farah, Dir geht es doch viel besser als mir«, – aber mit ihm ist auch leichter fertigzuwerden, denn ich bin überzeugt, daß er in Wirklichkeit um keinen Preis mit mir tauschen möchte. Bei Tante Bess allerdings liegt das, wie ich glaube, tiefer. Ich bin zu dem Schluß gekommen, es hat gar keinen Zweck, mit ihr über Dinge dieser Art zu rechten; vielleicht ändert sie ihre Einstellung noch einmal; wenn ich mich aus meiner Kindheit und frühen Jugend recht erinnere, hatte sie damals ganz andere Ansichten. Bis dahin sei meiner Sympathie versichert, und außerdem weiß ich ja auch, daß es zwischen Dir und Tante Bess so viel Liebe, Treue und Verständnis gibt, daß man eine kleine fixe Idee ohne größere Schwierigkeiten ertragen kann...

An Ingeborg Dinesen — *Ngong, 3. Januar 1928*

... Denys und ich feierten eine ruhige Wiederholung unseres Weihnachtsessens mit Kerzen und Tannen, verzichteten aber darauf, bis Mitternacht aufzubleiben, um uns vom alten Jahr zu verabschieden. Ich muß ja zugeben, es war ein herrliches Jahr mit Deinem Besuch, einem trotz aller Befürchtungen zufriedenstellenden Resultat auf der Farm, Denys' langen Besuchen und den guten Nachrichten von zu Hause.

Ich muß Dir etwas Merkwürdiges erzählen, das am Neujahrstag passiert ist. Ganz früh am Morgen beschlossen Denys und ich, einmal den neuen Weg auszuprobieren, der von Ngong nach Narok geht, und so die schon früher erwähnte Safari einzuholen, um den Leuten einige Büchsen und Ferngläser zu bringen, die Denys ihnen versprochen hatte. Wir sind den Weg noch nie gefahren, und außerdem stellte sich heraus, daß er noch nicht einmal zur Hälfte fertig war, weswegen wir die Safari nicht antrafen. Es war ein herrlicher klarer Morgen, und der Weg ist wunderschön, – er geht dort hinunter, wo Thomas mit Palme auf Jagd war, und er ist sehr gut angelegt; es hat mich geärgert, daß es ihn noch nicht gab, als Du hier warst, es wäre eine Tour so recht nach Deinem Geschmack gewesen. Wir sahen eine Menge Wild, Elenantilopen, Zebras und Gazellen. Als wir fünfzehn Meilen gefahren waren, zeigte Kanuthia plötzlich rechts hinüber und flüsterte »Simba«, und siehe da – über einer riesigen dunklen Masse, die sich später als eine getötete Giraffe erwies, ragte ein großer Löwe empor, das Gesicht uns zugewandt. Nun leiden die Massai sehr unter den Löwen, und Denys ist schon früher vom Game-Department gebeten worden, dort Löwen zu jagen, deshalb fanden wir, dies sei eine gute Gelegenheit. Denys erlegte ihn mit zwei Schuß aus einer Entfernung von ungefähr zweihundertfünfzig Yards, – es war ein alter Löwe, keine besondere Mähne; aber wie groß und prachtvoll sind sie doch, und wie herrlich war es, wieder einmal einen zu sehen.

Wir deckten ihn dann mit Dornenzweigen zu, weil wir ihn erst auf dem Rückweg abbalgen wollten, und fuhren weiter. Nach sechs Meilen war, wie gesagt, der Weg zu Ende, wir mußten also umkehren und zurückfahren. Ich sollte auf die Giraffe achten, damit wir nicht an ihr vorbeiführen, und als ich sie dann erblickte, wollte ich kaum meinen Augen trauen: ein zweiter Löwe stand auf dem Kadaver und sah zu uns herüber – ein über die Maßen prachtvoller, schwarzmähniger großer Löwe, sicher der prächtigste, den ich je gesehen habe. Ich glaube, es muß einer der schönsten Anblicke der Welt gewesen sein. Wir blieben einen Augenblick sitzen und überlegten, ob wir ihn erlegen sollten oder nicht, kamen aber zu dem Resultat, wir wollten ihn haben; und genau in dem Moment, als er das Weite suchen wollte, traf Denys ihn, er sprang hoch in die Luft und stürzte dann zu Boden. Denys sagt, es sei das beste Fell, das er je geschossen hätte; die Mähne war vollkommen schwarz und reichte bis weit über die Schulter. – Wir balgten dann beide Löwen ab und verzehrten stolz und zufrieden unser mitgebrachtes Neujahrsfrühstück mit Brot, Käse, Rosinen und Mandeln und genossen eine Flasche Rotwein in der klaren schönen Luft mit Blick auf die Ngong-Berge und die frischen grünen Hänge ringsum; ich glaube nicht, daß ich je einen herrlicheren Neujahrsmorgen erlebt habe. Dann fuhren wir mit dem Fell nach Nairobi, – übrigens haben wir allen Leuten verheimlicht, wo wir diese Löwen entdeckt haben, damit nicht ganz Nairobi dort hinauszieht zur Jagd. Du kannst Dir nicht vorstellen, wie groß eine Giraffe aussieht, wenn sie so an der Erde liegt, – und was sie für einen Gestank verbreitet! Kanuthia bekam vier Flaschen Fett von den Löwen, von denen ihm Denys eine für Poor Singh abkaufte; Tommy kann sich sicher erinnern, wie sehr der auf Löwenfett erpicht war. Falls das Jahr 1928 so flott und erfreulich weitergeht, kann man ja der Zukunft mit Freuden entgegensehen.

Denys geht nun morgen auf seine Safari ...

An Ingborg Dinesen — *Ngong, Sonntag, 8. 1. 28*

Mein geliebtes Lamm.
Das Merkwürdigste, was sich diese Woche zugetragen hat, war ein Erdbeben Freitag nacht. Es war wohl nur ein kleines unbedeutendes; aber für jemanden, der noch keine Erfahrung mit Erdbeben hat, war es doch ein sonderbares Erlebnis. Ich war beim Zubettgehen gerade im Badezimmer, und mein erster Gedanke war, ein Leopard müßte irgendwie auf den Dachboden

gekommen sein; als aber das ganze Haus anfing zu schaukeln, brauchte man ja nicht lange nach einer Erklärung zu suchen. Obwohl es an sich ein ungemütliches Gefühl ist, hat es doch etwas, wenn ich das so sagen kann, Berauschendes, daß etwas, das einem immer leblos vorgekommen ist, sich plötzlich bewegen kann. Man hat ein Gefühl, als müsse man die Erde mit der Hand tätscheln und zu ihr sagen: Na, na, du bist also doch lebendig, meine gute alte Erde! –

Juma sagt, er habe so etwas schon einmal in Uganda erlebt, und da sei König Edward am gleichen Tag gestorben! – demnach müssen wir ja auf große Begebenheiten gefaßt sein...

Die Polizei patrouilliert um das Haus, weil behauptet wird, wir hätten eine Räuberbande auf der Farm; vorgestern haben sie einen Inder und einen Native in Limoru erschlagen. Gestern kam ein Askari und sagte, ein Kikuyu sei bereit, der Polizei ihr Versteck zu zeigen; wenn wir ihm zwanzig sh gäben, und die sollte ich verauslagen; aber mir schien das eine so miese Affaire zu sein, daß ich nichts mit ihr zu tun haben wollte. Ich habe einen solchen Widerwillen dagegen, mit ansehen zu müssen, wie irgend etwas eingefangen wird, daß ich, als ich die Handschellen in den Händen des Polizisten sah, am liebsten Boten losgeschickt hätte, um die Mörder zu warnen. Hätte ich gewußt, wo sie waren und daß sie mich nicht erschlagen würden, dann hätte ich mich gerne mit ihnen getroffen; Leute in völlig hoffnungslosen Situationen haben immer etwas Faszinierendes...

Farahs Frau * ist jetzt gekommen, sie ist richtig nett; das arme kleine Wesen hat es gar nicht so leicht in dieser völlig fremden Umgebung, sie kann nicht ein Wort Suaheli – Alis junge Frau gibt ihr jetzt Unterricht darin –, und Farah ist sicher ein schrecklicher Haustyrann.

Die meisten Somalifrauen legen eine gewisse Würde an den Tag, die sehr anziehend ist, diese hier ist nicht hübsch, aber sie sind alle gut gebaut, haben schöne Hände und Füße und eine wunderschöne Körperhaltung.

Erzähl, bitte, Thomas, daß ich Kamantes kleinen Bruder Titi jetzt als Hundetoto eingestellt habe. Er war arbeitslos geworden, weil Kamante sämtliche Ziegen und Kälber, die er sonst zu hüten pflegte, verkauft hat, um sich seine Ndito kaufen zu können; als ich neulich mit Heather und Titi spazieren ging, begegneten ihm einige von seinen früheren Kälbern, die nun in fremden Händen sind, und er brach bei diesem Wiedersehen sofort in Tränen aus. Kamante hat sich durch diese Eheschließung bei mir so tief verschuldet, daß es mir vorkommt, als müßte er den Rest seines Lebens als Sklave verbringen ...

An Ellen Dahl *Ngong, 13. 1. 1928*

... Als erstes vielen, vielen Dank für den kleinen Harlekin, den Du mir zu Weihnachten geschickt hast; ich freue mich furchtbar über ihn, ich habe ihn mir schon ganz lange gewünscht. Er und Columbine stehen auf Großmutters alter Kommode in meinem Schlafzimmer, aber Heiligabend posierten sie auf dem Kamin im Eßzimmer hinter einer Reihe Weihnachtskerzen, und das sah zauberhaft aus, als ob sie auf einer Bühne tanzten. Sie sind nicht nur an sich schon allerliebst anzusehen, sondern repräsentieren in gewisser Weise einen guten Teil alten Kopenhagener Geistes – Tivoli und das Ballett und Dyrehavsbakken –, alles Dinge, die ich mit den Jahren und dem größeren Abstand ihrer Schönheit, Ehrlichkeit und Gemütlichkeit wegen sehr zu schätzen gelernt habe; für das »Johannisabend-Spiel« und »Weihnachtsspäße und Neujahrspossen« habe ich allerdings immer schon geschwärmt, und Harlekin tritt ja in beiden auf. Ich glaube, unser ganzes Zeitalter sehnt sich nach Phantasie und nach Märchenhaftem in der Kunst, ich selbst lese H. C. Andersens Märchen mit tiefer Bewunderung – ich sehe, Ihr feiert dieses Jahr sein Jubiläum, ich würde zu gern daran teilnehmen; ich würde sehr gerne seine Gesammelten Werke haben, falls es sie gebunden zu einem nicht allzu schwindelerregenden Preis gibt. Denys und ich haben gerade Silvester davon gesprochen, welch unbeschreiblich große Freude und was für ein Erlebnis es sein müßte, wenn Dein Harlekin nur eine einzige Pirouette drehen würde –

das Unerwartete würde geschehen, wenn auch nur en miniature...

Ich wünsche Dir ganz besonders alles Gute für Deine Herberge für Obdachlose, von der Mutter mir geschrieben hat und die mich in höchstem Maße interessiert. Kannst Du Dich erinnern, wie wir einmal im Sommer 1925 auf dem Bahnhof von Skodsborg saßen – es war übirgens der Tag nach Tommys Verlobung, an dem wir von Springforbi dorthin gegangen waren, und wir hatten einen Ballon in Form eines Storches an einer Schnur –, wir sprachen darüber, welche Leidenschaften man sich im Leben bewahrt, wenn man auch nach und nach so manche aufgibt, und ich sagte, meine größte Leidenschaft seien im Laufe der Jahre »die niederen Klassen« geworden? – Damals hast Du mir nicht zugestimmt, aber jetzt entgehst Du vielleicht doch nicht Deinem Schicksal. Ja, für mich sind es hier die Natives, denen meine Liebe gehört, aber das spielt keine Rolle; es sind doch die gleichen Menschen. Die auf die eine oder andere Weise »Erniedrigten und Beleidigten«. Vater schreibt in *Fra Ottende Brigade* * – »man liebt Soldaten wie man junge Frauenzimmer liebt – wild, unbändig« –, und ich selbst gelange zu der Auffassung, daß es vollkommen falsch ist anzunehmen, die *persönlichen* Leidenschaften und Verhältnisse seien die stärksten und bedeutungsvollsten im Leben, von denen kann gelten, was Stuckenberg an seine Geliebte schreibt, sie sind »Das Glück meines Lebens*, das Glück ist Dein Bild« – aber die richtige wilde, unbändige Leidenschaft, die ist anderen Dingen vorbehalten: der Kunst zum Beispiel, der Erde, den Soldaten, (jungen Frauenzimmern,) my black Brother oder den Arbeitslosen...

Ob die Jungen es im Dasein leichter oder schwerer haben werden als wir, ist ja schwer zu sagen; aber in gewisser Hinsicht ist das Leben wohl, wie die Bekleidung und die Speisekarten, vereinfacht worden seit unserer Jugend. Ich glaube, eine große Veränderung hat es gegeben, man kann sie als Erleichterung oder Verlust ansehen, je nachdem: so unwahrscheinlich wenige Menschen, wenn es nicht überhaupt nur noch einige ganz wenige sind, fühlen sich gegenüber anderen Leuten und gegenüber sich selbst als *Repräsentanten* für irgend etwas jenseits ihres bloßen Menschseins und ihrer Persönlichkeit. Die Begeisterung, der Stolz, das Verantwortungsgefühl, die eine oder andere Nation zu repräsentieren, ist wohl den meisten abhanden gekommen, wie groß im einzelnen auch die Liebe zu einem Land und einem Volk noch empfunden wird, Klassenbewußtsein und Stolz findet man vielleicht bei denen, die sich einbilden, das Proletariat zu repräsentieren – auch wenn sie dort viel zu sehr mit rein praktischen Interessen vermischt sind, als daß man sie sonderlich ideell nennen könnte –, aber ganz bestimmt nicht mehr bei der Oberklasse oder zum Beispiel der Militärkaste. Ich glaube, Onkel Mogens fühlte sich dem Dasein gegenüber in erster Linie als ein Frijs, der Frijsenborg und sein Geschlecht repräsentierte, er hatte ein Empfinden für das Privileg und für die damit verbundene Verantwortung; ob aber nicht diese ganze Lebensauffassung mit ihm ins Grab gesunken und jetzt nur noch in den Museen zu finden ist?

Der Grund für diese Erscheinungen ist wohl, daß die alten Ideen, für die und mit denen auf jeden Fall die Generation vor uns gelebt hat, sich selbst überlebt haben und durch den Einfluß der Jahre, des Wetters und des Windes ziemlich morsch geworden waren – bei ruhigem Wetter hätten sie noch standhalten können, aber nicht im Ragnarök des Krieges; es bleibt aber die Frage, ob sie jemals wieder auferstehen können in anderen Formen und unter anderen Namen und ob die Kinder und Enkel unserer Altersgenossen wieder einmal unter einem Wappenschild und einem Wappen kämpfen werden, welche Farbe es dann auch haben mag?

Eine sehr große Veränderung, deren sich die Leute vielleicht noch gar nicht bewußt sind, hat, glaube ich, stattgefunden, als aus der *Weiblichkeit*, dem Frau-Sein, gewissermaßen die Idee geschwunden ist. Ich glaube, die Frauen der alten Zeit, ganz besonders die besten unter ihnen, hatten das Gefühl, etwas Großes und Heiliges zu repräsentieren, um dessentwillen sie eine über sie selbst hinausweisende Würde hatten und auf das sie stolz waren und für das sie eine tiefe Verantwortung empfanden. Weder der Übermut des jungen hübschen Mädchens noch die Majestät der alten Dame entsprangen, alles in allem, dem eigenen Selbstbewußtsein; jedes Element der persönlichen Eitelkeit fehlte ihnen, man trug sie mit sich herum wie den Stolz auf ein Wappenschild oder auf eine Fahne. Wo eine persönliche Beleidigung sehr wohl entschuldbar war, konnte eine Kränkung der Weiblichkeit, deren Repräsentanten sie waren, niemals vergeben werden; eine Ohrfeige konnte man vielleicht verzeihen, nicht aber einen geraubten Kuß. Ich glaube, heutzutage denken nur sehr wenige junge Frauen so. –

In einer von Blichers Novellen * wird die Heldin vor die Wahl gestellt, das Leben des Bruders zu retten oder ihre (weibliche) Ehre dem Anführer des feindlichen Heeres zu opfern, und weder sie noch der Bruder sind auch nur einen Augenblick im Zweifel; – sein Leben muß geopfert werden. In einer modernen Geschichte – von Jakob Wassermann* – verspricht ein Offizier der Bolschewiken einer jungen Dame, das Leben einer Gruppe von Flüchtlingen zu schonen, wenn sie in der Nacht zu seinem Quartier komme; sie braucht ebenso wenig Bedenkzeit wie Blichers Geschwisterpaar und antwortet: »Ja, natürlich – hier bin ich.« Ich glaube, es gibt sehr wenig junge moderne Frauen, bei denen Gewissen und Moralempfinden nicht die gleiche Antwort verlangen würden. Denn sie sehen ihre »Weiblichkeit« nicht mehr als heiligstes Element ihrer Natur an, und der Begriff »weibliche Ehre« hat keine Bedeutung für sie, kaum noch einen Sinn. – Ebenso hätte Blichers junger Adliger eher den Tod gewählt, ehe er zum Beispiel sein Adelswappen einem Schwein um den Hals gehängt hätte, während es heute auf der ganzen Welt – jedenfalls in den zivilisierten Ländern – keinen Adligen gibt, der nicht mit dem besten Gewissen dazu bereit wäre, wenn er damit das Leben seiner Freunde oder nur das eigene Leben retten könnte; denn seine höchsten Verpflichtungen liegen auf anderer Ebene. Die tiefe Empörung, die eine junge Frau gegenüber einem Mann, der sie vergewaltigt hat, empfindet – ebenso wie gegenüber einem Menschen, der zum Beispiel ihr Haus abgebrannt hat –, würde, glaube ich, noch übertroffen von einer weit größeren Raserei gegen solche teilnahmsvolle Menschen, die von der jungen Frau erwarteten, sie müsse sich erniedrigt und »entehrt« fühlen.

So viel Schönes und Großartiges in den Idealen der alten Zeit gelegen haben mag, so ist doch der Beweis dafür, daß dies Salz seine Kraft verloren hat, der: heutzutage sind es die – auf die eine oder andere Weise intellektuell oder moralisch – Unfähigen, die sich noch immer mit derartigen Idealen brüsten. Es gibt ja durchaus Engländer, die noch »*The Empire*« ins Treffen führen und sich über »*we Englishmen*« verbreiten – aber von den besten tut das *keiner* mehr; und bei anderen Nationen wird es ähnlich sein...

Und die Frauen, die aus ihrem Geschlecht den größten Nutzen zu ziehen versuchen und ihrer »weiblichen« Tugend mehr Bedeutung zumessen als ihrer menschlichen Ehrlichkeit und Ehre, gehören, meiner Meinung nach, heutzutage nicht zur weiblichen Elite der Menschheit.

Und doch steht ja fest, die Menschen haben hier Werte verloren, die ihnen den Rücken gestärkt und ihrem Leben Gewicht gegeben haben und möglicherweise in vielen Fällen die einzelnen Individuen glücklicher und das Zusammenleben der Menschen leichter gemacht haben. Das Bewußtsein, ein Deutscher, ein Reventlow, einer aus der ehrlichen Gilde der Kannegießer, eine »honnête femme« zu sein, hat sicher viele Leute auf ihrem Posten gehalten und ihnen ein beglückendes Selbstbewußtsein gegeben, wogegen die Jungen von heute, die »auf ihrer bloßen Menschlichkeit sitzen«, nichts Vergleichbares zu bieten haben.

Ich glaube auch, zu einem großen Teil machte die anerkannte Heiligkeit und Bedeutung des »Weiblichen« die Ehe in alten Tagen, wenn nicht gerade glücklicher, so doch leichter. Eine junge Braut gab ihrem Bräutigam unendlich mehr als ihren rein persönlichen Wert; sie brachte in sein Heim etwas Ewiges, Unschätzbares, den unverletzlichen Wert und die Würde einer »Frau des Hauses«, und im Zusammenleben der Eheleute lag das Hauptgewicht weniger auf persönlicher Sympathie und Antipathie als auf dem eigentlichen Verhältnis zwischen »Mann & Frau« – ihr Nähkasten, seine Pfeife und seine Zeitung waren die Insignien –, und die zwei begegneten sich in ihrer Ehe sozusagen als die Ambassadeure zweier Großmächte, in vollem gegenseitigem Bewußtsein und voller Anerkennung der Mächte und Werte, die hinter ihnen standen.

Heutzutage hat das Zusammenleben zwischen zwei rein menschlichen Persönlichkeiten eine andere Basis und einen anderen Inhalt (wenn überhaupt einen). Ich jedenfalls weiß nicht, ob die Leute im allgemeinen mit Gewinn so ganz nur vom Menschlichen und Persönlichen leben können, ohne daß ihnen im Dasein eine bestimmte Rolle zugeteilt wird. Im Himmel, habe ich gehört, werden sie weder freien noch sich freien lassen, und dort wird sicher ein Reventlow neben Hinz und Kunz sitzen. Aber man kann wohl annehmen, daß es dort ein besonderes Arrangement oder einen besonderen Geist gibt, der den Umgangston erleichtert; sonst, glaube ich, werden die alten Reventlows und die Ehepaare der alten Zeit ganz schön den Boden unter den Füßen verlieren. – Man kann wohl nicht behaupten, die jungen Leute heutzutage hätten sich ganz aus freien Stücken in einer einzigen Hinsicht den modus vivendi des Tausendjährigen Reiches angeeignet, aber sie werden dafür bezahlen müssen; sicher wird mehr Phantasie, mehr Kraft und Idealismus von ihnen gefordert, als die Lebensweise vergangener Zeiten sie verlangt hat. Der Herr sei mit ihnen, ich kenne sie ja nicht besonders gut, habe aber doch großes Vertrauen zu ihnen...

Du schreibst, es müßte nicht ganz einfach für mich gewesen sein, Mutter und Denys hier gleichzeitig zu Besuch gehabt zu haben. – Unter uns: hast Du diesen Eindruck aus Mutters Erzählungen oder aus Deinen eigenen Überlegungen gewonnen? Ich glaubte, Mutter hätte das nicht so empfunden, und ich war froh, daß Mutter Denys kennengelernt hat. Mutter ist sich ja über dieses Verhältnis im klaren wie natürlich alle Leute hier, und ich kann nicht wissen, was es für Auswirkungen haben soll auf ihre Meinung von mir oder ihre Gefühle mir gegenüber, welcher Art sie auch immer sein mögen.

Ja, jetzt nur noch viele, viele Grüße Dir, meine liebe Elle, und grüße Knud vielmals von mir – auch Frl. Møller und Ellen. Alles denkbar Gute für das neue Jahr in der Sølvgade und auf Mols* und wo Ihr Euch sonst in der weiten Welt aufhalten werdet.

Grüße mir Kongens Have und Langelinie, Dyrehaven und Ellemandsbjerget; das liegt ja alles weit weg, und doch glaube ich nicht, daß die Natur und das Leben hier sich so von Dänemark unterscheiden wie von vielen anderen Gegenden – manchmal finde ich, viele der alten dänischen Volkslieder* hätten hier geschrieben sein können:

»Sacht trieb der Hirt die Schafe durch die Abendkühle,
schrieb eine Spur in ihren Tau.« – –*

»– Reite sachte durch den Hain, Allerliebste mein,« – und Lulu »eilt spielend hin und her, vom Hof nach draußen in die Wälder, – jedes einzelne Haar an ihr glänzte so schön wie das rotglühende Gold.« Und nach dem Regen: »Hier blüht der Wald, hier belaubt sich das Reis, wenn der Rauch sich senkt auf das Gras.«

Ja, lebe nun wohl, und schreib ab und zu einmal.

Deine Tanne.

An Ingeborg Dinesen — *Ngong, Sonntag, 22. 1. 1928*

... Mohr und ich haben – mit allem Respekt vor Søren Kierkegaard – über den »Begriff Angst« diskutiert, hauptsächlich wegen meiner Räuberbande hier; mir scheint, ich selbst bin im Leben zu dem Resultat gekommen, alle Angst ist in Wirklichkeit nervöser Natur, denn *es gibt nichts, wovor man* Angst haben *müßte*. Das heißt: Man darf natürlich Angst davor haben, totgeschlagen zu werden, eine Lungenentzündung zu bekommen, sein Auto in den Graben zu fahren etc. – alle Risiken existieren selbstverständlich im Dasein –, aber man darf ihretwegen nicht *vor Angst wie gelähmt* sein – denn es gibt im Leben nichts, das so entsetzliche Angst rechtfertigte (es sei denn, man glaubt an den Teufel, dann kann man natürlich mit Recht ständig in großer Angst schweben). Daß ich zum Beispiel keine so entsetzliche Angst vor Natives habe und auch nie haben werde, nicht einmal bei der durchaus möglichen Vorstellung, sie stünden vor der Tür und wären entschlossen, mich zu töten, und ich müßte damit rechnen, das könnte ihnen auch gelingen, so kommt das daher, daß sie selbst keine Spur von Angst empfinden würden, mich zu töten, das heißt: weder sie noch ich glauben an den Teufel, und das ganze gliche sehr viel eher einer Jagdepisode, zum Beispiel dem Aufstöbern eines Bären aus seinem Winterlager, was den Jägern keine solche entsetzliche Angst einflößt, obwohl sie wissen, sie riskieren, dabei getötet zu werden, auch dem Bären nicht, so wütend und zum Kampf entschlossen er auch sein mag. All die lähmende Angst ist mehr oder minder Angst vor und in der Dunkelheit: Bring Licht, und sie muß notwendigerweise verschwinden, denn es wird sich zeigen, daß gar nichts da ist, wovor man so furchtbare Angst haben müßte. Aber wir haben so viele Jahre hindurch an die Hölle und den Teufel geglaubt und uns gegenseitig beigebracht, so viele Dinge für furchterregend zu halten, daß uns eine Höllenangst im Blute sitzt, und die erhebt ihr Haupt bei den unsinnigsten Gelegenheiten...

Am Donnerstag war ich bei Fjæstads zum Lunch; ich hatte mich dort mit Mohr verabredet, weil ich dann am Nachmittag mit ihm zu seiner Farm fahren sollte; er hat mich gebeten, ihm beim Kauf von Gardinen usw. für sein Haus zu helfen, und wir mußten ja erst dort hin, um Maß zu nehmen und die Farben anzusehen. Es war eine Freude, seine Farm zu besichtigen, ich finde, er hat eine sehr interessante Stellung für einen so jungen Mann – die Farm hat über elftausend Morgen, davon sechstausend Morgen Sisal und wohl fünfhundert Morgen Kaffee; er hat vier weiße Leute, vier Fundees und fünfhundert Natives unter sich...

Ich kam sehr spät heim und fand zu meiner großen Freude Denys hier vor; er bleibt eine Woche...

Du mußt mir unbedingt den *Ungdommens Oprør* schicken, von dem Du schreibst; ich würde ja gerne die moderne Jugend besser kennenlernen, hier habe ich dazu wenig Gelegenheit. Ich glaube, die Leute regen sich über viele Umwälzungen der Gegenwart unnötig auf; die Dinge müssen doch verändert und entwickelt werden, und man kann, wie bekannt, kein Omelett machen, ohne Eier zu zerbrechen...

... Über den Mord kann ich Dir keine Neuigkeiten mitteilen. Sie hatten keine Beweise gegen Lori und haben ihn wieder freigelassen. Wir haben ihn von der Farm fortgeschickt; ob er nun schuldig ist oder nicht, die Stimmung ist derart gegen ihn, daß es kein friedliches Auskommen mit ihm geben wird; er ist zu seinem eigenen Stamm in die Nähe von Meru zurückgekehrt. Die Polizei hat danach weiter keine Anstrengung unternommen, so daß wohl nichts mehr dabei herauskommen wird.

Bei ihrer Jagd nach dem Räuber Muange sind sie auch nicht weitergekommen. Man geht davon aus, daß er sich mit seiner Bande hier in der Nähe aufhält. Am Sonntag, als wir, wie ich wohl schon geschrieben habe, hier eine große Ngoma hatten, kam ein Polizeibeamter aus Nairobi mit dem Auto hierher in der Hoffnung, ihn zu schnappen, weil Muange ein großer Freund von Ngomas sein soll. Der Polizist unternahm übrigens nicht das mindeste, um ihn zu fangen, sondern verbrachte die ganze Zeit hier im Hause mit Biertrinken und großspurigen Reden über seine Tätigkeit; es hätte also schon sehr merkwürdig zugehen müssen, wenn Muanges Freunde ihn nicht rechtzeitig hätten warnen können, falls er wirklich bei dem Tanz war. Ich hätte es sehr »sporting« von Muange gefunden, wenn er sich, um zur Ngoma zu kommen, wirklich in Lebensgefahr begeben hätte – alle Polizisten haben Befehl, auf ihn zu schießen, sobald sie ihn sehen –; Dickenson, Denys Freund und Untergebener auf den Safaris, der diese Woche hier gewohnt hat, und ich, wir haben daran gedacht, eine Ngoma für ihn zu veranstalten und ihm freies Geleit zuzusichern und Posten am Weg aufzustellen, die uns Bescheid geben sollten, wenn die Polizei kommt; aber es ist wohl unwahrscheinlich, daß er so viel Vertrauen zu uns hat und kommen wird. Übrigens glaube ich gar nicht, daß er noch hier in der Gegend ist...

Bei unserer Rückkehr am Mittwoch fanden wir zu unserer großen Überraschung Denys hier vor; der Zündmagnet an einem seiner Lastwagen war dreißig Meilen jenseits der Grenze von

Tanganjika kaputtgegangen, und er war auf einen Rutsch zurückgekommen, um sich einen neuen zu besorgen. Er aß mit uns zu Abend und ging ins Bett, stand um ein Uhr wieder auf und machte sich bei Nacht und Nebel auf den Rückweg. Ich hätte ihn gerne ein Stück gefahren, weil er so todmüde und verschlafen war, wenn ich nur gewußt hätte, wie ich wieder hätte nach Hause kommen können – alles, was mit Safaris zu tun hat, reizt mich unbeschreiblich, selbst der Start bei Licht in der kalten, klaren Nachtluft; so begleitete ich ihn im Nachthemd mit einem Mantel bis zum Teich und ging zu Fuß nach Haus, es war eine sternklare Nacht und die Luft ganz leicht...

An Ingeborg Dinesen *Ngong, Sonntag, 12. Februar, 1928*

... Am Sonntag, nachdem ich an Dich geschrieben hatte, bekam ich Besuch von einer kläglichen Figur, einem Schweden, Casperson, der eine Zeitlang Maître d'hotel im Norfolk gewesen ist und nun völlig mittellos dasteht. Er war auf Schusters Rappen durch all den Staub hierher gewandert und sah entsprechend schlimm aus und erwies sich als ein in jeder Beziehung ziemlich hoffnungsloser Fall. Er scheint irgendwie mit der Polizei in Konflikt geraten zu sein, und die Schweden hier, die ohnehin nie sehr hilfsbereit sind, wollen seitdem nichts mit ihm zu tun haben, so daß es schlecht für ihn aussieht. Er ist auch in diesem Land schlecht zu gebrauchen; er hat keinerlei praktische Fähigkeiten, kann nicht autofahren oder irgendein Werkzeug handhaben, versteht nichts von der Landwirtschaft oder kaufmännischen Dingen und scheint offensichtlich auch kein Talent zu haben, sich mit den Leuten gut zu stellen. Er war früher – Schauspieler! als er noch in Europa lebte; seine besten Rollen waren der Armand in der *Kameliendame* und der Oswald in den *Gespenstern* sagt er – was soll man damit nun hier anfangen. Ich mag ihn gern; er ist durch und durch ein richtiger Nassauer, und solche Leute sind ja immer besonders angenehm – ziemlich versoffen auch noch, um der Rolle treu zu bleiben –, aber was soll man mit ihm machen? Ich gab ihm fünfundzwanzig sh., aber die reichten nicht weit...

Montag war ich in Nairobi – wie gewöhnlich: Lunch mit Bent, Shauries mit Hunter und Milligan... Tee im Stanley Hotel mit dem jämmerlichen Casparson...

Freitag hatte ich den ganzen Tag auf der Farm zu tun und war auch bei Dickens. Ich kam spät nach Hause und fand bei meiner Ankunft, Gottbewahre, Casparson wie einen Schatten vor dem Hause stehen. »Ja, hier steht ein Landstreicher, Freiherrin!« und so sah er auch aus, unrasiert und erbärmlich. Er wäre auf dem Weg nach Tanganjika – zu Fuß! Das ist überhaupt nicht zu schaffen, es sind zweihundertdreißig Meilen, der größte Teil des Weges ohne Wasser – und wenn er dann dort ankommt, hat er auch dort nicht die geringste Chance, kennt keinen Menschen und hat ja kein Geld. Aber was soll man mit solchen Menschen machen? – Ich spendierte ihm ein Abendessen, und er schlief die Nacht über hier. Eigentlich war das ganz gemütlich, nur versuchte ich völlig vergebens, ihn dazu zu bewegen, seinen Plan aufzugeben und nach Nairobi zurückzukehren und dort irgendeinen Job zu suchen; er hatte sich nun einmal in den Kopf gesetzt, auf diese Art sein Glück zu versuchen, und es blieb mir nichts anderes übrig, als ihn ganz früh am Morgen auf den Weg zu schicken, damit er wenigstens ein Stück weit kommen konnte, ehe es allzu warm wurde. Ich fuhr ihn um halb sechs bis zu Faras Duca und gab ihm ein Paket Brote und eine Flasche Bier, zehn sh. und meinen Segen mit auf den Weg, aber er sah erbärmlich aus, als er auf und davon ging; er hatte nicht einmal eine Decke mit, nur einen riesigen Mantel und kein Stück Gepäck. Ich schickte ihn zu Nepken und nehme kaum an, daß er weiter als bis dorthin kommen wird; Nepken muß ihm ja klarmachen können, daß es unmöglich ist; ich glaube, schon der Löwen wegen ist der Weg zu gefährlich; ich hätte ihn ja bis zu Nepken fahren können, aber ich fand, es wäre klug, ihn einige Erfahrungen über Fußmärsche in dieser Gegend sammeln zu lassen, bevor er dort ankäme, damit er sich das noch einmal überlegt, ehe er von dieser letzten menschlichen Behausung aus in die Wildnis startet. Ich mag ihn, wie gesagt, gut leiden und begleite ihn im Geiste mit Interesse und Sympathie; er behauptete immer wieder, es könne jedenfalls für ihn nicht schlimmer kommen, als es jetzt sei, und er war mitten in seinem ganzen Elend guter Laune und unterhielt mich mit seinen Erlebnissen, die recht vielfältig sind. Er ist mit einem dänischen Fräulein Kofoed-Hansen verheiratet; das arme Mädchen...

An Ingeborg Dinesen *Ngong, Sonntag, 19. Februar 1928*

... Alles, was mit Elles Herberge für Obdachlose zu tun hat, interessiert mich in höchstem Maße... Was die Frage nach Unterhaltung betrifft, von der Ihr schreibt – und die ja im übrigen mit Hilfe freundlicher Menschen aufs beste gelöst zu werden scheint –, so habe ich viel über sie nachgedacht, – wie ich überhaupt *furchtbar* gerne zu Hause und bei diesem Unternehmen dabei wäre – ich finde, wie gesagt, man sollte die Versammlung selbst veranlassen, zur Unterhaltung beizutragen, indem man ihr vorschlägt, da hier Menschen so unterschiedlicher Art und mit so verschiedenen Erfahrungen beisammen seien, sollte man versuchen, voneinander zu lernen, und dann sollte man diejenigen, die dazu bereit sind, auffordern, zum Beispiel über ihr schlimmstes Erlebnis zu berichten. Das habe ich einmal mit meinen Leuten auf einer Safari gemacht, und, obwohl dabei wirklich einige schauerliche Dinge zum Vorschein kamen, lachten sie schließlich alle derart über die gegenseitigen Leiden, daß man erwarten konnte, sie würden zumindest Mut fassen, dem ins Auge zu sehen, was uns noch bevorstand. Vielleicht könnte man einige Weiße – entschuldigt: ich meine Leute, die denen entsprechen – dazu bringen, den Anfang zu machen, Elle mit ihrem Feuer*, Tommy mit den Schrecken des Krieges; ich selbst könnte ja auch Verschiedenes bieten, so daß dies daraus werden könnte: »Bei Deiner rechten Hand, o König von Erin, und bei meiner eigenen, wäre sie frei, ich wäre schlechter gestellt, als ich es jetzt bin in Deinem Gefängnis und mit Deiner Todesdrohung vor Augen« ...

Am Sonnabend ritt ich am Morgen über ganz MBagathi ... Am Nachmittag fuhr ich zu einem großen Fliegertreffen – wie Du dir denken kannst, mit dem Auto voller Totos. Lady Carbery trat mit ihrer kleinen neuen Maschine auf, die sie selbst von Mombasa nach Nairobi geflogen hatte; außerdem waren noch drei andere Aeroplane zu sehen, die verschiedene Wettkämpfe veranstalteten, schwierige Landungen, Aufstiege etc. Lady Carbery machte sich gut innerhalb der Konkurrenz, es ist hübsch, diese kleinen Flugzeuge in der Luft spielen zu sehen; und es muß ja auch etwas sein, was wir genau so gut können wie die Männer. Es waren viele Leute da, unter anderen traf ich Frau Bursell, die gerade aus Tanganjika zurückgekommen war und die mir einen Stein vom Herzen nahm, indem sie mir erzählte, sie habe Casparson getroffen, er hätte flott oben auf einem Lastwagen gesessen und sei bester Laune gewesen. Das Bild seiner einsamen jämmerlichen Gestalt zu Beginn dieses hoffnungslosen Fußmarsches hat mir dauernd vor Augen gestanden, und ich habe ein ziemlich schlechtes Gewissen gehabt, daß ich ihn damals habe gehen lassen. Ich trank auf dem Flugplatz Tee und hatte meine liebe Not, meine Totos für die Heimfahrt wieder zusammen zu trommeln; sie hatten sich köstlich amüsiert ...

An Ingeborg Dinesen — *Ngong, Sonntag, 4. März 1928*

... Es ist ja erstaunlich, wie schnell hier alles grün wird nach dem Regen; über meinen wüstenähnlichen Rasenflächen liegt schon ein grüner Schimmer, und der Kaffee hat einen neuen Farbton. Ich freue mich, daß alles viel besser aussehen wird, wenn Denys diese Woche kommt; das letzte Mal war er so traurig über die Dürre. Im Teich ist etwas mehr Wasser, und die kleinen grünen Büsche fangen an zu sprießen ...

Am Dienstag reiste Dickinson in früher Morgenstunde ab,

und ich ritt hinaus auf die Farm. Am Nachmittag kamen Lady Grigg und Lord und Lady Islington zum Tee. Es war der letzte Tag der Islingtons hier im Lande, und ich fand es nett von ihnen, noch einmal hierher zu kommen. Ich habe sie bei der Kurve in Empfang genommen und bin dann mit ihnen über MBagathi gefahren; sie sind sehr daran interessiert, das dortige Haus zu bekommen. Ich glaube, Lady I. und Lady G. war es schrecklich schwer ums Herz beim Gedanken an Lady Islingtons Abreise; diese Mütter und Töchter, die sich voneinander trennen müssen, kann ich fast nicht mehr ertragen; nach dem Tee machten sie einen langen Spaziergang im Wald, und ich unterhielt Lord I. Wir werden von allen beschuldigt, einander zu lieben, und das stimmt auch insoweit, als er ein wirklich charmanter alter Herr ist.

Wir sprachen über Politik und waren ganz und gar einer Meinung, was dieses Land und die Natives anbetrifft; er sagte, er wolle seine Ansichten im House of Lords darlegen, und ich sollte nächstes Jahr im Mai nach London kommen und bei ihnen wohnen, dann würde er mich mit Leuten zusammenbringen, die sich für diese Fragen interessierten, und ich könnte dann mit ihnen sprechen. Das wäre wirklich verlockend und sicher wirkungsvoller, als an so schwerfällige Tiere wie Inge und Wells zu schreiben; ich glaube schon, wenn sich mir in diesem Leben die Möglichkeit eröffnen soll, Einfluß auszuüben, dann muß es auf mündlichem Wege geschehen. Lady I. neckte uns wegen unserer Einigkeit. »Was mich in erster Linie nach Kenia zurückbringen wird –« begann Lord I. und meinte damit die Sonne. – »Ja, das wissen wir wohl alle miteinander«, sagte sie, »das ist die Baroness Blixen.« »Ja,« sagte er, »das stimmt schon, sie ist hier mein größtes Erlebnis gewesen.« Ich bin nun zu dem Resultat gekommen, daß die Herren erst richtig charmant werden, wenn sie siebzig sind.

Am Mittwoch mußte ich dann wegen des verdammten Milligan am Morgen nach Nairobi und Geld holen. Es war so warm, wie ich es noch nie erlebt habe. Ich traf dort Idinas Mann, Joss Erroll – sein Vater ist kürzlich gestorben, deshalb heißt er jetzt nicht mehr Lord Kilmarnock –, und ich fragte ihn, ob er nicht am

Nachmittag zu einer »Flasche« hier herauskommen wollte, und er bat mich, Alice de Jancé mitbringen zu dürfen. – Du weißt, die Dame, die Raymond de Trafford erschossen hat und des Landes verwiesen worden ist. Auf diese Art bekam ich eine wirklich komische Teegesellschaft zusammen, ich mußte noch, als ich nachts im Bett lag, über sie lachen. In Mombasa liegt nämlich zur Zeit ein amerikanisches Touristenschiff; die Passagiere haben drei Tage in Nairobi gehabt und sind umhergesaust, um alle bemerkenswerten Dinge zu betrachten. Als ich nun im Büro saß und den Boys ihr Geld auszahlte, sah ich wohl, daß ein Auto vorbeikam und zu meinem Haus hinauffuhr, aber ich glaubte, es wären Joss und Alice und fand, die könnten warten. Dann kam allerdings Titi und sagte, dieser Memsabo könne unmöglich warten; ich bat also Dickens und Nisbet, die Lohnzahlung fertig zu machen, und ging ins Haus zurück, um dort Lady McMillan und Mr. Bulpett vorzufinden mit zwei riesig großen und gewichtigen alten amerikanischen Damen, die mit dem Touristenschiff gekommen waren. Sie waren auf die Autotour gegangen in der Hoffnung, einen Löwen zu erspähen, weil es doch ein stolzes Gefühl sein würde, bei der Rückkehr den anderen Passagieren davon erzählen zu können.

Sie fingen nun an, darüber zu reden, wie entsetzlich viele unmoralische Menschen es in Kenia gebe, leider auch Amerikaner, und als den allerschlimmsten Fall nannten sie Alice, und ich, die ich wußte, sie würde gleich hier auftauchen, ließ es zu, daß sie sich so recht in dieses Thema vertieften. Als dann ihr Auto vorfuhr, ich hinausging und sie in Empfang nahm und hereinkam und Lord Erroll und die Comtesse de Jancé vorstellte, hätte, glaube ich, der Teufel selbst mit seinem Erscheinen keinen größeren Effekt erzielen können; das war sicher besser als der größte Löwe und hat ihnen weit mehr Stoff für Gespräche mit ihren Mitpassagieren geliefert! Lady McMillan muß mir wirklich sehr dankbar sein. – Ich lud Alice ein, hier bei mir zu wohnen, falls sie nach Nairobi muß, um ihre Shauries vor der Deportation zu regeln...

Von dem verrückten Casparson habe ich einen Brief aus Moshi bekommen, – kein Wort darüber, wie er dorthin gekommen ist, nur darüber, wie »erlösend« es gewesen sei, »mit der Freiherrin zu sprechen.« – Immerhin kann man daraus ersehen, daß er noch lebt und ganz bis Moshi gekommen ist.

An Ellen Dahl *Ngong, 13. März 1928*

... Es gibt jedoch sicher nicht viele Menschen, die Tante Bess lieber mögen als ich, und es tut mir furchtbar leid, daß sie sich zu Zeiten unglücklich fühlt – auch der Gedanke, daß ich selbst oft dazu beigetragen habe, schmerzt mich. Aber ich sehe Tante Bess nicht ganz so, wie Du es in Deinem Briefe tust, und ich kann Dir nicht zustimmen, daß sie der Typ der Frauen vergangener Zeiten sei, – und ich glaube nicht, daß ihre Schwierigkeiten im Leben vorwiegend durch ihre Erziehung und äußere Verhältnisse bedingt sind, sondern ich meine, sie sind durch etwas, das in ihrer Natur liegt, entstanden; man kann es vielleicht, wenn man so will, als etwas Urweibliches bezeichnen, aber ich habe es auch bei Männern erlebt. Wenn man von einem Typ der Frau der alten Zeiten sprechen will, dann finde ich eher, es müßten »Tante Arnette« oder Tante Ida Bardenfleth sein, und die hatten, meiner Meinung nach, sowohl wegen ihrer besonderen weiblichen Anlagen und durch das, was Du »ihre tausendjährige Erziehung« nennst, die Gabe, sich den Verhältnissen anzupassen, und auch ohne Bitterkeit, wahrscheinlich sogar ohne viel darüber nachzudenken, in den Hintergrund zu treten und, wie der Vogt in der *Familie auf Gilje* sagt: »unsichtbar und doch immer zur Stelle wie ein guter Geist« im Hause zu sein, in der Familie oder in der Gesellschaft, wenn die Verhältnisse es von ihnen verlangten, und nur die, die sie liebten, waren glücklich.

Du schreibst: »Tante Bess ist so vollkommen selbstlos, daß nichts für sie einen Wert an sich hat« – aber ich kann in diesem Gedankengang keine Logik entdecken und finde, gerade für einen selbstlosen Menschen müssen unendlich viele Dinge einen Wert an sich haben; ich glaube, wenn man als Beispiel für solche

Menschen, die »sich selbst vergessen« und in gewisser Weise völlig resigniert haben, in allem, was sie selbst betrifft, eine Nonne oder einen menschenfreundlichen Arzt oder einen Propheten nimmt, wird man entdecken, daß nicht nur Gott, die Kirche, die Wissenschaft, die Menschheit für sie einen Wert an sich haben, sondern daß gerade Menschen, Tiere oder Dinge, die uns anderen ganz unbedeutend und unwürdig vorkommen, für sie den größten Wert »an sich« darstellen: Zöllner und Sünder, Idioten und kranke Tiere, die Bäume, über die der heilige Franziskus weinte, als sie gefällt werden sollten, und die Fische, denen er predigte.

Auch das Wort »selbstlos« würde ich für Tante Bess nicht verwenden, obwohl ich glaube, sie ist immer bereit, sich für andere zu opfern, eher vielleicht als jeder andere Mensch, den ich kenne. Ich glaube, viele ihrer Schwierigkeiten kommen daher, daß sie ganz besonders stark von persönlichen Gefühlen abhängt – damit sie aus den Verhältnissen Gewinn ziehen kann, ja, damit sie überhaupt für sie existieren, muß sie eine persönliche Beziehung zu ihnen haben – und auch daher, daß sie innerhalb dieser Verhältnisse zu viel verlangt: Das heißt, sie will mehr geben und empfangen oder mehr auf sich nehmen als es anderen Menschen, ja, eigentlich im normalen Menschenleben überhaupt, möglich ist. So unbeschreiblich tragisch es ist, daß Tante Bess, wie Du schreibst, sich selbst gelegentlich mit einem herrenlosen Hund vergleicht – und ich kann mir nicht denken, daß das etwas anderes als Ausdruck einer Laune bei ihr ist –, so muß ich doch einmal feststellen, falls ein Mensch sich überhaupt wie ein Hund fühlen will, dann muß es ein herrenloser Hund sein; denn sehr wenige andere Menschen werden Kraft oder Lust haben, den Gegenpart in dem Verhältnis zu übernehmen, um das sie sich bemühen. Ich selbst könnte ja weit mehr als Tante Bess, die geliebt und verehrt wird und in vieler Hinsicht wirklich für ihre Umgebung unentbehrlich ist, diesen Vergleich benutzen; er ist mir noch nie eingefallen, ich will aber, wenn ich ein Hund sein soll, am liebsten ein herrenloser Hund sein.

Wenn es auch nach Großmutters Tod in Tante Bess' nächster Umgebung niemanden gibt, der aufgrund enger Beziehungen von Natur aus notwendigerweise ihre Zeit und Kraft beansprucht, so ist die Welt doch nicht vollkommen, längst nicht alle Menschen sind glücklich, und selbst innerhalb eines kleinen Kreises, den sie rund um Folehave ziehen könnte, wird kein Mangel an Menschen sein, die Rat und Beistand brauchen. Meine eigene Erfahrung zeigt mir, man braucht sie keineswegs zu suchen; sie klopfen nicht nur zu jeder Zeit an die Tür, sondern brechen sie auf – sicher ganz besonders, wenn man ein alleinstehender Mensch ist, von dem sie annehmen, er habe, ohne Mann und Kinder, Zeit zur eigenen und ihrer Verfügung. Aber es stimmt, das, was sie von solchen Beziehungen profitieren könnte, würde Tante Bess nicht zufriedenstellen, sie würde nichts dabei gewinnen – es ist natürlich richtiger zu sagen: Sie gewinnt tatsächlich nichts dabei, denn Tante Bess hat ja viele, die ihren Rat und Beistand suchen –, denn sie reichen nicht an das heran, was ihre eigene Natur wünscht und fordert; niemand verlangt ihr ganzes Leben, ihre restlose Hingabe, und ihr wird wiederum nie das vollkommene Vertrauen und die vollkommene Unterwerfung zuteil werden...

Du sollst ja nicht denken, ich hätte nicht großes Mitleid mit Tante Bess, wenn sie sich so unglücklich fühlt. Das heißt, ich finde nicht, daß ihre äußeren Verhältnisse Anlaß geben, sie zu bedauern; ich habe ja nicht ihren unbeirrbaren Glauben an die Unfehlbarkeit der Ehe als Quelle der Glückseligkeit, und ich meine, es gibt wenige Menschen, die in ihrer Eigenschaft als Schwester, Tante, Freund, Arbeitgeber etc. so geliebt und bewundert werden. Aber ich bin davon überzeugt, daß sie ein tragisches Temperament besitzt. Ich weiß ja auch, daß Tante Bess selbst in Verhältnissen, die andere Menschen für ungewöhnlich harmonisch und glücklich halten, zum Beispiel in ihrer Beziehung als Schwägerin von Koosje und zum Teil auch als unsere Tante, schwere Enttäuschungen erlitten hat. Ich bin, wie ich schon geschrieben habe, sehr traurig, daß ich Tante Bess Kummer gemacht habe. Aber wenn Du Dir vorstellst, daß die ganze unselige Frage des »geschwächten Vertrauens« durch Tante Bess' Verzweiflung über mein Verhältnis zu Daisy entstanden ist – bis zum heutigen Tag kann ich nicht einsehen, was daran auch nur im mindesten zur Klage Anlaß gab –, dann mußt Du doch zugeben, nach menschlichem Ermessen, mit den Augen gewöhnlicher Menschen betrachtet, die es für selbstverständlich halten, daß eine Tante ihre junge Nichte bei der Wahl ihrer Freundinnen nicht derart kontrollieren darf, ist das eine »selbstgemachte Plage« – das heißt eine Plage, die nicht auf die Verhältnisse zurückzuführen ist, sondern auf die Vorstellung, die ein Ausnahmemensch sich von ihnen macht.

Man kann wohl sagen, solch ein leidenschaftlicher Drang zur Hingabe und zum Fordern ist im menschlichen Dasein am besten im Verhältnis zwischen Mann und Frau und in der Beziehung der Mutter zu ihren Kindern am richtigen Platz, und es ist tragisch, daß Tante Bess das in ihrer Natur liegende Problem nicht auf die einfachste Art gelöst hat, indem sie geheiratet hat. Aber zum einen glaube ich, war der Grund dafür, daß Tante Bess nicht geheiratet hat, der: Sie fand eben auch hier niemanden, der das forderte und anbot, was ihr entsprach; und zum anderen glaube ich, kann man sagen, wenn diese Gefühle am besten in der Ehe und in dem Verhältnis zu den Kindern aufgehoben sind, dann ist auch das der Ort, wo sie das größte Unheil verursachen können. »Man stelle sich einen Mann vor,« der in dieser Hinsicht Tante Bess hätte genügen können – »das können einige, aber nicht viele, und bei weitem nicht alle und jeder«, ich jedenfalls kann es nicht, und wenn ich die ganze Geschichte zu Hilfe nähme.

Wie ich wohl schon früher entwickelt habe: Man kann meiner Auffassung nach »für« die Menschheit »leben«, oder für arme Kinder in Sengeløse, aber man kann nicht »für« Herrn Petersen »leben«, jedenfalls nicht, ohne ihn zu verderben oder unglücklich zu machen, in der Regel beides. Ich glaube nicht, daß es irgendwelche Menschen gibt, die es annehmen mögen oder ertragen können, wenn ein anderer Mensch in dieser Weise »für« sie »lebt«; es ist nur so vorstellbar, daß beide – der eine Mensch direkt, der andere durch ihn – für eine Idee leben. Wie (auch schon) gesagt: nicht ein einziger von den Soldaten, für die Florence Nightingale sich aufopferte, hätte es zugelassen oder auch nur ertragen, ihre Opfer zugunsten seines persönlichen und privaten Kontos anzunehmen; wenn sie es mit so großer Begeisterung taten, dann nur, weil die Opfer durch sie der Armee der Königin Viktoria gebracht wurden, oder England, oder was immer es sonst war, worin sie ihre Idee und ihr Ideal sahen.

Die Menschheit ist zweitausend Jahre lang Christus dankbar gewesen, weil er »sich hingab« für sie, aber ich glaube wirklich, es würde nur sehr wenige geben, die, wenn sie das Angebot erhielten, die Kreuzigung könnte um ihrer persönlichen Rettung willen heute nachmittag stattfinden – selbst wenn sie die heiße Hölle und ewige Verdammnis direkt vor Augen hätten –, nicht hineilen und sagen würden: darauf dürfen Sie sich um des Himmels willen nicht einlassen. Ich könnte mir jedoch einen Künstler vorstellen, der um seiner Kunst willen bereit wäre, Tante Bess' ganzes Dasein für sich in Anspruch zu nehmen; ich glaube allerdings, es würde Tante Bess sehr schwer fallen, sich seiner Kunst gegenüber so unpersönlich zu verhalten, daß sie sie in Frieden ließe und nicht versuchte, selbst Shakespeare von seinen schlimmsten Rohheiten oder Michelangelo von seinen nackten Verrenkungen abzubringen.

Ich habe hier das gleiche Temperament bei Eric Otter kennengelernt, von dem ich vielleicht erzählt habe. Ich glaube, ich habe ihn sehr unglücklich gemacht, aber ich hätte ihn nie im Leben glücklich machen können, und das Schlimmste, was ihm hätte zustoßen können, wäre eine Heirat zwischen uns beiden gewesen; denn ich bin wie die Mehrzahl der Menschen nicht imstande, »für einen Menschen zu leben«, und noch weniger kann ich einen anderen Menschen »für mich leben« lassen, und mit weniger gab er sich nicht zufrieden ... Die Engländer haben einen Ausdruck: »to call your soul your own«, der die Sache gut trifft, genau das können die Menschen, die anderen ihre ganze Seele schenken und sich im Gegenzug nicht mit weniger begnügen wollen, einem nicht gestatten, und darin liegt für mich und andere gewöhnliche Menschen etwas völlig Unmögliches und Unerträgliches ...

Kannst Du Dich an *Svend Dyrings Haus* erinnern? – Die Tragödie der Ragnhild darin ist ja im lyrischen Genre wirklich eine der tiefsten Tragödien, die man sich denken kann. Eine schöne, stolze Frau, von hoher Geburt und großer Stärke, wird gerade dort verschmäht, wo sie bereit ist, alles zu geben – das schneidet einem ja ins Herz; man meint, so etwas hätte nicht geschehen dürfen. Nun bin ich entschieden der Meinung, es sei Ritter Stigs verdammte Schuldigkeit, Ragnhild zu heiraten; wenn man sich in einer so schicksalsträchtigen Affäre derart töricht benommen hat, muß man zumindest tun, was man kann, um die Situation zu retten, und ich finde auch, es ist klar, daß das um seiner selbst willen das Beste gewesen wäre, wenn er nicht, wie in dem Stück, das Glück gehabt hätte, daß sie ihm ihr Leben opferte; es wäre doch für ihn und Regisse in ihrer Ehe ein unerträglicher Zustand gewesen, jeden Augenblick fürchten zu müssen, Ragnhild könnte mit ihrer Forderung auftauchen. –

Davon abgesehen kann man fragen, ob Ragnhild das geholfen hätte, ich meine, nein. Es war ja hier mehr als menschliche Kraft im Spiel (nämlich die der Runen); das gewöhnliche Menschenleben könnte der Forderung, die sich hier stellte, überhaupt nicht entsprechen. Ritter Stig hatte vielleicht gar nicht mehr zu bieten als die sanfte Schwärmerei, auf die er und Regisse vermutlich eine triviale glückliche Ehe gründen konnten. Für Ragnhild und die dämonischen Kräfte, die da in Bewegung gesetzt waren, konnte er nicht das mindeste tun. Die unglückliche Ragnhild konnte wirklich davon sprechen, sich wie ein herrenloser Hund zu fühlen, aber ihr Unglück lag nicht in den äußeren Verhältnissen begründet, und, soweit der Leser es sehen und verstehen kann, hätte ihr Unglück ewig gedauert, auch wenn Stig Hvide sie sofort zum Altar geführt hätte; denn er wollte und konnte nicht der Herr sein, er hegte keinerlei Wunsch, daß sie ihm in den Krieg folgen und auf dem Felde zu seinen Füßen schlafen sollte; wer von ihnen am meisten in einer Ehe gelitten hätte, ist noch die Frage – wenn man die Qualen eines leidenschaftlichen und eines nicht leidenschaftlichen Menschen überhaupt miteinander vergleichen kann.

Nun mußt Du das, bitte, nicht so verstehen, als ob ich mit Spitzfindigkeit beweisen wollte, daß man Tante Bess nicht bedauern muß... Ich empfinde wirklich – wie Du weißt, zugleich mit der größten Bewunderung für sie – großes Mitleid mit ihr, wenn sie sich jetzt einsam und unglücklich fühlt. Aber mir scheint, man entwickelt im Laufe des Lebens einen tiefen Unwillen gegen Orthodoxie – auch gegen die orthodoxe Auffassung von dem, was zum Beispiel Glück und Unglück ist –, und dadurch kann es geschehen, daß ich gelegentlich recht nah an den herzlosen Standpunkt des »Greifen«* gegenüber der Mockturtle und der Königin gerate: »It's all his fancy that: he hasn't got no sorrow, you know.« –

Ich glaube, für Tante Bess ist es »bad luck« gewesen, daß sie jetzt, wo sie langsam alt wird, in ein Milieu geraten ist – ganz besonders durch die Nähe von Magleaas und Aasebakke, aber in gewisser Weise auch durch Tommys Ehe –, in dem Familienleben und -glück eine so vorherrschende Rolle spielen, ja geradezu als Reichtum und Inhalt des Lebens monopolisiert werden; es gibt ja auch viele andere Dinge in der Welt, die dem Leben Wert verleihen ... Ich selbst finde, man kann – etwas banal – das Leben mit einem Spiel wie zum Beispiel Bridge vergleichen, es sind nicht die Karten: die äußeren Verhältnisse, sondern das Spiel: die eigene Fähigkeit, das Leben zu gestalten, die das Entscheidende und Zentrale darstellen, und von demjenigen, der, weil er eine Handvoll schlechter Karten aufgenommen hat, sie beleidigt fortwirft, kann man zumindest sagen, er hat den Sinn des Spiels nicht begriffen. – Ich kann selbst sagen, ich habe viele Dinge erlebt, die nach üblicher Auffassung zu den Unglükken gezählt werden müßten, die ich aber jetzt, wenn auch nicht als Vergnügen, so doch als glückliche Wendung ansehen kann.

Ich finde, es läßt sich sehr wohl sagen, Großmutter hat seinerzeit einen Fehler gemacht, vielleicht auch Tante Bess Unrecht zugefügt, als sie ihre Welt so klein hielt. Ich kann das natürlich nicht richtig beurteilen, weil ich Großmutter nur in ihrem hohen Alter gekannt habe, in der Zeit wird die Welt ja für die meisten klein; aber ich habe das Gefühl, für Großmutter *existierten* im Grunde nur ihre Kinder und Kindeskinder und ganz wenige andere Menschen, – ja, und dann noch Gladstone oder Stead oder ähnlich große und ferne Wesen. Aber glaubst Du denn nicht, auch Tante Bess selbst muß etwas davon in ihrer Natur gehabt haben, wenn sie sich das überhaupt hat gefallen lassen, ohne auszubrechen? ...

Wenn man in dieser Weise sich darauf beschränken will, nur mit den Menschen zu rechnen, die einem am allernächsten stehen, dann muß es ja so kommen, daß man sich nicht nur von vielem im Leben ausschließt, sondern auch noch von diesen Menschen entsetzlich abhängig wird und sich verlassen fühlt, sobald sie von anderen Dingen beansprucht werden. Ich habe mich so oft gewundert, weshalb Tante Bess, die so viel Interesse und Sinn für Literatur hat, so furchtbar wenig gelesen hat. Es sind ja nicht nur die ganze klassische, die französische und die deutsche Literatur für sie ein völlig verschlossenes Buch, sondern auch der allergrößte Teil der englischen und der dänischen, Holberg, Oehlenschlaeger, Søren Kierkegaard, Drachmann – ich könnte noch viele aufzählen; mir kommt es so vor, als könnte ich mich aus unserer ganzen Jugend nur daran erinnern, daß Tante Bess von Selma Lagerlöf wirklich gefesselt war und dann von *Their silverwedding journey*, von dem ich gar nicht weiß, woher sie es hatte. Nun glaube ich, wenn zum Beispiel Du oder Thomas oder Onkel Aage Tante Bess vorschlagen würdet, Ihr könntet gemeinsam die Geschichte oder Philosophie studieren, dann würde sie das sehr interessieren und beschäftigen, und Ihr würdet darüber viele muntere und unterhaltende Diskussionen führen; wenn Du aber aus irgendeinem Grund gezwungen wärest, das aufzugeben, wüßte ich nicht, wie lange Tante Bess ihr Interesse aufrecht erhalten könnte; und darin liegt doch etwas Verrücktes, wenn man Dich oder Thomas, beim besten Wohlwollen, mit Plato oder Spinoza gleichsetzt.

Es kann ja durchaus sein, daß das, wie Du sagst, etwas typisch Weibliches ist. Aber ich meine, ich kenne viele Frauen, und gerade solche des altmodischen Typs, die in der Lage sind, Dingen wie Blumen, Musik, Handarbeiten »an sich« viel abzugewinnen, und die, wenn es nun Menschen sind, an denen sie Anteil nehmen, sich so lebhaft für ganz außenstehende Menschen interessieren, denen sie begegnen, für die Kinder ihrer Jugendfreunde oder für Arme, Kranke, junge begabte Künstler, Schulkinder. Ich glaube, Frau Wanscher hat ebenso viel Freude an den vielen jungen Leuten gehabt, die bei ihnen verkehrt haben, an den Poulsens* und ihrer Kunst, und Tante Ida an

Sybille und Misse Gad, wie an ihren eigenen Kindern. Wenn zum Beispiel Mutter harmonischer und glücklicher ist in ihrem Verhältnis zu uns, dann liegt das ja nicht ausschließlich daran, daß wir ihre Kinder sind, während wir für Tante Bess nur Neffen und Nichten sind, sondern weit mehr daran, daß Mutter auch Konflikte in Harmonie verwandeln kann durch ihr ganzes Naturell und ihre Lebensanschauung. Es wäre nicht so leicht und glücklich verlaufen, wenn ich Tante Bess zum Beispiel über mein Verhältnis zu Denys hätte aufklären wollen, ja, womöglich wäre »geschwächtes Vertrauen« dabei herausgekommen, und doch hätte sie es ja leichter gehabt als Mutter, die unter anderem mit ihm zu der Zeit unter einem Dach wohnte und die dann eine so schöne und erfreuliche Freundschaft dabei gewann...

Und nun zum Leben oder Schicksal im Ganzen, wie diese Mächte allen Menschen erscheinen. Da ist es nun nicht so leicht zu entscheiden, was Glück oder Unglück ist, wie man als Kind und junger Mensch glaubt. Hier muß ich wieder *Steckelbein* zitieren, den Missen mir freundlicherweise vor zweieinhalb Jahren geliehen hat; keiner seiner Leser, und das müssen wohl viele Tausende sein, kann daran zweifeln, daß Piraten und Eiseskälte am Nordpol Walfische und selbst so ganz außergewöhnliche Unglücksfälle wie der, daß die ganze Erde in Brand gerät, nichts zählen gegen die Tyrannei der Verfolgung durch das, doch in Wirklichkeit rührend aufopfernde, aber verständnislose Urselchen. *Steckelbein* hätte wohl nicht seine ungeheure Popularität gewinnen können, wenn nicht in dieser Vorstellung etwas wäre, das die Sympathie aller Menschen erweckt.

Die Dinge, die ich selbst erlebt habe, die nach orthodoxer Betrachtungsweise »Unglück« sind – Krankheit, Armut, Einsamkeit, das Erfahren von Demütigungen in einem Maße, wie es den wenigsten zugestoßen ist –, ja, ich betrachte sie jetzt nicht wie etwas, von dem ich wünschte, es wäre nie geschehen. Ich kann auch sagen, daß die größten Plagen und Schicksalsschläge, die ich erlebt habe, mir von Menschen in der sogenannten besten Absicht zugefügt worden sind. Es ist schwer, ein Menschenleben zu beurteilen; man kann es gewiß nicht an Hand bestimmter Regeln tun, und man wird darin mit den Jahren sehr vorsichtig.

Dinge, die geschehen, haben nicht den gleichen Wert für die verschiedenartigen Menschen. Schließlich und endlich gibt es für jeden Einzelnen *etwas,* worauf er im Leben nicht verzichten kann; aber es kommt mir so vor, als sagte mir meine Erfahrung, die meisten erreichen das zwar auf verschiedene Art, wie in Goldschmidts Erzählung *Die Photographien und Mephistopheles*, und der Preis, den sie dafür zahlen, ist wie dort »das Leben«. Das, was ich erreicht habe und was mich das Leben kostet und weiter kosten wird, das ist wohl in den Details nicht so, wie ich es mir vorgestellt habe, als ich siebzehn war – bei Dir wird das nicht anders sein und bei anderen, die wir kennen, auch nicht, mit Ausnahme von solchen ordentlichen und orthodoxen Naturen wie Else, und die wäre auch in ganz anderen Verhältnissen auf die gleiche Art glücklich geworden, wenn die Welt ihnen nur einen Stempel und ein Etikett gegeben hätte, wonach sie »als Glück« zu gelten haben, – aber ich, und Du wohl auch, wir sind bereit, unser Leben dafür zu geben.

Es hat Tante Bess »das Leben« gekostet, als alte Jungfrau und Tante auf Folehave zu sitzen, kann man sagen, und das ist ziemlich kümmerlich für einen so reich begabten Menschen. Aber es zeugte auch von sehr oberflächlicher Betrachtungsweise, wenn man mein Dasein als das eines armen Kaffeefarmers mit einer Masse Shauries bezeichnete. Man kann doch auch sagen, ihr Leben sei es gewesen, in Übereinstimmung mit ihrer Natur die Menschen, die für sie zählen, zu lieben und auf sie Einfluß zu nehmen und außerdem es sich in weit höherem Maße als die meisten Menschen leisten zu können, das zu meiden, was ihr zuwider war, »ein gutes Gewissen« zu haben, was für Tante Bess mit ihrer ungeheuer ausgeprägten und genau rechnenden Moral nicht so leicht zu sein schien. Wenn sie nicht in ihrem Alter, sozusagen in einem schwachen Augenblick, auf die Idee gekommen wäre, mit anderer Menschen Maßstab zu messen, der ihrer Natur in Wirklichkeit fremd ist, würde sie, glaube ich, selbst die Dinge so sehen …

... Ich wäre Dir sehr dankbar, wenn Du mir die Nummer vom *Scribner* schicken würdest, in der der letzte Abschnitt der *Forsyte Saga* steht, denn ich kann sie hier nicht bekommen und sehe der Entwicklung der Verhältnisse mit Spannung entgegen. Da Du schreibst, das Kapitel handele von Irene, kann ich schon im voraus sagen, es wird mich irritieren; denn ich bin nicht davon abzubringen, daß sie der schwache oder tote Punkt in der ganzen Saga ist. Bis zu einem gewissen Grad kann ich Deine Auffassung verstehen, man müsse sie nicht als realistische Menschendarstellung, sondern als eine Art Symbol betrachten; aber dem Autor kann ich auf keinen Fall zustimmen und ihm verzeihen, wenn er eine einzelne Figur in einem im übrigen so realistisch und menschlich gestalteten Roman in dieser Weise behandelt.

Zum einen, finde ich, stellt es einen schlimmen Stilbruch in diesem Buch dar; und ich meine, man kann Galsworthy hier genauso verurteilen wie Goldschmidt (in *Ein Jude*) Oehlenschlaeger verurteilt, weil er im *Aladin* den Geist der Lampe in einem Atemzug griechische und nordische Mythologie in seinem üblichen orientalischen Märchenjargon miteinander vermischen läßt; realiter ließe sich das vielleicht verantworten, weil der Geist ja sehr wohl die Mythologie aus aller Welt kennen kann – ästhetisch ist es aber unverantwortlich, denn es kratzt in den Ohren der Leser und zerstört den Geist und Stil der ganzen Dichtung.

Zum andern bin ich persönlich der Meinung, Irene ist – besonders in dieser Hinsicht – dem Autor mißglückt, und das mit Hilfe einer gerechten Nemesis, denn Galsworthy *ist* ein realistischer Schriftsteller, und es ist keinem Künstler erlaubt, derart mit seinem Werk zu schalten und zu walten.

Wenn sie die »Schönheit« repräsentieren soll, dann ist es bedauerlich, wenn man, oder wenn jedenfalls ich, in dem ganzen Buch überhaupt nicht den Eindruck gewinnen kann, daß sie schön war. – Stevenson macht einmal eine Anmerkung zu einer solchen Art der Gestaltung; er sagt: »Readers can not fail to have remarked, that what an author tells us of the beauty of his creatures goes for nothing, that we know instantly better, that the heroine can not open her mouth but that, all in a moment, the fine phrases of preparation fall from her and she stands before us, self-betrayed, as a poor ugly sickly wench or perhaps a strapping market-woman. Authors, at least, know it well, a heroine will too often start the trick of getting ugly, and no disease is more difficult to cure –« Ich kann mich auf jeden Fall nicht des Eindrucks erwehren, Irene sei bleich und feist und stark geschnürt. Sehen wir einmal von ihrer äußeren Schönheit ab, von der andere Leser ja einen entgegengesetzten Eindruck gewonnen haben mögen, protestiere ich jedoch bis aufs äußerste dagegen, sie eine schöne Seele – die sie wohl eigentlich sein soll – zu nennen; sie war im Gegenteil eine durch und durch ungewöhnlich dumme, mürrische und simple Person. Kann man sich denn etwas Stupideres und Unfeineres denken als ihre Reaktion in jener Szene, wo Soames sie nach zwölf Jahren wieder aufsucht und sie zu ihm sagt: »I am alone here. You won't behave as you once behaved?« Im wirklichen Leben, falls es überhaupt denkbar ist, daß so etwas im wirklichen Leben gesagt wird – müßte es als Aufforderung angesehen werden! – Jedenfalls könnte kein Mensch, der Soames kennt, sich vorstellen, daß ihm so etwas unter den gegebenen Umständen überhaupt in den Sinn kommen könnte; er war ja alles andere als ein Verbrecher, nur durch ganz besondere Umstände und durch sie selbst war er zu dem unseligen Schritt getrieben worden, den sie ihm nun unbedingt unter die Nase halten mußte; und Irene, die meinte, sie verstünde sich auf die große Leidenschaft und darauf, was man unter ihrem Einfluß zu tun imstande sei, sollte, wenn sie nicht eine so rohe und simple Madam gewesen wäre, Herz und Menschenkenntnis genug haben, zu wissen, was er gelitten hatte, und ihm verzeihen – oder, falls sie beides nicht besaß, wenigstens so viel einfachen Takt, darüber zu schweigen. Ihren Mangel an Loyalität June gegenüber kann man vielleicht entschuldigen, aber nicht ihren totalen Mangel an menschlichem und freundschaftlichem Mitgefühl ihr gegenüber – wie kann sie im letzten Teil sich darauf berufen, sie habe sich nie der Eheschließung von Jon und Fleur widersetzt, nachdem sie Jolyon in seinem Brief alte unglückliche Verhältnisse in allen Details hat ausgraben lassen, über die Jon nie hätte etwas zu erfahren brauchen, nur in der Absicht, die Heirat zu verhindern?

Das ganze Buch hindurch erscheint Irene nur im Licht der anderen Personen des Romans – durch den Eindruck, den sie macht, durch die Wirkung, die sie auf sie ausübt; soweit ich mich erinnere, läßt der Verfasser uns nicht ein einziges Mal direkt wissen, was sie denkt oder fühlt, und die wenigen Entgegnungen, die ihr der Autor läßt, sind wirklich, milde gesagt, *pauvre*. Das ist eine künstlerische Technik, die von großer Wirkung sein kann – ich will ein Beispiel anführen, um zu zeigen, was ich meine. Sigrid Undset schildert Erlend auf die gleiche Weise, während wir reichlich mit allen Stadien des Gedankenlebens von Kristin, Simon und Ragnfried vertraut gemacht werden, gibt es so gut wie keine einzige Stelle, wo sie uns direkt wissen läßt, was in Erlend selbst vor sich geht; wir sehen ihn mit den Augen der anderen Personen. Aber Sigrid Undset hat einen ganz anderen Fundus an Arbeit und Überzeugungskraft auf Erlends Charakter verwandt, er ist überzeugend; wenn er auch noch so viel als Symbol herhalten muß, so ist er doch an sich kein Symbol, sondern ein Mensch, wir glauben an ihn und können ihn auch alleine stehen sehen – während man, meiner Meinung nach, sich das bei Irene gar nicht vorstellen kann; wenn die Blicke der anderen menschlichen Charaktere sich von ihr wenden, fällt sie in sich zusammen wie eine Marionettenpuppe, wenn die Hand des Puppenspielers sie losläßt. – Der Beweis hierfür: Sie, die doch einen so ungeheuren Einfluß auf alle Personen des Buches hat, daß sie sich gar nicht zeigen kann, ohne gleich die schrecklichste Verwirrung anzurichten, lebt zwölf Jahre lang (außerhalb des Buches) ohne Erlebnisse oder Bekanntschaften irgendwelcher Art. Das paßt in den Plan des Autors; im wirklichen Leben wäre das überhaupt nicht vorstellbar.

Ich finde, kurz gesagt, nicht, daß es in dem ganzen Buch einen einzigen Pluspunkt für Irene gibt, weder als Mensch noch als Symbol, und es fällt mir schwer, ihr zu verzeihen, daß sie ein monumentales Werk entstellt; auf das Wiedersehen mit den anderen Personen freue ich mich.

Das ist ein schrecklicher Einfall, den Du da gehabt hast, meine Briefe herausgeben zu wollen; wenn ich wüßte, daß das geschähe, würde es mir, glaube ich, unmöglich sein, zu schreiben.

Ich bin Dir wirklich sehr dankbar, daß Du am Lesen meiner Briefe Freude hast, und ich habe auch ebensoviel Interesse daran, Dir zu schreiben wie früher mündlich mit Dir die Probleme des Lebens zu diskutieren – aber ich habe nicht genug Selbstvertrauen zu glauben, meine Betrachtungen könnten für andere von Belang sein als die, die wie Du ein wohlwollendes Interesse an mir selber haben.

Wenn ich an Dich über Kunst, Moral, Frauenemanzipation etc. schreibe, dann gewiß nicht, weil ich mir einbilde, auf diesen Gebieten über das größte Wissen zu verfügen, auch nicht, weil ich, wie Erasmus Montanus, »in der Disputation gewinnen« will, sondern weil ich denke, es kann für Dich persönlich einen gewissen Wert haben, erklärt und dargelegt zu bekommen, zu welcher Auffassung von diesen Dingen ich inzwischen gelangt bin und was ich durch sie gewonnen habe und wie ich es geschafft habe, mit ihnen zu leben. Aber ich finde, es ist zu viel verlangt, zu erwarten, daß das dänische Lesepublikum ihnen das gleiche Interesse entgegenbringt, – Du darfst meine Briefe geben, wem immer Du willst; die Leute werden sie dann aus Deiner Hand bekommen, was ihnen ein gewisses Gewicht und Interesse verleihen wird, aber man sollte sie als Teile eines persönlichen Gespräches betrachten und nicht als Vorträge, eine Form des Geisteslebens, für die ich überhaupt kein Talent zu haben glaube.

Immer, wenn ich mich in meiner Sicht der verschiedenen Probleme des Lebens bestätigt sehe oder feststelle, daß ich meine Ansicht ändern muß, passiert es mir wieder und wieder, daß ich denke: Darüber würde ich gerne mit Tante Bess reden – allen meinen Geschwistern zum Beispiel und vielen anderen Menschen, die Dir im Leben begegnet sind, geht es genauso. Ich habe dann versucht, einige der Gedanken herauszugreifen und abzuhandeln und Dir auf diesem Wege so etwas wie eine »Lebensanschauung« zu vermitteln: Wenn man sich bemüht, dabei ganz ehrlich zu sein, ist so etwas wohl immer von gewissem Interesse. Ich meine, ich habe hier den Wert des Abstandes und der Perspektive begreifen gelernt – etwas davon ist mir sicher schon aufgegangen, als ich an der Akademie das perspektivische Zeichnen lernte, ich halte das für ein entscheidendes Erlebnis in meinem Leben, dessen Bedeutung ich aber erst kürzlich ins praktische Leben umzusetzen gelernt habe –, ich glaube, die Voraussetzungen, meine Gesichtspunkte zu verstehen, werden für Dich besser sein, wenn ich sie Dir von Afrika aus darlege, als wenn sie im Wohnzimmer von Folehave besprochen würden. In das persönliche Zusammensein der Menschen spielen so viele Dinge hinein – zum Beispiel die Frage, welchen Einfluß die Lebensanschauung und Lebensführung des Gegenübers möglicherweise auf das eigene Dasein oder das der Umgebung nehmen könnte –, solche Überlegungen kommen gar nicht in Betracht, wenn ein Abstand von vielen hundert Meilen einzukalkulieren ist und so die Möglichkeit einer weniger parteiisch und rein menschlichen Beurteilung gegeben ist. Außerdem sagt man – jedenfalls ich tue das – auch ein Teil ziemlich unüberlegter Dinge im Laufe eines Gespräches, zu denen man sich nie hinreißen ließe, wenn man sie in einem Brief niederschreiben müßte, und die zu nichts anderem gut sind als mich selbst und denjenigen, mit dem ich spreche, zu verwirren.

Ngong, 6. Mai 28

Ja, so lange hat mein Brief gelegen, und ich bin mit meiner »Religion und meiner Lebensauffassung« nicht weitergekommen und werde auch dieses Mal nicht weiterkommen, aber später einmal wird schon etwas daraus werden. Ich muß mich in diesem Brief damit begnügen, Dir vielmals für Deinen Brief zu meinem Geburtstag zu danken; ich freue mich immer so sehr, wenn ich einen Brief von Dir bekomme, außerdem enthielt er so viel Interessantes.

Es war aufschlußreich, von Meretes Heim zu hören, und ich bin mit Dir einer Meinung, daß der moderne Komfort keineswegs gleichbedeutend ist mit Gemütlichkeit. Es gibt allerdings in dieser Frage zwei Dinge anzumerken: Zum einen verleihen die Jahre immer dem für alle Zeit Vergangenen einen Hauch von Poesie, so daß man sogar mit Rührung zum Beispiel die gepolsterten Stühle mit Samt- und Seidenbezügen und Fransen und Klunkern wiedersieht, mit denen die Leute in den siebziger Jahren ihr Heim ausstatteten und die man jetzt in den Gästekammern suchen muß und an denen, als sie nagelneu waren, wirklich nichts besonders Poetisches war – und das kommt wohl daher, daß Menschen auf ihnen gesessen, gedacht und gesprochen haben, Liebesbriefe geschrieben und Babyausstattungen genäht haben etc. und ihnen dadurch eine Art Seele oder Anteil am Menschenleben verliehen haben, der jenen Dingen, die gestern produziert sind, nicht so bald eigen ist –, und auf der anderen Seite, wenn »die modernen Bequemlichkeiten« an jeder Ecke ohne Schwierigkeiten zu haben sind, dann hat es etwas von einer »künstlichen Bergbesteigung«, wenn man sich bemüht, ohne sie auszukommen; die Einrichtung mag dann in der Praxis und im Detail Ähnlichkeit mit der in alten Zeiten haben, aber dem Geist nach ist sie weit von ihnen entfernt.

Einen der ersten Tage, die ich hier im Lande war, hat ein Mann, der früher in Indien gelebt hat, etwas zu mir gesagt, woran ich seitdem oft habe denken müssen. »Indien ist Tausendundeine Nacht und Afrika Robinson Crusoe.« – Sie müssen ja deshalb aus völlig verschiedenen Blickwinkeln beurteilt werden; denn so wunderbar es für Aladin gewesen sein mag, den Geist der Lampe dazu veranlaßt zu haben, in einer einzigen Nacht einen königlichen Palast, der bis ins kleinste Detail vollkommen war, zu errichten, so hatte es ja einen unbeschreiblichen Reiz für Robinson Crusoe, im Schweiße seines Angesichts und nach vielen vergeblichen Versuchen ein Brot zu produzieren, das er wahrscheinlich, wenn es ihm zu Hause in einem Bäckerladen ausgehändigt worden wäre, stark bemängelt hätte – und es gab ebensoviele Leser, die angesichts seiner Anstrengungen in Spannung gehalten wurden und sich über seinen Erfolg gefreut haben, wie solche, die mit Freuden in Albondocanis* Reichtümern geschwelgt haben. Es ist wahr, das Leben hier wird von diesem Umstand geprägt und bezieht einen großen Teil seines Charmes aus ihm – und zur gleichen Zeit beklagt man sich darüber. Wenn man sieht, wie alle Frauen, sobald sie einander treffen, anfangen, Blumen- und Gemüsesamen zu tauschen, und wenn ich daran denke, wie stolz ich selbst bin, endlich nach vielen vergeblichen Versuchen in meinem Garten Lavendel zum Anwachsen gebracht zu haben, dann kann man wohl verstehen, daß die Blumen, die wir mit so viel Liebe herangezogen haben, auf eigenartige Weise Teil unseres Lebens geworden sind; aber es wäre ebenso dumm, sie und ihren spärlichen Wuchs mit den herrlichen Blumen zu vergleichen, die man in europäischen Gärten sieht, wie zu Hause Samen zu sammeln und seine Zeit in dem Maße auf Blumen zu verwenden, wo man doch mit viel größerer Leichtigkeit viel bessere Resultate erzielen kann. –

Das Leben hier hat ja viele Züge des Lebens in Dänemark von vor zweihundert Jahren; die große Zahl von völlig überflüssigen dienstbaren Geistern, die sich mit einer Art Naturnotwendigkeit um einen versammelt, die zu bestimmten Zeiten des Jahres unpassierbaren Wege, durch welche einem die Welt auf das Haus und die nächste Umgebung reduziert wird – und zum Beispiel die Tatsache, daß die Rauhheit der Verhältnisse den Unterschied der physischen Kapazität von Mann und Frau ganz anders deutlich macht, als das in einem zivilisierten Lande der Fall sein kann, wo es eigentlich keine Aufgaben gibt, die die Kräfte einer Frau überfordern; hier kann man nicht immer gemeinsam unterwegs sein, sondern die Männer kommen von ihren Safaris oder vom Pflügen und von der Bearbeitung unserer Shambas todmüde nach Hause und wissen eine gemütliche Stube, Blumen, ein Gespräch weit höher zu schätzen, als man es von ihren Brüdern daheim erwarten kann, die von einem Bürostuhl kommen – und sie nehmen uns auf Jagden und Autotouren mit, die wir unmöglich allein unternehmen könnten, nicht einmal ich, die ich von mir annehme, nicht ängstlich zu sein. –

Ich glaube, vieles hiervon wird man mit besonderer Liebe und besonderer Wehmut erwähnen, wenn es in einigen Jahren verschwunden ist; und gleichzeitig ist es unumgänglich, mit allen Kräften an der Veränderung dieser Verhältnisse zu arbeiten: die Wege zu verbessern, die Leute so anzulernen, daß einer die Arbeit erledigen kann, für die jetzt fünf oder zehn nötig sind, – in der gleichen Art und Weise wie in Bjørnsons Gedicht* das Land, »das trotzig schaut,/ Meerumbrandet, bergumbaut,/... Kurzes Lächeln, niemals weich,/« betrachten als den Riesen, »der, gemeistert,/ Fördern soll, was uns begeistert./ Er soll hämmern, er soll tragen,/ Er soll singen, er soll sagen,/ Er soll malen Glanz und Gischt:–/ Was da donnert, tost und zischt/ Zwischen Fjord und Bergeswacht,/ Schaff' uns eine Schönheitsmacht.« – und wohl darin gleichen wir in Wahrheit den Leuten aus alten Tagen und leben sozusagen mit ihnen zusammen. –

Ich kann sehr gut verstehen, was Du über das Lesen von Romanen schreibst, wenn ich auch selbst zur Zeit mich mehr auf andere Dinge konzentriere, möglichst Gedichte und Philosophie, und Dir deshalb keine guten Bücher empfehlen kann. Einen englischen Schriftsteller gibt es, Aldous Huxley, den ich sehr gut finde, und den ich Elle empfehlen will; aber ich glaube nicht, daß Du an ihm Geschmack finden würdest. Hast Du *Olav Audunsson* gelesen? – die treue Katla schickte es mir vorige Weihnachten. Ich bewundere Sigrid Undset, aber sie liegt mir, was Naturell und Lebensanschauung betrifft, unendlich fern, deshalb kostet es mich einige Anstrengung, sie zu lesen. Eine vergleichbar düstere Welt wie in ihren Büchern muß man lange suchen; man glaubt zu Anfang, sie wolle uns in ihren Büchern die strengen moralischen Gesetze des Lebens vorführen – die Nemesis in anderer Kostümierung –, aber diese Vermutung gibt man bald auf, wenn man sieht, wie es allen gleich schlecht ergeht und daß es im Grunde auf eins hinausläuft, ob man »sich in ein wildes Leben stürzt« oder ins Kloster geht; zutiefst unglücklich wird man so oder so, und man sieht schließlich ein, daß man in einer solchen Welt ohnehin nicht leben kann. Und doch kann sie Momente großer Schönheit und Harmonie haben; im letzten Teil von *Olav Audunsson* gibt es eine Schilderung des Zusammenlebens eines mehr oder minder verwirrten jungen Mannes und einer verdorbenen alten Frau draußen im Wald, weitab von allen Menschen, die eine der schönsten »Idyllen« darstellt, die ich je in einem Buch beschrieben gesehen habe. Einen gewaltigen Anschlag hat sie bei allem, was sie schreibt – aber wie sehr sehnt man sich nach einem Fünkchen Humor bei auch nur einem einzigen ihrer Charaktere!...

An Ingeborg Dinesen *Ngong, Dienstag, 24. 4. 1928*

...Erst einmal: Es hat geregnet – fast drei Zoll in einer Woche. Das hat den Dingen gleich eine andere Farbe gegeben, einmal wegen der unmittelbaren Wohltat, die das für uns alle bedeutet, und dann, weil es nun wirklich so aussieht, als wolle das Jahr sich zusammennehmen und einigermaßen normal werden, wenn auch mit einem Monat Verspätung.

Dann muß ich Dir noch etwas Aufregendes erzählen, was gestern passiert ist. Früh am Morgen kam Dickens hierher und berichtete, zwei Löwen seien in unserem alten Ochsenboma gewesen, Du weißt, der bei Farahs Haus – und hätten zwei gute junge Ochsen gerissen, das war ja alles andere als aufmunternd. Denys und ich verfolgten im strömenden Regen die Spur durch den Kaffee bis hinauf zum kleinen Wald bei Thaxtons Haus, aber dort verloren wir sie. Wir gingen dann zurück zu den getöteten Ochsen und zogen sie ein Stück in den Kaffee hinein, um zu versuchen, ob wir am Abend eine Chance hatten. Wir waren nachmittags in Nairobi und kamen beim Dunkelwerden zurück und machten uns daran, in der Kaffeeplantage auszumessen, durch welche Reihe wir am besten auf die Löwen schießen könnten, wenn sie sich über die Ochsen hermachten; wir markierten die Richtung und den Abstand mit kleinen weißen Baumwollfetzen, die wir an den Bäumen befestigten. Dickens war verzweifelt und sehr bitter, weil wir kein Strychnin in die Reste der Ochsen legen wollten – der eine Ochse war zur Hälfte abgefressen, der andere unberührt –, aber wir fanden nicht, daß wir uns auf so etwas einlassen sollten, wo wir doch Aussicht auf echten Sport hätten.

Etwas Mond hatten wir, aber er ging zu früh unter, als daß er uns noch hätte von Nutzen sein können. Unsere Jagdgesellschaft bestand also aus Denys mit einer 350, Farah und mir mit je einer elektrischen Fackel; die Fackeln waren nicht so gut, wie sie hätten sein sollen, gaben aber doch ein ziemlich starkes Licht, und Denys hatte noch eine dritte elektrische Lampe an seinem Gürtel. Um neun Uhr machten wir uns auf den Weg, ließen das Auto an der Schule stehen und gingen dann sachte, sachte, im Gänsemarsch, erst ein Stück den Kilimandscharo-Weg entlang und dann zwischen zwei Reihen Kaffeepflanzen hindurch, wo unsere kleinen weißen Lappen im Dunkeln nur schwach leuchteten. Wir hatten so den Köder direkt vor uns, waren aber noch nicht weit gegangen – wir bewegten uns ja sehr langsam vorwärts und blieben bei jedem zweiten Schritt stehen und horchten –, als wir das tiefe Warnknurren eines Löwen rechts vor uns hörten. Dann wurde es wieder ganz still, aber nach ein paar Minuten ertönte es wieder stärker. Denys gab mir ein Signal, das Licht in diese Richtung zu lenken, und als es weiß durch die Kaffeereihen aufflammte, zeigte es uns erst einen blendend angestrahlten kleinen Schakal, der uns ganz verloren anstarrte, und einen Augenblick später, als ich mehr nach links leuchtete, in fast übernatürlicher Größe ihre Majestät Simba, im Abstand von fünfundzwanzig Yards auf der Erde liegend, den Kopf auf den Tatzen, die Augen genau auf uns gerichtet.

Ich kann nicht sagen, wie gewaltig er aussah, und so hell gegen das Dunkel – alles ist ja möglich, wenn die Nacht in einer Kaffeeplantage so etwas enthüllen kann! Es ist nun gar nicht so einfach, einen Gegenstand mit einer elektrischen Lampe zu treffen und festzuhalten: Es war klar, daß er in Bewegung war und wahrscheinlich im nächsten Augenblick irgendwohin unserer Reichweite entgleiten würde, aber Denys schoß sofort, und er sank zusammen mit dem tiefen Gebrüll oder Grunzen, das wie ein Echo auf den Schuß klingt. Mit blitzartiger Geschwindigkeit suchten Farah und ich die nächste Umgebung in der Plantage mit unseren Fackeln ab – und da, etwas weiter weg, stand der andere

Löwe, etwas undeutlicher, aber doch hell mit zwei leuchtendgrünen Augen. Es gelang ihm, umzukehren und hinter einem Kaffeebusch zu verschwinden – eine Kaffeeplantage ist sowieso kein ideales Gelände zur Jagd, weil ja die ganze Schußlinie sich verändert, sobald die Tiere hinter einen Busch gelangen, aber wir sprangen hinüber in die nächste Reihe und konnten ihn wieder anstrahlen, und er fiel im gleichen Augenblick durch einen blitzschnellen Schuß. Nun folgten einige sehr spannende Minuten, weil wir ja nicht sicher sein konnten, ob sie tot waren oder tödlich verletzt, nur eines stand fest: Wir hatten sie beide innerhalb fünfzig Yards und konnten uns nur einen begrenzten Lichtkreis schaffen in der großen afrikanischen Nacht! – Wir mußten die Fackeln auf den einen richten, obwohl die Möglichkeit bestand, daß der andere uns in den Rücken fiel; der zweite brauchte noch zwei Schuß, während der erste sofort tot gewesen war. –

Es waren zwei junge männliche Löwen, beide mit etwas Schwarz in der Mähne und mit gewaltigen Tatzen; sie sahen herrlich aus, selbst nachdem sie tot waren, und ich werde wohl nie ihr Bild vergessen, als sie noch am Leben und in Bewegung waren, mitten in der schwarzen Nacht. Du wirst Dir denken können, daß die ganze Schule herbeigeströmt kam und große Begeisterung herrschte. Wir balgten die Löwen ab und kehrten um elf Uhr zurück, als kämen wir direkt von einem wilden Abenteuer – das Ganze hatte zwei Stunden gedauert – und genehmigten uns eine Flasche Schaum ...

An Ingeborg Dinesen *Ngong, Sonntag, 20. 5. 1928*

... Denys ist am Dienstag nach Mombasa abgereist, ich wäre gerne mitgefahren, mußte aber hierbleiben, weil ich zu einem Essen für Prinzessin Marie Louise – wenn Du weißt, wer das ist, eine Tochter des Prinzen Christian und wohl eine Enkelin der Viktoria – mit dem Gouverneur und seiner Frau mußte und nicht abzusagen wagte, später kommt dann Lord Delameres Hochzeit, bei der ich auch zugesagt habe. Das Essen mit der Prinzessin war übrigens amüsant; ich hatte Tom Cholmondeley als Tischherrn und habe mit ihm und Lord Francis Scott, der als der beste Bridgespieler in Kenia gilt, und dem Gouverneur Bridge gespielt. Lord Francis und ich machten fünf große Schlemms und gewannen riesige Summen...

Ich habe jetzt Halima als Zofe; sie hat etwas, das mich immer an Missen erinnert, sie ist ebenso schlank und rank und hat die gleiche Art, einem direkt in die Augen zu sehen, sie hat etwas Besonderes, das sie von anderen Kindern unterscheidet. Sie ist eine große Schauspielerin, beim Erzählen ahmt sie ganz unbewußt alle diejenigen nach, von denen sie erzählt. Seit dem Tod ihrer Mutter hat sie dauernd Angst, es könnte jemand sterben; sie sitzt hier drinnen und »paßt auf«, wie sie sagt, »daß Du nicht stirbst« — »Du stirbst doch wohl nicht?« sagt sie unentwegt...

Denys ist völlig verzweifelt, weil er gebeten worden ist, den Prinzen von Wales,* der im Oktober hierher kommt, auf eine Safari mitzunehmen. Ich lachte ihn aus, weil er sich das so zu Herzen nahm, aber er sagt, ich wüßte nicht, wie englische Royalties wären und was für ein »fuss« um sie gemacht würde. Ich kann es mir wohl vorstellen, schon jetzt denken die Leute an nichts anderes und reden von nichts anderem als von diesem Besuch...

An Ingeborg Dinesen *Ngong, Sonntag, 27. 5. 1928*

... Ich hatte die Freude, einen Brief von Casparson zu bekommen, in dem sogar das Geld lag, das ich ihm ohne die geringste Hoffnung, es je wiederzusehen, geliehen hatte. Er scheint bei guter Laune und voller Zuversicht; es ist wirklich interessant, das Schicksal eines Menschen zu verfolgen, den man so weit unten am Boden gesehen hat. Er schrieb, er sei auf seinem Weg nach Tanganjika von den Eingeborenen an einer Stelle davor gewarnt worden weiterzugehen, weil in der Gegend so viele Löwen wären. – »Nachdem ich die Sache reiflich überdacht hatte«, schreibt er, »begab ich mich auf den Weg, zumal ich meinte, es sei das moralisch Richtige, meiner Familie eine Chance zu geben, mich loszuwerden. Es gelang mir ja nicht, ihnen den Gefallen zu tun, aber jetzt besitze ich ein gutes Gewissen und will nun auch nichts mehr für sie tun.« Er fand, die Natives seien ihm gegenüber rührend hilfsbereit gewesen, und er dankte auch überaus nett für meinen – äußerst geringen – Beistand und meine Sympathie, die wirklich aufrichtig war...

Der Gouverneur hat £ siebentausendfünfhundert verlangt, damit der Ballsaal im Government House aus Anlaß des Besuches des Prinzen von Wales fertiggestellt wird. Es ist ja möglich, daß sie aus diesem seltenen Anlaß das Land dazu bringen zu zahlen, sonst hätten sie sicher nie seine Zustimmung bekommen, denn das Government House ist hier sehr unpopulär; ich muß auch sagen, ich finde, es ist eine beträchtliche Summe, denn das Gebäude selbst steht ja, und wir brauchen doch wirklich keine alten Gobelins etc. –

Der Prinz bleibt im ganzen nur drei Wochen und will wohl einen großen Teil der Zeit auf der Jagd verbringen, dadurch können es leicht £ eintausend werden für jeden Tag, den er sich im Government House aufhält...

An Ingeborg Dinesen *Ngong, Sonntag, 3. Juni 1928*

...Habe ich Dir übrigens jemals den Brief geschickt – oder vielleicht Tommy – von einem alten Gewehrträger, der adressiert war: Lioness von Blixen – und der begann: Honourable lioness –? So werde ich jetzt allgemein tituliert und finde das flott... Das MBagathi-Haus macht uns Kummer; die dortigen Mieter haben gekündigt, weil es hineinregnet; es ist überhaupt in schlechtem Zustand, aber wir haben ja kein Geld, es zu reparieren. Wir beschlossen, gemeinsam hinzufahren und es uns anzusehen, und ich nahm Farahs Frau und Halima in meinem Auto mit, um ihnen eine Freude zu machen.

Halima ist ein zu ulkiges Kind; ich kann mir kaum vorstellen, wie sie sich je in die respektablere mohammedanische Frauenwelt einfügen wird, sie ist eine richtige Zigeunerin. Sie spielt Harmonika und singt und tanzt gleichzeitig dazu mit einer erstaunlichen Leichtigkeit und – wenn ich das so sagen darf – mit Kraft eher als mit Schönheit; sie ahmt die Leute nach und stellt ganze Szenen ihres Daseins dar – zum Beispiel die offensichtlich traurigen Ereignisse in Embu, wo sie sich ja eine Zeitlang aufgehalten hat und wo das Laster der Trunksucht sehr verbreitet sein muß –, alles zur größten Freude von Tumbo, der flachliegt vor Lachen, und einer Mischung von Indignation und Bewunderung von seiten der jungen Frau von Farah, die selber den Inbegriff weiblicher Würde verkörpert. Am Nachmittag versuchte ich, einen Spaziergang über die Farm zu machen; es ist so lange her, seit ich nachgesehen habe, was uns der Regen eigentlich gebracht hat, aber ich war so erschöpft, als ich nach Haus kam, daß ich weder essen noch schlafen konnte. Ich habe auf meinen Spaziergängen immer Tumbo und Titi als Begleiter und Hundeaufseher bei mir; sie sind selber wie zwei junge Hunde, fliegen herum nach allen Seiten und sprudeln vor Lachen, Tumbo ist ein richtiger Junge geworden, spielt mit der Zwille und übt »grausige Nachtschreie«, er ist ein aufgewecktes Kind...

Freitagmorgen kam Choleim Hussein im Auto hier heraus, um mich zu fragen, ob ich den indischen »Hohenpriester« zum Tee empfangen wollte, der auf Inspektionsreise hier im Lande ist. In weiser Voraussicht hatte er Kuchen und Obst mitgebracht. Ich erhob mich also zur Teezeit und war ganz überwältigt, als ich acht Autos vorfahren sah mit insgesamt sieben hohen Geistlichen in Begleitung von Jevanjee und anderen Herren der indischen Elite von Nairobi. Wir mußten den Teetisch im Eßzimmer decken. Sie hatten alle lange weiße Gewänder an und wirkten malerisch, so überall rund ums Haus verteilt; der »Hohepriester«, ein sehr alter Mann mit einem feinen Gesicht wie aus Wachs, hatte die schönsten Gewänder, die man sich denken kann, aus allerfeinster, handgewebter weißer Wolle – er hätte fast mit Dir konkurrieren können! Er konnte weder Englisch noch Suaheli sprechen, wir brachten deshalb nur pantomimisch unsere gegenseitige Achtung und unser Wohlwollen zum Ausdruck. Er schenkte mir ein Paar Ohrringe. Er ist Mohammedaner, anscheinend Vertreter einer besonderen Sekte, aber in der ganzen mohammedanischen Welt hoch angesehen, Du kannst Dir also vorstellen, wie fein Farah angezogen war, und alle meine Boys gingen auf Zehenspitzen…

An Mary Bess Westenholz *Ngong, 18. Juni 1928*

…Ich habe so viel, was ich Dir schreiben möchte, oder, richtiger gesagt, worüber ich gern mit Dir sprechen würde, denn ich schätze solche Monologe nicht, zu denen Briefe werden, besonders bei dieser Entfernung, ich meine vielmehr, die Wechselwirkung, die während eines Gespräches entsteht, kommt beiden Partnern sehr zugute… Hier, wie so oft im Leben, gilt »si on n'a pas ce que l'on aime, il faut aimer ce que l'on a –«*, und obwohl ich glaube, ich bin in der Konversation besser als in der Korrespondenz, muß ich mich ans Papier halten und sehen, daß ich ihm möglichst viel anvertraue. Und da ich finde, die kleinen Dinge des praktischen Lebens erhellen manchmal ein Problem ebensogut wie gewichtige Argumente, will ich Dir von einer Episode erzählen, deren Zusammenhang mit unseren vielfältigen Diskussionen über »die Ehe« oder meiner Meinung zu diesem Thema Dir einleuchten wird.

Du hast sicher durch Mutter von unserer nächtlichen Löwenjagd hier auf der Farm gehört. Sie begann damit, daß zwei Löwen mit einer bis dahin ungekannten Frechheit zwei junge Ochsen aus unserem Boma rissen und daß Dickens am Morgen zu mir kam, um das zu berichten und zu fragen, ob er die Erlaubnis haben könnte, Strychnin in die Reste der Ochsen zu tun. – Dieser Gedanke war mir nun in so hohem Maße zuwider, daß ich ihm mein Einverständnis verweigerte und sagte, ich sei der Meinung, Löwen müßte man schießen. Er fand nun, wir könnten es uns nicht leisten zu riskieren, daß die Löwen sich noch mehr Ochsen holten, nur weil wir unseren »Spaß« haben wollten. Und in dem Punkt mag er recht gehabt haben. Aber dann ging er dazu über, zu sagen, er hätte erwogen, einen Boma zu bauen und nachts dort zu wachen, um die Löwen zu erlegen, aber er habe sich das durch den Kopf gehen lassen, er sei ein verheirateter Mann mit einem Kind und ein zweites sei unterwegs, und er sei zu dem Schluß gekommen, es wäre unverantwortlich und falsch von ihm, sich solcher Gefahr auszusetzen. Ja, sagte ich, ich verstünde das sehr gut, aber ich selbst und Denys Finch Hatton, der gerade hier sei, wollten versuchen, die Löwen aufzuspüren. Das beruhigte Dickens vollkommen, und er erklärte, das sei natürlich all right. »Come now then,« sagte ich zu Denys, »and let us go and risk our entirely worthless lives.«

Wenn ich jedoch inzwischen über Dickens' Standpunkt nachdenke, muß ich ihm rechtgeben. Es ist wirklich geradezu unmoralisch für einen verheirateten Mann, ohne Not Leben und Gesundheit zu riskieren, und wenn es so weit gekommen wäre, daß die Löwen ihn getötet hätten und seine Frau mit einem noch nicht geborenen Kind und einem weiteren von zwei Jahren dagestanden hätte ohne einen Pfennig und ohne die Möglichkeit, selbst Geld für den Lebensunterhalt zu verdienen, wäre das nicht bloß eine Tragödie gewesen, sondern eine schlimme und idiotische Handlungsweise, ein gewissenloses Verhalten, für alle, die in die Sache verwickelt waren, ein Unglück und eine Belastung.

Das gilt natürlich besonders für Leute in seiner Situation, die nichts anderes als ihre persönliche tägliche Arbeit haben, worauf sie sich im Leben verlassen und worauf sie zurückgreifen können; wenn man aber richtig darüber nachdenkt, geht es doch mehr oder weniger allen Menschen so, die die mit der Ehe und Familie verbundenen Verpflichtungen auf sich genommen haben.

Nun meine ich natürlich nicht, es sei ein sehr großes Opfer, auf die Löwenjagd zu verzichten, und man kann wohl sogar sagen, Leute, die ein bestimmtes Alter erreicht haben, sollten sich von ihr fernhalten. Aber die Löwen bedeuten oder repräsentieren hier etwas, und als ich so darüber nachdachte, wurde mir klar, daß es sich hier wirklich um eine Wahl im Leben handelt und daß auf jeden Fall Leute, die sich überhaupt mit dem Gedanken an eine Heirat tragen, gut daran tun, sich darüber klarzuwerden, ob sie die Löwen oder das Familienleben wählen wollen.

Ich finde, gewissenhafte Menschen, die heiraten, müssen einsehen und beschließen, daß von nun an die Rücksicht auf ihre Frau (und vielleicht – Kinder) vor allen anderen Rücksichten Vorrang hat. Ich habe immer geglaubt, man könne nichts Besonderes vom Leben erwarten, wenn man nicht in der Lage sei, sich darüber klar zu werden, was für einen selbst »das Wesentliche« ist, und notfalls alles andere sausen zu lassen; und es ist ein nicht ganz ehrliches Spiel, zu heiraten und nicht einzusehen, daß Heim und Familie von nun an das Wesentliche sind; auf jeden Fall verstößt man, meiner Meinung nach, damit gegen den wahren Geist und den Sinn der Ehe. Meines Erachtens ist es von einem verheirateten Mann nicht richtig, um einer Überzeugung, einer Idee oder einer Leidenschaft willen seiner Frau und seiner Kinder Dasein aufs Spiel zu setzen oder zu ruinieren, und ich kann mich nicht voller Begeisterung denen anschließen, die dort, wo Maia Carbery mit ihrem Aeroplan abgestürzt ist, ein Monument errichten wollen für »A Pioneer of flying«; denn ich finde es gewissenlos von der Mutter eines dreijährigen kleinen Mädchens, als Pionier der Flugkunst solange in der Luft herumzuturnen, bis sie sich zu Tode stürzt.

Aber das bedeutet mit anderen Worten, daß man in dem Augenblick, wo man sich auf die Ehe einläßt, auf einen unendlich großen Reichtum an Betätigung, an Erlebnissen, an neuen Eindrücken im Leben verzichtet und mit Brief und Siegel erklärt, damit zufrieden und entschlossen zu sein, von nun an die Nahrung für Geist und Herz nach einer bestimmten Diät und innerhalb bestimmter Grenzen zu sich zu nehmen.

Ich will gar nicht behaupten, es sei nicht durchaus möglich, daß gerade das den meisten Menschen am besten behagt – ja, wahrscheinlich können sie heiraten, ohne darüber nachzudenken und ohne jemals diesen Konflikt zu empfinden. Aber ich glaube, es wird mit jedem Jahr schwerer, so leicht darüber hinweg zu kommen. In alten Zeiten, als die Leute zehn Kinder hatten und alte Menschen waren, wenn sie die Fünfzig erreicht hatten, da beanspruchte das Familienleben nicht nur »Leib und Seele«, sondern Tag für Tag ihre ganze Zeit und ihre Fähigkeiten und Kräfte. Ich kann mit Wells sagen: »The whole adult life was consumed by sex and its consequences; the business of the family, of making it and toiling for it, of weeping for the dead and beginning again, was the complete circle of life. Man was almost as sexual as a cat with its ever-recurring kittens. In the past the normal existence fell wholly into the frame of the family. Man was a family animal. Now this is no longer the case. Now family life becomes merely a phase in an ampler experience. Human life escapes beyond it.«

Es mag noch Beispiele geben, auf die diese Feststellung nicht zutrifft, aber ich für meinen Teil kenne niemanden, der nicht seine Wurzeln mehr oder minder in der Vergangenheit hat, wo der Familie eine andere Bedeutung zukam als heute. Wenn der Herzog von Orléans heiratet, um die alte französische Dynastie für glücklichere Zeiten zu erhalten, dann ist für ihn sicher die Ehe verbunden mit allem, was für ihn überhaupt etwas bedeutet und Wert und Gewicht im Leben hat: mit der Ehre und Gerechtigkeit, mit Gott selbst und »la Grâce de Dieu«, mit der Geschichte und dem Vaterland – und für die Herzogin von Orléans, vorausgesetzt, sie denkt genauso, kann es durchaus des Lebens höchste Erfüllung sein, den Grafen von Paris und den Herzog von Chartre zur Welt zu bringen. Aber beim größten Teil der Menschheit im Jahre 1928 verhält es sich nicht so, und wenn den Menschen Religion, Wissenschaft, Kunst, soziale Probleme, Vaterland, Geschichte oder Volksaufklärung überhaupt etwas bedeuten, dann haben sie diese Bedeutung ganz unabhängig von und ohne Zusammenhang mit ihrer Ehe und ihrer Familie. Und sie haben die Gelegenheit, mit diesen Dingen in Berührung zu kommen, und sie verstehen zu lernen, und sie haben Zeit, sich mit ihnen in einer ganz anderen Weise zu beschäftigen, als das in früheren Tagen möglich war.

Es ist doch sehr wohl vorstellbar, daß es viele Leute gibt, für die die bedingungslose Freiheit, das zu suchen und zu ergreifen, was zu jedem einzelnen Zeitpunkt ihres Lebens ihnen als das Höchste und Beste erscheint, das für sie Notwendigste, weit höher rangiert als die einmal eingegangene Bindung an eine bestimmte Aufgabe oder einen bestimmten Menschen. Und es kann Menschen geben, für die diese Freiheit oder Offenheit bei dem, den sie lieben, von so großer Bedeutung ist, daß sie sich gar nicht vorstellen können, daß er sie aufgeben sollte. (Rein legal gesehen können die Leute natürlich verheiratet oder unverheiratet sein, ohne daß das etwas an diesem Verhältnis ändert.) Und da es, wie bekannt, *takes all sorts of people to make the world*, meine ich, man müßte Verwendung und Platz für eine Klasse der unverheirateten und freien Menschen in der Welt haben, in der wir uns heutzutage befinden, ebensogut wie für einen stabilen Bestand an Familienvätern und Familienmüttern, und es steht keinesfalls fest, daß der Ehestand, wenn man die ganze Menschheit in Betracht zieht, der natürliche und normale Stand ist.

Es kann selbstverständlich gut sein, daß dieses Verhältnis sich in den kommenden Jahren mehr oder weniger stark verändert. Die Geburtenregelung und die Berufstätigkeit der Frauen – oder genauso zum Beispiel die Einführung des kommunistischen Staates oder eine veränderte Erziehung, eine sexuelle Befreiung zugunsten der Frauen – können den Schwerpunkt des Problems verlagern, und Mrs. Dickens kann es sich wünschen und befürworten, daß Dickens sich den Löwen des Daseins stellt; jetzt wollte sie, als er uns in der Shamba schießen hörte und das Auto herausholte, um nachzusehen, was geschehen war, noch nicht einmal das erlauben. So wie die Dinge jetzt liegen, ist Dickens, der das Auto wieder hineinfuhr – mit der allergrößten Überwindung, dessen bin ich sicher, denn er ist bestimmt kein Feigling –, wirklich das Ideal und Muster eines Ehemannes und Vaters, und ich kann ebensogut ihm ein Monument errichten, wie der Fliegerclub dies für Lady Carbery tun will. Aber so lange die Verhältnisse so sind, gibt es auch viele Männer, die die Rolle von Mr. Dickens nicht übernehmen können und dürfen, und Frauen, – das weiß ich ganz sicher –, die dem Rollenfach von Mrs. Dickens weit aus dem Wege gehen sollen! –

Du mußt nicht glauben, ich könnte nicht das Schöne und Wertvolle in dem anderen Typ und der anderen Lebensweise erkennen. Wie ich wohl schon früher einmal geschrieben habe: Ich kann die Diskussion beginnen wie der Erzbischof von Canterbury, als er eine Angelegenheit mit Lord Melbourne diskutieren sollte und zu ihm sagte: »Mylord, it will save our time if we to begin with agree that everything and everybody is damned,« was man bei jeder Erörterung tun kann, und eingestehen, daß etwas Großes und Schönes in jedem der Ideale enthalten ist, die die Menschheit im Laufe der Zeiten entwickelt und von denen sie sich emporheben und begeistern lassen hat, am Ideal der Walküre wie an dem der Nonne und der Hausmutter, – aber auch etwas Gefährliches ist in jedem enthalten. Ich rede ja nur so, damit den Beweggründen der Menschen, die sich danach sehnen, Löwen zu jagen, ebensoviel Respekt gezollt wird wie denen der Leute, die die Hebammen in Arbeit halten, Anerkennung zuteil werden soll. Ich selbst werde niemals das kurze, gedämpfte, gewissermaßen warnende Brüllen des Löwen vergessen, als wir uns ihm näherten, oder seinen Anblick, als er vor dem Hintergrund der großen afrikanischen Nacht gleichsam aufloderte. Aber ich glaube und verstehe es gut, daß Mrs. Dickens genau so viel profitiert und »das Höchste und Schönste« in Annes erstem Zahn und ihrem warmen Abendbad entdeckt. Daß Mrs. Dickens keinerlei Interesse oder Sympathie für meine Ansichten aufbringt, nehme ich ihr nicht übel. – Aber ich möchte gerne, daß Du verstehst, was ich in diesem Zusammenhang meine und fühle – und ich hoffe, es ist mir gelungen, Dir auf jeden Fall eine gewisse Vorstellung davon zu vermitteln.

Ja, lebwohl, liebe Tante Bess, und nochmals viele gute Wünsche und Dank für viele vergangene Jahre. Wenn ich an unsere verschiedenen Diskussionen denke, dann finde ich, wir haben weit mehr Gemeinsames als Trennendes; hoffentlich begegnen wir einander weiterhin mit ständig wachsendem Verständnis und in gleichbleibender Freundschaft! – Wenn ich an Deinen Geist und Einfluß während unserer Kindheit und Jugend denke, dann kommt es mir beileibe nicht so vor, als seien sie Ausdruck des »stets Bürgerlichen« gewesen, für das Du gelegentlich auch etwas schwärmen kannst. Für mich persönlich war etwas viel Moral dabei, aber viel, viel mehr Begeisterung, Licht und Wärme, für die ich dir *stets* danke.

Deine Tanne.

An Ingeborg Dinesen — *Ngong, Sonntag, 24. 6. 1928*

...Du würdest sicher alles unverändert finden – ja, selbst den Storch habe ich noch; er ist so etwas Ähnliches wie ein Konflikt in meinem Dasein, denn er frißt kleine Küken. Er kann sehr wohl fliegen, und neulich traf ich ihn, als ich auf einem Ausritt war, ganz hinten auf Wangatta, Du weißt, wo die weißen und rosa Blumen waren; und er ist ja völlig zahm, ich konnte ganz bis zu ihm hinreiten – aber am Abend kommt er zurück und schreitet gravitätisch in sein Haus. Ich habe übrigens auch einen zahmen weißen Reiher, er haust in einem Baum, der auf dem Rasen steht, und sitzt jeden Abend auf demselben Ast, am Tage spaziert er auf den Rasenflächen umher. – Meine Gänse sind ein großer Erfolg, sagen die Boys, und ich hoffe, Gänseküken zu bekommen, was ja wohl so ziemlich das Niedlichste von der Welt ist.

Ich wurde beim Schreiben gestört durch eine Gesellschaft von sieben Somalidamen in den schönsten Farben, die bei Fathima zu Besuch waren und die kamen, um mich zu begrüßen. Sie sind immer nahe daran, vor Lachen zu sterben über alles, was ich sage – ich glaube, nicht wegen meines Witzes, sondern sie sind anscheinend der Ansicht, ich sei eine urkomische Person. Ich schlug ihnen vor, ich wollte ihnen das Autofahren beibringen, darüber konnten sie sich gar nicht beruhigen, sondern brachen immer wieder in Kaskaden von Gelächter aus und wiederholten es unentwegt voreinander. Eine von ihnen schenkte mir ein ungewöhnlich schönes Kopftuch, so eines, wie sie es selbst tragen, aus schwarzem Stoff dicht mit Gold bestickt; ich hoffe, sie bereut das nicht. Zum Schluß flohen sie alle in hellem Entsetzen, weil ich sagte, ich wolle sie photographieren. Denys hat mir nämlich eine kleine Kamera und unzählige Filmrollen gegeben, sodaß ich jetzt versuchen werde, ein paar Bilder von hier zu machen und sie Dir zu schicken. Ich fürchte, ich habe kein Talent dafür, aber auf einen Versuch sollte man es ja mal ankommen lassen...

Ich kann mich nicht erholen, sondern habe weiterhin über 100, * jetzt wollen sie eine neue Art von Injektionen ausprobieren, die ein ausgezeichnetes Stärkungsmittel enthalten sollen; ich mag gar nicht daran denken, aber es ist auch scheußlich, immer so schlapp zu sein, daß man das Gefühl hat, alles in der Welt würde einem zu viel...

Ich habe geradezu einen Horror vor allem, was mit Geburten zu tun hat; neulich, als ich mit Lady Grigg in ihrem Native Maternity Home war, ging ich auch hinein und sah eine ganz junge Native Frau mit einem so süßen Gesicht, die gerade in den Kreißsaal gebracht wurde – sie sagten, sie werde ihr Baby innerhalb der nächsten halben Stunde bekommen; in gewisser Weise ist das ja ganz natürlich, aber ich finde, es ist eine grausame Methode, und wünschte, man würde etwas anderes erfinden, – es wäre doch so gemütlich, wenn man auf Eiern sitzen könnte...

An Thomas Dinesen *Ngong, Montag, d. 25. Juni 1928*

...Ich habe in diesem Zusammenhang nur eine Bitte an Dich – erkläre, bitte, Mutter, daß ich unter diesen Umständen nicht im Frühjahr nach Hause kommen kann, und erläutere ihr diesen Shaurie.

Ich hatte damit gerechnet, Tante Emys Geld* für die Heimreise nehmen zu können, und wenn ich es jetzt für andere Zwecke verwenden muß, muß ich bis 1930 warten. Das tut mir natürlich furchtbar leid, aber der Aufschub ist ja nicht so lang, und Mutter wird es schon verstehen; auf jeden Fall kann es nicht schlimmer sein als damals, als ich ihr sagen mußte, da Du in den Krieg ziehen wolltest!...

Geliebte Tante Bess.
Zur Fortsetzung meines vorigen Briefes: In unserem Zusammenhang muß die Überlegung erlaubt sein, ob man nun wirklich meint, das Leben der Familienväter (und -mütter) sei an sich wertvoller als das der Unverheirateten. Ich bin, wie ich geschrieben habe, der Ansicht, es ist oft, oder wohl, ganz allgemein, notwendiger, ihr Leben zu bewahren, und verantwortungslos, es aufs Spiel zu setzen; dieses kann aber nicht unbedingt als Maßstab für den eigentlichen Wert ihres Lebens genommen werden.

Man muß nämlich, meiner Ansicht nach, folgendes in Betracht ziehen: Zum ersten, der Begriff »Wert eines Menschenlebens« muß von anderen Gesichtspunkten aus beurteilt werden als aus der augenblicklich gegebenen Situation, und zum anderen kommt es hier nicht allein darauf an, welche Schwierigkeit und welches Unglück man verursacht, wenn man stirbt, sondern gleichermaßen, welchen Nutzen und welches Glück man verursacht dadurch, daß man lebt.

Zur Verdeutlichung meines ersten Punktes will ich anführen, was ich mir einmal habe erzählen lassen: Der Tod Spinozas hat sehr wenig Eindruck hinterlassen, *ja*, er ist außerhalb eines engeren Kreises kaum bemerkt worden, Corot verkaufte sein allererstes Bild kurz vor seinem Tode – und hat noch angemerkt, er trenne sich nur ungern von dem Bild, denn er sei jetzt im Besitz einer kompletten Corot-Sammlung, das sei ein einzigartiges wertvolles Ganzes, das es nun in Zukunft nie wieder geben werde –, und selbst wenn diese Beispiele sich als falsch erweisen sollten – ich kann sie, weil ich weiter keine Nachschlagewerke habe, nur schwer nachprüfen –, so weiß doch jeder, es ist sehr oft vorgekommen, daß der Wert großer Persönlichkeiten und ihrer Werke für die Menschheit erst nach dem Tod sichtbar geworden ist. Die Gesellschaft hat es ja sogar für notwendig und in ihrem Interesse liegend erachtet, bestimmten Menschenleben ein Ende zu setzen, und hat solche Menschen als Verbrecher hingerichtet, die später als Heilige kanonisiert wurden oder als große Wohltäter der Menschheit anerkannt wurden. Der momentane Kummer und die Trauer an einem Totenbett sind keineswegs ein sicherer Maßstab dafür, was für einen wirklichen Wert ein Leben für die Welt gehabt hat.

Weiter: Ich kann ja durch meinen Tod eine riesige Verwirrung, furchtbar viele Schwierigkeiten und helle Verzweiflung auslösen, ohne jemals bei lebendigem Leibe eine auch nur annähernd entsprechend große Summe an Nutzen und Freude für irgendein menschliches Wesen erbracht zu haben oder auch nur die Möglichkeit dazu gehabt zu haben. – Nehmen wir *for arguments sake* an, ich habe eine Höllenmaschine auf einem Ozeandampfer an einer nur mir bekannten Stelle versteckt. Es läge doch dann im vitalen Interesse einer großen Zahl von Menschen, mich am Leben zu erhalten, bis ich sie wieder entfernen könnte; und die Nachricht, ich wäre über Bord gesprungen, würde von weiten Kreisen mit Verzweiflung aufgenommen werden; aber man kann doch nicht behaupten, daß mein Leben durch eine solche Tat irgendeinen wirklichen Wert erhalten hätte.

Man könnte sich ja vorstellen, eine Frau legte sich zehn Kinder zu, die so ungezogen wären, daß niemand außer ihr selbst sie bändigen könnte, oder sie wären zum Beispiel taubstumm und könnten mit der Umwelt nur in Verbindung treten durch ein von ihr beherrschtes System; es ist doch klar, daß ihre sonstige Umgebung tun müßte, was immer sie könnte, um sie am Leben zu erhalten, und man wäre sehr betroffen bei der Nachricht von ihrem Tode – ohne daß ihr Dasein jedoch als Muster für ein besonders wertvolles Menschenleben genommen werden kann.

Tante Lidda schrieb mir einmal, sie fände, so lange man in der Lage sei, einen Hund, der in der Kälte der Nacht winsele, in das Haus zu lassen, sei das eigene Leben nicht ohne Wert. Ich weiß allerdings nicht, ob man das ohne weiteres so stehen lassen kann. – Ja, wenn die Hunde schon da sind, und man verbessert einen vorhandenen mißlichen Zustand, oder wenn es sich um ein aus irgendeinem Grund besonders wertvolles Exemplar einer Hunderasse handelt, kann man das wohl sagen; aber wenn man selbst den Hund zu seinem eigenen Vergnügen herangezogen oder angeschafft und ihn nach draußen oder drinnen transportiert hat, dann, finde ich, kann man die Anstrengung, ihn reinzulassen, als nichts anderes betrachten, als die Erfüllung einer selbst auferlegten Pflicht. Denn, sich eine Anzahl nicht näher definierter Hunde zuzulegen und sie herein- oder hinauszulassen, das kann meines Erachtens nicht als sehr wertvolle Aufgabe für einen Menschen bezeichnet werden.

Ich finde nun, viele verheiratete Leute, besonders die mit großen Familien, gelangen auf diese Art zu einer falschen Beurteilung des *Wertes* ihres eigenen Lebens, im Vergleich zu dem unverheirateter und kinderloser Menschen. – Sie laden sich, ausschließlich zu ihrem eigenen Vergnügen oder in ihrem eigenen Interesse, viele Verpflichtungen auf und meinen nun, mit deren Erfüllung fügten sie dem Leben oder der Gesellschaft neue Werte hinzu. – Und hier meine ich, wie gesagt, liegt es außer allem Zweifel, daß es der Umgebung schlechter ginge, wenn sie gegenüber diesen Verpflichtungen fünf gerade sein ließen, ohne daß es deshalb bewiesen ist, daß es nicht alles in allem ebenso gut oder besser gewesen wäre, wenn sie sich diese Verpflichtungen nie aufgeladen hätten.

Wenn man nicht der Ansicht ist, es sei gut, ohne Rücksicht auf die Qualität so viele Menschen wie möglich zur Welt kommen zu lassen, oder wenn man einen rein orthodoxen Respekt vor der Ehe als solcher hat, dann muß man das Familienleben, wie alles andere auf der Welt, nach den Resultaten beurteilen. Daß Eheleute oder Eltern und Kinder sich gegenseitig über alles in der Welt schätzen, verändert ja nicht ihren Wert für die übrige Menschheit, und sie können beim besten Willen nicht verlangen, daß diese ihren privaten Maßstab anerkennt.

Ich bin ganz entschieden der Ansicht, menschliches *Glück*, wo immer man es findet, stellt einen großen Wert dar und sollte bewahrt werden, und ich meine auch, derjenige, von dem man sagen kann, er habe etwas Schönes und Harmonisches geschaffen, hat der Welt Werte geschenkt, auch wenn sie augenscheinlich nur in seiner eigenen Sphäre zum Tragen kommen. (Ich glaube ohnehin, man kann nur auf sehr lange Sicht beurteilen, was dem sogenannten Nutz und Frommen dient. – Man kann wohl sagen, alle schönen, erhabenen oder genialen Werke sind von Nutzen, oder alles, was dem Nutz und Frommen dient, hat seine Schönheit in sich. Ob es besser gewesen wäre, wenn Ramses (?) ein Pesthospital zur Linderung der damaligen Not in Ägypten errichtet hätte, statt eine Pyramide zu bauen, die durch Jahrtausende die Menschheit begeistert und immer wieder ihr Interesse geweckt hat, das kann gewiß nicht stehenden Fußes und schon gar nicht durch Abstimmung entschieden werden.)

Aber wer kann nun beurteilen, ob Dickens an sich glücklicher ist als Finch Hatton, oder Mrs. Dickens glücklicher als ich? Ich selbst glaube, ich bin sehr viel glücklicher und habe viel mehr vom Leben als Mrs. Dickens, die immer ziemlich verdrießlich wirkt. Ich habe den Eindruck, Dickens war besserer Laune, ehe er heiratete, aber da kann ja vieles im Spiele sein, über das ich ohne genauere Kenntnisse nicht mitreden kann. – Und wer kann sich hinstellen und sagen, er wüßte, daß Dickens' Heim, das ganz und gar sich auf Papa und Mama und das kleine dreijährige Kind konzentriert, ein an sich besseres oder hübscheres oder harmonischeres Unternehmen sei als mein eigenes Haus, das nicht in dieser Weise sich selbst genug ist, sondern offene Fenster und Türen für die Welt der Natives und der umherreisenden Leute hat? – Ich glaube auf jeden Fall, es ist hier leichter für mich, meine Vorstellungen von den Menschenrechten im allgemeinen im Auge zu behalten und nach ihnen zu handeln; ich habe den sonst rechtschaffenen Dickens völlig den Maßstab gegenüber den Natives und gegenüber ihrer bedauernswerten alten dänischen Kinderschwester verlieren sehen, wenn sie das Pech gehabt hatten, Mrs. Dickens vor den Kopf gestoßen zu haben.

Ich weiß, alle anständigen Menschen stürzen herbei, um eine Hebamme zu holen, wenn es erforderlich ist, und sie nehmen auf die Dame in anderen Umständen die größte Rücksicht. Das ist wohl ein richtiger und vitaler Instinkt der Menschheit, ohne den sie absinken würde. Mrs. Dickens liegt zur Zeit in einem Nursing Home in Nairobi, um ihr Baby zur Welt zu bringen, und diese Begebenheit hat unser tiefes Interesse; wir würden ihr unsere Autos mit größter Bereitwilligkeit zur Verfügung stellen und bei einem Erdbeben wahrscheinlich ihr Leben vor unserem eigenen retten. Aber ich mache mir über das Resultat des ganzen Unternehmens keine Illusionen; ich glaube nicht, daß die (gräßlich verwöhnten) Kinder von Mrs. Dickens viele Möglichkeiten haben, mit der Zeit Qualitäten zu entwickeln, die über die von Mrs. Dickens selbst hinausgehen. Eine Wiederholung von Madam Dickens durch die Jahrhunderte hindurch kann ein sehr respektables Unternehmen sein – aber, ehrlich gesagt, glaube ich nicht, daß das Gewicht dieses Unternehmens auf den Waagschalen der Menschheit je einen größeren Ausschlag zur einen oder anderen Seite verursachen wird.

Also: ich ziehe, wie gesagt, meinen Hut vor Dickens, der sein Auto wieder in den Schuppen fuhr, als er uns in der Shamba schießen hörte, und ich bin mit ihm einer Meinung, daß er als verheirateter Mann und Vater etc. sein Leben nicht ohne Not aufs Spiel setzen sollte. Aber ich meine nicht, das sei ein Maßstab für den *Wert* seines Lebens. Und auf jeden Fall ist das kein Wert, den ich persönlich anstrebe. Ich finde keine Befriedigung in der übertriebenen Wertschätzung, die ich in einer persönlichen Beziehung einem anderen Individuum abnötigen kann, – und für die ich mit einer übertriebenen Wertschätzung seiner oder ihrer Fähigkeiten bezahle. Laß mich den Wert haben, den ich vor Gott und den Menschen verdiene, ohne daß er unverhältnismäßig vergrößert werden soll durch das momentane Interesse eines kleinen Kreises an mir oder seine Abhängigkeit von mir. Ein Teil dieses Wertes, wenn er denn überhaupt existiert, kommt daher, daß ich – Löwen jage. Oder daher: daß ich die Möglichkeit habe, frei dazustehen und mit meinem Leben zu machen, was ich will. Von dieser Art Menschen gibt es viele in der Welt, und ich meine, man muß ihnen genausogut ihr Recht und ihren Platz in der Welt zubilligen wie den Familienvätern und -müttern. Ich selbst bin sehr froh, zu ihnen zu gehören. –

Deine Tanne.

P. S. Ich habe natürlich oft erlebt, daß ein Mensch, der selbst dem Leben keinen Inhalt und kein Glück abgewinnen konnte, seine *Raison d'être* darin findet, einen anderen Menschen glücklich zu machen. Oder er produziert einige Kinder, die er glücklich machen zu können glaubt, und hat dadurch das Gefühl, der Welt Werte vermittelt und seine Existenz vollauf gerechtfertigt zu haben.

Ob dieses nun eine an und für sich vertretbare Argumentation ist, das ist eine Frage von zu großer Tragweite, und sie ist zu kompliziert, als daß ich auf sie weiter eingehen werde. Man kann insofern eigentlich sagen, wenn zwei Menschen, die beide das Leben so sehen, einander begegnen und »einander glücklich machen«, dann ist nichts anderes oder nicht mehr erreicht, als wenn sie es geschafft hätten, jeder für sich allein glücklich zu werden, und die Welt ist um keine größeren Werte bereichert worden, als wenn ihnen das geglückt wäre; und ebenso ein Mensch, dem es persönlich nicht geglückt ist, eine bestimmte Haltung gegenüber dem Leben und Verständnis für das Leben zu gewinnen, der wird auch keine Möglichkeit haben, seinen Kindern eine bessere Einstellung oder eine bessere Beziehung zum Leben beizubringen – aber man kann wohl einen einzelnen Fall nicht so isoliert sehen und sollte immer auf andere Einflüsse und den Reichtum, der sich bei jeder Wechselwirkung entfaltet, hoffen und vertrauen. –

Ich meine aber, über ein solches Verhältnis sagen zu können, daß es in der *Praxis* sich sehr oft auf eine reine Illusion stützt.

Ich glaube, von außerordentlich vielen Eheleuten (und Eltern), die auf diese Art ihr Leben und ihr Glück auf das bauen, *was sie für andere sind,* kann man sagen, sie würden im höchsten Maß überrascht sein – (ob nun freudig oder schmerzlich, ist nicht so leicht zu entscheiden, in vielen Fällen würde es vielleicht als Erleichterung empfunden werden) –, wenn ihnen plötzlich gesagt würde oder sie plötzlich die Gewißheit erhielten, daß sie selbst nicht mehr für ihren Ehepartner bedeuten, als sie oder er für sie selbst bedeutet. Durchschnittsmenschen, die selbst keine übermäßig starken Gefühle oder einen besonders starken Drang in eine Richtung haben, rechnen oft, um ihrem Dasein eine gewisse Balance zu geben, mit sehr viel stärkeren Gefühlen als ihren eigenen bei den Menschen, zu denen sie eine Beziehung haben; und während sie, wenn man ihnen auf den Zahn fühlte, sehr wohl zugeben würden, daß ihr Mann, ihre Frau, ihre Kinder für sie selbst nicht von absoluter Notwendigkeit sind, nähren sie bei sich selbst die Überzeugung, für die anderen unentbehrlich zu sein. – Sehr oft denke ich, eine Ehe kommt zustande oder wird aufrecht erhalten, ja, gelangt zu einer gewissen Harmonie und leidlichem Glück, weil beide Partner jeder für sich annehmen, ihr eigenes Glück für das des anderen Partners geopfert, »ihn glücklich gemacht« zu haben, und sie sehen ihren eigenen Wert darin, daß der andere »nicht ohne sie leben kann«; und es ist deutlich, diese Wertung hebt sich auf, wenn sie auf Gegenseitigkeit beruht. – Ich glaube wirklich, die meisten glücklich verheirateten Leute würden sehr erstaunt und ziemlich erschüttert sein, wenn man ihnen sagte, ihr Ehepartner liebe sie nicht mehr, als sie ihn liebten...

An Ingeborg Dinesen *Ngong, Sonntag, 22. Juli 1928*

...Neulich morgens, als Denys und ich einen Ausritt machten, fanden wir fünfundzwanzig Ziegen in unserem Mais und trieben sie hierher zurück, wohin der Besitzer dann kommen und sie abholen mußte; Holmberg hat ihnen immer zur Strafe für derartige Vergehen eine Ziege abgenommen; aber das entwickelt sich leicht zu einem schlechten Brauch, deshalb habe ich damit Schluß gemacht, und Dickens pflegt jetzt dem Toto, der eigentlich hätte aufpassen müssen, nur Schläge hintendrauf zu geben; das ist aber auch kein sehr gutes System, denn wenn man nicht gerade den schuldigen Toto auf frischer Tat erwischt, wird immer das allerjüngste Mitglied der Familie, das die Angelegenheit nicht mehr an einen kleineren weiterschieben kann, zum Prügeln hinaufgeschickt – dieses Mal war es ein kleines Mädchen von höchsten fünf Jahren, in Tränen aufgelöst; Denys und ich brachten es nicht fertig, die Strafe zu vollziehen...

Wenn hier alles gut geht, gibt es, glaube ich, keinen Menschen, der glücklicher sein kann als ich. Natürlich entbehre ich einiges durch diese Art Dasein, das ich hier führe; aber Entbehrungen irgendwelcher Natur erleiden wohl die meisten Menschen, und auf der anderen Seite habe ich so vieles, das mich nicht nur zufrieden macht, sondern geradezu begeistert. Ich habe eben aus Anlaß eines Briefes von Katla, in dem sie mich fragt: Wie können Sie so glücklich sein und dem Dasein so viel abgewinnen? – darüber nachgedacht, was das eigentlich ist, das mich hier so glücklich macht. Man kann natürlich auf viele Dinge zeigen und sagen: Es ist dies oder das; aber was ist der Grund, daß sie für mich einen so reichen Inhalt haben? Ja, ich meine, je länger ich lebe ist *Wahrheit* das Wichtigste für mich, und genauso, wie Du sagst: Liebe ist das Erste, sage ich: Wahrheit ist das Erste. – Und hier kann ich wahr sein, ich kann ich selbst sein. –

Was ist das denn, »man selbst zu sein«. Es ist nicht so leicht, wie man denken sollte. Alle, die nicht zu den reinen Ausnahmemenschen zählen, brauchen einiges Glück, damit es ihnen gelingt. Ich habe gerade an Elle darüber geschrieben und hervorgehoben, daß es nicht damit getan ist, mehr oder minder frei zu sein, sondern man muß auch Kontakt zu seiner Umgebung haben – wie ein Mathematikprofessor auf einer einsamen Insel oder unter Niam-Niam-Negern oder la belle Otero unter russischen Dukhobors mit dem allerbesten Willen nicht sie selbst sein oder überhaupt etwas sein *können;* sie müssen erst heraus in eine andere Umgebung und können erst wieder durchatmen und ihr wahres Wesen entfalten, wenn sie wieder in ihr Studierzimmer und an das Katheder oder auf die Boulevards von Paris zurückkehren.

Vielen Menschen fällt es auch schwer, »sie selbst zu sein«, weil sie selbst in Wirklichkeit, an sich, nichts darstellen, und wenn man zu ihnen sagt: »Zeig doch Flagge, Menschenskind« – sehen sie sich ziemlich ratlos nach etwas um, was sie vorzeigen könnten; in Wirklichkeit verlangt man damit zu viel von ihnen, und das Beste, was sie vorführen können, sind ein paar hier und da zusammengesuchte Brocken von Lebensanschauungen und Meinungen – ein bißchen von Frøken Zahles' Schule, ein bißchen aus der »Politiken«, ein bißchen von Ellinor Glyn – damit flaggen sie dann. Das »wahr sein« ist etwas Positives und auf keinen Fall nur das Nicht-lügen-wollen – ja, eigentlich hat es damit gar nichts zu tun. –

Professor Wicksteed sagt in *Four lectures on Henrik Ibsen:* »What it is to be one self? God meant something when he made each of us. For a man to embody that meaning of God in hid words and deeds, and so become, in a degree, a »word of God made flesh«, is to be himself. – But what if a poor devil can never make out what God did mean when He made him? Why, he must feel it. But how often your feeling misses fire! – Ah, there you have it. The Devil has no stauncher Ally than want of perception.« –

Aber hier draußen habe ich auf jeden Fall nichts mit diesem Teufel zu tun. Ich finde, es fällt mir hier so leicht, ich selbst zu sein, das zu sein, was, wie ich glaube, »God meant when he made me«. In meinem Verhältnis zu den Natives, zu den weißen Leuten – das heißt zu einigen von ihnen, nicht zur »Mittelklasse«, ich kann aus dem Zusammensein mit der nicht den geringsten Nutzen ziehen –, besonders in meiner Beziehung zu Denys, bin ich, glaube ich, »myself as the whole man, the true, with God's sigil upon my brow« * (ich habe keine norwegische Ausgabe von *Peer Gynt*). Und das heißt, glaube ich, glücklich zu sein, sich wie ein Fisch im Wasser oder ein Vogel in der Luft zu fühlen. – Und dann, meine ich, man kann, ohne ganz man selbst zu sein, herzlich wenig für andere tun. Mit dem besten Willen und trotz vieler Anstrengungen gibt man ihnen immer bis zu einem gewissen Grad nur Steine statt Brot – beide Seiten wissen das.

Ja, damit lebewohl, meine geliebte Mutter, grüße alle zu Hause viele, viele Mal. Der alte Onkel Fritz tut mir sehr leid, seine Töchter auch,* so ein wohl hoffnungsloses Krankenlager ist schwer, und es ist traurig, wenn die alte Generation geht; selbst in der größten Schwäche und Jämmerlichkeit bieten sie Schutz vor Gefahr, und eine eigene Welt gedeiht um sie her, und diese Art Menschen wird es nie wieder geben ...

Mein innig geliebtes schneeweißes Lamm.
Erst einmal viel tausend Dank für H. C. Andersens Märchen und das Verschönerungsmittel. Es gibt Bücher, die nicht nur einen Genuß, sondern ein Erlebnis vermitteln, und ich finde, daß das bei Andersen immer der Fall ist. Was ist die Phantasie für eine wunderbare, herrliche Eigenschaft – ja, ich sehe, je älter ich werde, desto deutlicher, daß sie das wahrhaft Göttliche ist, die Grundlage für alles andere – (und deshalb finde ich es aufregend und interessant, wie die moderne Wissenschaft sie einbezogen hat oder sich in so hohem Maße auf sie einläßt: siehe Einstein, Haldane etc.). – Die Leute ohne Phantasie sind »die schlimmsten«, weil sie nichts begreifen, wie die Zunftmeister im »Tölpel-Hans«; nur die, die Phantasie besitzen, können das wahre Wesen der Dinge sehen, ihnen werden alle Türen geöffnet. – Ich habe hier abends ganz allein gesessen und lauthals gelacht über »Auf dem Entenhof«, ich bin »der Portugiesischen« bestimmt schon einmal irgendwo im Leben begegnet, ich kann mich nur nicht erinnern, wo. Und dann kann Andersen in anderen Dingen so unbeschreiblich rührend und einfach sein, wie eine Violine – ein großer Zauberer ist er...

Ich habe leider Juma ins Hospital bringen müssen, er hat eine schwere Lungenentzündung. Ich wußte wohl, daß es ihm nicht gut ging und habe ihm Medizin gegeben, aber ich habe nicht geglaubt, daß er so krank sei, und die verabscheuungswürdigen Weiber, seine Frauen, hatten keine Lust, nach mir zu schicken; Eingeborenenfrauen sind widerlich, vollkommen gefühllos. Sonntag nacht hörte ich dann jemanden ins Haus kommen und beim Gehen überall anstoßen – ich dachte, wer immer das sein mag, er muß sternhagelvoll sein, aber es war Juma, der bei mir erschien und aussah wie der Tod persönlich, er konnte kaum sprechen. Ich brachte ihn dann am Montag morgen ins Hospital, da ging es ihm sehr schlecht. Inzwischen hat er am Freitag nach mir geschickt; er war davon überzeugt, er müsse sterben und wollte eine Art Testament machen, das im wesentlichen darin bestand, daß er mir Tumbo als Erbe und Eigentum überließ. Tumbo war selbst mit und wohnt jetzt hier; er ist so still und traurig, während die Frauen, die herzlosen Biester, völlig unberührt scheinen. Ich hoffe jedoch, daß Juma sich wieder erholt, aber er ist alt und reichlich dünn für eine ernste Krankheit...

Ich habe einen Brief von Casparson bekommen, der demnach noch immer am Leben ist. Er hat zwei Artikel geschrieben (in der Halbwochenausgabe des *Aftonbladet)* am 9. Juni mit der Überschrift: »Paa luffen gennem Østafrika« – worin ich auch vorkomme, ich hoffe, einigermaßen vorteilhaft.

Was den Brief an den König betrifft, so weiß ich genau, was ich schreiben will, aber nicht wie ich unterzeichnen soll, und das mußt Du, bitte, bei Onkel Torben in Erfahrung bringen und es mich dann wissen lassen, weil der Brief ja hier geschrieben werden muß. Das Löwenfell* ist in London und schon fertig zum Versand...

An Ellen Dahl *Ngong, 13. September 1928*

...Ich finde eigentlich, Mutter hat allen Grund, über den größten Teil ihres Daseins glücklich zu sein – und das meint sie doch wohl selbst auch. Ich für meine Person bin im Laufe meines langen Lebens zu der Überzeugung gelangt, daß das Glück nicht auf äußeren Verhältnissen beruht, sondern ein *state of mind* ist – daß aber zugleich, jedenfalls bis man vollends im Glauben gefestigt ist, es auch bestimmter äußerer Verhältnisse bedarf – oder vielleicht eher: sollte man bestimmte äußere Verhältnisse meiden, bis man den *state of mind* erreicht und ihn halten kann. Man tut gut daran, sich von allem zu trennen, was einem den Weg dorthin versperrt, – selbst auf eigene und anderer Kosten; denn wenn man diesen Zustand nicht erreicht, kann man nur wenig werden und leisten...

Ja, ich habe in meinem Brief Dir wohl über das: »man selbst zu sein« geschrieben – und will hier nicht weiter darauf eingehen.

Aber es gibt Verhältnisse, in denen man es so unsinnig schwer hat, »man selbst zu sein«, daß es sich nicht auszahlt, sie weiter durchzustehen; selbst wenn man sich sehr wohl vorstellen kann, daß man, wenn man sich ihnen für eine Zeit entzogen hat und sich durch die Kunst den Rücken hat stärken lassen, zu ihnen so immun zurückkehren kann, daß man gar keine Schwierigkeit mehr zu überwinden hat. –

Ich glaube, Mutter ist von Natur »leichten Sinnes« – (ich meine auf keinen Fall: leichtsinnig!) –, und sie muß, um sich glücklich zu fühlen, glauben oder sicher sein, daß *das Leben leicht ist,* an und für sich süß und schön – kurz gesagt, wie Nora, die ebenfalls leichten Sinnes war –, daß das Wunderbare nah ist. Wenn sie sich in diesem Glauben sicher fühlen kann, dann gibt es für sie gar nichts Schweres oder Schreckliches. Ich empfinde die herzlichste Sympathie für sie, denn das ist und war stets mein eigenes Streben und mein Lebensziel, sicherer in dem Bewußtsein zu werden, daß es nichts Schlimmes und Schreckliches in der Welt gibt, sondern Millionen und Billionen Möglichkeiten zu Schönheit und Herrlichkeit. Ich würde gerne meine Seele einem vorwitzigen und lustigen Teufel verkaufen, um verschiedene Dinge zu erreichen, die ich mir sehr wünsche; aber um gar keinen Preis würde ich an den richtigen Teufel, an »das Böse« glauben. Ich habe bis jetzt das Böse nicht gesehen und bin ihm nicht begegnet, obwohl ich einigen unangenehmen Wesen ausgeliefert gewesen bin, und ich glaube nicht an das Böse ... Ich möchte nur ungern mit Leuten zusammen sein, die an den Teufel und alle seine Werke und Verwandten glauben – jedenfalls nicht auf Dauer unter ihnen leben; denn für eine kleine Weile kann das ja ganz kurios sein, und ich kann mir im übrigen gut vorstellen, daß einmal die Zeit kommen wird, wo ich mit den schlimmsten Teufelsbeschwörern umgehen kann, ja, mit dem Teufel selbst, ohne daß sie mir das mindeste anhaben können. Wie die Dinge jetzt liegen, habe ich immer Angst, daß sie *cramp my style* – das heißt mich hindern, ich selbst zu sein.

Ich glaube, Mutter war während ihrer Ehe ebenso imstande, sie selbst zu sein und das Leben leicht zu nehmen, und das war wohl zum großen Teil Vaters Verdienst; denn Mutter hätte natürlich einen in vieler Hinsicht besseren und sichereren Mann bekommen können, aber für den, der die *Jagtbreve* und *Fra ottende Brigade* geschrieben hat, war das Leben leicht und lustig. – Aber in meinen Augen haben Großmutter und Tante Bess und ihre Verwandten mit ihren Aktivitäten eine schreckliche Begabung, einem das Leben schwer zu machen. Ich glaube nicht, daß alle das so empfinden, aber ich habe es so empfunden. Man war von finstersten und unabsehbar großen Gefahren umgeben: Man könnte ja weltlich und eitel gesonnen sein, man könnte ja Madam Jensens Gefühle verletzen, man könnte ja Schulden machen, man könnte nicht genug an andere denken etc. – um gar nicht erst von den entsetzlichen Gefahren zu reden, die in allem, was mit sexuellen Dingen zu tun hatte, lauerten. Dabei hätte Madam Jensen sicher ihren Spaß gehabt, wenn sie einmal einen kleinen Fluch gehört und einen jungen Mann lustig beschwipst gesehen hätte!

Ich glaube kaum, daß Mutter so denkt, aber ich bin immer etwas besorgt, wenn ich mir vorstelle, in wie unmittelbarer Nähe Moster Bess ihre fixe Idee vom »geschwächten Vertrauen« und Tante Lidda ihre fürchterlichen moralischen Haarspaltereien pflegen, und wenn sie im täglichen Leben müde und erschöpft ist, könnte sie ihre »begnadete Verfassung« verlieren und anfangen, schlaflose Nächte zu haben beim Gedanken an Madam Jensen, und zu der Überzeugung kommen, der Teufel existiere möglicherweise doch. – Ich halte ja solche Familienkolonien, wie sie sich zu Hause in der Gegend entwickelt haben, für wenig glücklich; wenn man nicht in vollkommener Harmonie miteinander lebt oder sich emanzipiert hat, hindern sie nur zu leicht alle die Betroffenen daran, sie selbst zu sein. Sonst sollte Mutter mit Malla und ihren anderen guten Leuten doch eine Atmosphäre in ihrem eigenen Heim haben, in der sie wirklich »a word of God made flesh«* sein kann und nicht allzu vielen Belastungen ausgesetzt ist; daß gelegentlich einmal ein Durcheinander herrscht, das ich bei mir im Hause kaum dulden würde, macht ihr nichts aus, und unter ihren Händen verwandelt sich das auch mehr in eine Wiese, wo »niemand gepflügt und niemand gejätet, aber Tausende von Bienen Honig saugen.«

Man lernt ja im Laufe der Jahre, die kleineren Bedingungen des Lebens zu verstehen und sortieren, die dazugehören, damit man man selbst sein kann. Ich weiß zum Beispiel, daß ich nicht dick sein darf; und wenn ich auch alle Qualen des Hungers erleiden muß, so ist das immer noch besser als das Dick-Sein, denn das »cramps my style«. Ich bin mir auch darüber im klaren, wie ich schon an Mutter geschrieben habe, daß ich ebenso wie Tante Emy Gottes auserkorener Snob bin, und wenn ich nicht mit der Aristokratie oder der Intelligenzija zusammen sein kann, muß ich hinab zum Proletariat oder zu den hier dem Proletariat entsprechenden Natives, denn mit der Mittelklasse kann ich nicht zusammenleben. – Die wirkliche Aristokratie, wo es sie noch gibt, oder das Proletariat haben nichts zu riskieren. Aber die Mittelklasse hat immer etwas zu riskieren, und der Teufel in seiner allerschlimmsten Form, nämlich in seiner kleinsten Ausgabe, ist stets in ihrer Nähe...

Über den Islam, der Dich zu interessieren scheint, kann ich nicht mit Kompetenz schreiben, ich weiß in Wirklichkeit zu wenig über ihn. Die Lektüre des Korans bringt mich nicht weiter, und der Islam, dem ich im praktischen Leben begegne, ist nur der seiner primitivsten Anhänger. – Ich finde, der Islam macht die Leute, die ihn annehmen oder in ihm aufgewachsen sind, reinlich und stolz und verleiht ihnen eine Art heroischer oder stoischer Lebensanschauung, aber ich sehe auch, daß er sie für unsere Begriffe ganz unerträglich doktrinär und intolerant macht. Meiner Meinung nach ist er im Ganzen genommen eine *trockene* Religion oder Lebensauffassung, und seine Gefahren liegen darin, daß er entweder eine reine Äußerlichkeit wird und aus einer Unzahl von äußeren Regeln und einem reinen Zeremoniell besteht oder zum Fanatismus führt.

Mir ist auch unsympathisch, daß er meiner Ansicht nach die Stellung der Frau verschlechtert, aber darüber kann man sicher geteilter Meinung sein; die mohammedanischen Frauen werden in vieler Hinsicht geehrt, und ich bemerke sehr wohl das orientalische Element auch in unserer westeuropäischen Ritterlichkeit, das wahrscheinlich mit den Kreuzzügen zu uns gekommen ist; der Islam hat Farbenreichtum und etwas Edles in seinem

Wesen; aber er macht die Frauen so ausschließlich zu Geschlechtswesen und sperrt sie in den Käfig dieser Auffassung und verwehrt ihnen sogar die Aussicht auf die Welt draußen um sie her. Die Beschützerrolle des Mannes hat für mich hier auch so oft etwas Künstliches und Verschrobenes, wenn man zum Beispiel von Anfang an glaubt und auch die Familie so erzieht, ein einziges Haar, das auf dem Kopf der Frau in Unordnung gerät, sei etwas ganz Entsetzliches, dann hat man natürlich für den Rest des Lebens genug damit zu tun, mit Sonnenschirmen und Schirmen jeder Art herumzulaufen; aber meiner Meinung nach wäre es wirklich ritterlicher, dem Haar nicht so viel Bedeutung beizumessen, und ich finde auch nicht, daß die vollkommenste Frisur an sich wirklich hübscher ist als die frei spielenden Locken oder eine *coiffure à la coup de vent*. Ich habe ja auch mein ganzes Leben lang Diana lieber gemocht als Venus; mich spricht dieses Schönheitsideal, wie ich es an Statuen und auf Bildern gesehen habe, mehr an, und ich selbst möchte lieber ein Dasein wie Diana führen als das der Venus mit noch so vielen Rosengärten und von Tauben gezogenen Wagen...

An Ingeborg Dinesen *Ngong, Sonntag, 16. September 1928*

...Denys kommt heute nach Hause, und die Totos haben beschlossen, ihm zur Ehre alle Hunde zu waschen, deshalb höre ich großes Geheul vom Rasen her.

Faras Kind wird für einen dieser Tage erwartet; er ist aus diesem Anlaß so eifrig im Beten und Fasten, daß er für mich von wenig Nutzen ist. Ich hoffe, es geht alles gut. Fathima ist so schmal und zart, aber das spielt wohl keine Rolle. Bei solchen Frauen sind die Geburten oft am leichtesten. Juma geht es besser, aber er sieht sehr alt und mager aus.

Wir haben schon wieder den großen Räuberhauptmann Mongaj auf der Farm, er hat heute nacht zwei von Kaninus Schafen gestohlen. Es ist unglaublich, daß die Polizei von Nairobi ihn nicht fassen kann; sie sind mehrmals an den Stellen im Wald gewesen, wo er sein Lager aufgeschlagen hat und sein gestohlenes Fleisch verzehrt, aber ich glaube, sie haben Angst vor ihm. Die Kikuyus wissen natürlich genau, wo er ist, werden aber einerseits von ihm terrorisiert und hegen wohl andererseits eine Art Sympathie oder Bewunderung für ihn, auf jeden Fall arbeiten sie gegen die Polizei, wo immer sie können...

An Ingeborg Dinesen *Ngong, Sonntag, 30. September 1928*

...Griggs kamen dann am Sonntag zum Lunch hierher, sie waren beide ziemlich überanstrengt von den Vorbereitungen für den Besuch des Prinzen von Wales; aber sie sind ja immer ungeheuer freundlich. Ich servierte ihnen Risotto, Hähnchen à la Marengo, das Kamante perfekt beherrscht, gratinierten Blumenkohl und die schwarzen Beeren, die Du aus meinem Garten kennst, mit Sahne – ich hatte ja nicht viel Zeit zur Vorbereitung des Lunchs. Sie luden mich ein, im Government House zu wohnen, während der Prinz von Wales dort ist; das, finde ich, kann interessant werden...

Als die Griggs abgefahren waren, bin ich mit den Hunden im Wild-Reservat spazierengegangen; Du kannst Dir gar nicht vorstellen, wie trocken dort alles ist, die Ebene gleicht einem Zimmerfußboden. Bei meiner Rückkehr fand ich zu meiner Überraschung Denys hier vor; er blieb nur die eine Nacht, weil er seine Jagdgesellschaft am nächsten Tag nach Uganda bringen mußte... Denys war sehr müde, nachdem er in den Wäldern von Kijabe zwei Tage ohne Erfolg nach Bongos* gejagt hatte; ich komme mir vor wie David vor Saul, wenn ich dann Grammophon für ihn spiele und einen Schubert-Abend zusammenstelle mit der Unvollendeten Symphonie und »Der Tod und das Mädchen« – ja, Ihr lacht sicher, wenn ich von meinem Grammophon spreche, als ob es richtige Musik wäre, aber hier hat man ja nichts anderes...

Am Dienstagmorgen kam Farah und sagte, Fatima hätte eine schlimme Nacht gehabt und sei sehr krank, und es sei ihr ja seit Mittwoch voriger Woche nicht gut gegangen, ich beschloß, in die Stadt zu fahren und einen Arzt für sie zu holen. Ich erwischte dann auch Dr. Sorabjee, aber er konnte erst später kommen, ich ließ Farah bei ihm und fuhr hinaus zu den Show Grounds, um nachzusehen, wo Poorbox stehen sollte* ... Ich fuhr über die französische Mission nach Hause, von da aus erreicht man den Ngong-Weg in Höhe der Dagoretti Junction; die Show Grounds sind bei Kabiti auf der anderen Seite der Eisenbahn, fünf Meilen von Nairobi entfernt. – Der Doktor war noch immer nicht gekommen, aber er erschien gleich nach mir, und wir wurden beide mit der erfreulichen Nachricht begrüßt, das Kind sei schon geboren, gerade in dem Augenblick – sagte Halima, die während der ganzen Begebenheit den Laufburschen gemacht hatte –, als ich in die Einfahrt eingebogen wäre...

An Ingeborg Dinesen — *Ngong, Sonntag, 14. Oktober 1928*

...Am Mittwochmorgen bin ich früh nach Nairobi gefahren, um Denys abzuholen, der mit dem Zug um acht Uhr aus Kisum kam. Ihre Safari war ein voller Erfolg, sie haben drei Sitatungas* geschossen; Denys kam jetzt zurück, um zur Verfügung zu stehen, falls der Prinz von Wales auf die Jagd gehen möchte...

Am Donnerstag fuhr Denys nach Nairobi, kam aber um ein Uhr dreißig in rasendem Tempo zurück, weil Lord Delamere, bei dem der Prinz von Wales logierte, nach ihm geschickt hatte, er müßte noch am gleichen Tag kommen, um mit ihnen einen *shooting trip* zu planen; sie hätten ein Aeroplan auf dem Flugplatz bereitgestellt, das ihn um zwei Uhr hinbringen sollte. Ich fuhr ihn zum Flugplatz, damit ich sein Auto zurückbringen konnte, und fühlte mich wie in einem Film; wir jagten in einem wilden Tempo dorthin und fanden die Maschine schon parat mit angeworfenen Propellern, so daß Denys nur hineinzuspringen brauchte und im selben Augenblick starten konnte. Er durfte kein Gepäck mitnehmen, nur so viel, wie er in einem Taschentuch mitnehmen konnte; es hieß, er sei selbst schon schwer genug. Eine Stunde haben sie für den Flug gebraucht, direkt über den Longonot Krater sind sie geflogen, es muß ulkig sein, ihn auf diese Weise zu sehen, und über den Naivashasee...

Am Freitag kam Denys nach Haus; die Tour war fabelhaft, er war begeistert von der Aussicht vom Aeroplan aus und hatte einen netten Abend bei Delameres verbracht; der Prinz von Wales hat nicht die geringste Lust, auf Jagd zu gehen, also wird wohl nichts aus der Safari, aber sie möchten, daß Denys sie begleitet, wenn sie nach Süden reisen, falls unterwegs sich die Gelegenheit bietet, etwas zu schießen, und das kann für ihn doch interessant werden. – Wir waren zum Essen im Government House mit dem Prinzen von Wales, der am gleichen Tag zurückgekommen war; sie führten am Abend Martin Johnsons neuen Film »Simba« vor – ich habe aber keinen Sinn für Filme, nicht einmal für die mit Tieren, die immerhin noch die besten sind, weil Tiere auf jeden Fall natürlich sind und sich nicht so albern benehmen. Ganz ulkig waren ein paar Filme von galoppierenden Giraffen, die übernatürlich langsam aufgenommen waren, so daß man richtig ihre Bewegungen verfolgen konnte; ich weiß nicht, ob Du schon einmal diese Art Filme gesehen hast, sie sind recht kurios. Ansonsten war es sehr nett, denn der Prinz von Wales ist wirklich ungemein charmant, und ich bin so verliebt in ihn, daß es in mir rumort. Für mich ist es auch schön, mit jemand anderem zu einem Essen zu gehen und nicht selbst autofahren zu müssen und jemanden zu haben, mit dem ich über den Abend sprechen kann, wenn ich nach Hause komme, und Denys will ja sonst nie ausgehen...

An Ingeborg Dinesen *Ngong, Sonntag, 11. November 1928*

... Am Sonntag, nachdem ich an Dich geschrieben hatte, sind Denys und ich erst zu Crean zum Tee gefahren und haben dann eine Tour auf dem neuen Weg nach Kajado, den sie eben anlegen, unternommen. –

Er läuft ungefähr parallel zu dem Weg zu Nepken, aber oben auf den Hügeln, um den »black cotton soil« zu vermeiden, der bei Regen so unerträglich wird. Ich freue mich nicht über diesen Weg, denn er macht das herrliche wilde Land oben auf den Höhen so zivilisiert und schneidet es gewissermaßen mittendurch, aber an und für sich ist er einfach herrlich; ich glaube, die schönste Tour, die man hier machen kann – und das heißt die schönste der ganzen Welt. Jetzt ist auch alles so unvergleichlich frisch und grün, alle Hänge und Schluchten dort oben, wo das Gras abgebrannt worden ist, sind mit dem feinsten kurzen neuen Gras überzogen, und Du weißt, wie das Grün hier ist, als ob es durchsichtig wäre und das Licht eigentlich vom Gras selbst ausginge oder als ob die Luft und der Himmel sich in dem Grün spiegelten, in den Ebenen und Abhängen – und dann die Schatten der großen Wolken, die darüber hinweggleiten, und das Wild, das darauf grast und sich ausruht –, das ganze ist eine »Ideallandschaft« wie in einem Traum. Wir kamen über die Waterworks gerade beim Sonnenuntergang nach Hause ...

Zur Lunchzeit (Dienstag) kam ein Wagen vom Government House hierher, um mich zu einem Essen einzuladen, das der Prinz von Wales am gleichen Abend in seinem Speisewagen an der Eisenbahnstation gab; er wollte zu einem Rennen in Nanyiki reisen und war wohl der Ansicht, diese Lösung wäre für ihn bequemer ... – Denys und ich fuhren also zum Essen dorthin, es war ziemlich merkwürdig, in Dinnergarderobe auf dem Bahnhof zu erscheinen, und sonderlich bequem sitzt man ja nie in einem Speisewagen; außerdem war das Essen entsetzlich, und doch war der Abend sehr gemütlich. Wir waren nur sechzehn und aßen an vier kleinen Tischen und saßen nach dem Essen auf einer Art offenen Veranda, die Teil einer der Wagen ist. Für hiesige

Verhältnisse ist der ganze Zug recht hübsch eingerichtet, er hat einen sehr komfortablen Schlafwagen und ein Badezimmer. – Gerade als sie abfahren wollten, kam der Prinz von Wales und sagte, er, Lascelles und Leigh würden gern am Freitag zum Essen nach hier kommen und nach Möglichkeit eine Ngoma sehen.

Eine gute Ngoma um diese Jahreszeit zu arrangieren, ist nicht ganz einfach, denn die eigentliche Tanzsaison ist vorbei, und ich selbst konnte am Mittwoch nichts unternehmen, weil Mohrs zu mir kommen sollten; aber ich schickte Farah am Mittwochmorgen mit dem Auto los zu Kinanjuii und Kioi, um sie zu bitten, mit ihren jungen Damen und Kavalieren Freitagabend zu erscheinen. Sie versprachen auch zu kommen.

Am Donnerstag fuhr ich in die Stadt, um für das Essen mit dem Prinzen von Wales am Freitag einzukaufen und vor allem einige Damen zu besorgen, was hier ja nicht leicht ist. Es ist überaus angenehm, daß Denys bei solchen Gelegenheiten für die Getränke und Zigarren sorgt; zum einen spare ich dadurch viel Geld, und zum anderen versteht er ja viel davon, und ich weiß, ich bekomme die richtigen Sorten...

Am Freitag hatte ich eine Menge zu tun mit meinem Essen und der Ngoma; wenn man nur einen Hundetoto als »Chef« hat, der absolut nichts anderes kann, als was ich ihm selbst beigebracht habe, ist man ja nicht ganz ruhig, wenn man nicht selbst in der Küche dabei ist – und die Ngoma verursachte auch viel Arbeit, ich mußte für das Holz für die Freudenfeuer und die Bewirtung der Häuptlinge etc. sorgen – Ich liebe es wirklich, Essen zuzubereiten, und ich habe gern Gäste zum Essen, aber ich liebe es nicht, beide Dinge miteinander kombinieren zu müssen, und ich wünschte, andere Leute würden bei meinen Gesellschaften das Essen zubereiten, und ich könnte als Kochfrau zu den Gesellschaften gehen, an denen ich nicht teilnehmen muß; denn es ist anstrengend, in beiden Rollen gleichzeitig auftreten zu müssen. –

Doch ich glaube sagen zu können, daß das Essen sehr viel Anklang gefunden hat; der Prinz von Wales meinte, es sei das beste gewesen, was er hier im Lande zu sich genommen habe, und Denys fand, er habe noch nie etwas Besseres serviert bekommen; die Ehre gebührt ja Kamante. Ich gab: klare Suppe mit Mark – Fisch aus Mombasa, eine Art Steinbutt mit Sauce hollandaise – Schinken, den Denys mir geschenkt hatte, mit Cumberland Sauce, Spinat und glasierte Zwiebeln, – Rebhühner mit Erbsen, Salat, Tomaten mit Maccaronisalat und Sahnesauce mit Trüffeln – Krustaden mit Champignons, eine Art Savarin und Obst – Erdbeeren und Grenadillen.

Die ersten Tänzer erschienen schon am Nachmittag, und ich mußte ja ab und zu hinaus, um die Vorbereitungen zu begutachten und die Häuptlinge zu begrüßen. Wir hielten die Ngoma zwischen den Hütten der Boys, die aus diesem feierlichen Anlaß frisch gekalkt waren, ein großes Feuer brannte in der Mitte und viele kleine Feuer in einem großen Kreis ringsherum; außerdem hatte ich am Weg durch den Wald eine Reihe kleiner Feuer anzünden lassen, und das machte sich ganz wunderbar. Dann brannten noch Berkeleys rote und grüne Laternen, die Tante Lidda mir geschenkt hat, vor dem Haus.

Mir fehlte eine Dame, weil ich nur Vivienne de Watteville,* von der ich sicher schon einmal etwas geschrieben habe – sie sieht übrigens Jonna ziemlich ähnlich, in einer vergrößerten Ausgabe und mit besseren Farben –, und Beryl erwischt habe, die gerade in Nairobi war auf dem Weg nach Mombasa und nach Hause und die den Abend einfach hinreißend aussah. Ich hatte dem Prinzen von Wales sagen lassen, es sei noch ein Platz offen, so daß er selbst eine Dame mitbringen könne, wenn er wolle, aber er tat es nicht, dadurch waren wir nur sieben und saßen folgendermaßen:

	Denys	
Lascelles		Beryl
Vivienne		
Piers Leigh		Der Prinz von Wales
	ich	

Vor dem Essen tranken wir erst einen Kaffeecocktail draußen bei der Ngoma, die schon in vollem Gange war und wirklich die beste Ngoma war, die ich je erlebt habe; sie sah mit allen Feuern prachtvoll aus. Dann aßen wir und gingen danach wieder zur

Ngoma hinaus, und der Prinz von Wales begrüßte alle Häuptlinge und sprach mit ihnen auf Suaheli, was sie sicher sehr zu schätzen wissen. – Ich finde, der Prinz von Wales hat viel Charme, und der Meinung sind, glaube ich, alle, und er war hier ganz ungewöhnlich liebenswürdig, richtig gemütlich und vergnügt, als ob er mich sein Leben lang schon gekannt hätte. Folglich amüsierte ich mich ausgezeichnet und war mit meiner Party sehr zufrieden.

Am Sonnabend war ich in meinem Garten und ging bei Bruce-Smiths vorbei nach Hause, das ist so ein hübscher Weg. Nach dem Essen fuhr ich zu einer Tanzveranstaltung in den Muthaiga; Denys wollte nicht mit, und ich hatte mir vorgenommen, früh zurück zu sein, aber das gelingt einem nie im Muthaiga, ich war erst um fünfeinhalb Uhr wieder hier. – Lady Delamere benahm sich beim Supper skandalös, wie ich finde, sie bombardierte den Prinzen von Wales mit großen Stücken Brot, und eines traf mich, die ich neben ihm saß, so daß ich heute ein blaues Auge habe, und schließlich sauste sie auf ihn zu, warf seinen Stuhl um und rollte ihn auf den Boden. So etwas finde ich überhaupt nicht komisch und völlig unangebracht in einem Club; ich finde sie sowieso nicht besonders sympathisch, und sie sieht so merkwürdig aus, ganz wie eine angemalte Holzpuppe...

An Thomas Dinesen — *Ngong, 20. November 1928*

Liebster Tommy.

Frohe Weihnachten! – möge Dir das neue Jahr viel Glück bringen. Ich weiß, daß Ihr im März ein neues kleines Wunder erwartet, möge es unter den allerglücklichsten Umständen diese Welt betreten; es wird mit viel Liebe begrüßt werden, auch in fernen Erdteilen. Ich hoffe, Du kommst mit Deinem Buch* gut voran, und fühlst überhaupt ein Übermaß an Kraft und daß »die Flammen, das Feuer, – die gestürzten Altäre Deiner Jugend wieder aufgerichtet haben, – im Grase nahe der Quelle.«*

Ich schicke Dir ein Bild des Hauses hier, das Du hoffentlich mit freundlichen Erinnerungen betrachten wirst.

Ich wollte Dir auch eine längere Abhandlung über Deine »Geschlechtsmoral« schicken, die ich schon eine Weile im Kopf mit mir herumtrage, aber ich hatte so viel zu tun, daß mir keine Zeit blieb, meine Gedanken zu sammeln. Das muß also später einmal nachgeholt werden. Die Schwierigkeit besteht für mich wahrscheinlich auch darin, daß ich selbst mir nicht ganz im klaren bin und dieses Gebiet nicht ordentlich durchdacht habe, und außerdem läßt sich kaum vermeiden, daß meine Abhandlung ziemlich persönlich wird und dadurch größere Anforderungen an das Verständnis und die Diskretion des Lesers stellt.

Es wird Dich sicher freuen zu hören, daß es in Strömen gießt; seit Beginn des kurzen Regens sind über sechs Zoll gefallen, und es ist hier so herrlich, wie Du es Dir, weil Du es kennst, vorstellen kannst.

Ich hätte Dir gern ein Buch von Professor Haldane geschickt: *Possible Worlds*. Aber hier gab es das – natürlich – nicht, und wenn man es von zu Hause bestellen muß, weiß man nie, ob sie es wirklich schicken; ich kann Dir aber nur raten, es Dir selbst anzuschaffen. Meiner Auffassung nach hat die Wissenschaft gegenüber dem vorigen Jahrhundert einen Wandel durchgemacht, die Phantasie spielt in ihr eine weit größere Rolle als früher, und das hat ihr gewissermaßen neues Leben gegeben. Kannst Du Dich erinnern, wie wir hier darüber gesprochen haben, daß die Pastore immer behaupten, der *Glaube* stehe höher als das *Wissen* – das ist auch meine Meinung –, aber in Wirklichkeit sind gerade sie es, die behaupten zu *wissen*, daß Dinge sich so oder so verhalten, während die Wissenschaftler nur sagen: wir glauben. – Ich bin ziemlich überzeugt, selbst immer schon unbewußt Einsteinianer gewesen zu sein, zum Beispiel bin ich in meinem Innersten immer davon durchdrungen gewesen, daß die Zeit eine Illusion ist und daß »hier c'est demain«*, und es ist mir in den Prüfungen des Lebens ein überaus großer Trost, zu bedenken, daß zwei und zwei gewiß vier zu sein scheinen, aber unter anderen Verhältnissen möglicherweise sich als ganz etwas anderes entpuppen können, und während eine Linie A – B sehr viel länger ist als die Linie B – C, ist auf der anderen Seite die Linie B – C doppelt so lang wie A – B. Ich finde, Phantasie ist eine der Eigenschaften – wenn nicht die Eigenschaft –, der die Menschheit in ihrer Entwicklung am meisten verdankt, ohne sie wäre nichts erschaffen worden, ich glaube ja immer noch, wie bekannt, daran, daß der Begriff Hund vor den einzelnen Hunden erschaffen wurde, – und als Ganzes gesehen: schaffe einen Begriff, dann wird der Hund schon noch nachkommen.

Ich finde es übrigens merkwürdig, daß die Menschen nur so langsam die Entwicklungslehre auf die vorwiegend geistige Welt übertragen, zum Beispiel auf das, was man Moral nennt. Ich kann verstehen, daß Leute, die an einen Sündenfall glauben – wenn es solche denn noch gibt –, weiter an der alten Moral mit ihrer Negativität festhalten: »Du sollst nicht« – »tue nicht« – aber ich kann nicht begreifen, daß Menschen, die glauben, wir haben uns bis zu unserem jetzigen Standpunkt mit Hilfe einiger kühner Versuche hindurchgekämpft, so zögern, diese Linie in ihrem eigenen Leben zu verwirklichen. Wenn die Echsen sich nicht zusammengenommen und versucht hätten zu fliegen, selbst auf die Gefahr hin, daß der Versuch vollkommen mißlingen könnte, oder wenn die Affen nicht versucht hätten, von den Bäumen herabzusteigen, oder die Huf- und Klauentiere nicht versucht hätten, ihre Hufe und Klauen umzubilden – dann wateten wir wohl immer noch zwischen Schachtelhalmen umher und wären zwanzig Ellen lang. Stellt sich heraus, daß etwas nicht geht, dann muß man eben zum Beispiel Pinguin werden und wieder auf den Gebrauch der Flügel verzichten. Aber ein Teil Gutes ist im Laufe der Zeit augenscheinlich dabei herausgekommen. Habt Mut! – habt Mut! – das scheint mir alles in der Welt zu predigen, mit Ausnahme gerade der Pädagogen und Pastoren. – Du wirst über meine Ausführungen lachen und denken, ich sei, was ich selbst hasse, ein halbstudierter Plagiator, und ich gebe ja auch nicht wirklich vor, auch nur das mindeste von der Entwicklungslehre zum Beispiel zu verstehen; aber ein Funke der Wahrheit kann doch auch mich erreicht haben, mein brennender Wunsch ist es auf jeden Fall zu *verstehen*.

Da von Entwicklung die Rede ist: Du würdest sicher, wenn Du wieder hierher kämst, einen merklichen Unterschied in der Lebensweise und dem »Bildungsstand« der hiesigen Natives feststellen. – Sie haben eine erstaunliche Fähigkeit, nachzuahmen und sich neuen Verhältnissen anzupassen. Ich meine, es wird interessant werden, zu beobachten, ob eine Rasse wirklich direkt von der Steinzeit in das Zeitalter der Aeroplane überwechseln und zum Beispiel das moderne tolerante und dogmenfreie Christentum annehmen kann, ohne sich erst durch Handwerk und Wegebau und Heiligenkult und Hexenverbrennung hindurcharbeiten zu müssen. Wenn das geht, dann haben wir im Grunde furchtbar viel Zeit mit der Gotik und dem Sonnenkönig und der Aufhebung der Erbuntertänigkeit vergeudet. Jetzt haben die kleinen Totos, die die Kühe hüten, jeder sein eigenes Lesebuch, und die Ngomas werden allmählich seltener; sie veranstalten statt dessen eine Art Gebetstreffen mit Gesang.

An Ingeborg Dinesen *Ngong, Sonntag, d. 17. März 1929*

Geliebtes schneeweißes Lamm.
Ich schicke Dir beiliegend ein Bild von meinem Haus*, das Denys aus der Luft aufgenommen hat; Ali und mich und wohl einige Hunde kann man vor der Veranda im Süden sehen, und ein Teil der Boys sitzt auf der anderen Seite auf der Mauer. Sieht das Ganze nicht wie ein Spielzeug aus? – Ich glaube, es wurde sich zur Vergrößerung eignen, aber ich weiß nicht, wie sehr es Dich interessiert, ich könnte Dir sonst den Film schicken. Denys hat noch eines vom Aeroplan aus gemacht, das, wie ich finde, besser ist, weil es von größerer Höhe aus aufgenommen ist, so daß man die Umgebung wie auf einer Landkarte sieht, aber ich habe es nicht hier; ich werde zusehen, daß ich es Dir schicken kann, wenn er zurückkommt...

Denys ist am Dienstagmorgen abgereist, er glaubt, ungefähr Ende des Monats wieder nach Haus zu kommen.

Mittwochmorgen fuhr mein ganzes männliches Hauspersonal nach Nairobi zum Gottesdienst, denn der Ramadan ist glücklicherweise vorüber. Sie starteten, ehe es hell wurde, und ich war draußen, um sie losziehen zu sehen, alle in ihrem feinsten Putz, Tumbo hatte so viel Zeug an, daß er aussah wie ein ausgestopftes Schwein; sie haben ja im übrigen hübsche Sachen, wenn sie richtig feingemacht sind, und es war wie am Weihnachtsmorgen zu Hause, zu sehen, wie die Leute aufstehen und sich bei Lampenlicht für die Kirche ausstaffieren – ich trank eine Tasse Tee mit Kardamom, etwas, was ich eigentlich schätzen gelernt habe, in Farahs Haus mit der ganzen Gesellschaft. Die Weibsleute sollten nicht mit, das gehörte sich nicht, das Ideale für eine richtige anständige Somalifrau ist wahrscheinlich, sich nie aus dem Haus zu wagen. Ich kann wohl sehen, daß etwas gleichsam Poetisches in der mohammedanischen Auffassung von der Frau und ihrer Stellung im Leben als Krone des Daseins und größte Kostbarkeit für den Mann liegt; die Männer geben auch fast ihr ganzes Geld für ihre Frauen aus und ehren sie auf ihre Art sehr; von einem Teil der Angstträume, die europäischen Frauen drohen, sind die Frauen auch befreit, ich glaube, es ist nicht vorstellbar, daß eine mohammedanische Frau unversorgt bliebe, – der Titel einer Ehefrau, die Aussteuer, der Brautschleier und Kinder sind ihnen wohl immer sicher; aber es geht mir in diesem Fall wie Leuten gegenüber, die mir versichern, Stierkämpfe seien der feinste Sport und die Entfaltung von Mut und Behendigkeit etc. – das will ich ihnen bis zu einem gewissen Grad glauben, aber das Ganze ist mir instinktiv dermaßen zuwider, daß ich es von vornherein aufgeben muß, mir irgendein Vergnügen davon zu versprechen; ich könnte nicht nur nicht um alles in der Welt bei einem Stierkampf zusehen, sondern ich glaube, ich könnte nicht einmal in einer Gesellschaft leben, die sich in besonderem Maß damit beschäftigte, und ich kann es auch nicht lassen, zu versuchen, meine mohammedanischen Frauen ein wenig aus dem Käfig zu locken.

Ich finde, es ist schrecklich, wenn Halima, die wohl etwas jünger als Missen ist, derartig auf dem Altar der Konvention geopfert werden soll, daß sie nicht mit Titi und Tumbo und mir gehen darf, wenn wir zum Fischen an den Teich fahren oder den Fluß überqueren, um nach Wild zu gucken. Das Haus und die kleine elende Küche sollen die ganze Welt dieses armen Kindes sein, sonst ist sie kein richtig schönes junges Somalimädchen – und dabei ist sie so lebendig und aufgeweckt, würde sicher für ihr Leben gern reiten und sich tummeln, wie Missen es tut... Kein Preis der Welt wäre hoch genug, meine Reittouren, Reisen und Safaris aufzuwiegen, auch wenn ich in den Augen der ganzen Welt so schön wie die Jungfrau Maria werden könnte, würde ich nicht mein freies Verhältnis zur Natur und den Menschen aufgeben und zwischen vier Wänden sitzen und das ganze Leben aus zweiter Hand durch einen Mann erleben wollen.

Am Donnerstag fuhr ich Fatima, Halima und den Kleinen zum Tee hinüber zu Mrs. Bruce Smith, die viel Verständnis und Interesse für meine diversen Schützlinge zeigt. Es war ein sehr erfreulicher Besuch; sie haben beim Nachhausekommen zu den Männern gesagt, sie hätten ein sehr viel schöneres Weihnachtsfest gehabt als sie; und Shimbir, wie der kleine Junge genannt wird – das bedeutet »Vogel«, und den Namen hat er bekommen, weil er in seinem Bett immer lacht, plappert und singt –, benahm sich mustergültig und hatte großen Erfolg.

Ich glaube, Mrs. B. S. macht im Augenblick eine schwierige Zeit durch, ich habe das Gefühl, ihr Mann geht ihr auf die Nerven, was ich sehr gut verstehen kann, und sie weiß nicht, was sie überhaupt mit dem Dasein anfangen soll. Sie und Mrs. Steele kamen am nächsten Morgen herübergeritten und saßen hier und sprachen darüber, wie unsinnig die Ehe sei; und doch glaube ich, in gewisser Weise sind sie beide in ihre Männer verliebt, und die Männer tun für sie, was sie können; aber sie halten es für selbstverständlich, daß sie einem Dasein ausgesetzt werden, das gar nicht zu ihnen paßt, sondern ausschließlich von den Männern gewählt worden ist, und daß sie sich dem anpassen und darin glücklich werden müssen, indem sie den Ehemann glücklich machen.

Eine Veränderung muß kommen, und ich glaube, es hängt einzig und allein von den Frauen ab, wie sie aussehen wird; eine

Schwierigkeit liegt, meines Erachtens, darin, daß die Frauen in der Regel sich nicht klarmachen wollen, wieviel mehr Wert als die Männer sie im allgemeinen darauf legen, geliebt und bewundert zu werden, jemanden zu haben, der viel Aufhebens von ihnen macht, der ihnen dankbar ist, sie nicht entbehren kann etc.; wenn es zum Schwure kommt, können sie doch nicht darauf verzichten, und dann wollen moderne Frauen nicht den Preis dafür zahlen, sondern glauben, es ließe sich auch so arrangieren, und sie hätten jedes Recht *to eat their cake and have it.* Bei manchen Frauen zeigt sich überhaupt etwas Unredliches in ihrer Lebensauffassung, genauso als wenn sie glauben, sie könnten den feinsten Hut in einem Geschäft zu dem Preis bekommen, mit dem der schäbigste ausgezeichnet ist, und richtig wütend werden, wenn sie ihn bei der Hutmacherin nicht bis dahin herunterhandeln können...

Im März 1929 wurde die 72-jährige Ingeborg Dinesen ernsthaft krank. Die Ärzte sahen nicht viel Hoffnung, und die Familie in Dänemark unterrichtete Tania Blixen telegraphisch über die Situation. Sie verließ die Farm so schnell wie möglich und fuhr nach Dänemark, um bei ihrer Mutter auf Rungstedlund sein zu können; in der Zwischenzeit besserte sich der Zustand, und als Tania Blixen am 18. Mai endlich zu Hause ankam, war die Mutter fast gesund.

Tania Blixen blieb mehr als ein halbes Jahr in Dänemark, ehe sie am 25. Dezember 1929 mit dem Zug nach Genua fuhr und sich einige Tage später auf der S/S TANGANJIKA nach Afrika einschiffte. Am 16. Januar 1930 kam sie wieder auf der Farm an.

... Ich bin also am Montag abend in Mombasa angekommen und fand dort Farah vor, was mir gleich ein Heimatgefühl vermittelte, und er war mir auch eine große Hilfe. Lady Colville kam an Bord, um mich zu begrüßen, und weil ich fand, es sei zu spät, zu Ali bin Salim hinüber zu fahren, blieb ich die Nacht in ihrem Hotel. Am Tag darauf hatte ich viel Mühe, meine Möbel durch den Zoll zu bringen, was mir dann doch schließlich gelang; darauf machte ich mit Lady Colville eine Autotour über die ganze Insel und fuhr dann zum Essen nach Likoni. Ali war reizend wie immer und bat mich, Dich vielmals zu grüßen. Ich blieb dort auch den nächsten Tag – Mittwoch, d. 15. – und fuhr mit ihm nach Kalifi und zu Denys Grundstück*, wo Ali und ich unseren in einem Korb mitgebrachten Lunch in Denys Haus verzehrten; es ist ganz wunderschön dort mit dem Blick auf Klippen und einen langen Sandstrand und eine weiße Brandung –, der ganze Indische Ozean kommt auf einen zu, so blau wie eine Kornblume. Auch eine Menge alter Ruinen gibt es dort. Donnerstag nachmittag fuhr ich dann mit dem Zug hier herauf ...

Etwas sehr Unangenehmes ist genau in dem Moment passiert, als ich hier mit den besten Vorsätzen ankam, Dickens in puncto Ngomas der Natives umzustimmen; sie haben vorgestern eine (verbotene) Ngoma abgehalten und dabei einen Mann erschlagen – jetzt haben wir natürlich überall auf der Farm Polizei, und die Gefahren der Ngomas werden uns in den schrecklichsten Farben ausgemalt; Kamante ist heute morgen festgenommen worden, ich glaube, nur als Zeuge. Daß sie sich aber auch nicht zügeln konnten, bis ich wieder hier war!

An Ingeborg Dinesen *Ngong, Sonntag, 2. März 1930*

... Am Sonntag, als Denys gerade abgefahren war, kam der Prinz von Wales* zu Besuch, sehr charmant, wofür er ja bekannt ist. Er erzählte, er habe Tommy und sein *charming young wife* kennengelernt; er schien mit seiner Safari sehr zufrieden zu sein, obwohl sie nun doch keinen Elefanten erlegt haben. Er dankte aufs freundlichste für mein Angebot, ihm mein Haus zu überlassen, aber ich glaube, die Lösung, daß er im Government House wohnt, stellt alle zufrieden; es scheint so, als ob man es als eine Art Skandal betrachtet hätte, wenn er nicht dort logiert hätte. Ich habe mich gefreut, den Prinzen wieder getroffen zu haben; jetzt, wo er nur so kurz in Nairobi ist, ihn so noch einmal zu sehen...

Montag war ich in Nairobi und traf dort Mohr, der mir zwei herrliche Forellen schenkte – ich fuhr zum Lunch zurück, und Denys kam hierher und hat sie sehr genossen. Er fuhr mit dem Prinzen von Wales und der ganzen Safari am Dienstagmorgen wieder los. Sie wollten in den kommenden vierzehn Tagen mehr photographieren, hofften aber, im Massai-Reservat auch bei einer Löwenjagd mit Speeren zusehen zu können...

Mittwoch hatte ich, wie gewöhnlich, Dickens hier. Leider hat sich etwas ereignet, was ich Onkel Aage noch nicht geschrieben habe, weil ich lieber warten will, bis ich die Situation etwas klarer überschaue: Dickens hat vorsorglich mitgeteilt, daß er vielleicht nicht länger als bis zum Auslaufen seines Vertrages, das heißt bis zum 1. Juli, bleiben will...

An Ingeborg Dinesen *Ngong, Sonntag, 23. März 1930*

Geliebtes schneeweißes Lamm.

Langsam ist es schon ein fester Brauch geworden, daß die Wakamba-Totos am Sonntagmorgen hierher kommen, um

Grammophon zu hören, ich habe deswegen gerade ein großes Konzert hinter mir; besonders beliebte Nummern sind »Bjørneborgernes March« und »Tommys tunes« – das Letztgenannte ist immer die Schlußnummer, denn sie schließt mit einem Hip Hip Hurrah, in welches das Publikum einstimmt. In ihrer andächtigen Haltung und dem gleichzeitig vollkommenen Vertrauen liegt etwas Rührendes; in gewisser Weise, glaube ich, betrachten sie mein Haus auch als das ihre, aber ich glaube nicht, daß sie je auf die Idee kämen, etwas von der Einrichtung mitzunehmen, die sie mit viel Interesse und offenkundiger Bewunderung untersuchen...

Am Montag kam Charles Taylor zum Lunch. Ich hatte ihn hierher gebeten, um dem Problem Dickens ein Ende zu machen, und ich bin bereit, seinen Rat anzunehmen; er wollte Dickens nun im Laufe der Woche einmal besuchen und heute zum Tee kommen und mich wissen lassen, was er erreicht hat, und damit muß dann die Entscheidung fallen...

An Ingeborg Dinesen *[1930]*

...Im Augenblick hat sich eine ungeheure Ngoma auf meinem Rasen versammelt, es ist wirklich schön, die Natives wieder in ihrer richtigen Bekleidung zu sehen; es wird wohl nicht lange dauern, dann ist das alles verschwunden. Weh und Ach über das, was wir diesem Land angetan haben und noch immer antun und über die »Zivilisation«, die wir hierher bringen. Ich mußte auf dem Schiff darüber nachdenken, denn die Leute bilden sich ja ein, sie reisten mit den Segnungen der Kultur in ein wildes Land; nicht ein Wort wurde in diesen siebzehn Tagen gesagt, die ich an Bord war, nicht ein Problem erörtert, nicht ein Blick in die Zukunft getan, ohne daß die grausigste Unwissenheit und Stupidität zum Vorschein kam. Ja, die Deutschen können wenigstens manchmal singen...

Es ist eigenartig und für mich völlig überraschend, welche

Wirkung Tommys Buch* gehabt hat. Ich wußte nicht, daß Dänemark schon so stark vom Pazifismus beeinflußt ist. Ich selbst fand, der Ton seines Buches sei ungezwungen, vielleicht burschikos, aber längst nicht so wie der Ton, der einen Teil der dänischen Literatur und Presse beherrscht; nun sieht es ja so aus, als verstehe sich Valdemar Rørdam auf die Gefühle des dänischen Volkes, wenn er sagt, es würde dem Autor von *No Man's Land* Ehre und Gut, womöglich sogar das Leben, aberkennen. Ob das nicht für Tommy selbst eine Überraschung war? – Ich glaube, im Grunde hat er das lieber als Weihrauch, aber es ist nicht wirklich gut für ihn; er sollte in seinem Alter mit anderen Männern zusammensein oder sich den Bewegungen und Bestrebungen anderer anschließen, dies ist eine Art leicht erkaufter Unpopularität, über die ich mich nicht freue...

An Ingeborg Dinesen — *Ngong, Sonntag, 13. April 1930*

...Sonntag hat Fathima endlich ein kleines Mädchen bekommen; ich war schon nahe daran zu glauben, das ganze sei Einbildung. Sie ist so begeistert über das Kind, und es geht ihr gut, ich glaube, es freut sie besonders, daß es ein Mädchen ist. Unter den Bedingungen der mohammedanischen Welt, wo Männer und Frauen einander so fern stehen in der Arbeit, in den Interessen, ja, dem ganzen Dasein, und einander nur näher kommen, wenn sie, wie Goldschmidt sagt: »entweder tanzen oder getraut werden« – ich weiß übrigens nicht einmal, ob bei den Somalis Männer und Frauen überhaupt richtig miteinander tanzen –, glaube ich, daß die Frauen langsam die Fähigkeit verlieren, wirklich etwas für ein Mitglied des Männergeschlechtes zu empfinden – nicht einmal für ihre Söhne. Die ganze Welt der Männer ist ihnen zu unbegreiflich; im Grunde haben sie, glaube ich, nicht den geringsten Respekt vor ihr, nur so weit sie für den Unterhalt sorgt, ist sie ihnen wichtig; aber die wirkliche, zuverlässige und sinnvolle Welt ist die der Frauen; und bei einem kleinen Mädchen haben sie das Gefühl, sie haben jemanden, der ihnen wirklich zuverlässig und verständnisvoll nahesteht und zu ihnen gehört, während ein Junge früher oder später in die eigenartige Existenz der Männer hinübergezogen wird, die sie gar nichts angeht. Etwas Ähnliches gibt es, meine ich, zum Beispiel auch bei den Seemannsfrauen: Wenn sie einen Brief aus Rio de Janeiro bekommen oder etwas von einer Fracht nach Singapur oder Heuer und ähnlichem hören, dann hören sie in Wirklichkeit mit einer Art Unglauben oder einer gewissen Überlegenheit und Gleichgültigkeit zu; aber die große Wäsche oder die Strümpfe der Kinder oder das Wochenbett, das ist die Wirklichkeit, vor der sie Respekt haben.

Fathimas Kind heißt Amina, wird aber Kinsi genannt – sie geben ihren Kindern immer solche zusätzlichen Namen nach etwas besonders Hübschem oder Gutem wie einer Blume oder einem Schmuckstück. Farah erklärte mir den Namen Kinsi als »some person who is not really rich, but nearly rich«; warum sie so bescheiden sind, wenn sie die freie Wahl haben, weiß ich nicht. Die kleine Amina ist wirklich niedlich; neugeborene Somalikinder sehen aus wie kleine Puppen und wirken nicht so unfertig wie weiße Kinder im gleichen Alter, und dann ziehen sie ihnen gleich blaue Augenbrauen, so daß sie aussehen wie Elles alte algerische Puppe.

Der treue Freund Mohr kam am Montag zum Lunch und opferte seinen ganzen Tag, um mit mir über die Farm zu gehen, erst nach dem Abendessen fuhr er nach Hause. In diesem Dickens-Dilemma ist er der einzige gewesen, der nicht lange geredet, sondern gehandelt hat, und das werde ich ihm nie vergessen.

Ich habe mich auf die Lektüre von Charles Dickens gestürzt, was einen, finde ich, beim Regen aufmuntert, und habe sowohl den *Pickwick* als auch *Bleakhouse* gelesen, ich finde, *Our Mutual Friend* ist sein bestes Buch, bewundere ihn aber in allen seinen Büchern; es ist erstaunlich, was für eine Vielzahl von Charakteren er geschaffen hat – wie kaum ein anderer moderner Schriftsteller – ja, Tolstoi vielleicht in *Krieg und Frieden;* und wie spannend er schreibt, das ist auch eine fast ausgestorbene Kunst.

Einige Stellen in *Bleakhouse* – zum Beispiel dort, wo der gräßliche alte Krook in Flammen aufgeht, oder die Flucht der Lady Dedlock – lassen einen völlig atemlos sitzen, und wer schafft das sonst heutzutage noch?

An Ingeborg Dinesen *Ngong, Sonntag, 11. Mai 1930*

... Eigentlich mag ich dieses Dasein gern, wie hinter einer hochgeklappten Zugbrücke gleicht der eine Tag dem anderen – und außerdem tut der viele Regen der Farm sehr gut. Am Montag war ich in der Stadt, habe mit Mohr geluncht und Lady Colville besucht; es geht ihr sehr schlecht, sie ist nicht mehr ganz klar im Kopf; sie erzählte mir eine lange Geschichte und bat mich, sie ja keinem Menschen weiterzuerzählen, es wäre mir ohnehin nicht möglich gewesen, davon auch nur ein Wort wiederzugeben, unter anderem sagte sie: »Niemand weiß das, aber die Köchin meines Vaters hat an einem Weihnachtsabend König Edward eine Ohrfeige gegeben.« –

Das ist wie bei Bienen mit der Königin-Witwe im Kronleuchter – obwohl es ja ziemlich traurig ist, kann man nur schwer ernst bleiben.

Ich bin immer gern mit verrückten oder leicht verwirrten Leuten zusammengewesen; es hat etwas Befreiendes, sich aus den unsäglich ausgetretenen, konventionellen Bahnen zu lösen, auch für die Gedanken. Ich kann gut verstehen, daß die großen Leute in alten Zeiten meinten, ihr Hofstaat sei nicht komplett ohne einen Narren, der ja nach Möglichkeit etwas verrückt sein sollte; und es liegt auf der gleichen Ebene, wenn ich so viel Spaß daran habe, mich mit den Natives zu beschäftigen; in der letzten Zeit habe ich ja fast mit niemandem sonst gesprochen und fühle auch kein Bedürfnis danach. Richtig respektable, vernünftige, konventionelle Leute sind meiner Meinung nach die einzigen, die man auf die Dauer nicht ertragen *kann*, und sie haben eine so widerliche Gabe, das ganze Dasein als ihr Monopol hinzustellen, daß man tatsächlich gelegentlich vergißt, daß es auch Narren und Wahnsinnige, Zöllner und Sünderinnen gibt, und in tiefste Melancholie versinkt, aus der einen die Königin-Witwe im Kronleuchter dann befreit.

Übrigens haben wir doch etwas Abwechslung gehabt: Farahs Überzeugung nach hat man drei Versuche unternommen, ihn umzubringen. Er hat schon lange Streit mit Hassan und dessen Stamm und behauptet, sie drohten ständig damit, ihn zu ermorden; und vor ein paar Tagen, als wir in Nairobi waren und Farah vor dem Somalihotel auf mich wartete, schlug ihn einer mit einem Knüppel zu Boden und stach ihn mit einem Messer in den Rücken. Neulich fingen die Hunde mitten in der Nacht plötzlich an, einen schrecklichen Lärm zu machen, und als ich hinausging, um nachzusehen, was los sei, sah ich – wir hatten nur ganz wenig Mondschein – zwei Schatten aus der näheren Umgebung von Farahs Haus fliehen. Er behauptete, sie hätten an seiner Tür gerüttelt. Dasselbe wiederholte sich in der folgenden Nacht, darauf gab ich Farah eine Büchse und sagte, er solle einen Schuß abfeuern, wenn sie wiederkämen. Mitten in der Nacht schlugen dann die Hunde wieder an, und in dem Moment, als ich in die Schuhe schlüpfte, um hinauslaufen zu können – bang!da knallte auch schon Farahs Schuß. Ein Schrei folgte, aber es lag niemand auf der Walstatt, als ich hinauskam, und es war kein Blut zu sehen, nur Spuren von Leuten, die Schuhe angehabt hatten, überall um Farahs Haus herum. Das alles liefert viel Unterhaltungsstoff für meine ganze Belegschaft; Fathima nimmt es mit großer Ruhe hin, fast als sei es nur ein Scherz; ich nehme an, Somalifrauen sind von Kindheit auf an diese Art Kriegszustand gewöhnt ...

Du wirst doch sicher Ellen in ihrer neuen Wohnung besuchen; Du mußt mir erzählen, wie es ihr geht. Ellen hat so viele Freunde, daß sie sich wohl nie sehr einsam vorkommen wird; aber sie hat es in gewisser Weise nicht leicht im Leben, und sie nimmt alles sehr schwer. Eigenartig, was manche Menschen, besonders Frauen, für eine Gabe haben, sich ohne äußere Insignien irgendwelcher Art mit einer gewissen Würde zu umgeben, so daß eigentlich alle meinen, es sei eine Ehre, mit ihnen zusammen zu sein. Ellen, die ja weder hübsch noch reich noch im eigentlichen Sinne talentiert (oder verheiratet!) ist und sich ganz bestimmt nicht besonders freundlich oder hilfsbereit ihren Freunden gegenüber zeigt, ist dennoch überall willkommen, als ob es eine besondere Ehre für die Gastgeber sei, von ihr besucht zu werden. In Wirklichkeit ist es das auch ... Wäre ich ein Mann, könnte ich mich in keine Frau verlieben oder sie heiraten, die diese Gabe nicht hätte – aber die Dummköpfe ziehen meist die anderen vor. Übrigens, sowohl Thomas als auch Anders sind, glaube ich, ein wenig in Ellen verliebt gewesen. Sie gehört zu den Menschen, auf die ich mich jedes Mal am meisten freue, wenn ich nach Hause fahre.

Juma ist eben mit drei neugeborenen Gänseküken hereingekommen, vorgestern ist schon eins geschlüpft, und ich habe noch zwei Hennen auf Eiern sitzen. Ich finde, sie gehören zum Bezauberndsten, was das Leben zu bieten hat. Gänse sind eine sehr beachtenswerte Spezies, und sie müßten jedem Respekt einflößen. Sie haben ein so schönes Familienleben, ich habe eine regelrechte Hochachtung vor ihnen, ohne daß ich sagen könnte, ich möge sie gern, der Gänserich hat mich neulich ins Bein gebissen, er schnappte zu wie eine Kneifzange. Als er aber mit seiner Frau und dem einen Küken den Weg entlang ging und ich mit dem Automobil kam, wollte er das Küken nicht seinem Schicksal überlassen, sondern ging mit vorgestrecktem Hals und heiserem Geschrei auf das Auto los, und hielt mich doch tatsächlich in Schach, und vor so etwas muß man ja den Hut ziehen.

Ich habe meinen Bücherschrank an Bruce-Smith verkauft und lasse mir ein großes Bücherbord, das die ganze Wand ausfüllen soll, bei einem Inder machen, einem Freund von Poor Sing. Denys bezahlt es, weil ich seine Bücher beherbergen soll; er hat sechs Kisten in Nairobi stehen, zwei davon habe ich schon geholt; er hat viele schöne alte Bücher, die vermutlich seiner Mutter gehört haben. Er hat mich auch gebeten, zwölf Kisten sehr feinen alten Portweins mit hierher zu nehmen, die ihm sehr am Herzen liegen, aber ich werde das nicht tun, solange der Weg in einem solchen Zustand ist wie zur Zeit, man hopst ja mehrere

Ellen rauf und runter, und das kann für den Portwein nicht gut sein. Ich selbst trinke keinen Portwein, ich wünschte deshalb, es wäre etwas anderes...

An Ingeborg Dinesen *Ngong, Sonntag, d. 18. Mai 1930*

... Die in Wahrheit entsetzliche Spannung, unter der ich beständig lebe, was aus meiner ganzen Zukunft werden soll, macht es mir schwer, so etwas wie einen inhaltsreichen und unterhaltsamen Brief zu verfassen. Du bedauerst mich, weil ich allein bin, aber das brauchst Du durchaus nicht, mir behagt das sehr, und es fällt mir niemals schwer; aber für dieses ewige Balancieren am Rande des Abgrunds brauche ich wirklich meine Nerven, und selbst die müssen unter Umständen mit Vorsicht behandelt werden...

Diese Farm oder dieses Milieu hier ist ja das einzige, was ich in meinem Leben geschaffen habe, und ich selbst finde, es hat seinen eigenen Wert, von der pekuniären Seite der Sache abgesehen – und die ganze Zeit, die ich damit zu tun gehabt habe, hat es an einem seidenen Faden gehangen. Das große Vertrauen, das alle schwarzen Leute zu mir haben, ihre Zuversicht – ich würde alles für sie aufs Beste regeln – und meine eigene Einsicht in die Unsicherheit des Unternehmens nehmen sozusagen alle meine geistigen Kräfte in Anspruch; wenn das einmal besser wird, werden diese Kräfte sich mit hundertfacher Stärke nach allen Seiten hin entladen, und dann werde ich bestimmt auch schreiben. Alle, die jetzt vergebens warten, sollen schreiben, ich freue mich so über Briefe, aber sie müssen Geduld mit mir haben.

Daß *my black brother* hier in Afrika die große Passion meines Lebens geworden ist, wie immer das zugegangen sein mag, das ist mir mittlerweile ganz klar, und daran wird sich nichts ändern. Selbst Denys fällt dagegen, obwohl er mich ungeheuer glücklich macht, bei einem Vergleich nicht ins Gewicht. Es ist wunderbar für mich, daß er existiert, ich bin immer froh, wenn ich mit ihm zusammen bin, aber er kann ungefähr alles mit mir machen, was er will, ohne daß es großen Einfluß darauf hat, ob ich im Leben glücklich oder unglücklich bin. Obwohl ich ihm eine Szene ersten Ranges gemacht habe, daß er Bror als *second white hunter* für den Prinzen von Wales mitgenommen hatte, aber selbst die endete damit, daß ich lachen mußte, und es fällt mir überhaupt schwer, etwas, was Denys betrifft, richtig ernst zu nehmen; aber bei meinen schwarzen Leuten ist das ganz anders, da geht es um Leben oder Tod. Es liegt mir wohl nicht, einem einzelnen Menschen eine so große Bedeutung einzuräumen. Wenn ich mich jetzt zum Beispiel so sehr nach Dänemark sehne, wie das seit meiner letzten Rückkehr nach hier der Fall ist, dann ist die Sehnsucht nach der Natur heftiger als die nach den Menschen, auf jeden Fall, mit ganz bestimmten Ausnahmen. Das Rondo aus der *Sonate pathétique* erinnert mich auf wunderbar schöne Weise an Dich, wenn ich mich aber an einen dänischen Frühlingsabend mit Tau im Gras, Schlüsselblumen und Wellenschlag vom Sund her erinnere, dann bin ich kurz davor, wahnsinnig zu werden.

Übrigens müßte ich einmal etwas von Tommy hören über das Löwenfell für den König. Ich habe ihm Dolles Brief geschickt, und ich muß ihr doch früher oder später einmal darauf antworten. Es ist eine ärgerliche Geschichte, aber doch von Anfang an mein eigener Fehler, und ich kann mir eigentlich nicht denken, daß Tommy sehr viel an einem Löwen liegt, den er gar nicht selber geschossen hat (ich ja auch nicht, obwohl das für alle Zeiten ein tiefes Geheimnis bleiben muß); wenn es aber doch der Fall ist, kann ich ihm ein anderes Fell besorgen...

An Ingeborg Dinesen *Ngong, Mittwoch, 10. September 1930*

... Zuerst und vor allem Dank für die Schallplatten mit Deiner und Missens Stimme. Ja, man kann wohl mit Recht sagen, daß so etwas sehr spaßig ist, aber was mich selbst betrifft, so ist es mir zu überwältigend, und außerdem ist es ja eine Art Täuschungsmanöver; ich weiß nicht richtig, was ich davon halten soll. Es ist ja genau, als ob Du hier im Zimmer wärst – und was gäbe ich nicht dafür, daß Du es wärst! –, und doch weiß ich sehr wohl, daß das Ganze rein mechanisch ist. Es war herrlich, Deine Stimme zu hören. Aber die Welt wird allmählich fast ein bißchen zu sonderbar. –

Auf meine Leute machte es einen kolossalen Eindruck. Sie konnten es nicht lassen, jedesmal, wenn ihr Name genannt wurde, »Jambo Memsabo, Jambo Memsabo« zu sagen. Farah bewies seine höhere Kulturstufe, indem er Angst bekam und sehr bewegt war; Tumbo lachte, wie Malla sagen würde, wie ein geplatzter Holzschuh. Kamante kam nachher herein und fragte, warum Du ihm nicht guten Tag sagen wolltest; er nahm wahrscheinlich an, ich hätte das unterschlagen, weil er in Ungnade sei. Poor Sing fühlte sich aufs äußerste geehrt und bittet mich, Dir vielmals zu danken...

Es war himmlisch, wieder zu Farahs kleinem Jungen nach Hause zu kommen, er ist das Bezauberndste, was man sich denken kann, am 25. September wird er zwei Jahre alt und ist jetzt wohl auf dem Kulminationspunkt seines hinreißenden Charmes, von dem aus es den Rest seines Lebens nur abwärts gehen kann. Sein Hauptinteresse im Leben sind Ngomas, von denen wir in letzter Zeit auch eine Menge auf der Farm gehabt haben, er kann sowohl die Kikuyu als auch die Wakamba Ngoma tanzen und dazu singen, auch die verbotene Ngoma, die sehr unanständig sein soll, aber ich nehme nicht an, daß er sie begreift. Tumbo ist sein großes Vorbild, und der genießt diese Stellung.

Ich kann im Augenblick die Engländer kaum ertragen; wenn ich mich nicht an die Natives halten könnte, würde ich gänzlich zum Eremiten. Ich meine, wirklich intelligente Engländer müssen furchtbar unter dem gewöhnlichen englischen Geist oder vielmehr dem Mangel an Geist leiden, das tun sie wohl auch. Je älter man wird, um so besser weiß man, was man bei seinen Mitmenschen sucht und was man nicht ausstehen kann; ich glaube, für mich ist eine gewisse Art Poesie unentbehrlich, dann dürfen sie von mir aus trinken, morden und mich im Stich lassen, aber richtig prosaische Menschen kann ich nicht ausstehen. Darin gleiche ich, glaube ich, Anders, während sowohl Elle wie Thomas bei reiner Prosa gedeihen und sich wohl fühlen. Natives haben in meinen Augen immer etwas zutiefst Poetisches wie die Natur selbst; aber es gibt eine bestimmte Klasse Engländer, und sie bildet die Majorität der Nation, die wirklich nicht zu ertragen ist in ihrer fürchterlichen Prosa... Schon die Tatsache, daß Engländer immer so mager sind, zeigt, wie ungemütlich sie sind; Shakespeare tat gut daran, Falstaff zu erfinden, das muß ihm selbst Spaß gemacht haben und eine Wohltat für die wenigen empfindsamen Seelen gewesen sein, die es noch in England gab...

An Ingeborg Dinesen *Ngong, Sonntag, 21. 9. 1930*

...Ich schicke Dir ein paar Bilder aus Rongai – Fridtjof Mohr und seine Frau und ich, mit Tumbo im Hintergrund... Ich weiß nicht mehr, ob ich schon geschrieben habe, daß man annimmt, Frau Mohrs Großmutter sei eine Holda gewesen, die vom Fjell heruntergekommen sei, einen jungen Bauern auf einem Hof geheiratet und dort viele Jahre gelebt habe, bis sie eines Tages, als sie längst schon Großmutter war, zur Familie sagte: »Nun muß Großmutter wieder zurück zum Fjell«, und alles verließ, ohne irgendeine Spur zu hinterlassen. Ob das nun stimmt, dazu will ich mich nicht äußern; ich selbst habe nicht gerade das Gefühl, etwas Übernatürlichem gegenüberzustehen, aber doch etwas durchaus Fremdartigem, demgegenüber ich nicht mit Sympathie reagiere; es ist eher Untertanenblut – sie sind nicht frei geboren. Sie *möchten* vielleicht schon ehrlich sein, aber sie *können* es nicht, in ihnen steckt immer etwas Hinterlist oder Vorspiegelung falscher Tatsachen; Untertanen wollen gefallen und müssen herausfinden, wie sie gefallen können und wie der Wind gerade weht. Trotzdem kann ich durchaus sehen, wie »schön« Frau Mohr ist, aber das kann wohl auch ein Untertanenmädchen sein, ihn mag ich auf jeden Fall lieber. Habe ich schon geschrieben, daß der Großvater dieser Familie Mohr ein Sohn von Carl XV. von Schweden war? – sie haben auch eine gewisse Ähnlichkeit mit den Bernadottes. Ich finde, es sind hochbegabte Menschen, ich glaube, ich bin noch nie jemandem begegnet, der so viel schaffen oder seine Zeit so gut nutzen kann, wie mein »kleiner« Mohr, das ist eine Eigenschaft, die ich in höchstem Maße bewundere...

Ich selbst habe ein paar ganz herrliche Tage erlebt, denn Denys kam am Donnerstag und reiste gestern wieder ab. Er hat eine magische Wirkung auf mich; nie im Leben habe ich solch ein Glücksgefühl empfunden wie in seiner Gesellschaft, es ist, als ob ich Licht und Luft zu spüren bekäme, nachdem ich lange in einem Zimmer eingesperrt gewesen sei.

Ich bin gestern mit ihm geflogen, und ich bezweifle, ob es überhaupt ein größeres Glück für mich geben kann als das, mit ihm über Ngong zu fliegen. Wir waren eine Stunde lang in der Luft und flogen unter anderem den Kamm der Ngong-Berge entlang, manchmal fast an der Erde, so daß wir unten Rudel von Impalas und Zebras sehen konnten, und dann wieder einige tausend Fuß hoch über den Berggipfeln.

Man muß Afrika aus der Luft sehen, das ist sicher; dort erst sieht man wirklich die ungeheuren Weiten und das Spiel von Licht und Schatten auf ihnen. Wir kamen in einen Hagelschauer, während wir oben waren, es peitschte einem richtig ins Gesicht, wie der Prinzessin im *Wandergefährten*, als sie zu Besuch zum Troll flog; um uns herum wurde es ganz dunkel, und gleichzeitig konnte man die Sonne auf das Kedong Valley scheinen sehen. Denys mußte verschiedene Manöver durchführen und legte sich einige Male so auf die Seite, daß ich froh war, angeschnallt zu sein; es muß großen Spaß machen, selbst fliegen zu können. Er sagt, er habe die Maschine meinetwegen hierhergebracht, und ich hoffe, wir können viele Flüge mit ihr machen; jetzt ist er wieder für zwei Monate fort, soll aber dann für eine mindestens ebenso lange Zeit zurückkommen... Ali, Tumbo und Sirunga waren mit auf dem Flugplatz und haben es über die Maßen genossen, wenn sie auch vielleicht etwas enttäuscht waren, daß ich nicht runtergefallen bin. Einmal sind wir direkt über das Haus geflogen, und heute morgen waren viele alte Kikuyus hier, um mich über meinen Flug zu interviewen.

Mein Hund David ist gestern gestorben.

An Ellen Dahl *Ngong, Sonntag, d. 12. Oktober 1930*

...Ich bin fast jeden Tag mit Denys geflogen, er hat sein Aeroplan in Nairobi, kann aber hier auf der Farm landen. Es bricht immer großer Jubel unter meinen Totos aus, wenn sie ihn in der Luft hören. »Bedars Vogel, Bedars Vogel,*« schreien sie, so laut sie können, und verfolgen ihn hingerissen, wenn er über dem Hause kreist und heruntergeht; ich habe ein Gefolge von schwarzen Leuten jeder Größe hinter mir draußen auf der Steppe, wo er landet, die sehen wollen, wie wir aufsteigen. Ich bin bisher nie mehr als eine Stunde lang oben gewesen, weil Denys zur Zeit viel zu tun hat; ich hoffe, wir haben später einmal Zeit für einen längeren Flug. Aber selbst in einer Stunde bekommt man so viel zu sehen.

Ob überhaupt ein größeres Glück für mich vorstellbar ist, als das, mit Denys über afrikanische Steppen und die Ngong-Berge zu fliegen, halte ich für zweifelhaft. Hier muß ich wie Vater Daniel im *Jacques* sagen, daß Gott unendlich viel mehr Phantasie hat als wir, was Er, meiner Ansicht nach, im täglichen Leben nicht gar zu deutlich unter Beweis stellt. Denn ich selbst hätte weder Afrika noch Denys erfinden können – das Fliegen vielleicht, das ist eine allgemein menschliche Sehnsucht; sagt man nicht sogar, wir seien einmal Vögel gewesen? Und ich kann mir jetzt endlich vorstellen, wie lustig es sein muß, ein Engel zu sein. Auf jeden Fall hat es etwas vollkommen Natürliches und Sinnvolles, es ist die Erfüllung eines Traumes. Ich muß oben in der Luft immer an H. C. Andersen denken; als wir das erste Mal oben waren, kamen Schauer auf, und in neuntausend Fuß Höhe peitschten uns eiskalte Güsse, und dunkle Wolken ballten sich rings um uns her – es war wie in dem Märchen, in dem die Prinzessin im *Wandergefährten* zum Troll fliegt; beim letzten Flug, an einem Abend mit klarer hoher Luft und blauen Wolken, war es wie in den *Wilden Schwänen*. Aber stell Dir nun große, weite, unendlich grüne Ebenen unter Dir vor, mit Herden von Zebras, Gnus und Giraffen und langgestreckten grünen Bergen, und der Wechsel von Licht und Schatten auf allem und dann die eigene Geschwindigkeit hoch über all dem.

Dennoch sind weder das Tempo noch die Aussicht, meiner Meinung nach, das eigentlich Berauschende beim Fliegen, sondern dies: daß man sich in drei Dimensionen bewegt. Schon sich in zweien zu bewegen, wie beim Querfeldeinreiten oder wenn man mit dem Auto über die Steppe fährt, jedenfalls die engen Wege, die *Linie* verläßt, hat ja seinen Reiz, und das, was nach meiner Erfahrung dem Fliegen am nächsten kommt, ist das Skilaufen, wo man ja auch in die dritte Dimension hineingerät. Mir ist das aber mit zu viel Mühe verbunden, wenn es bergauf geht, und mit etlichen Bedenken, wenn es wieder abwärts geht; hier steckt man die Nase in die Höhe und wirbelt ebenso leicht hinauf in den Raum, wie man geradeaus geht. Es gibt in Wirklichkeit kein richtiges Oben und Unten mehr; wenn die Maschine sich in der Kurve richtig auf die Seite legt, sieht man die ganze Landschaft unter sich von Angesicht zu Angesicht. Das ist das göttlichste *Spiel,* das man sich vorstellen kann; man muß einfach lachen, wenn man von hoch oben hinuntergleitet und ganz flach über der Steppe ein Rudel wild galoppierender Zebras jagt und den eigenen Schatten über ihnen und dem Gras sieht in dieser leichten, leichten Luft – wenn man mit dem Tageslicht fliegt, die Luft durchschneidet, nur gelegentlich einmal ein paar kräftige schnelle Schläge tut, sich kopfüber herumwirbel, taumelt, abdreht, steigt wie ein Drachen, den der Wind gepackt hat, fast zu Boden schlägt – schnurrt, saust, um die Ecken entwischt!

Das Fliegen paßt ganz genau zu Denys. Ich habe immer gefunden, er habe besonders viel vom Wesen der Luft in sich (ein Sanguiniker, warm und feucht, wie war das noch?), und er sei eine Art Ariel. Mit diesem Wesen ist ein guter Teil Herzlosigkeit verbunden – das, was man im besonderen als Herz bezeichnet, gehört wohl zur Erde, wo die Dinge wachsen und blühen; ein Garten und ein Kornfeld können so herzlich sein – und Ariel war auch recht herzlos, wie Du sehen wirst, wenn Du den *Sturm* noch einmal liest. Aber im Vergleich zu den irdischen Wesen auf der Insel war er rein, klar, ehrlich, ohne Vorbehalte, durchschaubar – wie Luft, kurz gesagt. Ich glaube auch, etwas von dem, was ich von Anfang an bei Denys so sehr geschätzt habe, war dies: Er bewegt sich geistig in drei Dimensionen.

Und eigentlich wollte ich, vielleicht um Paracelsus* Stoff zum Nachdenken und für eine Parabel zu liefern, gerade hierüber schreiben, daß wir aufsteigen müssen in die drei Dimensionen. Soll Einstein sie in der physischen Welt entwickeln – er ist etwas schwer zu verstehen; in der geistigen Welt aber müßte, meine ich, auf jeden Fall jeder, der unser Alter erreicht hat, einen Hauch davon verspürt haben. Ich glaube fest, daß die Leute recht haben, die meinen, Flügel seien ein Attribut der Seligen, oder die Fähigkeit, sich in drei Dimensionen zu bewegen, ein Teil der Seligkeit, oder auf jeden Fall der Verklärung. Wenn die Menschen doch nur das ausprobieren würden statt all der anderen Dinge, mit denen sie sich abmühen, dann würden sie das schon einsehen.

Ich finde es ganz toll, daß Du noch ein Buch* schreibst. Du mußt mir darüber berichten und schreiben, um was es geht. Ich freue mich sehr darauf und finde es lustig, mir vorzustellen, wie Du auf Mols sitzt und Seite für Seite produzierst wie eine Seidenraupe; ich hoffe, die Inspiration wird weiterhin über Dir schweben. Laß mich wissen, wie andere Menschen, die Paracelsus gelesen haben, über ihn urteilen. Hier habe ich ihn ja nur Mohr zeigen können, der sehr begeistert war – Du denkst hoffentlich daran, ihm ein Exemplar zu schicken, ich glaube, er würde das sehr zu würdigen wissen.

Daß das Buch keinen besonderen Eindruck auf die Familie gemacht hat, wundert mich nicht; wenn die Leute in Mutters Alter kommen, hängt die Stärke des Eindrucks weit mehr von der Art der Mitteilung als vom Inhalt ab – das sah ich damals so deutlich, als ich Großmutter schonend von Tante Bess' Auftritt im Reichstag* berichten mußte, ich glaube, sie hat ihm eigentlich nie irgendwelche Bedeutung beigemessen. – Wenn man gleich mit Entsetzen in der Miene sagt: Die Katze ist tot – dann kommen sie nie darüber hinweg; aber bei anderen Dingen kann es so gehen wie bei der Kammerherrin auf Ruggaard: »Sind die Kinder mit verbrannt?«

(Die Fortsetzung des Briefes fehlt)

1930 wurde zum Schicksalsjahr für das Leben auf der afrikanischen Farm. Die Aktionäre in Dänemark forderten die Veräußerung der Karen Coffee Company Ltd. *Wohlgemeinte Ratschläge, einige Grundstücke als Baugrund zu verkaufen, fielen bei Tania Blixen nicht auf fruchtbaren Boden, und die Farm wurde deshalb als Ganzes an einen Käufer verkauft, der – wie zu erwarten war – sein Geld nur in die Plantage investierte, um sie möglichst bald in Baugrundstücke aufteilen zu können. Bei einer außerordentlichen Generalversammlung in Kopenhagen im November 1932 wurde die Gesellschaft gemäß § 67 des Aktiengesetzes liquidiert, bei dieser Gelegenheit mußte man feststellen, daß die zuvor abgehaltene Zwangsauktion nicht genug Mittel erbracht hatte, um die Unkosten der Liquidation zu decken.*

Tania Blixen blieb, einer Absprache mit dem neuen Käufer entsprechend, auf der Farm wohnen, um die Arbeiten für die Einbringung der letzten Kaffee-Ernte zu überwachen und für die Zukunft ihrer afrikanischen Leute zu sorgen.

An Ingeborg Dinesen *Ngong, 17. März 1931*

… Ich hätte längst auf das Telegramm von Dir und Tommy antworten sollen. Aber es ist nun einmal alles so unsicher; im Augenblick ist es mir so gut wie unmöglich, mich mit meinen eigenen Plänen zu beschäftigen, geschweige denn, einen Entschluß zu fassen. Es sind noch so viele, die Farm betreffende Shauries zu regeln, Termine in Nairobi etc., und dann geht es um meine schwarzen Leute hier. Ehe nicht für die gesorgt ist – so gut es geht, und ich weiß nicht, wie gut das sein kann –, habe ich weder Kraft noch Zeit, die Regelung meiner Angelegenheiten in Angriff zu nehmen. Du kannst das sicher verstehen, sie sitzen hier den ganzen Tag und laufen hinter mir her, wohin ich auf der Farm gehe oder reite, sie sagen: »Warum willst Du fortgehen? Du darfst nicht fortgehen, was soll denn aus uns werden?« …

Dann sind da auch Farah und seine Familie, Abdullahi und meine Hausboys, denen ich versuchen muß zu helfen. Farah will nicht hier im Lande bleiben, aber er hat ja seine Duca und verschiedene andere Shauries, die abgewickelt werden müssen. Juma will sich ins Reservat zurückziehen – ins Massai-Reservat, ein Glück, daß ich dafür gesorgt habe, daß er vor einiger Zeit als Massai registriert worden ist – und sich dort ein Haus bauen, ich habe versprochen, ihm dabei zu helfen. Kurz gesagt: Ich habe genug zu tun.

Obwohl es mit solch einer Niederlage geendet hat, mußt Du, bitte, nicht glauben, ich sei der Ansicht, »mein Leben hier sei umsonst gewesen«, oder ich wolle mit irgend jemandem tauschen, den ich kenne. Ich finde, wie Tante Lidda, es ist doch in Anbetracht meiner Fähigkeiten erstaunlich, was ich zu leisten imstande bin. Tante Lidda sagte das nicht im Hinblick auf mich, sondern von sich selbst im Vergleich zu Tante Bess, die meinte, sie habe aus ihrem Leben nicht das gemacht, was sie sollte.

Von allen Idioten, denen ich in meinem Leben begegnet bin – und es sind, weiß Gott, nicht wenige und keine kleinen gewesen –, war ich, scheint mir, der größte. Aber eine gewisse Vorliebe für das Große, die sich nicht unterdrücken ließ, hat mich beisammengehalten, ist »mein Dämon« gewesen. Und unendlich viel Schönes habe ich erlebt. Kann sein, daß Afrika mit anderen sanfter umgegangen ist, ich habe dennoch den Glauben, ich bin eines seiner liebsten Kinder. Eine große Welt von Poesie hat sich mir hier eröffnet und mich in ihren Bann gezogen, und ich habe sie geliebt. Ich habe in die Augen der Löwen geschaut und unter dem Kreuz des Südens geschlafen, ich habe auf den großen Ebenen das Gras brennen und nach dem Regen wieder zart und grün sprießen gesehen, ich habe Somalis, Kikuyus und Massai zu Freunden gehabt, ich bin über die Ngong-Berge hinweggeflogen – »ich brach des Lebens schönste Rose, Freia sei Dank«*, mein Haus hier ist, glaube ich, eine Art Zufluchtsstätte für Reisende und Kranke gewesen, und den Schwarzen war es ein Hort freundschaftlichen Geistes. Jetzt gegen Schluß ist es etwas schwerer gewesen. Aber so sieht es wohl in der ganzen Welt aus.

Farah ist *sehr* nett, wie Du Dir denken kannst, er hat seine Launen abgelegt und ist mir ein rechter Trost und von großem Nutzen. Saafe ist eine reine Freude, wie süß er ist, kann ich sicher gar nicht beschreiben. Ich habe so sehr unter Alpträumen gelitten, daß ich entsetzliche Angstzustände bekam, da hat er in meinem Bett geschlafen. Meine Hunde kann ich nicht um mich haben, weil sie solchen Lärm machen.

Es ist eine Ironie des Schicksals, daß wir so ergiebige, frühe Regenfälle gehabt haben. Wenn ich daran denke, wie oft ich um diese Jahreszeit vor das Haus getreten bin und nach dem Regen Ausschau gehalten habe, der nicht kommen wollte, ist es eigenartig, hier zu liegen und den strömenden Regen rauschen zu hören und zu wissen, er ändert nun gar nichts mehr.

Jetzt kommt bald eine wunderschöne Zeit für Euch daheim; ich finde, das zeitige Frühjahr mit all seinen Rückschlägen hat eine unbeschreibliche Anmut und einen beispiellosen Zauber.

Grüße nun alle tausend Mal, Dir selbst unendlich, unendlich viele Grüße, meine innig geliebte, anmutige Mutter.

Deine Tanne.

An Thomas Dinesen — *Ngong, 10. April 1931*

PRIVAT

Dieser Brief ist in ziemlicher Eile geschrieben, weil er mit einer bestimmten Post abgehen soll, aber ich hoffe, sein Sinn ist einigermaßen klar.

Lieber Tommy,
wenn ich nicht eher geschrieben habe, was Ihr wohl merkwürdig und verkehrt findet, dann nur, weil ich in keine Richtung habe über den Rand der Ereignisse hinwegblicken können. Ich habe sehr viel damit zu tun gehabt, so gut wie möglich für meine Squatters und Boys zu sorgen, und ich hoffe, daß sie es einigermaßen gut haben werden; aber für mich selbst habe ich keinen Weg entdecken können, wie es weitergehen soll, und dann weiß man ja nicht, was man schreiben soll.

Du mußt deshalb, bitte, nicht glauben, ich sei furchtbar niedergeschlagen und sähe das Ganze in einem tragischen Licht. Das ist keineswegs der Fall; ich finde im Gegenteil, ich habe durch diese schwierigen Zeiten besser als früher gelernt, daß das Leben unendlich reich und in vieler Hinsicht herrlich ist und daß sehr viele Dinge, über die man sich Sorgen macht, ganz ohne Bedeutung sind. Je mehr es einem gelingt, einen gewissen *Überblick* zu erlangen – was fast das Wichtigste ist, was man im Leben erstreben sollte –, desto mehr erkennt man die Herrlichkeit, die Vielfalt des Lebens. Aber es gehört auch eine wirkliche und wahrhaftige Vorurteilslosigkeit dazu, daß man nicht gleichzeitig versucht, diesem oder jenem eine zu große Bedeutung zuzumessen, die ihm gar nicht zukommt.

Für mich sieht es zum Beispiel so aus, daß es keineswegs schlimm oder traurig wäre, wenn ich, nachdem ich in vieler Hinsicht hier glücklicher gewesen bin, als es den meisten Menschen beschieden ist – und es gibt nicht einen Menschen, mit dem ich tauschen möchte –, mich in aller Ruhe und Ordnung aus dem Dasein zurückzöge samt alle dem, was ich hier draußen geliebt habe... Aus meiner Sicht wäre es das einzig *Natürliche,* mit meiner Welt hier zu verschwinden, denn sie scheint mir in ebenso hohem Maß wie meine Augen oder irgendein Talent, das ich möglicherweise habe, ein vitales Element meines Ichs zu sein, und ich weiß nicht, was von mir bleibt, wenn ich diesen Verlust überleben werde.

Überhaupt: Das bloße Weiterleben wird im allgemeinen ziemlich überschätzt, denn wieviel von einem selbst bleibt denn am Leben? Wieviel ist denn, unter den gegebenen Umständen, übrig von den Menschen, die ich oder Du vor fünfzehn Jahren gewesen sind?

Wenn ich Dir heute das folgende schreibe, dann nur, weil Denys und Mohr, die mir so treue Freunde gewesen sind, meinen, ich solle es tun; und was ich schreibe, geht bis zu einem gewissen Grad auf ihr Konto. Ihrer Meinung nach sehe ich aufgrund der langen, anstrengenden Zeiten und einseitigen Beschäftigung mit immer den gleichen Shauries die Verhältnisse falsch, ich müßte noch einen Versuch wagen und einen Plan entwerfen. Und sie finden, ich sollte ihn Dir vorlegen, weil ich ja alles andere als unabhängig genug sei, irgendeinen Plan auszuführen, und hören, ob Du mit ihnen einer Meinung und bereit seist, mir beizustehen. Aus diesem Blickwinkel mußt Du also das Nachfolgende betrachten. Wie gesagt, mir geht das gegen den Strich, und ich will auch nicht behaupten, daß ich in jedem Fall damit rechne, es durchführen zu können, oder mich auch nur gebunden fühle, es zu versuchen.

So weit ich das den Briefen, die ich erhalten habe, entnehme, rechnen alle, die sich überhaupt mit der Sache befaßt haben, damit, daß ich nach Haus kommen und dort bleiben werde. Davon kann aus meiner eigenen Sicht aber gar keine Rede sein. Einmal abgesehen davon, daß ich die Atmosphäre zu Hause nie ertragen habe und ich geheiratet und alle Kräfte darangesetzt habe, um auswandern und von dort wegkommen zu können, und mir die heimische Umgebung jetzt noch weit weniger passen würde – zumal die Divergenzen, was Lebensanschauung etc. betrifft, in diesen siebzehn Jahren sehr viel deutlicher geworden sind –, so würde dies in meinen Augen grenzenlos unnatürlich sein, wohl ebenso, wie es für Dich wäre, wieder als Schüler in das Rungsted-Internat zurückkehren zu müssen, und ich bezweifle, ob ich oder Du in dem Fall in der Lage wären, einen *modus vivendi* zu finden. Dieses sage ich nicht in der Absicht, irgendeinen Menschen oder gar das Rungsted-Internat zu kritisieren; aber was zu ihnen paßt, paßt nicht zu mir. Ich verliere zu Haus die Fähigkeit, mir den Überblick zu bewahren, eine Fähigkeit, die ich mit so viel Mühe erworben habe. Ich weiß sehr wohl, daß ich während meiner Besuche daheim, besonders die beiden letzten Male, eine falsche Vorstellung bei Mutter und vielleicht bei allen erweckt habe, sowohl was meine eigene Natur, als auch, was unser Verhältnis zueinander betrifft. Das ist freilich fast unumgänglich, wenn man nur für ein paar Monate zu Hause ist und nicht weiß, wann man sich einmal wiedersieht, und es geschah auf jeden Fall in der besten Absicht; aber wenn ich dauernd zu Hause bleiben müßte, könnte ich sie nicht aufrecht erhalten. –

Ich sage dies alles so heftig, um es nicht zu schwach zum Ausdruck zu bringen und Dich damit im unklaren zu lassen. Summa summarum: Ich bin nicht umgänglicher, als ich es früher war, ganz im Gegenteil; ich kann nicht in Reue und Zerknirschung heimkommen, was immer mir auch zugestoßen ist, was immer ich vorgehabt habe, es ist noch immer so, daß ich den Tod einer bürgerlichen Existenz vorziehe, und im Tode werde ich mein Treuebekenntnis zur Freiheit bekräftigen.

Dies ist nicht so zu verstehen, als ob es mich nicht sehr freuen würde, ein paar Monate zu Haus sein zu können; wenn ich aber einen Plan entwerfen soll, muß ich weiter vorausblicken. Ich weiß wohl, daß ich vernünftigerweise sagen sollte, ich will zu Hause bleiben und versuchen, Mutter eine Stütze zu sein in den Jahren, die ihr verbleiben, aber diese Jahre werden auch die sein müssen, in denen ich, will ich überhaupt etwas Neues anfangen, auch versuchen muß, das zu tun.

Offen gesagt ist es ja sehr schwer auszumachen, was ich überhaupt in der Welt tun kann. Ich habe, wie ich wohl schon geschrieben habe, daran gedacht, ob ich in Paris ein oder zwei Jahre lang das Kochen lernen und dann vielleicht eine Stellung in einem Restaurant oder Hotel annehmen könnte. Aber ich weiß nicht, in diesen schlechten Zeiten gibt es da wahrscheinlich nicht viele Arbeitsmöglichkeiten. Dann habe ich in diesen schwierigen Monaten das unternommen, was wir Geschwister tun, wenn wir nicht wissen, was wir sonst machen sollen – ich habe angefangen, ein Buch zu schreiben. Ich habe auf Englisch geschrieben, weil ich annahm, das mache sich besser bezahlt, da ich jedoch in Sorge war, die Sprache könne eine große Schwierigkeit darstellen, schickte ich einen Teil an einen Freund von Mohr, einen

Verleger namens Morley, und bat ihn um seine Meinung. Er machte mir Mut – *(the leisurely style and language are exceedingly attractive)* –, deshalb glaube ich jetzt fast, daß ich auf Englisch schreiben könnte, und es wäre ja dadurch nicht unmöglich, daß ich in verschiedene andere Bereiche hineinkäme, zum Beispiel auch in den Journalismus. Aber in diesem Falle müßte ich ja Zeit haben, mein Buch fertigzuschreiben, und ich glaube nach allem, was ich vom englischen Verlagswesen höre, daß ich das erste Buch, das ich schriebe – wenn es doch mehrere würden! –, auf eigene Rechnung herausgeben müßte. Aber in jedem Falle: Um überhaupt in die Lage zu kommen, etwas zu verdienen, muß ich ein oder zwei Jahre für meine Ausbildung haben; jeder weiß ja, daß ich nichts kann...

Damit sind wir also bei der ökonomischen Frage. Ich höre von Mohr, daß Du ihm geschrieben hast, Du glaubtest, Du könntest mir so viel zum Leben geben, daß ich damit zufrieden sei. Aber es ist schwer für mich, auf diese Aussage hin einen Plan zu entwerfen, denn ich weiß nicht, ob Du meinst, ich solle wie die anderen zu Haus auf Rungsted davon leben, oder reicht es auch, um irgendwo anders zu leben, wo ich irgend etwas lernen kann, was ja Unkosten verursacht. Ich habe ja nie auf eigene Kosten in Europa gelebt; ich habe keine Ahnung, was es zum Beispiel kosten würde, in Italien zu wohnen. Und wenn ich versuchen sollte zu schreiben, dann müßte ich nach England fahren und mit den Leuten dort sprechen können. Es hat keinen Zweck, daß ich jetzt versuche, Fakten, auf denen etwas aufgebaut werden soll, anders darzustellen, als sie tatsächlich sind, auch das würde nur Unkosten verursachen. Wärest Du bereit, zum Beispiel für zwei oder drei Jahre einen Job anzunehmen – wenn Du einen bekommen kannst, ich kenne die Verhältnisse zu Hause nicht –, um mir zu helfen, eine Ausbildung zu bekommen oder sonst irgendwo Fuß zu fassen? Du kennst mich gut genug, daß ich nicht zu betonen brauche, daß ich nicht billig bin. Es gibt viele Dinge, die ich sehr gut entbehren kann; ich kann gut von Wasser und Brot leben, aber es kommt doch alles auf das gleiche hinaus. Ich finde, wir müssen dies alles erst klarstellen, denn es wäre schrecklich ärgerlich, wenn später Mißverständnisse entstehen würden. Ohne *fun* im Leben kann ich nicht leben, *fun* ist das, was ich jetzt am meisten nötig habe.

Ich brauche £ zweihundertfünfzig, um von hier fortzukommen (ich meine nach Haus nach Europa), und was es dann später noch kostet, weiß ich nicht; aber ich weiß wohl, daß es viele Menschen gibt, die mit weit weniger Geld auskommen, als ich es kann.

Hier ist man der Ansicht, ich sei sehr krank. Ich bin allerdings nicht gesund, und wie kann jemand annehmen, man könne gesund sein, wenn Kummer und Sorgen einen sechs Monate lang vom Essen und Schlafen abhalten. – Aber das ist, meine ich, von gänzlich untergeordneter Bedeutung. Vielleicht muß ich für ein oder zwei Monate irgendwohin, aber das glaube ich nicht einmal. Alles das wird sich schon klären und spielt für mich keine Rolle.

Nun darfst Du bitte nicht, und das wirst Du wohl auch nicht tun, diese Zeilen als eine Art Drohbrief ansehen: hilf mir und ernähre mich, sonst sterbe ich. Ich schreibe, wie gesagt, in erster Linie, weil ich Mohr und Denys versprochen habe, es zu tun. Betrachte, bitte, die Dinge unter folgendem Gesichtspunkt: Für mich selbst wäre es das Vernünftigste und Einfachste zu sterben. Wenn Du aber findest, was ich selbst nicht richtig erkennen kann, was andere Menschen jedoch zu glauben scheinen, daß es Sinn hat, noch einmal einen Versuch zu machen zu leben, dann überlege es Dir, – glaubst Du, Du kannst mir zu einem Leben verhelfen, das zu mir paßt, zu einem glücklichen Leben? Für jeden Menschen gibt es etwas, das für ihn das Wichtigste ist, und für mich, glaube ich, ist das Freiheit oder Weite. Eingepfercht kann und will ich nicht leben. Natürlich kann niemand ahnen, wie es weitergehen wird; aber überleg Dir, ob Du wirklich meinst, Du kannst und willst mir raten und mir helfen, glücklich zu leben.

Glücklich sterben, das kann ich, und wenn Du das bezweifelst, dann laß es mich tun. Laß mich Ngong mit allem, was es beinhaltet hat, in meine Arme nehmen und mit ihm untergehen, und das wird ohne Klage geschehen, mehr noch, mit großer Dankbarkeit gegenüber dem Leben. Es gibt so unendlich vieles, das ich liebe, hier und auch zu Hause; ich liebe Euch alle und danke Euch für so ungeheuer vieles.

Würdest Du mir, bitte, telegraphisch auf diesen Brief antworten? Dein Angebot, mich in Genua abzuholen, werde ich, glaube ich, mit viel Freude annehmen, falls es also dazu kommt.

Viele, viele Grüße. Alle und alles hier grüßen Dich ebenso wie ich.

Deine Tanne

An Ingeborg Dinesen — *Ngong, Sonntag, 12. 4. 1931*

Mein innig geliebtes, schneeweißes Lamm.
Vieltausend Dank für Deine Briefe, über die ich mich ganz furchtbar freue. Ich hoffe, Du entschuldigst, daß ich selbst nicht geschrieben habe, weil so viel zu tun ist. Ich sollte mich wohl auch etwas mit meinen eigenen Plänen beschäftigen und versuchen, irgendein Konzept zu entwerfen; aber ich muß erst alle die Menschen versorgt wissen, die hier von mir abhängig sind und die erwarten, daß ich ihnen helfe. Ich werde jetzt einmal die verschiedenen Posten aufführen, dann kannst Du Dir ein Bild von den Verhältnissen machen und Dir vorstellen, daß es nicht leicht ist, persönliche Pläne in Angriff zu nehmen, während ich all das um die Ohren habe, und jeder Shaurie mit Natives zieht sich ja wegen ihres Naturells unendlich lange hin.

Erstens sind da meine Squatters. Es gibt auf dieser Farm einhundertdreiundfünfzig Familien, von denen einige schon hier ansässig waren, ehe das Land überhaupt an weiße Siedler verteilt wurde, und die damit gerechnet haben, ihre Gebeine könnten hier zur Ruhe gebettet werden und sie könnten ihr Vieh und ihre Shambas ihren Kindern vererben. Da ich glaubte, Andersen, der Schuft und Gauner, werde die Verwaltung der Farm übernehmen, ging ich in dieser Angelegenheit zu ihm, und er sagte, sie müßten alle sofort verschwinden. Ich sagte, das könne er nicht machen, weil sie alle Verträge und sechs Monate Frist hätten. Er versuchte, mich zu bluffen, indem er behauptete, er sei selbst sowohl im Native Affairs Department* als auch beim District Commissioner in Nairobi gewesen, und es sei alles vollkommen in Ordnung, ich brauche mir nicht die Mühe zu machen, deshalb selbst dorthin zu gehen. Als ich dann jedoch persönlich zu den Stellen ging, erfuhr ich dort, sie hätten nie auch nur eine Wort von Andersen gehört, und es könne gar keine Rede davon sein, daß er ihnen ohne eine Frist von sechs Monaten kündigen könne. Einige Zeit danach kam eine Mitteilung von der Polizei (von Andersen), wenn nur ein Tropfen Tembo* nach dem 1. April auf der Farm gefunden werde, müsse der Schuldige augenblicklich die Farm verlassen, und sein Vertrag wäre null und nichtig. Auch das war der reine Bluff, wie ich herausfand, als ich zum D. C. ging; er kann wohl die Herstellung von Tembo verbieten und sie der Polizei melden, aber nicht einen Vertrag aufheben, selbst wenn eine Geldbuße verhängt wird.

Dies war so weit in Ordnung – zumal nun gar nicht Andersen in Zukunft die Angelegenheiten der Farm regeln wird –, aber es stellte sich heraus, das viel größere Problem ist es doch, Land zu finden, wohin diese Squatters gehen können, wenn ihnen, was in jedem Fall geschehen wird, in sechs Monaten gekündigt wird. Das Reservat kann sie nicht aufnehmen, und es gibt kein Land, das man ihnen zuteilen könnte. In dieser Angelegenheit bin ich unzählige Male beim Native Affairs Dep. und beim D. C. in Nairobi und in Kiambu gewesen, und ich mußte Listen erstellen mit Angaben über jede einzelne Familie, wie viele Frauen, Kühe und Schafe sie besitzt, wo sie herkommt, wie lange sie schon hier lebt und wer ihr Chief oder Subheadman in dem Distrikt gewesen ist, wo sie früher gelebt haben. Du kannst Dir vorstellen, daß das eine endlose Affäre ist bei den Natives; und jedesmal, wenn ich das Ganze gerade fertig hatte, nach verschiedenen Distrikten aufgeteilt und numeriert je nach der Anzahl der Kühe, kamen sie mit einer Meldung, daß der und der Mann auf eine falsche Liste geraten sei, daß die Anzahl der Schafe nicht stimmen würde oder daß sie in einem ganz anderen Jahr, als dort angegeben, nach hier gekommen seien, und ich mußte alles von neuem anfangen. Jetzt habe ich diese Listen aber doch fertig getippt – sie füllen zwölf maschinengeschriebene Seiten und sind ebenso schlimm wie Gefangenenlisten. – Ich habe Kopien angefertigt für das Native Affair Dep., D. C. Nairobi, D. C. Kabete, D. C. Kiambu, D. C. Dagoretti, D. C. Fort Hall – Nyeri und Machakos. Dann kommen sie zwischendurch noch mit allen möglichen anderen Shauries, der und der wolle lieber mit seinem Schwiegervater in dessen Distrikt gehen als zurück in den eigenen; der und der ist zu alt zum Arbeiten oder Steuerzahlen etc., und sie versuchen auch, ihre gegenseitigen Shauries um unbezahlte Schulden oder Frauen geregelt zu bekommen oder greifen uralte Angelegenheiten auf, wie den verhängnisvollen Schuß in Thaxtons Haus vor sieben Jahren, damit ich alles endgültig regele, ehe ich abreise. Ich hatte, wie ich wohl schon geschrieben habe, den District Commissioner aus Nairobi einen Tag wegen dieser Dinge hier, und er war sehr umgänglich; aber sie wollen lieber mit mir verhandeln, weil sie mich kennen, und im Grunde nimmt das nie ein Ende, wenn man bei den Natives so etwas anfängt.

Ich finde, es ist ein kompletter Skandal, daß die Regierung so wenig Voraussicht an den Tag gelegt hat und diesen Leuten kein Land zu beschaffen weiß, wo sie bleiben können. Dauernd haben sie darauf hingewirkt, das Squatter-System (das ich für das bei weitem Beste halte, wenn es in irgendeiner Form abgesichert werden könnte) solle abgeschafft werden, und dann haben sie keine Ahnung, was sie mit den Squatters machen sollen, die sie von dem Land der weißen Siedler vertreiben. Soweit ich die Beamten verstehe, mit denen ich gesprochen habe, betrifft das Problem nicht nur meine Leute hier. Sie sagen, es könne gar keine Rede davon sein, daß ihnen innerhalb der nächsten sechs Monate Shambas verschafft würden. Und auch danach sei es sehr fraglich, ob sie überhaupt etwas bekämen. Ich glaube, die armen D.Cs. leiden selbst sehr unter dieser Belastung und sind über die Haltung der Regierung empört.

Das ist sicher eine Sache, um derentwillen man in England eine Welle des Protestes auslösen könnte, und ich habe tatsächlich daran gedacht, zu meinem Freund Lord Islington zu fahren und ihn zu bitten, mir dabei zu helfen – und als Drohung macht das bei den Leuten hier auch Eindruck –, aber in Wirklichkeit habe ich dazu nicht viel Lust, denn es wären sicher recht langweilige Leute, die man da auf seine Seite brächte – Journalisten und Politiker –, und es ist zweifelhaft, ob das für meine Squatters gut wäre; es könnte ihnen am Ende ebensogut schaden. Für mich ist es besonders ärgerlich, daß Grigg nicht mehr hier ist, der ja mein guter Freund war. Man hat mir eine persönliche Aussprache mit dem neuen Gouverneur in nächster Zeit zugesagt. Alle District Commissioners, mit denen ich in dieser Angelegenheit zu tun gehabt habe, meinen, es wäre sehr viel besser, wenn ich bliebe und die Sache bis zu Ende verfolgte; sie sagen, wenn ich erst abgereist sei, werde nichts geschehen, aber das wären ja in diesem Fall über sechs Monate, und da weiß ich nicht, wie ich mich verhalten soll.

Nun kommen meine eigenen Leute.

FARAH will nicht in Kenia bleiben, sondern ins Somaliland gehen; er hat aber hier viele verschiedene Geschäfte, die er erst abwickeln muß. Er hat ein großes Gerichtsverfahren in Nairobi laufen, über das ich sicher schon geschrieben habe, ich glaube aber, es nähert sich jetzt seinem Abschluß; aber mein Feind Hemsted hat im Zusammenhang mit diesem Verfahren erwirkt, daß ihm die Genehmigung, hier seine Duca zu betreiben, entzogen wurde. Deshalb bin ich wohl zehnmal in Nairobi gewesen. Hugh Martin hat letzten Endes damit zu tun, und den kann man nie erreichen; schließlich habe ich ihn morgens um acht in seinem Haus erwischt, dort konnte er mir nicht entkommen, und ich glaube, die amtliche Genehmigung ist jetzt geregelt, aber nun muß man ja sehen, wie die neuen Besitzer sich dazu stellen. Es ist traurig: Wenn so etwas wie mein Haushalt hier zusammenbricht, zieht das so vieles nach sich – Farah und Abdullahi haben Krach miteinander gehabt, und Abdullahi ist verschwunden, ohne daß jemand richtig weiß, wo er abgeblieben ist, und das muß ich ja möglichst in Ordnung bringen, ehe ich abreise. Außerdem sind wir neulich Abend in einen Shaurie um einen Viehdiebstahl geraten – wir schnappten ein paar Diebe, als wir vom Abschiedsabend der hiesigen Schule heimfuhren –, und die Angelegenheit scheint sich länger hinzuziehen, und Farah kann aus der Sache nicht herauskommen, natürlich nicht etwa, weil er unter Verdacht stünde. Farah liegt mir am meisten von allen auf der Seele; er ist außerordentlich nett gewesen und hat mir bei allen möglichen Shauries geholfen; aber er ist ja davon ausgegangen, daß seine Zukunft ganz und gar an meine gebunden sei, und ich will ihm und seiner Familie gerne helfen, soviel ich kann.

JUMA will sich in das Massaireservat zurückziehen als Massai und mußte deshalb als solcher dort neu registriert werden. Auch das hat nach einigen Schwierigkeiten geklappt. Er hat dort eine ausgezeichnete Shamba bekommen, und ich versprach ihm Hilfe beim Bau eines Hauses, aber es ist ganz unglaublich, wie dumm die Natives sind. Ich hätte natürlich die Bauerei etwas überwachen und ihm einige Ratschläge geben oder ihm einen ordentlichen Fundee besorgen sollen, aber ich ging davon aus, er könne sich selbst ein Haus bauen – schließlich bauen sie ja jeden Tag Häuser und haben das viele tausend Jahre lang getan –, aber ich wurde etwas bedenklich, als ich sah, wie viel Holz draufging – das war das, was ich ihm als erstes versprochen hatte –, ich fuhr deshalb am Donnerstag hin, um mir den Bau anzusehen, und fand zu meinem Entsetzen, daß er Wände für ein Haus von fünfundsechzig Fuß im Quadrat aufgestellt hat. Ich wurde wirklich ganz deprimiert, als ich da saß und mir das ansah; ich kann mir überhaupt nicht vorstellen, wie sie ein Dach auf das Haus setzen wollen, und allein das Eisen dafür wird nach meiner Berechnung achthundert sh kosten! – und es fällt ihnen, glaube ich, beim ersten Sturm auf den Kopf. Juma hätte es mit ein bißchen Menschenverstand so gut haben können, aber wer konnte denn ahnen, daß er so verrückt ist. Nun muß ich heute wieder hin – es liegt draußen beim Ngong Boma – mit Farah und Juma und einem Fundee und es angucken; meiner Meinung nach werden sie das Ganze wieder abreißen müssen. TUMBO habe ich eine Kuh und meine Gänse versprochen.

ALI wollte gerne vor meiner Abreise das Autofahren lernen und eine Lizenz erwerben, ich habe ihm also das Fahren beigebracht und bekam am Donnerstag seine Lizenz. Ich glaube nicht, daß es für ihn schwer sein wird, einen Job zu bekommen, obwohl man das heutzutage auch nicht weiß. Sein Vater hat eine Shamba im Forest Reserve, – waren wir nicht einmal dort? – und scheint wohlhabend zu sein. Ich habe gedacht, ich könnte Ali eine Kuh geben.

KAMANTE verliert ja hier seine Stellung und seine Shamba, und ich bezweifle trotz seiner unbestrittenen Genialität auf dem Gebiete des Kochens, daß er eine neue Stellung bekommt; er ist zu wunderlich. Aber er steht sich nicht so schlecht; er hat hier Geld gespart, um zu heiraten und sich ein paar Kühe anzuschaffen, so daß er, wenn er nur eine Bleibe findet – wie die übrigen Squatters –, hoffentlich zurechtkommt. Er hat zwei Kinder, die er sehr liebt. Titi ist sehr traurig, daß ich fortgehe, ich glaube, ich muß ihm einen kleinen Stier, den ich hier habe, schenken, um ihn zu trösten.

CHOTA, mein blinder Boy, hat noch einen Rechtsfall in Dagoretti vor sich, weswegen ich morgen mit ihm dorthinfahren und ihm helfen muß; sonst kommt der nie zu einem Ende. Er ist von einigen Kikuyus unverschämt betrogen worden, als er von ihnen eine Ndito gekauft hat. Es tut mir leid um ihn, er wird wohl vollkommen blind werden; ich muß zusehen, daß ich ihn noch, ehe ich abreise, zum Augenarzt bringe, obwohl ich glaube, daß nur wenig Hoffnung für ihn besteht.

KAMAU, der Pferdepfleger, geht nach Fort Hall und wird es dort wohl ganz gut haben, so merkwürdig auch seine Verhältnisse mit der Ehe mit Tumbos Großmutter sein mögen. Ich habe versprochen, ihm, wenn irgend möglich, einen Job als Pferdepfleger zu besorgen.

MAHAA soll nächstes Jahr mit einem Schullehrer verheiratet werden, mit dem sie hoffentlich glücklich werden wird.

Um die kleine HALIMA mache ich mir Sorgen. Ihr widerlicher Vater hat sie einem Mann hier in Kenia versprochen, von dem gesagt wird, er sei gar nicht nett. Sie ist so ungeheuer fest mit Farahs Familie verbunden und ist in der Zeit, die sie bei ihnen war, so vernünftig geworden; ich glaube, sie wird ganz unglücklich werden, wenn sie fortziehen und sie hier allein lassen, aber es ist furchtbar schwer, in das Leben und die Entscheidungen der Somalis einzugreifen, und ich weiß noch nicht einmal, wo ihr

Vater ist. Halima hat viele gute Anlagen, aber sie ist wild; wenn sie jetzt alleingelassen wird, kann möglicherweise wer weiß was aus ihr werden.

Dann gibt es außerdem noch viele, die Du nicht kennst, zum Beispiel den bedauernswerten kleinen Sirgunga, meinen Narren, von dem ich überhaupt nicht weiß, was aus ihm werden soll. Er hat sich dermaßen an mich angeschlossen und hat es schwer im Leben, weil er nicht ganz normal ist. Er bekommt manchmal epileptische Anfälle; neulich blieb er plötzlich ganz still stehen, als wir gerade mit Saafe spielten, und sagte: »Mimi na taka kufa.«* Ich begriff nicht, was er meinte, aber man konnte sehen, daß er rasende Angst hatte, er klammerte sich an meine Beine und fing an zu zittern, und dann bekam er einen Anfall, der ziemlich schrecklich mit anzusehen ist. Man wird plötzlich von dem Gefühl überwältigt, man müßte einen solchen Toto erschießen wie einen kleinen Hund mit einem gebrochenen Bein, den man sich selbst überlassen muß. Aber er hat natürlich, wie die meisten lebenden Geschöpfe, zwischendurch viele vergnügte und glückliche Stunden.

Jetzt kannst Du sicher verstehen, daß ich bei all dem, was ich um die Ohren habe, nicht dazu gekommen bin, einen Plan für mich selbst zu entwerfen. Sobald ich das kann, werde ich es Euch wissen lassen. Es ist auch zu ärgerlich, daß ich nicht gesund bin; dadurch braucht man für alles viel mehr Zeit, und manchmal, wenn ich mitten im Gespräch mit dem D. C. oder einem anderen wichtigen Menschen bin, weiß ich nicht mehr, was ich sagen wollte. Aber jetzt sind wir jedenfalls mit den Shauries der Farm fertig, die auch viel Zeit in Anspruch genommen haben, mit den Inventurlisten und ausstehenden Rechnungen und halbfertigen Etiketten, und mit jedem Tag schaffe ich doch irgendetwas, was erledigt werden muß.

Denys hat hier gewohnt, ist aber dieser Tage in Nairobi, weil er gerne all die Dinge erledigen wollte, die immer nach einer Safari auf ihn warten. Er kommt sicher morgen hierher. Es war einfach wunderbar, ihn hier zu haben. Neulich kam er und nahm mich in seinem Aeroplan mit, um eine ganze Herde Büffel oben in den Bergen zu beobachten. Es war ein großartiger Anblick, über zwanzig Tiere, darunter einige große Stiere, auf den grünen Hängen.

Auch Mohr ist ein wahrer Freund gewesen und hat sich viel Mühe gegeben, mir zu helfen, wo er nur konnte. Ich werde ihm immer von Herzen dankbar sein. –

Rose Cartwright ist einige Tage hier gewesen, sie ist ein ungewöhnlich reizender Mensch und zeigt so viel Verständnis. Alle Menschen sind im übrigen so nett...

Der folgende Brief ist der einzige in dieser Sammlung, der nicht von Tania Blixen geschrieben ist. Er gibt jedoch durch das darin gezeigte Verständnis für Tania Blixens wahre Natur und ihre damalige Situation wie in einer Nahaufnahme ein unentbehrliches Bild von Ingeborg Dinesens menschlichem Format und zeigt, welch eine ungewöhnliche Persönlichkeit Tania Blixens Mutter war.

Der Brief Tania Blixens an Thomas Dinesen, der in den ersten Zeilen erwähnt wird, ist auf den Seiten 471 bis 477 abgedruckt.

Ingeborg Dinesen an Thomas Dinesen *Rungstedlund, 9. 5. 1931*

Privat an Tommy.

Mein innig geliebter Junge.

Ich weiß, es war riskant, Tannes Brief an Dich aufzumachen – es bestanden viele Möglichkeiten, daß Dinge darin stünden, die ich nicht lesen sollte –, aber auch die Versuchung war groß, möglichst bald zu erfahren, was sie nun für Pläne hätte. Du sollst nicht sagen, Du verzeihst mir – das würdest Du in jedem Falle sagen, und ich glaube übrigens nicht einmal, daß Du böse auf mich sein wirst. Ich glaube nicht, ich könnte auf Dich in einem solchen Fall böse sein, wenn Du etwas entsprechendes tätest.

Jedenfalls sieht es so aus, als hätte ich mit dem Lesen dieses Briefes, der ja in keiner Weise für mich bestimmt war, meine Strafe schon erhalten. Das will ich nun ganz außer Betracht lassen – das einzig Wichtige ist, Tanne darf *nie* auch nur *ahnen,* daß ich ihn gelesen habe.

An und für sich, glaube ich, wird es für Dich leichter, wenn ich schon so weit in Tannes Pläne und Gedanken eingeweiht bin. Du weißt, ich habe mein ganzes Leben lang versucht, Euch so gut wie möglich zu verstehen, und Du kannst ganz sicher sein, daß ich auch Tanne zur Zeit verstehe. Ich habe ja immer gewußt, die Verhältnisse, die ich ihr hier zu Hause bieten konnte, paßten nicht zu ihrem Naturell und ihrer Begabung – das hat mir viel Schmerzen verursacht, aber es war mir nicht möglich, die Verhältnisse so zu verändern, daß sie Tanne hätten glücklich machen können. Vielleicht hat sie auch nicht den richtigen Willen gehabt, unter den gegebenen Bedingungen den Versuch zu machen, ihr Glück zu finden; aber wenn sie ihrem Charakter auch noch so viel Gewalt angetan hätte, hätte sie sich nie in dem zurechtfinden können, was sie zu Recht ein bürgerliches Dasein nennt, und sehr viel von dem, was sie auszeichnet, wäre zugrunde gegangen.

Für mich liegt nichts Unverständliches darin, daß Tanne so ruhig über den Tod schreibt. Ich habe ja mit Euch sehr wenig über Vaters Tod gesprochen – vielleicht hätte ich überhaupt offener mit Euch reden sollen, aber das ist für mich wie ein heiliger Bezirk gewesen, den niemand betreten durfte, der nicht das Geschehene verstehen konnte. Für Vater ist der Gedanke, als ein geschlagener und kranker Mann leben zu müssen, unerträglich gewesen, und wenn ich auch – besonders im ersten Schmerz – das Gefühl hatte, er habe mich im Stich gelassen, so wurde mir doch sehr bald klar, es wäre ihm unmöglich gewesen, auf diese Art und Weise zu leben. – Und deshalb wählte er das einzige, das, seiner Natur gemäß, zu tun war. Sehr oft habe ich gedacht, es wäre schwerer gewesen, ihn alt und schwach werden zu sehen, in seinen Augen mußte man das Leben in ständiger Bewegung und mit Schwung leben können, er mußte etwas erleben, entweder Freude oder Kummer, nur keinen Stillstand, keine »Bürgerlichkeit«. Daß er überhaupt darauf verfallen konnte, mich zu wählen, und in all den Jahren, die wir gemeinsam erlebt haben, für mich die größte Liebe – und daß er sie wirklich empfand, das weiß ich – und so viel Verständnis aufgebracht hat, ist mir immer ein Rätsel gewesen: Es muß etwas in ihm nach einer anderen Seite des Lebens verlangt haben, vielleicht brauchte er Jahre der Ruhe und Stille nach zu vielem Umherirren. Ich zweifle nicht daran, daß er hier in seinem Heim glücklich war – glücklicher als es Tanne je gewesen ist.

Ich bin sicher – und ich weiß, daß Du mir glaubst, es ist die Wahrheit –, ich würde Tanne volle Freiheit gewähren zu tun, was sie für sich am besten findet – ich werde sie nicht zurückhalten, wenn sie meint, das Leben werde ihr zu schwer, ich will sie nicht einen Augenblick dazu verpflichten, »eine Stütze für mich« zu sein in diesen Jahren – wenn ich das an sie geschrieben habe, dann mehr, um ihr einen Vorschlag für eine Aufgabe zu unterbreiten. Das einzig Wichtige ist mir, daß sie ihrer Natur folgt – ich kann oder will nichts anderes von ihr verlangen. Sie hat mir oft Kummer gemacht, wohl mehr als irgendeines von meinen anderen Kindern, aber sie hat mein Leben mit so viel Liebe erfüllt, so viel Spaß, ich war so stolz auf sie – und bin es immer noch, daß ich, was immer sie tut, sie immer lieben und segnen werde. Lieber will ich sie nie mehr sehen, als daß sie das Gefühl haben soll, »eingepfercht« leben zu müssen. Ich weiß, daß sie mich in einem Leben, in dem ihr das erspart bliebe, mehr lieben würde, als wenn sie hier auf Rungsted wie in einem Käfig säße.

Du erinnerst Dich: Sobald ich etwas nachgedacht hatte, als Tanne mir gesagt hatte, daß Du in den Krieg wolltest, war ich mir vollkommen darüber im klaren, Du müßtest mit meiner vollen Billigung und meinem Segen gehen – das war ich Dir schuldig; das einzige, was ich habe für Euch tun können, war gerade zu versuchen, Euch zu verstehen und Euch zu helfen, Eurer Natur zu folgen. Wenn ich spürte, es war etwas an Euch, das mir fremd war, fürchtete ich immer, es könnte gehemmt werden, wenn ich mir nicht Mühe gäbe, es zu unterstützen. Die reichen Jahre, die ich mit Vater zusammen gelebt habe, lehrten mich, auch jene Seiten des Lebens zu verstehen, die anders waren als die, die meinen Anlagen entsprachen. Ich habe so oft Gewissensbisse gehabt, weil ich zugelassen habe, daß Folehave Euch zwar mit Liebe umsorgte, aber auch mit seiner ganzen Schwere belastete – natürlich Tanne am meisten, die dem Geist, der dort herrschte, am fremdesten gegenüberstand. Ich will mich nicht von Schuld freisprechen – es geschah aus Liebe, aber es war nicht richtig.

Was die praktische Seite von Tannes möglichen Plänen betrifft, so weißt Du, ich werde alles tun, was ich irgend kann. Sie soll lieber jetzt Geld bekommen, wo es ihr vielleicht helfen kann, als daß sie es später von mir erbt. Sage bitte nicht, wie Du es sicher tun wirst – daß ich ihr nicht mehr geben darf –, es bedeutet so ungeheuer viel für sie und damit für mich, daß sie jetzt die Möglichkeit erhält, das Leben noch einmal zu beginnen. Wenn sie bereit gewesen wäre, mit mir hier zusammen zu wohnen, wäre das Leben für mich auf jeden Fall ein ganzes Teil teurer geworden, als es das jetzt ist, und das Geld muß ich ihr doch geben dürfen. Es geht einfach nicht, daß sie zu sehr mit Dir rechnet – Du hast jetzt andere Verpflichtungen, Du darfst mich deshalb nicht ausschließen.

In gewisser Weise bin ich froh, Tannes Brief gelesen zu haben, Du hättest es mir sicher sonst nicht erlaubt, und es ist viel, viel besser, ich bekomme eine klare Vorstellung von dem, was sie denkt.

Das Schlimmste wäre meines Erachtens, sie in Verhältnisse hinein zu locken oder zu pressen, die sie erdrücken würden, und ich weiß natürlich sehr gut, daß sie sich hier dem Ersticken nahe fühlen würde zwischen Bess und mir, der Gräfin Ahlefeld, Frau Funch, Ulla etc. – alle miteinander Repräsentanten der Bürgerlichkeit, in liebenswürdiger Beharrlichkeit erstarrt.

Mein innig geliebter Junge, Du darfst Tanne gegenüber nicht ungehalten werden, weil sie das, was ich ihr bieten kann, verachtet und vielleicht auch zu große Forderungen an uns stellt. Sie ist in jeder Hinsicht aus einem anderen Guß – und ich bin froh, weil mir rechtzeitig die Augen geöffnet worden sind, daß wir uns geirrt haben, als wir dachten, sie hätte sich verändert. Sie hat eine harte Schule durchgemacht, aber ihre Natur ist dadurch nicht anders geworden – die Entwicklung, die diese Jahre ihr gebracht haben, hat sie in keiner Weise einem Dutzendmenschen ähnlicher gemacht, und sollten wir das geglaubt haben, dann haben wir uns geirrt, das sehe ich jetzt ganz klar, und ich sehe, daß wir uns in erster Linie geirrt haben, weil wir auf das für uns Leichteste gehofft haben.

Ich kann mir nicht vorstellen, daß Du Tanne mit einem Telegramm antworten kannst – wie solltest Du das können!

Wie weit Du Jonna ins Vertrauen ziehen willst, weiß ich nicht – Du muß nur auf jeden Fall mir zuliebe dafür sorgen, daß Tanne nicht erfährt, daß ich ihren Brief gelesen habe.

Ich schicke Dir den Brief, den ich heute von Tanne erhielt, Du mußt ihn mir aber gleich zurückgeben. Ich habe diese Zeilen sofort, nachdem ich Deinen Brief gelesen habe, geschrieben, ich lasse sie bis morgen liegen – vielleicht sollten sie besser völlig umgeschrieben werden, ich muß darüber schlafen. Auf jeden Fall schreibe ich einen gemeinsamen Brief über die Kinder.

Du weißt, ich liebe Dich.

Deine Mutter.

An Ingeborg Dinesen *Ngong, 13. Mai 1931*

... Ich schicke Dir hier einen Brief von Joanie Grigg, einmal, weil ich finde, er ist ganz reizend, und zum anderen, weil sie über Valmont schreibt, wo sie auf eine ans Wunderbare grenzende Art von der wahrscheinlich gleichen Krankheit geheilt worden ist, die ich haben soll. Die Klinik ist überhaupt speziell auf Tropenkrankheiten eingestellt und soll auf der ganzen Welt bekannt sein ... Elle macht sich ja für Solsana stark, ich selbst neige mehr zu Joanies, sie heißt Clinique Valmont, Glion – denn es ist ja wichtig, daß man, wenn man dort hingeht, um gesund zu werden, mit den richtigen Menschen zu tun hat, und diese müssen jedenfalls viel Erfahrung haben. Der Doktor in Nairobi sagt, es gebe nicht den geringsten Zweifel, daß ich das habe, was man *amoebic dysentery* nennt; ich selbst glaube, wie schon gesagt, daß ich mich erhole, sobald ich aus all den Shauries herauskomme.

Ich telegraphiere diese Woche Näheres über meine Pläne, das Telegramm müßtest Du also lange vor diesem Brief bekommen. Ich habe die Absicht, am 9. Juni von hier abzureisen, mit einer italienischen Linie, die zum einen billiger ist als die anderen und außerdem nach Venedig geht, und ich finde, es wäre schön, woanders zu landen als die anderen Male. Dann würde ich sehr gerne eine Woche in Venedig bleiben und dann ganz langsam, damit ich etwas von meinem geliebten Norditalien zu sehen bekomme, zu dem Kurort fahren, der es nun werden soll, entweder Valmont oder Solsana...

Heute habe ich nicht viel Zeit, weil ich meine Möbel zum Verkauf annonciert habe und viel damit zu tun habe. Es sind ja schlechte Preise, die man zur Zeit dafür bekommt; man muß schon wild begeistert sein, wenn man fünfzig Prozent von dem erzielt, was sie zu Hause gekostet haben, ohne Fracht, aber trotzdem ist es wohl am vernünftigsten, sie zu verkaufen, es würde ja viel zu teuer und schwierig, sie nach Haus zu befördern. Silber und Wäsche nehme ich mit, und noch einige wenige andere Dinge, die kleine Kommode, die auf Folehave gestanden hat, und Vaters alte Bornholmer Uhr und dann meine Bücher, die ja nur einen kurzen Ausflug in die Tropen gemacht haben; aber es ist in gewisser Weise ganz ulkig, daß die alten Klassiker: Oehlenschläger, Blicher, Heiberg etc. in Afrika gewesen sind, das kann vielleicht ihren Wert für Anders erhöhen, wenn er sie einmal erbt...

Am 14. Mai 1931 stürzte Denys Finch Hatton mit seinem Flugzeug bei Voi ab und wurde auf der Stelle getötet. Am Tag darauf wurde er in den Ngong-Bergen beigesetzt.

An Thomas Dinesen, Telegramm aus Nairobi

Empfangen am 15. Mai 1931.
LCO – DINESEN SERRIDSLEVVEJ 8 KBH =
Telegrafenstation København Ø

DENYS KILLED FLYING FOURTEENTH
BURIED NGONG HILLS TODAY =
TANIA **

An Thomas Dinesen — *Ngong, 7. Mai [in Wirklichkeit 7. Juni] 1931*

Mein innig geliebter, lieber Tommy.
Ich hätte Dir schon früher für Deine Briefe und den Scheck über £ zweihundert danken sollen, aber ich wartete darauf, daß Du mir per Telegramm eine Antwort auf meinen Brief vom 10. April schicken würdest, deshalb habe ich nicht geschrieben. Jetzt entnehme ich Mutters Briefen, daß Du in Deutschland oder Österreich auf Reisen warst. Entschuldige, bitte, die Verspätung; ich bin selbstverständlich furchtbar froh über das Geld, und es ist gut angekommen.

Ich kann ja im Augenblick nicht überblicken, was ich tun soll oder kann, deshalb will ich dazu nichts schreiben. Ich bin noch immer der Ansicht, es war vernünftig, daß Du nicht hergekommen bist, bei den rein praktischen Shauries, die ich habe, hättest Du mir, glaube ich, kaum helfen können, weil Du ja nicht mit ihnen vertraut bist – im Augenblick liegen sie vorwiegend im Verkauf meiner Möbel, was eine wahre Strafe ist, weil die Leute zu jeder Tageszeit kommen und ich sie dann herumführen muß; man bekommt ja nichts dafür in diesen Zeiten; und ich kann auch nicht behaupten, daß ich großes Interesse am Verkauf aufzubringen vermag, aber er muß ja erledigt werden, da ich die Möbel ja weder im Hause stehen lassen noch auf die Ngong

Road stellen kann – und dann versuche ich, Regelungen für meine Boys zu finden, und für etwas anderes gibt es keine Ruhe. Du weißt ja, daß mir das Schicksal meiner Leute, besonders Farahs, vielleicht übermäßig schwer auf der Seele liegt. Jetzt ist es besonders schwierig für sie, denn wenn Denys noch lebte, hätten sie sich immer an ihn wenden können und gewußt, er hätte ihnen geholfen, sowohl um meinetwillen als auch, weil er sie gewissermaßen als seine eigenen Leute betrachtete; durch seinen Tod sind sie hier nun ganz verlassen. Die Zeiten sind auch für sie schwer, besonders für die Somalis, die bei der Klasse von Weißen, die wir jetzt hier im Lande haben, so unbeliebt sind. Alle ihre alten Freunde – McMillan, Berkeley, Galbraith, Charles Gordon, Northeys – sind fort, und sie spüren, daß sie nur Schwierigkeiten haben. Was immer geschieht, bitte, denk daran, daß Farah hier mein bester Freund gewesen ist und Saafe *the apple of my eye!*

Wenn Du hierher gekommen wärst und Zeit und Mittel gehabt hättest, für einen Monat auf eine Safari zu gehen, dann wäre das etwas anderes gewesen. Das hätte ich gerne gemacht, um ein Abschiedslächeln von Afrika zu bekommen, jetzt, wo es im letzten Jahr so viele Shauries gegeben hat. Es wäre wie in alten Tagen gewesen. Wenn ich mich weiterhin so sehr danach sehne und es sich auch sonst noch einrichten läßt, dann mache ich es vielleicht, und Du wirst mir sicher dazu verhelfen. Ich will ja nicht jagen, sondern an einem Lagerfeuer sitzen. Ich bräuchte nur Farah und ein paar andere Boys, und ich würde einen Monat lang irgendwohin gehen, wo mich keiner findet. Mohr meint, es sei eine schlechte Idee, aber man kann von ihm nicht erwarten, daß er versteht, wie mir im Augenblick zumute ist – ich finde, es macht nichts, auch wenn es ziemlich töricht sein sollte; ein großes Risiko könnte es ja nicht sein, und ich kann mir nichts anderes vorstellen, das mir so gut tun würde. – Aber ich muß ja erst alle Shauries, die die Farm und das Haus hier betreffen, los sein. Möglicherweise telegraphiere ich Dir später Näheres.

Viele, viele Grüße an Dich und Euch alle.

Deine Tanne.

Lieber Tommy.
Ich schicke diese Woche fünfundzwanzig Kisten, die zum Teil Dinge enthalten, die ich beim besten Willen hier nicht habe verkaufen können, zum Teil Dinge, die ich sehr gern zu Hause haben möchte – teils persönliches Gepäck, damit ich es nicht bei mir haben muß...

Ich bin sehr müde, ich habe so viel zu tun gehabt. Wenn Du nun vielleicht der Meinung bist, das sei ein schlechtes Argument, oder die Auswahl merkwürdig findest und meinst, ich hätte andere Dinge schicken sollen, jedenfalls nicht diese, dann mußt Du bedenken, daß dies alles ist, was ich mit Mühe und Not einigermaßen habe schaffen können.

Sprich deshalb nicht mit den anderen darüber, dann wird nur so viel hin und her geredet.

Viele, viele Grüße an Euch alle.

Deine Tanne.

Thomas Dinesen nahm seine Schwester in Empfang, als sie Marseille am 19. August 1931 an Bord der S/S MANTOLA erreichte. Nach einem Aufenthalt von ein paar Tagen in Montreux, wo Tania Blixen in der Clinique Valmont etwas zu Kräften kam, setzten sie die Reise durch Europa fort. Am 31. August 1931 zog sie wieder bei ihrer Mutter auf Rungstedlund in das Haus ein, das für den Rest ihres Lebens Tania Blixens Heim werden sollte.

Anhang

Anmerkungen

Erläuterungen, die in den folgenden Anmerkungen nicht zu finden sind, suche man im Namens- und Stichwortregister auf Seite 523 ff.

Die Zahlenangaben jeweils am Anfang der Anmerkungen beziehen sich auf die Textseiten.

Sind zitierte Werke dänischer und norwegischer Autoren, soweit dies die Übersetzerin ermitteln konnte, bisher nicht auf Deutsch erschienen, stellen die in Klammern und ohne Anführungszeichen angegebenen Titel nur eine direkte Übertragung dar. Die Übersetzung der Zitate selbst bemüht sich in erster Linie, den von Tania Blixen gewünschten Sinnzusammenhang deutlich zu machen.

36 *Fara dem Krieger:* Anspielung auf dänischen Spielreim, dessen Anfang, »Fare, fare krigsmand!« von Kindern häufig als Eigenname mißverstanden wird (Anm. d. Übers. aufgrund eines Hinweises von Clara Selborn). Tania Blixen änderte in der Zeit ihres Briefwechsels ihre Schreibweise der Namen »Fara« in »Farah« und »Dennis Finch-Hatten« in »Denys Finch Hatton«.

40 *»die ganze Welt zuwider ... wie ein Kleid, das schlecht sitzt«,* Zitat aus Tania Blixens Marionettenkomödie *Sandhedens Hævn.* I, 4 sagt Sabine: »Mir ist das Leben hier in Edam so zuwider wie ein Kleid, das schlecht sitzt.«

45 *Rupie:* In Kenia gültige Münzeinheit. Zu Tania Blixens Zeit entsprach 1 Rupie etwa 2 DKr.

46 *...Bror als Freiwilliger mitgegangen ist:* Am 3. August 1914 begann mit der Kriegserklärung Deutschlands an Frankreich der 1. Weltkrieg. Über Bror Blixens Teilnahme als Freiwilliger und Tania Blixens (in den folgenden Briefen geschilderten) Ochsentransport berichtet das Kapitel »Kriegssafari« im 4. Teil von *Afrika – dunkel lockende Welt.*

46 *Posho* (suaheli) hier im Sinne von »Verpflegung«. In anderen Briefen Bezeichnung für eine Art dünnen Maisbrei.

46 *Boma:* Lager mit Schutzwall (siehe auch Anm. zu S. 55).

50 *... dem See:* Gemeint ist der Victoriasee.

51 *Kiboko:* (suaheli) Peitsche, aus Streifen von Flußpferdhäuten geflochten.

52 *Arda Volaja:* genauer »Adhama Ulaja« (suaheli) = Europas Majestät, Hoheit.

55 *Boma:* (suaheli) Einfriedung, Verhau. In der Erzählung *Kongesønnerne* (Die Königssöhne), geschrieben 1946, gedruckt in *Blixeniana* 1978, S. 14–27, hat Tania Blixen eine Nacht im Boma beschrieben und dabei offensichtlich auf die Schilderung in diesem Brief zurückgegriffen.

60 *...seine (Farahs) Frau im Somaliland:* Tania Blixens Briefen ist zu entnehmen, daß Farah in den Jahren 1914–31 mit mindestens drei Somalifrauen verheiratet gewesen ist.

61 *...daß es Großmama nicht gutgeht:* Tania Blixens Großmutter, Etatsrätin Mary Westenholz, starb am 7. September 1915 im Alter von 83 Jahren.

65 *Zensor:* gemeint ist der englische Zensor in Nairobi, der während des Ersten Weltkrieges alle von Britisch-Ostafrika ausgehende Post prüfen mußte.

69 *Im Jahre 1916 heirateten ihre beiden Schwestern.* Am 14. Juli heiratete Ellen Dinesen den Rechtsanwalt beim Oberlandesgericht Knut Dahl, der sie schon viele Jahre lang umworben hatte, und am 24. August wurde Inger Dinesen mit dem Gutsbesitzer Viggo de Neergaard, Valdemarskilde, getraut.

75 *Daisys Tod:* Tania Blixens beste Jugendfreundin, Daisy Grevenkop-Castenskiold, verheiratet mit dem dänischen Gesandten in London, verübte am 12. Januar 1917 Selbstmord.

81 *»Und setzet Ihr nicht das Leben ein, etc.«* aus dem Schlußgesang von Schillers Schauspiel *Wallensteins Lager*, 1798. Tania Blixen kannte dieses Zitat wahrscheinlich aus einem ihrer Lieblingsbücher, M. A. Goldschmidts *Hjemløs* (»Heimatlos«), 1857, II S. 1019, wo es Otto Krøyer in den Mund gelegt ist.

81 *Geschichte vom Storch:* Erinnerung an ein Zeichenspiel für Kinder, später im Kap. »Lebenswege« in *Afrika – dunkel lockende Welt* beschrieben (Anm. d. Übers.)

83 *erst Ea:* Tania Blixens Schwester Ea erwartet ihr erstes Kind (Anm. d. Übers.)

86 *Johannes Poulsens Buch:* gemeint ist die Reisebeschreibung *Gennem de fagre Riger* (Durch die lieblichen Reiche) des berühmten dänischen Schauspielers.

86 *»im Massaireservat«:* Zitat aus Tania Blixens Gedicht »Ex Africa«, 1915 geschrieben, im April 1925 in der Zeitschrift *Tilskueren* veröffentlicht.

88 *»Weiß von Segeln die Nordsee blitzt«* (»Brede sejl over Nordsjø går«) erste Zeile des Gedichtes »Olav Trygvason«, 1862, von Bjørnstjerne Bjørnson, hier in der Übersetzung von Christian Morgenstern (G. W., Berlin, 1911, I S. 19 f.): »Weiß von Segeln die Nordsee blitzt; Hoch am Steuer im Morgen sitzt Erling Skjalgsson von Sole, – ...«

89 *Ich habe Dir ein Neujahrsgedicht nach England geschickt:* weder das Gedicht noch der Begleitbrief scheinen erhalten.

97 *... aber frage nur nicht wie...* Im Original deutsch.
98 *Shauries:* Dinge, die Ungelegenheiten verursachen.
98 *die Tochter des vorigen Gouverneurs:* entweder Miss C. E. M. oder Miss G. S. E. Belfield, beides Töchter des Gouverneurs Henry Belfield.
101 *das Gedicht von Musset für Victor Hugo:* gemeint ist »Sonnet A. M. Victor Hugo« vom 26. April 1845, dessen drei letzte Zeilen lauten:
»On s'approche, on sourit, la main touche la main,
Et nous nous souvenons que nous marchions ensemble,
Que l'âme est immortelle, et qu'hier c'est demain.«
(dt. in Alfred de Musset, *Dichtungen, Poésies Nouvelles;* französisch mit dt. Übersetzung von Friedrich Schäfer, Heidelberg, 1960, S. 224 f:
Wir sehn uns; Hand in Hand belächeln wir den Zwist,
Und wir besinnen uns, daß wir zusammen gingen,
Daß Seelen ewig sind, daß gestern morgen ist.)
102 *»Lived a woman wonderful«:* 1. Zeile von Rudyard Kiplings Gedicht »South Africa«, 1903.
104 *»Die selben Buchen und hellen Nächte...«* Zitat aus Johannes v. Jensens Gedicht »Envoi« (1910), hier in der Übersetzung, die bei Helge Kjærgaard, *Die Dän. Literatur der neuesten Zeit,* Kph. 1934, S. 147, verwendet wird.
104 *»Soldier – settlement«:* Der Gedanke, Kriegsteilnehmern gratis oder billig Land zur Verfügung zu stellen, war schon im Jahre 1915 von offizieller englischer Seite zur Debatte gestellt worden. Bror Blixen unternahm einen Vorstoß, schwedisches Kapital zur Finanzierung dieses Planes zu beschaffen, aber sowohl seine Berechnungen als auch seine persönlichen Motive wurden nicht akzeptiert. Das Projekt wurde 1919 von neuem in Angriff genommen und mit ausschließlich englischen Mitteln verwirklicht.
104 *Land-Commission:* Fällte alle Entscheidungen, die Nutzungsrechte und die Erfüllung von Ansprüchen der Eingeborenen auf Land betrafen. Überwachte die Ausführung des Gesetzes zur Errichtung von Eingeborenen-Reservaten. Am 2. März 1917 wurde eine Kommission gegründet, deren Aufgabe es war, Möglichkeiten zu prüfen, für Soldaten europäischer Herkunft, die im Weltkrieg unter englischer Flagge gedient hatten, Land in Ostafrika oder anderswo bereitzustellen.
105 *Fara ist in Mombasa, um zu heiraten.* vgl. Anm. zu S. 60.
109 *»Tod, wo ist dein Stachel? Hölle, wo ist dein Sieg?«* 1. Korinther 15, 55.
110 *»Ins Gesicht schlägt jeder Adler...«* Zitat aus der *»Geschichte von König Olaf dem Heiligen.* Der Satz steht in der Beschreibung von Erling Skalgssohns letztem Kampf. Tania Blixen zitiert ihn nach der norwegischen Übersetzung der Sage von G. Storm: *Aasyn til Aasyn skulde Ørner hugges.* Hier ist die Übertragung von Felix Niedner verwendet, *Snorris Königsbuch II,* 15. Bd. der Sammlung Thule, Jena, 1922, S. 315. Niedner deutet die Replik als »sprichwörtlich: Tapfre Männer fechten Antlitz in Antlitz.«
110 *Ich habe einige Verse geschrieben, die ich Dir schicke:* »Vuggesang. En Moder synger for sin i Krigen faldne Søn (Wiegenlied, das eine Mutter

für ihren im Krieg gefallenen Sohn singt), gedruckt in Osceola, Gyldendals Julebog, 1962.

117 *Leerbæk:* Gut im Grejsdal bei Vejle. 1874–1925 im Besitz von Georg Sass und seiner Frau, Karen Sass, geb. Westenholz, Schwester von Ingeborg Dinesen. 1925 wurde Leerbæk von Tania Blixens jüngstem Bruder, Anders Dinesen, übernommen, der seit 1920 dem Onkel bei der Bewirtschaftung des Hofes geholfen hatte. Georg und Karen Sass blieben bis zu ihrem Tode im Hauptgebäude wohnen, während Anders Dinesen es vorzog, im sogenannten »Hopballehus«, einem weit bescheideneren Gebäude des Gutes, zu leben. 1956 übernahm Thomas Dinesen Leerbæk, seit 1962 ist es im Besitz seines jüngsten Sohnes.

118 *...bei dem Alten im Lehnstuhl...* gemeint ist der Bruder von Tania Blixens Vater, Hofjägermeister Laurentzius Dinesen, Katholm, der 1910 seinen ersten und 1915 den zweiten Schlaganfall erlitten hatte.

121 *»Sieg deinem Arm und Sieg deinem Schritt...«* Zitat aus der Volksballade »Svend Vonved«, die auch in Christian Richardts Text zu Heises Oper *Drot og Marsk,* 1878, verwendet wurde. Die dt. Übers. stammt aus dem dt. Operntext *König und Marschall,* Kph. u. Leipzig, 1905, S. 16.

125 *Victoria Cross:* Thomas Dinesen erhielt die Auszeichnung am 26. Oktober 1918.

125 *le superflu, also le necessaire«:* le superflu, chose très necessaire,« Voltaire in »Satires«, *Le Mondain,* 9. 11. 1736.

127 *unser Nachbar Johnnie:* Der Farmer Johnnie van de Weyer.

128 *Mussets Sonett auf Beatrice Donato:* Alfred de Musset nahm das Sonett in seine Novelle *Le fils du Titien,* 1838, auf. Dt. in *G. W.*, hrg. von Alfred Neumann, V, München, 1925, S. 83: Nachdichtung von Alfred Neumann.

Tizianello

Wisse, wie klein der Ruhm ist, der uns alle trübte,
Denn dieses schöne Antlitz, das ihr alle ehrt,
ist nicht des Urbilds kleinsten Kusses wert.

129 *»Alles geben die Götter...«* Zitat aus Goethes Gedicht »An Auguste Stolberg«, 1777.

129 *»sana shindest«:* (suaheli) bei weitem überstrahlst.

129 *croix de guerre:* Thomas Dinesen erhielt die französische Auszeichnung am 27. September 1918.

130 *Ausschnitt aus einer unserer Zeitungen:* der erwähnte Ausschnitt muß ein Artikel in *The Leader* vom 21. Dez. 1918 sein mit der Überschrift »Baroness Blixens Brother gets V. C.«

132 *»Nun, armes Herz...«* Zitat aus Ludwig Uhlands »Frühlingsglaube«, 1820 von Franz Schubert vertont.

135 *Onkel Aages Unternehmung:* Während des gewaltsamen Vorrückens der Bolschewiken in Osteuropa kurz vor dem Friedensschluß 1919 war Aage Westenholz der Hauptbefürworter der Idee, ein Militärkorps aus dänischen Freiwilligen aufzustellen, das die Baltischen Staaten in ihrem

Kampf gegen die bolschewistische Okkupation unterstützen sollte. Die Aufstellung dieses Freikorps fand in der heimischen Presse keine ungeteilte Zustimmung und bei der Meldung, es seien die ersten Dänen in Estland gefallen, brach ein Sturm der Kritik los, besonders in der Zeitung *Politiken*. Eine Protestversammlung bei der »Radikal Ungdom i Hovedstaden« hatte zur Folge, daß Aage Westenholz und die übrigen Initiatoren bei der Polizei angezeigt und der ungesetzlichen Anwerbung dänischer Söldner beschuldigt wurden. Die Debatte für oder gegen das Korps erstreckte sich über viele Monate und verebbte dann.

144 *»Factory«* oder »Fabrik«: auf afrikanischen Kaffeefarmen das Gebäude, in dem die Aufbereitung des Kaffees vorgenommen wird. (Anm. d. Ü.)

148 *Onkel Aages Grashaus:* Während seines Besuches auf der Farm äußerte der Präsident der Aktiengesellschaft, Aage Westenholz, den Wunsch, Tania Blixen möge in ein äußerst bescheidenes, primitiv eingerichtetes Haus, das »Grashaus«, ziehen, um ihren guten Willen zur Sparsamkeit unter Beweis zu stellen; Tania Blixen lehnte diesen Vorschlag empört ab.

155 *»... je mourai si de cette hauteur ...«:* Zitat aus dem 3. Akt, 6. Szene, von Edmond Rostands Schauspiel *Cyrano de Bergerac,* 1897. Cyranos Replik lautet im Original: »... et vous me tueriez si de cette hauteur / Vous me laissiez tomber un mot dur sur le coeur!«

163 *eine englische Dame:* Jacqueline (»Cockie«) Birkbeck, geb. Alexander

167 *»Ich lasse dich nicht, du segnest mich denn«:* 1. Mose 32, 27

170 *... Viggo und sein Vetter:* Nach dem Tode Ea de Neergaards am 17. Juni 1922 reiste ihr Mann, Viggo de Neergaard, um etwas Abstand von den häuslichen Verhältnissen zu bekommen, mit seinem Vetter, Hofjägermeister Peter de Neergaard, nach Kenia, wo die beiden einige Monate auf der Farm zu Gast waren.

172 *Monte La Verna:* auf dem Berg La Verna empfing der hl. Franziskus die Stigmen (Anm. d. Ü.)

173 *»the indien question«:* die indische Frage, die sich im Jahre 1923 zuspitzte, als die Regierung in London den ca. 35 000 Indern in Kenia Stimmrecht geben wollte. Die ca. 10 000 Europäer wehrten sich mit solcher Vehemenz gegen diesen Plan, daß ihn die englische Regierung fallen lassen mußte.

180 *Zahrtmanns Briefe:* Kristian Zahrtmanns Briefe an Benedicte Frölich, in Auszügen herausgegeben von M. K. Zahrtmann in *Tilskueren,* März 1923, S. 216–235.

180 *Einakter von Otto Benzon:* die dramatische Trilogie *Forældre* (Eltern), bestehend aus »Interiør« (Interieur), »Landskab med Figurer« (Landschaft mit Figuren) und »Genrebilled« (Genrebild) hatte im Januar 1923 Premiere am Kgl. Theater in Kopenhagen.

182 *wieder Benvenuto Cellini gelesen:* Die dänische Übersetzung der Autobiographie des Florentiner Bildhauers erschien im Jahre 1900 in 2 Bänden.

182 *Großmutters Biographie:* Erinnerungen an das Leben auf Matrup,

Folehave und Rungstedlund, verfaßt von Mary Bess Westenholz, gedruckt in *Blixeniana* 1979.

183 *kali* (suaheli) scharf, bissig

187 *oziko* = usiku (suaheli) = Abend

190 *Pfarrhaus von Nøddebo:* bekannt durch Henrik Scharlings Roman *Ved Nytaarstid i Nøddebo Præstegaard* (Zur Neujahrszeit im Pfarrhaus von Nøddebo), 1862. 1888 wurde der Roman von Elith Reumert dramatisiert, das so entstandene Theaterstück war von da an fester Bestandteil des Weihnachtsrepertoires im Kopenhagener Folke-Theater.

190 *Der Tod ist nichts, der Winter ist nichts ...:* Zeile aus Sophus Claussens Gedicht »Røg« I (Rauch), »Kulrøg« (Kohlenrauch) von 1899, der vorletzte Vers lautet »Døden er intet, Vinteren intet / Thi Flammerne, Ilden / har genrejst min Ungdoms styrtede Altre / i Græsset ved Kilden« (Der Tod ist nichts, der Winter ist nichts, Denn die Flammen, das Feuer / haben die gestürzten Altäre meiner Jugend wieder aufgerichtet / im Grase, nahe bei der Quelle.) Siehe auch Tania Blixens Brief an Thomas Dinesen vom 20. 11. 1928

194 *Managing Director:* Tania Blixens Stellung innerhalb der *Karen Coffee Co.* seit dem 19. Juni 1921, an dem der entsprechende Vertrag von Aage Westenholz und Tania Blixen unterzeichnet und von Thomas Dinesen beglaubigt wurde.

199 *eine kleine Abhandlung über Geschlechtsmoral: Moderne Ægteskab og andre Betragtninger* »Moderne Ehe und andere Betrachtungen«, Essay in 12 Kapiteln, als Manuskript Thomas Dinesen im Mai/Juni 1924 zugesandt, abgedruckt in *Blixeniana* 1977; dt. übers. von Walter Boehlich, Nachwort von Hanns Grössel, Fkft./M., 1987.

206 *»keine Hexerei«:* im Original deutsch (Anm. d. Ü.)

210 *»ein Körnchen Ironie in der Stimme zittert«:* Zitat aus J. P. Jacobsens *Breve og Strøtanker,* 1866 (Briefe und Streugedanken, sämtl. Werke, Insel-Verlag o. J., S. 730) In der Übersetzung von Mathilde Mann heißt es: »Kein gebildeter Mensch aus unserer Zeit kann das Wort ›rührend‹ aussprechen, ohne daß ein Körnchen Ironie in der Stimme zittert.«

214 *ein alter blinder und versoffener Däne, Aarup:* Peter M. Aarup, ca. 1865–1924, stammte aus einer alten dänischen Fischerfamilie und war in seinen jungen Jahren ebenfalls Seemann und Fischer. Um die Jahrhundertwende fuhr er nach Afrika, wo er in Ostafrika seinen Lebensunterhalt mit dem Bau von Booten ausgezeichneter Qualität verdiente, unter anderem baute er Yachten für den Sultan von Sansibar. Obwohl er im Alter fast blind war, beschäftigte er sich bis zuletzt unaufhörlich mit immer neuen großen Projekten. Er war der erste, dem es gelang, in dem großen Athi River in der Nähe von Nairobi Fische zu entdecken und zu fangen – damit begründete er den ertragreichen Fischfang in diesem Fluß, der heute Nairobi täglich mit frischem Fisch versorgt. 1924 beschloß die Regierung, seinen Einsatz mit einer monatlichen Rente auf Lebenszeit zu belohnen, er starb aber kurz darauf.

218 *»... ich habe genug Verwandte...«* Zitat aus Henrik Hertz' Schauspiel *Svend Dyrings Huus* (Svend Dyrings Haus), 1837. Im 4. Akt, 3. Szene, sagt Ragnhild im Original: »Ja, det er tungt, man har fuldtop af Frænder; / De se, hvordan Kummeren bleger ens Kind. / Men at man lider, det falder dem aldrig ind, / Naar ikke Graven af Medynk de Døde sender.«

222 *»Die, die Dir geblieben...«* Zitat aus B. S. Ingemanns Gedicht »Til Dannebroge«, der letzte Vers lautet im Original »Se dem, du har tilbage! / De blusse ved dit Navn, / Vil for din Hæder drage / Med Lyst i Dødens Favn...«

222 *...den alten Nepken:* Der Afrika-Däne Johan Dobi Nepken, 1870–1966. Geboren auf Lolland, wanderte er 1895 nach Südafrika aus und kam 1912 nach Kenia. Baute nach dem 1. Weltkrieg ein Wasserwerk für die Magadi Soda Co., wurde später Direktor des Werkes und hatte die Aufsicht über die 160 km lange Wasserleitung von den Ngong Hills zum Magadisee. Er war ein hervorragender Jäger, wegen seiner Fähigkeit, blitzschnell auf die Bewegungen des Wildes zu reagieren, hatten ihm die Eingeborenen den Namen »Bwana Chui«, Herr Leopard, gegeben.

225 *»Vermeinest du, weil du tugendhaft seiest...«* Zitat aus Shakespeares Schauspiel *Was Ihr wollt* 2. Akt, 3. Szene, (hier in der Übersetzung von A. W. Schlegel). Tania Blixen verbindet den Ausspruch des Junker Tobias frei mit der Antwort des Narren.

226 *»Und niemals durchlebt ich der Jünglinge Leben...«:* Zitat aus dem 2. Vers von J. P. Jacobsens Gedicht »Der hjælper ej Drømme« aus der Sammlung *Hervert Sperring,* 1867/68 geschrieben und posthum 1886 hrg.; hier in der Übers. von Erich von Mendelssohn unter dem Titel *»Da helfen nicht Träume«* in *Sämtl. Werke,* Leipzig, Insel o. J., S. 745 f.

230 *»... den Felsengrund des Wortes«* Zitat aus dem dän. Kirchenlied »Jert Hus skal I bygge paa Ordets Klippegrund« von Jakob Paulli 1878 verfaßt.

233 *»Sie war liebenswürdig...«* Motto des 1. Kapitels in *Ideen. Das Buch Le Grand* von Heinrich Heine, 1826.

238 *»Beweglichkeit der Seele«:* Zitat aus Carsten Hauchs *Minder fra min Barndom og Ungdom,* (Erinnerungen aus meiner Kindheit und Jugend) 1867, S. 203.

242 *Brief von... seinem Bruder:* Guy Montagu George Finch Hatton, der spätere 14. Earl of Winchilsea.

243 *»Dein Artikel über die Löwenjagd«:* »Paa Løvejagt i Østafrika« von Thomas Dinesen in *Gads danske Magasin,* 1924, S. 51–64.

245 *Titel des Buches von Martensen-Larsen: Tvivl og Tro* (Zweifel und Glauben) von H. Martensen-Larsen, 1909, vgl. dazu dt. Ausgabe *Moderne Ehe,* S. 14.

245 *– was Kormak zu Stengerde... gesagt hat:* Die von Tania Blixen verwendeten Zitate stammen aus der Fragment gebliebenen Saga-Nachdichtung Jens Peter Jacobsens *Kormak og Stengerde,* ca. 1868 geschrieben, 1886 in *Digte og Udkast* erschienen. Dt. als Teil von *Ein*

Kaktus erblüht in Insel-Ausgabe, Leipzig, o. J., S. 795; W. Boehlich liefert in *Moderne Ehe* anscheinend eine eigene Übers. Fkft./M. 1987, S. 32.

247 *»das Leben ekelte mich an ...«:* siehe Anm. zu S. 40.

251 *»Eros holt aus ...«:* hier ist die in *Afrika – dunkel lockende Welt* am Ende des Kapitels »Pooran Singn« von Rudolf von Scholtz verwendete Übersetzung des Verses übernommen (Manesse Ausgabe S. 371)

252 *... Auffassung des »Einzelnen«:* Dieser Begriff wird von Søren Kierkegaard u. a. in seinem Vorwort zu *To opbyggelige Taler,* 1843, und in *Synspunktet for min Forfatter – Virksomhed,* 1859, verwendet (dt. *Zwei erbauliche Reden,* G. W. 2/3, übers. v. Emanuel Hirsch, Düsseldorf, 1957, und *Der Gesichtspunkt für meine Wirksamkeit als Schriftsteller,* G. W. 33. Abt. ebd., 1951)

255 *»Wataa yaate na penda Mama«* (suaheli): Wir sind so traurig, denn wir mögen deine Mutter so gern.

255 *»mimi kidogo* (suaheli): ich bin zu klein.

258 *... es gab* L'Idiot: Fernand Nozières und J. Wladimir Bienstocks Dramatisierung von Dostojewskijs Roman *Der Idiot* hatte im April 1925 Premiere am »Vaudeville« in Paris.

266 *»pattat Ndito«* (suaheli): Dir einen Schatz zugelegt.

266 *»Modja tu?«* (suaheli): Nur einen?

266 *alten Georg:* gemeint ist Georg Brandes.

268 *... sein (Denys Finch Hattons) Vater krank ist:* Henry Stormont, 13. Earl of Winchilsea, starb am 14. August 1927.

269 *104 Fieber:* 104° F entsprechen 40 °C. (Anm. d. Ü.)

271 *... Deiner Hochzeit:* Thomas Dinesen und Jonna Lindhardt heirateten am 7. April 1926 in Aarhus.

275 *»Ohren und Mund zugestopft«:* frei nach dem dänischen Volkslied »Agnete og Havmanden« zitiert. Dt. Übersetzung des Liedes in *Album Dänisch-Norwegischer Dichtung,* Deutsch von Edmund Lobedanz, Leipzig 1868, S. 331 f., dort heißt es wörtlich »Da verstopft er ihr Ohr und schließt ihren Mund ...«

276 *Captain Bruns Gleichnis von den Schwefelhölzern:* lt. Auskunft von Clara Selborn eine in der Familie kursierende Anekdote (Anm. d. Ü.)

277 *Mbuni* (suaheli): Kaffeeabfall.

277 *»das, was ich will, das tue ich nicht, sondern das, was ich nicht will, das tue ich«:* Abwandlung von Römer 7,19 »Denn das Gute, das ich will, das tue ich nicht; sondern das Böse, das ich nicht will, das tue ich«

277 *... zur Hölle keine Treppe mehr gibt«:* nach Sophus Claussens Gedicht »Trappen til Helvede«, 1904 (Die Treppe zur Hölle) (nicht ins Dt. übers.)

278 *»... ein Gespräch mit dem Teufel ...«* nach Sophus Claussens Gedicht »Djævlerier«, 1904, (Teufeleien) in der Sammlung gleichen Namens gedruckt. (nicht ins Dt. übers.)

284 *... daß du siebzig Jahre alt bist:* Ingeborg Dinesen vollendete am 5. Mai 1926 ihr siebzigstes Lebensjahr.

287 *Rothes Göhren:* Pastor Oluf Rothes zweite Frau Lilli R., geb. Lindhardt, war Jonna Dinesens Schwester, das Ehepaar hatte drei Kinder.

291 *Dein Artikel über den Rosenborg Garten:* Der Verein zur Verschönerung der Hauptstadt hatte 1925 einen Wettbewerb ausgeschrieben. Ellen Dahls Beitrag bekam einen Preis und wurde in der Zeitschrift des Vereins *Forskønnelsen,* in der Nr. 2 des 16. Jahrgangs 1926 unter dem Kürzel M abgedruckt.

292 *»There is Life in a Look at the Crucified One«:* »There is Life for a Look at the Crucified One« englisches Missions-Kirchenlied von Amelia Matilda Hull (ca. 1825–82) mit dem Titel »Life in Christ«.

292 *»damu a Gondoa«* (suaheli: damu a Kondoa): das Blut des Lammes.

295 *in Eurem neuen Heim:* Thomas und Jonna Dinesen waren nach ihrer Hochzeitsreise zum Serridslevvej 8 in Kopenhagen – Østerbro gezogen.

295 *»Heim meiner Seele und meines Herzens«:* Zitat aus Jakob Knudsens autobiographischer Erzählung »Bortliciteret« aus der Novellen-Sammlung *Jyder,* 1915 (Jütländer).

296 *»Ich höre in der Nacht ...«* 1. Vers von Holger Drachmanns Gedicht »Jeg hører i Natten« die drei letzten Zeilen in Tania Blixens Version sind dem Schlußvers des Gedichtes entnommen, im Original endet der erste Vers: »jeg kaldes, jeg kommer / derud.« (nicht ins Dt. übers.)

296 *meinem alten Gleichnis ...«* vgl. Anm. zu S. 81.

296 *Assignaten:* von der französischen Regierung von 1789 ausgegebene Wertpapiere, als Deckung dienten enteignete Kirchengüter, die man wiederum mit Assignaten kaufen konnte.

298 *»The love of the Parallels«:* wörtlich »The Loves of the Parallels« ist Titel des 3. Teiles von Aldous Huxleys Roman *Those Barren Leaves,* 1925 (dt. *Parallelen der Liebe,* Übs. von H. D. Herlitschka, 1929).

303 *poli-poli:* polepole (suaheli) = vorsichtig, behutsam (Anm .d. Ü.)

304 *Jambo Memsabo* (suaheli): sei gegrüßt, Herrin.

309 *im »Geist und in der Wahrheit«:* Johannes 4/ 23–24

313 *»One whom men love not and yet regret«,* Zitat aus Percy Bysshe Shelleys *Stanza written in dejection, near Naples,* 1818, Stanza 5.

314 *»In ihrer ... ewigen Unsicherheit ...«:* Zitat aus Bjørnsons Roman *Det flager i byen og paa havnen,* 1884, 4. Abschnitt »Generalstaben« (dt. zitiert aus *Es flaggen Stadt und Hafen,* Rostock, 1964, 2. Auflage 1982, S. 181)

319 *»das Glück meines Lebens«,* wörtlich: »Lykken i min Sjæl« aus Viggo Stuckenbergs Gedicht »Ingeborg« I, in der Sammlung *Sne,* 1901 (nicht dt.)

320 *Bernard Shaws Mrs. Warren:* Titelfigur aus Bernard Shaws Drama *Mrs. Warren's Profession,* 1898 (dt. *Frau Warrens Gewerbe,* übs. von S. Trebitsch, 1906)

324 *Duca:* (suaheli) Kaufmannsladen, Gemischtwarenhandel,vorwiegend für die Arbeiter und Squatters der Farm.

327 *East African Women's League:* Am 14. März 1917 gegründet mit dem Ziel, das Interesse der Frauen für die Pflichten zu wecken, die das Gemeinwesen seinen Bürgern auferlegt, Einigkeit, Zusammenarbeit

und Wohltätigkeit für Zwecke der Allgemeinheit zu fördern, Distriktsbibliotheken zu gründen, Vortragsveranstaltungen des Roten Kreuzes zu arrangieren, die Situation der Frauen und Kinder in der ganzen Kolonie zu verbessern.

329 *Berg* (la Montagne): Bezeichnung der Linken im Nationalkonvent in Paris (1792–95) während der Französischen Revolution.

331 *»... leichtspringenden Söhne des Waldes«:* Zitat aus dem 2. Vers von Johannes Ewalds Ode »Rungsteds Lyksaligheder«, 1775, (dt. »Rungstedt's Glückseligkeiten«, übers. von Binzer): »Wo Heerden anbrüllen / Des Waldes leichtspringende Söhne ...« (aus A. Wollheim da Fonseca, *Die Nationalliteratur der Skandinavier*, II, Berlin 1876).

331 *»Sämann oder Sänger ...«:* freie Übersetzung des Zitates aus Emil Aarestrups Gedicht »Skaaler ved et Barselgilde« (Prosit zur Feier eines Kindbetts), 1833 geschrieben, 1863 gedruckt in *Efterladte Digte*, S. 52–54. Tania Blixen zitiert offensichtlich frei nach dem Gedächtnis, die Reihenfolge der beiden Verse ist vertauscht, der Originaltext verkürzt und abgewandelt.

331 *msei kabisha* (suaheli): ein sehr alter Mann

334 *»Die schwüle Nacht verschenkte ihre Gaben ...«:* 1. Vers von Ludvig Bödtchers Gedicht »Piazza Barberina«, 1830 in Rom geschrieben, 1866 gedruckt, die 4. Zeile heißt im Original »fra Roms orangerige Haver« (aus Roms orangenreichen Gärten).

336 *»Mein inniggeliebtes schneeweißestes Lamm«:* Die achtjährige Karen Neergaard hatte zum 70. Geburtstag ihrer Großmutter, Ingeborg Dinesen, am 5. 5. 1926 ein Gedicht verfaßt, in dem von einem »snehvidt Lam« (schneeweißen Lamm) die Rede war, Tania Blixen verwendete seitdem viele Variationen dieser Wendung in Überschriften zu den Briefen an ihre Mutter.

338 *Idina:* gemeint ist Idina Gliemann; das erhaltene Tagebuch Ingeborg Dinesens über die zweite Reise nach Kenia belegt, daß die Mutter ihr während ihres Aufenthaltes dort mehrmals begegnet ist.

338 *»Was ist Wahrheit?«:* Johannes 18, 38

341 *»... nähme ich Flügel der Morgenröte, ...«:* Pslam 139,9

342 *High Court:* Das Rechtssystem der Kolonie bestand zu Tania Blixens Zeit aus 1.) dem High Court, der über alle Personen und in allen Fällen rechtsprechen konnte und der alle gravierenden strafrechtlichen und zivilen Rechtsfälle behandelte, und 2.) den Lower Courts, die von Friedensrichtern (der Klassen 1–3) gebildet wurden, und 3.) Lower Courts für Eingeborene, die in den Küstengebieten mit arabischen Liwalis und Kadis besetzt waren, deren Kompetenz sich vorwiegend auf zivilrechtliche Angelegenheiten erstreckte; und 4.) den Tribunalen der Eingeborenen, in der Regel traditionellen Stammes-Gerichten, die über geringfügigere zivile und strafrechtliche Fälle innerhalb des Stammes befanden und von den örtlichen Friedensrichtern überwacht wurden.

343 *... zu Deinem Ehrentag:* Tante Bess wurde am 13. August 1927 siebzig Jahre alt.

343 *... Frau Drosts Kindern und dem Hof auf Nusve:* Wahrscheinlich Titel von heute unbekannten Erzählungen, die Tania Blixen entweder als Kind geschrieben oder Tante Bess den Kindern auf Rungstedlund erzählt hat. ›Nusve‹ bedeutet wahrscheinlich ›Venus‹.

345 *»Wer ledig ist, der sorgt um des Herrn Sache,...«* 1. Korinther 7, 32–33.

346 *»Herr Steckelbein«:* Bilderroman des Schweizers Rodolphe Toepffer, der unter dem Titel *Herr Stankelbens mærkværdige Rejser og Eventyr til Lands og til Vands,* 1847 zum ersten Mal in Dänemark erschien. (Beruht möglicherweise auf der deutschen Versbearbeitung für Kinder von Toepffers *Monsieur Kryptogam* durch Julius Kell, die von 1847 bis 1919 in 11 Auflagen als *Fahrten und Abenteuer des Herrn Steckelbein* in Deutschland erschien. Vgl. Nachwort von Karl Riha zu den von ihm edierten 2 Bänden Rodolphe Töpffer, *Komische Bilderromane,* Insel TB 137, Fkft. 1975. Anm. d. Ü.) In dieser Zeichenserie für Kinder ist der notorische Junggeselle und begeisterte Schmetterlingsfänger Herr Steckelbein stets auf der Flucht vor seiner ihn mit ihrer ständigen Fürsorge plagenden Schwester »Urselchen«.

347 *The Silver Spoon* (dt. »Der silberne Löffel«): von John Galsworthy erschien vom Dez. 1925 bis August 1926 in *Scribner's Magazine.* Der Roman ist Teil der Trilogie *A Modern Comedy,* 1929, die eine Fortsetzung der eigentlichen *Forsyte Saga* (dt. »Moderne Komödie«, übs. von L. Schalit, 1929). Vgl. auch Brief an Mary Bess Westenholz vom 30. März 1928 (Anm. d. Ü.)

356 *... Du wirst Dir denken können, wie sehr es mich interessiert hat, Deinen Artikel zu lesen:* Thomas Dinesen schickte im Sommer 1927 das Manuskript eines Artikels über Birth-Control an seine Schwester nach Afrika.

363 *Strindbergs »Vater«:* Der Rittmeister in August Strindbergs Trauerspiel *Fadren,* 1887, dt. *Der Vater.*

377 *Farahs Frau ist jetzt gekommen:* die junge Fathima. Zu Farahs anderen Ehen siehe S. 60 und S. 105.

379 *Fra Ottende Brigade* (Von der achten Brigade), 1889, Wilhelm Dinesens Schilderung seiner Erlebnisse im Kriege 1864.

379 *»Das Glück meines Leben«:* vgl. Anm. zu S. 319.

381 *In einer von Blichers Novellen:* Steen Steensen Blicher »Den sachsiske Bondekrieg«, gedruckt im *Nordlyset,* 1827

381 *In einer modernen Geschichte – von Jakob Wassermann:* Die Erzählung »Golowin«, 1920 in *Der Wendekreis* erschienen.

383 *auf Mols:* Ellen und Knud Dahls Sommersitz, Neder Strandkjærgaard, lag auf Mols.

384 *viele der alten dänischen Volkslieder:* Die Volkslied-Zitate dieses Briefes scheinen frei nach dem Gedächtnis zusammengestellt zu sein und dem Zweck zu dienen, einen vertrauten Ton anzuschlagen und dänische Stimmung wiederzugeben. Einzelne Zeilen aus bekannten Volksliedern kann man wiedererkennen, z. B. aus »Ridder Stigs Bryllup«. Tania Blixen hatte die von Abrahamson, Nyerup und Rahbek

herausgegebenen *Udvalgte danske Viser fra Middelalderen,* I–V, 1812–14, auf der Farm.

384 *»Sacht trieb der Hirt die Schafe durch die Abendkühle …«:* »Hyrden sine Faar saa sagt' i Aften – Svalen drev etc.« ist ein Zitat aus Thomas Kingos Liebesgedicht »Chrysillis«, 1669, Vers 6.

389 *Elle mit ihrem Feuer:* Als Tania Blixens jüngste Schwester 21 Jahre alt war, hatte sie einen schweren Unfall. Sie wollte zu einem Fest und stand in ihrem Ballkleid vor dem brennenden Kamin im Wohnzimmer auf Rungstedlund, als das Kleid durch den Sog in das Feuer hineingezogen wurde. Sie erlitt sehr schwere Verbrennungen, und einige Monate lang fürchteten die Ärzte um ihr Leben; besonders die Schultern und der Hals waren in Mitleidenschaft gezogen. Durch dieses Unglück hatte sie einen Schock erlitten. Sie verlor einen Teil ihres Lebensmutes und ihres Vertrauens in die Zukunft. (Mitteilung Thomas Dinesens an den Herausgeber.)

399 *»It's all his fancy that: etc.«:* Zitat aus Lewis Carroll *Alice's Adventures in Wonderland,* Kap. IX. Christian Enzensberger (Insel-Verlag, Fkft. 1963) übersetzt (S. 95) »Das ist doch alles nur in ihrer Phantasie – sie hat nämlich überhaupt keinen Kummer nicht.«

400 *Poulsens:* Die Brüder Adam und Johannes Poulsen, beide Schauspieler (siehe Register)

409 *Albondocani (*arabisch: Al-Bundu-qani = Person venezianischer Herkunft), einer der Namen des Kalifen Harun al Raschid, wenn er sich verkleidete (siehe die »Erzählung« »Albondukani« in *1001 Nacht,* der dän. Version von *1001 Nacht* von Valdemar Thisted, Kph. 1895–96, 4. Band). Vielleicht von Tania Blixen mit versteckter Anspielung auf den *Kaufmann von Venedig* verwendet, dessen Geschichte sie Farah auf der Farm erzählte.

410 *… das Land, »das trotzig schaut …«:* Zitat aus Bjørnstjerne Bjørnsons Gedicht »Tæmme eller tæmmes«, hier in der Übersetzung von Roman Woerner »Meistern oder gemeistert werden« in *G. W.,* Berlin, 1911, I., S. 114f., lautet im Ganzen:

> »Dieses Land, das trotzig schaut,
> Meerumbrandet, bergumbaut,
> Winterkalt und sommerbleich,
> Kurzes Lächeln, niemals weich, –
> Ist der Riese, der gemeistert,
> Fördern soll, was uns begeistert.
> Er soll hämmern, er soll tragen,
> Er soll singen, er soll sagen,
> Er soll malen Glanz und Gischt: –
> Was da donnert, tost und zischt
> Zwischen Fjord und Bergeswacht,
> Schaff' uns eine Schönheitsmacht.«

414 *Prinz von Wales, der im Oktober hierher kommt:* Der englische Thronfolger stattete der Kronkolonie Kenia im Herbst 1928 einen offiziellen Besuch ab. Sein Aufenthalt wurde wegen der plötzlichen

schweren Erkrankung König Georgs V. abgebrochen, und der Prinz mußte schon Mitte Dezember wieder nach England zurückkehren.

417 *»si on n'a pas ce que l'on aime etc.«* schrieb der französische Schriftsteller Graf Roger Bussy de Rabutin (1618–93) in einem Brief an Madame de Sévigné.

424 *über 100:* 100° F entsprechen 37,8° C (Anm. d. Ü.)

424 *Tante Emys Geld:* Tania Blixen hatte eine Quote des »Frøken Emy Dinesens Familielegates« erhalten, das am 17. Dezember 1925 zu Gunsten der Nachkommen des Kammerherrn A. W. Dinesen, Katholm, errichtet worden war. Das Legat, das es heute noch gibt, sollte in erster Linie den weiblichen Mitgliedern der Familie zugutekommen. Emy Dinesen starb am 25. Januar 1927 in Randers.

433 *»myself as the whole man etc.«:* englische Übersetzung von Peer Gynts Frage an Solvejg in der letzten Szene von Henrik Ibsens dramatischem Gedicht *Peer Gynt,* 1867.

433 *Der alte Onkel Fritz tut mir sehr leid ...:* Hofjägermeister Fritz Ræder, der Vater von Caecilie und Thyra Ræder, starb am 24. November 1928 in Kopenhagen im Alter von 84 Jahren.

435 *Das Löwenfell,* das Tania Blixen König Christian X. schenken wollte, wurde erst 1930 im Schloß Amalienborg abgeliefert. Der König bedankte sich am 23. 12. 1930 mit einem Brief, der Anlaß zu Tania Blixens Erzählung *Barua a soldani* in *Skygger paa Græsset,* 1960 (dt. *Schatten wandern übers Gras,* DVA 1986, S. 41 ff.) wurde. Das Löwenfell lag viele Jahre lang im Rittersaal des Palais Christians VIII. auf Amalienborg, dem Wohnsitz Christians X., existiert jetzt aber nicht mehr (Auskunft von Sybille Bruun in einem Brief an T. B. vom 8. 1. 1960)

435 *»man selbst zu sein«:* »at være sig selv« wird von Tania Blixen hier sicher im Sinne des Leitmotivs der Peer-Gynt-Dichtung verwendet (Anm. d. Ü.)

437 *»a word of God made flesh«:* Tania Blixen nimmt Joh. 1, 14 hier wieder auf als Teil des von ihr in dem Brief an die Mutter vom 22. Juli 1928 (S. 433) verwendeten Zitates aus Philip H. Wicksteed *Four lectures on Henrik Ibsen,* 1892. (Anm. d. Ü.)

440 *Bongo:* große, sehr scheue afrikanische Antilope.

441 *... wo Poorbox stehen sollte:* Ehe der Prinz von Wales nach Kenia kam, trainierte Tania Blixen ihr Pferd Poorbox für ein Springturnier in Nairobi, das aus Anlaß des königlichen Besuches arrangiert worden war.

441 *Sitatunga:* afrikanische Antilope.

445 *Vivienne de Watteville:* gestorben 1957. Tochter des Schweizer Naturforschers und Großwildjägers Bernard Perceval de Watteville aus Bern (1877–1924); sie begleitete ihren Vater auf dessen Reisen. Nach seinem Tode schenkte sie seine bedeutenden Sammlungen dem Naturhistorischen Museum in Bern. Vivienne de Watteville heiratete 1930 George Gerard Goschen (1887–1953), Autor von *Out in the Blue,* 1927, und

Speak to the Earth. Wanderings and Reflections Among Elephants and Mountains, 1936.

446 *...mit Deinem Buch: No Man's Land,* an dem Thomas Dinesen in diesen Monaten schrieb, verarbeitete er eigene Aufzeichnungen und Briefe, die er während seiner Teilnahme am Ersten Weltkrieg geschrieben hatte.

446 *...daß »die Flammen, das Feuer, – die gestürzten Altäre Deiner Jugend wieder aufgerichtet haben, – im Grase nahe der Quelle...«:* siehe Anmerkung zu S. 190.

447 *»hier c'est demain«:* siehe Anm. zu S. 101.

449 *...ein Bild von meinem Haus:* Die Aufnahme ist wiedergegeben in Frans Lasson und Clara Selborn *Tania Blixen, ..., Eine Bildbiographie,* DVA, 1987, S. 133.

453 *Denys Grundstück:* Denys Finch Hatton besaß ein Stück Land an der Takaungu-Bucht, 50 km nördlich von Mombasa.

454 *Am Sonntag kam der Prinz von Wales zu Besuch:* Der englische Thronfolger kam im Februar 1930 wieder nach Kenia, u. a. um auf Safari zu gehen. Vermutlich durch die Vermittlung von Denys Finch Hatton, der die geplanten Safaris leiten sollte, bot Tania Blixen dem Prinzen an, für die Dauer seines Aufenthaltes in Kenia auf ihrer Farm zu wohnen. Das Angebot wurde jedoch nicht angenommen. Später tauchte in der Familie das Gerücht auf, Tania Blixen habe dem Prinzen von Wales den Wunsch abgeschlagen, in ihrem Haus zu wohnen, eine Verdächtigung, gegen die sie sich voller Empörung verwahren mußte.

456 *Tommys Buch:* siehe Anm. zu S. 446.

466 *Bedar* (Suaheli): der Kahlköpfige.

466 *Bedar's Vogel:* So nannten die Eingeborenen Denys Finch Hattons Flugzeug, eine De Havilland Gypsy Moth, die er sich 1929 kaufte und per Schiff nach Kenia transportieren ließ. Die Maschine hatte das Kennzeichen G – ABAK.

468 *Paracelsus:* Pseudonym, unter dem Ellen Dahl ihr erstes Buch, *Parabler,* 1929, herausgab.

468 *...daß Du noch ein Buch schreibst:* Ellen Dahls *Introductioner* erschien 1932 unter dem Pseudonym Paracelsus.

469 *Tante Bess' Auftritt im Reichstag:* Während einer Debatte im Folketing über Verteidigungsgesetze am 19. 8. 1909 ergriff Mary Bess Westenholz, die sich Zugang zum Plenarsaal verschafft hatte, die Glocke des Vorsitzenden, schwang sie und klagte die Mitglieder des Folketings an, um das Wohl und Wehe des Landes zu feilschen, ... »es soll aber von dieser Stelle hier gesagt werden, daß Dänemarks Frauen Euch verachten und Euch als vaterlandslose Gesellen brandmarken, die Dänemarks Ehre verraten«. Zitat aus T. Vogel-Jørgensen, *Bevingede Ord* (Geflügelte Worte), 1963.

471 *»ich brach des Lebens schönste Rose, Freia sei Dank.«* Zitat nach dem 2. Vers des Gesanges des Skalden im 3. Akt von Adam Oehlenschlägers Tragödie *Hagbarth und Signe,* 1814. (dt. *Werke,* zum 2. Male gesam-

melt, Breslau, 1839, 3. Bd. S. 222; die sehr freie Übersetzung dort trifft nicht die von Tania Blixen gewünschte Aussage).

478 *Native Affairs Department:* Behörde in Nairobi, die für die Anliegen der Eingeborenen zuständig war. Sie befaßte sich mit der Arbeitsinspektion, administrierte und registrierte alle Afrikaner, gab Regulativen heraus und legte die Arbeitsbedingungen der Eingeborenen fest.

478 *Tembo* (suaheli): Palmwein, vergorener Saft der Kokospalme.

483 *Mimi na taka kufa* (suaheli): ich möchte sterben.

Chronologie
von Frans Lasson

1845 19. Dezember: Wilhelm Dinesen, Tania Blixens Vater, der aus einer alten dänischen Landwirts- und Gutsbesitzerfamilie stammt, wird auf dem Herrensitz Katholm in Jütland als zweitältestes von acht Kindern geboren. Im Jahre 1863 wird er an der Kadettenschule in Kopenhagen angenommen; gemeinsam mit seinem Vater, dem Kammerherrn A. W. Dinesen, erlebt er 1864 Dänemarks Niederlage im Krieg gegen Preußen und später, als französischer Offizier, Preußens Sieg im französisch-deutschen Krieg 1870/71 (schreibt 1872 das Buch *Paris under Communen* (Paris unter der Kommune)). »Seelisch krank«, wie er es selber nennt, reist er nach Nordamerika und lebt von 1872–74 als Jäger unter Indianern in Wisconsin. Da sein Vater erkrankt, kehrt er nach Dänemark zurück. Nach seines Vaters Tod versucht er einige Jahre später wieder – wenn auch ohne Erfolg –, an einem Feldzug teilzunehmen, dieses Mal als Offizier auf türkischer Seite im türkisch-russischen Krieg 1877–78. Den Rest seines Lebens verbringt er als Gutsbesitzer in Dänemark. 1879 erwirbt er mehrere Landsitze rund um den kleinen nordseeländischen Fischerort Rungsted, darunter »Rungstedlund« (den alten Krug des Ortes, in dem der Dichter Johannes Ewald 1773–75 gewohnt hat) und »Folehave« einige Kilometer davon entfernt. Er schreibt und ediert mehrere Bücher, teils unter seinem eigenen Namen, teils unter dem Pseudonym »Boganis«, unter anderem zwei Bände *Jagtbreve* (Jagdbriefe), 1889–92; sie zählen in Dänemark noch immer zu den Klassikern des Genres.

1856 5. Mai: Ingeborg Westenholz, Tania Blixens Mutter, wird auf dem Gut Matrup in Jütland als älteste Tochter des Großkaufmanns und späteren Finanzministers Regnar Westenholz (1815–66) und seiner Frau, Mary Westenholz (1832–1915), geboren. Die Mutter wurde im Familienkreis stets Mamá genannt, sie war die Tochter des sehr wohlhabenden Kopenhagener Geschäftsmannes, Etatsrat A. N. Hansen; dessen Frau war geborene Engländerin, Tochter eines Pfarrers auf der Kanalinsel Guernsey.

1857 13. August: Mary Westenholz (Tante Bess), Schwester von Ingeborg Westenholz, wird auf Matrup geboren.

1859 18. April: Aage Westenholz, Bruder von Ingeborg Westenholz (späterer Diplomingenieur und Gründer der *Siam Electric Corp.* und Präsident der Aktiengesellschaft *The Karen Coffee Co.*) wird auf Matrup geboren.

1881 17. Mai: Wilhelm Dinesen und Ingeborg Westenholz heiraten und lassen sich auf Rungstedlund nieder, während Mamá und Mary (Bess) das Gut Matrup verlassen und nach Folehave ziehen. Matrup bleibt jedoch im Besitz der Familie.

1883 2. April: Inger Benedicte (Ea) Dinesen, Tania Blixens älteste Schwester, wird auf Rungstedlund geboren.

1885 17. April: Karen Christentze Dinesen (genannt Tanne) (Tania Blixen) wird auf Rungstedlund geboren.

1886 25. Juli: Baron Bror Blixen-Finecke, Tania Blixens Vetter zweiten Grades und späterer Mann, wird auf dem Herrensitz Näsbyholm in Südschweden als jüngerer Zwillingssohn des Gutsbesitzers Baron Frederik Blixen-Finecke und seiner Frau Clara B.-F. geboren, der Schwester des Eigentümers des größten Landbesitzes in Dänemark, Lehnsgraf Mogens Krag-Juel-Vind-Frijs vom Schloß Frijsenborg, dessen Mutter eine Schwester von Wilhelm Dinesens Mutter ist.

1886 13. September: Ellen Alvilde (Elle) Dinesen, Tania Blixens jüngste Schwester, wird auf Rungstedlund geboren.

1887 24. April: Denys Finch Hatton, Tania Blixens engster Freund in Afrika, wird in London als zweiter Sohn von Henry Stormont, 13. Earl von Winchilsea und 8. Earl von Nottingham geboren.

1892 9. August: Thomas Fasti Dinesen, Tania Blixens ältester Bruder, wird auf Rungstedlund geboren. Wilhelm Dinesen wird Folketingsabgeordneter für Grenaa.

1894 8. Mai: Anders Runsti Dinesen, Tania Blixens jüngster Bruder, wird auf Rungstedlund geboren.

1895 28. März: Tania Blixens Vater erhängt sich in der Pension, in der er während der Folketings-Sitzungen logierte. Anlaß war vermutlich eine politische Niederlage, eigentliche Ursache eine langandauernde Depression, die durch die Furcht vor totaler physischer und geistiger Invalidität aufgrund einer alten, nie ausgeheilten Syphilis entstanden war.

1895 Ingeborg Dinesen muß nun, mit dem Beistand von Mamá und Tante Bess, für die Erziehung der fünf minderjährigen Kinder auf Rungstedlund sorgen. Die Töchter gehen nicht zur Schule, sondern bekommen eine Privatlehrerin, die – gemeinsam mit den weiblichen Verwandten – einen etwas diffusen, auf einigen Gebieten mangelhaften, auf kulturellem und sprachlichem Gebiet aber hochqualifizierten Unterricht erteilt. Die Vorherrschaft frommer, starker Frauen und das Fehlen eines männlichen Gegengewichts in diesem Zuhause, veranlassen Tania Blixen schon in ihrer Kindheit zu einer stummen, verbissenen Opposition gegenüber den Forderungen der Älteren, Respekt vor bürgerlichen Tugenden zu zeigen, als da sind Genügsamkeit, Bescheidenheit und untadeliger moralischer Lebenswandel, und das in der Verwandtschaft mütterlicherseits unitarisch geprägte Christentum scheint jedenfalls, was Tania Blixen anbetrifft, auf felsigen Boden gefallen zu sein. Alle drei Töchter haben künstlerische Talente, bei Ea und Elle zeigen sie sich vorwiegend auf musikalischem Gebiet, während Tania Blixen von frühester Kindheit an zeichnet und schreibt. Es sind viele Hefte mit jugendlichen Entwürfen für Gedichte, Schauspiele und Erzählungen erhalten.

1899 Nachdem der Wirtschaftshof auf Rungstedlund abgebrannt ist, wohnen Ingeborg Dinesen und ihre Töchter ein halbes Jahr in der Schweiz, wo Tania Blixen auf eine französische Schule geht und ihre ohnehin beträchtlichen Kenntnisse der Hauptsprachen (mit Ausnahme des Deutschen) erweitert.

1902 Tania Blixen nimmt regelmäßigen Zeichenunterricht an Fräulein Meldahls und Fräulein Sodes Zeichenschule in Kopenhagen, mit der Absicht, sich als Malerin ausbilden zu lassen.

1903 Reist mit ihrer Schwester Elle und Tante Bess zu einem Unitarier-Kongreß nach Holland. Wird am 30. November in die Vorbereitungsklasse der Kunstschule für Frauen an der Kunstakademie in Kopenhagen aufgenommen.

1904 Besucht die Kunstakademie. Reise zu den Verwandten der Mutter in Schottland.

1905 Kommt zum erstenmal nach London. Wird 2. Vorsitzende des Schülerverbandes der Kunstakademie.

1906 Wird in den Aktmalkurs der Kunstakademie aufgenommen, scheint aber das Unterrichtsangebot nicht genutzt zu haben.

1907 Debutiert als Schriftstellerin (unter dem Pseudonym »Osceola«) mit der Erzählung *Eneboerne* (*Die Einsiedler*), die in der Augustnummer der Zeitschrift *Tilskueren* abgedruckt wird. Eine zweite Erzählung, *Pløjeren* (Der Pflüger) wird (unter dem gleichen Pseudonym) in dem Oktoberheft der Zeitschrift *Gads danske Magasin* veröffentlicht.

1909 Die Erzählung *Familien de Cats* (»Die Familie de Cats«) wird in der Januarnummer des *Tilskueren* veröffentlicht. Keine der Jugenderzählungen Tania Blixens erregte Aufsehen, und Tania Blixen verliert, weil sie keinerlei Aufmunterung erfährt, die Lust weiterzuschreiben. Sie bewegt sich in diesen künstlerisch unergiebigen Jahren in einem Kreis gleichaltriger junger Leute der Oberklasse, dessen Zentrum Frijsenborg ist, und sie verliebt sich eines Tages heftig, aber unglücklich in ihren Vetter zweiten Grades, Baron Hans Blixen-Finecke, den Zwillingsbruder ihres späteren Mannes. Er erwidert ihre Gefühle nicht, und sie bricht abrupt und für lange Zeit die Verbindung mit dem adligen Milieu ab, weil sie nicht riskieren will, Hans Blixen bei einem der Besuche auf den großen Gütern zu begegnen.

1910 Von einem Gefühl der Leere und verzweifelten Ratlosigkeit getrieben reist Tania Blixen – gemeinsam mit ihrer Schwester Ea – für einige Monate nach Paris, um eine neue Malschule zu besuchen, ihre Bemühungen führen zu keinem Erfolg.

1912 Winterferien mit dem Bruder Thomas in Norwegen und langer Aufenthalt in Rom in Gesellschaft ihrer besten Jugendfreundin, Daisy

Grevenkop-Castenskiold, einer der Töchter vom Schloß Frijsenborg. 23. Dezember: Verlobung mit Baron Bror Blixen-Finecke von Näsbyholm.

1913 Die Verlobten erörtern Zukunftsperspektiven mit Aage Westenholz und ihrem gemeinsamen Onkel Mogens Frijs auf Frijsenborg. Bror Blixen fährt nach Britisch-Ostafrika, das als Land der Zukunft für junge Leute mit viel Unternehmungsgeist gepriesen wird. Eine neu gegründete Familien-Aktiengesellschaft in Dänemark unter Vorsitz von Aage Westenholz mit beträchtlichen Kapitaleinlagen, hauptsächlich von seiten der Familie der Mutter Tania Blixens, ermöglicht es ihm, die in schwedischem Besitz befindliche Kaffeefarm »MBagathi« zu erwerben; und obwohl er auf den Gebieten der Landwirtschaft und der Buchhaltung keine Kenntnisse hat, setzt ihn die Aktiengesellschaft als Manager der Farm ein – eine fatale Fehlentscheidung. 2. Dezember: Tania Blixen verläßt Dänemark, um – via Neapel – nach Afrika zu reisen und dort einen neuen Lebensabschnitt zu beginnen.

1914 14. Januar: Tania Blixen kommt per Schiff in der Hafenstadt Mombasa an und wird am gleichen Tag mit Bror Blixen getraut. Als Baronesse, ein in den Kreisen ihrer Freunde begehrter Titel, kommt sie in ihrem neuen Heim, etwas außerhalb der Hauptstadt von Britisch-Ostafrika, Nairobi, an. Kurz nach der Hochzeit muß sie einen Arzt aufsuchen und erfährt, daß ihr Mann sie mit Syphilis angesteckt hat. Sie wird mit Quecksilbertabletten behandelt, aber die Therapie erweist sich später als unzureichend. Im August bricht der Erste Weltkrieg aus. Trotz ihres freiwilligen und mutigen Einsatzes als Leiter von Kurierdiensten und Provianttransporten für die Engländer werden Tania Blixen und ihr Mann eine Zeitlang völlig unbegründet beschuldigt, deutschfreundlich zu sein, nur weil sie der schwedischen Kolonie in Britisch-Ostafrika angehören.

1915 Nachdem sie etwas mehr als ein Jahr auf der Farm verbracht hat, muß Tania Blixen im April die Heimreise nach Dänemark antreten, um sich in fachkundige ärztliche Behandlung zu begeben. In Kopenhagen liegt sie vier Monate im Rigshospital, und nach dem Krankenhausaufenthalt zieht sie zur Mutter nach Rungstedlund. 7. September: Mamá (die Großmutter mütterlicherseits) stirbt im Alter von 83 Jahren. Während ihres Aufenthaltes in Dänemark schreibt Tania Blixen das Gedicht *Ex Africa,* worin sie ein Bild des Landes entwirft, das sie so plötzlich hatte verlassen müssen.

1916 Beide Schwestern Tania Blixens heiraten. Ea den seeländischen Gutsbesitzer Viggo de Neergaard, Elle den wohlhabenden Kopenhagener Geschäftsmann und späteren Gutsbesitzer Knud Dahl, Rechtsanwalt beim Oberlandesgericht. Der Bruder Thomas macht sein Diplom als Ingenieur. Als der Bruder seines Vaters, Laurentzius Dinesen stirbt, bietet man ihm an, den Herrensitz Katholm, das Elternhaus Wilhelm Dinesens, zu übernehmen. Aus ökonomischen Erwägungen schlägt er jedoch das Angebot aus. Als Besitzer des Dinesenschen Familien-Fideikomisses ist er für den Rest seines Lebens finanziell unabhängig.

Die Familien-Aktiengesellschaft hat Vertrauen in die Zukunft der *Karen Coffee Co.* und kauft eine größere, herrschaftlichere Farm außerhalb Nairobis für das Ehepaar Blixen. Bror Blixen kommt im Sommer nach Dänemark und fährt im November mit Tania Blixen zurück nach Afrika, um die Leitung der neuen Farm zu übernehmen.

1917 12. Januar: Die Jugendfreundin Daisy Grevenskop-Castenskiold begeht Selbstmord in London, wo ihr Mann dänischer Gesandter ist. Die Krise in Tania Blixens Ehe wird zum Dauerzustand. Es stellt sich heraus, daß Bror Blixen wegen seiner Unzuverlässigkeit in Geldangelegenheiten für seine Stellung als Manager der Farm völlig ungeeignet ist. Tania Blixens Schwester Ea bekommt eine Tochter. Thomas Dinesen tritt als Freiwilliger in das kanadische Heer ein, um, wie sein Vater und sein Großvater, am Kampf gegen die Deutschen teilzunehmen.

1918 5. April: Tania Blixen lernt bei einem Dinner in Nairobi den englischen Militärflieger Denys Finch Hatton kennen. Thomas Dinesen erhält das britische Victoria-Kreuz für heldenmütigen Einsatz beim Vorstoß der Alliierten an der Kriegsfront in Frankreich.

1919 14. August: Tania und Bror Blixen reisen – via London – nach Dänemark, wo sie im November eintreffen. Bror Blixen fährt weiter zu seiner Familie nach Schweden und kehrt im März des folgenden Jahres zurück nach Kenia, wie Britisch-Ostafrika jetzt genannt wird. Die Ehe steht vor ihrer Auflösung. Tania Blixen hält sich mehr als ein Jahr lang bei ihrer Mutter auf Rungstedlund auf. Während ihres Besuches in Dänemark ist sie fünf Monate lang krank, hat die spanische Grippe und eine Blutvergiftung.

1920 Im November reist Tania Blixen wieder nach Afrika, dieses Mal mit Thomas Dinesen, der als Repräsentant der Familie für die Aktiengesellschaft die Situation überprüfen und helfen soll, die mittlerweile völlig chaotische Wirtschaftslage der Farm wieder in Ordnung zu bringen.

1921 Der Bruder von Tania Blixens Mutter, Aage Westenholz, Präsident der *Karen Coffee Co.*, besucht Kenia, um eine Entscheidung über die Zukunft der Farm herbeizuführen. Als Ergebnis seiner Inspektion wird Bror Blixen als Manager verabschiedet, und Tania Blixen übernimmt die Verwaltung der Farm unter der Auflage, daß Bror nichts mehr mit der Plantage oder der *Karen Coffee Co.* zu tun haben darf. Ihr Verhältnis zur Familie der Mutter gerät wegen deren Verdammung von Bror Blixen in eine ernste Krise. Die Eheleute werden getrennt, sehr gegen Tania Blixens Wunsch. Es zeigen sich ernste Nachwirkungen ihrer alten Krankheit, deren Entwicklung längst zum Stillstand gebracht war, in Form von langandauernden Schmerzanfällen.

1922 Tania Blixen wird in ihrer Hoffnung, ein Kind von Denys Finch Hatton zu erwarten, enttäuscht. 17. Juni: Die Schwester Ea Neergaard stirbt in Dänemark im Alter von 39 Jahren.

1923 2. März: Thomas Dinesen reist nach Hause, nachdem er mehr als zwei

Jahre auf der Farm gelebt hat. Er ist der Überzeugung, daß die *Karen Coffee Co.* auf lange Sicht nicht erhalten werden kann. Tania Blixen arbeitet an einem größeren Essay über die Bedeutung der Ehe in früherer und jetziger Zeit (zum 1. Mal gedruckt im Jahrbuch der Blixen-Gesellschaft *Blixeniana* 1977).

1924 *Moderne Ægteskab og andre Betragtninger* (Moderne Ehe und andere Betrachtungen) wird beendet und an Thomas Dinesen nach Kopenhagen geschickt. 3. November: Die 68-jährige Ingeborg Dinesen kommt mit Thomas Dinesen nach Kenia und wohnt über zwei Monate bei ihrer Tochter auf der afrikanischen Farm.

1925 13. Januar: Die Mutter verabschiedet sich von Tania Blixen und tritt die Heimreise nach Dänemark an. Die Scheidung von Tania und Bror Blixen tritt in Kraft. 5. März: Tania Blixen und Thomas Dinesen verlassen Mombasa per Schiff, um nach Europa zu reisen. Der Bruder geht in Aden wieder an Land, während die Schwester die Reise fortsetzt und – via Paris – im Mai in Dänemark ankommt. Im Laufe der acht Monate, die sie jetzt bei der Mutter auf Rungstedlund verbringt, macht sie mehrere vergebliche Versuche, in Kopenhagen literarische Kontakte anzuknüpfen. Der Bruder Anders übernimmt das Gut Leerbæk in Jütland, das bisher von der zweiten Schwester der Mutter, Tante Lidda, und ihrem Mann, dem Gutsbesitzer Georg Sass, betrieben worden ist. Das Gedicht *Ex Africa* wird im *Tilskueren* veröffentlicht. Durch Vermittlung von Mary Bess Westenholz wird ein Treffen Tania Blixens mit Georg Brandes arrangiert, wahrscheinlich erhofft sie sich, durch seine Mithilfe ihre literarischen Versuche in Dänemark veröffentlichen zu können.

1926 1. Februar: Tania Blixen kehrt auf die Farm in Kenia zurück. Thomas Dinesen heiratet im April Jonna Lindhardt. Tania Blixens Unsicherheit in ihrem Verhältnis zu Denys Finch Hatton und der Entschluß, das Kind, das sie zu erwarten glaubt, nicht auszutragen, lösen eine tiefgehende persönliche Krise aus, die sie zu überwinden sucht, indem sie in langen Briefen an Thomas Dinesen die Ursachen dieser Krise bis tief zu den Wurzeln hin analysiert. Die Marionettenkomödie *Sandhedens Hævn*, ein Jugendwerk, wird, sicher aufgrund einer Intervention von Georg Brandes, in der Mai-Nummer des *Tilskueren* abgedruckt, nicht, wie vereinbart, unter Pseudonym, sondern mit dem vollen Namen der Autorin. Die Dichterträume erhalten neue Nahrung. Tania Blixen nimmt die – in ihrer Jugend mehr zufällige – Schriftstellerei ernsthaft wieder auf, gleichzeitig rückt der Konkurs der Farm unaufhaltsam näher. Entwürfe zu den ersten phantastischen Erzählungen entstehen. Eine der abgeschlossenen Erzählungen, *Carnival* (1975 auf Dänisch gedruckt), stammt wahrscheinlich aus diesem Jahr.

1927 23. Januar: Tania Blixens Mutter kommt zum 2. Mal zu Besuch auf die Farm und bleibt über drei Monate lang bei ihrer Tochter.

1928 Bror Blixen heiratet Cockie Birkbeck. Tania Blixens gesellschaftliche Stellung in der englischen Kolonie wird beeinträchtigt durch die

Anwesenheit einer neuen Baronesse Blixen, die, zusammen mit ihrem Mann, an den königlichen Safaris teilnimmt, die während des offiziellen Besuches des Prinzen von Wales in Kenia von Oktober bis Dezember stattfinden; Bror Blixen ist, ebenso wie Denys Finch Hatton, mit der Leitung der Jagdausflüge des Prinzen betraut. Um Tania Blixens etwas schwierige Situation zu verbessern, hat Finch Hatton vermutlich veranlaßt, daß der englische Thronfolger am 9. November zu einem Dinner auf die Farm kommt.

1929 Ingeborg Dinesen erkrankt ernstlich. Tania Blixen reist eilends nach Haus und wohnt vom 18. Mai bis 25. Dezember auf Rungstedlund, nur eine Reise nach London, wo sie u. a. Finch Hattons Familie besucht, unterbricht diesen Aufenthalt daheim. Thomas Dinesens Erinnerungen von der Kriegsfront in Frankreich, *No Man's Land,* erscheinen auf Dänisch. Tania Blixen kehrt auf die Farm zurück, ohne jede wirkliche Hoffnung, ihre afrikanische Existenz retten zu können. Das Verhältnis zu Denys Finch Hatton trübt sich.

1931 Nach vielen Jahren finanzieller Krisen wird die Farm von der Aktiengesellschaft auf dem Wege der Zwangsauktion verkauft. Tania Blixen übernimmt die Abwicklung der Geschäfte, überwacht die Einbringung der letzten Kaffee-Ernte und versucht, vor ihrer Abreise nach Dänemark die Zukunft ihrer Eingeborenen zu sichern. 14. Mai: Denys Finch Hatton stürzt mit seinem Privatflugzeug bei Voi in Kenia ab und kommt im Alter von 44 Jahren ums Leben. 19. August: Tania Blixen erreicht mit einem Schiff von Mombasa aus Marseille, wo sie von Thomas Dinesen erwartet wird, er begleitet sie quer durch Europa. 31. August: Sie zieht bei ihrer Mutter auf Rungstedlund ein, inzwischen 46 Jahre alt, physisch und psychisch völlig am Ende. In den ersten nun folgenden Jahren unterstützen Ingeborg Dinesen und Thomas Dinesen sie finanziell, um ihr bei der Gründung einer neuen Existenz behilflich zu sein. Sie selbst bezweifelt sehr, daß sie je in der Lage sein wird, diese Form des Daseins zu ertragen, die ihr nun beschieden ist – aber mit unglaublicher Willensstärke und Selbstbeherrschung geht sie daran, die geplante Sammlung von *Nine Tales* fertigzustellen, um als Mensch überleben zu können.

1932 Nach einem Jahr intensiver Arbeit an dem Buch, das auf Englisch geschrieben ist, sucht Tania Blixen Kontakt zu ausländischen Verlegern. Thomas Dinesen stellt für seine Schwester die Verbindung zu der amerikanischen Autorin Dorothy Canfield Fisher her. Diese liest einige der Erzählungen im Manuskript und empfiehlt sofort ihrem eigenen Verleger in New York, Robert Haas, sie herauszubringen. Haas erkennt das große Talent der Autorin, weigert sich aber zunächst, eine Sammlung von Short-Stories einer unbekannten europäischen Schriftstellerin zu publizieren. Tania Blixen arbeitet unbeirrt weiter.

1933 Constant Huntington vom englischen Verlag Putnam weigert sich, Tania Blixens Manuskript überhaupt anzusehen, als sie ihm bei einem Besuch in London begegnet und von ihrem Buch erzählt. Robert Haas erhält einige weitere Erzählungen zur Lektüre und beschließt daraufhin, das Buch in Amerika herauszubringen. Die Anzahl der Erzählungen wird auf sieben begrenzt und ein neuer Titel gefunden. Tania Blixen besteht darauf, die *Seven Gothic Tales* unter dem Pseudonym ›Isak Dinesen‹ zu veröffentlichen, ein Entschluß, an dem sie trotz aller Warnungen des Verlegers festhält.

1934 19. Februar: Tania Blixen erhält in Rungsted ein Telegramm von Robert Haas, daß ihr noch gar nicht herausgekommenes Buch in den USA zum Buch des Monats gewählt worden ist; es wird nun eine weit höhere Auflage gedruckt als ursprünglich geplant, und die Einnahmen der Autorin erhöhen sich entsprechend. 9. April: *Seven Gothic Tales* (Sieben phantastische Geschichten, DVA) erscheinen in New York und werden von Kritik und Lesern enthusiastisch begrüßt. 22. April: Der Verlag enthüllt die Identität von Isak Dinesen. Constant Huntington von Putnam in London kauft das Buch unter dem Pseudonym, ohne zu wissen, daß es ihm früher schon einmal angeboten worden ist. 6. September: *Seven Gothic Tales* erscheinen in London und werden ein großer Erfolg.

1935 25. September: *Seven Gothic Tales* kommen in Dänemark unter dem Titel *Syv fantastiske Fortællinger* heraus, von der Verfasserin nachgedichtet. September-Oktober: Tania Blixen fährt nach Genf und kann, dank einer Pressekarte, die sie durch Beziehungen in Dänemark bekommen hat, die Sitzungen des Völkerbundes beobachten, u. a. die über die Invasion der Italiener in Abessinien. Der Plan, ein Buch über ihre Jahre in Afrika zu schreiben, nimmt festere Formen an.

1936 Tania Blixen arbeitet an der englischen Version von *Out of Africa* (Afrika – dunkel lockende Welt, Manesse). Ein Teil des Buches wird in »Brøndums Hotel« in Skagen, Jütland, geschrieben.

1937 Das englische und das dänische Manuskript des Erinnerungsbuches werden fertiggestellt. Das Buch erscheint unter dem Titel *Den afrikanske Farm* in Dänemark am 6. Oktober und mit dem Titel *Out of Africa* im November auf dem englischen Buchmarkt. *Out of Africa* festigt endgültig Tania Blixens Ruf als Klassikerin der Moderne.
Die Sintflut von Norderney und andere seltsame Geschichten, eine Auswahl aus den *Seven Gothic Tales,* erscheint in Deutschland bei der Deutschen Verlags-Anstalt.

1938 *Out of Africa* wird in den USA im Februar zum Buch des Monats gewählt und erscheint im März im Verlag Random House, New York. »Karyatiderne« (»Die Karyatiden«), eine Erzählung aus den *Nine Tales,* die in die *Seven Gothic Tales* nicht mit aufgenommen wurde, wird in der März-Nummer der schwedischen Zeitschrift *Bonniers litterära magasin* veröffentlicht. *Afrika – dunkel lockende Welt* erscheint in Deutschland bei der Deutschen Verlags-Anstalt.

1939 27. Januar: Ingeborg Dinesen stirbt im Alter von 82 Jahren. Tania Blixen wird Herrin auf Rungstedlund.

1940 Tania Blixen wird von der Tageszeitung *Politiken* beauftragt, je einen Monat nach London, nach Paris und nach Berlin zu fahren und über jede Stadt vier Artikel zu schreiben. Sie fährt zuerst nach Berlin und hält sich dort vom 1. März bis 2. April auf. Unmittelbar nach ihrer Rückkehr erfolgt die Besetzung Dänemarks, und die übrigen Reisen müssen wegen der Kriegssituation unterbleiben. Die Artikel über das Hitler-Deutschland werden nach dem Krieg, 1948, unter dem Titel *Breve fra et Land i Krig* (Briefe aus einem Land im Krieg) in der Zeitschrift *Heretica* veröffentlicht. In diesen Jahren arbeitet Tania Blixen an einer neuen Sammlung von Erzählungen, deren Fertigstellung sich aufgrund ihres zeitweise schlechten Gesundheitszustandes verzögert.

1942 *Vinter Eventyr* (»Wintergeschichten«) erscheinen in den USA, England und in Dänemark. Das Buch wird in Amerika zum Buch des Monats gewählt.

1943 Der Weltkrieg gibt Tania Blixen das Gefühl, in Dänemark eingesperrt zu sein. Sie ist nicht in der Lage, eine neue größere Arbeit in Angriff zu nehmen. Um sich zu zerstreuen, schreibt sie den historischen Kriminalroman *Gengældelsens Veje* (Die Rache der Engel), der versteckte Anspielungen auf die politische Situation Dänemarks während der Besatzung enthält.

1944 *Gengældelsens Veje* erscheint in Kopenhagen unter dem Pseudonym Pierre Andrézel.

1945 Cand. mag. Clara Svendsen (jetzt Selborn) beginnt ihre Arbeit als Sekretärin Tania Blixens auf Rungstedlund mit der Niederschrift der englischen Version von *Gengældelsens Veje* nach Diktat. Die Zusammenarbeit bleibt bis zum Tode Tania Blixens bestehen; danach vertritt Clara Selborn als literarische Nachlaßverwalterin gemeinsam mit dem Rungstedlundfond die künstlerischen und finanziellen Rechte an Tania Blixens Werken.

1946 *Gengældelsens Veje* erscheint in England unter dem Titel *The Angelic Avengers*. Tania Blixens Schmerzanfälle haben in den letzten Jahren an Heftigkeit und Häufigkeit zugenommen, im Februar entschließt sie sich zu einer Operation, die die Schmerzen beseitigen soll. Der Eingriff, in dessen Verlauf mehrere Nervenbahnen durchgetrennt werden, wird mit gutem Resultat durchgeführt. Mit unbeugsamem Lebensmut versammelt Tania Blixen in den komenden Jahren auf Rungstedlund einen engen Kreis jüngerer Kollegen und Freunde um sich, von denen mehrere dem Kreis um die literarische Zeitschrift *Heretica* angehören, die von 1948–53 erscheint. Zu den ständig wiederkehrenden Gästen des Hauses gehören kommende Männer des dänischen Geisteslebens wie Thorkild Bjørnvig, Jørgen Gustava Brandt, Aage Henriksen, Ole Wivel und Knud W. Jensen, der später das Louisiana-Museum in Nordseeland gründet. Gleichzeitig unterhält sie zahlreiche Kontakte zum Ausland; aufgrund ihrer internationalen Position hält sie es für selbstverständlich und lebensnotwendig, die Tür zur großen Welt so weit offen zu halten, wie es ihre Kräfte irgend erlauben.

1949 Das Buch des Literaturforschers Professor Hans Brix *Karen Blixens*

Eventyr (Karen Blixens Märchen) erscheint, und damit die erste große, zusammenfassende Interpretation ihrer Werke.

1950 24. März: Tania Blixen beginnt eine Reihe von Beiträgen in Dänemarks Radio mit einer Plauderei über ihren afrikanischen Somali-Diener Farah, und ihre Begabung für das Medium Radio trägt nicht unerheblich dazu bei, die sonst so exklusive Autorin im ganzen Land bekannt und beliebt zu machen. Mit *Babette's Feast* (»Babettes Gastmahl«) beginnt die Zusammenarbeit mit dem großen amerikanischen Blatt *Ladies' Home Journal* in New York, das in den folgenden Jahren eine Reihe von Tania Blixens sogenannten *Schicksalsanekdoten* zum erstenmal veröffentlicht.

1951 3.–26. Mai: Reise nach Griechenland und Rom, zusammen mit Benedicte und Knud W. Jensen.
Die Straßen um Pisa, eine Erzählung aus den *Seven Gothic Tales* erscheint in Deutschland bei der Deutschen Verlags-Anstalt.

1952 Im Herbst beteiligt sich Tania Blixen an der Debatte um wissenschaftliche Tierversuche in Dänemark, wobei sie auf seiten der Gegner solcher Praktiken steht. *Karen Blixen og Marionetterne* (Karen Blixen und die Marionetten) von Aage Henriksen erscheint.

1955 17. April: Aus Anlaß der Vollendung ihres 70. Lebensjahres erfährt Tania Blixen zahlreiche Ehrungen. Aber gerade in diesem Jahr bricht ihre Gesundheit vollends zusammen. Eine weitere schwere Operation, bei der eine Reihe von Schmerzbahnen vom Rückenmark abgetrennt werden, erfolgt im August, und nach einer schweren Magengeschwüroperation ein halbes Jahr später ist Tania Blixen für den Rest ihres Lebens praktisch invalide. Von nun an hat sie Schwierigkeiten, überhaupt etwas zu essen, und es gibt Zeiten, in denen ihr Gewicht unter 35 Kilogramm absinkt. Wenn aber ihre Kräfte es zulassen, arbeitet sie zielbewußt an der Fertigstellung der Manuskripte für zwei Sammlungen von Erzählungen.

1957 Tania Blixen wird wiederholt als Spitzenkandidatin für den Nobelpreis für Literatur genannt, ohne ihn jedoch zu bekommen. *Sidste Fortællinger* (»Letzte Erzählungen«) erscheinen im November in Dänemark, USA, England und Schweden. Wie immer sind sowohl die englische als auch die dänische Version der Erzählungen Originalarbeiten von Tania Blixen. Reise nach Rom, Paris und London im November – Dezember. Ernennung zum Ehrenmitglied der Amerikanischen Akademie.

1958 Der Wunsch, die Zukunft von Rungstedlund zu sichern, führt nach langjährigen Überlegungen zur Errichtung des Rundstedlundfonds, einer Stiftung, der von nun an das historische Hauptgebäude, der sechzig Morgen große Garten und Wald, die als Vogelreservat unter Schutz gestellt werden, und alle Autorenrechte an Tania Blixens Werken gehören. 6. Juli: Tania Blixen hält im Radio eine Rede über die Vergangenheit und Zukunft von Rungstedlund, in der sie bittet, das Vorhaben zu unterstützen, indem jeder Hörer eine Krone für den Fond einzahlt. Mehr als achtzigtausend Hörer reagieren auf diese

Aufforderung. Im Oktober erscheinen die *Skæbne-Anekdoter* (»Schicksalsanekdoten«) in Dänemark, USA und England. Kurze Reise nach Amsterdam. Tania Blixen bereitet, trotz ihres Alters und ihres sehr geschwächten Gesundheitszustandes, eine Reise in die USA vor. Unter dem Titel *Traumgeschichten* erscheint in Deutschland im Rowohlt-Verlag eine Auswahl aus den *Vinter-Eventyr.*

1959 3. Januar–17. April: Besuch in den USA mit dreimonatigem Aufenthalt in New York und hartem Arbeitsprogramm. 28. Januar: Tania Blixen ist Ehrengast beim Jahresfest im »National Institute of Arts and Letters« und hält die Festvorlesung »Mit livs mottoer« (»Die Mottos meines Lebens«). 17. Februar: Ihre Schwester, Ellen Dahl, stirbt in Kopenhagen, während Tania Blixen zu Besuch in Cambridge, Massachusetts, ist. An einem bestimmten Punkt kann selbst Tania Blixens Willensstärke nicht verhindern, daß die stark unterernährte Patientin physisch zusammenbricht; während eines kurzen Krankenhausaufenthaltes in New York kommt sie wieder so weit zu Kräften, daß sie noch einen Monat voller Termine in den USA durchstehen kann.

Die Rache der Engel (Gengældelsens Veje) erscheint in Deutschland beim Rowohlt-Verlag. Unter dem Titel *Widerhall* erscheint in Deutschland bei der Deutschen Verlags-Anstalt eine Auswahl aus den *Letzten Erzählungen.*

1960 Das 200jährige Hauptgebäude von Rungstedlund wird einer grundlegenden Restaurierung unterzogen. Das neue Erinnerungsbuch über Afrika *Skygger paa Græsset* (»Schatten wandern übers Gras«) erscheint in Dänemark und England. 28. November: Tania Blixen wird Mitbegründerin der Dänischen Akademie. Neuerlicher Krankenhausaufenthalt.

Die *Schicksalsanekdoten* und *Schatten wandern übers Gras* (*Skygger paa Græsset*) und (*Skæbne-Anekdoter*) erscheinen in Deutschland beim Fischer-Verlag.

1961 25. Juni – 9. Juli: Besuch in Paris, die letzte Reise, die Tania Blixen unternimmt. Kurzer Krankenhausaufenthalt im Herbst. *Shadows on the Grass* erscheint in den USA und in Deutschland beim Fischer-Verlag.

1962 Nach einem Sommer mit vielen Gästen aus dem In- und Ausland verschlechtert sich Tania Blixens Allgemeinzustand im August. Am 7. September stirbt sie ruhig, nach einem Tag der Bewußtlosigkeit, im Alter von 77 Jahren zu Hause auf Rungstedlund. 11. September: Die nächsten Familienmitglieder und Freunde verabschieden sich mit einer kurzen Feier im Wohnzimmer auf Rungstedlund. Danach wird der Sarg auf den Hof getragen und auf einem von Pferden gezogenen Wagen durch den Park zum Grab am Fuße von »Ewalds Høj« gefahren. Die dänische Ausgabe des Erinnerungsbuches für Tania Blixen erscheint am 11. November.

Die *Phantastischen Erzählungen* erscheinen in Deutschland beim Rowohlt-Verlag.

1963 Die nachgelassene Erzählung *Ehrengard* erscheint in Dänemark, USA und England.

1964 Gyldendals Gedenkausgabe von Tania Blixens Werken erscheint in sieben Bänden. Robert Langbaums *The Gayety of Vision. A Study of Isak Dinesen's Art* erscheint in den USA, England und Dänemark.

1965 *Isak Dinesen. A Memorial* erscheint in den USA, Tania Blixens *Essays* in Dänemark. Aage Henriksen veröffentlicht *Det guddommelige barn og andre essays om Karen Blixen* (Das göttliche Kind und andere Essays über Tania Blixen.) *Ehrengard* erscheint in Deutschland bei Fischer.

1968 Aage Kabells Monographie *Tania Blixen debuterer* erscheint in München.

1969 *Tania Blixen. En digterskæbne i billeder* (»Tania Blixen. Ihr Leben in Dänemark und Afrika«) von Frans Lasson und Clara Selborn erscheint.

1974 Drei Erinnerungsbücher an Tania Blixen erscheinen in Dänemark: *Tanne. Min søster Karen Blixen* von Thomas Dinesen (Tanne, meine Schwester Karen Blixen), *Notater om Karen Blixen* von Clara Selborn (Notizen über Karen Blixen) und *Pagten. Mit venskab med Karen Blixen* von Thorkild Bjørnvig (Der Pakt. Meine Freundschaft mit Karen Blixen)

1975 Die Karen Blixen Selskab wird in Kopenhagen gegründet. Frans Lasson wird Vorsitzender. 1. Oktober: *Efterladte fortællinger* (»Gespensterpferde«, nachgelassene Erzählungen), herausgegeben von Frans Lasson, erscheinen.

1976 Der erste Band der Jahrbücher der Karen Blixen Gesellschaft *Blixeniana,* redigiert von Hans Andersen und Frans Lasson, erscheint. Die nachgelassenen Papiere Tania Blixens werden der Königlichen Bibliothek in Kopenhagen übertragen, die damit Zentrum der Tania-Blixen-Forschung wird. 30. August: Anders Dinesen stirbt im Alter von 82 Jahren.

1977 *Carnival, Entertainments and Posthumous Tales* erscheint in den USA und in England. Liselotte Henriksens *Karen Blixen, en bibliografi* erscheint.

1978 16. Juni: Die erste große Tania-Blixen-Ausstellung in der Königlichen Bibliothek Kopenhagen wird eröffnet. 3. November: *Breve fra Afrika 1914–31«,* I–II, (Briefe aus Afrika) herausgegeben von Frans Lasson, werden veröffentlicht.

1979 10. März: Thomas Dinesen stirbt im Alter von 86 Jahren. *Daguerreotypes and Other Essays* erscheint in den USA und England.

1980 Die *sieben phantastischen Geschichten* erscheinen in Deutschland bei der Deutschen Verlags-Anstalt

1981 *Letters from Africa 1914–31* erscheinen in USA und England.

1982 *Isak Dinesen. The Life of a Storyteller* von Judith Thurman erscheint in den USA.
Die *Schicksalsanekdoten* erscheinen in Deutschland bei der Deutschen Verlags-Anstalt.

Die *Gespensterpferde* (Efterladte fortællinger) erscheinen in Deutschland bei der Deutschen Verlags-Anstalt.

1985 Tania Blixens hundertjähriger Geburtstag wird gefeiert, u. a. mit einem Fest der Kopenhagener Universität am 17. April. Dezember: In New York Weltpremiere des Films »Out of Africa« (»Jenseits von Afrika«), inszeniert von Sydney Pollack, mit Meryl Streep in der Rolle der Tania Blixen.

Letzte Erzählungen erscheinen in deutscher Übersetzung in der Manesse Bibliothek der Weltliteratur.

1986 Der Film »Out of Africa« erhält am 25. März bei der jährlichen Preisverleihung in Hollywood sieben Oscars. *Fatale Präzedenz. Karen Blixens Mythologie* von Bernhard Glienke erscheint in Neumünster. *Afrika – dunkel lockende Welt* erscheint in neuer Auflage in der Manesse Bibliothek der Weltliteratur. *Schatten wandern übers Gras* erscheint bei der Deutschen Verlags-Anstalt.

1987 *Tania Blixen. Ihr Leben in Dänemark und Afrika* von Frans Lasson und Clara Selborn erscheint in Deutschland bei der Deutschen Verlags-Anstalt.

Von Tania Blixen sind bei der Deutschen Verlags-Anstalt in Vorbereitung: *Briefe aus Afrika* (1988); Judith Thurman, *Tania Blixen. Ein Dichterleben* (1988); *Die Rache der Engel; Essays; Frühe Erzählungen; Sandhedens Hævn.* Eine Marionettenkomödie.

Namens- und Stichwortregister

(enthält keine Seitenhinweise auf Tania Blixen, Ingeborg Dinesen und Thomas Dinesen).